An Introduction to Modern Psychology

우공이산 (1908) 90.9 × 72.7cm 캔버스에 아크릴 2019

현대심리학개론

정태연 · 허성호 · 한민 · 감기택 · 최훈 · 이승진 · 박준성
임낭연 · 황순택 · 박준호 · 김명찬 · 이수정 · 김재경 공저

솔과학

머리말

우리나라 사람들이 심리학에 보이는 관심은 과거에 비해 엄청나게 커졌다. 서구 심리학이 처음으로 우리나라에 들어온 것은 일제 강점기일 만큼, 심리학도 서구의 다른 학문과 크게 다르지 않은 그 연원을 가지고 있다. 그럼에도 불구하고 심리학에 대한 학문적, 대중적, 사회적 관심은 1980년대까지만 해도 미미한 수준이었다. 그러다가 대략 1990년대 중후반을 기점으로, 심리학은 진학을 앞둔 고등학생, 진로를 고민하는 대학생, 언론에 종사하는 사람들, 공적인 업무를 담당하는 사람들에게는 가장 가까운 학문 중의 하나로 자리매김했다.

사람들이 심리학이라는 학문에 매력을 느끼는 것은 아마도 심리학이 인간의 행동이나 심리와 관련해서 각자가 궁금해 하는 질문에 대해 어느 정도 만족스런 대답을 해주기 때문이다. 심리학만이 인간의 행동이나 심리에 관한 대답을 제공하는 것은 아니다. 공식적으로, 심리학보다 그 역사가 깊은 철학, 문학, 역사와 같은 학문 역시 인간에 대한 여러 문제에 대해 나름대로 답을 제공해 왔다. 뿐만 아니라 정치학과 같은 사회과학 역시 예외가 아니다.

그럼에도 불구하고, 사람들이 여타의 학문에 비해 심리학에 더 많은 관심을 갖는 이유는 심리학 나름의 독특한 특성, '심리학 나름의 학문하기'가 있기 때문일 것이다. 잘 알고 있겠지만, 먼저 심리학은 인간의 행동을 개인의 심리적 차원에서 설명하고자 하는 학문이다. 즉, 심리학자들은 인간이 행동하는 원인이나 이유를 그의 심리적 특성에서 찾고자 한다. 이때 이러한 심리적 특성은 성격처럼 각 개인마다 다를 수도 있고, 한국인들은 서양인들과는 다른 심리적 특성을 공유하고 있듯이 동일한 문화를 공유한 사람들은 동일한 심리적 특성을 가지고 있을 수도 있다.

또한 심리학은 자연과학적인 방법을 주된 연구방법으로 하여 인간의 심리를 경험적으로 검증하여 그 이론적 체계를 구축하고자 한다. 이와 같은 방법이 갖는 장점은 우리가 옳고 맞다고 생각하는 것이 실제 그러한지를 객관적이고 타당한 방법으로 검증한다는 것이다. 이것은 앞서 언급한 학문들이 주로 사용하는 사유에 근거한 논리적 판단과는 사뭇 다른 것이다.

이처럼 경험적인 검증을 강조함으로써, 심리학적 지식은 매우 빠른 속도로 축적되어 왔다. 이러한 지식은 현실의 구체적 문제를 해결하는 데뿐만 아니라 인간을 통합적으로 이해하는 데에도 크게 기여하고 있다. 실제 오늘날 심리학은 인간이 하는 거의 모든 행위에 직간접적으로 연결되어 있어서, 심리학에 대한 적어도 기초적인 이해 없이는 인간과 관련된 현상을 이해하지 못할 정도이다.

이와 같이 심리학적 지식이 방대한 상황에서 본 심리학 개론서가 다루고 있는 내용은 매우 제한적이다. 그래서 저술의 기본적인 방향은 심리학의 다양한 영역 중에서도 대표적이라고 할 수 있는 십여 개의 영영을 선정한 다음, 그 영역의 대표적인 이론과 발견을 쉽게 소개하는 것이었다. 그런 중에 예전에는 없거나 최근에 부흥하는 분야나 주제도 가능한 선에서 소개하고자 하였다.

본 저서의 구성 및 필진을 살펴보면, 제1장 심리학의 소개(정태연), 제2장 행동의 생물학적 기초(허성호), 제3장 동기와 정서(한민), 제4장 학습(허성호), 제5장 감각과 지각(감기택), 6장 기억과 사고(최훈), 제7장 전생애 발달(이승진), 제8장 사회 속의 개인(정태연), 제9장 성격과 개인차(박준성), 제10장 정신건강과 긍정심리(임낭연), 제11장 심리검사와 지능(황순택), 제12장 이상심리(박준호), 제13장 상담과 심리치료(김명찬), 제14장 범죄와 법심리학(이수정, 김재경) 등이다.

여기에 내놓는 이 저술이 결코 완전할 수는 없지만, 이 책이 심리학을 공부하는 학생들이나 강의를 하는 선생님들에게 조금이나마 도움이 될 수 있으면 하는 바람이다. 집필진들은 심리학이라는 녹록지 않은 학문을 독자들이 조금이나마 쉽게 이해할 수 있도록 나름의 최선을 다했다. 향후 부족한 점들은 꾸준히 보완하고 잘못된 사실들도 지속적으로 수정함으로써 이 책의 완성도를 높이는 데 필진들은 지속적으로 노력할 것이다. 독자들의 많은 지지와 격려를 당부 드린다. 마지막으로 이 책이 나오는 데 많은 도움을 주신 솔과학 김재광 사장님께 감사드린다.

2019년 7월 저자 일동

차 례

05 감각과 지각

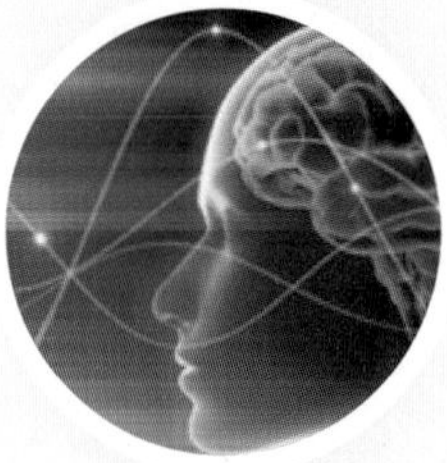

06 기억과 사고

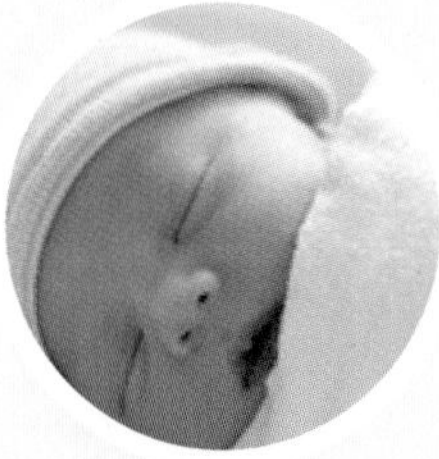

07 발달

08 사회 속의 개인

09 성격과 개인차

10 정신건강과 행복

11 심리검사와 지능

12 이상심리

13 상담과 심리치료

14 범죄와 법심리학

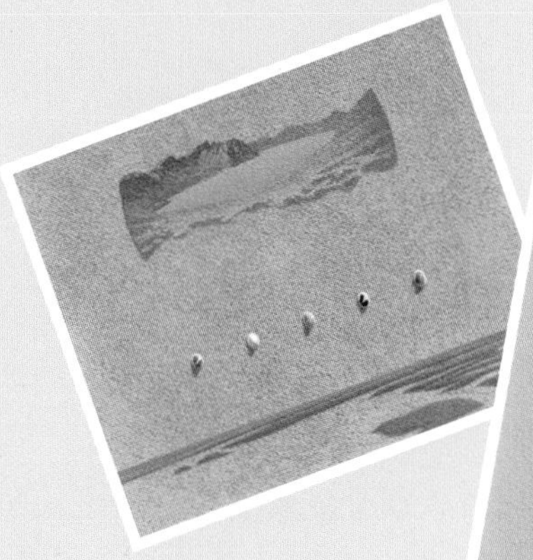

01 심리학의 소개

An Introduction to Modern Psychology

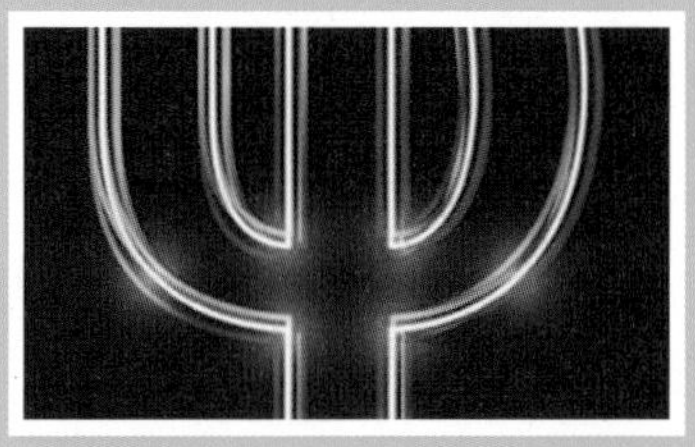
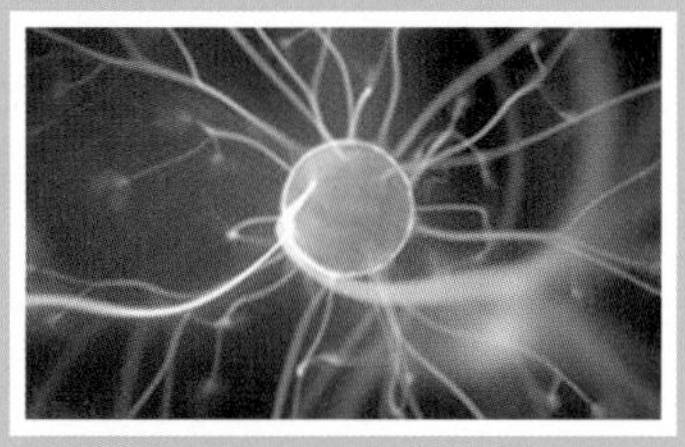

개요

심리학의 정의를 인간의 정신적 과정과 행동이라는 연구 대상을 중심으로 알아본다. 또한 심리학이 가지는 과학으로서의 특징과 목표를 알아본다. 그 다음 인간을 이해하기 위해서 심리학자들이 취한 접근 방법을 살펴본다. 즉 초기의 접근으로 구조주의, 기능주의, 형태주의와 정신분석을 살펴보고, 그 이후 발달한 행동주의, 인본주의 심리학, 인지주의적 접근, 생물학적 접근 그리고 진화론적 접근을 알아본다. 또한 심리학의 연구방법으로 기술적 방법, 상관 연구 그리고 실험법의 특징을 알아본다. 마지막으로 심리학자가 지켜야 할 연구윤리 그리고 심리학의 여러 분야를 살펴본다.

학습목표

1. 심리학의 정의를 연구대상과 특징 중심으로 이해한다.
2. 심리학의 접근 방법 중 구조주의, 기능주의, 형태주의와 정신분석의 특징을 파악한다.
3. 행동주의, 인본주의 심리학, 인지주의적 접근, 생물학적 접근, 진화론적 접근을 이해한다.
4. 기술적 방법, 상관 연구 그리고 실험법 등 다양한 심리학 연구방법을 이해한다.
5. 심리학자가 지켜야 할 연구윤리를 파악한다.
6. 심리학의 다양한 분야를 그 특징 중심으로 이해한다.

1 심리학의 정의

지금까지 인간의 마음을 이해하고자 하는 노력들은 매우 다양하게 이루어져 왔다. 예를 들면 관상이나 손금을 보고 인간의 운명을 예측하기도 했고, 무의식 속에 있는 기억들을 되살리기 위해 최면을 이용하기도 했으며, 점술과 같은 방법을 이용하여 미래의 사건이나 상황을 예상하기도 했다. 그러나 이러한 방법들은 사용하는 사람의 주관적인 해석이나 판단에 주로 의존함으로써, 현상을 현실에 맞게 객관적이고 타당하게 해석하고 설명하는 데 그 한계를 드러냈다. 그래서 사람들은 인간의 마음을 이해하는 데 좀 더 객관적이고 타당한 접근을 모색해 왔다. 이와 같은 시도와 관련된 그 대표적인 분야가 바로 심리학(psychology: 〈그림 1-1〉 참고)이다. 지금까지 학자들이 내린 심리학에 대한 정의는 시대와 연구주제 및 연구대상에 따라 강조하는 부분에서 약간의 차이는 있다. 그러나 일반적으로 볼 때, 사회과학의 한 분야로서 심리학은 인간의 정신 과정과 행동을 과학적으로 연구하여 그러한 행동이나 사회적 현상을 타당하게 설명하고자 하는 학문이다(Smith et al., 2003).

먼저, 심리학은 과학이기 때문에 심리학자들은 인간의 행동과 정신 과정에 대한 체계적인 지식을 개발하기 위해서 과학적인 노력을 기울인다. 이러한 노력에는 객관성, 정확성 그리고 건전한 회의론이 있다(Lefton, 2000). 객관성은 어떤 연구나 이론뿐만 아니라 특정 현상을 어떠한 편견이나 선입견 없이 그 자체의 특성을 있는 그대로 평가하는 것을 의미한다. 예를 들면 한 사람의 성격을 평가할 때 그 사람과 만난 몇 번의 경험을 통해 평가하는 것은 평가하는 사람의 주관적인 요소가 많이 개입될 수 있다. 혹은 일반적으로 통용되는 상식에 기초하여 그 사람의 성격을 평가하는 것도 다양한 상황에서 그 사람이 보이는 성격적 특성을 제대로 설명하기에는 한계가 있다. 그래서 심리학자들은 성격을 측정할 수 있는 객관적인 도구를 개발하여 이용한다.

그림 1-1 심리학은 인간의 정신적 과정과 행동을 과학적으로 연구하는 학문이다.

정확성은 연구에 필요한 자료를 실험실

에서나 현장에서 합리적이고 타당한 절차를 통해 모으는 것과 관련된다. 예를 들면 연구자는 자신이 원하는 결과를 얻기 위해 연구에 참여하는 사람들에게 의도적이거나 무의식적으로 특정 행동을 유도할 수 있다. 혹은 소수의 사람들로부터 수집한 자료에 근거하여 어떤 결론을 내리는 것은 참가자 수가 불충분하기 때문에 그 결론을 다른 사람들에게까지 적용하는 데 어려움이 있을 수도 있다. 그래서 심리학자들은 정확하고 세밀하며 철저한 연구에 기초해서 자신들의 지식을 구축한다. 한편, 건전한 회의론은 어떤 현상에 대한 설명이 타당한지에 대해 건설적으로 비판하고 대안을 제시하는 것과 관련이 있다. 모든 설명에는 그 한계가 있기 마련이기 때문에, 심리학자들은 좀 더 설득력 있고 타당한 설명을 제안하려는 태도를 늘 지니고 있다.

심리학자들은 정신 과정뿐만 아니라 외적인 행동도 연구한다. 이때 정신적 과정은 사고나 아이디어뿐만 아니라 이보다 좀 더 복잡한 추론 과정을 포함한다. 가령 이러한 과정에는 우리가 정보를 저장하거나 사물을 인지할 때 혹은 우울이나 기쁨과 같은 정서를 경험할 때, 심지어 잠을 자고 꿈을 꾸는 순간에도 이루어진다. 또한 이러한 과정은 뇌에서 이루어지기 때문에 최근에는 뇌에 대한 연구가 심리학 분야에서도 매우 활발하게 이루어지고 있다. 한편, 외적인 행동은 사람들이 보이는 관찰 가능한 행위들을 말한다. 여기에는 단순한 몸의 움직임이나 말을 하는 것뿐만 아니라, 그들이 다른 사람들과 맺는 사회적 관계, 다양한 상황에서 보이는 정서적 반응이나 생리적 반응과 같이 인간이 기능하는 데 관여하는 측면들도 해당한다(Csikszentmihalyi & Csikszentmihalyi, 1992).

이러한 특성을 가진 심리학은 크게 네 개의 목표를 가지고 있다(박권생, 이종한, 2015). 〈표 1-1〉에서 보듯이, 첫 번째 목표는 무엇이 일어났는지 그 현상을 정확하게 기술하는 것이다. 이러한 기술은 행동에 대한 정확한 관찰과 그 행동이 일어난 여러 조건들도 포함한다. 이러한 조건에는 개인의 생물학적 특성이나 성격 그리고 그를 둘러싸고 있는 사회문화적인 환경도 포함될 수 있다. 두 번째 목표는 발생한 행동을 설명하는 것이다. 그러한 행동이 왜 일어났는지 그 원인을 밝히는 것으로, 여기에는 유전, 동기, 지능, 자아존중감과 같은 내적 요인뿐만 아니라 사회경제적 수준, 가족과 같은 외적 요인도 있다. 즉 개인 내부에서 일어나는 정신적 과정뿐만 아니라 물리적 및 사회적 환경의 영향을 파악하여 인간의 행동을 설명하고자 한다. 세 번째와 네 번째 목표는 미래의 행동을 예측하고 통제하는 것이다. 특정 행동을 제대로 기술하고 설명함으로써 앞으로 어떠한 행동이 일어날지를 예측할 수가 있다. 이러한 예측을 기반으로 특정 조건들을 통제함으로써 향후 좀 더 바람직하고 기능적인 행동이 나타나도록 할 수 있다.

〈표 1-1〉 심리학의 4가지 목표

목표	내용
기술	무엇이 일어났는지 그 현상을 정확하게 말로 표현하는 것으로, 행동에 대한 정확한 관찰과 그 행동이 일어난 조건도 포함. 이 조건에는 개인의 생물학적 특성, 성격, 그를 둘러싸고 있는 사회문화적 환경이 포함됨.
설명	그러한 행동이 왜 일어났는지 그 원인을 밝히는 것으로, 여기에는 유전, 동기, 지능, 자아존중감과 같은 내적 요인과 사회경제적 수준, 가족과 같은 외적 요인이 포함됨.
예측	앞으로 어떠한 행동이 일어날지를 예측하는 것으로, 기존의 행동이 어떤 조건에서 왜 일어났는지를 설명할 수 있을 때 예측이 가능함.
통제	이러한 예측을 기반으로 특정 조건들을 통제함으로써 향후 좀 더 바람직하고 기능적인 행동이 나타날 수 있도록 할 수 있음.

다른 학문과 마찬가지로 오늘날의 심리학도 그 나름의 발달 과정을 가지고 있다. 심리학은 그 뿌리를 철학과 생리학에 두고 있다(Kosslyn & Rosenberg, 2006). 철학은 실체, 경험, 가치의 본질을 이해하기 위해 논리와 추론을 사용하는 학문으로, 심리학은 철학으로부터 정신적 과정과 행동의 본질에 관한 이론을 빌려 왔다. 가령, 17세기 프랑스의 철학자 René Descartes는 몸과 마음의 구분과 그들의 관계에 주의를 기울였다. 그러면서 인간의 합리성을 강조하면서 인간에 대한 심리학의 이성적 접근의 근원을 제공했다. 17세기 영국의 철학자 John Locke는 인간의 모든 지식은 경험과 그에 대한 성찰로부터 나온다고 강조했다.

2 심리학의 접근 방법

다른 한편, 심리학자들은 인간의 정신 과정과 행동을 설명하기 위해 뇌의 역할을 인정해야 한다는 점을 생리학으로부터 배웠다. 예를 들면, 영국의 철학자 Thomas Hobbs는 마음과 신체가 연결되어 있어 뇌의 활동이 마음을 결정한다고 주장했다. 한편, 프랑스 외과의사 Franz Joseph Gall은 뇌가 크면 그 정신 능력도 커진다고 주장했다. 더 나아가 그는 골상학

(phrenology)이라는 심리학 이론을 발전시켰다. 〈그림 1-2〉에서 보듯이, 골상학은 기억, 행복과 같은 특정 정신 능력이나 특징이 뇌의 특정 부분에 위치하고 있다는 생각에 기초하고 있다. 오늘날에는 이와 같은 뇌의 과정을 연구하는 데 필요한 도구가 개발되어 이용 가능한데, 뇌의 특정 부분이 특정 심리적 기능에 특화되어 있다는 생각은 옳은 것으로 드러났다.

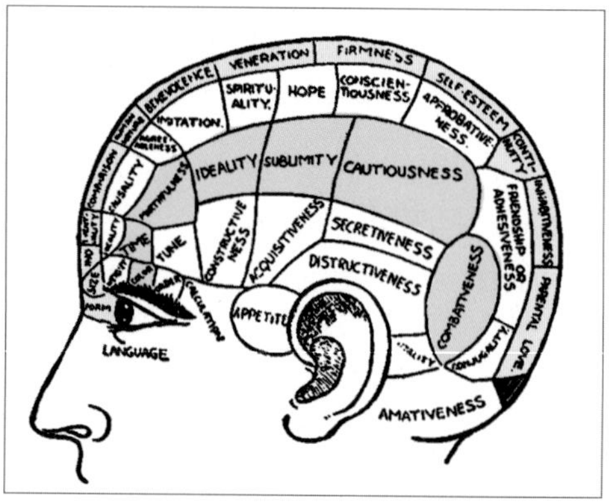

그림 1-2 골상학은 특정 정신 능력이나 특징이 뇌의 특정 부분에 위치하고 있다고 보는 학문이다.

(1) 초기의 접근

근대 심리학이 철학에서 독립한 것은 1879년 독일의 심리학자 Wilhelm Wundt(〈그림 1-3〉 참고)가 라이프찌히 대학에 심리학 실험실을 개설한 때이다. 보통 심리학계에서는 이때를 심리학이 학문으로 태동한 공식적인 시기로 인정하고 있으며, 그 창시자가 Wundt라고 하는 견해가 주를 이룬다. 즉, 심리학은 19세기 후반에 이르러서야 비로소 독립적 학문으로 그 위상을 갖게 되었으며, 현대 심리학으로 성장하는 계기가 마련되었다.

비록 심리학의 역사는 상대적으로 짧아 100년 조금 넘었지만, 심리학자들은 매우 다양한 접근을 가지고 인간의 정신적 과정과 행동을 연구했다. 이러한 접근은 심리학자들에게 새로운 연구를 하는 참조의 틀을 제공해준다. 그래서 그들이 어떠한 행동을 어떻게 관찰하고 수집해야 하는지 그리고 그 행동을 어떻게 해석하고 설명할 것인지 그 틀을 제공해 준다. 초기의 접근에는 구조주의, 기능주의, 형태주의 등이 있다.

구조주의. 구조주의는 심리학을 창시한 Wundt가 주도한 것으로 최초의 심리학적 운동이다. 이후 그의 미국인 학생인 Edward Titchener는 구조주의를 미국에 전파하여 확장하는 데 기여했다. 구조주의자들은 즉각적인 의식(consciousness) 경험의 구조와 그 구성요소들을 밝히는 것이 심리학이 연구해야 할 타당한 주제라고 생각했다. 이때 의식이란 깨어있는 상태에서 자신이나 사물을 인식하는 작용으로, 자신의 마음이나 세계에 대하여 사람들이 주관적으로 경험하는 것이다. 이러한 경험은 매우 광범위한데, Wundt는 보는 것, 듣는 것, 맛보고 냄새 맡는 것, 만져서 느끼는 것과 같은 감각 그리고 기쁨, 분노, 두려움, 슬픔과 같은 감정이 의식을 구성하는 두 주요 유형이라고 생각했다(Wundt, 1896).

그림 1-3 빌헬름 분트(Wilhelm Wundt: 1832~1920)는 심리학의 창시자로 인정받고 있다.

구조주의자들은 모든 의식적 경험은 이와 같은 기본적인 요소들의 합으로 설명할 수 있다고 보았다. 그래서 그들은 이러한 요소들이 어떻게 발생하고, 어떻게 합해져서 정신적 구조를 만드는지 그 규칙을 밝히고자 하였다. 구조주의자들은 마음의 구성요소를 밝히기 위해 실험이나 자기관찰과 같은 방법도 사용했지만, 주로 내성법(introspection)이라는 방법을 사용하였다. 내성법은 말 그대로 자신의 내부를 본다는 의미로, 자신이 생각하거나 느끼는 것을 기술하고 분석하는 것이다. 이것은 또한 자기점검으로 알려져 있다. 예를 들면, Titchener(1910)는 참가자들에게 하나의 자극을 보여주고 그것을 몇몇의 개별적인 특징으로 분석하도록 요청하였다. 가령 레몬을 보여주고 그것의 노란 정도, 밝기, 모양 및 기타 특징들을 기술하도록 요청했다.

이와 같은 내성법은 방법의 과학적 측면에서 그 한계점을 가지고 있다. 무엇보다도, 한 개인이 보고하는 내용이 정확하다는 것을 입증할 방법이 없다. 더군다나, 한 대상에 대한 의식적 경험에 대하여 동일한 사람이 반복적으로 보고할 때, 그 보고가 서로 일치한다고 보장하기 어려웠다. 가령 구름을 처음에는 솜사탕처럼 생긴 것으로 보고했다가 나중에는 병아리처럼 생겼다고 보고하는 등, 훈련 받은 관찰자도 보고하는 시기에 따라 자신의 의식적 경험을 다르게 보고하기 때문에, 무엇이 정확한 보고인지를 결정할 수가 없었다. 또한, 집중적인 훈련을 받은 사람들도 단순한 감각 경험에 대해서도 서로 다른 보고를 했다. 즉 의식적인 경험에 주관적인 요소가 많이 개입함으로써, 어떤 객관적이고 안정적인 결론을 내릴 수가 없었다. 과학은 반복관찰을 통해서 동일한 결과가 나올 것을 요구하는데, 내성법의 이러한 한계 때문에 구조주의는 점차 쇠퇴하였다.

그림 1-4 윌리엄 제임스(William James: 1842 ~1910)는 기능주의 창시자로 알려져 있다.

기능주의. 기능주의는 구조주의에서 파생되어 나온 것으로, 의식적인 마음이 어떻게 그리고 왜 작용하는지를 다루는 심리학파이다. 구조주의가 정신적 과정이 무엇이고 그것이 어떻게 작동하는지에 대해 관심을 가지고 있다면, 기능주의자들은 인간이 왜 지금과 같은 방식으로 생각하고 느끼고 행동하는지 그 이유를 알고자 한다. 기능주의의 창시자로 알려진 William James(〈그림 1-4〉 참고)는 마음이 무엇인지 그 구성 요소를 밝히기보다는 마음이 무엇을 하는지 그 기능을 밝히는데 초점을 두었다. 그래서 기능주의의 주요 목표는 의식의 내용이 어떻게 함께 기능하고 작동하는지를 아는 것이었다(Boring, 1950). 이러한 이유로 이 학파를 기능주의라고 부른다.

James는 자신의 저서 『심리학의 원리(Principles of Psychology, 1890)』에서 의식을 계속해서 발전하는 요소들의 역동적인 모임이라고 보았다. 그러면서 의식이란 결코 정적인 상태로 남아 있지 않고 끝임 없이 흐르는 것이라고 기술했다. 또한 그는 의식의 내용을 아는 것만으로는 충분하지 않고 그러한 내용이 어떻게 기능하고 작용하는지도 함께 알아야 한다고 주장하였다. 그는 이러한 지식을 통해서 심리학자들은 마음이 어떻게 행동을 유도하는지를 알 수 있다고 보았다. 이처럼 기능주의자들은 사건에 대한 관심을 뇌의 수준이 아니라 집단의 수준에서 가지고 있었다. 그래서 그들은 바로 쓸 수 있는 지식을 얻는 데 더 많은 관심을 가지고 있었다. 가령, 그들은 사람들이 어떻게 학습하는지 그리고 그들의 목표와 신념이 환경에 의해 어떻게 만들어지는지에 대하여 관심을 두고 있었다.

기능주의자들은 상당수가 미국인인데, 그들은 Charles Darwin의 진화론에 큰 영향을 받았다. 그들은 자연선택 그리고 인간과 동물의 연계성을 강조하면서, 인간의 심리가 동물의 심리와 연관되어 있음을 이론화하였다. 또한 그들은 교육방법의 개선과 같은 사회적 문제에 초점을 두었는데, 이에 대한 연구는 오늘날에도 지속되고 있다. 한편, 기능주의자들 역시 구조주의자들처럼 심리학의 연구 대상을 의식으로 삼고 있었으며 그 연구 기법으로 내성법을 사용하였다. 그러나 이후에 등장하는 여러 학파들의 입장에서 보면, 의식이라는 연구 대상은 그 범위가 매우 제한적일 수밖에 없었다.

형태주의(Gestalt) 심리학. 심리학자들이 형태주의라고 번역하는 게슈탈트(gestalt)라는 말은 형태, 전체라는 뜻을 지닌 독일어에서 온 말이다. 심리학에 대한 이러한 접근도 20세기 초에 나타났는 데, 이것은 마음이나 행동의 부분들뿐만 아니라 한 개인이 하는 경험의 전체를 연구하는 것이 필수적이라고 주장하는 하나의 심리학파이다. 즉, 형태주의 심리학자들도 의식에 대해서 특히, 지각을 하는 동안 발생하는 의식에 대해서 관심을 가지고 있었지만, 경험의 개별적인 요소들을 나누기보다는 사고나 경험의 전체적인 패턴을 강조했다.

Max Wertheimer와 또 다른 과학자들은 우리 사고의 내용은 대부분 우리의 지각 그리고 더 나아가 우리가 본 것을 구조화하는 선천적 경향성에서 나온다고 지적했다. 그들은 "전체는 부분의 합 이상이다."라는 격언처럼 의식적 경험이 그것의 개별적 부분들의 합 이상이라고 제안했다. 〈그림 1-5〉에서처럼, 그들은 마음이 경험에 구조와 의미를 부여함으로써 그 부분들을 특별한 것으로 조직화한다고 주장하면서 세상을 지각적 틀로 분석하였다. 즉 그들은 전체적인 경험으로서 지각하고 사고하는 패턴을 분석함으로써 마음과 마음의 작용을 이해할 수 있었다.

그림 1-5 형태주의 심리학은 보는 입장에 따라 형태가 달라지는 다양한 사례들을 통해 자신들이 주장하는 지각 원리를 입증하고자 했다.

형태주의는 인간의 행위 자체를 너무 원자론적 관점이나 기계적 관점으로 해석하는 것에 대한 저항과 관련이 된다. 특히, 인간의 행동 중에 이상행동을 해석할 때 너무 구체적으로 나눈 행동에 주목하는 기존의 관점을 반박하고 있으며, 인간행동을 전체적인 측면에서 다시 규명하고자 했다. 이러한 관점에서 게슈탈트 심리치료는 게슈탈트의 개념을 상담이나 심리치료의 영역까지 확장시킨 것으로, 신체와 정신, 환경을 상호 영향력을 가지고 있는 통합적이고 유기적인 존재로 이해해야 한다고 보았다. 형태주의 심리학의 영향력이 포괄적인 만큼, 이러한 접근은 과학적으로 탄탄한 근거가 취약해 보여 폭넓은 추종자들을 확보하지는 못했다(Lefton, 2000).

정신분석. 정신분석은 Sigmund Freud(〈그림 1-6〉 참고)가 창시한 것으로, 이 접근은 인간에 대하여 일반적인 심리학과 매우 다른 가정 즉, '무의식(unconsciousness)'이라 불리는 의식 반대의 개념을 가정한다. 심리학은 일반적으로 의식 영역의 행동이나 마음을 연구하는 것이 지배적이지만, 정신분석학은 무의식이 의식 밖에 있지만 무의식에는 억압된 감정과 욕망, 생각 등이 있고, 그것이 인간 행동과 사고에 훨씬 더 큰 영향을 끼친다고 주장한다. 즉 이 접근은 인간의 사고와 행동의 궁극적 원인은 무의식에 있다고 보기 때문에, Freud는 인간의 행동에 영향을 미치는 무의식의 영역을 발견하여 그 내용과 구조를 연구했다.

처음에는 Freud는 의식과 무의식의 구조를 지형학적 모형으로 설명했다. 예를 들어, 우리가 인식할 수 있는 의식이 존재하고 있으며, 그 아래에는 지금 당장 인식할 수는 없지만 언제든 다시금 인식할 수 있는 전의식이 존재한다. 그리고 전의식에서 한층 더 깊이 들어가면 의식에서 억압된 무의식이 존재한다. 그리고 전의식은 넓은 의미에서 무의식에 포함되는 개념의 하나라고 본다. 이후 Freud는 이러한 지형학적 모형을 조금 더 구체적으로 만들어서 역동적 정신 구조론으로 발전시켰다. 이것이 익히 알려진 자아(ego), 초자아(super ego), 원초아(id)의 3원 구조이다. 이에 대한 자세한 설명은 '성격과 개인차'를 다룬 제 9장과 '상담과 심리치료'를 다룬 13장을 참고하기 바란다.

적응과 관련해서, 정신분석은 인간의 행동 양식을 심리 내적인 욕구와 외부 세계와의 충돌이나 조화의 상태로 이해한다. 그래서 심리 내적 욕구와 외부의 사회적 요구가 조화를 이룰 때는 문제가 없지만 그렇지 않으면 심리적 고통과 같은 이상행동이 나타난다고 생각한다. 다시 말해서, 정신분석적 접근에서는 심리적 부적응이 본인이 인식하지 못하는 미해결된 갈등으로부터 생긴 불안의 결과라고 가정한다. 이러한 문제를 해결하는 방법이 정신분석인데, 여기서는 한 개인의 사고, 감정, 행동을 이해하기 위해서는 그의 초기 성적 경험과 무의식적 성적 욕망의 탐색이 필수적이라고 주장한다. 이 방법에 대한 자세한 설명은 '상담과 심리치료'를 다룬 제 13장을 참고하기 바란다.

그림 1-6 지그문트 프로이트(Gigmund Freud: 1856~1939)는 정신분석의 창시자로 알려져 있다.

이후에 많은 심리학자들이 Freud의 정신분석적 접근에 동참하였다. 대표적으로 Carl Jung과 Alfred Adler가 있다. 그러나 이들은 이후에 이론적인 견해 차이로 Freud와 결별하고, Freud가 주창한 이론의 중요한 측면과 반대되는 정신분석이론을 발전시켰다. Jung과 Adler 같은 신프로이트 학파는 Freud가 강조한 성이나 공격성과 같은 욕구를 상대적으로 덜 강조하는 대신, 사회문화적이거나 대인관계적인 측면을 중요시하였다. 가령 Jung은 내향성과 외향성 개념을 포함한 다차원적인 개념을 도입하여 유형화된 성격이론을 발전시켰다. Adler는 아동기의 열등의식이나 우월감의 추구 동기와 같은 개념을 강조하는 성격이론을 제시하였다. 정신분석이론은 발달심리나 심리치료 등 이후의 이론에 많은 영향을 미쳤다. 그럼에도 불구하고 이에 대한 비판도 상당히 있어 왔다. 가령 Freud의 이론은 객관적인 과학적 연구에 기초한 것이 아니라, 다른 사람들의 행동을 관찰하고 그에 대한 주관적인 해석에 근거하고 있다. 이러한 점에서 Freud가 주장한 이론의 타당성을 확보하기가 어렵다. 정신분석적 접근은 오늘날 임상이나 상담 심리학 분야에서 적용되고 있고, 다른 영역에서는 그 영향력이 상대적으로 미미한 편이다.

(2) 접근의 확장

초기의 심리학적 접근들이 전체적으로 마음의 내용이나 기능, 법칙 등에 초점을 두고 있었다면, 이후의 접근들은 좀 더 다양한 주제들을 대상으로 삼았다. 예를 들면, 행동주의자들은 관찰 가능한 행동을 통해 학습을 중심 주제로 연구하였고, 인본주의 심리학은 자유의지를 주요한 개념으로 강조했다. 인지주의자들은 사고의 과정을 중요하게 여겼으며, 생리심리학자들은 인간의 신경계와 뇌 등 생물학적인 수준에서 행동을 설명하고자 했고, 진화론적 접근을 취하는 심리학자들은 인간의 행동을 진화론에 입각해서 설명하고자 했다.

행동주의. 20세기 초에 등장한 행동주의 심리학자들은 심리학의 연구영역을 직접적으로 관찰할 수 있는 행동에 초점을 두어야 한다고 주장했다. 즉 그들은 심리적인 사건이나 현상을 공식적으로 관찰가능하고 객관적으로 검증 가능한 행동에만 한정해야 한다고 보았다. 행동주의자들은 심리적인 것 중에서 행동으로 나타낼 수 있는 것은 존재하는 것이라고 가정한다. 또한 그들은 심리학이 과학이 되기 위해서는 행동으로 나타난 객관적인 자료에만 기초해야 한다는 입장을 취한다. 이러한 입장에 따르면 의식 상태와 같은 것은 객관적 관찰이 불가능하므로 과학적으로 다룰 수 없다는 입장이다. 즉, 심리학의 이론이 유기체의 행동을 설명할 때 충동이나 기억 같은 관찰할 수 없는 심적 상태에 의존하면 안 된다는 것이다.

기존의 구조주의나 기능주의, 정신분석적 접근은 참가자들이 보고한 내용에 의존했다. 문제는 그와 같은 자기보고가 신뢰성이 떨어지기 때문에 연구자들이 제시한 결과만으로는 실제 마음속에서 무슨 일이 일어나고 있는지를 확실하게 입증하기 어렵다. John Watson은 과학은 모든 관찰자들에게 접근 가능하고 반복적으로 측정할 수 있어야 하는데, 내성법은 이러한 기준에 부합하지 않는다고 비판했다. 행동주의자들은 주로 실험을 하였으며, 쥐, 고양이, 개, 비둘기 등의 동물을 연구대상으로 학습 과정을 연구했다. 이 과정에서 행동주의는 행동을 '자극과 반응 모형(S–R 모형)'으로 설명했다. 즉 모든 반응은 선행하는 자극에 의한 것이라고 보고, 특정 행동에 선행하는 원인으로서 자극을 밝히고자 했다. 이 개념은 미국을 중심으로 여러 연구영역 특히 교육학에 큰 영향을 주었다. 그들은 '검증 가능한 것'을 강조하던 당시의 사회 분위기에 적합한 심리학 연구에 매진하였으며, 이것은 정신분석과는 사뭇 다른 것이었다.

행동주의 심리학자들 중 Watson의 영향을 받은 Burrhus Skinner(〈그림 1–7〉 참고)는 새로운 종류의 행동주의를 발달시켰다. 그는 동물들이 수동적으로 살아가는 것이 아니라

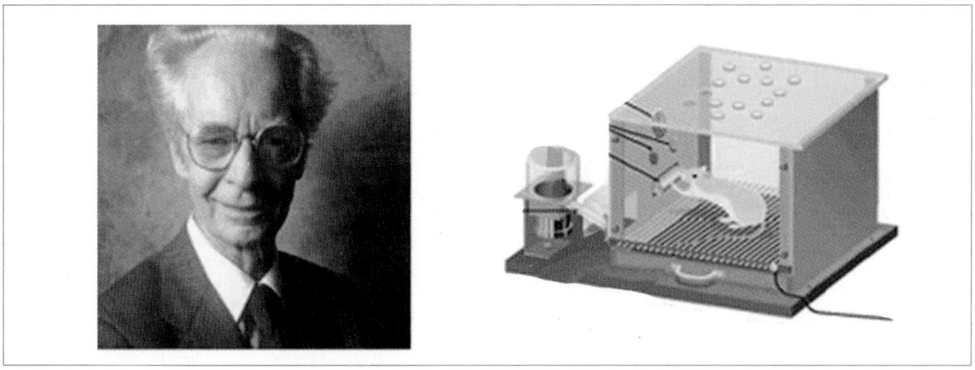

그림 1-7 벌허스 스키너(Burrhus Skinner: 1904~1990)는 스키너 상자를 이용하여 강화라는 개념을 설명하였다.

목표물을 향해 능동적으로 행동한다고 보았다. 그는 '스키너 상자'라고 불리는 상자를 만들어, 쥐가 레버를 누르면 먹이통에 음식이 나오도록 했다. Skinner는 쥐를 이 상자 안에 넣고 그의 행동을 관찰했다. 그 결과 쥐는 주변을 돌다가 우연히 레버를 눌렀고 그 다음 바로 먹이통에 떨어진 음식을 먹었다. 그 다음, 쥐가 레버를 누르는 빈도는 크게 증가했으며 배가 고프지 않을 때까지 이와 같은 높은 비율은 그대로 유지되었다. Skinner는 이러한 현상을 강화(reinforcement)라는 개념으로 설명했다. 강화는 이후의 행동을 증가시키는 모든 것으로, Skinner는 강화 원리가 이후의 행동의 발생빈도를 결정한다고 보았다. 또 다른 한편, 그는 인간의 행동 결과를 평가하는 기준이 너무 차별적이라는 사회적 불만이 많아, 신분이나 빈부에 상관없이 똑같은 과정을 거치면 똑같은 결과를 가져온다는 유토피아를 추구하고자 하였다. 훗날 그는 『Walden Two』라는 소설을 통해 그의 이상적인 사회를 언급하였다. 그는 이를 통해 사회적 평등을 이루고 싶은 자신의 소망을 드러내기도 했다.

행동주의 심리학자들은 특정 자극이 특정 행동을 유발하는 조건을 기술하는 많은 원리들을 개발했고, 이러한 원리들은 이후의 연구에서 많은 지지를 받았다. 이들이 개발한 원리들은 학습을 다룬 제 4장에서 자세히 살펴볼 것이다. 또한 객관적이고 통제된 관찰을 강조한 행동주의의 전통은 오늘날에도 지속되어, 심리학자들은 정신적 과정에 대한 연구에서도 객관적 측정이라는 기준을 따르고 있다. 그러나 행동주의자들은 '검증 가능한 것'에 대한 지나친 집착 때문에, 심리학의 진정한 연구 대상이라 할 수 있는 심적, 내적 과정에 대한 탐구를 소홀히 했다. 그 결과 여러 가지 연구상의 어려움에 부딪히게 되었고, 결국 심리학의 흐름을 인본주의 심리학과 인지심리학 등 다른 분야에 내주게 되었다.

인본주의 심리학. 인본주의적 접근은 1950년대 미국의 심리학자인 Abraham Maslow(〈그림 1-8〉 참고)와 Carl Rogers가 인간은 자유의지가 있고 무의식적인 동기와 환경적 자극에 의해 수동적으로 움직이는 존재가 아니라는 생각을 발전시키면서 등장하게 되었다. 인본주의 심리학은 정신분석적 접근과 행동주의적 접근에 대한 반발로 나타나 그들의 대안을 제시해 주었기 때문에 심리학에서 '제 3의 세력'이라고 부른다. 앞서 언급한 것처럼, Freud는 인간의 의식과 행동의 근원을 무의식적 성적 충동과 망각된 아동기의 기억에서 찾았다. 또한 행동주의자들은 인간을 자극에 의해 지배를 받는 존재로 보았으며 내면적인 측면을 경시했다. 이와 같은 입장은 인간 본성과 잠재력에 대하여 낙관적인 입장을 취하는 사람들에게는 받아들이기 매우 어려운 입장이다.

그림 1-8 아브라함 매슬로우(Abraham Maslow: 1908~1970)는 인본주의 심리학을 발전시켰다.

인본주의적 접근은 인간의 긍정적인 잠재력을 강조하는 접근이다. 인본주의 심리학자들은 인간을 먼 과거의 사건에 의해 지배를 받는 수동적이고 결정된 존재가 아니라, 발달하고 성장하며 최고의 잠재력에 도달하려는 선천적 욕구를 가진 자유롭고 능동적 행위자로 보았다. Maslow는 처음에는 Skinner를 잇는 행동주의 심리학자였으나, 후에 관찰가능한 행동과 환경의 영향에 대해서만 초점을 두는 것을 거부했다. 대신에 인간의 자연적인 본성인 자신의 잠재력을 실현하고자 하는 즉, 자기실현에 대한 욕구를 강조하였다.

Maslow의 견해는 Rogers(〈그림 1-9〉 참고)에 의해 계승되었다. 인간의 자유의지와 자기실현에 대한 욕구를 추구하는 것을 강조하는 입장에 근거해서, Rogers는 내담자 중심 치료라는 새로운 치료법을 제시하였다. 그는

그림 1-9 칼 로저스(Carl Rogers: 1902~1987)는 인본주의 심리학에 기초하여 내담자 중심 치료라는 새로운 심리치료기법을 창시하였다.

환자 대신 내담자라는 용어를 사용하였으며 내담자를 치료자와 동등한 입장에서 보았다. 비록 내담자 중심 치료는 충분한 과학적 기반을 확보하지는 못했지만, 이러한 입장은 심리치료 분야의 변화에 주요한 원동력이 되었다. 또한 인본주의 심리학은 사랑, 이타성, 건강한 인격의 발전과 인간 경험의 긍정적인 면에 대한 연구를 진전시키는 데 큰 공헌을 했다.

인지주의적 접근. 1970년대에 심리학은 인지적 관점이 주도하는 소위 '인지 혁명'이 꽃을 피우는 시대적 변화를 맞았다. 인지주의적 접근은 형태주의 심리학과 행동주의 심리학의 특성을 부분적으로 받아들였다. 즉, 형태주의 심리학자들처럼 인지심리학자들은 유기체의 지각과 정보 처리, 경험의 해석 등 정신의 작용을 강조한다. 또한 행동주의자들처럼 객관적이고 잘 통제된 실험실에서의 연구를 강조한다. 따라서 인지심리학자들은 엄격한 행동주의자들과는 달리 정신 작용이 행동에 영향을 미친다고 믿고 있지만, 그러한 정신 과정을 참가자들의 언어적 보고에만 의존하지 않고 관찰 가능한 반응을 통해 추론한다. 또한 인간은 수동적으로 자극을 지각하는 것이 아니라, 능동적으로 인지하는 존재라는 것을 전제로 인간의 행동을 설명하고자 했다.

인지심리학자들은 인간의 정신 과정이 작동하는 방식을 보여주는 새로운 모델을 컴퓨터에서 찾았다. 이렇게 해서 탄생한 인지심리학(cognitive psychology)은 정보가 내적으로 저장되고 작동하는 방식 즉, 인간의 정보처리의 본질을 파악하려는 학문이다(Neisser, 1967). 이 입장에서 인간의 정신 과정은 컴퓨터의 소프트웨어 즉 프로그램에 해당하고, 뇌는 하드웨어 즉 기계 그 자체에 해당한다.

이때 인지심리학자들은 하드웨어가 어떻게 작동하는지 고려하지 않아도 서로 다른 유형의 소프트웨어를 논할 수 있는 것처럼, 뇌의 구조에 대한 언급 없이 정신 과정을 논할 수 있다고 생각한다. 예를 들어, 컴퓨터에서 특정 명령을 입력하면 컴퓨터 내부에 특정 사건들이 발생하고, 그 사건들이 그 기계가 하는 것에 영향을 미친다. 마찬가지로, 한 개인이 특정 행동을 하면 내적으로 어떤 일이 일어났는지 그리고 그것이 어떻게 그 개인의 행동을 야기했는지를 파악할 필요가 있다. 이처럼 컴퓨터는 정신 과정을 개념화해서 그 과정에 대한 이론을 개발할 수 있는 새로운 방법을 제공하였다.

최근에는 인지심리학과 신경과학을 결합한 인지신경과학(cognitive neuroscience: 〈그

그림 1-10 인지신경과학(cognitive neuroscience)은 인지 과정과 뇌 활동 간의 관계를 밝히려는 분야로, 인지신경과학자들은 뇌를 연구해서 정신 과정의 본질, 조직 그리고 작동을 밝히고자 한다.

림 1-10〉 참고)이 출현하였는데, 이 학문은 인지 과정과 뇌 활동 간의 관계를 밝히려는 연구 분야이다. 인지신경과학자들은 뇌의 연구를 통해 정신 과정의 본질, 조직 그리고 작동을 밝히고자 한다. 뇌와 인지의 관계는 뇌의 특정 부위를 손상한 사람들이 보이는 특정 인지능력의 상실을 보여주는 사례들을 통해 드러났다. 가령, 뇌 왼쪽의 특정 부분에 손상을 입은 환자들은 주어진 단어를 완벽하게 이해는 하면서도 그 단어를 말로 생성하지는 못한다. 1980년대 후반부터는 과학기술의 발달로 뇌의 영상을 촬영할 수 있는 기술이 발전하였다. 이러한 기술은 심리학자들로 하여금 읽기, 상상하기, 듣기, 기억과 같은 과제를 수행할 때 뇌의 내부에서 어떤 일이 일어나는지 파악하는 데 크게 기여하고 있다.

생물학적 접근. 생물학적 접근은 유전과 생물학적 요인들이 어떻게 정신 과정과 행동에 영향을 미치는지를 탐구하고, 신체적 기제가 어떻게 정서, 느낌, 사고, 소망 그리고 감각적 경험에 영향을 미치는지 연구하는 심리학파로, 신경과학적 접근으로도 알려져 있다. 생물학적 접근을 취하는 연구자들은 감각기관이나 신경계의 생리적 작용으로 인간의 심리적 사건과 행동을 설명하고자 하며 특히, 유전적으로 비정상적 현상들, 중추신경계 문제들, 뇌손상 그리고 호르몬상의 변화를 연구한다.

예를 들면, 어떤 연구는(Shaywitz et al., 1995) 세상에 대한 사람들의 견해 차이는 학습된 것이라기보다는 생물학적 요인에 기초한다는 것을 시사한다. 생물학적 접근의 연구자들은 동물을 대상으로 실험하던 과거의 관행에서 벗어나 중요한 주제들을 인간을 대상으로 연구하기도 한다. 예를 들어, 캐나다의 신경외과 의사 Penfield는 간질 환자의 발작을 줄이기 위해 외과적 수술을 하던 도중에 뇌의 표면에 약한 전류로 자극을 주었다. 그는 뇌 한쪽의 특정 부위에 대한 자극은 반대편의 신체 일부의 움직임을 유발한다는 사실을 발견하였다. 그는 이러한 발견을 모두 정리하여 뇌의 각 부위가 담당하고 있는 신체 부위를 표시한 뇌지도를 만들 수가 있었다. 한편, 생물학적 접근은 20세기 초에는 거의 존재감이 없었지만 1980년대 전후로 큰 성장을 이루게 되었다. 미국의 신경과학자인 Roger Sperry와 그의 동료들은 각 대뇌 반구는 다른 쪽 반구에 비해 특정 심리적 기능에서 더 우수하다는 것을 발견하였다. 이것을 뇌의 전문화라고 부르게 되었다. 또한, 생리심리학적 연구방법이 개발되고 객관적인 측정을 강조하는 경향이 커지면서, 생물학적 접근의 연구들은 뇌의 활동이 인간의 행동이나 경험과 밀접한 관계가 있음을 설득력 있게 보여주고 있다.

진화론적 접근. 진화론적 접근은 Charles Darwin(〈그림 1-11〉 참고)이 주창한 진화론의 원리에 기초하여 인간의 사회적 행동을 설명한다. 즉, 사회적 행동의 원인을 생존과 재생산을 위해 진화해 온 신체적 및 심리적 기제에서 찾는 이론적 관점이다. 이 관점의 핵심 개념인 자연선택에 따르면, 동물은 자손에게 생존과 재생산을 돕는 특성을 물려준다. 특정한 환경에 더 적응할 수 있도록 설계된 특성은 덜 적응적인 특성을 대체한다. 진화심리학(evolutionary psychology)은 마음을 '특화된 모듈(module)'의 집합체로 생각하는데, 그 핵심적인 아이디어는 어떤 인지적 전략(예, 목표를 달성하기 위해 속임을 사용하는 것)과 목표(예, 매력적인 배우자를 찾는 것)는 매우 중요해서 자연선택이 이와 같은 것들을 우리의 뇌에 구축해 놓았다는 것이다. 그래서 우리의 뇌는 모든 것을 다 잘하도록 진화된 것이 아니라, 우리가 적응적으로 살아가는 데 필요한 것을 잘하도록 설계되어 있다.

진화론적 접근에는 몇 가지 핵심적인 아이디어가 있다(Neuberg, Kendrick, & Schaller, 2010). 첫째, 인간의 성향과 선호는 자연선택의 결과로, 이것을 진화된 심리학적 기제라고 부른다. 예를 들면, 공포심은 상황이 위험한지 아닌지를 알려주는 감각으로 발달해

그림 1-11 진화론을 창시한 찰스 다윈(Charles Darwin: 1809~1882)

왔다. 둘째, 모든 인간의 행동은 진화된 심리학적 기제를 포함하는 내부의 생물학적 특성과 외부의 사회적 상황의 요구를 모두 반영한다. 셋째, 인간이 직면해 온 대부분의 중요한 문제는 사회적이다. 그래서 진화된 심리학적 기제의 다수는 타인과의 관계 속에서 기능한다. 추방에 대한 두려움, 협동, 자녀에 대한 투자가 여기에 해당한다.

진화심리학자들은 오늘날 인류가 보이는 심리적 특성이나 행동이 진화적 발달의 산물이라는 자신들의 주장을 입증하기 위해서, 문화적 보편성 가령, 근친상간에 대한 금지와 같은 특정 관습이나 얼굴 표정을 통한 정서표현과 같은 행동이 모든 문화에 존재한다는 증거를 찾고자 한다. 물리적으로 멀리 떨어져 있으면서 문화적으로 매우 다른 지역에 사는 사람들이 동일한 경향성을 보인다면, 그러한 경향성은 학습에 의한 것이 아니라 타고 태어난 것일 수 있다. 또한 진화심리학자들은 의사소통과 같은 인간의 능력을 다른 동물들과 비교한다(Hauser, 1996). 이러한 동물 연구를 통해서 연구자들은 공통의 조상들이 지닌 능력을 발견하고, 그러한 자료를 통해 이와 같은 능력이 진화의 과정을 통해 어떻게 발달해 왔는지를 규명하고자 한다.

3 심리학 연구 방법

심리학에서 사용하는 연구 방법은 연구의 목적이나 특성 혹은 조건에 따라 매우 다양하다. 그래서 특정 연구에서 가장 적합한 연구 방법을 사용하여 사건들의 특성을 기술하고 그들 간의 관계를 밝혀 정돈된 지식 체계를 구축할 수 있다. 연구 방법을 크게 양적 방법과 질적 방법으로 나눌 수 있다. 이때 양적 방법은 자료를 숫자로 나타낼 수 있는 방법으로, 실험법, 상관연구법, 사회조사법 등이 포함된다. 반면 질적 방법은 자료를 숫자로 양화하지는 못하는 것으로, 사례 연구 등이 포함된다. 인간 행동을 연구할 때 양적 방법과 실석 방법 중 어느 한 방법을 반드시 사용해야 하는 것은 아니다. "과학자로서 우리가 취해야 할 합리적이면서 타당한 입장은 우리의 연구문제를 해결하는 데 필요하다면 어떤 연구 설계라도 사용할 수 있어야 한다."는 것이 심리학자들의 연구방법에 대한 일반적인 입장이다. 이러한 연구방법을 그 특성에 따라 여러 유형으로 분류할 수 있다. 예를 들면, 사건이나 상황이 현재 어떤 상태인지를 알려주는 기술적 방법, 사건들 간의 관계를 밝혀주는 상관 연구, 사건들 간의 인과 관계를 밝혀주는 실험법이 있을 수 있다. 본 절에서는 이러한 방법들을 알아본다.

(1) 기술적 방법

기술적 방법은 어떤 행동이 어느 정도의 양과 빈도로 발생하는지를 나타내기도 하고, 지금의 현재 상태를 글의 형태로 표현하기도 한다. 이러한 기술 연구는 심리학 연구에서 가장 기초적인 연구로 이후의 연구를 수행하는데 중요한 역할을 한다. 즉, 기술 연구의 절차들은 이후의 좀 더 체계적이거나 통제된 연구를 이끌어주는 데이터베이스로서의 역할을 제공한다 (Miller & Eisler, 1977). 행동의 기술은 설명을 위해 필요한 첫 단계이며 일반적으로 실험 연구에 선행하기도 한다. 또한, 여기에는 자연 관찰(naturalistic observation)이나 사례 연구 (case study), 설문조사(survey) 등이 있다.

자연 관찰. 관찰한다는 것은 어떤 대상이나 사건의 속성을 파악하기 위해 우리의 오감을 직접적으로 이용해서 정보를 수집한다는 것이다. 자연 관찰은 관찰하고자 하는 속성을 정하고 그 속성을 체계적으로 보고 파악해서 측정하는 방법이다(〈그림 1-12〉 참고). 자연 관찰은 심리학자가 연구하려는 행동이 인위적인 실험실 상황에서는 변질될 가능성이 있을 때에도 사용할 수 있다. 이때 그 속성을 조작적 정의를 통해서 측정할 필요가 있다. 조작적 정의는 어떤 속성을 구체적이고 측정할 수 있는 조건이나 행동으로 기술하는 것을 말한다. 예를 들면, 한 연구자가 사람들의 공격성을 관찰하고자 할 때, 그러한 공격성을 보여주는 행동이나 조건을 구체적으로 규정해 놓는 것이다.

우리가 세상을 이해하기 위해서는 관찰이 매우 중요하다. 예를 들면 Stoffer, Davis, 그리고 Brown(1977)은 대학생들이 객관식 문제에서 선택한 답지를 다시 생각해서 고치는 것이 유리한지를 알아보았다. 일반적인 생각은 처음에 선택한 답지를 유지하는 것이 고치는 것보다 더 유리하다는 것이다. 연구자들은 대학생들이 한 심리학 과목에서 제출한 답지를 검토하여 지우개로 고친 문제 그리고 고치기 전과 후의 답지가 정답인지 오답인지를 검토했다. 그 결과, 오답에서 정답으로 고친 비율이 정답에서 오답으로 고친 비율보다 거의 3배에 해당했다. 이처럼 심리학자들의 궁극적인 목표는 사실을 밝히는 것이고 그 첫 번째 단계는 무엇이 발생하고 있는지를 객관적이고 정확히 파악하는 것이다. 이 작업이 제대로 이루어지지 않으면, 그 이후의 과정이 아무리 완벽하다 하더라고 그렇게 나온 결과는 사실과는 거리가 멀어 일정 부분 왜곡될 수밖에 없다.

관찰을 객관적으로 타당하게 하는 것은 여러 이유 때문에 쉬운 일은 아니다. 예를 들면, 누가 관찰을 하느냐가 관찰의 결과에 영향을 줄 수 있다. 왜냐하면 동일한 대상도 보는 사람마다 다르게 볼 수 있기 때문이다. 가령 툭 치고 가는 행위를 어떤 사람은 공격적인 행동이라고 하는 반면, 다른 사람은 친근함의 표현이라고 할 수 있다.

그림 1-12 자연 관찰은 기술적 연구 방법의 하나로, 관찰하고자 하는 속성을 정하고 그 속성을 체계적으로 보고 파악해서 측정하는 방법이다.

혹은 교통사고를 보고 어떤 사람은 두 차가 모두 과속을 했다고 지각한 반면, 다른 사람들은 한 쪽 차가 과속해서 정상적으로 달리던 다른 차를 덮쳤다고 판단할 수 있다. 이처럼 관찰에는 관찰자의 주관이 개입될 가능성이 크고, 관찰자의 의견이나 기대 등이 반영되어 객관적인 결과를 얻지 못할 수도 있다. 따라서 관찰자는 이러한 오류를 피하기 위하여 객관적으로 관찰하고 기록하는 훈련을 받을 필요가 있다(Becker & Geer, 2003).

자연 관찰은 인위적이지 않은 상황에서 연구자가 알아보고자 하는 현상 자체를 보고 파악할 수 있다는 장점이 있지만, 그럼에도 불구하고 여러 한계점이 있다. 예를 들면, 우리가 관심이 있는 어떤 행동은 자주 발생하지 않아 관찰하기가 어렵다. 가령, 사회적으로 부정적인 행동은 은밀하게 이루어지기 때문에 평소에 발견하기가 쉽지 않다. 또한 자연적 상황에서 이루어지는 관찰은 일회적으로 발생하는 사건이기 때문에, 이를 기초로 일반적인 진술을 하기는 어렵다. 앞서 언급한 것처럼, 관찰자 편향도 자연 관찰의 제한점이 될 수 있다. 말하자면 관찰자는 자신이 보고 싶은 것만 볼 수 있고, 자신이 생각하는 것과 다른 행동도 자의적으로 해석할 수 있다. 이외에도 자연 관찰은 외적인 행동을 보여줄 뿐이지, 왜 그러한 행동이 발생했는지 그 원인이나 이유를 설명해주지는 못한다.

사례 연구. 사례 연구는 개별 참가자에 대하여 심층적인 조사를 하는 연구 방법이다. 어떤 연구에 적합한 대상자가 소수일 때, 특히 일상적으로는 발생하지 않는 특별한 경우를 연구할 때 적합하다. 사례 연구는 실생활에서 벌어지는 현재의 현상을 조사할 수도 있고, 과거의 사건이나 경험을 회고적으로 할 수도 있다. 특히 조사하고자 하는 현상과 상황 조건이 명확하게 구분되지 않을 때 유용한 방법으로, 예시를 통해 상황을 기술하거나 복잡한 현실세계를 설명하는 것이 가능하다. 현상에 대한 다수의 변수를 다룰 수 있고, 다양한 원천으로부터 증거를 수집하고 그 증거들을 수렴해 새로운 결과를 도출할 수 있다. 사례 연구가 심리학자들이 일반적으로 사용하는 방법은 아니지만, 그렇다고 해서 그 연구의 가치가 결코 낮다고 볼 수는 없다. 예를 들면, Jean Piaget는 자기 자녀 몇 명을 주의 깊게 관찰하고 그 결과를 기초로 인지발달이론을 개발하였다.

사례 연구는 여러 심리학 분야에서 흔하게 사용하는 연구 방법 중의 하나이다. 예를 들면, 많은 신경심리학자들은 뇌손상을 당한 사람이 그 후 어떤 능력에서 결함을 보이는지를 추적함으로써, 특정 뇌 부위가 담당하는 기능을 파악한다. 임상심리학자들도 사례 연구를 통해 이상심리를 연구해 왔다. 가령 Freud의 정신분석 이론은 신경증 환자들을 대상으로 사례 연구한 결과에 기초한 것이다. 인지심리학자들도 기억에 특별한 재능을 가진 몇몇 사람들을 연구하여 기억술을 연구하기도 한다(Wilson & Ross, 2003).

사례 연구는 후속 연구에서 검증할 좀 더 체계적인 연구 문제를 제안해 줄 수도 있고, 향후에 일어날 일을 미리 보여줄 수도 있다. 그러나 특정 사례가 전체를 대표하는 것이 아니기 때문에, 어떤 사례를 연구하느냐에 따라 그 결과가 매우 다를 수 있다. 그래서 사례에 따라 잘못된 판단이나 편향된 결론을 내릴 수 있다. 예를 들면, 실질적으로는 매우 드문 어떤 사건도 극적으로 각색되어 언론에 보도되면, 사람들은 그 사건의 빈도를 과장해서 지각하게 된다. 그래서 단일 사례의 이러한 한계점을 극복하기 위해 다수의 사례를 연구하면, 사례들 사이에 존재할 수 있는 비일관성을 파악할 수 있고 그래서 좀 더 보편적인 결론을 이끌어낼 수 있다. 이처럼 단일 사례가 가지는 한계점에 주의하거나 보완할 경우, 우리는 사례 연구를 통해 중요한 정보를 얻을 수 있고 치료나 훈련 프로그램의 효과를 효율적으로 검증할 수 있다.

설문조사. 설문조사는 다수의 참가자들에게 그들의 신념, 태도, 선호나 활동을 묻는 질문지를 이용한 연구이다. 설문조사는 많은 자료를 저비용으로 공정하고 빠르게 수집하는 데 효율적이다. 그래서 실험을 주로 하는 심리학 분야에서는 설문조사를 거의 사용하지 않지만, 사람들의 성격이나 사회적 상호작용을 포함해서 매우 다양한 주제를 연구하는 데 사용되어 왔다. 예를 들면, 우리나라 사람들의 정치적인 성향이나 지지하는 정당 등 정치적 태도가 출신지역에 따라 다른지를 알아보기 위해서 설문조사를 실시할 수 있다. 설문조사를 위해서는 알아보고자 하는 측면들을 제대로 반영한 질문들을 구성하고 적합한 대상자들을 선정해야 한다. 이러한 설문조사는 연구문제를 만들거나 검증하는 데에도 사용할 수 있다(Alreck & Settle, 1994).

설문조사의 핵심적인 논쟁은 조사하는 대상자들의 선정과 관련이 있다. 연구자는 전체 연구대상자 중에서 일부 즉 표본을 선정하여 그들에게 설문을 실시한다. 이때 표본이 전체 연구대상자를 대표할 때, 여기에서 나온 결과가 연구대상자 전체의 특성을 제대로 반영한다. 따라서 설문조사가 타당하기 위해서는 조사에 응한 표본이 전체의 특성을 잘 나타낼 수 있도록 대표성을 가져야 한다. 두 번째 논쟁은 조사대상자들이 설문조사에 얼마나 정직하게 반응하는가의 문제와 관련이 있다. 사람들은 자신에게 바람직하지 않거나 마음에 거슬리는 질문에 대해서는 답을 하지 않거나 정직하게 답하지 않는 경향이 있다. 요약하면, 설문조사법은 익명을 보장하는 연구, 선호도 등의 조사에 유리하지만, 타당도를 위한 표본의 대표성 확보, 자료 분석 및 해석 시 오류가 생길 수 있다는 점에 유의할 필요가 있다.

(2) 상관 연구(correlational research)

우리가 관찰하는 대상의 속성들은 서로 관련되어 있을 수 있다. 예를 들면, 키가 큰 사람일수록 몸무게가 더 나갈 수 있고, 자기중심성이 낮은 사람일수록 친사회적 행동을 더 많이 할 수 있다. 그러나 몸무게가 많거나 적은 사람일수록 친사회적 행동을 더 많이 하지는 않을 것이다. 이때 키, 몸무게, 자기중심성, 친사회적 행동과 같은 속성을 모두 변인(variables)이라고 한다. 이때 변인이란 개인 간에 혹은 시간의 흐름에 따라 그 값이 변할 수 있는 속성을 말한다. 위의 사례에서처럼 한 변인의 값이 변하면 그에 따라 다른 변인의 값이 변할 때 이 두 변인이 상관(correlation)관계에 있는 것이다. 이처럼 상관은 한 변인의 변화가 다른 변인의 변화를 수반하는 관계를 의미하면서, 동시에 한 변인에서 변화의 정도가 다른 변인에서 그 만큼의 변화를 가져오는지를 검증한다(Hemphill, 2003).

상관의 크기는 보통 r로 표기하는 상관계수라는 통계치로 나타내며 -1에서부터 1까지의 수로 나타낸다. r의 절대값이 0에 가까울수록 두 변인 간에는 상관관계가 없고 그 값이 1에 가까울수록 상관관계가 높다고 해석한다. 또한 상관에는 정적 상관과 부적 상관이 있다. 〈그림 1-13〉의 (a)에서처럼, 정적 상관은 한 쪽이 커지면 다른 쪽도 커지거나 한 쪽이 작아지면 다른 쪽도 작아지는 경우를 말하며 r의 값은 0~1 사이에 존재한다. 위에서 언급한 키와 몸무게의 관계가 여기에 해당한다.

반대로, 〈그림 1-13〉의 (b)에서처럼, 부적 상관은 한 쪽이 커지면 다른 쪽은 작아지거나 한 쪽이 작아지면 다른 쪽은 커지는 경우를 말하며 r의 값은 0~-1 사이에 존재한다. 위에서 언급한 자기중심성과 친사회적 행동의 관계가 여기에 해당한다. 마지막으로 〈그림 1-13〉의 (c)에서처럼, 한 쪽이 커지거나 작아져도 다른 쪽의 변화가 없을 때는 r의 값은 0

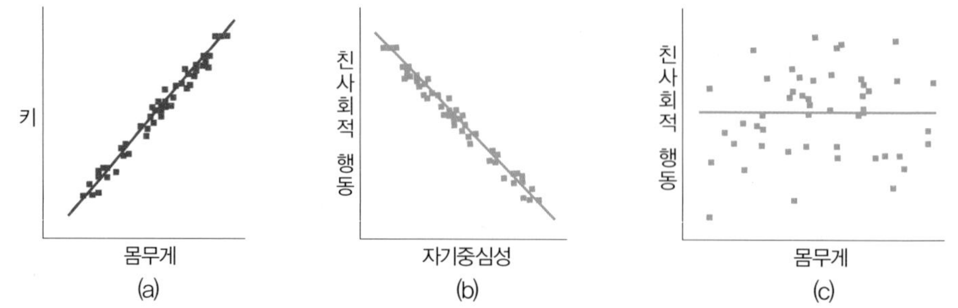

그림 1-13 **상관의 강도** (a)는 정적 상관, (b)는 부적 상관을 나타내며, (c)는 두 변인 간에 상관이 없음을 나타낸다.

에 가까워진다.

상관 연구는 몇몇 장점을 가지고 있다. 먼저, 상관은 한 변인의 점수를 알면 다른 변인의 점수를 알 수 있도록 예측할 수 있게 해준다. 키와 몸무게의 정적 상관은 큰 키의 사람이 작은 키의 사람보다 몸무게가 더 나갈 것이라는 예측을 가능하게 해 준다. 또한 상관 연구는 실험적 절차를 통해 검증할 수 없는 질문들을 탐구할 수 있는 기회를 제공한다. 예를 들면, 정신병리 환자의 매력과 적응 간의 관계를 연구하고자 할 때, Farina 등(1986)은 환자의 매력을 실험적으로 조작할 수가 없었다.

그러나 그들은 상관 연구를 통해 매력과 적응 간에 관련성이 있는지를 알아볼 수 있는 유용한 정보를 얻을 수 있었다. 이외에도 학술적으로나 실용적으로 밝힐 필요는 있으나 윤리적인 이유로 사람들에게 실험적 처치를 할 수 없는 변인들을 연구할 때 상관 연구는 유용하다. 이처럼 상관 연구는 심리학자들이 연구할 수 있는 현상의 범위를 넓혀주고 있다.

이러한 장점에도 불구하고 상관관계는 원인과 결과를 분리해 낼 수 없기 때문에, 두 변인이 인과적으로 연결되어 있다는 것을 결정적으로 입증하지는 못한다. 키가 크기 때문에 몸무게가 많이 나가는 것은 아닐 수 있는데, 몸무게가 많이 나가면 키가 클 수도 있기 때문이다. 또한 제 3의 요인이 이 두 변인의 관계를 야기하는 원인이 될 수도 있다. 가령 충분한 영양섭취라는 변인이 키과 몸무게의 증가를 가져옴으로써 이 두 변인 간에 정적 상관이 있을 수 있다. 결국 문제의 핵심은 상관이 인관관계를 확인해주는 것은 아니라는 점이다.

(3) 실험법(experimental method)

심리학자들이 검증하고자 하는 많은 연구 문제는 특정 현상의 원인을 규명하는 것과 밀접한 관련성을 가지고 있다. 임상심리학자들은 우울증의 원인이 무엇인지를 밝히고자 하고, 발달심리학자들은 아이들의 폭력적인 TV 프로그램 시청이 공격성을 증가시키는지를 밝히고자 한다. 또한 건강심리학자들은 체온이 혈관수축에 미치는 영향에 관심이 있을 수 있다. 이처럼 원인과 결과에 대한 질문에 응답하기 위해 심리학자들이 가장 선호하는 방법이 실험법이다(〈그림 1-14〉 참고). 이러한 실험법은 심리학의 연구 방법 중 가장 대표적인 빙법으로 심리학을 과학적 학문으로 만드는 데 가장 크게 기여했다.

예를 들어, 수면이 기억력에 미치는 영향을 실험으로 검증하기 위해서는 실험자는 참가자들의 수면 시간을 달리한 다음, 수면 시간의 정도에 따라 그들의 기억력이 달라지는지를 살펴볼 필요가 있다. 여기에서 수면 시간처럼 실험자가 의도적으로 변화시키는 변인을 독립변인(independent variable)이라고 한다. 즉, 독립변인은 이 변인이 다른 변인에 미치는 영향을 알아보기 위해서 실험자가 처치한 조건이나 사건이다. 수면 시간의 정도처럼 독립변인의 수준을 둘 이상으로 선택해서 조작하는 일은 실험자의 몫이며, 참가자가 독립변인의 수준을 변화시킬 수 있는 길은 아무것도 없다.

한편, 종속변인(dependent variable)은 위 사례의 기억력처럼 독립변인의 조작에 의해 영향을 받는 변인을 일컫는다. 연구자는 실험을 통해 어떤 요인이 특정 결과를 야기했는지

그림 1-14 실험법은 심리학자들이 사용하는 대표적인 연구 방법 중의 하나이다.

즉, 독립변인의 변화로 인해 종속변인에서 어떤 변화가 생겼는지를 검증하고자 한다(Cook & Campbell, 1979).

실험에서 연구자가 조작한 독립변인 외에도 조작하지 않는 다른 변인들이 종속변인에 영향을 미칠 수 있다. 예를 들면, 기억력에는 수면 이외에도 참가자들의 불안 수준이나 연령과 같은 변인들이 영향을 미칠 수 있다. 이러한 변인들을 오염변인 혹은 가외변인(confounding variable)이라고 한다. 예를 들어, 한 연구자가 수면을 박탈한 한 집단만을 대상으로 연구해서 그들의 기억력이 저조한 것을 발견했다면, 이 집단의 낮은 기억력이 오직 수면의 박탈 때문이라고 단정할 수가 없다.

왜냐하면 그들의 불안수준이 특별히 더 높을 수도 있고, 그들의 나이가 실험에 참가하지 않은 사람들과 다를 수도 있기 때문이다. 그래서 참가자들의 기억력 저하가 오로지 수면의 박탈 때문이라고 확실하게 결론을 내릴 수 있기 위해서는 이와 같은 오염변인을 통제해야 한다. 이렇게 통제된 변인들을 통제변인(control variable)이라고 한다. 그러나 독립변인을 제외한 다른 모든 변인을 완벽하게 통제하는 것은 불가능하다. 많은 유전 및 환경적 조건을 통제하는 것도 불가능할 뿐더러, 인간 참가자들에게 비도덕적인 행동을 강요하는 것은 불가능하기 때문이다.

오염변인을 통제하는 한 가지 방법이 통제집단(control group)을 이용하는 것이다. 실험집단(experimental group)은 실험에서 정한 처리를 온전히 다 받는 집단인 반면, 통제집단은 연구에서 초점을 두고 있는 변인을 제외하고는 나머지 모든 측면에서 실험집단과 동일한 집단을 지칭한다. 위의 수면과 기억력 실험에서 실험집단은 잠을 자기 않은 집단이고 통제집단은 수면을 취한 집단이다.

이때 통제집단이 수면 시간을 제외한 나머지 모든 조건에서는 실험집단과 동일할 때 가장 이상적이다. 그래서 이러한 목표를 달성하기 위해 통상적으로 실험을 계획할 때 참가자들을 독립변인의 각 조건에 무선적으로 할당하는 방법을 사용한다. 즉 무선할당(random assignment)이란 참가자들을 실험집단과 통제집단에 임의적으로 배정함으로써 두 집단을 구성할 때 편향이 개입하지 못하도록 하는 방법이다.

실험은 오염변인 이외에도 우리가 조심하지 않을 때 매우 많은 방식으로 잘못될 수가 있다. 먼저, 실험의 결과를 잘못 지각하는 실험자 편향(experimenter bias)이 있을 수 있다. 가령, 한 연구자가 왼손잡이가 오른손잡이보다 더 창조적이라는 자신의 가설을 검증하기 위해 참가자들의 행동을 관찰할 때, 이 연구자는 자신의 가설을 지지하기 위해 동일한 행동도 왼손잡이가 한 경우에 더 창조적이라고 평가할 수 있다. 비슷한 맥락에서, 참가자들도 실험의 결과에 편향을 초래할 수 있다. 그들은 자신들이 실험에 참가한다는 사실을 알고 있고, 실험의 목적이나 실험자가 기대하는 결과를 알게 되면, 그러한 인식에 따라 일정 방향으로 행동함으로써 실험의 결과를 편향되게 할 수 있다. 이것을 요구특성(demand characteristics)이라고 한다. 이와 같은 편향을 통제하기 위해 연구자들은 주로 이중맹목기법(double-blind technique)을 사용한다. 이것은 참가자가 실험집단과 통제집단 중 어느 집단에 할당되었는지를 참가자 자신은 물론 실험자도 모르게 하는 것이다(Martin, 2007).

실험법의 장점은 인과관계를 파악할 수 있으며, 오염변인 통제가 용이하다는 점이다. 또 정확한 측정이 가능하여 이론 검증이 가능하다는 것도 실험법의 장점이다. 반면, 실험법의 단점은 실험장면에서 나온 결과를 다른 현실적인 장면으로 일반화시키기 어렵다는 것이다. 즉, 실험법이 심리학의 대표적인 연구방법이라는 것은 틀림없지만, 실험법은 인위적인 장면에서 연구하기 때문에 현실과는 다소 거리가 먼 연구결과를 낼 수 있다. 또한 실험법은 항상 언제 어디서나 가능한 방법은 아니며, 복잡한 행동은 측정이 불가능할 수도 있고, 탐색적 연구가 어렵다는 단점도 있다.

실험 연구에는 실험실에서 이루어지는 연구와 현장에서 이루어지는 준실험(quasi-experiment) 연구가 있다. 실험실 연구는 말 그대로 실험을 위하여 인위적으로 만든 환경에서 이루어지는 연구이다. 참가자들은 자신이 평소에 생활하는 익숙한 곳이 아니라 실험을 위해 장비가 갖추어진 실험실에서 연구자의 통제를 받으면서 실험에 참가한다. 실험실 연구의 가장 큰 장점은 상황을 통제할 수 있다는 점이다. 참가자를 무선할당하고 실험실을 적절하게 통제한다면, 연구자는 오염변인의 효과를 최소화하면서 보다 분명한 인과관계를 확인할 수 있다. 그래서 실험실 연구는 실험의 내적 타당도를 높이는 데 기여한다. 내적 타당도는 종속변인에서 관찰한 효과가 실제로 연구자가 실험에서 조작한 독립변인에 기인한 것이라는 근거가 확실할수록 더 높아진다(Shadish, Cook, & Campbell, 2002).

그러나 실세계와는 다를 수 있는 실험실의 한계를 극복하기 위해서 심리학자들은 현장에서 준실험 연구를 발전시켜 왔다. 준실험은 전형적인 실험실 실험과는 달리 실험자가 직접적으로 변인들을 조작하지 못하는 실험적 상황을 가리킨다(Reichardt & Mark, 1998). 그래서 준실험 연구에서는 참가자들의 무선 할당, 독립변인의 순수한 조작, 혹은 종속변인의 순수한 측정이 어렵기 때문에, 연구자는 조건 간 구체적 차이를 제공하는 환경을 찾거나 만들어야 한다. 그럼에도 불구하고, 준실험 연구는 보다 더 현실적이기 때문에 그 연구로부터 나온 결과를 실제 삶에 바로 일반화할 수 있는 외적 타당도가 높다는 장점이 있다. 또한 준실험 연구는 실험실 연구에서 다루지 못하는 매우 강력한 변인이나 상황을 다룰 수 있다. 가령 911 테러나 후쿠시마 원전사고를 직접 경험한 사람들을 대상으로 개인적 통제감 지각에 대한 실험을 수행할 수 있다.

4 연구 윤리

인문학이나 사회과학에 속하는 다른 학문 영역과는 달리, 심리학은 직접 인간을 대상으로 그들의 삶이나 사고, 느낌 등을 다루는 학문이다. 그렇기 때문에 인간의 생명을 다루는 의학이나 인간을 대상으로 연구하는 생물학처럼, 심리학자들도 자신들의 연구에서 지켜야 할 윤리가 있다. 이러한 윤리 규정은 심리학 전문가들이 모여 만든 학회 차원에서나 연구를 수행하는 기관 차원에서 마련하는 경우가 대부분이고, 이것은 보통 법적인 근거 하에 이루어진다.

먼저, 연구자는 실험에 참여하는 사람의 안전과 복지, 존엄을 고려해야 한다. 연구자는 보통 인간의 행동에 대한 중요한 정보를 발견하고자 노력한다. 이러한 의욕이 지나칠 경우, 때로 연구자들은 더 생생하고 극단적인 사건이나 상황을 만들고, 이러한 상황에서 참가자들이 어떤 행동이나 태도를 보이는지를 알아보고자 한다. 이때 이러한 상황이 참가자들을 불편하게 만들거나 심한 경우 그들에게 심각한 해를 미칠 수도 있다(Appadurai, 1997).

따라서 연구자는 연구 참가자에 대한 윤리적인 책임을 져야 한다. 즉, 심리학자들은 개인의 존엄과 가치, 사생활을 침해받지 않을 개인의 권리와 자기결정권을 존중해야 한다. 또한 연구 참가자의 안전과 복지를 보장하기 위한 조처를 하고 위험에 노출되지 않도록 해야 한다. 그래서 연구 참가자가 예상하지 못한 고통의 반응을 보일 경우 연구를 즉시 중단해야 한다.

이와 함께 연구자는 참가자들로부터 사전 동의(informed consent)를 얻어야 한다. 연구자는 사전 동의를 얻기 위해서 참가자들에게 연구의 특징과 절차, 참여 철회 가능성 등에 대해 사전에 알려주어야 한다. 즉, 연구자는 사전 동의를 얻을 때 참가자들에게 연구의 목적, 예상 시간 및 절차, 거부 혹은 중도 철회의 권리 등에 대해 미리 알려 주어야 한다. 또한 연구자는 연구를 통해 얻은 개인적 정보를 보호할 기본적인 의무가 있고 그것을 보호할 수 있는 합당한 예방책을 가지고 있어야 한다(Stark, 2011).

이처럼 연구에 대한 사항을 참가자에게 사전 고지하는 것은 많은 심리학 실험에서 가능하지만, 때로 어떤 경우에는 연구 목적에 따라 사전에 속임수를 써야 할 필요도 있다. 심리학 연구에서 속임은 참가자에게 연구의 실제 목표를 잘못 알려 주는 것과 관련된다. 따라서 심리학자는 속임 기법을 사용하는 것이 연구의 과학적, 교육적, 혹은 응용적 가치에 의해 정당한 사유가 되는지 따져봐야 하고, 또한 속임수를 쓰지 않는 효과적인 대안적 절차가 있을 경우에는 속임수가 포함된 연구를 수행하지 않아야 한다. 또한 연구자는 실험에 포함된 속임수를 가능한 빨리, 가급적이면 실험이 끝났을 때 아니면 늦어도 자료수집이 완료되기 전에 참가자에게 설명함으로써, 자신의 자료를 철회할 수 있는 기회를 그들에게 제공해야 한다.

마지막으로, 참가자들에게 연구에 대한 사후설명을 할 필요가 있다. 즉, 심리학자는 연구의 본질, 결과 및 결론에 대한 정보를 제공하는 것이 과학적 가치와 인간적 가치를 손상시키지 않는 한, 참가자들이 이에 대한 정보를 얻을 수 있는 기회를 그들에게 제공해야 한다. 심리학자는 연구절차가 참가자들에게 피해를 주었다는 것을 알게 되면, 그 피해를 최소화하기 위한 조처를 해야 한다.

이에 미국심리학회를 포함한 많은 학회가 심리학 분야에 적용되는 연구 윤리의 목록을 제시하고 있다. 한국심리학회 역시 심리학자가 연구를 수행할 때 지켜야 할 윤리를 학회 정관에 포함하고 있다. 뿐만 아니라, 대학과 같이 심리학적 연구 수행을 하는 모든 기관은 연구윤리위원회(institutional review board, IRB)를 운영하도록 권장하고 있다. 위원회는 한명 이상의 과학자와 비과학자, 기관과 관련이 없는 사람들을 포함해야 하고, 해당 기관에서 이루어지는 모든 연구의 제안서를 검토하여 시행하려는 연구가 윤리 가이드라인에 위배되지 않는지 평가하는 역할을 한다(Stark, 2011).

5 심리학의 분야

오늘날 심리학자들은 매우 다양한 분야에서 활동을 하고 있다. 미국을 중심으로 한 서구 심리학은 이미 제2차 세계대전을 계기로 지금까지 급속하게 발전해 왔으며, 요즘은 인간이 활동하는 거의 모든 분야에 관여하고 있을 정도로 보편적인 학문으로 성장해 왔다. 우리나라의 경우도 심리학은 1970년대 이후로 지금까지 짧은 시간에 급속도로 발전해 왔다. 심리학자들은 대학에서 강의를 하면서 연구하기도 하고, 병원이나 다른 전문기관에서 검사나 치료를 하기도 한다.

또한 일반기업체나 사회단체, 기관에서 활동한는 심리학자들도 있다. 그들은 인간의 정신 과정과 행동의 심리학적 이론을 구축하기도 하고, 그러한 연구 결과를 현실 세계에 적용하는 일에 관여하기도 했다. 〈표 1-2〉에서 보듯이, 심리학자는 다양한 목적을 갖고 여러 분야에서 활동하는데 이러한 활동을 장면이나 주제별로 구분해 볼 수 있다.

(1) 기초 심리학 분야

인지심리학은 기초 심리학 분야의 중의 하나로, 인지는 사고와 지식을 의미한다. 인지심리학은 인간이 자극을 지각하고 처리하며 그에 대한 저장과 반응을 보이는 과정을 컴퓨터의 정보처리 과정에 입각하여 연구한다. 구체적으로 인간의 사고, 언어, 기억, 문제해결, 추론, 지식, 판단과 의사결정과 같은 고등정신과정을 연구한다. 현재 많은 심리학의 분야에 접목되고 있다(Hilgard, 1953).

생물심리학은 인간의 정신적 과정과 행동의 생물학적 기초를 연구하는 분야이다. 이 분야의 심리학자들은 신경계의 활동, 약물과 호르몬의 효과, 진화의 압력과 같은 생물학적인 요인으로 인간의 행동을 설명한다. 그래서 생물학적 과정과 행동의 관계(신경과학), 약물과 행동의 관계(약물심리학)에 대한 연구를 수행한다.

〈표 1-2〉 **심리학의 분야**

분야	하위영역	내용
기초 심리학	인지심리학	자극에 대한 지각, 처리, 저장 및 그에 대한 반응을 연구
	생물심리학	인간의 정신 과정과 행동의 생물학적 기초를 연구
	발달심리학	전생애에 걸친 인간의 사고, 정서, 행동의 발달 과정을 연구
	사회심리학	사람들이 사회적 상황에서 보이는 다양한 행동을 연구
	성격심리학	내적인 특성에서 개인들이 보이는 안정적인 차이를 연구
	학습심리학	경험이 인간의 사고나 행동에 미치는 영향을 연구
	교육심리학	심리학적 지식을 토대로 교수법과 학습동기의 문제를 연구
응용 심리학	임상심리학	비정상적인 행동의 연구, 진단 및 치료에 종사하는 분야
	상담심리학	개인의 일시적, 덜 심각한 행동이나 부적응을 다루는 분야
	신경심리학	다양한 검사를 통해 뇌 기능의 이상을 진단하는 연구 분야
	학교심리학	아동이나 청소년의 학습, 정서 및 행동문제를 다루는 분야
	산업 · 조직심리학	심리학의 이론과 연구를 산업 · 조직 장면에 적용하는 분야
	법심리학	범죄나 법정에 관한 요인들을 심리학적으로 연구하는 분야
	환경심리학	환경이 인간의 삶에 미치는 영향을 연구하는 분야
	스포츠심리학	심리학의 이론과 지식을 운동선수의 수행에 적용하는 분야
	건강심리학	심리학 기반 건강행동을 증진하기 위해 연구하는 분야

발달심리학은 태내에서부터 출생, 성장, 죽음에 이르기까지 인간의 사고, 정서, 행동의 발달 과정에 영향을 미치는 유전 및 환경적 요인과 발달의 방향이나 특성을 체계적으로 연구한다. 유아기, 아동기, 청·장년기, 노년기에 이르는 특정 발달 시기의 특징이나 여러 시기를 걸친 발달적 변화를 밝히고자 한다. 최근에는 발달심리학이 심리학 분야뿐만 아니라, 가족학, 아동학, 유아교육학, 노년학 등 인접 학문과 밀접하게 공유하고 있다.

사회심리학은 개인의 자기, 개인 간의 상호작용에 영향을 미치는 태도와 행동, 대인관계, 그리고 그들이 속한 집단의 속성과 행동 특성에 관해 연구한다. 즉, 사회심리학자는 사람들이 사회적 상황에서 보이는 다양한 특성 가령, 자기개념, 태도, 사회인지, 동조, 갈등, 공격성, 이타행동, 집단행동, 집단 간 행동 등을 연구한다. 이를 위해 실험, 설문조사 등을 사용한다.

성격심리학은 사람들이 선호나 성향, 태도나 행동에서 보이는 개인차를 다루는 분야이다. 성격심리학자들은 개인들이 다양한 상황에서 일관적으로 보이는 개인 간의 서로 다른 행동을 파악하고 그러한 차이를 설명하고자 한다. 오늘날 정상적인 사람들의 성격의 경우는 주로 사회심리학자나 발달심리학자들이 연구하고, 이상 성격에 대한 연구는 임상심리학이나 상담심리학에서 많이 한다. 성격 측정은 주로 관찰이나 검사를 이용한다.

학습심리학은 행동이 과거 행동의 결과 및 현재의 행동에 얼마나 의존해 있는지를 연구한다. 학습심리학자는 주로 인간의 기억과 학습문제를 다루며, 최근에는 학습한 자료나 행동의 습득, 파지나 망각과 같은 기억과정, 행동 유발인자로서 동기 등에 관해서 많은 연구를 하고 있다. 과거에는 이론이나 가설을 검증하기 위하여 동물을 이용한 실험적 접근법을 많이 사용했지만, 최근에는 사람을 대상으로 연구하는 경우가 증가했다.

교육심리학은 심리학적 지식을 토대로 주로 교수 방법과 학습 동기의 활용 문제를 다룬다. 교육심리학자는 정신지체에서 영재교육에 이르기까지 주제별 교육 방법과 학습 동기의 개발에 심리학적 원리를 적용한다. 그리고 각각의 발달 과정에 적합한 교육 프로그램을 개발하여 교육장면에 적용한다. 대신에 교육심리학자는 교사나 학생의 문제를 직접 진단하고 상담하지는 않는다.

(2) 응용 심리학 분야

임상심리학은 비정상적인 행동의 연구, 진단, 및 치료에 종사하는 분야이다. 구체적으로 정신병, 성격장애, 부적응 혹은 반사회적 행동, 발달장애, 사회생활 부적응 등 정상적이지 않은 성격이나 정서 및 적응적이지 못한 행동문제의 원인과 치료 방법을 연구한다. 임상심리학자는 대학, 연구소, 병원, 또는 전문기관에서 활동하고, 최근에는 지역사회 정신건강센터를 중심으로 지역주민의 건강과 부적응 행동의 예방 또는 적응을 촉진하는 역할을 하고 있다.

상담심리학은 학교 교육, 일상생활의 어려움, 친구나 이성과의 대인관계, 결혼과 자녀문제, 직업 선택과 같은 개인의 일시적이거나 그다지 심각하지 않은 행동이나 부적응 문제를 다룬다. 주로 병원에서 심각한 정서나 행동상의 문제를 다루는 임상심리학자와 달리, 많은 상담심리학자들은 학교, 군대, 종교단체, 전문상담소 등과 같은 병원 이외의 장면에서 일하고 있다. 상담은 개별적으로 하거나 집단적으로 한다.

신경심리학은 뇌 기능의 이상을 진단하는 영역으로, 다양한 검사 방법을 이용하여 기능적으로 문제가 있는 뇌의 영역을 파악한다. 최근에 뇌에 대한 심리학적 연구가 활발히 진행되어 왔다. 즉, 뇌의 기능과 역할에 대한 심리학적 연구가 하나의 새로운 전문 분야로서 자리를 잡고 있다. 예를 들면, 신경심리학자들은 헌팅턴병과 같은 질병을 예측할 수 있는 사전 증상을 파악하기 위해 연구하거나, 뇌 손상, 뇌출혈 등을 경험한 환자들이 이전의 능력을 빨리 되찾게 해줄 수 있는 재활 프로그램을 개발하거나 운영한다.

학교심리학은 주로 학령기 아동이나 청소년들의 학습문제, 정서문제 그리고 행동문제를 다룬다. 학교심리학자들은 학령기 아동과 청소년들의 학습문제나 진로 고민을 상담하고 가정, 학교, 사회에서의 적응을 돕는다. 이를 위해 아동의 학습과 정신건강을 증진할 수 있는 환경을 만들거나, 특별한 도움이 필요한 아동을 위한 프로그램을 개발하기도 한다. 이러한 측면에서 학교심리학자는 학습심리학자나 교육심리학자와는 다른 그 차별성이 있다.

산업·조직심리학은 인사 선발, 직원의 동기와 훈련, 직무 행동, 인센티브, 직무분석 등을 수행한다. 이 분야의 심리학자들은 최근에는 인사 관리, 조직의 진단과 개선, 산업체 요원으로서의 상담, 조직 구성원의 갈등 해소, 사회 교육, 시장조사, 홍보 그리고 광고에 이르기까지 다양한 분야에서 활동하고 있다. 그들은 심리학적 이론과 연구를 낮은 생산성, 높은 이직률, 결근 그리고 부정적 노사관계 등에 적용하고, 이러한 문제를 개선하기 위한 프로그램을 평가하기도 한다.

법심리학자들은 법적 제도와 관련된 분야에서 일을 한다. 범죄심리학자들은 범죄를 저지르는 사람의 특성, 범죄자의 특성에 대한 분석, 가석방에 대한 평가, 교화프로그램의 효과 평가 등을 담당한다. 법정심리학자들은 재판과정에서 일어나는 일들을 심리학적으로 연구하는 분야이다. 예를 들면, 재판의 배심원 선정, 피고의 정신 감정, 증언의 정확성, 전문가 견해, 기타 배심원의 판결에 영향을 미치는 요인들을 연구한다.

환경심리학은 여러 연구 영역이 결합된 것으로 주로 인간과 환경 간의 상호작용을 연구한다. 따라서 환경심리학자는 인간이 최적의 환경에서 최고의 편안함을 누릴 수 있도록 물리적 환경뿐만 아니라 심리적 환경에 이르기까지 인간의 행동에 영향을 미치는 제반 요인을 확인하여 적용하려고 노력한다. 특히, 환경의 파괴가 인간의 삶에 미치는 부정적 영향을 평가함으로써 환경보존의 사회적 문제와 밀접한 관련성을 가지고 있다.

스포츠심리학은 심리학의 이론과 지식을 운동선수들의 수행을 향상시키는 데 적용하는 학문으로 최근에 각광을 받고 있는 분야이다. 스포츠심리학은 뇌와 행동의 상호작용, 건강한 삶에서 스포츠가 하는 역할 그리고 운동선수들의 동기와 준비 등에 대한 연구를 수행한다. 또한 최근에는 스포츠심리학자들이 학교뿐만 아니라 다양한 운동의 프로구단에서 전문가로서의 역량을 발휘한다.

건강심리학은 삶의 방식을 변화시키는 것이 어떻게 건강을 개선하는지를 연구하는 분야이다. 건강심리학자들은 왜 사람들이 건강에 해로운 행동을 하는지를 설명할 수 있는 이론적 연구뿐만 아니라, 의학적이거나 심리적인 문제를 피하는데 도움을 줄 수 있는 기법이나 프로그램을 개발한다. 특히, 사회심리학자나 임상심리학자들이 이 분야에 많이 관여하고 있다.

02 행동의 생물학적 기초

An Introduction to Modern Psychology

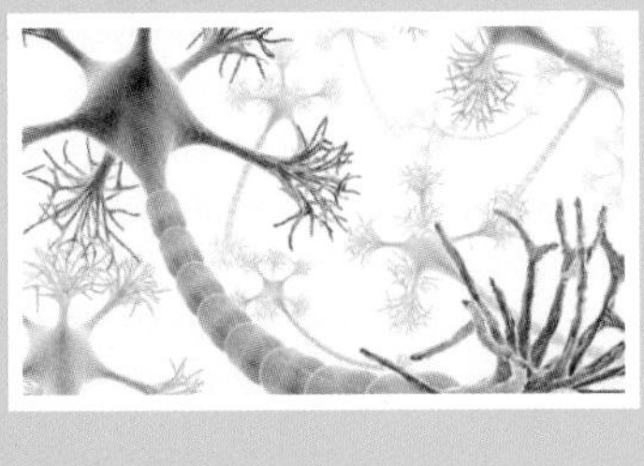
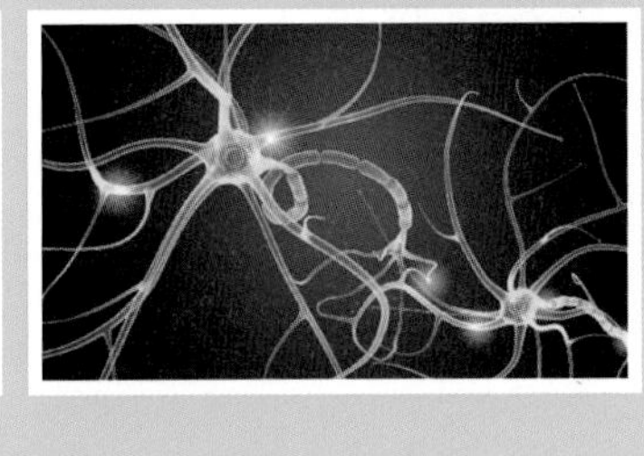

개요

생리심리학은 우리 몸의 신경계를 중심으로 그 기능을 통해 인간의 행동을 이해하고자 하는 심리학의 한 영역이다. 생리심리학자들은 이러한 관점에서 인간행동을 대부분 생물학적 요소에 의존하여 설명하고 있다. 특히, 다양한 인간행동을 설명하기 위해 신경계를 구조적으로 구분하여 생화학적 작용을 검증하고, 이를 근거로 생리적 시스템의 특성을 이해하고자 한다. 이에 본 장에서는 먼저 뉴런의 특징을 살펴본 다음, 다양한 신경전달물질을 알아볼 것이다. 이어서 신경계 및 뇌의 특성을 알아본다.

학습목표

1. 뉴런의 구조와 정보전달 과정을 이해한다.
2. 시냅스의 형태적 특성과 시냅스를 통한 신경전달 원리를 이해한다.
3. 신경전달의 생화학적 기제를 이해하고 여러 신경전달물질의 기능을 이해한다.
4. 주요 신경계의 구성요소와 그 기능을 이해한다.
5. 뇌의 구조를 이해하고 각 영역이 담당하는 기능을 파악한다.

우리의 행동은 우리가 가지고 있는 여러 생물학적 특성에 많은 영향을 받는다. 우리의 유전적 특성은 성격과 같은 심리적인 특성과 사회적 행동에 결정적인 영향을 미친다. 그래서 어떤 사람이 외향적이거나 내향적인 성격의 소유자가 될 것인지는 상당 부분 그가 타고한 유전적 요인에 의해 결정된다. 그래서 우리가 사람들의 정신적 과정과 행동을 이해하기 위해서는 그 기초를 이루고 있는 생물학적 특성을 이해할 필요가 있다. 따라서 본 장에서는 뉴런, 신경전달물질, 신경계 그리고 뇌의 구조를 차례로 알아본다.

1 뉴런

뉴런(neuron)은 신경계에서 정보를 처리하고 전달하는 역할을 한다. 뉴런은 세포체, 수상돌기, 책색으로 이루어져 있다(〈그림 2-1〉 참고). 세포체는 핵, 리보솜, 미토콘드리아 및 대부분의 세포에서 찾아볼 수 있는 기타 구조를 가지고 있다(Rao & Jacobson, 2006). 수상돌기는 메시지를 받아들이는 데 중요한 수용기 역할을 한다. 뉴런들 간의 신경전달물질은 시냅스(synapse)를 통해 전달되는데, 시냅스란 신호를 보내는 세포의 종말단추와 그 신호를 받아들이는 세포의 세포체나 수상돌기 막 사이의 연결부위이다(Shepherd, 1988). 시냅스에서의 교신은 종말단추에서 다른 세포의 막 쪽으로 나아가는 방향으로만 이루어진다. 축색은 길고 가는 관처럼 생겼으며 수초로 덮여 있는 경우도 있다. 축색은 세포체에서 종말단추로 정보를 전달한다. 수상돌기와 마찬가지로 축색과 그 가지들의 모양은 다양하다. 실제로 뉴런의 세 요소의 기본 형태는 수상돌기와 축색이 세포체에서 뻗어 나오는 양상에 따라 분류된다. 또한, 일반적으로 세포체 막에서 하나의 축색과 여러 개의 수상돌기가 뻗어 나오고 있지만, 양극성 뉴런의 경우 세포체의 양쪽 끝에서 하나의 축색과 하나의 수상돌기가 뻗어 나온다. 양극성 뉴런은 줄 감각뉴런으로, 그 수상돌기가 외부 환경에서 발생한 사건을 탐지하여 그 정보를 중추신경계로 전달한다.

(1) 뉴런 내 정보전달의 과정

뉴런 내 정보전달은 뉴런의 축색 막을 사이에 두고 그 안쪽과 바깥쪽의 전위차가 발생함으로써 이루어진다(Katz, 1966). 이것은 세포막의 성질에 의한 것으로, 반투과성 막인 세포막은 전기를 띤 여러 이온들을 모두 다 통과시키지는 않는다. 축색이 쉬고 있을 때 즉, 안정 상태에 있을 때, 축색 내부는 외부에 비해 음전위를 띠고 있다. 이는 양전기를 띤 나트륨이온(Na+)이 세포 내부보다 외부에 더 많기 때문이다. 또한, 세포막은 양전기를 띤 이 나트륨이온을 통과시키지 않는다. 이와 같은 축색 안팎의 전기적 상태를 안정전위(resting potential)라고 한다. 한편, 어떤 자극이 축색을 흥분시키면 축색 막에 있는 작은 통로들이 열려 나트륨 이론이 세포 내부로 들어가게 된다. 그래서 나트륨 양전기가 들어옴으로써 음전위이던 축색 내부가 축색 외부에 비해 양전위로 바뀐다.

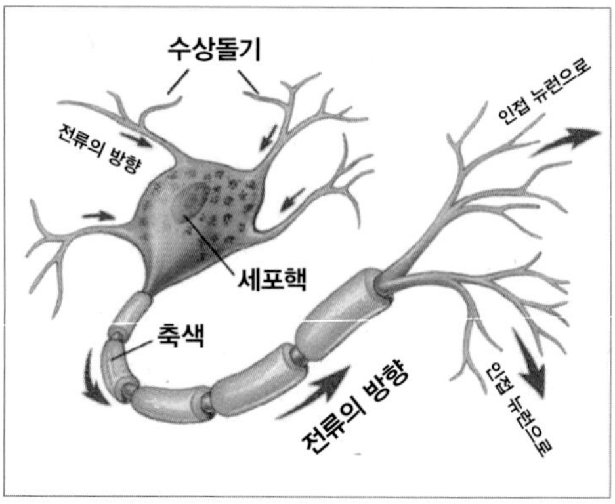

그림 2-1 뉴런과 전류의 방향

이것을 활동전위(action potential)라고 하는데, 신경충동, 신경흥분이라고도 한다. 〈그림 2-1〉에서 보듯이, 활동전위가 축색을 따라가면서 그 다음 부위를 차례로 자극하게 되고, 이 지점에서 나트륨이온이 축색 내부로 들어가게 된다. 활동전위가 축색의 끝에 도달할 때까지 이러한 과정이 반복해서 일어난다. 나트륨 이온이 뉴런의 세포막 내부로 들어간 직후 칼륨이온(K+)이 세포 밖으로 나와서 막을 사이에 둔 전위차는 이전 상태로 되돌아간다. 활동전위는 뉴런에 따라 차이가 있지만 1초에 약 1~100m의 속도로 전달된다. 축색을 따라 내려가는 정보 전달에는 나트륨 이온의 흐름이 있어야 하기 때문에 이 흐름을 차단하면 뉴런은 정보를 전달할 수 없게 된다. 예를 들면, 마취제인 노보케인(Novocain) 같은 약물은 나트륨 이온이 흐르는 통로를 막아 통증에 대한 정보가 뇌까지 전달되지 못하게 함으로써 통증을 느끼지 못하게 한다(Hatcher & Eggleston, 1916; Ochsner & DeBakey, 1941).

(2) 시냅스 기능

뉴런 간 정보전달 활동이 이루어지는 곳이 시냅스(synapse)이다(〈그림 2-2〉 참고). 포

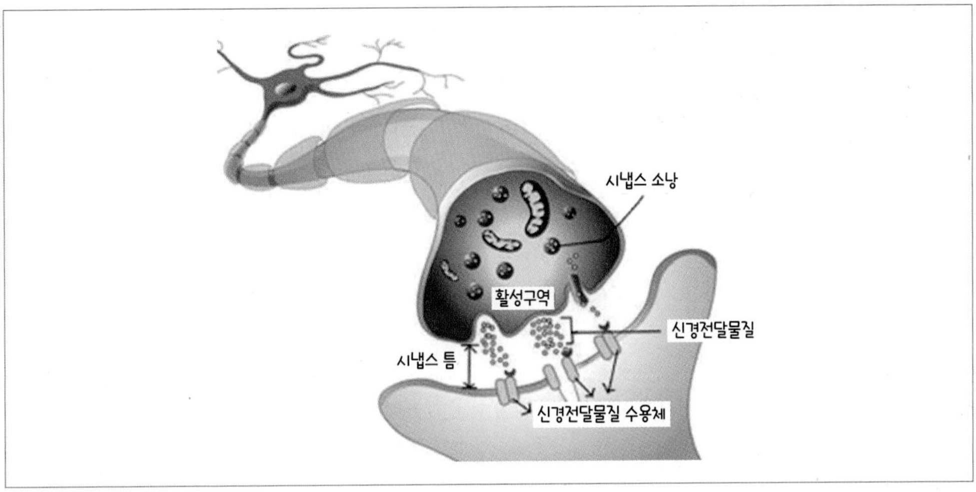

그림 2-2 시냅스의 원리

유동물의 뇌에 있는 대부분의 시냅스에는 신경전달물질(neurotransmitter substance)이라고 하는 특수한 화학적 물질의 분비가 이루어진다. 시냅스 전 종말단추에는 소낭이 많이 있고, 시냅스 전막과 후막 사이에는 약 20nm(1nm는 1/10억m)의 극히 좁지만 분명히 떨어져 있는 틈이 있다(Jo et al., 2010). 활동전위가 축색을 따라 내려와 이 종말단추에 이르면, 종말단추 안에서는 신경전달물질이 들어 있는 소낭이 시냅스 틈으로 터진다. 그러면 이 물질이 시냅스 틈을 건너 시냅스 후막에 있는 수용기와 결합하여 그 뉴런을 흥분시키거나 억제시킨다. 즉, 신경전달물질의 화학적 특성에 따라 그리고 수용기의 유형에 따라 뉴런이 흥분하거나 억제된다.

시냅스후 뉴런은 거의 동시에 다른 많은 뉴런으로부터 흥분과 억제를 받고 있다. 흥분의 전체량이 억제의 전체량보다 크면 활동전위를 일으키게 된다. 만약 억제의 합이 흥분의 합보다 크면 그 뉴런은 일시적으로 잠잠해진다. 대부분의 뉴런들은 자발적으로 보통 속도로 활동전위를 일으키고 있다. 흥분시키는 신경전달물질은 활동전위를 더 자주 일으키고, 억제시키는 신경전달물질은 활동전위를 덜 빈번하게 일으킨다.

2 신경전달물질

신경전달물질은 한 뉴런이 분비하는 화학물질로, 뉴런은 이것을 시냅스를 통해 다른 뉴런에 전달함으로써 그 뉴런에 영향을 준다(Bowen et al., 1976). 뉴런은 혈액 속에 있는 재료를 이용하여 자신의 신경전달물질을 합성해 낸다. 신경과학자들은 뇌에서 신경전달물질로 기능하고 있는 화학물질이 수십 가지라고 생각하며, 신경전달물질로 확인되거나 그럴 가능성이 있는 물질의 목록은 연구를 계속함에 따라 점점 더 길어지고 있다(Yamashita et al., 2005).

일반적으로 신경전달물질은 흥분성과 억제성 두 유형이 있어, 시냅스 후막에 감분극이나 과분극을 일으키는 효과가 있다(〈그림 2-3〉 참고). 즉, 뇌에서 이루어지는 대부분의 시냅스 전달은 흥분성 효과(글루타메이트: Glutamate)와 억제성 효과(GABA 혹은 글라이신: Glycine)를 가져온다. 대부분 국소적인 회로에서 나타나는 뉴런의 활동은 이 화학물질의 흥분성 효과와 억제성 효과의 최종 산물이고, 이것이 뇌 부위 간 정보의 전달과 그 강도를 결정한다. 뇌에 있는 뉴런 중에서 글루타메이트를 분비하는 종말단추로부터 흥분성 효과를 받지 않는 뉴런은 없고, GABA 또는 글라이신을 분비하는 종말단추로부터 억제성 효과를 받지 않는 뉴런은 없다. 물론 고통과 같은 자극을 탐지하는데 기여하는 뉴런은 예외적으로 작동하지만, 일반적으로 감각기관은 종말단추에서 글루타메이트를 분비하고 축색을 통해 뇌에 정보를 전달한다.

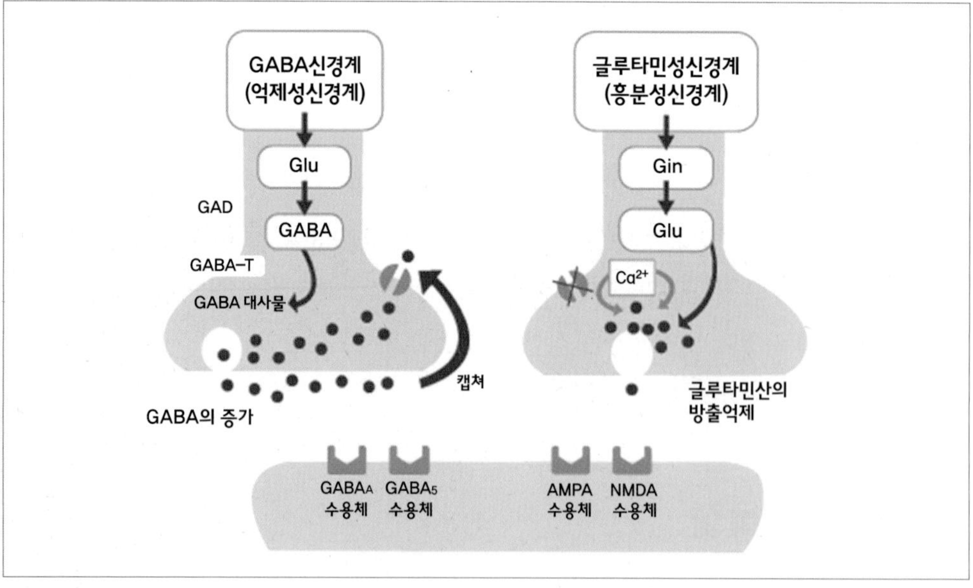

그림 2-3 억제성신경계와 흥분성신경계의 비교

그렇다면 여러 다른 신경전달물질은 어떤 기능을 하는가? 일반적으로 신경전달물질은 정보를 전달하는 기능보다는 강도를 효과적으로 조절하는 역할과 관련이 깊다. 즉, 글루타메이트와 GABA를 제외한 나머지 신경전달물질은 특정 뇌 부위의 기능에 관여하는 뉴런을 활성화하거나 억제하는 역할을 한다. 예를 들어, 글루타메이트와 GABA를 분비하는 뉴런은 학습을 통해 기억된 정보를 전달하지만, 아세틸콜린은 대뇌피질을 활성화시켜 학습을 점진적으로 촉진한다.

노르에피네프린은 경계심을 증가시켜 신호를 탐지했을 때 즉각적으로 행동하려는 준비성을 증가시키고 히스타민은 심리적 각성을 증대한다. 세로토닌은 생물학적 범주에서 볼 때 종 특유의 행동을 억제하여 돌발적인 행동을 할 가능성을 낮춘다. 도파민은 뇌의 거의 모든 영역에서 일반적으로 수의적 운동을 활성화하지만, 어떤 운동을 일으킬 것인지를 구체화하지는 않는다. 일부 영역에서 도파민은 진행 중인 행동을 강화하고, 이후에 그러한 행동이 출현할 가능성을 높인다. 여기서는 가장 중요한 몇 가지 신경전달물질을 알아본다.

(1) 아세틸콜린(Acetylcholine: ACH)

아세틸콜린은 중추신경계의 원심성 축색이 분비하는 주요 신경전달물질이다(Ludmer et al., 1986). 아세틸콜린은 중추신경계의 운동 신호를 근육에 전달하는 신경 - 근 시냅스, 자율신경계의 신경절 그리고 부교감신경계의 표적기작에서 찾을 수 있다. 아세틸콜린은 심장에서는 심근세포를 억제하여 심박률은 떨어뜨리지만 골격근 세포의 활동은 촉진한다. 또한 아세틸콜린은 뇌와 척수에서는 흥분성 효과를 야기한다. 특히 뇌에서 아세틸콜린은 학습과 기억에 중요한 역할을 하며, 〈그림 2-4〉와 같이 알츠하이머병(Alzheimer's disease) 환자들이 보이는 기억상실의 원인과도 관련이 있다(DeKosky & Scheff, 1990; Shankarf et al., 2007). 알츠하이머병은 아세틸콜린을 분비하는 뉴런들이 변성했을 때 발생하는데, 이 병으로 사망한 환자는 뇌 안의 아세틸콜린 수준이 정상인에 비해 절반 수준이다.

중추신경계 외부의 시냅스가 아세틸콜린을 분비하기 때문에 이것을 아세틸콜린성 시냅스라고 부른다. 마찬가지로, 도파민성 시냅스는 도파민을 분비하고, 세로토닌성 시냅스는 세로토닌을 분비한다. 아세틸콜린성 뉴런의 축색과 종말단추는 뇌의 전반에 널리 분포되어 있

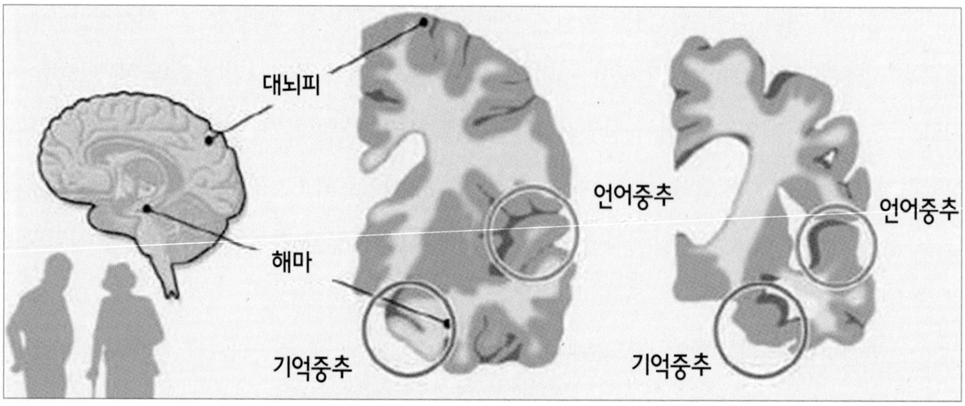

그림 2-4 일반뇌(좌)와 알츠하이머뇌(우)의 비교

다. 크게 세 가지 종류의 체계가 신경과학자로부터 많은 관심을 받았는데, 배외측 뇌교, 기저전뇌 그리고 내측 중격핵에서 나타나는 체계들이다. 뇌가 방출한 아세틸콜린은 일반적으로 촉진적인 기능과 관련되어 있다. 예를 들어, 배외측 뇌교에 있는 아세틸콜린성 뉴런은 REM 수면(꿈이 발생하는 수면단계)에서 역할을 한다. 기저전뇌에 위치한 아세릴콜린성 뉴런은 대뇌피질을 활성화하고 학습과 관련되어 있는데 특히 인지학습을 촉진하는 데 관여한다. 내측 중격핵에 위치한 아세틸콜린성 뉴런은 해마의 전기적 리듬을 제어하고 그 기능을 조절하는데, 이 과정에서 특정 종류의 기억을 형성한다.

보툴리누스 독(botulinum toxin)과 검은과부독거미 독(black widow spider venom)이 아세틸콜린의 방출에 영향을 미친다. 보툴리누스 독은 포장이 부실한 통조림에서 자라는 클로스트리디움 보툴리눔(clostridium botulinum)이라는 박테리아로부터 만들어진다. 이 약물은 아세틸콜린의 방출을 방지하는데, 독성이 매우 강해 일부 연구자들은 한 스푼의 양으로도 인류 전체를 살상할 수 있다고 계산한 적이 있다. 오늘날에는 아주 많이 희석시킨 보툴리누스 독의 용액을 안면근육에 주입하면 피부에 주름을 만드는 근육수축을 정지시킬 수 있다. 이것이 보톡스(borox) 치료이다. 대조적으로 검은과부독거미 독은 아세틸콜린의 방출을 자극한다. 이 독도 매우 강하지만 보툴리누스 독보다는 약하다.

종말단추에서 분비된 아세틸콜린의 활동을 억제하는 것이 아세틸콜린 소(achetylcholinesterase; AChE)이다. 아세틸콜린 분해효소를 비활성화하는 약물은 몇 가지 목적으로 사용할 수 있다. 그 중 하나가 살충제로 사용하는 것인데, 이 약물은 곤충은 쉽게 죽이지만 인간과 다른 포유류는 죽이지 못한다. 왜냐하면 인간의 혈액은 그것을 파괴하는 효소를 가지고 있기 때문이다. 또 다른 용도가 의학적 용도인데, 중증근무력증(myasthenia gravis)이라는 유전 장애는 어떤 사람의 면역체계가 골격근에 위치해 있는 아세틸콜린 수용기를 공격해서 생기는 질병이다. 이 환자는 신경전달물질에 대한 근육의 반응이 약화됨으로써 신체적으로 점점 쇠약해진다. 그래서 네오스티그마인(neostigmine)과 같은 아세틸콜린 분해효소 억제제를 투여받으면, 분비된 아세틸콜린이 나머지 수용기에 대해 더 지속적으로 효과를 미치기 때문에 일부 힘을 회복할 수 있다.

아세틸콜린 수용기에는 담배에 들어 있는 니코틴(nicotine)에 의해 활성화되는 니코틴성 수용기와 파리 끈끈이에 들어있는 무스카린(muscarine)에 의해 활성화되는 무스카린성 수용기이다(Mash, Flynn, & Potter, 1985). 근육섬유는 신속하게 수축할 수 있어야 하기 때문에 신속한 니코틴성 수용기를 갖고 있다. 중추신경계는 이 두 유형을 모두 가지고 있지만 무스카린성 수용기가 더 우세하다. 일부 니코틴성 수용기는 뇌에 있는 축색 – 축색 시냅스에서 발견되는데, 이 수용기의 활성화는 흡연자들이 보이는 니코틴 중독 효과와 관련이 있다.

이처럼 두 상이한 물질이 아세틸콜린 수용기를 자극하는 것처럼, 두 가지 상이한 약물이 이 수용기를 차단하는 기능을 한다. 아트로핀(atroplne)은 무스카린 수용기를 차단한다. 아트로핀은 '죽음의 밤 그림자'로 불리는 식물에서 추출한 벨라도나 알칼로이드(belladonna alkaloids) 중 하나이다. 오래 전에 남성에게 매력적으로 보이기를 원하는 여성들은 벨라도나 알칼로이드가 포함된 액체를 점안하였다. 왜 그랬을까? 우리가 어떤 것에 흥미를 느낄 때 발생하는 무의식적 반응 중 하나가 동공의 확대인데, 아트로핀과 같은 벨라도나 알칼로이드는 동공에 대한 아세틸콜린의 효과를 차단함으로써 동공을 확대시킨다. 이 변화는 여성이 어떤 남성을 바라볼 때 그에게 더 흥미를 갖고 있는 것처럼 보이게 만들고, 흥미롭게도 이 신호는 그 남성에게 자신을 더 매력적으로 여기게 만든다.

다른 약물인 쿠라레(curare)는 니코틴성 수용기를 차단한다. 이 수용기는 근육에서 발견되는 것으로, 보툴리누스 독과 마찬가지로 마비를 초래한다. 그러나 쿠라레의 효과는 매우 신속하게 일어난다. 남아메리카의 몇몇 상이한 종의 식물에서 추출되는 약물로, 발견 당시의 사람들은 이것을 화살촉과 창끝에 바르는 용도로 사용하였다. 이 약이 묻은 화살을 맞거나 창에 찔리면, 동물은 몇 분 내 쓰러져 호흡이 느려지고 결국 죽게 된다. 요즘은 쿠라레가 수

술 환자들의 근육을 마비시키는 데 사용하는데, 근육은 완전히 이완되어 외과용 메스로 절단해도 수축하지 않는다.

(2) 모노아민(monoamine)

도파민, 노르에피네프린, 세로토닌 및 히스타민은 모노아민이라는 범주에 속하는 네 가지 화학물질이다. 이 물질들의 분자구조는 서로 유사하기 때문에, 어떤 물질은 나머지 물질에 어느 정도 영향력을 행사한다. 도파민과 노르에피네프린 및 에피네프린은 카테콜아민(catecholamines)이라는 모노아민의 하위유목에 속한다. 모노아민은 뇌에 있는 몇몇 뉴런 체계에 의해 만들어진다. 이 체계 중 대부분은 뇌간에 있는 비교적 소수의 세포체로 구성되는데, 관련된 축색은 반복적으로 분화하여 뇌의 많은 영역에 걸쳐 분포하는 다수의 종말단추를 형성한다. 그래서 모노아민성 뉴런은 광범위한 뇌영역의 기능을 조절하는 역할을 하며, 특정 뇌 기능의 활동을 증가시키거나 감소시킨다.

도파민(dopamine: DA). 도파민은 운동, 주의, 학습, 약물중독 및 정서행동과 관련이 있다(Di Chiara & Imperato, 1988; Seeman, 1980). 또한 도파민은 정신분열증(schizophrenia)과도 밀접한 관련이 있는 것으로 보인다. 도파민 수용기의 활동이 증가하면, 환각, 조직화되지 않은 사고, 부적절한 감정표현 등의 특징을 지닌 정신분열 증세를 보인다. 반대로 도파민성 뉴런의 활동을 억제하는 약물을 투여하면 정신분열증의 증상이 완화된다. 한편 뇌의 도파민 수준이 너무 낮으면 몸이 떨리는 운동장애를 유발하는데(Singleton et al., 2003), 지나치게 낮을 경우 〈그림 2-5〉와 같이 근육이 경직되고 전체 운동이 원활하지 못한 파킨슨병(Parkinson's disease)을 유발한다(Creese, Burt, & Snyder, 1976; Kebabian & Calne, 1979).

카테콜아민에 속하는 도파민은 시냅스후 수용기에 따라 흥분성이나 억제성 전위를 발생시킨다. 도파민은 운동, 주의, 학습 및 사람들이 남용하는 약물 강화 효과를 포함하는 몇 가지 중요한 기능에 관여한다. 카테콜아민계의 중요한 두 신경전달물질(도파민과 노르에피네프린)의 선구물질은 음식물에서 얻어야 하는 필수 아미노산인 타이로신(tyrossine)이다. 이

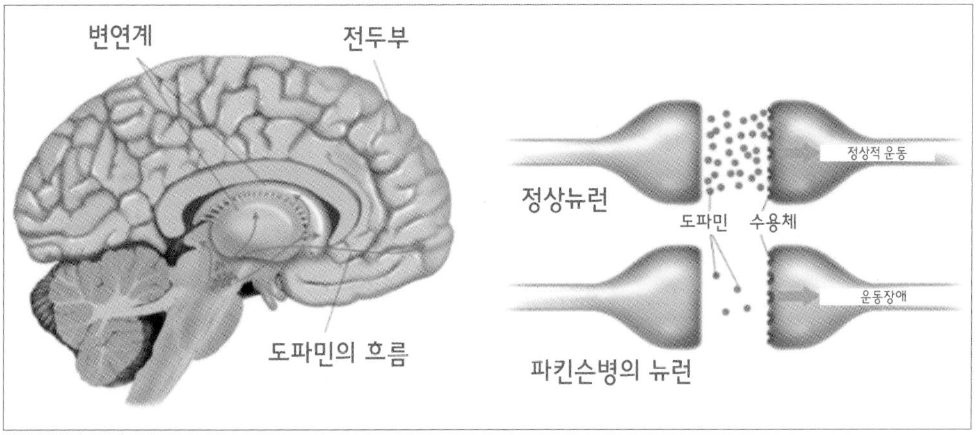

그림 2-5 도파민의 흐름과 파킨슨병

때, 한 효소가 타이로신을 L-도파(L-DOPA)로 전환시키고, 다른 효소는 L-도파를 도파민으로 전환시킨다. 도파민성 뉴런에서 그 전환은 최종 단계지만, 노르아드레날린성 뉴런에서는 도파민이 노르에피네프린으로 전환된다.

한편, 뇌는 몇 가지 도파민 체계를 갖추고 있는데, 세 가지 중요한 체계들이 중뇌에서 시작된다. 흑질에 위치한 흑질선조계(nigrostriatal system) 뉴런의 세포체는 축색을 신선조체인 미상핵과 피각에 투여한다. 신선조체는 기저핵의 중요한 부분으로 운동의 통제에 관여한다. 복측 피개영역에 위치하는 중뇌변연계(mesolimbic system) 뉴런의 세포체는 축색을 측핵에, 그리고 편도체 및 해마를 포함하는 변연계의 여러 영역에 투여한다. 측핵은 사람들이 남용하는 약물을 포함하여 특정 범주의 자극들이 갖는 강화(보상) 효과에서 중요한 역할을 한다. 복측 피개영역에 위치하는 중뇌피질계(mesocortical system) 뉴런의 세포체는 축색들을 전전두피질에 투사한다. 이 뉴런은 전두피질을 흥분시키는 효과를 냄으로써, 단기기억의 형성, 계획 및 문제해결을 위한 전략수립과 관련된 기능에 영향을 미친다.

흑질과 미상핵을 연결하는 도파민성 뉴런의 퇴화는 사지의 떨림과 경직, 신체균형의 마비, 운동 곤란 등을 보이는 파킨슨병을 초래한다. 이 뉴런의 세포체는 흑질이라는 뇌의 영역에 위치하는데, 이 영역은 보통 피부를 착색시키는 멜라닌에 의해 검은 색을 띠고 있다. 이 화합물은 도파민의 분해로 만들어진다. 파킨슨병을 초래하는 뇌손상은 이 병으로 사망한 사람의 흑질이 검은색보다는 좀 더 엷다는 것을 관찰한 병리학자들에 의해 발견되었다. 파킨슨병 환자는 도파민의 선구물질인 L-도파를 투여받았다. 비록 도파민은 혈뇌장벽을 통과하지 못하지만, L-도파는 통과할 수 있다. 일단 L-도파가 뇌에 도달하면, 도파민성 뉴런이 이를 흡수하여 도파민으로 전환한다. 이때, 도파민의 합성증가는 파킨슨병 환자에게 남아 있는 도파민성 뉴런으로 하여금 많은 도파민을 분비하도록 해서 결국 증세를 약화시킨다.

노르에피네프린(norepinephrine: NE). 노르에피네프린은 아세틸콜린처럼 자율신경계 뉴런에서 발견되기 때문에 많은 실험적 관심을 받았다. 일반적으로 자율신경계의 교감신경계에서 주로 사용하는 노르에피네프린은 각성과 정서행동을 조절하는 기능을 한다(Pools, 1980). 그래서 우울증과 같은 정서적 장애는 노르에피네프린과 도파민의 부족과 관련된다(Weiss et al., 1981). 우울증 환자를 치료하는 데 사용하는 일부 항우울제는 주로 노르에피네프린계에 작용한다. 조울증 환자가 조증상태에 있을 때는 리튬(lithium)을 투여하는데, 이것은 시냅스 간격에 방출된 노르에피네프린의 재흡수를 촉진한다(Goodwin et al., 1972). 여기서 조증은 자기도취감에 빠져 지나치게 말을 많이 하고 판단력이 상실되는 등의 증상을 보이는 정서적 장애이다.

푸사릭산(fusa ric acid)은 도파민이 노르에피네프린으로 전환하는 것을 방해하는 약물로, 노르에피네프린의 생산을 차단한다. 거의 모든 뇌 영역은 노르아드레날린성 뉴런들로부터 입력을 받는다. 노르아드레날린성 뉴런의 세포체 대부분은 뇌교, 연수의 7개 영역 그리고 시상의 한 영역에 위치한다. 가장 중요한 노르아드레날린성 체계의 세포체는 배측 뇌교에 위치한 한 핵인 청반(locus coeruleus)에서 시작한다. 이 뉴런의 축색은 뇌의 광범위한 영역에 투입된다. 이 뉴런의 활성화에 따른 한 효과는 환경의 사건에 대한 주의집중 및 경계의 증가이다.

세로토닌(serototine). 세 번째 유형의 모노아민 신경전달물질인 세로토닌은 뇌와 척수에서 발견되는 억제성 신경전달물질이다(Risch et al., 2009). 이것은 각성 통제, 체온 조절 그리고 감각 및 지각 기능에 중요한 역할을 한다. 뇌에서 세로토닌의 생산을 방해하는 약물은 불면증을 유발한다. 또한 세로토닌은 기분의 조절, 섭식 그리고 통증 조절에 관여하고, 꿈꾸기의 통제에도 어느 정도 관여하며 부족할 때 우울증이 발생할 수 있다(〈그림 2-6〉 참고).

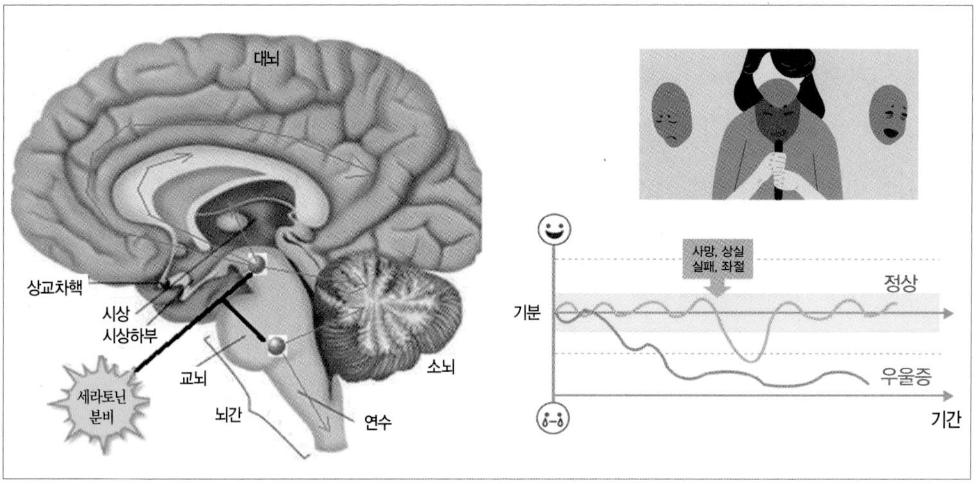

그림 2-6 세로토닌의 흐름과 우울증

세로토닌의 선구물질은 아미노산인 트립토판(tryptophan)이다.

세로토닌 재흡수를 억제하는 약물은 정신장애의 치료에서 매우 중요한 역할을 한다. 이 약물들 중 가장 잘 알려진 플루옥세틴(fluoxetine)은 우울증, 특정 유형의 불안장애 그리고 강박장애를 치료하는 데 쓰인다. 다른 약물인 펜플루라민(fenfluramine)은 세로토닌을 분비하게 하고 재흡수를 차단하는데, 비만치료에서 식욕억제제로 사용된다.

몇몇 환각제는 세로토닌 전달과 상호작용한다. LSD(lysergic acid diethylamide)는 시지각의 왜곡을 초래하여 어떤 사람들은 경외감과 황홀감을 느끼지만, 어떤 사람들은 단순히 놀라기만 한다. 또 다른 약물인 MDMA(methylenedioxymethamphetamine)는 노르아드레날린성 및 세로토닌성 효능제로, 흥분 효과와 환각 효과를 모두 가지고 있다. MDMA(대중적으로 '엑스타시'라고 부름)는 노르아드레날린성 수송체를 되돌아가도록 해서 노르에피네프린의 방출을 초래하고 재흡수를 억제한다. 이 작용부위는 분명히 약물의 흥분 효과와 관련이 있다. MDMA는 또한 세로토닌 수송체를 되돌아가도록 하는데, 이 작용부위는 약물의 환각 효과 발생과 관련이 있다. 일부 연구는 MDMA가 세로토닌 뉴런에 손상을 초래하여 인지적 결손을 초래할 수 있음을 보여준다.

히스타민(histamine). 히스타민은 히스티딘 탈탄산효소(histididinede carboxylase)의

작용으로 아미노산인 히스티딘으로부터 생산된다. 히스타민성 뉴런의 세포체는 뇌의 후시상하부에 위치한 조면유두핵(ruberomammilly nucleus)에서만 발견된다. 히스타민성 뉴런은 자신의 축색을 대뇌피질과 뇌간의 광범위한 영역으로 보낸다. 히스타민성 뉴런의 활동은 수면과 각성의 상태와 강한 상관이 있고, 그래서 히스타민 수용기를 차단하는 약물은 졸음을 유발한다. 가령, 디펜하이드라민(diphenhydramine)과 같은 항히스타민제(H1 길항제)는 졸음을 유발한다. 이런 이유 때문에 일부 처방전 없이 살 수 있는 수면제는 이 약물을 포함하고 있다. 또한, 히스타민은 소화체계와 면역체계를 통제하는 데 관여하고, 알레르기 증상의 발생에도 핵심적인 역할을 한다.

히스타민성 H1수용기는 히스타민에 의해 발생하는 가려움과 관련이 있고, 천식에서 나타나는 기관지의 수축과도 관련이 있다. H2 수용기는 위액 분비를 자극하고, H2와 H4 수용기는 모두 면역반응과 관련이 있다. H2 수용기 길항제인 시메티딘(cimetidine)은 위산 분비를 차단한다. H3 수용기는 히스타민성 뉴런의 종말에서 자기수용기로 기능을 하므로, H3 길항제인 시프록싸이판(ciproxifan)은 히스타민의 분비를 증가시킨다. 모든 유형의 히스타민 수용기는 중추신경계에서 발견된다.

(3) 아미노산

지금까지 살펴본 신경전달물질은 뉴런에서 합성된다. 가령, 콜린으로부터 아세틸콜린, 아미노산인 타이로신으로부터 카테콜아민, 아미노산 트립토판으로부터 세로토닌의 합성 등이다. 어떤 뉴런은 신경전달물질로 단순히 아미노산을 분비한다. 아미노산은 뇌에 있는 모든 세포가 단백질을 합성하는 데 사용하기 때문에, 특정 아미노산이 신경전달물질이라는 것을 증명하기가 어렵다. 그러나 연구자들은 최소한 8개의 아미노산이 포유류의 중추신경계에서 신경전달물질로 기능할 것이라고 생각한다. 특히, 아미노산 중 글루타메이트, GABA 및 글라이신은 중추신경계에서 가장 보편적인 신경전달물질이다.

글루타메이트(glutamate 또는 glutamic acid). 글루타메이트와 GABA는 매우 단순한 유기체에서도 발견되기 때문에, 많은 연구자는 이 전달물질이 최초로 진화한 것이라고 믿는다. 이 두 물질은 시냅스후 수용기를 활성화시켜 전위를 발생시킨다. 이 외에도 축색에서 직접 흥분성 효과(글루타메이트)와 억제성 효과(GABA)를 가져와 흥분의 역치를 높이거나 낮춤으로써 활동전위의 발생률에 영향을 준다. 글루타메이트는 세포의 대사과정에서 풍부하게 만들어지고, 뇌와 척수에서 주요한 흥분성 신경전달물질로 작용한다.

글루타메이트 수용기에는 AMPA 수용기, 카이네이트(kainate) 수용기 그리고 NMDA 수용기 등이 있다. AMPA 수용기는 가장 일반적인 글루타메이트 수용기이다. 이것은 글루타메이트가 결합부위에 부착할 때 나트륨 통로를 통제하여 EPSP(excitatory postsynaptic potential: 흥분성 시냅스후 전위)를 발생시킨다. 카이네이트 수용기는 카인산(kainic acid)이라는 약물에 의해 자극되면 EPSP와 유사한 효과를 보인다. NMDA 수용기가 통제하는 이온통로가 열리면 나트륨과 칼슘 이온의 세포 내 유입을 허용한다. 이 두 이온의 유입은 감분극을 초래하지만, 칼슘은 이차 전령으로 기능하여 세포 내에 있는 다양한 효소들과 결합하여 그것을 활성화시킨다. 이 효소들은 세포의 생화학적 및 구조적 속성에 깊은 영향을 미친다.

GABA(gamma-aminobutyric acid). 뇌에 있는 뉴런은 서로 간에 많은 연결을 맺고 있다. 억제성 시냅스의 활동이 없다면 이런 상호연결은 뇌를 불안정하게 만든다. 왜냐하면 뉴런은 흥분성 시냅스를 통해서 이웃한 뉴런을 흥분시키고 그 다음 또 이웃한 뉴런을 흥분시킴으로써, 연쇄적으로 원래 활동적인 뉴런을 흥분시켜 뇌에 있는 대부분의 뉴런이 통제 불가능하게 흥분되기 때문이다. 사실상 이런 사건은 때때로 발생하는데, 이것을 발작(seizure)이라고 부른다. 간질(epilepsy)은 발작을 특징으로 하는 신경학적 장애이다. 따라서 이와 같은 뉴런의 활성화를 억제할 수 있는 신경전달물질이 필요하다.

GABA는 뇌와 척수 전체에 걸쳐 광범위한 분포를 가지고 있는 대표적인 억제성 신경전달물질이다. GABA 수용기 분자의 활성화는 염소이온 통로만을 열리도록 함으로써 억제성 시냅스후 전위를 유발하여 정보 전달을 억제한다. GABA가 없다면 뇌는 흥분성 신경충동이 과도하게 많아 경련과 발작이 생길 것이다. 그래서 뇌의 GABA 수준이 너무 낮으면 간질발작이 발생하는 것이다. 불안은 뇌에 과도한 흥분성 시냅스 전도가 있을 때 유발되는데, 발륨(Valium)이나 리브륨(Librium) 같은 항 불안약물은 시냅스 간격에 대한 GABA의 분비를 증가시켜 흥분성 뉴런을 억제함으로써 긴장을 감소시킨다.

글라이신(glycine). 글라이신은 척수와 뇌의 하부에서 발견되는 억제성 신경전달물질로 보인다. 이것의 생성과 합성 경로에 대해서는 알려진 바가 거의 없다. 파상풍을 일으키는 박테리아는 글라이신(그리고 GABA)의 분비를 방해하는 화학물질을 방출한다. 그래서 이 시냅스가 가지고 있는 억제성 효과를 제거함으로써 근육을 계속 수축하도록 만든다. 글라이신 수용기는 염소통로를 통제하기 때문에, 수용기가 활성화되면 억제성 시냅스후 전위를 발생시킨다. 인도에서 자라는 스트리크닌 나무(Strydmos nux vomica)의 종자에서 발견되는 스트리크닌(strychnine)이라는 약물은 글라이신의 길항제로 기능한다. 스트리크닌은 매우 독성이 강해 비교적 적은 용량으로도 경련을 일으켜 사람을 죽음에 이르게 한다.

(4) 펩타이드

최근 연구자들은 중추신경계의 뉴런이 매우 다양한 펩타이드를 분비한다는 것을 발견했다. 펩타이드는 시냅스전 막이 아니라 종말단추의 모든 부분에서 방출되고, 그 일부가 시냅스 틈에 방출된다. 나머지는 인접한 다른 세포의 수용기에 작용하는 것 같다. 대부분의 펩타이드는 신경조절물질로 기능하는 것처럼 보이지만 어떤 것은 신경전달물질로 기능한다. 펩타이드 중 가장 잘 알려진 것이 내인성 아편물질(endogenous opioids)이다. 여러 연구는 아편제(아편, 모르핀, 헤로인)가 뇌에 직접적으로 영향을 주어 통증을 감소시킨다는 것을 밝혔다.

Pert, Snowman와 Snyder(1974)는 뇌의 국소적 영역에 있는 뉴런이 아편제에 반응하는 전문화된 수용기를 가지고 있음을 발견하였다. 최근에는 최소한도 3가지 유형의 아편 수용기 즉, 뮤(μ: mu), 델타(δ: delta) 그리고 카파(κ 혹은 kappa) 수용기가 있다는 것이 밝혀졌다. 아편 수용기의 자극은 상이한 신경계를 활성화시킨다. 하나는 진통 효과를 일으키고, 다른 것은 도망가기와 숨기와 같은 종 전형적 방어반응을 억제하고, 또 다른 유형은 보상과 관련된 뉴런체계를 자극한다.

지금까지 약물학자들은 신경전달에 영향을 미치는 두유형의 약물을 개발하였다. 헤로인(Cheroin혹은 디하이드로모르핀)과 페르코단(percodan혹은 레보르파놀)을 포함하는 많은 합성 아편제는 진통을 위해서 임상적으로 사용된다. 몇몇 아편 수용기 차단제도 개발되었다. 그 중 하나인 날록손(naloxone)은 아편제의 해독을 위해 임상적으로 사용된다. 이 약물은 헤로인 과용으로 죽음에 이를 수 있던 많은 약물남용자의 목숨을 구하기도 했다.

3 신경계

신경계(nervous system)는 동물이 자신을 둘러싼 환경으로부터 자극을 받아들이고 반응을 하는 것과 관련된 신체 내부의 계통이다. 해파리나 말미잘과 같은 자포동물은 단순한 신경망으로 촉수와 위수강을 움직인다. 척추동물과 같이 보다 더 복잡한 동물들은 신경원이라 불리는 중추신경계, 말초신경계, 자율신경계와 같은 신경망으로 감각을 수용하고 몸을 조절한다. 중추신경계는 두개골에 싸여있는 뇌와 척추를 포함하는 신경계로, 말초신경계와 함께 동물의 행동이나 신체 작용을 제어한다(〈그림 2-7〉 참고). 척추동물의 중추신경계통은 배아 시기 관찰되는 속이 빈 등쪽 신경으로부터 유래하며 이와 같은 특징은 척추동물의 계통적 특징이다. 여기서는 말초신경계와 함께, 중추신경계의 일부로 대뇌피질과 척수를 살펴보고 다른 뇌의 부위에 대해서는 다음 절에서 살펴보겠다.

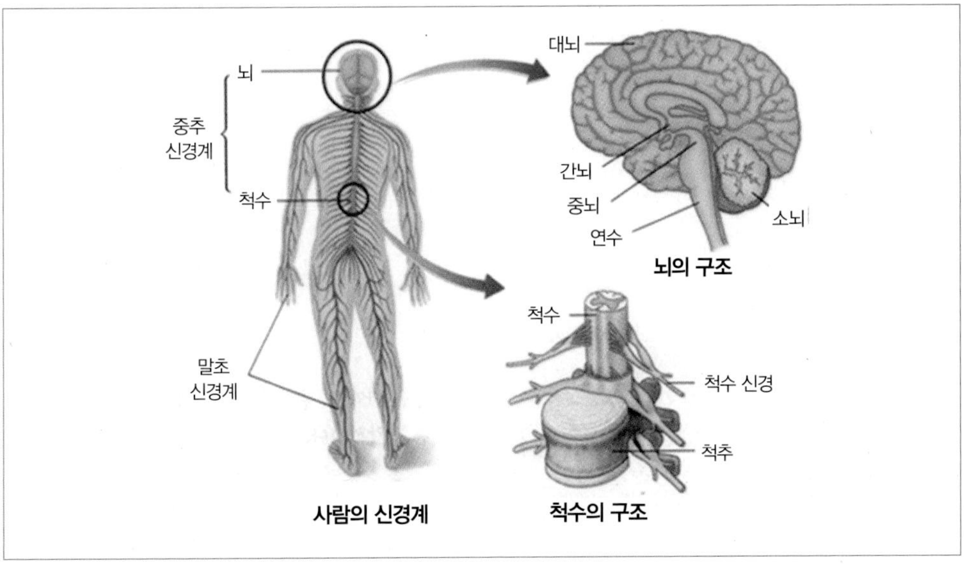

그림 2-7 인간의 신경계

(1) 대뇌피질

대뇌피질은 감각영역과 연합영역, 운동영역으로 나뉘며 감각영역은 구심성 뉴런을 통한 일반감각과 특수감각을 인지한다. 운동영역의 경우 크게 두 가지 경로로 나뉘며 추체로와 뇌간로가 이에 속한다. 전자의 경우 다듬어지지 않은 운동형태로 나타나며 아주 기본적으로 설계된 운동을 수행한다. 뇌간로에서는 이와 같은 운동을 정교하고 세심하게 교정하는데 주변 환경과 감정적 요소들을 고려한다. 연합영역은 위의 두 영역을 제외한 나머지를 말하며 보통은 감각과 운동영역을 통합하는 역할을 수행한다.

소뇌는 뇌교와 연수의 뒤쪽에 위치하며 대뇌 반구로 덮여 있다. 소뇌는 신체와 대뇌의 운동영역 사이의 중계자 역할을 하며, 몸의 균형을 유지시키는 중추로 약 120g의 무게를 가지고 있다. 소뇌의 주요 기능은 신체 각부의 수의근의 수축과 이완을 조절하는 역할과 자세와 평형감각 정보를 받아들여 신체의 평형을 조정한다. 한편, 운동학습 기능이 있어 연습이나 훈련에 의한 운동패턴을 기억하여 숙련된 운동에 대해서는 대뇌피질의 명령이 아닌 소뇌가 직접 주관하여 말초조직에 명령을 전달한다.

간뇌는 중뇌의 앞쪽으로 이어져 나와 좌우 대뇌 반구 사이에 위치하며, 항상성을 유지하는 작용을 하는 자율신경계와 내분비계의 중추이다. 간뇌는 시상, 시상상부 및 시상하부로 이루어져 있다. 특히 시상하부는 자율신경계의 최고 중추이다. 시상상부는 성과 생식계의 기능을 조절하는 역할을 한다. 대표적으로 송과체는 성선의 조기발육을 억제하는 호르몬을 분비한다. 뇌간에는 중뇌, 뇌교, 연수가 포함된다. 중뇌는 뇌교와 소뇌 위쪽에 위치하고 있으며, 안구의 운동을 조절하고 소뇌와 함께 자세 유지에 관여한다. 뇌교는 중뇌와 연수 사이에 위치해 연결한다. 연수에는 침분비, 기침, 재채기 반사, 호흡, 순환 운동 등의 조절 중추가 있다. 또, 연수에는 대뇌의 좌우 반구에서 나가는 신경 섬유(수의 운동에 관한 신경)의 80% 정도가 교차된다. 나머지 20%는 척수 내에서 교차하므로, 대뇌의 우반구는 몸의 좌반신을, 좌반구는 우반신을 지배하게 된다.

(2) 척수

척수는 연수와 연결된 신경 중추로 척추 속에 들어 있다. 척수는 대뇌와는 반대로 바깥

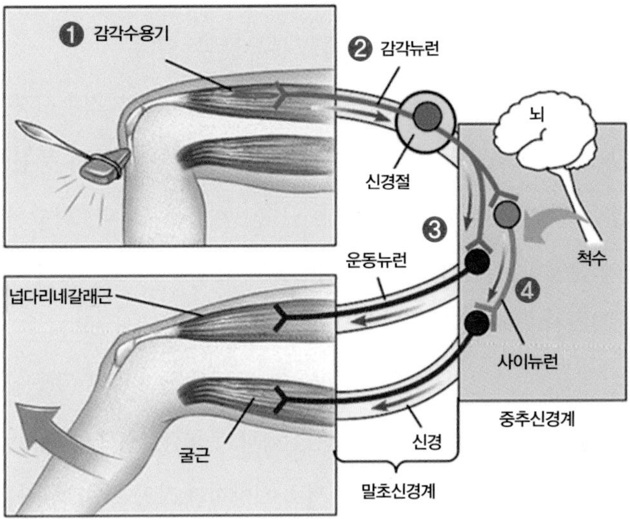

그림 2-8 척수반사의 원리

쪽(피질)이 백질, 안쪽(수질)은 H자 모양의 회백질로 되어 있다. 백질은 주로 축색 돌기(신경섬유)로 이루어지며, 회백질은 신경 세포체가 모여 있어서 시냅스는 이 부분에 집중되어 있다. 척수의 백질에서는 배쪽과 등쪽에서 좌우 1쌍의 척수 신경이 갈라져 나오는데, 배쪽으로 나온 신경은 전근(복근)으로 운동 신경으로 되어 있고, 등쪽으로 나온 신경은 후근(배근)으로 감각 신경으로 되어 있다. 전근과 후근은 척추 안에서 하나가 되고, 척추를 나와 각각 근육이나 감각기에 분포한다. 척수는 뇌와 감각 기관이나 근육 등에 분포하는 말초신경 사이를 연락하는 작용을 한다. 이 외에도, 무조건 반사의 중추로서 연수·간뇌 등의 지배를 받아 땀과 젖의 분비, 배변과 배뇨 등의 작용을 하고 무릎 반사에도 관여한다(〈그림 2-8〉 참고).

(3) 말초신경계

말초신경계는 뇌나 척수의 중추신경계에서 나와 온몸에 나뭇가지 모양으로 분포하는 신경계를 말한다. 말초신경계는 중추신경계통과 함께 동물의 행동을 제어한다. 말초신경계의 주된 역할은 외부 기관과 중추신경계를 연결하여 외부의 자극을 감지해 중추신경계로 전달하거나, 중추신경계에서 오는 반응을 기관에 전달하는 것이다. 중추신경계와는 다르게 뼈나 뇌혈관장벽으로 보호되어 있지 않아, 기계적 충격이나 병원체로부터의 감염 위험에 노출되어 있다. 말초신경계는 체성신경계와 자율신경계로 분류할 수 있다.

체성신경계는 우리의 의식과 관계하는 신경으로, 뇌신경과 척수신경이 여기에 속한다. 뇌신경의 경우 원구류가 8쌍, 어류와 양서류가 10쌍, 파충류 이상의 동물이 12쌍을 가지고 있는데, 이 뇌신경은 안면의 감각기관과 내장, 근육 등에 분포한다. 척수신경은 척수에서 나와 몸의 각 부분에 분포하는 신경으로, 사람은 모두 31쌍을 가지고 있다. 척수신경은 감각기관에서 들어오는 감각신경과 운동기로 나가는 운동신경으로 되어 있다.

자율신경계는 주로 평활근의 운동과 분비샘의 활동을 통제하여 동물 내부의 환경을 일정하게 유지하는 역할을 하는 신경계통으로, 교감신경과 부교감신경으로 이루어져 있다. 두 신경은 대부분 쌍으로 신체 기관과 연결되어 있어 서로 길항적인 작용을 한다. 자율신경계는 중추신경계 밖에서 뉴런을 한번 교체한 후 말초에 이르며 중추신경으로부터 자극을 전달받으면 교감신경은 노르에피네프린을 분비하고 부교감신경의 경우 아세틸콜린을 분비한다. 자율신경이란 이름은 대뇌의 직접적인 지배를 받지 않는다는 의미로 붙여진 것이나, 실제는 시상하부와 그 밖의 여러 중추신경의 지배를 받아 어느 정도 의식적인 조절이 가능하다.

4 뇌의 구조

뇌는 발생학적으로는 신경관의 앞쪽이 부풀어서 발달한 것으로, 대뇌, 간뇌, 중뇌, 소뇌, 연수 등 5부분으로 되어 있다(〈그림 2-9〉 참고). 연수의 끝은 척수와 연결되어 있다. 호흡, 순환, 심장박동, 소화 등의 생명 활동과 직결된 작용을 조절하는 부위인 중뇌, 뇌교, 연수를 묶어서 뇌간(brain stem)이라고 한다. 뇌의 각 부분의 발달 정도는 동물의 진화 정도에 따라 다를 뿐만 아니라,

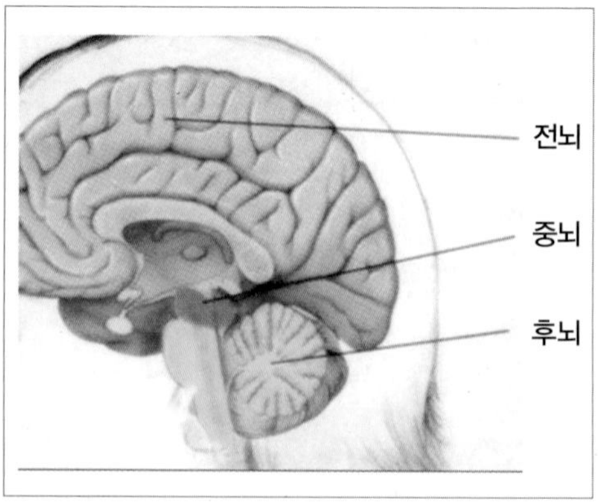

그림 2-9 뇌의 구조

서로 다른 행동을 하는 동물의 종에 따라서도 차이가 있다. 대뇌는 기억과 판단 등을 관장하는 정신활동의 중추이며 동시에 감각과 수의운동의 중추로, 대부분의 행동을 통합하고 조절하는 기능을 하는 고등 정신작용의 중추이다. 그 작용은 신경 세포체가 모인 회백질에서 일어나는데, 대뇌의 단면을 보면 바깥쪽 부분(피질)은 회백색, 속부분(수질)은 백색을 띠고 있어서 회백색 부분은 '회백질', 백색 부분은 '백질'이라고 한다. 회백질부에는 신경 세포체가 많이 모여 있고, 백질부는 축색 돌기가 많은 부분이다.

(1) 후뇌

후뇌(cerebellum)는 소뇌라고도 하며 연수의 후위에 위치하는데, 근육긴장의 조절과 운동 활동을 이끌어 내는 뇌의 중요한 부위이다. 피아니스트가 실수 없이 음악을 연주하거나, 투수가 공을 부드럽게 던질 수 있게 하는 뇌의 영역이다. 후뇌의 손상은 마비를 유발하지는 않지만 운동의 정확성을 방해하거나 균형과 평정을 혼란시킨다. 후뇌의 손상을 탐지하기 위해 신경학자들이 주로 사용하는 전통적인 검사가 피검사자의 코와 검사자의 코를 번갈아 만지도록 하는 것이다. 후뇌가 손상된 사람은 이것을 할 수 있더라도, 자신의 코에서 다른 이의 코로 손을 옮겨 가는 경로는 부정확하고 일정하지 않을 가능성이 높다.

후뇌가 손상되면 균형과 운동조절의 결핍도 생기게 된다. 머리에 큰 타격을 받았을 때 일시적으로 균형을 잃거나 근육운동을 제대로 하지 못하는 펀치 드링크 증후군(punch-drink syndrome)에서 후뇌의 일시적 혼란을 볼 수 있다. 일반적으로 후뇌의 특정 영역인 소뇌 측부(lateral verebellum)는 운동조절과 운동기술을 학습하는 뇌의 구조를 포함하고 있는 것으로 여겨진다. 최근 연구들에 의하면, 이 영역이 정신기능의 유연함과 정확함을 주는 인지과정의 특정 부분과 연관되어 있다(Akshoomoff & Courchesne, 1992). 또한 이 부위는 뇌의 내부 시계로 시간적인 정보를 주는 데도 중요한 기능을 하는 것으로 알려져 있다(Ivry, 1997).

(2) 중뇌

중뇌(midbrain)는 뇌교의 위쪽에 위치하는데, 뇌교나 연수와 비슷하게 몇몇 뇌신경의 핵이 있는 영역이다. 중뇌는 또한 두 가지 중요한 구조를 배측에 가지고 있는데, 하구(inferior colliculus)와 상구(superior colliculus)가 그것이다. 이것은 각각 청각과 시각 자극을 파악하는 데 중요한 역할을 한다. 하구는 상올리브(superior olivary nucleus)와 같은 중계핵에 포함되며 청각정보를 귀에서 피질로 전달하여 소리의 위치를 파악한다. 또한 소리가 나는 쪽으로 머리와 눈을 반사적으로 향하게 하는데, 이것이 청각 자극에 정향하도록 하는 기본적 기능이다. 상구는 하구가 청각에서 하는 역할을 시각에서 한다. 상구는 주위에서 움직이는 큰 물체를 정향하거나 지각할 수 있도록 해준다. 그래서 만약 차가 빠르게 왼쪽에서부터 다가오면 상구는 무언가 가까이 오고 있다는 신호를 보낸다.

상구는 또한 다른 뇌 영역들과 협동하여 물체의 방향으로 눈을 돌리게 함으로써 그 물체의 상이 망막의 중심와(fovea)에 맺히게 한다. 이런 과정을 '포비에이션(foveation)'이라고 한다. 그러나 중뇌의 시각계는 대상을 명확하게 구별하지는 못한다. 즉, 위의 예에서 그 물체가 차인지는 정확하게는 모른다. 따라서 시야의 중심에 대상이 위치한 후에야 그 대상의 인지에 특별히 관여하는 다른 뇌 영역이 그것을 명확하게 파악할 수 있게 해준다.

(3) 간뇌

시상(thalamus)은 시상하부와 함께 간뇌(diencephalon)의 한 부분이다(〈그림 2-10〉 참고). 시상은 피질로 들어오는 대부분의 감각정보와 피질로부터 나가는 대부분의 운동정보들을 연결하는 중추이다. 중계센터(relay center)는 뇌의 어떤 영역으로부터 들어온 뉴런들이 시냅스를 맺고 뇌의 다른 영역으로 나아가는 뇌 영역이다. 종종 중계센터 뉴런들 사이의 연결은 정보를 다른 신경계로 보내기 전에 다시 조직화된다.

예를 들어, 시각계에서는 망막으로부터 들어온 정보가 시삭(optic tract)을 경유하여 시상의 외측슬상핵(lateral geniculate cucleus)에서 시냅스를 맺는다. 외측슬상핵의 한 층인 거대세포층(magnocellular layer)은 희미한 빛에 대해서는 극도로 민감하지만 색깔에는 민감하지 않은 세포로부터 입력을 받는다. 반면에 소세포층(parvocellular layer)은 색깔에는 민감하지만 높은 수준의 밝기가 필요한 세포로부터 입력을 받는다. 따라서 이 연결 지점에서 정보들은 뇌로 전달되는 동안 다시 조직화되고, 색깔이나 밝기에 대한 정보들이 분리된다(Zeki & Shipp, 1988). 정보들이 망막으로부터 나갈 때 한 망막 세포의 망막상의 위치 정보는 반영되지만, 색깔이나 밝기에 대한 세포의 민감도 등을 그 위치에 반영하지는 않는다. 그러나 거대세포와 소세포층에서 정보들의 구분이 이루어지고 시각정보가 시상을 떠날 때는 밝기, 색깔, 망막상의 위치 등의 정보가 처리되어 있다.

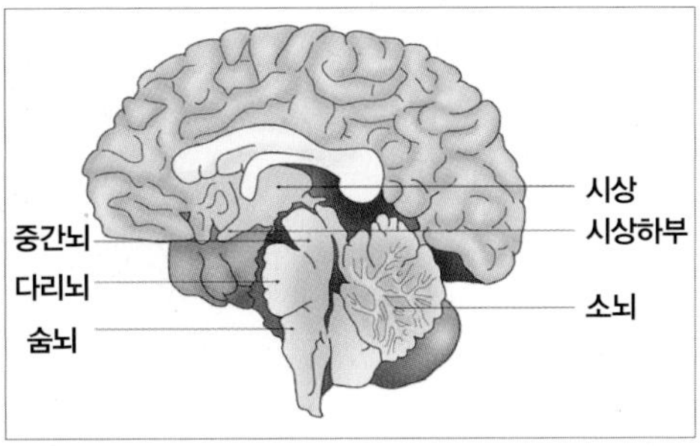

그림 2-10 간뇌의 구조

시상하부(hypothalamus)의 일반적인 역할은 신체욕구를 만족시켜 행동을 조절하고 균형을 유지할 수 있도록 하는 것이다. 생명체에 특정 욕구가 발생하면, 일반적으로 시상하부는 신체를 안정된 상태로 되돌릴 수 있도록 고안된 행동을 방출한다. 예를 들어 배가 고프거나 목이 마를 때 사람은 음식이나 음료수를 섭취하는 행동을 한다. 시상하부는 필요한 일련의 행동을 뇌에 전달하는 신호를 발생시킨다. 그래서 시상하부의 주요한 기능 중 하나는 섭식과 마시는 행동에 도움을 주는 것이다. 예를 들어 동물연구에서 시상하부의 복내측 영역의 손상은 동물로 하여금 정상 체중을 유지하는 데 필요한 양 이상으로 먹게 하고, 이런 행동들은 결과적으로 비만을 일으킨다. 비슷하게 시상하부의 배측과 외측부를 손상시키면 물을 마시는 데 문제가 생긴다.

시상하부의 또 다른 중요한 기능은 체온조절을 돕는 일이다. 전측부와 후측부에 있는 뉴런들은 피부나 혈액의 온도가 변화하는 것을 감지하고 이를 통해 자동온도 조절장치와 비슷한 기능을 한다. 또한 시상하부는 혈류를 통해 신체로 전달되는 화학적 전달자들을 제어하는 체계인 호르몬계(hormonal system)와 밀접한 관련이 있다. 그래서 호르몬이 생성되는 지점으로부터 멀리 떨어진 목표기관에 호르몬에 영향을 줄 수 있도록 한다. 시상하부는 또한 직접 호르몬을 분비하거나 호르몬을 분비하는 뇌 영역의 활동을 조절하는 요소들을 생산한다. 시상하부와 호르몬계의 관련성은 생식행동, 주간 리듬(daily rhythms) 그리고 공격 또는 도주반응(fight-or-flight response)을 설명하는 데 도움이 된다.

(4) 전뇌

전뇌의 대뇌피질은 우리가 뇌를 생각할 때 쉽게 떠오르는 부분이다. 피질은 대상인식, 공간처리, 주의 같은 우리가 앞으로 논의할 부분과 관련하여 주요한 역할을 하는 곳이다. 피질은 두 부분으로 나눌 수 있는데, 각각을 대뇌 반구(cerebral hemisphere)라고 부른다. 각 뇌의 회선(convolution) 즉, 융기(bump)는 회(이랑, gyrus)라고 부른다. 이것은 거대한 뉴런 덮개로, 앞에 말한 뇌의 다른 구조들을 덮고 있다. 이 회들로 말미암아 뇌 조직들이 작은 공간에 빽빽하게 들어갈 수 있다.

이것은 옷을 돌돌 말아 넣음으로써 옷가방 속에 더 많은 옷을 넣을 수 있는 것과 같다. 융기 사이의 각 골짜기들은 구(고랑, sulcus)라고 부른다. 만약 골짜기가 매우 깊다면 열(fissure)이라고 부른다. 모든 뇌에는 동일한 기본적인 회의 패턴(gyral pattern)이 있는데, 모든 얼굴이 동일한 기본 형식으로 되어 있는 것과 같다. 그러나 개인의 얼굴 간에 미묘한 차이가 있듯이 그런 차이가 회의 패턴에도 있다. 이는 마치 얼굴상에 이목구비의 배치가 다양한 것과 같다(어떤 사람은 두 눈 사이의 거리가 넓고, 반면에 어떤 이들은 그 거리가 좁을 수 있다).

세 가지 주요 열은 뇌에서 중요한 이정표 역할을 하는데, 이들이 주요 뇌 영역들 간의 기능적 차이를 나타내기 때문이다. 먼저, 중심열(central fissure)은 각 대뇌반구를 전후 차원으로 분리해 준다. 일반적으로 중심열 앞부분은 운동처리와 관련되고, 뒷부분은 감각처리와 관련된다. 두 번째 주요 열은 외측열(lateral fissure)인데, 이 열은 각 대뇌반구를 복측과 배측 차원으로 분리해 준다. 이 구분은 중요한데, 외측열 아래쪽의 뇌 영역인 측두엽은 기억, 정서, 청각처리에서 중요한 역할을 하기 때문이다. 세 번째 주요 열은 세로열(longitudinal fissure)이다. 이 열은 오른쪽과 왼쪽의 대뇌 반구를 구분해 준다. 이 구분이 중요한 것은 각 대뇌 반구가 인지와 정서기능이라는 독특한 전문성을 가지고 있기 때문이다.

이 세 열은 또한 각각의 대뇌 반구를 네 개의 주요 영역 또는 엽으로 구분해 준다. 중심열 앞의 영역은 전두엽(frontal lobe)이며, 외측열 아래의 영역은 측두엽(temporal lobe)이다. 중심열 바로 뒷부분과 외측열의 윗부분에 해당하는 영역은 두정엽(parietal lobe)이며, 나머지 두정과 후두고랑의 뒷부분은 후두엽(occipital lobe)이다.

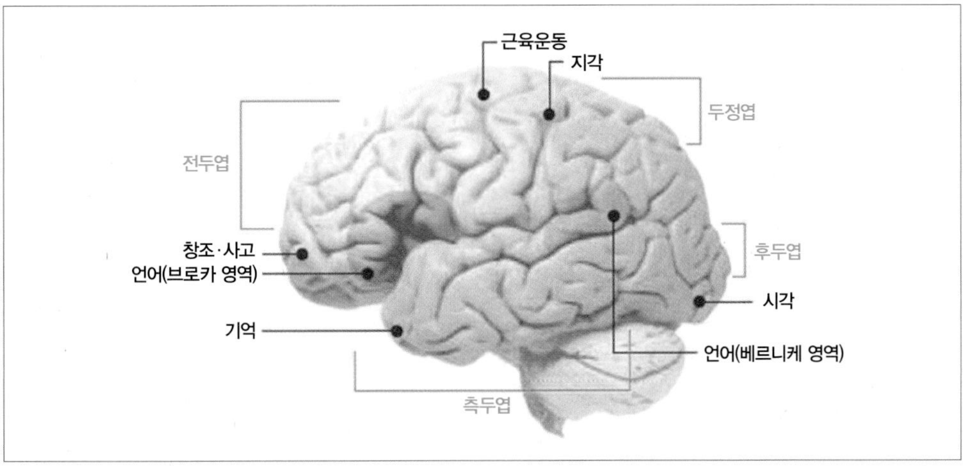

그림 2-11 대뇌에서의 브로카와 베르니케 영역

대뇌피질 중에는 좌반구에만 있는 언어적 기관이 존재하는데, 그것을 베르니케와 브로카 영역이라고 명명하고 있다(〈그림 2-11〉 참고). 베르니케 영역(Wernicke's area)은 뇌의 좌반구에 위치하는 특정부위로, 청각피질과 시각피질로부터 전달된 언어정보의 해석을 담당한다. 이는 독일의 신경정신과의사인 Carl Wernicke가 발견하였다. 일반적으로 소음을 들을 때는 일차청각영역이 활성화되지만, 단어와 같은 의미를 가진 소리를 들으면 뇌 좌측에 위치한 베르니케 영역이 더 활성화된다(Zatorre et., 1992, 1995). 반면, 브로카 영역(Broca's area)은 프랑스의 인류학자, 외과의사이자 신경해부학자인 Paul Pierre Broca가 밝힌 영역이다. 이 영역은 좌반구 전두엽에 존재하는 뇌의 특정 부위로 말을 하는 기능을 담당하고 있다. 브로카 영역은 인류가 호모 하빌리스일 때부터 발달해온 것으로 추측된다.

(5) 뇌량

뇌량(corpus callosum)은 좌뇌와 우뇌를 연결하는 정보적 통로가 되는 신경다발이다. 1961년에 미국 로스엔젤레스의 두 신경외과의사인 Bogen과 Vogel(1963)은 간질 대발작이 두 대뇌 반구 사이에서 공명하는 증폭된 비정상적인 두뇌 활동 때문에 일어나는 것으로 생각했다. 그래서 그들은 이 두 반구 간의 의사소통을 차단하면 통제할 수 없는 간질 증상을 보이는 환자들의 발작을 감소시킬 수 있을 것으로 추측했다(〈그림 2-12〉 참고). 그들은 의사소통을 차단하기 위해서는 두 반구를 연결하는 축색들의 커다란 다발인 뇌량을 절단해야 한다는 사실을 알고, 심각한 부작용 없이 고양이와 원숭이의 두뇌를 분할한 바 있다. 따라서 Bogen과 Vogel(1963)이 간질 환자의 머리에 칼을 댄 결과, 발작은 거의 제거되었으며 이렇게 분할뇌를 가게 된 환자들은 놀랍게도 정상이었다. 이를 통해 분할뇌가 성격과 지능에도 거의 영향을 미치지 않았다는 사실을 알 수 있었다.

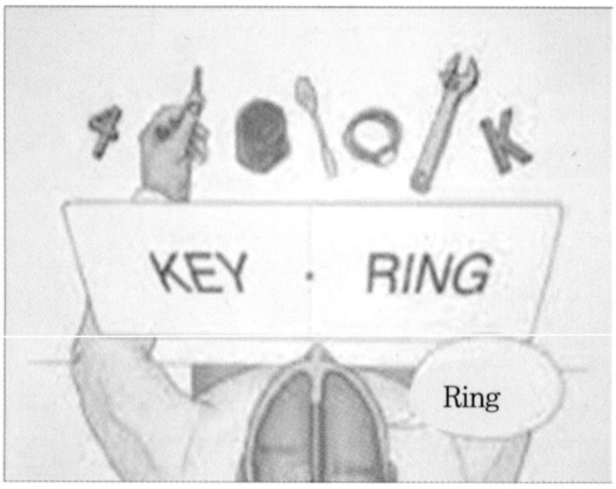

그림 2-12 분할뇌 환자 실험

이 외에도 많은 실험은 의사결정을 숙고할 때나 언어적 과정을 거칠 때 좌반구가 더 활동적이라는 사실을 증명하고 있다. 우반구는 단순한 요청을 이해하고, 사물을 쉽게 지각하며, 신속하고 직관적인 반응을 요구할 때 더 많이 관여한다. 또한 그림을 그리거나, 얼굴을 알아보고, 정서를 지각하며, 보다 표현력이 풍부한 왼쪽 얼굴을 통해서 정서를 표현하는 데 좌반구를 압도한다. 따라서 우반구 손상은 정서처리와 사회적 행동을 크게 와해시킨다. 따라서 좌반구를 언어뇌라 부르고 우반구를 이미지 뇌라고 부른다.

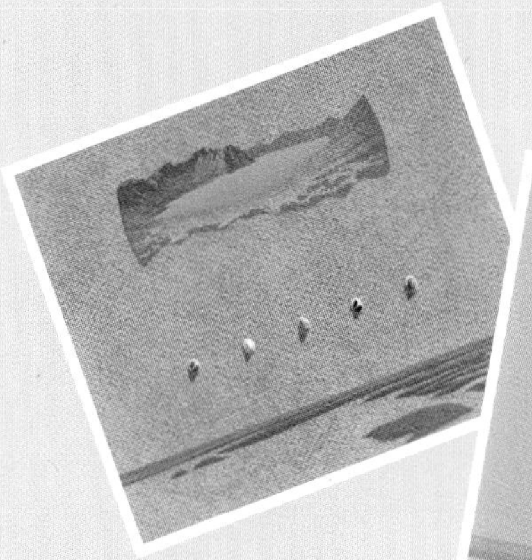

03 동기와 정서

An Introduction to Modern Psychology

개요

동기와 정서는 인간의 행동을 이해하기 위한 가장 기본적인 요소다. 동기는 사람들이 왜 어떠한 행동을 하는지 설명해준다. 이 장에서는 동기를 이해하기 위한 여러 이론들과 다양한 동기의 종류들을 살펴볼 것이다. 정서는 주관적 느낌이나 감정뿐 아니라 그에 따르는 생리적 반응, 인지과정, 행동을 포함하는 개념이다. 사람들은 생존과 적응을 위해, 다른 사람들과의 소통을 위해 다양한 정서를 경험하고 그것을 표현한다. 이 장에서는 정서이론과 정서에 대한 생물학적 입장과 사회인류학적 입장을 살펴보고자 한다.

학습목표

1. 동기이론의 변화 과정을 이해한다.
2. 동기의 종류와 성격을 이해한다.
3. 정서이론의 변화 과정을 이해한다.
4. 정서보편성에 대한 두 입장을 이해한다.
5. 문화적 정서와 그 기능을 이해한다.

1 동기이론

동기는 특정 목표를 지향하는 행동을 불러일으키며 그 행동의 방향을 결정하고 유지하는 힘이다. 따라서 동기는 어떤 사람이 어떤 행동을 할지 예측할 수 있는 직접적인 요인이다.

(1) 본능이론

동기에 대한 심리학의 초기 이론으로 본능이론은 주로 진화론의 관점을 따른다. 동물들이 본능에 따라 먹이를 찾고 위험으로부터 도피하여 짝짓기 하듯이, 인간도 선천적인 본능에 따라 행동한다는 입장이다. 본능이론을 주장한 심리학자는 McDougall(1908)로, 그는 인간의 본능을 돌보기, 동정심, 투쟁, 자기주장, 호기심, 음식 찾기, 혐오, 도피, 사교성 등으로 구분하였다. 그러나 본능이론은 곧 몇 가지 한계를 노출하여 그 설명력을 상실했다. 첫째, 이론가에 따라 본능의 유형 및 개수가 일정치 않다. McDougall은 동기와 관련하여 10여 개의 본능을 제시하였으나 Bernard(1925)는 5,759개의 본능이 있다고 주장하였다. 둘째, 본능을 유형화하는 것은 어떤 행동을 설명한다기보다는 그 행동에 이름을 붙이는 데 그친다는 비판이다. 왜 물을 마시느냐는 질문에 '목이 말라서'라는 대답을 하는 꼴이라는 것이다. 또한, 본능이라고 생각한 것들이 후속연구에 의해 후천적으로 학습된 것이라는 사실이 밝혀지면서 본능이론은 다른 관점의 이론들로 대체되었다.

(2) 추동감소이론

추동(drive)이란 욕구 충족을 위해 생리적으로 각성된 상태를 의미한다. 추동을 촉발하는 것은 대개 배고픔, 목마름, 성욕 같은 생물학적 욕구들인데, 추동감소이론은 인간은 그러한 추동을 감소시키기 위해 동기화된다는 것이다. 이 이론을 주창한 Hull(1943)은 인간에게는 몇 가지의 기본적 추동이 있으며, 인간은 이러한 추동에 의해 발생된 긴장을 감소시켜 생물학적 항상성(homeosatsis)을 유지하는 방향으로 행동한다고 보았다. 항상성의 원리란 유기체가 생존에 적합한 체온, 심박수, 혈압, 혈액 내의 포도당 함유량, 신체 내 수분과 염분의 균형 등 신체 내부의 환경을 일정한 수준으로 유지하려는 경향성을 뜻한다. 추동을 불러일으키는 것은 욕구뿐만 아니라 유인자극(incentive)도 있다. 이는 과거의 경험이 동기에 영향을 미치는 것을 설명한다. 예를 들어 예전에 먹어본 맛있는 음식 냄새를 맡으면 그 음식이 먹고 싶다는 욕구가 강하게 발생한다. 그러나 추동감소이론은 다음과 같은 비판을 받고 있다. 첫째, 추동감소이론은 본능이론과 마찬가지로 복잡하고 다양한 인간의 사회적 행동(예, 이타성)을 설명하는 데는 한계가 있다. 둘째, 추동감소이론은 암벽등반이나 번지점프처럼 인간이 의도적으로 생리적 각성을 높이려는 행동을 설명할 수 없다. 추동감소이론은 인간의 행동이 긴장을 감소시키는 방향으로만 일어난다고 가정하고 있기 때문이다.

(3) 각성이론

Hebb(1955)의 각성이론(arousal theory)은 인간은 적절한 수준의 흥분 상태를 유지하기 위해 동기화된다고 주장한다. 각성 수준이 너무 낮으면 지루함을 느껴 자극을 추구하게 되고, 각성 수준이 너무 높으면 긴장 상태가 되어 수행 수준이 떨어진다. 〈그림 3-1〉과 같이 각성 수준이 높아질수록 수행 수준은 점차 증가하며, 이는 최적의 각성 수준에서 최대가 된다. 그러나 과대 각성이 되면 수행 수준은 급격히 감소하게 된다. 이렇듯 각성 이론은 추동감

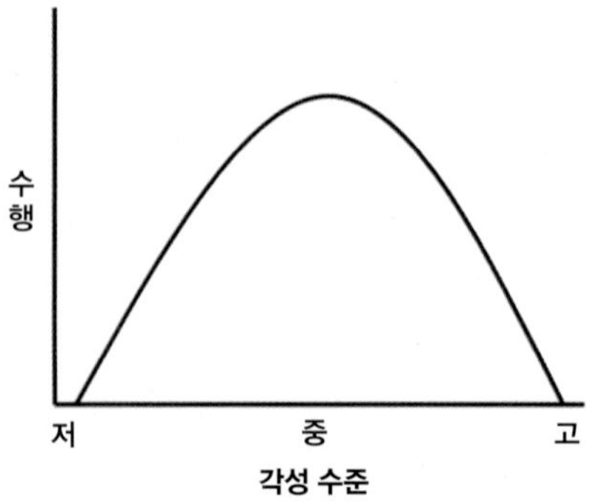

그림 3-1 **Yerkes와 Dudson의 곡선.** 이 곡선은 각성 수준과 수행의 관계를 보여준다.

소이론이 설명하지 못하는 행동들에 대한 설명을 가능하게 한다. 그러나 각성 이론은 행동의 동기를 '추동감소의 추구'에서 '최적 각성상태의 추구'로 설명했다는 점에서 새로운 이론이라기보다는 추동감소이론의 확장이라는 평가를 받고 있다.

(4) 동기에 대한 인지적 접근

인지주의자들은 인간의 중요한 동기가 외부의 객관적 현실로부터가 아니라 현실에 대한 주관적 해석으로부터 생겨난다고 간주한다. 만약 어떤 보상이 자신의 행동의 결과가 아니라고 생각한다면, 그 행동에 대한 보상은 강화로서의 힘을 상실하고 말 것이다. 사람들이 어떤 행동을 하는 이유는 과거에 행한 그 일의 결과를 어디에 귀인하느냐에 따라, 그리고 그 행동의 결과를 어떻게 예측하느냐에 따라 달라질 때가 많다. 인지적 접근은 인간이 왜 미래의 사건에 대한 기대에 의해 동기화되는가를 설명해 준다.

동기에서 기대(expectation)의 중요성은 Rotter(1954)에 의해 제안되었다. Rotter에 의하면, 개인이 특정 행동에 동기화될 확률은 그 행동을 통해 어떤 목표를 달성할 것이라는 기대와 그 목표의 개인적 가치에 의해 결정된다. 기대와 현실 사이의 차이를 지각하게 되면 개인은 이를 메꾸도록 동기화된다(Festinger, 1957). 이는 집단 수준에서도 나타나는데, 예를 들어 개인의 행동이 그가 속한 집단의 기준에 적합하지 않으면 그 개인은 그 집단에 보다 잘 어울리도록 행동을 변화시킬 수 있다. 인지주의자들은 인간이 내재적으로 동기화되기 위해서는 선택, 통제와 자기결정에 대한 지각이 결정적이라는 데 합의하고 있다. 사람들은 일상에서 경험하는 사건이나 그 결과가 통제 불가능하다고 믿을 때 학습된 무기력을 발달시키는데(Seligman, 1975), 학습된 무기력은 동기의 상실과 직결되며 우울, 불안과 같은 정신적 문제를 초래한다.

2 동기의 종류

(1) 배고픔 동기

배고픈 느낌은 어디서 비롯되는 것일까? 생리학자 Walter Cannon은 빈 위의 활동이

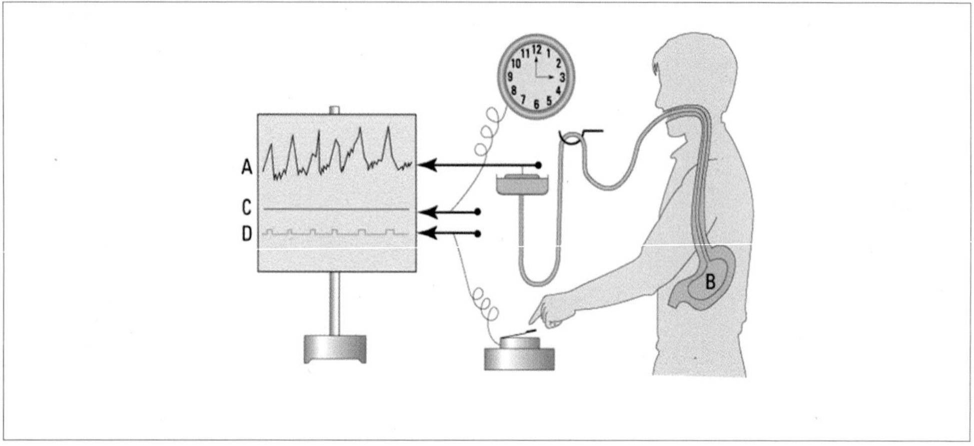

그림 3-2 Washburn의 실험

배고픔을 일으킨다고 생각했다. 이 가설을 검증하기 위해 Cannon의 제자 Anton Washburn은 고무관 끝에 연결된 풍선을 삼켰다. 고무관의 다른 쪽 끝에는 공기압의 변화를 기록하는 장치가 있어, 위가 수축하면 이 장치가 작동하도록 한 것이다(〈그림 3-2〉 참고). Washburn은 위가 수축할 때 배고픔을 느꼈고 위가 확장되었을 때는 그렇지 않았다(Cannon & Washburn, 1912).

Cannon은 이 실험이 위의 수축이 배고픔의 원인임을 증명했다고 생각했지만 곧 이에 반하는 증거가 나타났다. 배고픈 동물에게 포도당을 주사하면 위의 수축은 멈추지만 배고픔은 사라지지 않고, 위를 절제한 쥐들에게도 먹이의 보상 효과가 계속해서 나타났는가 하면(Penick et al., 1963), 위가 완전히 절제된 사람도 배고픔을 느낀다(Janowitz & Grossman, 1950). 그렇다면 위가 채워지면 배고픔이 사라질까? 연구에 따르면, 음식을 먹어 위가 확장되면 배고픔이 사라지지만, 삼킨 풍선을 부풀리는 것으로는 배고픔을 없애지 못한다(Logue, 1991).

배고픔에 관여하는 생물학적 기제가 있다. 췌장에서 분비되는 인슐린은 혈당을 지방으로 바꿔 저장함으로써 혈당을 감소시킨다. 뇌는 이 혈당의 변화를 감지하여 배고픔을 촉발한다. 여러 영역들이 이 작업을 수행하는데, 궁상핵이라는 시상하부의 한 영역은 식욕을 촉진하고 억제하는 호르몬을 분비하는 중추를 가지고 있다(〈그림 3-3〉 참고). 식욕 촉진 중추를 전기적으로 자극하면 충분히 먹은 동물들이 다시 먹기 시작하고, 이 영역을 파괴하면 오래 먹지 않은 동물도 먹이에 관심을 보이지 않는다. 식욕 억제 중추를 전기적으로 자극하면 먹기를 중지하며 이 영역을 파괴하면 끊임없이 먹어서 극단적인 비만 상태가 된다(Duggan & Booth, 1986).

위가 비게 되면 위는 배고픔 유발 호르몬인 그렐린을 분비한다. 비만 치료를 위한 위 절제술은 위의 일부를 절제하여 그렐린 분비 수준을 낮추는 것이다. 그렐린 외에도 배고픔을 감소시키는 렙틴과 PYY, 배고픔을 촉발하는 오렉신 등의 섭식 호르몬들이 있다. 섭식 호르몬들은 특정 체중 수준을 유지하려는 경향을 설명할 수 있다. 체중이 정상 이하로 떨어지면 상실한 체중을 만회하려는 생물학적 압력이 작동한다. 지방세포들이 혈액에서 혈당을 추출하면 배고픔이 증가하고 에너지 소모는 감소한다. 인간의 신체는 음식 섭취, 에너지 사용 그리고 기초대사율을 제어함으로써 체중을 조절한다.

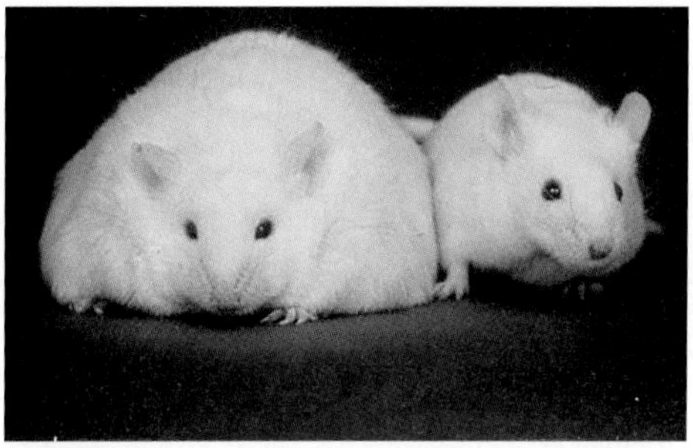

그림 3-3 **살찐 쥐.** 식욕 억제 중추를 자극하면 먹기를 중지하고 식욕 촉진 중추를 자극하면 계속해서 먹는다.

그러면 누가 살찌는가? 살이 찌는 이유는 우선 타고난 유전적 경향이 있겠지만 유전이 비만을 모두 설명하지는 못한다. 그 외의 요인은 개인이 음식과 섭식 행동에 대해 가지고 있는 생각이다. 비만의 심리학적 측면에 대한 초기 연구들은 비만한 사람들이 배가 많이 고프지 않아도 음식을 보면 주의를 기울인다고 주장하였다(Schacter, 1971a). 그러나 이러한 생각은 비만 그 자체가 반드시 섭식 패턴을 예측하지 않는다는 증거가 누적되면서 더 이상 받아들여지지 않게 되었다.

Polivy와 Herman(1985)은 과식 하는 심리의 결정적 차원이 억제적 섭식(restrained eating)과 비억제적 섭식(unrestrained eating)이라고 보았다. 억제적 섭식을 하는 사람들은 항상 식사량에 제한을 둔다. 이들은 상시적으로 다이어트를 하는 셈이어서 음식에 대해 끊임없이 걱정을 한다. 이런 사람들이 어쩌다가 식사를 자제하는 것을 포기하면(혹은 탈억제), 칼로리가 높은 음식을 마구 먹는 경향이 있다. 탈억제는 억제적 섭식을 하던 사람이 자신의 능력이나 자존감에 대해 스트레스를 받게 될 때 일어나는 것으로 보인다(Greeno & Wing, 1994). Tanofsky-Kraff와 동료들(2000)의 연구에서 참가자들은 짧은 발표를 하고 이에 대해 평가를 받을 것이라는 지시를 받는다. 자존감에 대해 도전을 받은 참가자들은 그렇지 않은 사람들보다 더 많이 먹었다. 섭식 억제자들은 과식을 통해 자존감의 상처를 잊게 되는지 모른다.

(2) 성행동의 동기

하등동물의 성행동은 암컷의 배란기에만 일어난다. 배란기의 암컷은 페로몬을 분비하고 이 냄새는 수컷을 성적으로 흥분시킨다. 또한 수컷에게 남성호르몬 테스토스테론을 주입하면 성행동이 증가한다. 인간의 성행동도 호르몬의 영향을 받지만, 동물처럼 전적으로 호르몬에 의해 결정되지는 않는다. 성호르몬은 시상 하부에 의해 통제되는데 2차 성징이 시작되는 10대 초중반부터 분비가 시작되고 20대 후반부터는 서서히 감소하여 40세가 되면 20대의 절반 수준으로 떨어진다.

남성과 여성의 성욕에 대한 경험은 매우 다르다(Basson, 2001). 〈그림 3-4〉에서 보듯이, 남성의 경우 여성에 비해 생리적 각성과 성욕 사이의 상관이 높으며 성적 반응도 여성과는 다른 단계를 거친다. 남성들은 성적 각성을 일으키는 자극이 있을 때 욕망, 각성, 오르가즘의 3단계 성반응 주기를 거치고 급속한 해소기에 이르러 종결된다(Master & Johnson, 1966). 반면 여성은 남성과 달리 생리적 각성과 심리적 욕구 사이의 상관이 낮은 편이다. 여성의 성욕은 생리적 각성으로는 예측하기 힘들며 정서적 친밀감과 같은 관계적 요인에 의해 보다 더 잘 예측된다(Basson, 2002). 또한 여성은 남성과는 다른 성적 반응단계를 거치는데 이를 설명한 것이 친밀감 기초모형(Basson, 2001)이다. 이 모형에 따르면 여성의 경우 높은 정서적 친밀감이 성욕과 성반응을 설명한다. 여성의 성관계는 친밀감 욕구와 함께 시작되며 이후 성적 파트너로부터 많은 자극들을 받아들인다. 외모, 목소리, 냄새, 터치 등 파트너의 신

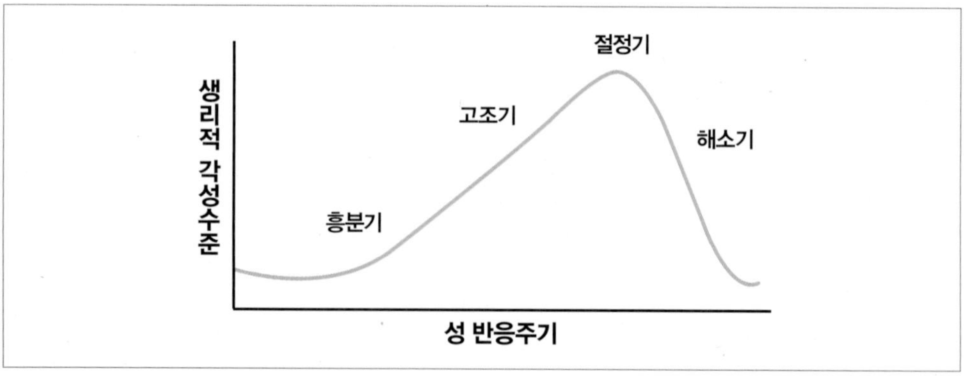

그림 3-4 남성의 성반응 주기

체적 매력은 여성의 성적 동기에 영향을 미친다. 이런 맥락에서 여성의 성적 동기와 성행동은 생리적 욕구 이상의 의미를 갖고 있다.

성적 동기는 진화적인 기초를 가지고 있을 수 있다. 진화심리학자들은 성행동이 유전자에 의해 강력하게 통제되고 있고 유전자가 개인의 짝짓기 방략에 영향을 미친다고 가정한다. 이들에 따르면 성적 동기와 행동은 생식을 통해 종족을 보존하고 유지하며 이를 통해 자신의 유전적 효율성을 극대화하기 위한 것이다. 진화심리학자들은 남성과 여성의 성적 동기와 짝짓기 방략 기저의 심리적 기제는 이러한 유전적 목적에 의한 것이라고 주장한다(Buss & Schmitt, 1993).

〈표 3-1〉에서 보듯이, 남성은 젊고 매력적인 배우자를 원하고 여성은 능력있고 지위가 높은 배우자를 원한다. 여성에 비해 남성은 단기적 성적 동기를 가지고 성관계에 덜 엄격한 기준을 부여하며, 젊음과 같은 접근성 단서에 가치를 두고 배우자의 정숙도를 높이 평가한다. 반면에 여성은 남성의 자원에 대한 신호와 그를 뒷받침할 만한 야망, 사회경제적 지위, 장래성 있는 직업 등에 가치를 둔다. 그러나 남성과 여성이 지위와 매력 외의 요인들

〈표 3-1〉 배우자 선호에서의 성차

		남성	여성	성차
신체적 매력	매력적인가?	3.59	2.58	남〉여
연령	나보다 5살 연하인가?	4.54	2.80	남〉여
	나보다 5살 연상인가?	4.15	5.29	남〈여
경제력	안정적인 직업인가?	4.27	5.38	남〈여
	나보다 수입이 많은가?	5.19	5.93	남〈여
	나보다 학력이 높은가?	5.22	5.82	남〈여
기타	결혼한 적이 있는가?	3.35	3.44	–
	자녀가 있는가?	2.84	3.11	남〈여
	나와 종교가 다른가?	4.24	4.31	–
	나와 인종이 다른가?	3.08	2.84	남〉여

출처: Sprecher, Sullivan, & Hatfield, 1994

주) likert 7점 척도로 측정

(가족에 대한 헌신, 배우자에 대한 정조 등)에 가치를 둔다면 그러한 배우자를 더 선호할 수 있다. 사실 진화적인 관점에서 보더라도 자녀에게 훌륭한 부모가 되고자 한다면 가족에게 헌신적이고 배우자에 대한 신뢰를 지킬 수 있는 배우자가 매력적이거나 지위가 높은 배우자보다 나을 것이다.

(3) 유친동기

인간은 사회적 동물이다. 아리스토텔레스는 "다른 모든 것을 가지고 있다 하더라도 친구가 없다면 살 수 없다."고 하였다. 소속욕구 즉 유친동기(affiliation need)는 인간의 기본동기인 것으로 보인다(Baumeister & Leary, 1995). 사람들은 다른 사람들과 함께 있는 것을 피곤해 하며 혼자 있기를 바라는 것 같지만, 아무 것도 없는 방에 혼자 있게 된 사람들은 35시간이 지나자 혼잣말을 하기 시작했다(호모 딕티우스의 탄생, 2012. 4. 23). 대부분의 사람들은 다른 사람과 함께 있는 것을 선호하며 특히 어떤 사람과는 지속적이고 밀접한 관계를 형성하고 강한 애착을 보인다.

실제 인류 역사를 볼 때, 사회적 유대는 인간의 생존 가능성을 높여주었다. 애착을 형성한 성인들은 함께 자녀를 낳고 양육할 가능성이 더 컸고 협력도 생존에 도움을 주었다. 우리의 조상들은 혼자보다는 두 명이, 두 명보다는 세 명이 낫다는 사실을 깨달았다. 소속욕구를 가진 조상들이 성공적으로 생존하고 후손을 퍼뜨렸으며 우리는 그들의 자손인 것이다. 지구상의 모든 사회에 존재하는 개인들은 집단에 소속되어 있다. 그리고 자신이 속한 내집단을 그렇지 않은 외집단보다 훨씬 더 선호한다. 인정받고 있다는 느낌과 소속감이 증가하면 자존감과 긍정적 정서, 신체 건강도 개선된다(Blackhart et al., 2009). 반면, 사회적 고립은 사람들의 심리적 적응을 와해시키고 건강을 해칠 수 있다(Cacioppo & Hawkley, 2009). 한 연구는 행복이 돈이 아니라 풍요롭고 만족스러운 관계에 의해 결정된다는 사실을 뒷받침한다(Diener & Seligman, 2002).

(4) 성취동기

Murray(1938)는 성취동기(achievement motivation)를 의미 있는 성취, 기술이나 아이

디어의 숙달 그리고 높은 기준을 신속하게 달성하려는 욕구로 정의하였다. 성취동기는 어떤 보상을 위해서가 아니라 한 영역에서의 성취 그 자체를 향한 동기이다. 학자들은 성취동기를 최근 경험한 성공이나 실패의 경험과 과제의 난이도, 유인가 등의 상황 요인에 의해 형성되는 신념으로 간주한다. 이는 또한 개인이 속한 문화가 권장하거나 적절치 않은 것으로 여길 수 있다.

성취동기가 높은 사람은 도전에 대한 불굴의 정신 덕에 더 많은 것들을 성취한다. 미국 캘리포니아의 어린이 중 지능검사 점수가 상위 1%에 드는 1,528명을 40년에 걸쳐 추적 조사한 결과, 동기에 있어서의 중요한 차이가 나타났다. 가장 성공적인 사람들은 보다 야망 있고 에너지가 넘치며 인내심이 강했고 성인이 되어서도 보다 많은 집단과 스포츠에 참여하고 있었다(Goleman, 1980).

긍정적인 열정과 결합된 끊임없는 불굴의 노력이 학업에서의 진전을 예측한다(Duckworth et al., 2009). 뛰어난 학자와 운동선수, 예술가들은 동기가 매우 높고 자율성이 강하며 자신의 목표를 추구하는 데 상당한 시간을 기꺼이 할애한다(Ericsson, 2003). 한편 Atkinson(1964)은 사람들이 성취에 대한 욕구뿐 아니라 실패를 회피하려는 욕구도 가지고 있음을 강조하였다. 특정 상황에서 성취욕구가 실패회피 욕구보다 클 때, 사람들은 위험부담을 안고서도 성취를 위해 노력하는 반면, 실패회피욕구가 성취욕구보다 크면 현실에 안주하려는 경향이 나타난다.

(5) 문화적 동기

사람들은 생존을 위해 생물학적 욕구의 충족이 필요하지만 한편으로 사회를 이루고 살아가기 때문에, 이러한 욕구의 충족은 그들이 속한 사회의 영향을 받게 된다. 즉, 사회는 사회유지를 위해 개인들의 욕구를 통제 혹은 조절할 필요가 있다. 가령, 성적 욕구는 그 자체로는 생물학적인 동기이지만 성적 욕구를 드러내고 충족하는 방식은 사회와 문화에 따라 달라진다. 인간의 성행동은 심리적이고 문화적인 요인에 의해 더 큰 영향을 받는다고도 볼 수 있다. 대부분의 문화권에서 남성과 여성이 갖는 기질이나 사회적인 역할은 서로 다른 것으로 가정되고 학습된다. 우리가 흔히 남성스러움, 여성스러움이라고 규정해 놓은 남녀의 특성은 사회적으로 규정되는 문화적 관념이다. 성역할이란 남녀에게 적절한 것으로 규정된 행위나 태도로, 남성과 여성의 역할에 대한 문화적 기대치라고 할 수 있다. 대표적인 보편적 동기로 꼽히는 공격성 또한 학습의 영향을 받는다. 불쾌한 냄새나 기온, 습도 등의 환경적 요인이 공격성에 일차적으로 영향을 미치는 것으로 알려져 있지만, 사회생활에서 종종 경험하는 상대적 박탈이나 좌절 경험도 공격적인 행동을 유발시킨다.

그림 3-5 명예의 문화

개인주의 문화에서는 개인의 욕구와 목표 등이 개인 행동의 준거가 되며 집단주의 문화에서는 집단의 목표나 집단 내 조화가 개인의 행동에 영향을 미친다(Triandis, 1995). 이를테면, 미국과 같은 개인주의 문화에서는 상호독립성을 강조하기 때문에 대인평가에서 독특성, 적극성, 경쟁심, 능력을 중시한다. 한편 중국과 같은 집단주의 문화에서는 상호협조성을 강조하기 때문에 대인평가에서 조화성, 양보, 협동, 노력을 중시한다. 아랍문화나 미국 남부 지역, 남아메리카 일부의 유목문화의 전통을 가진 문화를 명예의 문화(culture of honor)라고 한다. 이러한 문화에서는 특히 자신이나 자신이 속한 집단이 해를 입었을 때 이에 대해 강한 부정적 정서와 공격행동을 드러내는 것을 바람직한 것으로 받아들인다(〈그림 3-5〉 참고). 이동과 전쟁이 잦은 유목문화에서 자신과 재산을 보호하기 위해 폭력을 정당화하는 가치관을 발달시켰기 때문일 것이다.

3 동기의 분류와 위계

(1) 동기의 분류

동기를 분류하는 한 가지 방법은 그것을 내재적 동기와 외재적으로 동기로 구분하는 것이다. 특정 행동이 내재적으로 동기화된 것인지 혹은 외재적으로 동기화된 것인지는 그 행동의 원인이 그 사람의 내부에 있는가 혹은 외부에 있는가로 구분할 수 있다. 내재적 동기(intrinsic motivation)는 욕구, 흥미, 호기심, 즐거움 등 내적이고 개인적인 요인 즉, 내부적인 요인에 의해 유발되는 동기를 말한다. 이러한 유형의 동기는 개인적 흥미를 추구하며 그 과정에서 도전할 만한 것을 찾아내고 그것을 달성하려는 자연스러운 경향성을 의미한다(Deci & Ryan, 1985).

반면, 보상을 받기 위해 혹은 처벌을 피하기 위해 어떤 행동을 하는 것은 외재적 동기(extrinsic motivation)에 의한 것이라고 한다. 외재적으로 동기화된 사람은 활동 자체에는 흥미가 없고 그것이 가져다 줄 보상에만 관심이 있다. 내적 동기로 하던 일에 외적인 보상이 주어지면 내적 동기가 약화되면서 흥미를 잃게 되는데 이것을 과잉정당화 효과(overjustification effect)라고 한다. 외적 보상으로 자신의 행동을 정당화하는데 그 정당화가 지나치다는 뜻이다. 재미있는 퍼즐을 가지고 놀면 보상을 주겠다는 약속을 받은 아이들은 그런 약속을 한 적이 없는 아이들보다 퍼즐을 잘 가지고 놀지 않는다(Deci et al., 1999). 마찬가지로 독서를 장난감이나 사탕으로 보상하면 책을 읽는 시간이 줄어든다(Marinak & Gambrell, 2008).

내재적 동기가 나타나는 조건은 자율성, 유능성 그리고 관계성이다. 친구와의 여행을 예로 들어보자. 내재적 동기는 자유롭게 여행을 간다는 느낌(혹은 자율성), 여행에서 일어날 수 있는 여러 문제를 잘 해결할 수 있다는 느낌(혹은 유능성), 그리고 친구와 함께 한다는 느낌(혹은 관계성)을 자발적으로 경험함으로써 발생한다. 어떤 활동이든 그 행동으로부터 자유스러운 느낌을 받거나 자신의 능력이 중요한 역할을 할 수 있다는 느낌 혹은 정서적 친밀감을 경험한다면, 그 사람은 내재적 동기를 경험할 수 있다.

이와 함께 동기를 생득적인 일차적 동기(primary motives)와 학습된 이차적 동기(secondary motives)로 구분할 수 있다. 일차적 동기에는 선천적이고 본능적인 동기이며, 배고픔, 갈증, 체온유지, 수면, 고통의 회피 등이 포함된다. 이러한 생물학적 동기는 주로 생명 유지와 관련되는 항상성의 원리(homeostasis principle)로 설명할 수 있다. 반면, 이차적 동기는 학습에 의해 갖게 되는 동기를 말한다. 환경적 요인이나 상황에 의해 학습되는, 특히 대인관계 맥락의 사회적 동기들이 이차적 동기로 분류된다. Murray(1938)는 동기를 생물학적 동기와 사회적 동기로 구분하고 인간은 생물학적 동기보다는 사회적 동기에 따라 행동한다고 주장했다.

(2) 동기의 위계

동기에 대해 가장 종합적인 견해를 제시하고 있는 학자가 Maslow(1971)이다. Maslow는 인간은 생존과 안전을 위한 낮은 수준의 욕구에서부터 사회적 인정을 거쳐, 지적인 성취나 자아실현을 위한 높은 수준의 욕구에 이르는 욕구의 위계를 가진다고 주장하였는데 이를 욕구위계이론이라 한다. Maslow에 따르면 상위 욕구를 추구하기 위해서는 그 아래 단계의 욕구가 어느 정도 충족되어야 한다. 보통 인간의 욕구를 하위 단계부터 생리적 욕구, 안전의 욕구, 애정 및 소속의 욕구, 자존감의 욕구, 자아실현의 욕구 등 5단계로 분류하지만, 5단계 자아실현의 욕구를 지식추구의 욕구, 심미적 욕구, 자아실현의 욕구의 3개로 세분화하여 총 7단계로 보기도 한다(〈그림 3-6〉 참고).

욕구위계이론을 위계별로 살펴보면 다음과 같다. 가장 하위단계에는 배고픔이나 갈증의 해결 등의 기본적 욕구가 자리한다. 이러한 생리적 욕구가 어느 정도 충족되면 안전의 욕구가 일어나고, 안전의 욕구가 충족되면 애정과 소속감의 욕구가 활성화된다. 이러한 하위 3단계의 욕구들은 인간이 사회에서 자신의 삶을 유지하기 위해 반드시 필요한 조건들에 해당한다. 자존감의 욕구는 자신의 존재를 인정받고자 하는 욕구로 하위 단계의 욕구와 상위 단계 욕

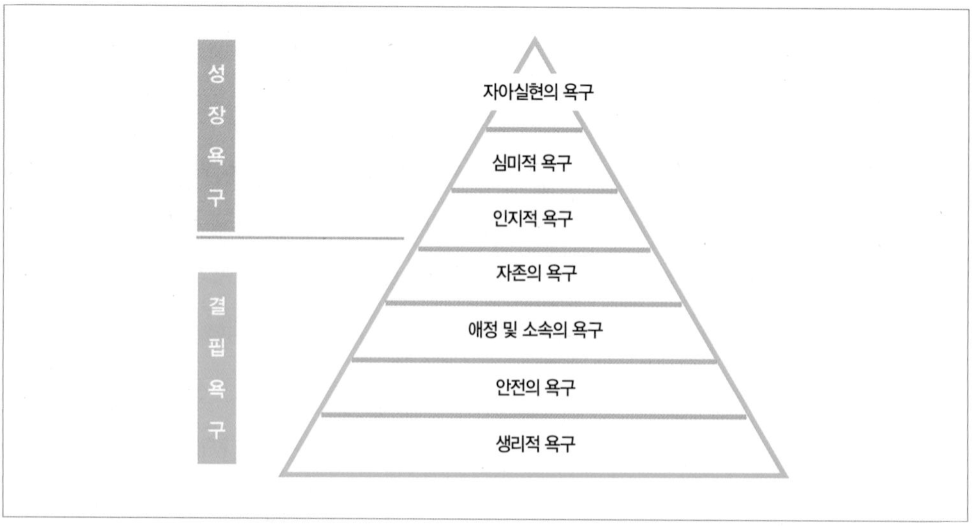

그림 3-6 Maslow의 욕구위계 피라미드

구를 연결한다. 즉 자기실현은 자신의 존재에 대한 인식과 충분한 자존감을 경험한 후 가능할 수 있다.

Maslow는 하위 4단계의 욕구들, 즉 생존, 안전, 소속, 자존의 욕구를 결핍욕구(deficiency needs)라고 명명했다. 이런 욕구들이 충족되면 그것을 추구하고자 하는 동기는 감소한다. 상위 3단계의 욕구는 존재욕구(Being needs)라 하는데 이러한 욕구들이 충족될 때, 개인은 더 높은 수준의 성취를 위해 동기화된다. 그러나 Maslow의 욕구위계는 그 순서가 임의적이라는 비판을 받기도 한다. 사람들은 자신의 신념을 위해 배고픔, 목마름 같은 욕구를 견디며 안전, 소속감의 욕구를 포기한다. 그럼에도 전세계적으로 수행된 조사는 Maslow의 욕구위계를 기본적으로 지지한다(Oishi et al., 1999; Tay et al. 2011). 의식주를 해결하기 어려운 국가에서는 경제적 만족이 주관적 안녕감을 보다 강력하게 작동한다.

곁글 자아실현을 한 사람의 12가지 특성

- **현실에 대한 효율적인 지각**: 자아실현자는 사람이나 사건을 객관적인 입장에서 보며 자신의 주관적 감정이나 선입견에 치우쳐서 상황을 파악하지 않는다.
- **자신 및 타인의 수용**: 자아실현자는 자신의 장점뿐만 아니라 단점까지도 있는 그대로 인정하고 수용하며, 다른 사람이나 사회에 대해서도 이와 유사한 태도를 지닌다.
- **자발성, 단순성 및 자연성**: 자아실현자의 행동은 지극히 개방적이며 진실하고 단순하고 담백하며 자연스럽다. 그의 사고와 행동은 집단의식이나 인습, 격식에 사로잡혀 있지 않다.
- **사람이나 사회에 대한 애정과 관심**: 자아실현자는 자신의 인생에 대한 사명감을 가지며 자신에게도 애정과 관심을 갖지만 그것을 자신에게만 국한시키지 않고 다른 사람이나 사회에도 확장한다.

- **초연함 및 사적 자유의 추구**: 자아실현자는 독립적이고 자율적이기 때문에 때로는 의도적으로 혼자만의 시간을 가지면서 사색하고 즐기며 이에 대해 타인의 지지나 인정을 요구하지 않는다.
- **인식의 신선함**: 자아실현자는 주위의 세계를 늘 새로움, 놀라움, 경외심 그리고 감사함을 갖고 받아들이고 경험하려 한다.
- **신비 혹은 절정경험**: 자아실현자는 자신만의 신비하고 강렬한 무아경, 놀라움, 경외감, 즐거움의 경험을 한다.
- **사회적 관심**: 자아실현자는 타인과 세상에 대한 동정과 공감을 보여주는 사회적 관심이란 특성을 지닌다.
- **소수와의 깊은 대인관계**: 자아실현자는 소수의 사람들과 깊은 관계를 맺는다.
- **민주적인 성격**: 자아실현자는 관대하여 모든 종류의 편견을 거부한다.
- **창의성**: 자아실현자는 자기 분야에 있어서 창의성과 독창성을 갖고 있으며 실수를 두려워하지 않는다.
- **사회화에 대한 저항**: 자아실현자는 사회와 문화의 엄격한 격식과 요구에 따르기보다 자신의 개성과 신념에 따라 행동한다.

4 정서의 개념과 이론

(1) 정서의 개념

정서는 특정 대상 혹은 장면이 유발하는 생리적 각성, 느낌, 인지과정 및 행동 등 신체 및 정신적 변화를 포괄하는 개념이다. 정서의 기능 중 하나는 우리를 움직여 목적을 이루도록 하는 것이다. 새 옷을 사 입었는데 바느질이 잘못되어 있다면 대부분의 사람들은 옷을 산가게로 달려가 환불을 요구할 것이다. 그들에게 이유를 묻는다면 아마도 '화가 나서' 또는 '실망해서' 등의 대답을 들을 수 있을텐데, 이것이 바로 행동을 불러일으키는 정서의 기능이다. 정서는 어떤 장면에서 행동을 하게 하고, 구체적인 목적을 향해 그 행동의 방향을 결정하며, 그 행동이 지속하도록 만든다.

또한 정서는 사회적 상호작용을 조절하는 기능을 한다. 정서는 사람들 사이의 유대를 강화하며 때로는 사람들을 멀어지게 하기도 한다. 우리는 화를 내는 사람에게는 가까이 가지 않으려 하고 미소를 짓는 이에게는 다가간다. 다른 사람의 지위나 권력, 문화적인 규칙 때문에 부정적 정서를 억제해야 하는 경우도 있다. 따라서 사회적 규범이나 문화적 어법에 맞지 않는 행동을 하는 사람들의 생존 가능성은 급격히 줄어들 것이다. 비슷한 맥락에서 정서는 친사회적 행동에도 영향을 미친다(Isen, 1984). 예를 들면 행복한 기분을 느끼고 있는 사람이 도움행동을 할 가능성이 높다(Carlson et al., 1988). 자신의 실수에 대한 죄책감을 느끼는 사람은 미래에 다른 이들을 도울 가능성이 큰데, 아마 자신의 죄책감을 희석시키려는 동기가 작용했을 것이다(Carlsmith & Gross, 1969).

정서는 주의집중, 자신과 타인을 지각하는 방식, 경험을 해석하고 기억하는 방식에도 영향을 미친다(Forgas, 2000). Bower(1981)는 사람들이 일정한 정서를 경험하면 그 정서 경험이 그 상황에서 벌어진 사건과 함께 기억된다고 주장하였다. 이러한 기억 표상은 기분 일치성 처리 및 기분 의존성 기억을 야기한다. 기분 일치성 처리(mood-congruent processing)는 현재의 기분과 일치하는 정보의 인출 및 처리에 선별적으로 민감해지는 현상을 말하며(Gilligan & Bower, 1984), 기분 의존성 기억(mood-dependent memory)이란 정보를 인출할 때의 기분이 그 정보를 학습할 때의 기분과 일치하면 그 정보가 더 쉽게 인출되는 현상을 일컫는다(Eich & Macaulay, 2000)

생물학적, 생리학적 관점은 정서가 뇌의 특정 부위의 호르몬이나 자율신경계의 작용으로 발생하는 것으로, 인간 종(種)의 생존을 위해 발달한 보편적인 것으로 간주한다. 반면, 정서에 대한 인류학적 접근은 신체 내부에서 일어나는 정서의 개별적 과정보다는 정서의 사회문화적 의미와 기능에 초점을 맞춘다. 이러한 접근에서 중요시하는 것은 정서의 언어적 표현과 이러한 표현들과 관련되어 사회구성원들이 공유하고 있는 지식의 체계이다.

신경생리학적 접근과 인류학적 접근에서의 정서 연구들은 정서라는 용어만 공유하고 있을 뿐 그 구체적 함의는 전혀 다른 대상과 관련되어 있다. 따라서 정서의 보편성에 대한 답은 정서를 무엇으로 정의하고 접근하느냐에 따라 달라질 수 있다. 신경생리학적 관점에서 정서의 보편성을 강조해 온 전통심리학에서는 정서를 개인 내적(intrapsychic) 정서로 이해한다. 반면, 문화심리학에서는 정서를 개인 간 정서(interpsychic emotion)로 보고 정서의 사회문화적 기능에 주목하고 있다.

(2) James-Lange이론

보통 우리는 어떠한 정서를 경험한 결과로 생리적 반응이 일어난다고 생각한다. 예를 들면, 밤에 골목에서 갑자기 낯선 이를 만나게 되면 공포감을 느끼고 그 뒤에 심박수가 증가하고 침이 마르는 등의 생리적 변화가 뒤따른다고 생각한다. 그러나 James(1890)는 이와는 반대로 정서는 생리적인 변화에 대한 지각의 결과라고 주장하였다. 밤에 어두운 골목에서 갑자기 낯선 사람을 맞닥뜨리게 되면 교감신경계가 활성화되어 심박수가 증가하고 동공이 확장되는 등의 생리적 변화가 일어나고, 이러한 생리적 변화들을 지각함으로써 공포라는 정서를 경험하게 된다는 것이다.

이와 유사한 예로, 어떤 사람이 운전을 하고 있는데 갑자기 반대 차선에서 자동차가 자신을 향해 돌진해 오면, 그 사람은 두려움을 느낄 새도 없이 핸들을 틀어 충돌을 피할 것이다. 그 후에 가슴이 뛰고 숨이 차며 식은땀이 흐르는 것을 자각할 때 그 사람은 방금 겪은 상황에 대한 공포감을 경험할 것이다. 만일 돌진하는 차에 대해 공포감을 느끼고 그 후에 핸들을 틀었다면 충돌을 피할 수 없었을지 모른다. 비슷한 시기에 Carl Lange 역시 같은 견해를 주장하였기 때문에 이러한 관점을 James-Lange이론이라 한다. 이 이론을 말초주의 이론이라고도 한다. 왜냐하면 이 이론은 정서에서 내장의 반응을 가장 중시하며 내장의 반응은 말초신경계인 자율신경계가 제어하기 때문이다.

(3) Cannon-Bard이론

생리학자 Walter, B. Cannon(1927)은 말초신경계의 역할을 강조한 James의 이론과는 달리 중추신경계의 역할을 강조한다. Cannon과 그의 입장에 선 연구자들은 내장 활동이 정서적 경험과 무관하며, 자율신경계의 반응은 너무 느려서 정서의 근원이 될 수 없다고 주장한다. Cannon에 따르면, 정서가 일어나기 위해서는 입력 자극과 출력 반응 사이에는 반드시 뇌의 역할이 개입된다.

시상으로부터의 신호가 피질의 특정 부위에 도달하면 정서적 느낌이 생성되고, 똑같은 신호가 피질의 다른 부위에 도달하면 정서적 표현이 생성된다는 것이 Cannon의 견해이다. Philip Bard 역시 내장 반응은 정서적 경험과 관계없다고 주장하면서 정서 유발자극은 두 가지 과정을 불러일으킨다고 보았다. 하나는 교감신경계를 통한 신체적 각성이고 다른 하나는 피질을 통해 일어나는 주관적인 경험이다. 이 두 학자의 견해를 합쳐 Cannon-Bard이론이라 한다. 이 이론은 정서 자극은 각성과 정서 경험이라고 하는 두 가지의 반응을 유발하며 이들은 서로의 원인이 아니라고 주장한다. 앞의 예로 설명하자면, 자동차의 충돌을 피한 후 놀라고 가슴이 뛴다 하더라도 가슴이 뛰는 것이 놀람을 유발한 것이 아니고 놀란 것이 가슴을 뛰게 한 것도 아니라는 것이다.

(4) 인지적 정서이론

James-Lange 식의 정서 해석이 간과하고 있는 점은 많은 정서가 사람들의 의도, 바람, 목표의 좌절 등에 의해 생긴다는 사실이다. 사람들은 응원하는 팀이 이기면 즐거워하고, 깨끗이 세탁한 옷에 새똥이 떨어지면 화를 낸다. 친구가 약속을 어기거나 빌려준 돈을 받지 못할 때, 시험에 낙방하거나 직장에서 좌천될 때 분노와 좌절을 경험한다. 이러한 예는 발생한 상황을 인지적으로 평가하고 난 뒤에 느끼는 정서이다. 이렇듯 정서 경험에서의 인지적 요소를 강조하는 이론들이 있다.

2요인이론. Schachter와 Singer(1962)는 정서에 대한 2요인이론을 제시하였다. 그들이 실시한 실험을 통해 2요인이론의 요지를 파악해 보자. 실험자는 참가자들이 새로 개발된 슈프록신이라는 비타민제의 효과를 알아보기 위한 실험에 참여하고 있다고 믿도록 조작했다.

참가자들을 통제집단과 실험집단으로 구분하여 실험집단에게는 생리적 각성 상태를 유발하는 에피네프린을 주사하고, 통제집단에는 아무런 생리적 변화도 일으키지 않는 식염수를 주사하였다. 실험집단은 다시 셋으로 나누어, 첫 번째 집단에는 약의 효과로 인해 호흡이 빨라지고 얼굴이 상기되며 땀이 날 것이라는 정확한 정보를 주었다. 두 번째 집단은 약의 부작용으로 두통이 생기고 다리가 저리며 가려울 것이라는 거짓정보를 제공했다. 세 번째 집단 및 통제집단에게는 약의 효과에 대한 아무런 정보도 주지 않았다. 그런 다음 모든 참가자들을 약의 효과가 나타날 때까지 각기 다른 방에서 20분 정도를 기다리게 한 뒤, 시각 측정 과제를 수행하도록 지시했다.

한편 대기실에서 먼저 기다리고 있는 다른 참가자는 연구자와 미리 약속한 실험 협조자로 실제 참가자와 함께 과제를 수행하도록 했다. 이때 한 조건에서는 실험 협조자가 친절하고 사교적으로 참가자를 대하도록 하였고 매우 기분이 좋은 듯이 행동한 반면, 다른 조건의 실험 협조자는 실제 참가자와 함께 과제를 진행하면서 점점 화를 내다가 마지막에는 설문지를 찢어 버리고 밖으로 뛰쳐나갔다.

참가자가 자기의 기분을 평가한 것으로 실험의 효과를 측정하였다. 첫째, 에피네프린을 투여받아 생리적 흥분이 유발되었으나 약물이 생리적 각성을 일으킬 것이라는 설명을 미리 들은 피험자들은, 역시 에피네프린을 투여받았으나 그 효과에 대한 설명을 듣지 못한 피험자들보다 정서를 더 느낀다고 응답하였다. 둘째, 에피네프린 투여 집단 중 생리적 각성상태에 대한 정보를 제공받지 못한 조건의 참가자들은 두 실험 상황에 따라 기분이 좋거나 화가 났다고 보고했다. 셋째, 식염수를 투여하여 생리적 각성이 없는 조건의 참가자들은 거의 정서를 경험하지 않았다고 응답하였다.

Schachter(1964)는 이러한 실험 결과에 근거하여 여러 가지 정서들의 생리적 상태는 큰 차이가 없으며, 정서는 인지적 요소에 의해 주로 결정된다고 주장하였다. 그에 따르면, 정서는 교감신경계가 흥분된 상태인데 사람들은 흥분이 일어난 상황에 대한 지각에 따라 그러한 흥분을 해석하고 분류하여 정서를 느끼게 된다. 그의 이론은 정서를 경험하기 위해서 생리적 각성이 반드시 필요하다는 점에서 James-Lange이론과 유사하나, James-Lange의 이론과 달리 생리적 각성의 원인을 설명하고 그 상태를 명명하는 과정에 의해 정서가 경험된다고 보는 점에서 정서 경험에서의 인지적 과정을 강조한다.

인지평가이론. 한편, Lazarus(1968)는 정서에 대한 인지평가이론에서 정서를 자극에 대한 반응으로 간주하고 그러한 반응은 자극에 대한 인지적 평가의 결과라고 주장하였다. 그에 따르면, 인지적 평가는 세 단계로 이루어진다. 어떠한 자극이 주어지면 사람들은 그것이 자신의 안전에 어떠한 결과를 가져올지를 평가하는데 이것이 첫 번째 단계이다. 일단 상황에 대한 평가가 이루어지면 두 번째로 현재의 상황에서 무엇을 할 수 있는지를 평가하며, 마지막으로 이러한 평가의 결과로 반응을 하게 된다.

Lazarus와 동료들(Lazarus et al, 1962)은 스트레스를 유발하는 영화를 참가자들에게 보여주고 영화에 대한 반응을 조사하였다. 영화의 내용은 호주의 원주민들이 성년식에서 할례를 받는 것이었는데, 이에 대한 참가자들의 반응은 대체로 거부감, 극도의 혐오, 지적 초연함 등이었다. 이 결과에 근거하여 연구자들은 이 영화에 각기 다른 음향을 입혀서 2차 실험을 실시하였다. 연구자들은 1) 참가자들이 더욱 강한 스트레스를 느끼도록(정신적 외상 조건), 2) 상황을 덜 심각하게 느끼도록(거부 조건) 그리고 3) 영화를 마치 교양 프로그램처럼 느끼도록(지적 조건) 음향 작업을 했다. 그 다음 이것을 참가자들에게 보여주고 각 조건에 따라 느끼는 스트레스의 정도를 측정하였다. 실험 결과, 거부 조건과 지적 조건의 참가자들은 정신적 외상 조건의 참가자들보다 약한 스트레스 반응을 보였다. 즉, 이러한 결과는 같은 자극(영화)도 보는 사람의 평가에 따라 달리 해석되며, 그 결과 정서적 반응(스트레스)도 달라진다는 것을 보여준다.

5 정서의 보편성과 특수성

정서 경험에 인지적 과정이 개입되어 있다는 것은 여기에 문화가 영향력을 미칠 수 있다는 것을 의미한다. 인간의 정서 경험과 문화를 보는 입장을 보편주의적 관점과 구성주의적 관점으로 구분할 수 있다. 보편주의적 관점에서는 인간이 경험하는 정서의 내용이 보편적이고 범문화적이며 생물학적으로 미리 결정된 자기유지 및 자기조절의 과정이기 때문에, 같은 정서를 경험할 때는 누구나 동일한 생리적 변화를 바탕으로 한다고 본다(Buck, 1988; Ekman, 1971 등). 반면 구성주의적 관점은 정서를 사회문화적 과정에 의해 영향받고 구성되는 것으로 본다(Averill, 1985; Harre', 1986; Markus & Kitayama, 1991a 등). 즉, 정서는 사람들이 상호관계 속에서 명명하고 정당화하며 설득하는 문화적 및 관계적 산물로 볼 수 있으며, 따라서 정서적 의미는 개인적으로 획득하는 것이 아니라 사회생활의 결과로 나타난다(Lutz, 1988).

(1) 보편주의적 관점

정서가 보편적이라는 주장은 진화론에 근거하고 있다. Darwin은 인간의 다른 행동들과 마찬가지로 정서도 진화한 것이라 생각했다. Darwin에 따르면, 정서는 반복적으로 출현하는 환경조건에 적응하기 위해 고안된 정신상태로 정의할 수 있다(Darwin, 1872). 인류가 살아오면서 생존을 위해 겪어야 했던 수많은 사건들(예를 들면, 태어남, 죽음, 투쟁, 갈등 등)은 특정한 유형의 정서 반응들을 유발했을 것이다. 사람들은 가까운 이의 죽음에 슬퍼하고 자녀의 출생에 기뻐하며 누군가 자신의 물건을 빼앗아갈 때 분노한다. 따라서 특정 상황에서의 특정 유형의 정서적 반응은 모든 인간에게서 보편적으로 나타날 것이라 예측할 수 있다.

기본정서에 대한 표정인식연구. 정서의 보편성을 뒷받침하기 위한 주된 연구의 흐름은 다른 문화권의 성인들을 대상으로 그들의 표정을 연구하는 것이다. Ekman과 Friesen(1971)은 〈그림 3-7〉과 같은 사람의 얼굴 표정 사진을 다양한 국가의 관찰자들에게 제시하고 각 표정에 적절한 정서의 이름을 붙이도록 했다. 특정 정서의 표정이 보편적이라면 그 정서에 대한 판단은 문화보편적일 것이다. 그 정서에 대한 표정이 문화에 따라 다르다면 그에 대한 판단은 문화에 따라 달라질 것이다. 여섯 가지 기본 정서 즉 분노, 공포, 혐오, 슬픔, 행복, 놀람에 대한 평

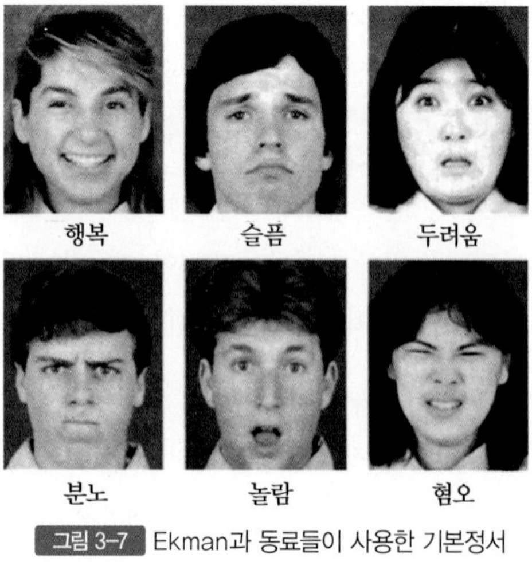

그림 3-7 Ekman과 동료들이 사용한 기본정서 자극의 예

가가 다섯 문화에서 상당한 정도로 일치하였다.

정서 표정에 대한 헝가리, 일본, 폴란드, 미국, 베트남 사람들의 판단을 비교한 연구에서도 문화에 따른 차이는 없는 것으로 나타났다(Biehl et al., 1997). 특히, 행복, 놀라움, 노여움, 혐오, 두려움, 슬픔, 경멸 등의 7가지 기본 정서 표현은 문화권에 관계없이 유사하다는 것이 반복적으로 확인되고 있다.

그러나 이들 연구는 연구에 참여한 관찰자들의 문화가 모두 산업화된 문명사회라는 한계를 가지고 있다. 즉, 관찰자들은 제시된 얼굴의 표정에 익숙해 있고 이를 해석하는 방법을 알고 있을 가능성이 있다. 이러한 단점을 보완하기 위해 문자가 없는 뉴기니의 두 부족을 대상으로 연구하였다. 원주민들에게 서양인들의 다양한 표정을 보여주고 표정이 나타내는 정서를 물었을 때, 그들의 해석은 서양인들의 해석과 거의 일치하였다. 그런 다음, 다른 부족 구성원들에게 상이한 정서를 경험할 때 어떤 표정을 짓는지를 나타내보도록 한 뒤 이들의 사진을 미국인들에게 보여주었다. 그 결과, 그들은 뉴기니 부족을 한 번도 본 적이 없었음에도 불구하고 원주민들이 느끼는 정서를 구분하였다(Ekman, Sorenson, & Friesen, 1969). 산업화되지 않은 문화의 구성원들이 지은 표정 역시 산업화된 문화의 그것과 일치한다는 결과는 정서 표현과 판단의 보편성을 지지하는 증거이다.

영유아 연구 및 맹인 연구. 정서가 보편적인 기제라면 전 세계의 아동들(신생아 혹은 유아)이 보이는 정서 반응의 형태는 동일해야 한다(Izard, 1994). 유아들은 커다란 소리에 두려움 또는 호흡곤란 등의 반응을 보인다. 그러한 반응은 즉각적이며 학습되지 않은 것으로, 유아들은 특정 자극에 대해 일반적인 정서 반응을 하도록 '만들어진 상태'에서 태어난 것 같다(Tomkins, 1962). 유아들은 다양한 정서 상태를 표현하는 표정을 가지고 있다. 성인의 혐오에 해당하는 싫어함, 슬픔이나 괴로움의 신호인 울음 등이 그 대표적 예이다.

이 외에도 적지 않은 정서 반응들이 문화권에 관계없이 유사하다. 신체적 고통에 대한 반응에서 미국과 일본의 유아들은 유사한 표정과 신음, 몸부림을 보였다(Camras et al., 1993). 그 외에도 유아들은 다른 사람의 정서 상태를 해석할 수 있는 것처럼 보인다. 4~6개월된 유아들에게 놀람, 두려움, 노여움 중 한 가지 표정을 짓고 있는 성인의 얼굴을 반복적으로 제시하여 해당 자극들에 대한 관심이 사라지도록 한 후, 다른 표정을 짓고 있는 사진들을 제시하자 유아들은 새로운 자극에 관심을 보였다(Serrano et al., 1992). 이는 6개월 미만의 영아들도 서로 다른 정서 표현을 구분할 수 있다는 것으로, 정서를 인식할 수 있는 능력이 문화적으로 보편적임을 시사한다. 또한 유아들은 행복한 표정에 대해서는 웃거나 다가가려는 반응을 보인 반면, 화난 표정에 대해서는 얼굴을 찡그리거나 고개를 돌렸는데, 이것은 유아들이 타인의 정서를 인식할 수 있을 뿐 아니라 그 의미까지 이해하고 있다는 것을 의미한다(Serrano et al., 1995).

정서의 표현은 유아가 성장하면서 점차 분화한다(Camras, Oster, Campos, & Bakeman, 2003). 가령 분노와 슬픔의 분화는 두 살 초기부터 나타나고(Hyson & Izard, 1985), 학령기 정도의 아이들은 모든 정서를 표현할 줄 알게 된다(Casey, 1993). 정서 표현은 학습의 결과가 아니라 유전된다는 증거는 선천적 맹인 연구에서 찾아볼 수 있다. Matsumoto와 Willingham(2006)은 2004년 아테네 올림픽과 장애인 올림픽에서 시합이 끝난 후 정상인 선수와 맹인 선수의 표정을 비교하였는데, 그들의 표정에서 구분할 만한 차이를 발견하지 못했다. 대다수의 맹인 선수들이 선천적인 맹인이기 때문에 그들이 지은 표정이 학습된 것일 리는 없다. 따라서 정서의 경험과 표현에 대한 능력은 생득적인 것으로 보인다.

(2) 구성주의적 관점

정서와 그와 관련된 행동이 모두 보편적이라고만 보기에는 어렵다. 기본정서의 표현과 인식에 대한 보편성이 있지만, 모든 정서 표현이 보편적이거나 모든 정서가 문화와 관계없이 동일한 방식으로 표현된다고 볼 수는 없다. 비록 모든 사람들이 보편적으로 동일한 정서를 갖고 있다고 하더라도, 인간의 정서 경험에는 문화의 영향력이 존재한다. 정서의 생물학적 기제는 보편적이지만 이 기제는 문화와 상호작용하여 정서의 평가와 표현에 대한 특정 문화의 고유한 규칙을 만들어낸다. 사람들은 이러한 규칙을 통해 문화적으로 적절한 정서 반응을 조절할 수 있다.

표정인식의 문화차. 예를 들면 문화에 따라 더 민감하게 경험되는 정서들이 있다. 미국인들은 분노와 혐오의 결과에 대해 무력감을 느끼며 압도된다고 생각했고, 일본인들은 수치 및 죄책감에 대해 더 민감했다(Matsumoto, Kudoh, Scherer, Wallbott, 1988). Scherer(1997a, b)는 세계를 북중유럽, 지중해권, 북미, 남미, 아시아, 아프리카의 6개 권역으로 나누고 각 권역 사람들의 정서 평가를 조사하였다. 그에 따르면, 정서유발 사건들에 대한 평가에서 아프리카 사람들은 다른 권역의 사람들보다 불공정성, 외적 원인, 지속성을 더 높게 평가하였으며, 남미권 사람들은 다른 이들보다 지속성의 지각에서 낮은 점수를 보였다. 이러한 차이는 타인의 표정을 인식하여 정서를 판단하는 데에도 영향을 미칠 수 있다.

이렇게 정서유발 사건 및 정서에 대한 평가가 문화에 따라 다르다는 점은 정서의 보편성을 가정하는 연구들의 한계로 볼 수 있다. 예를 들면, 한 문화의 정서를 표현하는 표정은 관찰자가 누구냐에 따라 인식률에 차이를 보인다. 미국인들의 얼굴 사진을 제시했을 때 영어권 국가의 참가자들이 보인 정서 인식률이 인도-유럽권 언어 사용자들(예, 스웨덴, 그리스, 스페인)보다 높았으며, 인도-유럽권 참가자들은 비인도 유럽권 참가자들(예, 일본, 터키, 말레이시아)보다 높았다. 또한 이들의 인식률은 문자가 없는 문화권의 참가자들(예, 뉴기니의 일부 종족)보다 앞서는 것으로 나타났다(Russell, 1994). 또한 보편적 정서들에 비해 모욕, 부끄러움, 연민과 같이 덜 기본적인 정서들의 인식률은 상대적으로 떨어지는 경향을 보였다(Haidt & Keltner, 1999, 〈그림 3-8〉 참고)는 것도 정서의 표현과 인식에 문화와 사회적 맥락이 중요하다는 것을 방증한다.

정서표현에서의 문화차. 문화는 해당 문화에서 선호하는 가치와 관련하여 특정 정서의 표현을 억제하거나 권장하는데, 이것을 문화 표출 규칙(cultural display rule)이라는 개념으로 이해할 수 있다(Ekman & Friesen, 1969). 가령 뉴기니의 Kaluli족은 강하고 극적으로 정서를 표현하는 반면, 발리인들은 긍정적이든 부정적이든 간에 강한 감정 표현을 피한다. 중국의 유아들은 미국이나 일본에 사는 비슷한 월령의 유아들보다 정서 표현의 정도가 약하다(Camras et al., 1998).

개별적인 정서 표현의 강도에서의 문화 차이는 더욱 뚜렷하다. Utku Eskimo족은 공공

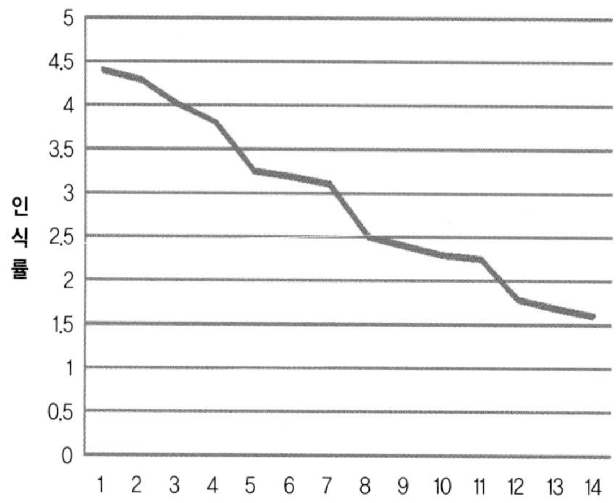

그림 3-8 서로 다른 표정 정서 표현들에 대한 인식.
※ 1-분노, 2-혐오, 3-행복, 4-놀람, 5-슬픔, 6-당황, 7-공포, 8-즐거움, 9-모욕, 10-무표정, 11-부끄러움, 12-경악, 13-연민, 14-침묵

장소에서 화를 내는 것을 강하게 비난하며, 아랍의 유목민족들은 모욕을 당하고도 화를 내지 않는 것은 대단히 불명예스러운 일로 간주한다. 미국인들은 당황했을 때 고개를 숙이고 시선을 내리깔며 얼굴을 만지는 등의 많은 표현을 하는 반면, 인도인들은 혀를 조금 깨무는 것으로 그친다(Haidt & Keltner, 1999). 지중해 문화권에서는 고통을 더 강하게 표현하는 경향이 있다. 병원에 입원한 이탈리아계 환자들과 아일랜드계 환자들을 비교했을 때, 이탈리아계 환자들이 고통을 더 많이, 더 큰 소리로 표현하는 것으로 나타났다. 이러한 지중해 환자들의 경향은 미국 병원의 간호사들 사이에서 AMS(Acute Mediterranean Syndrom:급성 지중해인 증후군)라는 농담으로 널리 알려져 있다(Heine, 2008).

다양한 정서의 표현은 기본정서를 경험하는 상황이 아니라 복잡한 문화적 맥락이 개입하는 경우에 주로 나타난다. 이것은 적어도 기본정서가 아닌 문화적 정서의 경우에는 정서의 경험과 표현이 보편적이지 않다는 증거로 해석할 수 있다. 정서의 보편성에 대한 논의들은 각각 정서의 생물학적 기원과 사회문화적 기원에 그 뿌리를 두고 있다. 그러나 정서는 이들 두 기제의 상호작용에 의한 것으로, 어느 한 쪽의 입장으로 정서를 온전히 이해하기에는 한계가 있다(Mesquita & Frijda, 1992). 정서란 개인이 부딪치는 상황을 평가하는

과정에서 유발되는 것으로, 이러한 평가차원 중에는 보편적인 것도 있고 문화특수적인 것도 있기 때문이다.

분명 여러 문화 사이에는 유사점도 있고 차이점도 있다. 유사점은 대체로 인간의 생물학적 특성의 보편성에서 연유하며, 차이점은 환경의 차이와 거기에 기인한 삶의 양식에 대한 서로 다른 의미체계, 곧 문화에서 유래하는 것이다(Ellsworth, 1994). 정서가 개인을 둘러싼 상황 평가의 결과라면 이는 생물학적 특성보다는 상황에 대한 의미체계의 영향을 더 크게 받을 수 있다. 인간은 태어나면서부터 문화적으로 조건화되기 때문에, 그에 따른 정서는 해당 문화의 도덕적 규범으로 작용하기 때문이다(White, 1993). 따라서 현재로서 보편주의와 구성주의적 관점은 상호배타적이 아닌 상호보완적인 접근으로 보는 것이 최선이고 이러한 입장은 대단히 광범위하게 인정받고 있다(Russell, 1991).

(3) 문화적 정서

정서의 구성과 해석. 과거 심리학에서 정서는 문화에 관계없이 보편적인 것이라 여겨져 왔다. 기쁨, 슬픔, 분노, 공포 등의 정서는 발생적인 측면에서 생물학적인 기원을 갖기 때문에 이러한 견해는 타당한 것으로 받아들여졌다. 그러나 비교문화심리학의 연구결과들이 축적되면서 문화에 따라 개인이 경험하는 정서의 질이 다를 수 있다(Markus & Kitayama, 1991a)는 주장이 제기되었다. 또한 이를 뒷받침하는 연구결과들이 계속 발표되고 있는 상황에서 정서가 문화보편적이라는 기존의 관점은 변화를 필요로 하고 있다.

물론 정서가 문화에 따라 다르다는 말은 정서의 생물학적인 과정이 문화에 따라 달라진다는 것을 의미하지는 않는다(Russel, 1991). 어떠한 정서가 발현되는 생물학적인 과정은 문화를 떠나서 보편적일 수밖에 없다. 대신에 정서에 대한 해석은 문화의 영향을 받을 수 있다(Mesquita & Walker, 2003). 즉, 정서가 문화에 따라 다르다는 말은 어떠한 정서에 대한 해석과 설명이 문화에 따라 달라질 수 있다는 것이다. 특히 어떠한 정서가 한 문화에서 독특하게 경험되는 성질의 것이라면, 그것의 배경이 되는 문화적 맥락을 이해하는 것은 필수적이다. 이러한 견해와 연구결과들은 문화가 해석의 체계라는 주장을 뒷받침하며, 그동안 보편적인 것이라 생각된 정서 역시도 문화와 독립적으로는 고려하기 힘들다는 점을 경험적으로 증명하고 있다.

앞에서 살펴본 Schachter와 Singer(1962) 그리고 Lazarus(1968)가 제안한 정서에 대한 인지이론에 따르면, 정서는 생리적 반응뿐 아니라 개인이 처해있는 상황과 그 상황에 대한 개인의 해석과 평가에 의해 결정된다. 즉, 정서에 대한 해석과 정서적 경험은 환경과의 계속적인 상호작용으로 생성된다는 것이다. 이때 어떤 정서를 유발한 상황과 생리적 반응에 대한 해석에는 언어의 역할이 지대하다.

정서는 언어를 통해 표현되고 또 인지되는데 어떤 문화에서 어떤 정서에 대한 특정한 용어가 있다면 다른 문화권의 사람들이 그 정서를 온전히 이해하기는 어렵다(Wierzbicka, 1995). 예를 들어, 정과 sympathy(동정, 공감으로 번역)가 동일한 의미를 갖는다고 하더라도 그 정서적 경험의 내용이 같다고 주장할 수는 없다. 왜냐하면 정이라는 정서는 우리성과 같은 문화적 정서체계 속에서 경험되는 것이기 때문이다. 그래서 우리가 정과 sympathy를 비교한다면 이러한 정서적 경험의 체계에 비추어서 고찰해야 한다(김정운, 2001).

언어와 정서경험. 정서의 경험이 언어적 해석과 관련성을 가지고 있다면, 정서를 표현하는 단어의 다양성은 해당 언어를 사용하는 사람들이 경험하는 정서의 질과도 관련이 있을 것이다. 예를 들어, 영어에는 2,000개가 넘는 정서 표현 단어들이 있으나, 말레이시아의 Chewong족은 겨우 8개의 정서 단어(분노, 공포, 부끄러움 등 Ekman의 기본정서와 유사)만 가지고 있을 뿐이다(Heine, 2008).

또한 문화는 정서를 서로 다른 방식으로 분류하기도 한다. 우간다의 Buganda족은 슬픔과 분노를 구분하지 않으며, 오스트레일리아의 Gidjingali aborigine족은 한 단어로 부끄러움과 공포를 표현한다. 사모아 단어 alofa는 사랑과 연민이라는 뜻을 모두 가지고 있으며, Utku Eskimo는 친절함과 감사를 구분하지 않는다. 미크로네시아의 Ifaluk족은 심지어 '정서'에 해당하는 말 자체가 없다. 이들의 정서경험이 우리와 같을 것이라고는 상상하기 어렵다(Heine, 2008).

한 문화의 정서를 표현하는 단어들이 다른 문화에서는 존재하지 않는다는 사실은 다른 문화의 사람들이 그 같은 정서를 전혀 경험하지 않는다는 뜻이 아니라, 상이한 문화에서 살아가는 사람들이 서로 다른 방식으로 심리적 경험을 구성한다는 것을 의미한다. 예를 들어,

독일어의 Schadenfreude(다른 사람의 불행에서 느끼는 즐거움)라는 단어가 있다는 사실은 독일인들에게는 그러한 감정 상태나 상황을 확인하고 받아들이는 것이 다른 문화 사람들에 비해 중요하다는 것이다.

한국인의 한(恨)은 한국만의 고유한 정서인가? 그렇지는 않을 것이다. 한자문화권인 중국과 일본에도 한(恨)에 대한 정서 경험이 존재하고, 서구 문화권에서도 이와 유사한 질의 경험은 있을 것이다. 한(恨)이 한국의 문화적 정서라는 진술은 한국인들이 한이라는 용어를 통해 자신의 심리적 경험을 구성하며, 한을 경험하고 표상하는 방식이 한국인들과 한국 문화에서 중요한 의미를 갖고 다른 심리적 경험을 구성하는 데 어떠한 기능 혹은 역할을 맡고 있다는 뜻이다. 즉, 다른 문화권 사람들에게 한(恨)과 유사한 어떤 정서는 한국인들이 '한(恨)'으로 표상하고 인식하고 있는 정서와는 질적으로 다르게 받아들여지며, 사람들의 동기 및 행동 체계에 미치는 영향 또한 다를 수 있다.

토착정서들의 예. 특정 문화의 언어로 표현된 정서는 그 문화 내에서만 온전히 이해할 수 있다. 여기서는 몇 가지의 토착 정서들을 소개한다. 먼저 Liget은 필리핀 북부에 사는 수렵, 채집민족 Ilongot족의 토착정서로, 그 뜻을 최대한 가깝게 옮기면 분노, 열정과 에너지가 합쳐진 정서를 의미한다(Heine, 2008). Liget은 어떤 사람이 모욕당하거나, 화가 났을 때, 실망했을 때, 특히 누군가가 부러울 때 경험할 수 있다. Liget은 다른 사람들과의 상호작용을 통해 경험되는데, 특히 누군가와 경쟁하고 상대의 성취를 부러워하는 맥락에서 비롯된다. Liget은 또한 에너지의 원천이기도 하다.

Liget을 느끼는 사람은 밭에서 하루 종일이라도 일할 수 있으며, 평소에는 못 올랐던 높은 나무도 오를 수 있다. Schadenfreude는 독일어로, 다른 사람에게 생긴 곤란한 일을 보았을 때 경험하는 즐거움을 표현하는 말이다. 우리말로 '쌤통'이 연상되는 이 말의 뜻을 적절히 옮길 만한 영어 단어는 없다. Iklas는 자바어(인도네시아)로, 좌절의 기쁨 쯤으로 옮길 수 있는 정서이다. Song은 이팔루크어(미크로네시아 원주민 언어)로 분노와 슬픔을 의미한다. Gurakadi는 기딩갈리(호주 원주민 언어)어로, 공포, 두려움, 불안, 겁 많음, 수치 등을 지칭한다. 중국의 경우 〈표 3-2〉에 있는 정서는 중국의 속담에서 자주 나타나는 정서들이다(Russell & Michelle, 1996).

〈표 3-2〉 **중국의 정서용어**

정서 (중국음-한국음)	의미	출현빈도(%)
怒 (nu-노)	anger 분노	68
喜 (xi-희)	joy 기쁨	66
哀 (ai-애)	sorrow/grief 슬픔	66
樂 (le-락)	happiness 행복	64
愛 (ai-애)	love 사랑	42
惡 (wu-오)	dislike 싫어함	38
愛情 (aiqing-애정)	love relationship 연인 간의 사랑	30
友情 (youqing-우정)	friendship 우정	30
嫌 (hen-혐)	hate 증오	26
親情 (qinqing-친정)	feeling with family 가족의 정	26
悲 (bei-비)	sorrow/sadness 슬픔	14
慾 (yu-욕)	desire 욕망	12

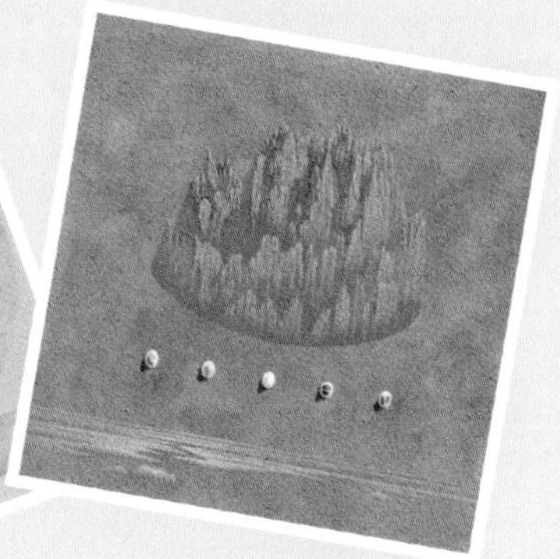

04 학습

An Introduction to Modern Psychology

개요

학습은 인간의 행동을 조건형성과 같이 특정 자극과의 연합으로 설명하는 행동주의 관점과 인간의 지적 역량을 강조하는 인지학습의 관점으로 구분할 수 있다. 특히, 학습의 관점에서 볼 때, 인간의 행동에 대한 고전적인 입장에는 인지적 측면이 매우 지배적이었지만, 근대 발생한 심리학은 행동주의적 관점을 강조하는 분위기였다. 본 장에서는 학습의 여러 원리를 행동주의 관점과 인지주의 관점에서 구분하여 설명하고 있다.

학습목표

1. 심리학에서 다루는 학습의 개념을 이해하고 전반적인 관련 개념들을 숙지한다.
2. 고전적 조건형성과 조작적 조건형성의 개념을 이해한다.
3. 행동주의 학습 원리에 대한 인지적 개입 요인을 이해한다.
4. 인지학습의 영역으로 구분할 수 있는 관찰학습, 잠재학습, 통찰학습의 원리를 이해한다.

우리는 성격, 지식, 동기, 행동과 같은 개인적 특성들을 모두 선천적으로 가지고 태어나는 것은 아니다. 그 중의 상당 부분은 후천적으로 배운 결과이다. 가령, 우리는 경험을 통해 자동차 연료가 떨어지면 다음 번 주유소에 들러야 한다는 것을 안다. 뿐만 아니라, 우리는 자동차를 운전하거나 만드는 매우 복잡한 과정도 학습할 수 있다. 일반적으로 학습은 사람들이 새로운 지식을 획득하는 과정이다. 심리학자들은 학습을 환경에서 경험한 결과로 유기체에게 발생하는 상대적으로 지속적인 변화로 정의한다. 보통 이러한 변화는 관찰 가능한 외적 행동을 의미하는데, 왜냐하면 학습의 내적인 과정은 잘 볼 수 없기 때문이다.

1 학습의 개념

학습이란 '유기체가 경험을 함으로써 나타날 수 있는 비교적 영속적인 행동상의 변화'를 말한다. 일반적인 의미에서의 학습의 개념과는 달리, 심리학에서의 학습은 교육적인 의미에서의 학습뿐만 아니라 걷기, 뛰기, 언어 습득, 악기를 다루는 것 등과 같은 보다 넓은 범위의 행동을 포함한다. 학습이라는 단어를 생각할 때 일반적으로 사람들은 학교에서 하는 공부를 생각하기 쉽다. 그러나 심리학에서의 학습은 이보다는 훨씬 넓은 개념이다. 우리는 지식과 여러 가지 기술들을 습득하고 경험을 통해 유지해 나간다. 심리학자들이 학습에 관해 과학적인 연구를 시작한 것은 19세기 말기부터였다. Darwin의 진화론을 바탕으로 심리학자들은 학습을 환경에 적응하는 수단으로 보았다. Darwin은 동물과 인간이 하나의 연속선상에 있는 것으로 보았다. 이에 기초하여 심리학자들은 우선 동물들의 학습 현상을 연구하였고, 동물 연구에서 밝힌 원리들을 바탕으로 해서 인간에게도 적용할 수 있는 학습 원리들을 찾아내고자 노력해 왔다(Munn, 1950; Wundt, 2014).

학습이론은 행동적 학습이론과 인지적 학습이론으로 나눌 수 있다. 행동적 학습이론은 학습을 자극과 반응의 연합으로 보고 있으며, 그 원리에는 고전적 조건형성과 조작적 조건형성이 있다. 인지적 학습이론은 학습에서 유기체의 내적인 과정을 중시하여 그 유형에는 관찰학습, 모방학습, 통찰학습, 잠재학습 등이 있다(Ahlenius, Engel, & Zöller, 1977; Beck, 1973; Buccino, 2004; Clay, 1993; Huang, 2014; Krieckhaus, & Wolf, 1968; Pechstein

& Brown, 1939; Schaal, 1999).

2 고전적 조건형성

그림 4-1 파블로프의 고전적 조건화 실험 도식

고전적 조건형성에 의한 학습을 주장한 대표적인 학자로 Ivan Pavlov를 들 수 있다. Pavlov는 개의 소화기관에 관한 연구를 하던 중 음식이 입에 들어가기도 전에 개가 침을 흘리는 것을 관찰하고, 그러한 현상을 체계적으로 연구하기 시작하였다. (〈그림 4-1〉 참고) Pavlov는 개의 소화계 생리에 관한 연구로 1904년 노벨 생리학상을 수상하였다. 조건반사란 조건 자극을 무조건 자극과 결합시켜 조건 반응을 일으키는 것을 뜻한다. 조건 반응의 형성은 무조건 반응과 중립 자극(neutral stimulus)을 연합하는 과정이다.

그의 조건반사 실험은 먼저 종소리를 울리고 몇 초 뒤에 개가 고기를 먹도록 하는 것으로부터 시작했다. 처음에 개는 고기를 보고 먹을 때만 침을 흘렸으나, 나중에는 종소리만 울려도 침을 흘리게 되었다. 이 때, 개의 먹이인 고기는 무조건 자극(UCS)에 해당하며, 먹이에 의해 유발되는 타액분비 반응은 무조건 반응(UCR), 먹이와 연결된 종소리는 조건 자극(CS), 종소리와 연관된 타액분비 반응은 조건 반응(CR)에 해당한다(윤가현 외, 2005). 이렇듯 고전적 조건형성은 처음에 어떤 기능도 하지 않던 자극이 특정 반응을 유발할 수 있는 능력을 가지게 된다. 따라서 고전적 조건형성을 시도하기 위해서는 반사 반응(reflexive response)을 유발할 수 있는 자극이 필요하다.

〈그림 4-2〉에서 보듯이 조건형성 유형에는 지연조건형성, 흔적조건형성, 동시조건형성,

후진조건형성 등이 있다. 조건 반응의 획득에 영향을 주는 요인들 중 특히 자극을 제시하는 시간 간격이 중요하다. 지연조건형성은 조건 자극을 무조건 자극에 앞서 제시하고 동시에 철회하는 것으로, 가장 효과적인 조건형성 방법이다. 이 두 자극 간의 가장 이상적인 시간 간격은 0.5초이다(곽호완 외, 2008). 흔적조건형성은 무조건 자극이 제시되기 전에 조건 자극이 시작되어 끝나는 경우이다. 전형적인 실험으로 버저가 5초 동안 울린 다음 0.5초 후에 사람의 눈에 공기를 불어 넣어 그 사람이 눈을 깜박이게 만드는 것을 예로 들 수 있다.

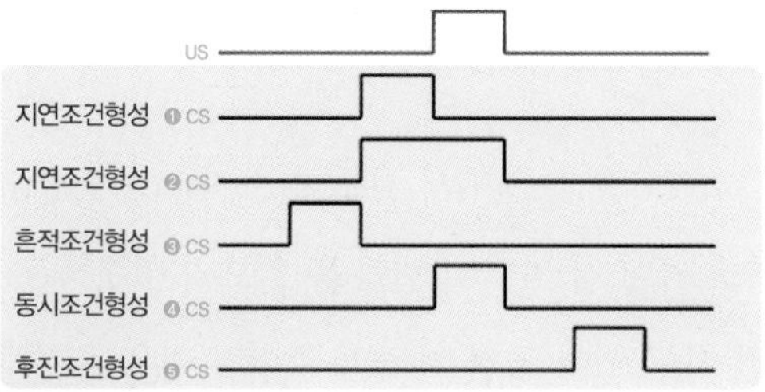

그림 4-2 조건화 종류

이렇게 버저와 공기 분사를 여러 번 짝을 지어 제시하면 그 사람은 버저소리에 눈을 깜박이게 된다(한광희 외, 2000). 동시조건형성은 조건 자극과 무조건 자극이 시간적으로 같이 일어나는 경우이다. 예를 들어 종을 울리는 동시에 어떤 사람의 눈에 공기를 훅 불어 넣는 것처럼, 두 자극이 모두 정확히 같은 시각에 시작하고 끝이 난다. 자연환경에서도 조건 자극과 무조건 자극이 정확히 동시에 나타나는 일도 있다(McCarty, 2005). 마지막으로 후진조건형성은 무조건 자극이 조건 자극보다 앞서 제시되는 것으로, 눈에 바람을 불어 넣은 다음에 찰칵 하는 소리를 제시하는 것을 예로 들 수 있다. 하지만 찰칵하는 소리가 눈 깜박임 반응을 이끌어 낼 가능성은 희박하다.

조건형성 과정에서 조건 자극은 본래 반응을 이끌어내지 못하는 중성 자극이다. 그러나 조건화가 되면 무조건 자극이 이끌어내는 것과 같은 반응을 이끌어내게 된다. 또한 이렇게 조건화가 된 자극은 또 다른 중성 자극도 조건화를 할 수 있는 힘이 생긴다. Pavlov의 개 실험에서 조건화 된 종소리와 함께 파란 불빛을 반복적으로 보여주면, 나중에는 개는 파란 불빛만 봐도 침을 흘리게 된다. 이런 현상을 이차적 조건형성이라고 하며 그 이상의 조건화 즉, 삼차적 조건화, 사차적 조건화 등을 고차적 조건형성(higher-order conditioning)이라고 한다. 그러나 현실적으로 삼차적 조건형성 이상은 일어나기 힘들다. 이런 고차적 조건형성에서는 조건 자극들만 연달아 제공되고 음식은 제공되지 않아 다음에 설명할 소거가 일어나기 때문이다(Brogden, 1939; Seymour et al., 2004).

(1) 소거와 자발적 회복

〈그림 4-3〉에서 보듯이 소거(extinction)는 무조건 자극이 조건 자극과 연합되지 않음으로써 조건 자극이 반응을 일으키지 못하는 현상을 말한다. 고전적 조건형성이 된 후 무조건 자극 없이 조건 자극만 주어질 경우 유기체는 이전에 보이던 조건 반응을 더 이상 보이지 않게 된다. 쉽게 말해서 조건화가 풀어져 조건 자극이 다시 중성 자극으로 돌아가는 것을 말한다. 만약 Pavlov의 개 실험에서 조건자극인 종소리만 들려주고 계속해서 음식을 제공하지 않는다면 개는 조건자극인 종소리를 듣고도 더 이상 침을 흘리지 않게 된다. 즉, 조건 자극과 함께 무조건 자극을 계속해서 제공하지 않으면 조건 반응이 나타나지 않게 된다(Shalev et al., 2001).

그러나 소거가 되었다고 해서 조건 반응 자체가 소멸된 것은 아니다. 소거 과정을 통하여 조건 자극이 능력을 상실한 것처럼 보이더라도 어느 정도 시간이 지난 후 조건 자극을 제시하면 다시 조건 반응이 일어난다. 만약 소거가 일어난 Pavlov의 개에게 종소리(조건 자극)를 갑자기 제시하면 침(조건 반응)을 흘린다. 즉 소거 후에 이전의 조건 자극을 다시 제시하면 이러한 현상이 나타나는데 이것을 자발적 회복(spontaneous recovery)이라고 한다. 이 자발적 회복은 학습이 영속적이라는 것을 뒷받침하는 근거가 되기도 하는데, 우리가 배운 내용을 잊어버렸다고 해서 그것이 두뇌에서 아예 지워지는 것이 아니라 어떤 계기로 문득 떠오르는

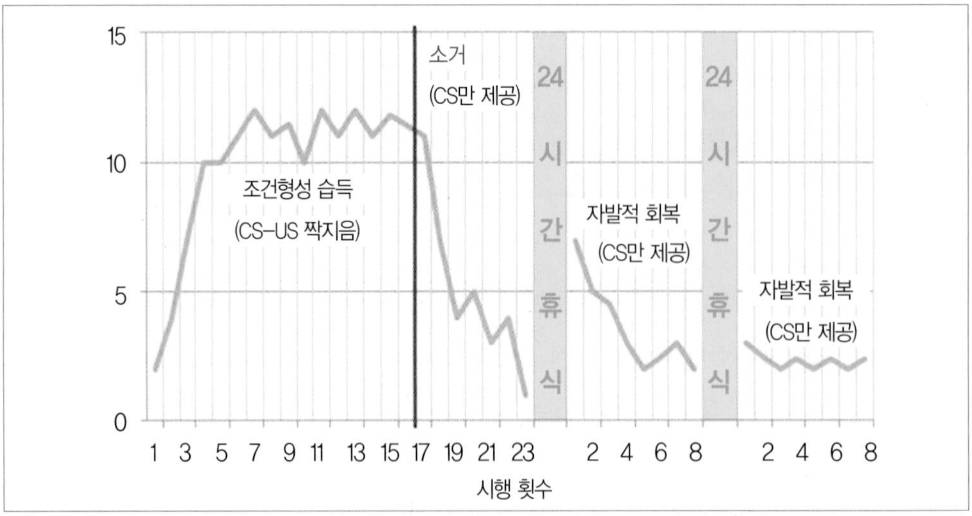

그림 4-3 소거와 자발적 회복

경험을 하는 것과 같다(Estes, 1955a; 1955b). 소거와 관련된 현상으로 소거 폭발(extinction burst)이 존재한다(Lerman, & Iwata, 1995). 소거 폭발이란 소거 과정에서 행동의 감소가 시작하기 전에 그 행동이 증가하는 것을 의미한다. 대부분의 사람들은 어떤 행동을 했을 때 반응이 없더라도, 그 행동을 약간 더 증가하면 반응이 다시 나타나게 된다고 학습했기 때문에 소거 이전에 그 행동이 증가하게 된다. 소거 폭발은 행동교정에 있어 아주 중요한 단계로, 예를 들어 반려견이 반복해서 짖는 이유가 보호자의 관심이 보상으로 주어지기 때문인데 이때 보상이 되는 것을 완전히 없애야 문제행동이 사라진다. 즉 보호자는 반려견이 짖거나 뛰어오를 때 완전히 무시해야 이런 행동이 없어진다.

(2) 자극 일반화와 변별

그림 4-4 자극 일반화의 한 사례

자극 일반화(Pearce, 1987)란 이전에 조건 형성된 상황과 비슷한 조건이 제시될 때 동일한 행동이 일어나는 것을 말한다. 어떤 자극이 일단 조건 자극으로 형성되면, 이 자극과 유사한 다른 자극도 무조건 자극과 연합된 적이 없음에도 조건 반응을 일으킬 수 있다. 바로 "자라 보고 놀란 가슴, 솥뚜껑 보고 놀란다."라는 우리 속담이 가지는 의미와 같다(〈그림 4-4〉 참고). Pavlov는 타액 조건형성 실험에서 벨 소리에 조건 형성된 동물이 부저 소리나 메트로놈 소리가 들려도 적은 양이지만 침을 흘리는 것을 관찰하여 보고하였는데, 이 현상이 곧 자극 일반화 현상이다. 이 현상은 고전적 조건형성 연구에서 널리 검증되어 왔으며, 두 자극이 유사할수록 일반화의 정도가 크다는 것이 자극 일반화의 일반적 법칙이다. 자극 일반화 현상은 행동치료에서 인간의 불합리한 행동의 원인을 찾아 이를 치료하는 데 이용되고 있다. 예를 들면 흰 손수건에 대해 공포를 느끼는 사람이 있을 때, 그 이상행동의 원인이 흰쥐에 대한 공포 때문이라는 것을 자극 일반화 법칙을 통해 밝혀낼 수 있다. 자극 일반화의 또 다른 예로 갈치구이를 먹다가 목에 가시가 걸린 적이 있는 아이가 식사 때마다 생선을 피하는 모습을 들 수 있다. 그러나 가시가 없거나 씹어 먹으면 되는 생선 통조림을 우연히 먹어본 아이는 그와 같은 생선은 다시 먹을 수 있게 된다. 이런 현상을 변별이라고 한다(곽호완 외, 2008).

변별(Egeth, 1966)은 자극 일반화와 정 반대로 특정한 반응을 하면 보상이 없고 다른 행동이나 반응을 하면 바람직한 결과를 얻을 수 있다는 것을 알려주는 자극이다(〈그림 4-5〉 참고). 자극 일반화 현상은 변별 과정을 통해 없어질 수도 있다. 변별 자극이 인간행동을 완전히 통제할 수 있는 것은 아니지만, 어떤 바람직한 결과를 성취하거나 덜 위협적인 결과를 성취하려면 어떤 행동을 선택해야 하는지를 알려주기 때문에 인간은 변별 자극을 통해 자신의 외부 세계를 관리하고, 예측하며 통제할 수 있게 한다(Di Russo, 2006). 양치기 개들이 호루라기 소리를 다른 소리와 구분해서 움직이는 것도 이러한 원리다.

그림 4-5 변별

마찬가지로, 어떤 자극이 있을 때 하는 반응에는 강화물이 제공되지 않지만 특정 자극이 있을 때 반응하면 강화물이 제공되는 경우에도 이 자극은 강화물에 선행하는 신호로 작용한다. 예를 들어, 새들은 비가 온 후에 벌레 잡는 것이 쉽다는 것을 알고, 아이들은 부모가 기분이 좋을 때 사탕을 달라고 하며, 운전자들은 도로가 미끄러울 때는 서행한다. 이처럼 다양한 인간의 사회적 행동은 변별 자극에 의해 조절된다.

(3) 인지적 간섭 요인

Pavlov를 비롯한 여러 연구자들은 조건 자극과 무조건 자극이 시간상 근접해서 출현하는 것이 조건형성의 충분조건이라고 생각하였다. Pavlov는 자극들 간의 관계에 대한 유기체의 인지적 이해에 대하여 어떤 주장도 하지 않으려고 했다. 그러한 내적 사건들은 관찰 가능한 것이 아니기 때문이다. 그렇지만 앞선 논의에서 보면, 조건형성은 유기체가 조건 자극을 통해 무조건 자극을 예측할 수 있을 때 일어나는 것으로 보인다. 즉, 무조건 자극은 조건 자극에 의존해 있어서, 무조건 자극이 주어지지 않을 때보다 주어질 때 출현할 가능성이 더 높다. 실제로 몇몇 연구자들은 고전적 조건형성에서 결정적 요인은 유기체가 알고 있는 것이라고 주장하였다(Bolles, 1972; Tolman, 1932). 이러한 인지적 견해에서 보면, 고전적 조건형성은 유기체에게 두 자극 간의 관계에 관한 새로운 지식을 제공하는 것이다. 즉, 무조건 자극이 주어질 때 유기체는 무조건 자극을 예상할 수 있게 학습한 것이다(Rescorla, 1968). 중요하면서도 정교하게 설계된 실험에서 Rescorla(1968)는 근접성과 수반성을 비교, 연구한 결과, 조건 자극이 무조건 자극의 신뢰로운 예언자이어야만 한다는 사실을 보여주었다. 즉, 단순한 시간적 근접성은 조건형성이 일어나기에 충분하지 않았다.

좀 더 구체적으로 이러한 실험의 절차를 알아보면 다음과 같다. 두 집단 A와 B의 쥐들에게 주어지는 소리와 쇼크의 쌍 중에서 시간적으로 근접한 경우의 수는 두 집단에서 동일하였다. 따라서 만일 시간적 근접성이 조건형성을 결정짓는다면, 두 집단의 쥐들은 동일한 정도의 조건형성을 보여야 한다. 그런데 두 집단 간의 유일한 차이는 소리에 대한 쇼크의 수반성이었다. 집단 A에서는 모든 쇼크에 소리가 선행한 반면, 집단 B에서는 소리의 존재 여부에 상관없이 쇼크의 출현 가능성이 동일하였다. 따라서 집단 A에서는 소리가 쇼크를 잘 예언하였던 반면에, 집단 B에서는 아무런 예언력을 가지지 못하였다. 만일 수반성이 조건형성을 결정한다면, 집단 A만이 조건형성을 보일 것이라고 예상할 수 있다. 바로 이것이 Rescorla가 얻은 결과다. 즉, 집단 A의 쥐들만이 조건 공포반응을 보였으며 조건형성의 강도는 무조건 자극의 출현을 신호해 주는 조건 자극의 예언력과 직접적으로 관련되어 있다. 후속 실험들은 cs와 us 간의 예언적 관계가 조건 자극과 무조건 자극 간의 시간적 근접성이나 둘이 짝지어진 빈도보다 중요하다는 결론을 지지하였다(Rescorla, 1972).

(4) 제한점

초기 행동주의자들은 학습 법칙이 모든 동물 종에서 동일하다고 가정하였다. 그래서 고전적 조건형성에서는 모든 조건 자극이 모든 무조건 자극과 연합될 수 있다고 가정하였다. 이러한 입장은 초기 행동주의자들을 선천성-후천성 논쟁에서 후천성(nurture)을 굳건하게 받아들이도록 만들었다. 즉, 유기체가 학습하는 것은 전적으로 환경과의 경험에 달려 있다는 것이다. 그러나 다른 연구자들은 학습과정에서 생물학적 기능을 강조해 왔다. 즉, 생물학적 기능이 유기체로 하여금 적응하고 생존하게 만든다는 것이다. 초기 동물행동학자들 즉, Konrad Lorentz, Nikolaas Tinbergen, Karl von Frisch 등은 인간과 동물의 행동에 영향을 미치는 생물학적 경향성들을 밝혀왔다(Tinbergen, 1951).

동물행동학자들은 행동주의자들과 마찬가지로 동물 행동에 관심을 갖지만, 학습보다는 진화와 유전을 보다 더 강조한다. 학습에 대한 이러한 조망은 동물들이 특정한 대상들을 특정한 방식으로 학습하도록 사전에 상당한 정도로 프로그램되어 있다는 사실에 주의를 기울이게 만들었다. 예를 들어, 학습된 미각 혐오의 예를 보자. 많은 사람들은 특정한 음식을 먹은 후에 탈이 나서 그 음식을 다시는 먹고 싶지 않은 경험을 가지고 있다. Garb와 Stunkard(1974)는 1/3 이상의 사람들이 적어도 한 번 이상 이러한 경험을 하였다는 사실을 확인하였다. 전형적으로 그들은 새로운 음식을 먹고 몇 시간 내에 탈이 났다. 얼핏 보면 학습된 미각 혐오가 고전적 조건형성의 전형적인 사례처럼 보인다. 즉, 음식의 맛이 복통과 연합된 것이다.

그렇지만 면밀하게 살펴보면, 이 조건형성은 고전적 조건형성의 법칙들과 전혀 일치하지 않는다. 우선 대부분의 미각 혐오는 음식과의 단 한 차례 나쁜 경험 후에 일어난다. 즉, 반복적인 짝짓기가 필요하지 않다. 둘째, 조건 자극-무조건 자극 시간 간격이 일반적으로 매우 길다. 복통(US)은 음식(CS)을 먹은 후 몇 시간 후에 발생한다. 진화적 조망에서 볼 때, 단일 시행에서 특정한 음식을 회피할 것을 학습하는 유기체의 능력 즉, 해로울 가능성이 있는 음식을 회피하는 것이 적응적이라는 사실을 쉽게 찾아볼 수 있다.

학습된 미각 혐오가 존재한다는 사실이 보여주는 것은 유기체가 학습할 수 있는 것은 매우 선택적이라는 점이다. 어떤 연합은 매우 용이하게 학습하는 반면에, 다른 연합은 결코 학습하지 못할 수도 있다. Garcia와 Koelling(1966)은 학습에서 생물학적 경향성의 중요성을 보여주는 일련의 실험을 수행하였다. 이들은 실험의 첫 번째 단계에서 실험집단의 쥐에게 향료가 섞인 물이 들어 있는 튜브를 핥아먹을 수 있게 했다. 쥐가 튜브를 핥을 때마다 클릭소리와 불빛을 제시함으로써, 쥐는 세 가지 자극 즉 불빛과 클릭소리뿐만 아니라 용액의 맛까지 경험했다. 연구자들은 실험의 두 번째 단계에서 실험집단의 쥐를 약물에 중독시켜 복통을 겪게 만들었다. 맛 또는 불빛과 클릭소리 중 어느 자극이 복통과 연합될 것인가? 이 물음에 답하기 위해서 실험의 마지막 세 번째 단계에서 실험집단 쥐에게 다시 튜브를 제시하였다. 때로는 튜브의 용액이 전과 동일한 맛을 갖지만 불빛이나 클릭소리가 없고, 다른 경우에는 용액에 맛은 없지만 불빛과 클릭소리가 주어졌다. 쥐는 맛을 경험할 때는 용액을 회피했지만, 불빛+클릭소리가 제시될 때는 회피하지 않았다. 따라서 쥐는 맛만을 복통과 연합시킨 것이다.

그러나 통제집단의 결과를 고려할 때 이러한 결과는 맛이 불빛+클릭소리보다 강력한 조건 자극이기 때문이라고 할 수가 없다. 통제집단의 쥐는 두 번째 단계에서 약물에 중독되는 대신에 쇼크를 받았다. 이러한 쥐는 마지막 단계에서 불빛+클릭소리가 제시될 때만 용액을 회피하였으며, 맛만을 경험할 때는 회피하지 않았다(Garcia & Koelling, 1966). 따라서 맛이 쇼크보다는 복통에 대하여 보다 우수한 신호이며, 불빛+클릭소리는 복통보다 쇼크에 대하여 보다 우수한 신호이다. 어째서 연합에 이러한 선택성이 존재하는 것인가? 이 결과는 동기적으로 강력한 자극들이 서로 대치될 수 있다는 초기 행동주의자들의 생각에 들어맞지 않는다.

그들의 생각에 따르면, 맛과 불빛+클릭소리는 모두 효과적인 조건 자극일 수 있기 때문에, 그리고 복통과 쇼크는 모두 효과적인 무조건 자극일 수 있기 때문에, 어느 조건 자극과 어느 무조건 자극이든 모두 연합될 수 있어야만 했다. 반면에 연합의 선택성은 동물행동학적 조망 그리고 환경에 대한 동물의 진화적 적응의 강조와 완벽하게 맞아떨어진다. 쥐는 자연적인 서식 상황에서 먹이를 선택하는 데 맛에 의존한다. 따라서 맛과 복통 사이의 연합은 촉진시키지만 불빛과 복통은 그렇지 않도록 맛과 내장반응 사이에 유전적으로 결정된 관계가 있을 수 있다. 더구나 쥐의 자연환경에서 추위나 상처와 같은 외적 요인이 초래하는 통증은 필연적으로 외적 자극에 의한 것이다. 따라서 외적 자극과 외적 통중 사이의 생득적 관계가 있을 수 있으며, 이러한 관계가 불빛과 쇼크 사이의 연합은 촉진시키지만 맛과 쇼크 사이의 연합은 촉진시키지 않을 수 있다.

만일 쥐가 먹이 선택의 자연적 수단과 맞아떨어지기 때문에 맛을 복통과 연합시키는 것을 학습한다면, 먹이 선택에서 또 다른 수단을 사용하는 동물 종은 맛을 복통과 연합시키는 것을 학습하는 데 애를 먹을 수가 있다. 실제로도 그러한 일이 일어난다. 새는 자연상태에서 맛보다는 모습에 근거하여 먹이를 선택하며, 불빛을 복통에 연합시키는 것은 쉽게 학습하지만 맛을 복통에 연합시키는 것은 그렇지가 못하다(Wilcoxin, Dragon, & Kral, 1971). 이것은 복통의 원인이라는 동일한 것을 서로 다른 수단을 통해서 학습하는 상이한 동물 종의 완벽한 예이다. 따라서 무엇이 무엇과 조건형성되는가를 알고자 원한다면, 조건 자극과 무조건 자극을 분리해서 생각해서는 안 된다. 오히려 두 자극의 조합에 초점을 맞추어야 하며 그 조합이 생득적 관계를 얼마나 반영하고 있는지를 고려해야만 한다. 이러한 결론은 학습법칙이 모든 동물 종과 상황에서 동일하다는 가정과 상당히 어긋난다. 실제로 최근 몇몇 심리학자들은 행동의 진화사를 고려하는 행동시스템 접근방법을 사용하여 고전적 조건형성을 탐구해오고 있다(Fanselow, 1994).

3 조작적 조건형성

조작적 조건형성의 원리는 특정 반응을 선택적으로 보상함으로써 그 반응이 일어날 확률을 증가시키거나 감소시키는 것으로, 자극보다는 행동의 결과에 중심을 두는 학습원리이다. 인간을 포함하는 수많은 유기체는 언제나 변화하는 다양한 환경에서 살아간다. 유기체가 다변하는 환경에 대처하는 가장 기본적인 방법은 특정 환경에 적응적인 방향으로 행동을 조절하는 것이다. 행동의 조절은 새로운 행동의 생성과 특정 행동의 증가와 감소 그리고 부적응적인 행동의 소멸을 의미한다.

특정 환경과 적응적인 행동의 연합과 더불어 특정 환경에서 발생한 행동과 그 행동이 초래하는 결과의 연합에 의해 결정된다. 특정 대상, 자극, 환경에서 발생한 행동과 그 행동의 결과가 연합되어 추후의 행동을 증가시키거나 감소시키는 원리를 효과의 법칙(law of effect)이라고 하며, 이러한 효과의 법칙에 의해 행동이 조절되는 형태의 학습을 도구적 또는 조작적 조건형성이라 한다(Herrnstein, 1970). 조작적 조건형성에 대한 연구는 19세기 후반에 Thorndike가 효과의 법칙을 밝히면서 시작되었다. 그는 미로에 대한 학습 능력과 특정 행동으로 탈출이 가능한 문제 상자에 대한 해결 능력을 반복적으로 측정함으로써 동물의 지능을 연구했으며, 일련의 연구들을 통해 특정 행동의 강도는 그 행동의 결과에 의해 좌우된다는 조작적 조건형성의 기본 개념을 제시했다. Thorndike 이후 조작적 조건형성의 원리는 1930년대 Burrhus Skinner에 의해 확장되어 현재는 인간 행동을 설명하는 가장 중요한 접근 중 하나로 받아들여진다.

(1) 강화와 처벌

조작적 조건형성은 특정 행동의 빈도를 증가시키는 강화(reinforcement)와 감소시키거나 소멸시키는 처벌(punishment)이라는 두 가지 원리에 의해 이루어진다(〈표 4-1〉 참고). 먼저 강화는 어떤 행동의 결과가 그 행동의 발생빈도를 증가시킬 때 이와 같은 결과를 의미한다. 강화는 정적 강화(positive reinforcement)와 부적 강화(negative reinforcement) 두 가지 형태로 구분할 수 있다. 정적 강화는 어떤 행동 뒤에 특정 자극이 제시되거나 그 자극의 강도가 강해져서 선행하는 행동의 발생빈도를 증가시키는 강화를 말한다. 이때 제시되는 자극을 정적 강화물(positive reinforcer)이라 하며 일반적으로 정적 강화물은 유기체에게 보상

〈표 4-1〉 강화와 처벌의 구분

		절차의 형태: 자극제시	절차의 형태: 자극제거
목표	행동증가	정적 강화	부적 강화
	행동감소	정적 처벌	부적 처벌

	결과 / 과정	강화(reinforcement) 반응 혹은 행동의 증가	처벌(punishment) 반응 혹은 행동의 감소
정적 (positive)	제공	정적 강화물: 음식, 고기덩어리, 칭찬, 상, 안아주기 등	정적 처벌물: 전기쇼크, 신체적 고통, 야단치기 등
부적 (negative)	제거	부적 강화물: 고통스러운 결과를 줄 수 있는 것을 없애줌	부적 처벌물: 기쁨이나 만족을 주는 것을 제거시킴

적인 자극이다.

야생 고양이에게 제공하는 먹이, 책 읽는 행동 뒤에 따라오는 사탕과 관심 및 칭찬이 정적 강화물에 해당한다. 이와 유사하게 대형 마트의 장난감 코너에서 떼쓰며 우는 행동은 아이에게 종종 원하는 장난감이라는 정적 강화물을 얻게 하고, 이 강화물은 결과적으로 아이가 원하는 것을 얻기 위한 행동인 떼쓰기와 울기 행동을 강화한다.

강화의 또 다른 형태인 부적 강화는 행동 뒤에 특정 자극이 제거되거나 그 자극의 강도가 감소함으로써 선행하는 행동의 빈도를 증가시키는 형태를 말하며, 도피행동과 회피행동을 예로 들 수 있다. 도피행동은 이미 어떤 혐오 자극이 존재할 때 특정 행동을 함으로써 그 혐오자극을 없애는 행동을 말하고, 회피행동은 미리 어떤 행동을 하여 혐오적인 상황이 닥치지 않게 하는 행동이다. 부적강화에서 제거되거나 감소하는 자극을 부적 강화물(negative reinforcer)이라 하는데 일반적으로 부적 강화물은 유기체에게 혐오적인 자극이다. 예를 들어, 아이가 자신의 방을 깔끔하게 청소하는 행동은 부적 강화물인 어머니의 잔소리를 없애거나 줄여 준다. 장난감 코너에서 떼쓰고 우는 아이를 둔 엄마는 아이에게 장난감을 사줌으로써 부적 강화물인 아이의 떼쓰기와 울기에서 벗어날 수 있고, 결과적으로 아이를 달래기 위한 행동(장난감 사주기)이 강화된다.

처벌은 어떤 행동의 결과가 선행하는 그 행동의 빈도를 감소시킬 때 그런 결과를 의미하는 것으로, 어떤 행동에 뒤따르는 결과가 그 행동을 다시 야기할 가능성을 감소시킬 때마다 일어난다. 체벌, 전기쇼크, 큰소리 등과 같이 이전의 반응을 감소시키는 자극을 처벌물(punisher)이라 한다. 처벌은 정적 처벌(positive punishment)과 부적 처벌(negative punishment)로 구분된다. 정적 처벌은 행동 뒤에 혐오자극이 뒤따를 때 그 행동의 빈도가 감소하는 것을 말하며, 행동 뒤에 특정 자극이 제시되거나 그 자극의 강도가 강해져 선행하는 행동의 빈도를 줄이거나 제거하는 형태를 뜻한다.

부적 처벌은 어떤 행동 뒤에 긍정적 자극을 제거함으로써 그 행동의 빈도가 감소하는 것으로, 행동 뒤에 특정 자극이 제거되거나 그 자극의 강도가 약해져 선행하는 행동을 줄이거나 제거하는 형태를 뜻한다. 예를 들어, 대형 마트 장난감 코너에서 떼쓰며 우는 아이를 둔 어머니는 떼쓰기와 울기를 줄이기 위해 큰 소리로 꾸짖거나 체벌을 하는 등 정적 처벌을 이용할 수도 있고, 어머니의 사랑을 잃었다는 표시로 아이를 무시하거나 캐리어에 타는 것을 금지하는 부적 처벌을 이용할 수도 있다. 또한 일정 기간 동안 모든 긍정적 자극을 제거해 버리는 부적 처벌을 '강화로부터 타임아웃(time out from reinforcement)'이라고 한다. 요약하면, 처벌의 원리는 행동 뒤에 혐오자극 제시나 긍정자극의 제거가 뒤따를 때 그 행동의 빈도가 감소하는 것을 말한다(Kazdin, 1980).

요약하면 강화와 처벌의 원리는 모두 선행 행동 뒤에 특정 자극이 제시되거나 제거된다는 점에서 유사하지만, 특정 자극이 제시되든 제거되든 정적 강화와 부적 강화는 선행 행동을 증가시키는 데 그 목적이 있다. 반면에 정적 처벌과 부적 처벌은 선행 행동을 줄이거나 제거하는 데 그 목적이 있다(Furman & Masters, 1980).

(2) 강화인

정적 강화 및 부적 강화에서 행동의 빈도를 증가시켜 주는 역할을 하는 강화인에는 여러 가지가 있다. 무조건 강화인(unconditioned reinforcers)이라고도 불리는 일차적 강화인(primary reinforcement)은 유기체가 그 강화인과 어떤 특별한 경험을 하지 않아도 그들의 행동을 증가시키는 역할을 하는 강화인이다. 예를 들면 음식, 물, 공기 등이 여기에 속한다. 일차적 강화인과는 달리 조건화된 강화인(conditioned reinforcers)이라고도 불리는 이차적 강화인(secondary reinforcers)은 행동의 빈도를 증가시키는 효과가 일차적 강화인과 연합됨으로써 생기는 강화인이다. 예를 들면, 돈이라는 것은 돈을 사용해 본 경험이 없는 어린이들에게는 아무런 소용이 없다. 그러나 좀 더 성장한 어린이들에게 돈은 다양한 종류의 일차적 강화인과 관련되어 있기 때문에 강화인으로서 효과가 있다. 돈과 같이 다양한 종류의 일차적 강화인과 관련되어 있는 이차적 강화인을 일반화된 강화인이라 한다. 지금까지 언급한 강화인은 주로 환경상의 자극이나 사건 등의 물질적인 것을 의미한다. 그러나 물질적인 것이 아니라도 강화인의 역할을 할 수 있다.

Premack(1962)은 물질적인 자극이 아닌 어떤 행동이 강화인의 역할을 할 수 있다는 사실을 발견하였다. Premack에 의하면, 발생 확률이 높은 행동은 발생 확률이 낮은 행동을 증가시키기 위한 강화인으로 사용할 수 있다. 예를 들어, 아이들에게 게임할 기회와 공부할 기회를 동시에 준다면 아마도 아이들은 게임하는 것을 더 좋아할 것이다(〈그림 4-6〉 참고). 여

그림 4-6 아이들이 공부를 더 하도록 유도하기 위해서는 게임보다 공부하기를 먼저 실시해야 한다.

기서 게임하는 것은 발생 확률이 높은 행동이고 공부하는 것은 발생 확률이 낮은 행동이다. 이러한 프리맥의 원리에 따라 아이들로 하여금 공부를 더 하게 하기 위해서는 공부(저확률 행동)를 어느 정도 하고 난 후에 게임을 하게 해주면(고확률 행동) 공부하는 행동이 증가할 수 있다.

(3) 강화계획

어떤 방식으로 강화를 할 것인가를 다루는 부분이 강화계획이다. 미래의 반응이 증가할 수만 있다면 무엇이라도 강화물이 될 수 있지만, 강화계획에 따라 행동이 학습되는 속도, 패턴, 지속성 등은 달라진다. 매번 강화가 주어지는 계속적 강화 이외의 강화는 모두 간헐적 강화(intermittent reinforcement)이다. 강화계획은 어떤 행동이 강화 받는 방식을 체계적으로 정리한 것으로, 적용하는 강화계획에 따라 학습이 다르게 나타난다. 즉, 반응이 일어날 때 일정한 시간 혹은 비율로 그 반응을 강화시키는 규정된 절차를 강화계획이라고 한다. 적절한 반응을 모두 강화하는 계속적 강화계획을 적용하면, 학습은 매우 빠르게 일어나지만 소거과정에 놓이면 그 반응도 빨리 소멸된다. 반면 간헐적 강화계획을 적용할 경우, 학습은 서서히 일어나지만 소거에 대한 저항도 커서 반응이 더 지속적으로 유지되는 경향이 있다. 강화계획에는 계속적 강화계획, 고정간격 강화계획, 고정비율 강화계획, 변동간격 강화계획, 변동비율 강화계획 등이 있다.

계속적 강화계획이란 피험자가 목표 반응을 할 때마다 강화하는 것이다. 예컨대 착한 일

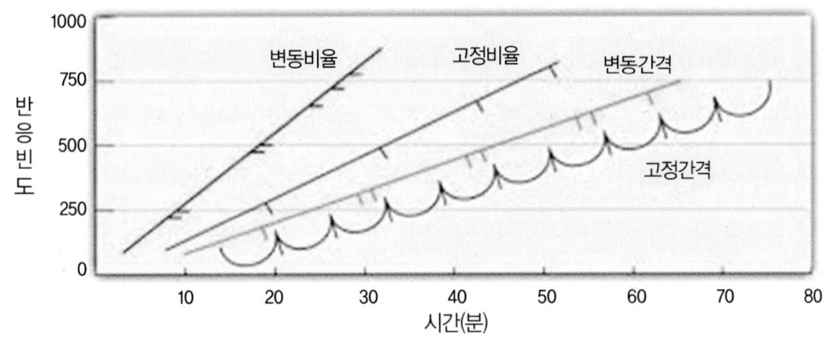

그림 4-7 강화계획에 따른 학습효과의 비교

을 할 때마다 매번 용돈을 주는 것은 계속 강화계획이다. 간헐적 강화계획은 가끔씩만 강화를 제공하는 절차로 부분적 강화계획이라고도 한다. 간헐적 강화계획 중 고정비율 강화계획은 반응이 정해진 횟수만큼 일어난 뒤에 강화가 주어지는 것이다. 이 강화계획을 적용하면, 높은 비율의 반응이 나타나고 강화 바로 다음에는 흔히 반응이 줄어들어 짧게 쉬는 현상이 나타난다. 변동비율 강화계획은 어떤 행동의 평균 매 n번째 수행이 강화를 받지만 정확하게 몇 번째 반응에 대하여 강화가 이루어지는지는 알 수 없도록 설계되어 있다. 고정간격 강화계획이란 동일한 시간 간격 후에 발생한 행동에 강화를 제공하도록 계획한 간헐적 강화의 일종이다. 마지막으로 변동간격 강화계획은 선행한 강화로부터 어느 정도 시간이 경과한 뒤에 나타나는 반응을 강화하는 것으로, 강화와 강화 간의 시간간격은 일정하지 않고 임의로 정한 시간범위 내에서 어떤 평균시간을 중심으로 변한다. 변동간격 강화계획에서의 반응학습은 느리면서도 꾸준한 특징을 보인다. 이들 중 학습에 가장 효과적인 것은 변동비율, 고정비율, 변동간격, 고정간격 강화계획순이다(〈그림 4-7〉 참고).

(4) 혐오 조건형성

쇼크나 고통스러운 소음과 같은 부적 또는 혐오적 사건들도 조작적 조건형성에서 흔히 사용된다. 처벌 훈련에서는 반응 뒤에 혐오자극 또는 사건이 뒤따르는데, 혐오자극은 이후의 반응을 약화하거나 억압하는 효과를 가진다. 처벌이 바람직하지 않은 반응 후에 일관성 있고 즉각적으로 주어지고 대안적 반응이 보상을 받는다면, 체벌은 바람직하지 않은 반응을 효과적으로 제거할 수 있다. 미로에서 먹이에 도달하기 위해 두 통로 중 가까운 통로를 선택하도록 학습된 쥐가 가까운 통로를 선택할 때 쇼크를 받게 되면 곧바로 먼 통로를 택하게 된다. 처벌이 가져오는 잠정적 억압이 쥐로 하여금 먼 통로를 택하도록 학습할 기회를 제공한다. 이 경우에 처벌은 정보적이기 때문에 행동의 방향을 바꾸는 효과적인 수단이 된다.

한편, 인간의 행동을 교정하기 위해 처벌 훈련을 적용하는 것이 항상 성공적인 것은 아니다. 예컨대, 교통당국은 사고의 가능성을 위협이나 처벌로 사용함으로써 안전 행동을 증가시키고자 한다. '과속하면 교통사고로 사망할 수도 있다!'라는 경고문을 보자. 여기에서 문제는 여전히 살아 있는 거의 모든 운전자들이 과속하고도 죽지 않은 경험을 가지고 있다는 점이다. 그렇기 때문에 '만일 과속한다면 벌금을 물어야 한다.'로 바꾸지 않는 한, 과속은 조건형성으로 통제하기가 정말 어렵다. 그렇지만 이 경우에도 과속한 많은 운전자들이 경찰에 잡히지도 않고 벌금도 내지 않는다. 따라서 처벌이 원하지 않는 반응을 억압할 수 있다고 하더라도 몇 가지 단점을 가지고 있다. 첫째, 처벌의 효과는 보상만큼 정보적이지 못하다. 보상은 근본적으로 "네가 한 것을 반복하라."고 알려준다. 반면, 처벌은 "그만 두라."고 말하고 있지만 대안을 제시해 주지는 못한다. 따라서 유기체는 처벌받은 반응을 더욱 바람직하지 않은 반응으로 대치할 수도 있다. 둘째, 처벌의 부산물이 불행한 것일 수 있다. 고전적 조건형성을 통해서 처벌은 처벌하는 사람(부모님, 선생님 또는 고용주 등)과 상황(집, 학교 또는 사무실 등)을 싫어하거나 무서워하게 만들기가 십상이다. 마지막으로 극단적이거나 고통스러운 처벌은 처음의 바람직하지 않은 행동보다도 더 심각한 공격행동을 유발할 수 있다.

(5) 도피행동과 회피행동

때때로 처벌 훈련이 바람직하지 않은 행동을 억제할 수 있다는 사실을 보았다. 뿐만 아니라 혐오적 사건은 유기체가 새로운 반응을 학습하는 데에도 사용할 수 있다. 유기체는 진행 중인 혐오적 사건을 종료시키는 반응을 학습할 수 있다. 예컨대, 방에 고통스러운 큰 소음이 있다면 그 방을 나갈 수 있다. 이것을 도피학습(escape learning)이라고 부른다. 흔히 도피학습에는 회피학습(avoidance learning)이 뒤따른다. 즉, 유기체는 혐오적 사건이 시작하는 것 자체를 차단하는 반응을 학습하는 것이다. 예컨대, 특정한 방이 과거에 커다란 소음과 연합되어 있다면, 소음이 존재하지 않아도 그 방에서 도피한다. 동물의 도피학습과 회피학습을 연구하기 위하여 심리학자들은 왕복상자(shuttle box)라고 부르는 장치를 사용해 왔다. 왕복상자는 칸막이로 분리된 두 개의 방으로 이루어져 있다. 각 시행에서 동물이 한 방에 있고 어느 시점에서 경고 불빛이 반짝이고는 5초 후에 방바닥에 전류가 흐른다. 동물이 쇼크를 피하기 위해서는 칸막이를 뛰어 넘어 다른 방으로 가야 한다. 처음에 쥐는 쇼크가 시작된 후에야 칸막이를 뛰어 넘는다. 이것은 도피학습이다. 연습을 통해서 쥐는 경고 불빛을 보고 뛰어 넘는 것을 학습함으로써 쇼크가 주어지기 전에 그것을 완전하게 도피한다. 이것은 회피학습이다. 도피학습과 회피학습은 첫 번째 단계에는 고전적 조건형성을 수반한다. 즉, 경고불빛(CS)과 쇼크(US)의 반복적인 짝짓기를 통해 동물은 불빛이 쇼크를 예언한다는 사실을 학습하고 그래서 불빛에 대한 반응으로 공포 조건반응(CR)을 보인다.

회피학습은 한 가지 수수께끼를 제시하는 것처럼 보인다. 즉, 만일 무조건 자극이 부재한 상태에서 조건 자극만 계속해서 주어지면 조건 반응이 사라진다는 사실을 우리는 알고 있다. 이것이 바로 지금의 경우에 해당하는 것으로 보인다. 일단 동물이 제때에 회피함으로써 쇼크를 사전에 피하는 방법을 학습하면, 더 이상 조건 자극(경고 불빛) 다음에 무조건 자극(쇼크)이 뒤따르지 않는다. 그렇다면 무엇이 동물로 하여금 칸막이를 뛰어넘도록 강화하는 것인가? 쇼크의 부재라고 말할 수 있겠지만, 이것은 '사건 없음'이다. 어떻게 '사건 없음'이 강화물로 작용할수 있는 것인가? 이 수수께끼의 한 가지 해결책은 분석의 두 번째 단계가 도구적 조건형성을 수반하는 것을 이해하는 것이다. 동물은 이미 칸막이를 뛰어넘는 것이 혐오적 사건 즉 조건공포 자체를 제거한다는 것을 학습하였다. 따라서 '사건 없음'으로 보인 것이 실제로는 공포이며, 도피행동은 이러한 공포를 감소시키기 때문에 강화되는 것이다(Mowrer, 1947; Rescorla & Solomon, 1967).

이제 낙방과 같은 과거 경험으로 인해서 특정한 공포, 예컨대 시험(또는 검사) 불안을 발달시킨 사람을 생각해 보자. 조건 반응(공포)은 자명종이 울려도 계속 잔다든가, 아니면 추가 시험 날짜를 요청하여 시험 보는 것을 피함으로써 감소될 수 있다. 혐오 자극(조건 공포반응)의 성공적인 감소는 회피행동을 강화하며, 미래에 그 행동을 강하게 만든다. 비록 이것이 일시적인 안도감을 줄 수 있더라도, 이러한 회피행동의 결말은 궁극적으로 폐해적인 것이 명백하다. 그렇다면 시험 불안이 진정한 문제일 때 어떻게 해야 할까? 우리의 분석을 보면 시험에 직면하지 않는 한 이러한 반응은 더 이상 사라지지 않는다는 사실이 명확하다. 시험 불안에 시달리는 학생들에게는 자신의 공포반응이 과거 사건에 대한 학습된 반응이며, 성공적인 시험의 반복적인 경험을 통해 해소될 수 있기 때문에 그렇게 해야만 한다는 사실을 알려주어야 한다.

(6) 조형

다른 사람의 동의를 이끌어내는 기법 중 하나로 문간에 발 들여놓기 기법이 있다. 이 기법은 처음에는 상대방에게 거절하기 힘든 아주 작은 부탁을 해서 그가 동의하면, 그 다음에는 조금씩 더 큰 부탁을 해서 결국엔 아주 큰 부탁마저 동의하게끔 하는 기법이다. 이 문간에 발 들여놓기 기법에 사용되는 심리학적 기제 중의 하나가 조형(Shaping)이다. 조형은 작은 표적행동들을 순차적으로 수행함으로써 최종적으로 궁극적 표적행동까지 도달해가는 과정이다. 즉, 처음에는 쉬운 반응에 강화물을 주다가 점차 어려운 행동을 해야 강화물을 줌으로써 최종적으로 목표한 반응을 하게 하는 것이다. 조형은 학습시키고자 하는 최종 목표 행동이 현재 발생하지 않기 때문에 유사한 행동이 나올 때 강화를 하고, 이 유사행동이 강화되어 빈도가 늘어나면 강화를 중단하고 소거가 이루어진다. 대신에 최종 목표행동에 더 가까운 유사행동을 강화함으로써, 최종적으로 원하는 목표행동을 이끌어낸다. 운전이나 수영과 같은 행동이 조형의 대표적이 예가 될 수 있다(〈그림 4-8〉 참고).

그림 4-8 **운전, 조형의 한 사례**

이 기법은 실험자가 원하는 방향으로 점진적으로 변형된 반응만을 강화하는 것이다. 조형을 통해서 동물에게 묘기를 정교화하도록 훈련시킬 수 있다. 두 심리학자는 수많은 종의 동물들을 텔레비전 쇼와 광고 그리고 박람회 등에 출연하도록 훈련시켰다(Breland &

Breland, 1966). 한 유명한 쇼에서는 '프리실라, 까다로운 돼지(Priscilla, the Fastidious Pig)'라는 프로그램을 내보냈다. 프리실라는 TV를 켜고, 식탁에서 아침식사를 하고, 더러워진 옷을 집어 빨래 바구니에 넣고, 마루를 청소하고, 좋아하는 음식을 선택하고, '네'와 '아니오'를 나타내는 불빛을 켬으로써 청중들의 질문에 답하는 방식으로 퀴즈 프로그램에도 참가하였다. 이 녀석이 유별나게 똑똑한 돼지는 아니었다. 실제로 돼지들은 너무 빨리 성장하기 때문에, 새로운 프리실라를 3 내지 5개월마다 훈련시켜야만 했다. 솜씨는 돼지에게 있는 것이 아니라 실험자에게 있는 것이다. 실험자는 조작적 조건형성을 사용하여 돼지의 행동을 조성함으로써 원하는 결과를 만들어냈다. 조형은 비둘기로 하여금 바다에서 실종된 사람을 찾아내도록 훈련시키는 데 사용되었으며, 돌고래가 해저 장치를 끄집어 올리도록 훈련시키는 데도 응용되었다.

Simmons(1981)의 비둘기의 탐색과 구조에 대한 연구를 예를 들어 보자. 미국의 해안경비대는 바다에서 조난된 사람들을 찾아내는 데 비둘기를 사용해 왔다. 그 이유는 비둘기가 사람보다 먼 바다에 놓인 물체를 찾아내는 능력이 뛰어나기 때문이다. 비둘기는 눈의 피로로 고통을 느끼지 않으면서 오랫동안 수면 위를 주시할 수 있으며, 뛰어난 색채 시각을 가지고 있고, 60~80도에 이르는 영역에 초점을 맞출 수 있는 반면, 사람은 단지 2~3도 영역에만 초점을 맞출 수가 있다. 사람들은 비둘기가 오렌지색(국제적으로 합의된 구명재킷의 색)을 찾아내도록 훈련시키는 데 조형 방법을 사용한다. 세 마리의 비둘기가 헬리콥터 바닥에 부착된 방에 묶여 있다. 이 방은 세 칸으로 나누어져서 각 비둘기는 서로 다른 방향을 바라다보고 있다. 비둘기가 오렌지색 물체를 발견하면, 조종사에게 날개를 퍼덕이는 신호를 해주는 버튼을 쓴다. 그렇게 되면 조종사는 반응한 비둘기가 지시하는 방향으로 향하게 된다.

(7) 인지적 개입 요인

인지적 요인은 고전적 조건형성에서와 마찬가지로 조작적 조건형성에서 중요한 역할을 담당한다. 조작적 조건형성 상황에 처한 유기체를 반응과 강화물 사이의 관계에 대한 새로운 지식을 획득하는 것으로 간주하는 것이 유용하다. 고전적 조건형성에서와 마찬가지로, 우리는 어떤 요인이 조작적 조건형성에서 중요한 것인지를 알고자 원한다. 여기서도 한 가지 중요한 선택지가 시간적 근접성이다. 즉, 조작적 반응은 강화가 즉각적으로 뒤따를 때마다 조건형성이 된다는 것이다(Skinner, 1948). 예측 가능성과 밀접하게 관련된 인지적 선택지가 통제(control)이다. 즉, 조작적 반응은 유기체가 반응을 통해 강화를 통제하는 것으로 해석할 때에만 조건형성이 된다고 보는 것이다. Maier와 Seligman(1976)이 수행한 몇 가지 중요한 실험은 통제 견해를 지지하는 증거를 제공한다.

이들의 실험에는 두 단계가 있다. 첫 번째 단계에서 어떤 개들이 쇼크를 받는지의 여부가 자신들의 행동에 달려 있다는 것을 학습하는 반면, 다른 개들은 쇼크를 통제할 수 없다는 것을 학습한다. 한 쌍의 개가 모두 움직이지 못하도록 족쇄에 묶여 있으며, 때때로 전기쇼크를 받는다. 그 중 '통제' 개는 코로 옆에 있는 판을 밀어서 쇼크를 제거할 수 있다. 반면 '멍에' 개는 쇼크에 대해서 아무런 통제도 가할 수가 없다. '통제' 개가 쇼크를 받을 때마다 '멍에' 개도 쇼크를 받으며, '통제' 개가 쇼크를 끌 때마다 '멍에' 개의 쇼크도 끝이 난다. 따라서 '통제' 개와 '멍에' 개는 모두 동일한 횟수의 쇼크를 받는다.

첫 번째 단계에서 개가 무엇을 학습했는지 알아보기 위해서 두 번째 단계가 필요하다. 두 번째 단계에서 실험자는 두 마리의 개를 왕복상자에 넣었다. 그 다음 각 시행에서 소리가 먼저 들리는데 이 소리는 개가 있는 방에 전기쇼크가 올 것임을 알려주는 것이다. 개가 쇼크를 피하려면 경고음이 들릴 때 칸막이를 뛰어넘어 다른 방으로 넘어가는 것을 학습해야만 한다. 실험 결과 '통제' 개는 이 반응을 신속하게 학습했다. 이것은 이미 앞에서 쥐의 도피학습에서 얻은 결과다. 그렇지만 '멍에' 개는 이야기가 다르다.

처음에 '멍에' 개는 칸막이를 뛰어넘는 행동을 보이지 않았으며, 시행이 진행됨에 따라 점점 수동적으로 되어 결국에는 완전한 무기력 상태에 빠지고 말았다. 왜 그럴까? 첫 번째 단계에서 '멍에' 개는 쇼크가 자신의 통제하에 있지 않다는 사실을 학습하였으며, 이러한 통제 불능이라는 신념이 두 번째 단계에서 조건형성을 불가능하게 만들었기 때문이다. 다시 말해 실험의 첫 번째 단계에서 이 개들은 무기력하다는 사실을 학습하였으며, 이러한 '발견'이 나중에 쇼크를 피할 수 있는 상황에서조차 회피하는 것을 학습하지 못하게 만든 것이다. 이것을 학습된 무기력(Learned helplessness)이라고 하는데, 이 현상은 유기체가 강화를 통제 가능한 것으로 지각할 때에만 도구적 조건형성이 일어난다는 생각을 지지한다(Seligman, 1975). 이러한 결과는 수반성(유관성)에 따라서 논의할 수도 있다. 조작적 조건형성은 유기체가 반응과 강화 사이의 수반성을 지각할 때에만 일어난다고 말할 수 있다. 위의 연구에서 첫 번째 단계에서 수반성은 판밀기와 쇼크의 부재 사이에 존재한다. 이 수반성을 지각하는 것은 판을 밀지 않을 때보다 밀었을 때 쇼크를 회피할 가능성이 크다는 것을 결정하는 것에 해당한다. 첫 번째 단계에서 이러한 수반성을 지각하지 못한 개는 두 번째 단계에서 아무런 수반성도 찾지 못한 것으로 보인다.

이러한 수반성 접근은 조작적 조건형성 연구의 결과가 고전적 조건형성에서 보인 예측 가능성의 중요성에 관한 결과와 일치한다는 사실을 명확하게 보여준다. 즉, 조건 자극이 무조건 자극을 예언한다는 사실을 아는 것은 유기체가 두 자극 사이의 수반성을 탐지했다는 증거로 해석할 수 있다. 고전적 조건형성과 조작적 조건형성 모두에서 유기체가 학습하는 것은 두 사건 사이의 수반성이다. 즉, 고전적 조건형성에서 행동은 특정한 자극에 수반적이다. 그리고 조작적 조건형성에서 행동은 특정한 예기적 반응에 수반적이다.

(8) 제한점

고전적 조건형성에서와 마찬가지로, 생물학적 특성은 조작적 조건형성을 통해서 학습할 수 있는 행동에 제약을 가한다. 비둘기를 대상으로 한 두 실험 상황 즉, 먹이로 비둘기를 강화해서 특정 행동을 획득하도록 하는 보상학습 상황, 그리고 쇼크의 종료로 비둘기를 강화해서 특정 반응을 획득하도록 하는 회피학습 상황을 생각해 보자. 실험결과, 반응이 날개를 퍼덕이는 것이 아니라 원판을 부리로 쪼는 것일 때, 비둘기는 첫 번째 상황에서 훨씬 더 빨리 학습했다. 회피의 경우에는 그 반대상황이 벌어졌다.

즉, 반응이 쪼기가 아니라 날개 퍼덕이기일 때 비둘기는 더 빨리 학습했다(Bolles, 1970). 이러한 사실은 동일한 학습법칙이 모든 상황에 적용된다는 가정과 상충되지만, 동물행동학적 조망에서는 이해가 된다. 보상학습의 경우는 먹기가 수반되는데 이때 쪼기(날개 퍼덕이기가 아니라)는 비둘기의 자연스러운 먹기 행동의 일부분이다. 쪼기와 먹기 사이에 유전적으로 연계되어 있음을 이해할 수 있다. 마찬가지로 회피의 경우는 위험상황이 수반되며 위험에 대한 비둘기의 자연스러운 반응에는 날개 퍼덕이기(쪼기가 아니라)가 포함된다. 새들은 방어반응의 레퍼토리가 적은 것으로 알려져 있으며, 요구되는 반응이 자연스러운 행동의 하나일 때에만 신속하게 회피를 학습한다.

4 인지학습

인간에 대한 과학적 연구로 행동주의의 경험적 접근은 심리학에 엄청난 영향을 끼쳤으며 특히 미국에서 그랬다. 그러나 행동주의자들이 수행한 많은 실험들이 20세기 후반부에서는 인지의 중요성을 밝혀왔다는 사실도 앞서 살펴 보았다. 모든 자극–반응 관계가 똑같이 용이하게 학습되는 것이 아니라는 사실을 보여준 Rescorla의 실험, 유기체가 강화물에 대한 통제를 지각하지 못하면 그 강화물은 힘을 잃을 수 있다는 사실을 보여준 Seligman의 실험들이 그 증거가 될 수 있다. 여기서는 유기체의 학습에서 인지의 중요성을 보여주는 경우를 살펴본다.

(1) 관찰학습

조건형성 실험에서는 유기체가 학습할 반응들을 직접 수행함으로써 배운다. 개가 먹이를 받고 침을 흘리지 않으면 무조건 자극에 대해 침 흘리는 반응을 학습할 수 없으며, 비둘기가 원반을 쪼는 반응을 하지 않으면 먹이가 주어지지 않으므로 원반 쪼기를 학습할 수 없다. 그러나 우리가 모든 행동을 실제 수행을 통해 학습해야 한다면 큰 문제가 생긴다. 효과의 법칙에 따르면, 예컨대 운전을 배우는 사람은 여러 행동들을 시행착오적으로 하면서 그중 보상받은 몇 가지 행동들을 학습한다. 차를 움직이는 것은 여러 반응들을 해 보다가 우연히 가속페달을 밟는 반응을 함으로써 배울 수 있다고 치자. 그러면 차를 정지시키는 것은 어떤가? 브레이크를 밟는 반응을 하기 전에 전조등을 켜거나 기어를 바꾸는 등의 엉뚱한 반응들을 하면 그것이 차를 정지시키는 데 아무 효과가 없다는 것을 배우기도 전에 사고가 나기 마련이다. 유기체가 직접 경험을 하는 대신에 다른 개체들의 반응을 보고 모방함으로써 학습을 하는 것을 관찰학습(observational learning) 또는 대리학습(vicarious learning)이라고 한다.

관찰학습의 대표적인 예로 Bandura(1962)는 〈그림 4–9〉에서 보는 바와 같이 아동들이 타인의 공격적 행동을 얼마나 잘 모방하는가를 보여 주었다. 그는 한 집단의 아이들에게는 주인공이 인형을 공격하는 영화를 보여주었고 다른 집단의 아이들에게는 공격하지 않는 영화를 보여주었다. 그 후 첫 번째 집단의 아이들이 인형을 더 공격적으로 다루면서 놀았다. 관찰

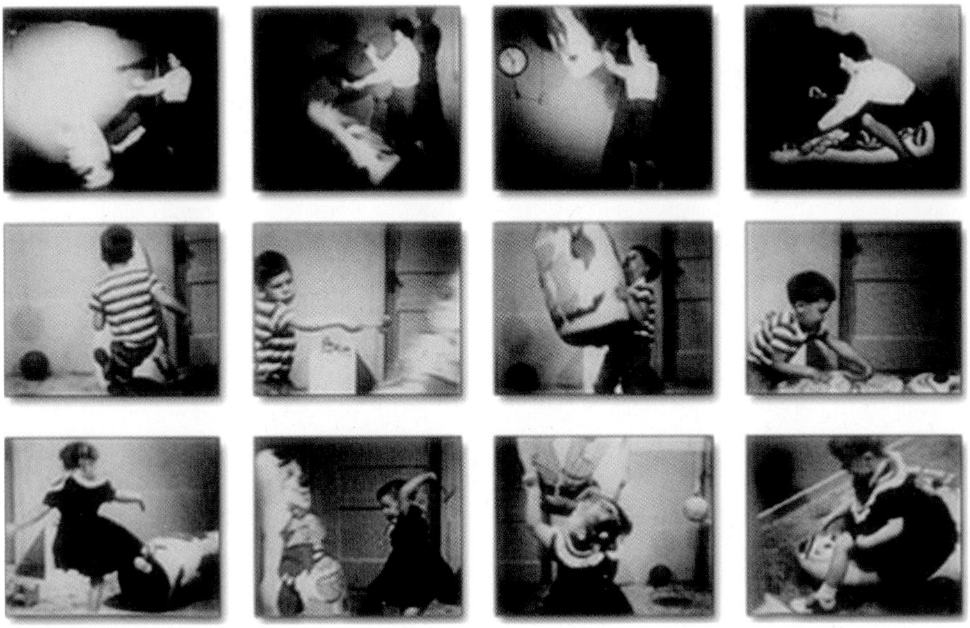

그림 4-9 반두라의 관찰학습 실험

학습은 네 가지 과정을 거쳐서 일어난다. 첫째, 관찰을 통한 학습이 이루어지기 위해서는 행동이나 상황이 관찰자의 주의(attention)를 끌어야 한다. 이를 주의집중 단계라고 한다. 둘째, 관찰을 통해 학습한 정보를 보유(retention)하는 단계이다. 이 단계는 학습한 정보를 내적으로 보유·강화하는 단계이다. 셋째, 저장된 정보를 재생(reproduction)하는 단계로, 학습한 내용과 관찰자의 행동이 일치하도록 자기 수정이 이루어지는 단계이다. 넷째, 학습한 내용대로 행동에 옮기기 전에 기대감을 갖게 만드는 동기화(motivation) 단계이다.

관찰학습에는 여러 변인들이 영향을 미치는데 그 가운데서도 특히 중요한 것이 모델의 행동의 결과에 대한 강화이다. 모델의 공격적 행동이 일관적으로 강화받을 경우 관찰자는 그런 행동을 받아들이는 경향을 보인다. 반대로 모델이 일관적으로 처벌받게 되면 관찰자는 그런 행동을 회피하는 경향을 보인다.

또 다른 요인으로 관찰자가 수행한 행동의 결과를 들 수 있다. 특정 행동이 모델에게는 특정 결과를 야기한 반면 관찰자에게는 정반대의 결과를 야기한다면, 궁극적으로는 관찰자가 직면한 결과가 그에 더 큰 힘을 발휘하게 된다. 만약 모델이 컴퓨터 게임을 아주 잘하고 그것을 분명히 즐긴다면, 관찰자는 그 게임을 시도해 볼 가능성이 높다. 그러나 관찰자가 그 게임을 계속 잘 못한다면 포기해 버릴 가능성이 높다. 결국 사람들은 어떤 방법이 모델에게 소용이 있었는지와는 상관없이 자기 자신에게 소용이 있는 방법을 사용한다.

모델의 특성 또한 중요한 변인 중의 하나이다. 매력적이거나, 힘이 있거나, 매우 인기가 높은 모델은 그렇지 않은 모델보다 모방될 가능성이 높다. 모델의 지위, 호감도, 나이, 성별, 능력 등의 요인들이 학습에 영향을 미치는데 이는 이런 특성들이 관찰자가 모델을 관찰하도록 유도하기 때문이다. 모델에게 주의를 더 기울일수록 관찰자가 모델의 행동으로부터 더 많은 것을 학습할 가능성이 높다.

관찰자의 연령에 따라 모방과 학습의 정도는 다르다. 보통 나이 어린 학습자들이 더 모방을 할 가능성이 높기는 하지만, 그것이 더 많은 것을 배운다는 것을 의미하지는 않는다. 반대로, 일반적으로 성인이 아동들보다 더 잘 학습하고는 있지만, 성인들은 타인의 경험으로 이득을 얻는 것이 젊은 사람들보다는 느리다.

관찰자의 학습 역사에 대한 고려도 필요하다. 모델에게서 배우는 능력은 그 모델을 보기 이전에 한 학습 경험에도 좌우될 수 있다. 연령과 학습 역사를 독립적으로 분리하기 어려운 이유가 여기에 있는데, 관찰자의 연령에 따라 성인 혹은 젊은 관찰자의 학습 역사상의 차이가 있기 때문이다. 이 외에도 학습자의 정서 상태와 과제의 복잡성 등의 요인 등이 있다.

(2) 잠재학습

1930년대에 Edward Tolman은 관찰 가능한 행동이 강조되던 시기에 숨겨진 정신과정을 탐색하였다. 예를 들면, Tolman은 한 집단의 쥐에게는 먹이를 제공하고 다른 집단의 쥐에게는 처음 일정 기간 동안 먹이를 제공하지 않았다. 이 경우 먹이를 제공받은 집단이 미로를 빨리 학습하는 것은 강화로 인한 학습 결과이다. 그러나 Tolman은 여기에 한 집단의 쥐들을 더 추가하여 10일 동안은 먹이를 주지 않고 11일째 되는 날부터 먹이를 제공하였다. 그 결과, 〈그림 4-10〉에서 보듯이 새로 추가된 집단의 쥐들은 처음부터 먹이를 제공한 쥐들만큼 수행이 향상되었다.

이러한 결과는 이 집단의 쥐들이 강화물인 먹이를 제공 받기 이전에 미로를 학습하고 있었음을 시사하는 것이다. Tolman은 이를 잠재학습(latent learning)이라 불렀다. 또한 Tolman

은 쥐들이 학습한 최단거리를 차단하였을 때 그 다음의 최단거리에 해당하는 경로를 선택하는 것을 확인하였다. 이를 통해 Tolman은 쥐가 이미 미로의 배열에 대한 정신적 표상 즉 인지도(cognitive map)를 발달시켰기 때문에 두 번째 최단 경로를 선택할 수 있었다고 주장하였다(Lubow & Moore, 1959).

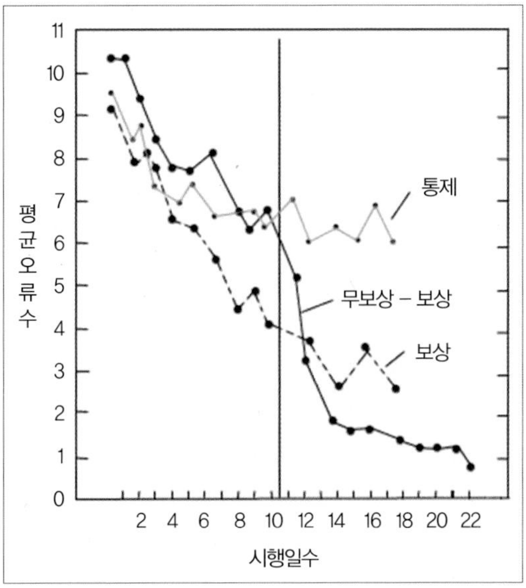

그림 4-10 잠재학습 실험

(3) 통찰학습

S–R이론 즉 자극반응 연합이론과는 달리 인지 학습 이론가들은 학습을 반응의 변화가 아니라 지식의 변화로 보며, 목적, 통찰력, 이해와 같은 정신적 과정을 강조하고, 성공적 수행은 과거의 경험보다도 현재 상황 속의 관계를 이해하는 데 더 밀접한 연관성이 있다고 본다. 이러한 견해를 뒷받침하고 있는 이론 중에는 통찰학습이론이 있다. 통찰학습이론은 넓게는 형태심리학의 학습이론을 말하고, 좁게는 Köhler의 침팬지 실험을 통한 학습이론을 말한다.

독일의 심리학자 Köhler(1926)는 침팬지를 대상으로 통찰학습에 대한 고전적인 연구를 행하였다. 한 실험에서 그는 침팬지 우리 속에 상자들과 막대기를 넣어놓고 손이 닿지 않도록 천정에 바나나를 매달아 놓았다(〈그림 4–11〉 참고). 이 상황에서 침팬지들은 여러 가지 행동들을 해보다가 포기하는 듯했지만 결국에는 올바른 해결책을 찾아내곤 했다. 예컨대, 막대로 과일을 쳐서 떨어뜨리거나, 상자를 바나나 아래로 끌고 가서 받침대로 삼아 올라가서 바나나를 땄다. Köhler는 바나나를 점점 더 높이 매달아 놓았는데, 그러자 침팬지들은 상자 위에 또 상자를 쌓아서 바나나를 따는 행동까지도 할 수 있었다. 이 모든 것은 Thorndike의 고양이들의 시행착오적 행동과는 아주 다른 것이었다. 게다가 침팬지들은 한 과제에서 배운 것을 다른 과제에까지 전이시킬 수가 있었다. 예컨대, 상자와 막대를 치워 버리면 침팬지는 작은 사다리나 책상을 끌고와서 받침대로 사용했다. 한 침팬지는 사람을 바나나 아래로 끌고 가서

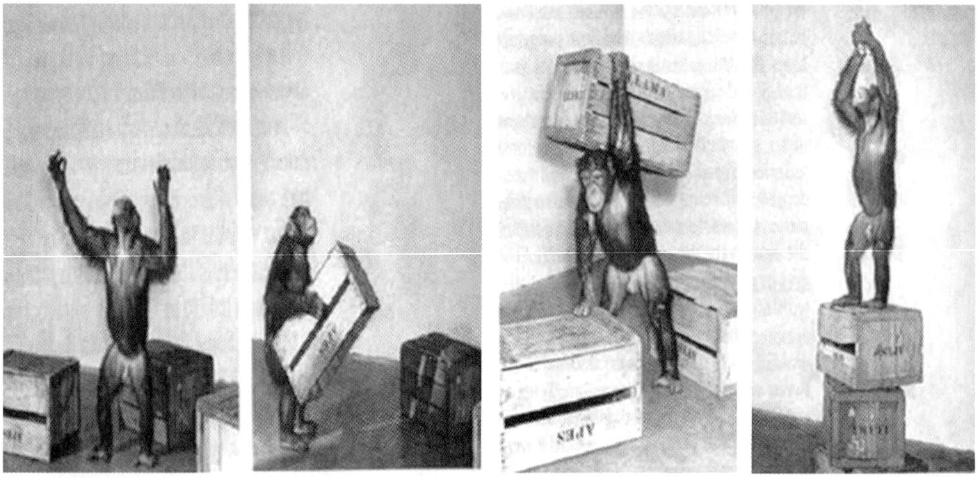

그림 4-11 **통찰학습 실험**

받침대로 사용하려고 하기도 했다.

우리는 통찰학습을 일상적으로 경험하기 때문에 그것이 고차원적 학습이라고 당연히 믿지만, 통찰학습도 조작적 조건형성의 원리로 설명할 수 있다고 생각하는 학자들과 그 증거도 있다(Epstein et al., 1984). 또한, 학습자는 문제가 되는 상황의 의미 있는 요소들에 대해 정신적 조작을 반복하다가 어느 순간 '정신적 연결'을 달성하여 문제해결의 통찰을 얻게 된다(Martin, 1952). 이러한 현상을 아하 현상(aha-phenomenon) 이라고 한다.

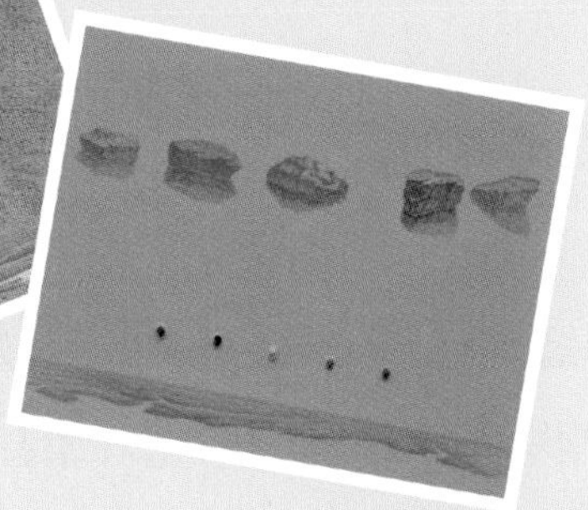
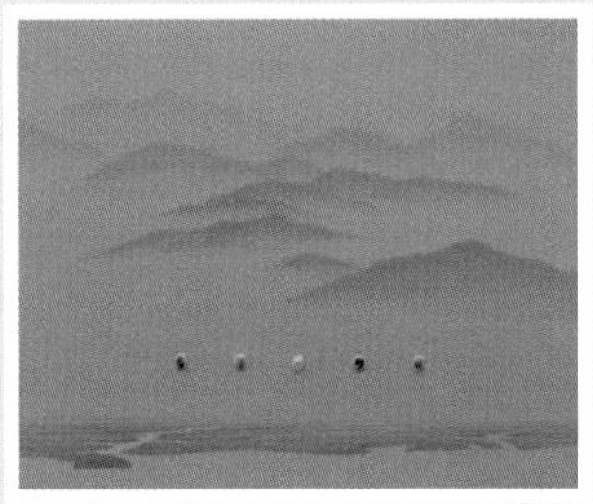

05 감각과 지각

An Introduction to Modern Psychology

개요

인간이 환경과 상호작용을 하기 위해서는 환경에 놓여있는 자극들을 지각하는 것이 필수적이다. 이 과정을 담당하는 것이 눈, 코 등과 같은 감각기관이다. 이 장에서는 환경과 관련된 정보를 제공하는 자극의 물리적 특징과 이를 수용하기 위한 감각기관들의 구조에 대해 먼저 살펴볼 것이다. 이후 시각 경험을 중심으로 이를 구성하는 데 중요한 형태, 색채, 깊이, 운동 정보 처리 과정을 살펴보고, 여러 착시들을 통해 지각 항등성의 필요성과 이것이 발생하는 과정을 살펴볼 것이다.

학습목표

1. 감각 경험을 객관적으로 측정하는 방법을 이해한다.
2. 감각 경험을 일으키는 물리적 에너지의 본질을 이해한다.
3. 망막에 초점이 맞는 영상을 맺히도록 하는 과정과 이것에 관여하는 눈의 구조를 파악한다.
4. 시각 경험을 만드는 데 필요한 색채, 형태, 깊이 그리고 운동지각과정을 이해한다.
5. 착시 현상을 통해 지각 항등성이 필요한 이유와 그 원리를 이해한다.

1 감각과 지각

우리는 환경과 끊임없이 상호작용을 하면서 살아가고 있다. 태어나서 엄마에게 의존하기 위해서는 엄마에게 반응할 수 있어야 하고, 먹이나 짝짓기 상대를 성공적으로 구하려면 그 대상이 어디에 있는지를 찾고 확인할 수 있어야 했다. 이러한 과정은 일차적으로 환경 정보를 받아들이는 과정을 기반으로 하고 있다. 환경 속에 있는 다양한 물리적 에너지로부터 필요한 정보를 얻는 과정에서 일차적으로 그 물리적 에너지를 변환시키는 과정이 필요하다. 우리의 눈과 귀와 같은 감각기관이 이 일을 수행하여 물리적 에너지를 뇌가 이해할 수 있는 전기적 신호로 변환시킨다. 빛이나 소리 에너지 등을 전기적 에너지로 변환시킨 후 이를 뇌로 보내는 과정을 감각(sensation)이라 부른다. 감각기관에서 전달된 감각 신호를 바탕으로 우리가 가지고 있는 기존 정보들을 이용하여 주어진 정보가 무엇인지를 이해하는 과정인 지각(perception)이 발생한다.

시각, 청각, 촉각, 후각 그리고 미각 등 5개의 감각을 이용하여 우리는 환경 정보를 받아들인다. 그러나 가장 많은 정보를 수용하고 처리하는 것이 시각과 청각이기 때문에 이 장에서는 시각과 청각을 위주로 감각과 지각 과정을 기술할 것이다. 이를 위해 시각 경험과 청각 경험을 일으키는 물리적 자극의 특징, 눈과 귀의 구조와 기능 그리고 입력된 빛으로부터 광수용기를 통해 전기적 신호를 만드는 과정에 대해서 기술할 것이다. 그리고 지각 과정에 대해서는 주로 시각 정보를 중점적으로 다뤄 형태지각, 색채지각, 운동지각 그리고 깊이지각 과정에 대해 논의할 것이다. 이후 안정적인 시각 경험이 가능하도록 하는 항등성 기제에 대해서 살펴볼 것이다.

심리학이 과학의 한 분야로 등장하면서 가장 먼저 이루어진 연구 분야 중의 하나는 환경의 변화에 대응하는 심리적 변화를 측정한 것이다. 감각 경험을 발생시킬 수 있는 최소한의 물리적 에너지는 얼마인지, 그리고 물리적 에너지의 강도 변화에 따라 감각의 강도는 어떻게 변화되는지를 살펴보는 것이었다. 이 과정에서 반드시 필요한 것이 감각 경험에 대한 '측정'이다. 몸무게는 쉽게 저울을 이용하여 측정할 수 있지만 감각은 어떤 방식으로 측정하는 것이 좋을까? 무게나 길이와 같은 물리적인 대상과 달리 감각의 측정치는 변산이 매우 크다. 즉 측정할 때마다 그 결과들에서 차이가 날 가능성이 높다. 1860년 Fechner는 그의 책 『정신물리학의 요소들(Elemente der psychophgsik)』에서 감각 경험을 측정할 수 있는 방법, 즉 정신물리학적 측정 방법을 제안하였는데 현대의 심리학자도 다양한 분야에서 감각 경험을 측정할 때 여전히 이 방법을 사용하고 있다.

(1) 감각 경험의 측정: 절대역과 차이역

감각 경험을 발생시키는 최소한의 물리적인 에너지를 절대역(absolute threshold)이라고 한다. "얼마나 강한 빛을 제공해야 우리는 볼 수 있을까?", "얼마나 작은 공기의 진동이 있어야 우리는 소리를 느낄 수가 있을까?"와 같은 질문이 감각 경험의 절대역에 대한 질문들이다. 이와 달리 두 자극 간 강도 차이를 지각할 수 있는 최소한의 물리적인 차이를 차이역(difference threshold)이라고 한다. 커피에 설탕을 얼마나 더 많이 넣어야 지금보다 더 달콤하다고 느낄까? 촛불 20개를 켜 놓은 방의 밝기가 더 밝아졌다고 느끼기 위해서는 얼마나 많은 촛불을 추가해야 할까? 이와 같은 질문이 차이역에 대한 질문이다.

논리적으로 절대역의 경우 어떤 물리적 수준 이하에서는 전혀 감각 경험을 못하지만 그 수준을 넘어가면 100% 감각 경험을 할 수 있다고 가정할 수 있으며 이것이 바로 역이라고 얘기할 수 있다 (〈그림 5-1〉의 왼쪽 참고). 그러나 실제 우리 감각기관은 동일한 자극 강도에 대해서도 항상 동일한 반응을 산출하지 못해 감각 경험의 변산은 커진다. 그 결과 실제로는 〈그림 5-1〉의 왼쪽과 같은 이론적인 역치를 얻을 수는 없다.

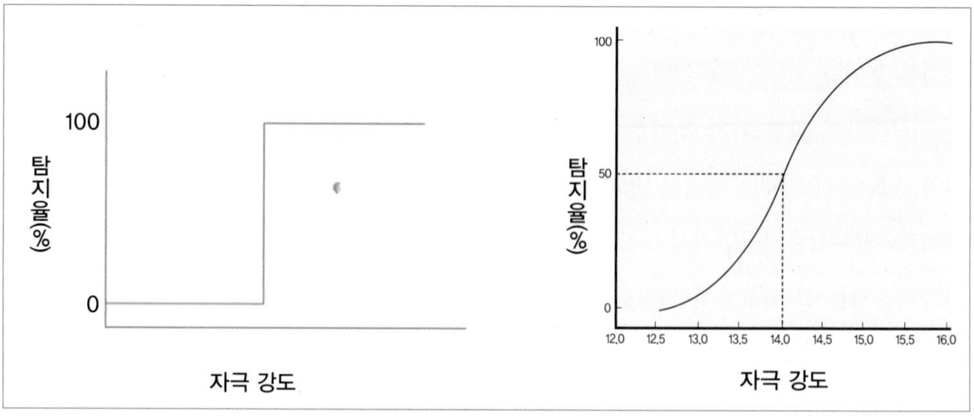

그림 5-1 이론적인 역치(왼쪽)와 정신물리학적 측정을 통해 얻은 역치(오른쪽)

역은 정신물리학적 방법을 통해 측정할 수 있다. 예를 들어, 아주 약한 자극을 제시한 후 자극이 제시되었는지를 관찰자에게 물어볼 수 있다. 이때 실제 자극이 없음에도 불구하고 자극이 제시되었다고 잘못 보고할 수도 있고, 자극이 제시되었음에도 불구하고 이를 알아차리지 못할 수도 있다. 그렇지만 각 자극 강도로 여러 번의 시행을 실시한 후 자극이 탐지된 비율을 그래프로 그리면, 〈그림 5-1〉의 오른쪽과 같이 자극 강도가 강해질수록 탐지 확률이 증가하는 그래프를 얻을 수 있다. 이 그래프에서는 지각할 수 있는 자극과 지각할 수 없는 자극을 명확하게 구분할 수 있는 지점은 없지만, 자극이 강해지면서 점진적으로 탐지 확률이 증가하는 것을 볼 수 있다. 이 그래프에서 탐지 확률이 약 50%에 해당되는 자극 강도를 절대역으로 삼는다. 즉 10번을 시도하면 평균적으로 약 5번 정도 탐지할 수 있는 자극 강도가 절대역에 해당한다. 시각에서 절대역은 맑은 날 밤 약 50km 거리에 있는 촛불 하나의 밝기를 탐지할 수 있으며, 청각의 경우 조용한 방에서 약 7m 거리에서 시계 초침의 움직이는 소리를 들을 수 있다(Galanter, 1962).

절대역을 측정하는 방법으로 차이역도 측정할 수 있다. 예를 들어, 100g의 추(표준 자극)가 있을 때 이 무게와 차이가 난다고 지각할 수 있는 추의 무게(비교자극)는 얼마일까? 비교자극을 100g에서 점차 무거운 수준으로 체계적으로 늘여가거나 줄여가면서 비교자극이 무겁다고 느끼는지를 확인할 수 있다. 다양한 무게의 비교자극에서 비교자극이 무겁다고 반응한 비율을 그래프로 그리면 절대역을 측정할 때와 유사한 그래프를 얻을 수 있다. 여기서 비교자극이 무겁다고 보고한 시행의 수가 75%와 25%에 해당하는 무게를 각각 상차이역과 하차이역이라 부르며, 이 자극 강도에 이르면 표준자극의 강도와 비로소 차이가 난다고 느끼는 지점이라는 측면에서 JND(just noticeable difference, 최소 식별차이)라고도 부른다.

차이역의 한 가지 중요한 특징은 비교자극의 강도와 JND의 비는 항상 일정하다는 Weber의 법칙이 성립한다는 점이다. $k = \Delta I / I$에서 k는 Weber의 계수, ΔI 는 JND를 나타내며 I는 자극의 강도를 나타낸다. 100g 추보다 무겁다는 것을 느끼기 위해서는 최소 102g의 추를 제공해야 한다고 가정하자. 이때 2g은 JND에 해당하며 weber의 계수는 .02가 된다. 만약 200g의 추가 있다고 가정하자. 얼마나 무거운 추를 제시해야 지금 제시된 추보다 더 무겁다고 느낄 수 있을까? Weber의 법칙에 따르면 $\Delta I / 200g = 0.02$로 ΔI는 4g이 된다. 다시 말해 Weber의 계수가 .02라는 말은 자극 강도가 2% 변화하면 자극 강도의 차이를 경험할 수 있다는 의미이다. 각기 다른 감각 차원에서 Weber의 계수는 각기 다르다. 예를 들어, 전기충격의 경우 .01, 무게의 경우 .02, 소리의 강도의 경우는 .04 그리고 빛의 강도의 경우는 .08이다(Teghtsoonian, 1971).

2 자극의 특징과 감각기관

(1) 시각

빛의 본질. 시각 경험을 일으키는 '빛'의 물리적 실체는 전자기장 파의 일부분이다. 〈그림 5-2〉에서와 같이 전자기장 파는 파장의 길이에 따라 감마선, X선, 자외선, 가시광선, 적외선 그리고 라디오와 TV 신호로 구분할 수 있다. 이것들은 파장만 다르고 다른 물리적 특성은 동일함에도 불구하고, 가시광선을 제외하고는 다른 종류의 전자기장 파는 볼 수가 없다. 해가 뜨면서 날이 밝아지고, 해가 지면 날이 어두워지고, 한밤중에는 아무 것도 보이지 않게 되는 것은 태양 빛에 포함된 가시광선 때문이다. X레이 사진을 찍을 때 아무리 큰 강도의 X선을 조사하는 경우라도 우리는 밝아진다는 경험을 하지는 못한다. 이는 X선에는 가시광선이 포함되어 있지 않기 때문이다.

부엌에서 취사용 가스가 새는 것을 탐지하기 위해 가스 탐지기를 설치하는 상황을 가정해 보자, 만약 이 가스 탐지기가 도시가스를 탐지하는 센서를 달고 있다면 취사용 가스가 샐 때 경고 신호를 보낼 수 있을 것이다. 그러나 이 탐지기가 일산화탄소를 감지하는 센서를 달고 있다면 취사용 가스가 새더라도 아무런 신호를 보낼 수 없을 것이다. 따라서 우리가 어떤 감각적 경험을 한다는 사실은 특정 에너지가 그것을 탐지하는 우리의 센서에 의해서 탐지되었음을 얘기해 준다. 어떤 광선은 눈에 보이고 어떤 광선은 눈에 보이지 않는 이유는 무엇 때문일까? 우리 눈에 있는 센서, 즉 광수용기가 반응을 하는 광선은 눈으로 볼 수 있지만, 그렇지 않은 광선은 눈으로 볼 수 없기 때문이다.

시각 경험을 담당하는 감각기관은 눈이다. 우리 눈의 구조와 빛에 반응하는 센서의 특징들에 대해서 알아보고, 이러한 것들이 시각 경험에 어떻게 영향을 미치는지를 살펴보자.

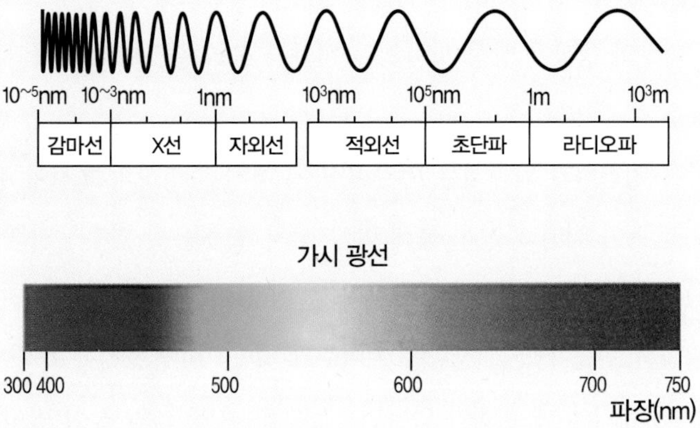

그림 5-2 **다양한 파장의 전자기장 파들.** 이 파장들 중 380~750nm 사이의 파장을 가지는 광선은 눈에 보이기 때문에 가시광선이라고 부른다.

눈의 구조. 〈그림 5-3〉은 눈의 가운데를 수직으로 자른 단면을 보여주고 있다. 빛이 가장 처음 접촉하는 눈의 부위는 각막이다. 이 그림에서 보는 바와 같이 각막은 원형이 아니라 약간 볼록하게 튀어나와 있기 때문에 실제 볼록 렌즈와 같이 눈으로 들어오는 빛을 굴절시킨다. 각막을 편편하게 만들어 곡률을 줄이면 빛을 굴절시키는 정도도 약해지는데 이는 오목렌즈의 역할과 유사한 기능을 한다. 이러한 방식을 적용하여 근시를 치료하는 방법이 라섹이나 라식이다. 렌즈의 곡률과 빛의 굴절 관련해서는 이후 수정체의 조절 작용을 설명할 때 보다 더 자세하게 살펴보도록 하자.

각막을 통한 빛은 동공을 통해 눈 안쪽으로 들어오게 된다. 동공은 주변 밝기에 따라 그 크기를 변화시켜 눈으로 들어오는 빛의 양을 조절한다. 동공을 둘러싸고 있는 표면 구조가 홍채이다. 홍채는 어떤 사람의 눈이 갈색, 파란색, 혹은 검은색이라고 말하는 눈의 한 부분으로 흔히 눈동자라고 부른다.

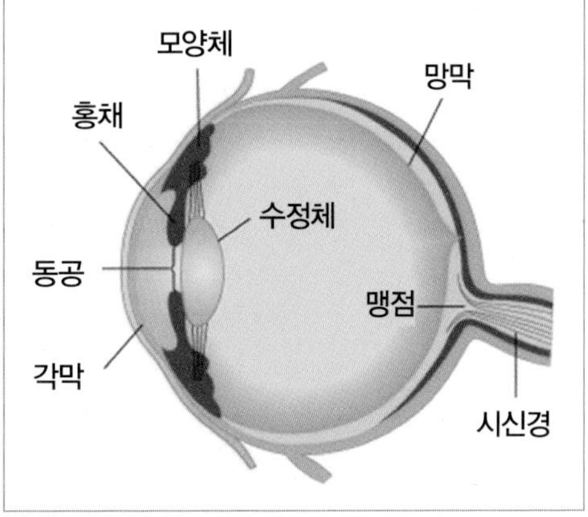

그림 5-3 눈의 구조

동공을 통과한 빛은 수정체를 통과한

후 투명한 액체 층인 유리질을 거쳐 눈의 후면에 있는 2차원 표면인 망막으로 투사된다. 이때 우리가 응시하고 대상의 영상은 항상 망막의 중심와라 불리는 곳으로 투사되는데, 이 영역은 약간 오목한 모양을 하고 있다.

깨끗한 영상을 경험하기 위해서는 먼저 망막에 투사된 영상의 초점이 잘 맞아야 한다. 〈그림 5-4〉는 우리 눈이 어떤 과정을 통해 망막 상의 초점을 잘 맞추는지를 보여주고 있다. 〈그림 5-4〉의 (a)는 먼 곳에 있는 한 점으로부터 빛이 들어올 때 수정체가 적절한 곡률로 변화되어 망막에 정확히 초점이 맺힌 상황을 보여주고 있다. 이 상황에서 가까운 곳에 있는 한 점을 바라볼 때 수정체의 두께 변화가 없다면 〈그림 5-4〉의 (b)와 같이 망막 뒤쪽에 초점이 맺히게 된다.

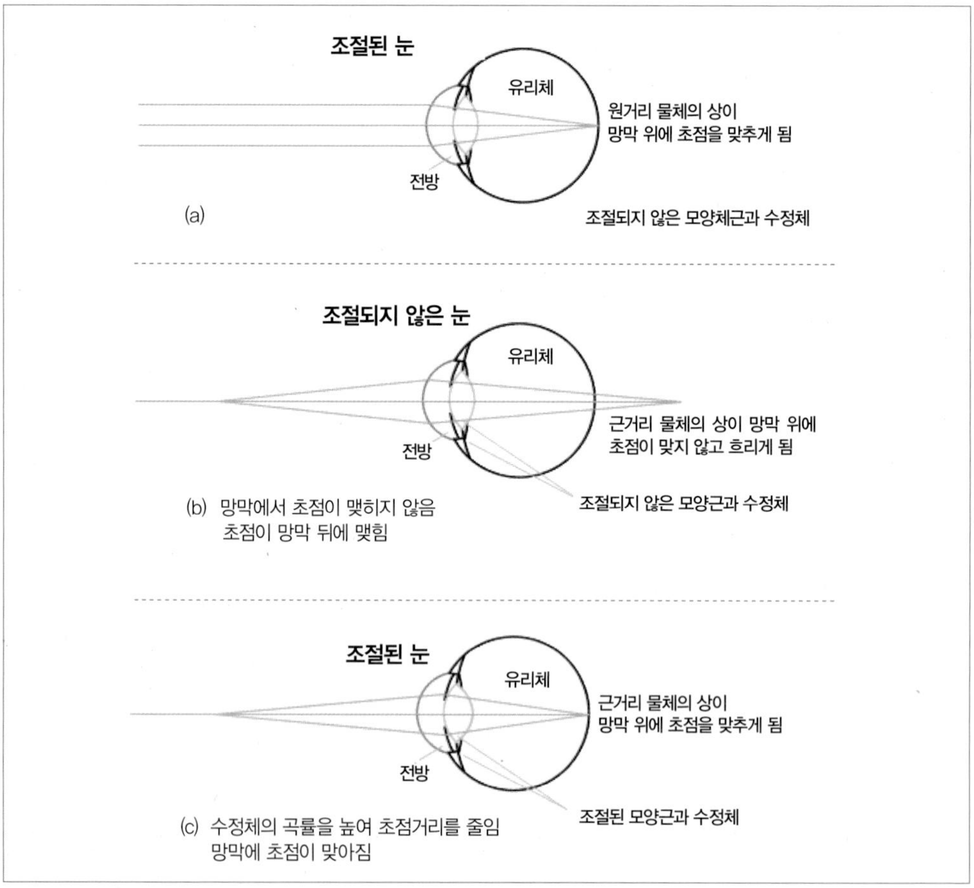

그림 5-4 조절작용 원거리 물체와 근거리 물체를 볼 때 수정체의 두께와 영상의 초점

즉 망막에는 초점이 맞지 않게 된다. 이런 상태에서는 또렷한 하나의 점으로 보이지 않고 근시를 가진 사람이 안경이나 렌즈의 도움을 받지 않고 물체를 보는 것과 같이 흐릿한 영상을 경험하게 된다. 망막 상의 초점을 맞게 하기 위해서는 눈은 어떤 작용을 할까? 초점이 멀리 있기 때문에 초점거리를 짧게 해 주어야 한다. 이를 위해서 곡률이 커서 굴절이 많이 일어날 수 있는 렌즈를 사용하면 된다. 우리 눈의 수정체는 그 형태를 더 뚱뚱하게 만들어서 굴절률을 더 높게 만든다(〈그림 5-4〉의 c). 〈그림 5-4〉에서는 이 과정을 모두 세 단계로 나누어 설명하고 있지만 실상황에서 수정체의 두께는 서로 다른 깊이에 있는 대상을 바라볼 때마다 자동적으로 적절하게 변화되어 망막 상의 초점이 항상 맞도록 해 준다. 이 과정을 눈의 조절(accommodation)이라고 부른다.

수정체의 두께 변화는 수정체를 양 끝에서 잡고 있는 모양근을 통해 이루어진다. 가까운 대상을 볼 때에는 굴절률을 높여야 하기 때문에 수정체의 모양을 더 뚱뚱하게 만들어야 하고 먼 대상을 볼 때에는 수정체의 모양을 더 얇게 만들어야 한다. 수정체를 곡률이 큰 모양 즉 뚱뚱한 형태로 유지하기 위해서는 모양근의 긴장이 유지되어야 한다. 따라서 오랜 시간 가까운 거리에 있는 대상을 지속적으로 바라보고 있다는 것은 그동안 만큼 근육을 긴장 상태로 유지하는 것을 의미한다. 안과의사들은 가까이 있는 대상을 오래 보는 경우 가끔씩 먼 대상을 바라보도록 권하는데, 이러한 권고는 긴장 상태에 있는 모양근을 쉴 수 있도록 만들어 주라는 것이다.

조절 과정은 의식적인 통제없이 거의 자동적으로 일어나므로 우리 주위에 놓여있는 대상들을 항상 깨끗하게 본다고 착각할 수 있다. 손을 뻗은 채 검지를 응시해 보자, 이때 검지는 깨끗하게 보이는 것을 확인할 수 있지만, 눈을 검지에 고정한 채 멀리있는 대상이 어떻게 보이는지를 관찰해보자. 멀리 있는 대상은 흐릿하게 보인다는 것을 경험할 것이다. 이 상황에서 다시 멀리 있는 대상을 바라보면 흐릿하게 보이던 먼 대상이 다시 깨끗하게 보이지만, 이제는 깨끗하게 보이던 검지가 오히려 흐리게 보인다는 것을 확인할 수 있을 것이다. 이는 우리가 보는 장면이 눈의 구조와 기능에 의해 흐리게 보일 수도 있고 깨끗하게 보일 수도 있다는 것을 보여주는 것으로, 시각 경험이란 눈이라는 감각기관의 작용에 일차적으로 달려있음을 보여준다.

조절 작용이 잘 기능하지 못하면 어떻게 될까? 나이가 들수록 노화에 의해 수정체의 탄력이 떨어져 수정체를 뚱뚱하게 만드는 데 한계가 발생한다. 망막에 정확히 초점을 맺도록 하기 위해서는 물체까지의 거리가 가까워질수록 수정체의 두께를 더 두껍게 해야 하지만, 더 이상 수정체를 두껍게 만들지 못하면 가까이 있는 대상을 더 이상 깨끗하게 볼 수 없게 된다. 이것이 바로 노안이라고 부르는 상황이다. 노안은 20대부터 시작된다. 즉 우리가 깨끗한 상을 볼 수 있는 가장 가까운 거리를 근점(near point)이라고 부르는데 20대 이후부터 이 근점은 점점 멀어진다. 그러나 40대 이전에는 이 근점이 책을 읽거나 작업을 하는 거리보다 더 가까운 거리에 있기 때문에 의식하지 못한다. 그러나 40대 이후 작업 거리보다 더 먼 곳에 근점이 형성되면 작은 글씨를 읽을 때에는 물체를 일반적인 독서 거리보다 더 먼 곳에 두어야 더 잘 볼 수 있게 되므로 비로소 노안을 의식하게 된다.

망막과 두 종류의 수용기. 수정체의 작용으로 망막에 깨끗한 영상이 맺히는 과정은 카메라에서 상이 맺히는 과정과 크게 차이가 나지 않는다. 일단 상이 맺히면 그 다음 단계로 빛으로 들어온 영상을 다른 형태의 정보로 바꾸는 과정이 필요하다. 필름 카메라에서는 입력된 빛이 필름에 있는 화학 물질을 탈색시켜 빛 정보를 필름에 기록하며, 디지털 카메라에서는 광소자가 입력된 빛을 전기신호로 바꿔 빛 정보를 기록한다. 눈에서도 이와 유사한 과정이 일어나고 있다. 망막에 투사된 영상으로부터 빛을 전기적 신호로 변환시키는 과정이 있는데 망막에 있는 광수용기가 이 기능을 담당하고 있다.

우리의 눈에는 모양이나 분포에서 구별되는 두 종류의 광수용기가 있다. 하나는 빛이 강할 때 주로 활동하는 수용기로 그 모양이 원뿔 모양이기 때문에 추상체라고 부른다. 또 다른 수용기는 빛이 약할 때 잘 활동하며 막대 모양을 하고 있기 때문에 간상체라고 부른다. 수용기는 그 내부에 있는 색소가 빛에 의해 탈색이 일어난다는 측면에서는 필름과 유사하지만, 탈색의 결과로 전기적 신호를 산출한다는 측면에서는 디지털 카메라에서 발생하는 과정들과 유사하다.

두 종류의 수용기가 잘 기능할 때의 밝기 수준이 서로 다르다는 사실은 극장과 같이 갑자기 어두워졌을 때 빛에 대한 민감도의 변화를 통해 잘 알 수 있다. 밝은 곳에서는 추상체가 잘 기능하고 간상체는 기능하지 못한다. 그러나 주변 밝기가 아주 어두우면 추상체가 기능하지 못하고, 간상체에게 그 기능을 넘겨주는 암순응 과정이 발생한다. 암순응 과정은 약 30분에 걸쳐 천천히 발생하므로 갑자기 불빛이 아주 어두워지면 주변 자극을 볼 수 없지만, 시간이 지나 빛에 민감한 간상체의 활동이 시작되면서 주변 자극을 점점 더 잘 볼 수 있게 된다.

두 종류의 수용기는 망막의 분포에서도 차이가 난다. 추상체의 경우는 우리가 응시하는 대상의 영상이 맺히는 중심와에 아주 빽빽하게 분포하고 있으며, 주변부로 갈수록 그 밀도는 급격하게 떨어진 후 일정 수준을 유지한다. 이에 반해 간상체는 추상체만 존재하는 중심와에는 전혀 없지만 중심와 주변 부위에서 가장 밀도가 높고, 망막 주변부로 갈수록 그 밀도는 점점 감소한다. 따라서 중심와 부근은 수용기의 밀도가 매우 높으므로 고해상도 카메라와 비교할 수 있으며, 주변부로 갈수록 저해상도의 카메라와 비교할 수 있다. 고대 천문학자들은 캄캄한 밤에 별을 관찰할 때에는 해당 별을 응시하지 말고 약간 비껴보도록 권고했다. 이 권고는 야간 사격 시 과녁을 정확히 응시하지 말라는 군 교범의 설명과 유사한데, 이는 야간에 잘 활동하는 간상체가 중심와에는 존재하지 않기 때문이다.

추상체와 간상체에서 산출된 전기신호는 신경 배선을 통해 눈의 안쪽의 한 영역에서 모여 시신경을 형성한 후 눈 밖으로 빠져나와 시각 정보가 처리되는 후두엽의 일차 시각 영역으로 전달된다. 망막에서 시신경이 모이는 지점에는 광수용기가 존재할 수 없기 때문에 해당 영역에 맺힌 영상은 전기적 신호로 변환될 수 없고 궁극적으로 이 영상은 볼 수 없다. 따라서 망막의 이 영역을 맹점(blind spot)이라고 부른다. 일상생활에서는 맹점의 존재를 확인하기 어렵지만 〈그림 5-5〉를 통해 맹점에 맺힌 영상은 볼 수 없다는 것을 확인할 수 있다. 오른쪽 눈을 가리고 왼쪽 눈으로 위쪽 십자를 바라보라. 십자를 계속 응시하면서 책 가까이 다가가 보자. 일정 거리에 도달하면 왼쪽에 있는 원이 사라져 더 이상 보이지 않는다는 것을 경험하게 될 것이다. 바로 이때가 왼쪽 원의 영상이 망막의 맹점에 투사된 때이다.

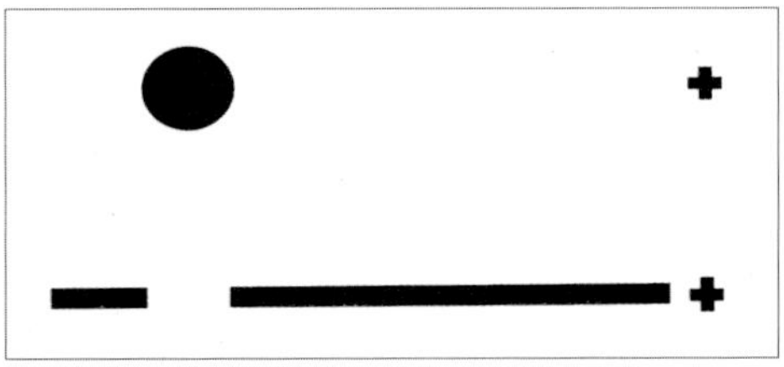

그림 5-5 맹점의 확인

실상황에서 오른쪽 눈을 감은 채 정면을 보면 시야에 있는 일부 대상들의 영상이 망막의 맹점으로 투사된다. 그러나 이 경우 보이지 않는 대상이 있다는 것을 경험하기는 어렵다. 왜 그럴까? 이 질문에 대한 답은 〈그림 5-5〉의 아래쪽에 제시된 그림이 잘 설명해준다. 다시 한번 오른쪽 눈을 감고 아래쪽 십자를 왼쪽 눈으로 응시하면서 책 가까이로 다가가 보자. 왼쪽 수평선이 어떻게 보이는가?

충분히 거리가 멀다면 왼쪽 수평선에 틈이 있다는 것을 경험할 수 있을 것이다. 그러나 점점 다가가서 해당 틈이 맹점에 투사되면 더 이상 틈이 있다는 것을 볼 수 없게 되며, 이때 틈이 없는 하나의 수평선을 보게 된다. 이것은 맹점으로 인해 시각 정보가 제공되지 않는 대상의 경우 주변에 있는 자극 정보가 그 내부로 채워넣기(filling-in)를 하기 때문에 일어나는 현상으로, 이러한 과정을 통해 일상 생활에서는 맹점을 경험하기 어렵다.

시각피질: 망막 이후의 시각 정보 전달. 〈그림 5-6〉에서 보듯이, 각 눈의 맹점에서 빠져나온 시신경 다발 중 각 눈의 코쪽 망막에서 오는 신경들은 시교차를 거쳐 반대쪽 반구로 전달되고, 바깥쪽 망막에서 오는 신경들은 동일한 반구로 전달된다. 시교차 이후 시각 정보는 여러 감각기관의 정보들이 모이는 시상으로 전달된다. 시각의 경우 시상의 외측 슬상핵으로 전달된 후 후두엽에 있는 일차 시각 피질(혹은 V1)로 투사된다. 이때 왼쪽 시야에 있는 대상들의 시각 정보는 오른쪽 반구로 투사되고, 오른쪽 시야에 있는 대상들의 시각 정보는 왼

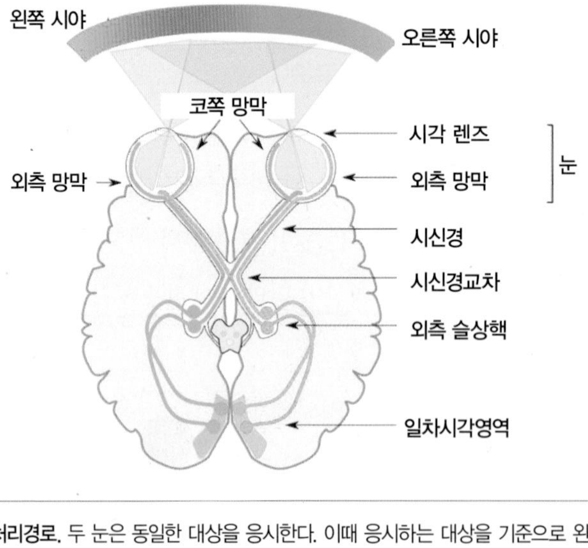

그림 5-6 **시각정보 처리경로.** 두 눈은 동일한 대상을 응시한다. 이때 응시하는 대상을 기준으로 왼쪽 시야와 오른쪽 시야에 놓여있는 영상은 각 눈의 중심와를 기준으로 각각 오른쪽 망막과 왼쪽 망막으로 투사된다. 예를 들어, 오른쪽 시야에 있는 대상은 왼쪽 눈의 왼쪽 망막(바깥쪽), 오른쪽 눈의 왼쪽 망막(코쪽)으로 투사된다. 바깥쪽 망막에 투사된 정보는 동일한 반구로 전달되지만 코쪽 망막에 투사된 정보는 시교차를 거쳐 반대쪽 반구로 전달된다. 따라서 오른쪽 시야로부터 두 눈에 투사된 정보는 모두 왼쪽 반구로 전달되게 된다.

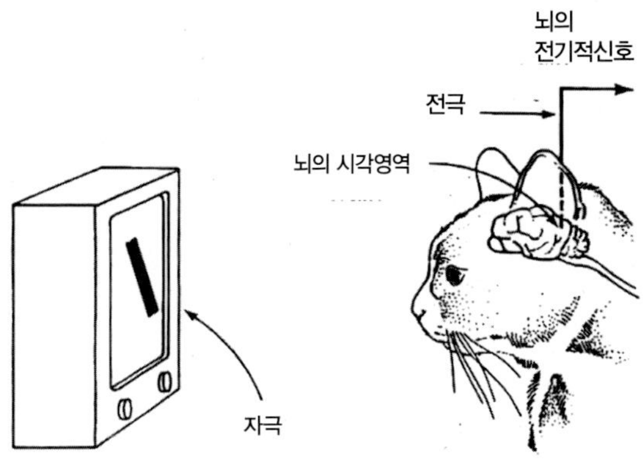

그림 5-7 고양이 시뇌의 신경세포의 반응 측정하기

쪽 반구로 전달된다.

시각 피질에 있는 신경세포들은 어떤 자극에 가장 잘 반응할까? 이를 알아보기 위해서는 특정 신경세포에 다양한 자극을 제시하면서 해당 신경세포의 흥분 정도를 살펴보아야 한다. 생리학 분야에서 노벨상을 수상한 Hubel과 Wiesel(1959)은 고양이의 시뇌에 있는 한 신경세포에 전극을 연결한 후 여러 다양한 자극을 제시하면서 해당 신경세포가 어떤 자극에 잘 반응하는지를 살펴보았다(〈그림 5-7〉 참고). 그 결과 시각 피질에 있는 신경세포들은 주로 특정 방위를 가진 막대 자극에 대해 잘 반응하거나 해당 막대가 특정 방향으로 움직일 때 가장 잘 반응한다는 것을 발견했다. 기본적인 시각 속성에 대해 반응하기 때문에 이러한 세포들을 세부특징 탐지기(feature detector)라고 부르기도 한다. 일차 시각 피질에서 떠난 신호들은 크게 두 다른 경로를 통해 각기 다른 정보를 전달한다. 머리 위쪽으로 가는 시각 경로를 통해서는 주로 공간 정보나 운동 정보가 전달되며, 머리 측면으로 가는 시각 경로를 통해서는 형태 정보들이 전달된다. 시각 피질에서 처리 단계가 높아질수록 더 복잡한 자극에 민감한 세포들이 많이 등장하게 된다.

(2) 청각

소리의 본질. 청각 경험을 일으키는 '소리'의 물리적 실체는 공기나 물과 같은 매질의 진

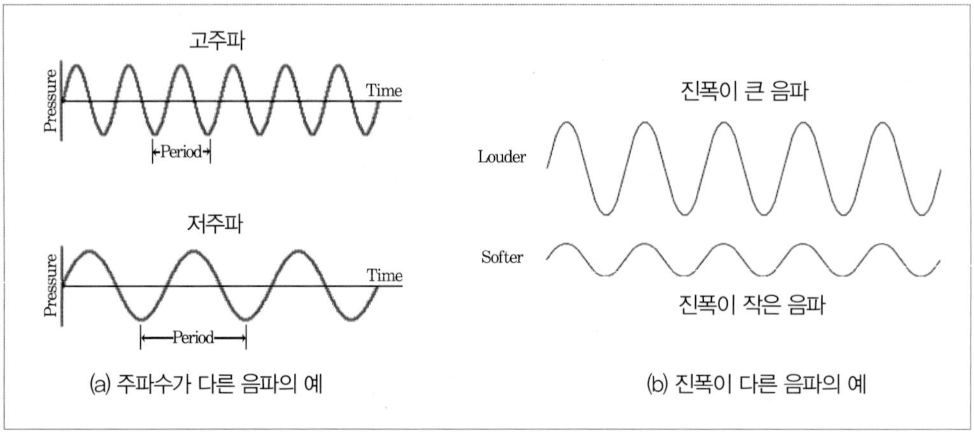

그림 5-8 주파수와 진폭이 다른 음파의 예

동이다. 북을 쳐보자. 그러면 북의 표면이 떨리면서 주변에 있는 공기를 진동하게 만든다. 한 곳에서 만들어진 진동은 매질을 타고 공간상으로 퍼져나가게 된다. 빛에도 색깔이 있고 밝기가 있듯이, 소리에도 높은 소리와 낮은 소리가 있고 큰 소리와 작은 소리가 있다. 〈그림 5-8〉은 단일한 주파수를 가지는 음파의 예를 보여주고 있다. 이 그림의 왼쪽과 오른쪽에는 각각 주파수가 다른 음파와 진폭이 다른 음파들을 보여주고 있다. 주파수가 다른 음파들은 음높이가 다른 소리로 들리게 된다. 고주파는 높은 음으로 저주파는 낮은 음으로 들린다. 진폭이 다른 음파들은 크기가 다른 소리로 들린다.

시각에서도 제한된 파장의 전자기장 파(가시광선)만이 시각 경험을 일으킨다. 이와 유사하게 청각에서도 우리는 제한된 범위 내의 주파수를 가진 음파만을 들을 수 있는데, 그 최소 주파수는 약 20Hz(Hz는 초당 진동수를 나타낸다. 100Hz의 음파는 초당 100번 진동한다. 1kHz는 1000Hz이다)이고 최대 주파수는 20kHz이며 이를 가청주파수라고 한다. 나이에 따라 가청주파수의 범위는 변한다. 특히, 나이가 들수록 들을 수 있는 최대 주파수가 낮아져 고주파의 음파를 잘 듣지 못하게 된다. 만약 여러분의 핸드폰 알람소리를 고주파 음으로 만든다면 여러분의 부모님이나 선생님은 알람 소리를 듣지 못할 수도 있다.

귀의 구조. 〈그림 5-9〉에서 보듯이, 우리가 귀라고 부르는 것은 실제 귓바퀴에 불과하며, 음파라는 물리적 자극을 전기신호로 변형시키는 감각기관은 귀 안쪽에 자리잡고 있다. 음파가 진행하는 경로를 살펴보면, 우선 귓바퀴를 통해 수집된 음파는 귓구멍을 통해 고막에

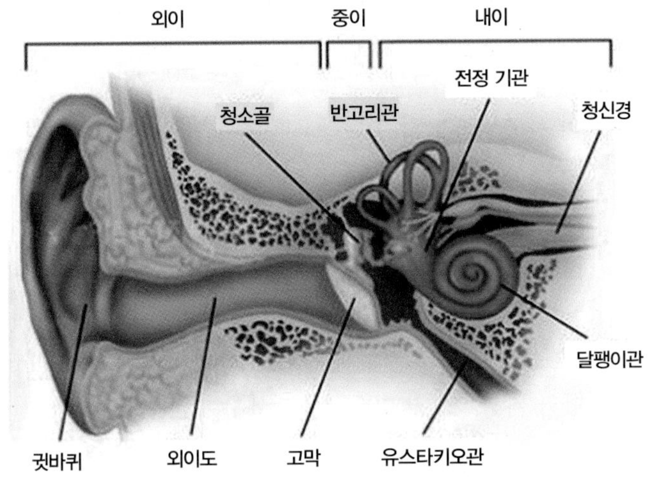

그림 5-9 귀의 내부 구조

전달되어 고막을 떨게 한다. 고막에서의 떨림은 이것에 연결되어 있는 세 개의 작은 뼈(망치뼈, 모루뼈, 등자뼈)를 진동하게 한다. 이 뼈들은 마치 지렛대와 같이 연결되어 있어 한 쪽의 떨림을 증폭하는 역할을 한다. 등자뼈의 진동은 액체로 가득 찬 달팽이관으로 전달된다. 달팽이관으로 전달된 진동은 달팽이관의 내부에 있는 기저막을 흔들게 되며, 이때 기저막에 붙어있는 털 세포(유모 세포)의 흔들림에 의해 전기적 신호가 발생되고 이 신호가 청신경을 통해 대뇌로 전달된다.

음 높이 지각. 앞으로 색채지각에서 자세히 알아보겠지만, 시각의 경우 우리는 세 가지 서로 다른 추상체의 반응을 통해 다양한 색을 경험할 수 있다. 청각에서는 각기 다른 주파수를 가지는 음파는 음높이에서 차이가 나는 것으로 지각된다. 우리의 청각 기제는 어떤 과정을 통해 각기 다른 주파수를 가지는 음파를 다양한 음높이를 가진 소리로 변환할까?

음높이는 주파수에 따라 각기 다른 원리를 통해 처리된다. 먼저 100Hz까지의 낮은 주파수 대역에서는 유모세포가 각 주파수 하나하나에 대응하는 신경 충격을 생성하여 청신경으로 전달한다. 이를 주파수 원리(frequency principle)라고 부르는데 30Hz의 음파가 주어진다면 유모세포는 초당 30개의 신경 충격을 만들게 된다. 보다 높은 고주파인 100Hz에서 4,000Hz의 경우 하나의 유모세포가 1초당 이와 같이 많은 신경충격을 만들지 못한다. 1,000Hz의 음파를 예로 들어보자. 하나의 유모세포가 초당 1,000번의 신경 충격을 만들지는 못한다. 대신에 여러 개의 유모세포가 각기 다른 시점에서 발화하여 이를 합하면 초당 1000번의 신경 충격을 만들 수 있다. 이를 연발 원리(volley priciple)라고 부르는데 이는 마치 한 병사가 1초당 250발 이상을 사격할 수 없는 경우에도 각기 다른 시점에서 네 명의 병사가 총을 쏘고 이를 합하면 초당 1,000번의 사격도 가능하다.

4,000Hz 이상의 주파수를 가지는 음파의 경우 어떻게 음높이가 처리될 수 있을까? 고주파 음들은 주파수에 따라 기저막의 각기 다른 위치에서 처리됨으로써 각기 다른 주파수를 가진 음파가 처리된다. 이를 장소 원리(place principle)라고 하는데 고주파 음파인 경우 기저막의 앞부분에 있는 유모세포를 진동시키고 주파수가 낮아짐에 따라 점차 기저막의 뒷부분에 있는 유모세포를 진동시킨다. 이러한 과정을 통해 각기 다른 주파수가 처리된다.

나이가 들어감에 따라 노안이 오는 것과 마찬가지로 청각에서도 노화에 따른 난청이 발생한다. 노인성 난청에서는 특히 고음(고주파 음파)에 대한 민감도 감소가 매우 급격하게 나타난다. 만약 여러분의 핸드폰 알람 소리를 고주파 음만으로 만든다면 여러분의 부모님이나 선생님은 알람 소리를 듣지 못할 수도 있다. 노인성 난청은 산업화를 겪지 않은 사회에서는 그 발생 빈도가 드물고, 남자가 여자보다 더 심하게 나타난다. 이러한 결과는 작업환경에서 노출되는 소음이 노인성 난청을 일으키는 주된 요인임을 시사한다. 특히 고소음 환경에 오랫동안 노출된 사람이나 동물의 귀를 사후에 해부한 결과, 유모세포가 손상되었거나 혹은 완전히 파괴되어 있었다는 사실을 발견했다. 이는 지속적인 소음이 유모 세포의 손상을 일으켜 노인성 난청을 발생시킨 것임을 알 수 있다. 최근 휴대용 음악 기기가 널리 보급되고 있다. 이는 마치 작업환경에서의 소음과 마찬가지로 청각 손실을 일으키는 주요 원인이 될 수 있다. 청각 손실을 줄이기 위해서는 소리를 낮게 하는 것이 일차적으로 중요하며, 매시간 소리를 듣지 않는 휴식 시간이 필요하다.

소리의 위치지각. 시각의 경우 빛이 들어온 방향에 따라 망막의 각기 다른 위치에 있는 수용기를 흥분시키기 때문에 대상이 어느 방향에서 온 것인지를 매우 정확히 표상할 수 있다. 이와 달리 청각의 유모세포는 소리의 위치나 방향에 근거하여 활성화되지 않는다. 따라서 소리의 위치 혹은 방향을 알기 위해서는 두 귀의 정보를 이용하여야 한다. 예를 들어, 관찰자의 정면과 오른쪽에 각각 시계가 놓여있다고 가정해 보자. 정면에 있는 시계로부터 발생한 음파는 두 귀까지 거리가 동일하므로 각 귀에 음파가 도달하는 시간도 똑같다. 그러나 시계가 오른쪽에 놓여있다면 왼쪽 귀보다 오른쪽 귀에 소리가 먼저 도달하게 된다. 이와 같이 음파가 각 귀에 도달하는 시간 차이는 소리의 방향에 대한 정보를 제공한다.

각 귀에 도달하는 음파의 수준 차이도 방향을 지각하는 데 도움을 준다. 정면에 있는 경우 두 귀에는 동일한 압력의 음파가 들어오게 된다. 그러나 오른쪽에 있는 음원에서 오는 소리는 오른쪽 귀에는 직접 입력되지만 왼쪽 귀에는 머리에 부딪힌다. 그래서 오른쪽 귀에 들어오는 음파의 압력이 더 큰데, 이것을 두 귀에서 음파의 수준 차이라고 한다. 특히 음파의 수준 차이는 주파수에 따라 그 효과가 다르게 나타난다. 음파의 파장이 긴 저주파의 경우 머리에 부딪히는 효과가 거의 없지만, 파장이 짧은 고주파의 경우 머리에 부딪히는 효과가 크게 나타난다. 따라서 두 귀 사이의 수준 차이로부터 소리의 방향에 대한 정보를 추출할 때에는 고주파의 음이 훨씬 유용하다.

두 귀로 들어오는 음파의 차이를 이용하여 소리의 방향을 알 수 있다고 해도 시각만큼 정확하지는 않다. 두 귀가 얼굴의 좌, 우 양측에 있기 때문에 두 귀 차이는 주로 좌우 방향에 대한 정보를 제공하지만 상하에 대해서는 정보를 제공하지 못한다. 음원이 정면 앞에 있는 경우와 정면의 뒤에 있는 경우 모두 두 귀에 들어오는 정보에서는 차이가 없어 두 음의 방향을 구별하기가 어려울 수 있다. 소리가 어느 방향에서 나는지를 알 수 없다면 어떻게 하는 것이 좋을까? 머리를 좌우로 돌려보거나 왼쪽, 오른쪽으로 기울여보는 등 여러 방향으로 머리 방향을 바꿔보는 것은 소리의 방향을 정확히 파악하는 데 도움이 될 수 있다.

균형감각. 우리가 허리를 숙이고 코끼리 코를 한 채로 특정 방향으로 빠른 속도로 회전하다가 일어서면 곧바로 서 있지를 못하고 한쪽 방향으로 쓰러지게 된다. 또한 우리는 평소에는 별 어려움 없이 제자리에서 넘어지지 않고 가만히 서 있을 수 있다. 이러한 상황은 모두 균형감각과 관련된 것이다. 어떤 기관을 통해 이러한 균형감각이 처리되는가? 내이의 달팽이관 위에는 세 개의 반고리 형태의 관이 각각 삼차원의 축 방향으로 놓여있는데 이 기관이 몸의 균형을 유지하고 몸의 움직임과 움직임의 변화를 느낄 수 있도록 해 주는 전정기관의 일부이다. 그러나 몸의 균형은 단지 전정기관의 활동에 의해서만 달성되는 것은 아니다. 시각 또한 몸의 균형을 잡는 데 유용한 기능을 한다. 한쪽 다리를 들고 눈을 감은 채 균형을 잡아보아라. 그리고 눈을 뜬 채 균형을 잡아보아라. 눈을 뜨고 균형을 잡는 것이 훨씬 쉽다는 것을 알 수 있을 것이다. 이 두 상황은 단지 시각 정보에서 차이가 날 뿐 전정기관은 두 상황 모두에서 동일한 정보를 제공하고 있다는 점을 고려하면, 시각이 균형을 유지하는 데 매우 중요한 정보를 제공한다는 것을 알 수 있다.

3 시각 정보처리

(1) 형태지각과 형태주의자

시각의 일차적인 목표는 시각 상에 있는 대상이 무엇인지 그리고 그 대상들은 서로 어떤 배치 속에 놓여있는지를 판단하는 것이다. 이를 위해서는 먼저 망막에 맺힌 영상들로부터 이러한 정보들을 추출해야 한다. 형태주의 심리학자(Gestalt psychologist)들은 이러한 시각적 목적을 달성하기 위해 우선적으로 망막에 맺힌 영상들의 지각적 조직화(perceptual organization)와 전경과 배경의 분리 과정이 필수적이라고 제안했다. 한 대상으로부터 전달된 빛은 망막의 여러 영역에 걸쳐 투사된다. 이러한 영상으로부터 하나의 대상을 표상하기 위해서는 망막의 각기 다른 영역에 투사된 영상들을 연결하는 즉, 조직화하는 과정이 필요하다.

형태주의자들은 시각적 조직화가 일어나는 여러 원리를 제안했다. 〈그림 5-10〉에서 보는 것과 같이 공간적으로 가까이 있는 대상들 간에 조직화가 일어나고(근접성의 원리), 영상의 형태나 색깔 혹은 밝기가 유사한 대상들끼리 조직화가 일어나며(유사성의 원리), 곡선의 경우 완만한 곡률로 연결할 수 있는 것들끼리 조직화가 일어나며(좋은 연속성의 원리), 다양한 형태로 조직화가 가능하지만 가장 단순한 형태로 조직화가 일어난다(단순성의 원리 혹은 좋은 형태의 원리). 조직화를 통해 망막의 각기 다른 영역에 투사된 정보가 하나의 지각적 덩이가 되었다면, 다음 단계로 시각 기제는 어떤 덩이들이 실제 대상이고 어떤 덩이들이 배경에 속하는지를 결정해야 한다. 형태주의자들은 이 과정을 전경-배경 분리 문제라고 불렀다.

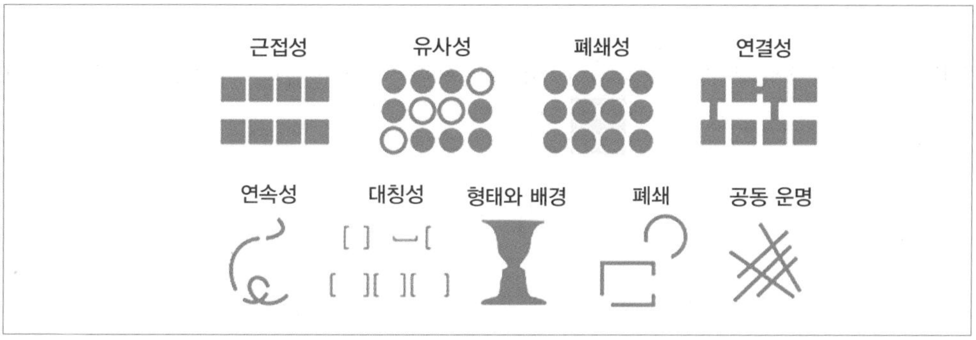

그림 5-10 지각적 조직화

〈그림 5-11〉의 오른쪽에는 유명한 루빈의 컵이 있고 오른쪽에는 스위스 화가 Sandro Del-Prete(http://www.sandrodelprete.com/home.php/dolphins.html)의 작품이 있다. 루빈의 컵에서 마주보는 두 사람을 지각한다면 가운데 있는 흰 영역이 배경으로 지각될 것이고, 가운데 있는 흰 영역이 컵으로 지각된다면 좌우에 얼굴로 지각된 영역이 더 이상 얼굴이 아니라 검은색 배경으로 지각될 것이다. 이와 같이 형태는 특정한 모양을 갖고 있지만 배경은 특별한 모양을 갖는 것이 아니므로, 형태와 배경 사이의 윤곽선은 형태의 윤곽선으로 해석할 수 있다.

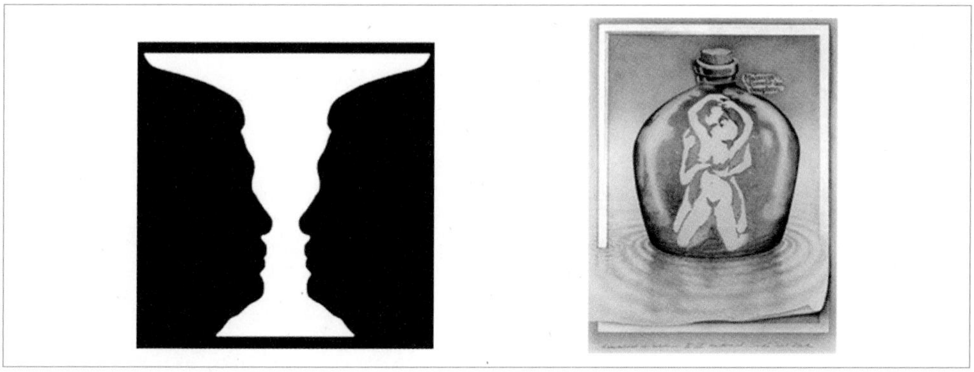

그림 5-11 루빈의 컵과 산드로의 작품

Sandro의 작품을 보자. 무엇이 보이는가? 대부분의 성인은 이 그림에서 서로 안고 있는 두 연인을 본다. 형태-배경 분리 문제의 관점에서 볼 때, 이것은 흰색 부분이 전경으로 그리고 두 연인 사이에 있는 검은색 부분이 배경으로 처리되었음을 의미한다. 이제, 검은색 부분을 전경으로 지각해 보자. 무엇이 보이는가? 돌고래 여러 마리가 그림 속에 들어 있다는 것을 발견할 수 있을 것이다.

(2) 색채지각과 세 종류의 추상체

앞에서 빛의 강도에 따라 적합하게 반응하는 두 종류의 수용기 즉, 간상체와 추상체가 있다는 것을 살펴보았다. 간상체의 종류는 하나밖에 없지만 추상체는 그것이 잘 흡수하는 파장에 따라 3가지 종류로 나뉜다. 대부분의 사람들은 장파(빨간색), 중파(초록색) 혹은 단파(파란색)를 잘 흡수하는 세 가지 서로 다른 종류의 추상체를 가지고 있고, 이것에 의해 색채지각이 가능하다.

만약 두 종류의 추상체만 가지고 있다면 특정 파장의 빛을 구별 못하는 색약이 되는데, 이 경우 정상적인 사람이 볼 수 있는 색들 중에서 특정 색을 구별하지 못한다(〈그림 5-12〉 참고). 예를 들어, 적록 색약의 경우 초록색과 빨간색을 구별하지 못하며, 세상의 모든 색이 노란색과 파란색의 차원에서 변화되는 것으로 지각한다. 원숭이나 조류 그리고 일부 곤충들의 경우 세 가지 종류의 추상체를 가지고 있으며, 이들 동물들은 사람과 비슷하게 색을 구별할 수 있다. 이에 반해 3종류의 추상체를 갖지 못하는 사자나 개와 같은 동물은 마치 적록 색약자가 세상을 보는 것과 유사한 색으로 세상을 본다고 추정할 수 있다.

색은 어떤 과정을 통해서 지각될까? 이에 대한 최초의 이론적 설명은 영국의 Thomas Young이 제안하고 이후 독일의 Herman von Helmholtz가 발전시킨 삼원색설이다. 삼원색설은 우리의 시각 기제에는 세 가지 파장에 각각 반응하는 수용기들이 있으며 이들의 반응에 의해 색채가 지각된다고 설명한다. 실제 빨강과 초록 그리고 파랑색으로 지각되는 3가지 파장의 강도를 조절하면 우리가 볼 수 있는 모든 색을 만들어 낼 수 있다는 사실은 삼원색설을 지지하는 현상학적

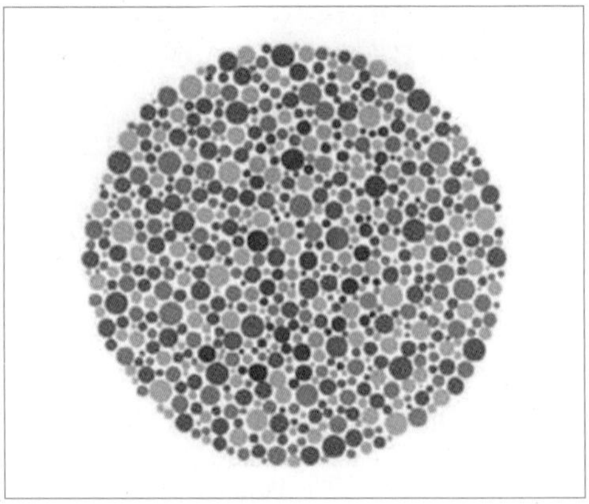

그림 5-12 색약 검사를 위한 이시하라 색판

증거이다. 그러나 우리는 삼원색설로 설명하기 어려운 현상들도 경험할 수 있다. 예를 들어 특정 색을 오래 본 후에 중성적인 회색을 보면, 보색이 보이는 색채 잔상(color aftereffect)을 경험하게 된다. 이때 빨간색의 잔상으로는 초록색이 보이고 파란색의 잔상으로는 노란색이 보이며, 그 반대의 경우도 경험하게 된다. 이러한 관찰에 근거하여 Hering은 대립가설을 제안하였는데, 우리의 색채 지각은 빨간-초록, 노란-파란을 처리하는 기제를 통해 처리되며 각 쌍들은 서로 대립적으로 결합되어 있다고 가정하였다.

두 이론은 오랫동안 서로 대립해 왔지만, 현대의 신경생리학은 두 이론 모두가 색채지각을 설명하는 데 타당한 이론임을 확인하였다. 앞에서 논의했듯이, 망막에는 모두 3가지 종류의 추상체가 있고 각 추상체는 각기 다른 파장에 민감하게 반응한다는 사실은 삼원색설 주장과 일치하는 결과이다. 그러나 망막 이후 색채 정보를 처리하는 데 관여하는 신경세포들은 빨간색 파장일 때는 흥분하고 녹색 파장일 때는 억제하는 반응을 보이거나 혹은 그 반대의 반응을 보였다. 또한 파란색 파장일 때 흥분하고 노란색일 때에는 억제하는 반응을 보이거나 그 반대의 반응을 보이는 세포도 있다. 이러한 반응은 빨간색과 초록색을 처리하는 기제가 대립적으로 결합되어 있다는 대립가설의 주장과 일치하는 결과이다. 따라서 현대의 신경생리학적 발견은 망막수준에서는 삼원색설의 주장과, 그 이후 단계에서는 대립가설의 주장과 일치한다.

(3) 깊이지각

삼차원 공간 속에서 살아가기 위해서는 대상들의 공간적 배열에 대한 정확한 정보를 알아야 한다. 즉, 각 대상이 관찰자로부터 얼마나 멀리 떨어져 있는지, 각 대상들 간의 간격은 얼마나 되는지를 알아야 된다. 이러한 공간적 정보는 깊이지각을 통해 얻을 수 있는 정보들이다. 그렇다면 우리의 시각 기제는 어떻게 대상까지의 깊이를 잘 추정해 낼 수 있을까? 깊이에 대한 정보를 제공해 주는 다양한 단서들 때문에 정확한 깊이 추정이 가능하다. 깊이 단서들은 크게 눈의 움직임과 관련된 눈 운동 단서(ocularmotor cues), 회화의 깊이감을 표현하는 데 사용하는 것과 유사한 회화 단서(pictorial cues) 혹은 단안 단서(monocular cues) 그리고 생생한 입체감을 지각할 수 있도록 하는 양안 단서(binocular cue)가 있다.

먼저, 눈 운동 단서는 관찰자로부터 서로 다른 깊이에 있는 대상을 볼 때 변화하는 눈의 구조물들과 관련이 있다. 깊이가 다른 대상을 볼 때 깨끗한 영상이 망막에 맺히도록 하기 위해서 수정체의 두께를 변화시키는 조절이 일어난다는 것을 앞서 논의한 바 있다. 이 조절이 대상의 깊이 지각에 영향을 준다. 깊이가 다른 대상을 볼 때 조절 이외에도 변화하는 눈 관련 정보는 두 눈과 해당 대상 사이에 만들어지는 각도 변화이다. 가까이 있는 대상을 볼 때는 두 눈이 모이지만 멀리 있는 대상을 볼 때에는 모였던 두 눈이 서서히 벌어진다. 이를 시선 수렴(vergence)이라고 한다. 이와 같이 깊이가 다른 대상을 볼 때 해당 대상의 깊이에 따라 조절과 수렴이 발생하는데 눈의 변화에 대한 정보가 응시하고 있는 대상의 깊이를 추정하는 데 도움을 준다.

회화 단서는 이차원 평면에 그리는 그림에서 어떤 대상이 앞에 있고 어떤 대상이 뒤에 있는지를 잘 표현하기 위해서 그림에 포함시키는 단서이다. 이러한 단서는 한쪽 눈만으로 관찰하는 경우에도 충분히 깊이를 경험할 수 있으므로 이를 단안 단서라고도 부른다. 가림(occlusion)은 한 대상이 다른 대상의 일부분을 가릴 때 발생한다. 이 단서는 두 대상 간의 거리가 얼마인지에 대한 정보를 제공하지는 않지만 전후관계에 대한 매우 강력한 정보를 제공한다. 철길이나 긴 복도를 보면 거리가 멀어질수록 두 평행선 사이의 간격이 좁아져 마침내 하나의 점으로 수렴된다. 이를 선형 조망(linear perspective)이라 부르는데 르네상스 이후에 입체감을 높이기 위해 회화에 도입되었다. 〈그림 5-13〉의 왼쪽 그림처럼 유사한 크기를 가진 대상들이 나열되어 있을 때 거리가 멀어짐에 따라 해당 대상들이 더 촘촘하게 배열되어 있는 것처럼 보인다. 표면결 기울기라고 부르는 이 단서가 대상의 깊이에 대한 정보를 제공한다.

그림 5-13 표면결 기울기와 상대적 높이

지평선을 기준으로 지평선 가까이 있는 대상들은 멀리 있는 것으로 보이고 지평선에서 멀어질수록 가까이 있는 대상으로 보인다. 〈그림 5-13〉의 왼쪽 그림에서 볼 수 있듯이, 지평선이 있는 사진들에서 가장 아래쪽은 가장 가까운 땅을 나타내며, 여러 구름들 중 지평선에서 가장 멀리 있는 구름이 실제로는 가장 가까이 있는 구름이다. 이는 수평선에서의 상대적인 높이가 대상까지의 깊이를 제공해준다는 것을 말해준다. 상대적 높이와 유사하게 대상의 상대적 크기도 깊이 정보를 제공한다. 대상과의 거리가 멀어질수록 그 대상으로부터 온 영상은 점점 작아지게 되는데, 익숙한 자극인 경우 실제 대상의 크기가 어느 정도인지를 영상의 크기로부터 알 수 있다.

먼 곳에 있는 풍경은 대상의 원래 색깔대로 보이지 않는다. 예를 들어 한여름에 가까이 있는 산에서는 나무의 녹색을 그대로 느낄 수 있지만, 멀리 있는 산은 녹색이 아니라 파란색으로 지각되며 산의 윤곽도 흐리게 보인다(〈그림 5-14〉 참고). 이를 대기 조망(aerial perspective)이라고 한다. 대기 조망은 빛이 대기를 통과할 때 각 파장별로 통과하는 정도가 다르기 때문에 발생한다. 장파장(빨간색)이나 중간파장(초록색)의 빛은 먼지나 공기 분자들에 부딪혀 통과하기 어려운 반면, 단파장(파란색)은 상대적으로 잘 통과할 수 있기 때문에 멀리 있는 대상은 푸른색으로 보인다. 시골이나 공기가 맑은 자연 환경과 비교해 볼 때 도심의 경우 먼지들이 아주 많다. 따라서 대기 조망의 효과가 매우 크게 나타나, 실제 거리를 더 먼 것으로 왜곡하여 추정하게 한다. 장마비가 내려 대기 중의 먼지가 씻겨나가면 대기 조망의 효과는 크게 낮아지고, 그 결과 평소 보고 있던 앞산이 아주 가깝게 있는 것으로 지각되기도 한다.

그림자는 깊이 혹은 높이를 구별하는 데 중요한 정보를 제공한다. 〈그림 5-15〉의 경우

그림 5-14 대기 조망

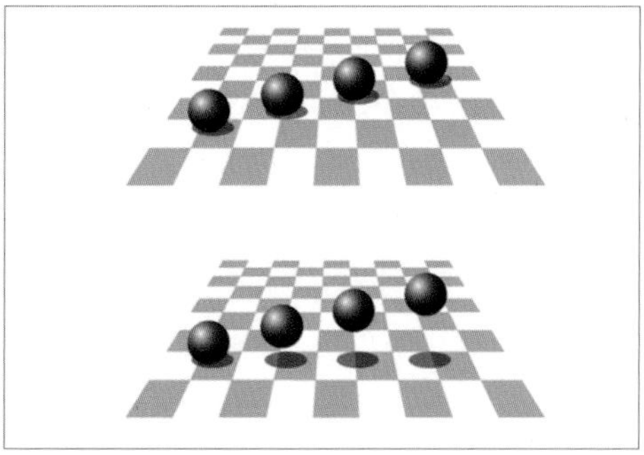

그림 5-15 그림자에 의한 깊이 정보

위에 있는 공과 아래에 있는 공의 위치는 이차원 영상에 동일하다. 그러나 해당 공의 그림자가 바로 바닥에 있는 경우, 공은 바닥에 붙어 있으면서 점점 멀어지는 것으로 지각된다. 그러나 공의 그림자가 공과 떨어져 있게 제시되면 공은 더 이상 뒤로 물러나는 것으로 지각되지 않고 위쪽으로 올라가는 것으로 지각된다. 이 단서는 2차원 모니터에서 3차원 공간은 표현하는 데 좋은 정보를 제공하므로 게임과 같은 장면에서 널리 사용된다. 즉 어떤 대상이 화면의 위쪽으로 올라갈 때 그림자가 대상과 붙어있으면 그 대상은 관찰자로부터 멀어지는 느낌을 제공하지만, 대상과 그림자와의 간격이 커지면 해당 대상은 관찰자와 동일한 거리에서 높아지는 것으로 지각된다.

단안 정보이지만 정지된 대상이 아니라 영상의 움직임 정보가 깊이를 제공할 수도 있다. 장면 전체가 움직이거나 관찰자가 움직이면, 각 대상들과의 상대적인 깊이에 따라 망막에서 상의 움직임 속도가 달라진다. 즉 응시하는 대상보다 가까이 있는 대상은 깊이가 가까워질수록 망막에서의 움직임은 관찰자의 운동 방향과는 반대이며 움직이는 속도는 점점 더 빨라진다. 대상들의 상대적인 운동 정보로부터 깊이를 지각하는 것을 운동 시차(motion parallax)라고 부른다.

2차원 그림이나 사진에서 회화 단서들은 어떤 대상이 가까이 있는지를 알려주기는 하지만 실제 사진이나 그림이 있는 표면에서 튀어나와 있는 느낌을 제공해주지는 못한다. 이에 반해 3D 영화나 3D TV의 경우 영상이 제시되는 화면 바깥쪽으로 영상들이 튀어나오는 느낌을 제공한다. 이와 같이 실제 3차원 공간에 있는 것과 같은 느낌은 양안 시차(binocular disparity)라고 하는 깊이 단서에 의해서 가능하다. 〈그림 5-16〉에서 보는 것과 같이 양안 시차는 우리 두 눈이 모두 정면을 향하고 있지만 실제 두 눈 사이의 간격이 약 6.5cm 차이가 나기 때문에 발생한다. 두 눈에 투사된 영상은 거의 동일하지만 두 눈의 위치 차이로 인해 각 눈에 투사된 영상들 사이의 간격들이 조금씩 차이가 난다. 이를 양안 시차라고 한다.

3차원 영상을 볼 때 각 눈에 맺힌 이차원 영상 간에서는 양안 시차가 발생한다. 이는 역으로 양안 시차가 있는 2차원 영상 두 개를 각 눈에 제시하면 삼차원 공간을 지각할 수 있음을 의미한다. 이러한 원리를 이용한 것이 3D 영화이다. 양안 시차를 제시하기 위해서는 최소한 각 눈에 투사할 양안 시차가 있는 2개의 영상이 필요하며, 각 영상을 해당 눈에만 투사시킬 수 있는 안경 혹은 장치가 필요하다. 즉, 왼쪽 영상은 왼쪽 눈으로만 투사되고 오른쪽 영상은 오른쪽 눈으로만 투사되도록 해야 한다. 이를 위해 3D 영화를 볼 때 안경을 쓰고 관람하는데, 이 안경이 왼쪽 영상과 오른쪽 영상을 분리하여 각 눈에 들어갈 수 있도록 해 주는 장치이다. 따라서 안경을 벗고 3D 영화를 보면 왼쪽 영상과 오른쪽 영상들이 분리되지 않아 두 개의 영상이 겹쳐 있는 것으로 보인다.

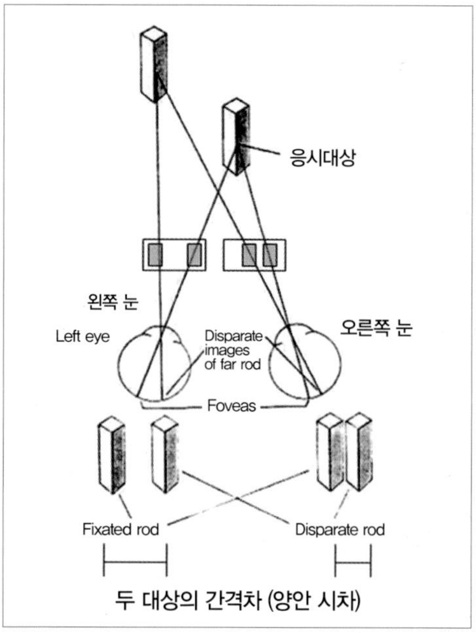

그림 5-16 양안 시차

(4) 운동지각

움직임 정보는 외부 환경 도처에 있으며 포식자나 피식자 모두에게 매우 중요한 정보를 제공한다. 동물의 세계에서 포식자는 잡아먹을 수 있는 먹이를 발견해야 하고, 피식자는 포식자의 눈에 띄지 않도록 자신의 몸을 숨겨야 한다. 많은 동물들은 다른 동물이 자신을 식별하지 못하게 자신의 몸 색이나 그 패턴을 주변 배경과 유사하도록 하는 보호색을 갖고 있다. 이러한 노력에도 불구하고 쉽게 자신의 몸이 포식자의 눈에 드러나도록 하는 것은 움직임이다. 아무리 완벽한 보호색을 하고 있더라도 움직임이 있으면 그 대상의 형태마저 고스란히 드러난다.

자연 상태에서 움직임을 경험하도록 하는 자극은 실제 움직이고 있는 자극이다. 그러나 영화, TV 그리고 광고판에서 경험할 수 있는 움직임은 실제 움직이는 자극이 아니다. 〈그림 5-17〉에서 볼 수 있듯이 t_1에서 전등불이 왼쪽에서 켜졌다가 꺼진 뒤 잠깐 후 t_2에서 약간 오른쪽에서 새로운 전등불이 켜지면, 왼쪽과 오른쪽에서 불빛이 정지한 채 깜박이는 것으로 보이는 것이 아니라 왼쪽에 있던 불빛이 오른쪽으로 움직이는 것으로 보인다. 이를 가현 운동(apparent motion)이라고 부르는데, 영화나 TV 등에서 보는 영상들은 실제 움직임이 아니라 연속적으로 찍어 놓은 정지된 영상이다. 정지된 영상을 짧은 시간 내에 연속적으로 제시하면 그것이 마치 움직이는 것처럼 보이기 때문에 이것도 가현 운동의 일종으로 볼 수 있다.

우리가 이러한 자극으로부터 운동을 경험하는 이유는 우리 시각 기제의 운동 탐지기가 실제로 움직이는 자극뿐만 아니라 가현 운동 자극에 대해서도 잘 반응하기 때문이다. 극단적으로는 움직이지 않는 자극이라도 운동 탐지기를 적절하게 흥분시키면 움직이는 것으로 보일 수 있다. 〈그림 5-17〉의 오른쪽 그림은 아키요시 키타오카의 '회전하는 뱀(rotating snake)'이라는 자극으로, 검은 점을 응시하고 있으면 주변 원들이 꿈틀거리며 회전하는 것으로 지각된다.

움직임이 없는 상황에서 움직임을 경험할 수 있는 또 다른 예는 운동 잔여 효과이다. 앞서 색채 지각에서 특정 색을 오랫동안 보다가 회색(중성적인 색)을 보면 보색이 보이는 색채 잔여 효과에 대해서 기술하였다. 운동에서도 이와 유사하게 특정 방향으로 움직이는 자극을 지속적으로 보다가 정지된 영상(운동 방향의 관점에서 중성적인 자극)을 보면, 반대 방향으로 움직이는 것으로 지각되는 운동 잔여효과(motion aftereffect)가 발생한다. 흘러가는 강물이나 폭포를 30초 정도 바라보다가 정지되어 있는 장면을 보면, 그것이 조금 전에 본 강물이나 폭포의 운동 방향과 반대 방향으로 움직이는 듯한 착시가 발생한다. 이러한 현상은 색채에서 서로 보색 관계에 있는 자극이 대립적으로 연결되어 있다는 이론과 유사하게, 운동 지각에서

그림 5-17 가현 운동의 예와 정지된 영상으로부터 움직임을 경험하게 되는 그림

도 서로 반대 방향의 운동을 탐지하는 기제들이 서로 대립적으로 연결되어 있음을 시사하는 것이다.

4 지각 항등성

시각 경험을 일으키는 출발점은 망막에 맺힌 영상이다. 이 영상은 외부 대상이 변화하지 않음에도 불구하고 주변 상황에 따라 변할 수 있다. 반사를 잘하는 물체는 흰색으로 보이고 반사를 잘 하지 않는 물체는 검정색으로 보이며, 중간 정도는 회색으로 보인다. 세 물체는 변하지 않지만 조명의 강도가 강해지면 눈으로 들어오는 빛의 강도도 점점 강해진다. 약한 조명하에서 흰 물체로부터 오는 빛의 강도보다 강한 조명하에서 검정색으로부터 오는 빛의 강도가 더 강할 수도 있다. 그럼에도 불구하고 우리의 시각 기제는 우리가 검정색은 여전히 검정색으로 흰색은 여전히 흰색으로 지각할 수 있도록 해 준다. 이를 흑백도 항등성(lightness constancy)이라고 하는데, 이는 대상의 변화가 없는 상황에서 주변 상황의 변화(조명)로 입력되는 신호가 달라지는 경우에도 여전히 해당 대상의 특성을 변함없이 지각할 수 있게 해준다. 즉, 우리가 동일한 대상을 동일하게 지각할 수 있도록 함으로써 외부 세상을 안정적으로 지각할 수 있게 한다.

물체의 밝기에 영향을 주는 또 다른 요인은 주변에 있는 물체의 그림자 효과이다. 〈그림 5-18〉은 MIT의 Adelson이 만든 '체커 그림자 착시'이다. 분명히 A판과 B판은 각각 검정색 판과 흰색 판으로 보인다. 그러나 B판의 주변을 가리고 보면 A판과 B판은 그 밝기가 정확히 동일하다는 것을 알 수 있다. 즉 A판과 B판으로부터 눈으로 입력되는 빛의 강도는 동일하다. 그렇다면 왜 동일한 밝기를 가진 판이 하나는 흰색으로, 하나는 검은색으로 보이는가? A판에는 그림자가 없지만 B판에는 원기둥의 그림자가 덮여 있기 때문이다. 즉 그림자에 의해서 더 어둡게 되었다는 것을 알 수 있다. 그렇다면 그림자가 없었다면 원래 판은 어떠했을까? 훨씬 더 밝게 보였을 것이다. 우리의 시각 기제는 이러한 상황에서 그림자의 효과를 제거하고 표면 원래의 색깔을 지각하게 만들어 준다.

밝기뿐만 아니라 색깔에서도 항등성 기제가 작동한다. 조명이 빨간색을 많이 띠고 있으

그림 5-18 흑백도 지각에서 그림자 효과

면 입력되는 빛들이 실제 물체의 색과 무관하게 빨간색감이 많아진다. 이때 입력되는 파장 정보에 따라 색을 지각한다면 원래 물체의 색과는 다른 색깔로 지각하게 된다. 다행스럽게, 우리의 시각 기제는 색지각에서도 항등성을 작동시켜 빨간색 조명의 효과를 제거하고 물체의 원래 색깔을 지각할 수 있도록 한다. 그러나 조명의 왜곡이 매우 심한 경우에는 이 항등성 기제도 제 기능을 발휘하지 못해 원래 색을 지각하지 못할 수도 있다. 정육점에서 고기 진열장에 빨간색 조명을 사용하는 이유는 고기를 보다 더 붉게 보이도록 해서 싱싱하다고 착각하게 만들기 위해서이다. 항등성이 이러한 상황에서도 제대로 작동한다면 조명의 영향을 받지 않아야 하지만, 실제 강한 빨간색 조명은 고기 색깔을 보다 붉게 보이도록 한다. 이것은 색채 항등성 기제가 적절히 작동하지 않을 수도 있음을 보여주는 예이다. 색채에 아주 민감한 사람은 조명에 따라 변화하는 미세한 차이를 알아차릴 수 있다. 가령, 백화점에서 구입한 옷을 입고 야외로 나갔을 때 색감이 다르다고 느낄 수 있다. 이는 백화점의 조명과 태양이 가지는 파장에서 차이가 나기 때문이다. 이를 방지하기 위해 백화점 옷 코너에서는 야외 조명(태양 빛)과 유사한 파장을 가지는 조명을 사용한다.

물체의 모양이나 크기가 변하지 않아도 관찰자의 움직임이나 대상의 움직임에 따라 망막상의 모양과 크기는 매 순간 변한다. 망막에 비친 영상의 변화를 가장 쉽게 알 수 있는 방법은 핸드폰을 이용하여 영상을 담아보는 것이다. 망막에 맺히는 영상은 핸드폰에 맺히는 영상과 크게 다르지 않기 때문이다. 먼저 친구에게 여러분 앞에서 책을 들고 선 다음 책의 왼쪽

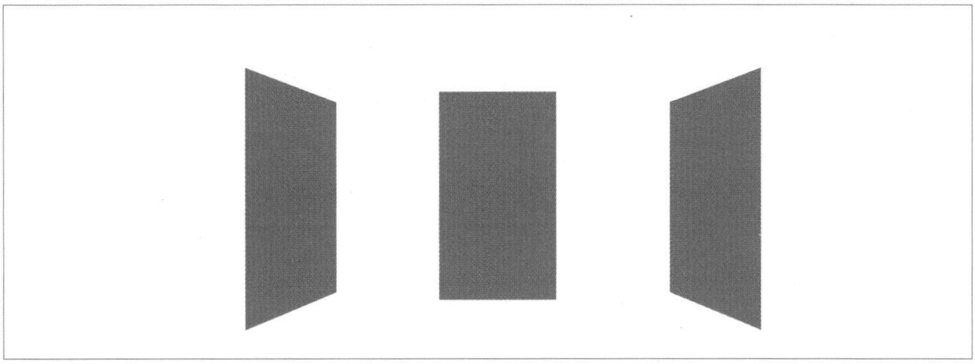

그림 5-19 **책의 움직임에 따라 망막에서 영상의 변화들.** (a) 오른쪽 모서리가 뒤로 가 있을 때, (b) 책이 정면에 있을 때, (c) 오른쪽 모서리가 앞에 있을 때

모서리와 오른쪽 모서리를 번갈아 앞뒤로 움직이도록 하고 이것을 핸드폰으로 찍어보자. 화면에서 책의 모양이 어떻게 변화는가? 〈그림 5-19〉에서 보듯이 책이 정면에 있을 때는 정확히 직사각형의 모양으로 찍히지만, 책의 좌우 모서리를 앞뒤로 흔들면 핸드폰 속 영상에서는 좌변이 길거나 우변이 긴 사다리꼴 모양을 하게 된다. 즉, 원래 책의 모양은 변화지 않지만 책의 움직임에 따라 망막에 비친 영상은 다른 모습을 하게 된다. 그럼에도 불구하고 여러분은 여전히 책의 모양이 직사각형이라고 지각하는데 이를 모양 항등성(shape constancy)이라고 한다.

모양 항등성과 관련있는 항등성은 크기 항등성이다. 다시 핸드폰을 들고 사진을 찍어보자. 1m, 2m 그리고 4m 밖에서 책을 찍으면 거리가 멀어질수록 사진 속에서 책의 크기는 점점 작아진다는 것을 확인할 수 있을 것이다. 역으로 망막 상의 크기가 동일하다면 〈그림 5-20〉에서 볼 수 있듯이 관찰자로부터 먼 거리에 있는 대상의 경우 실제 크기는 더 크다. 관찰 거리가 멀어짐에 따라 동일한 물체에 대한 망막 상의 크기가 작아짐에도 불구하고 실제 책이 작아진다고 지각하지는 않는다. 망막에서의 영상이 작아짐에도 불구하고 그 크기에 대한 지각은 달라지지 않는 이유는 무엇인가? 이는 시각 기제가 물체의 크기를 지각할 때 망막 상의 크기와 물체까지의 지각된 거리를 고려한다는 것을 의미한다. 즉, 시각 기제는 망막 상에서 작은 크기가 실제 대상이 작은 것인지 아니면 멀리 있어 작게 찍힌 것인지를 고려한다.

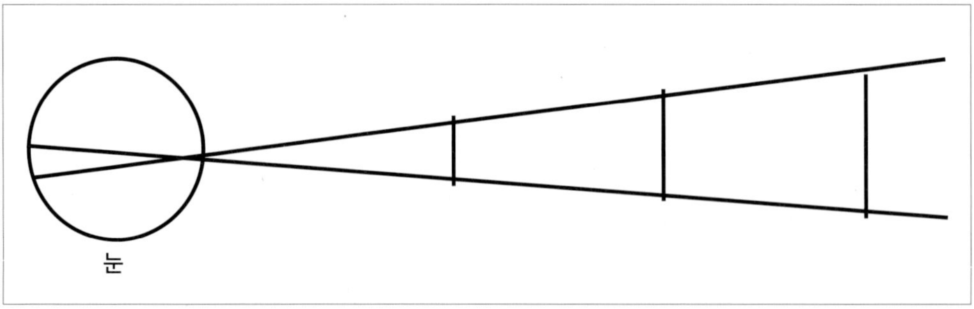

그림 5-20 망막 상의 크기는 눈으로 들어오는 영상의 크기에 달려있다. 이 크기는 실제 대상의 크기나 거리에 따라 변하는데, 망막 상의 크기가 동일한 세 수직선의 경우 관찰자로부터 거리가 멀어질수록 실제 크기는 더 커진다.

그렇다면 지각된 거리를 왜곡시키면 지각된 크기는 어떻게 될까? 예상하는 것과 같이 지각된 크기도 달라진다. 〈그림 5-21〉은 폰조 착시의 예를 보여준다. 두 흰색 수평선은 실제 길이는 동일하지만 위쪽이 더 긴 것으로 보인다. 이는 위쪽으로 갈수록 깊이가 더 먼 것으로 지각되기 때문이다. 이 예는 망막 상의 크기가 동일한 경우에 지각된 거리가 멀어질수록 지각된 크기는 더 커진다는 것을 보여준다.

그림 5-21 **폰조 착시.** 두 수평선의 길이는 같지만 위쪽으로 갈수록 더 멀리있다는 느낌을 주기 때문에 위의 수평선이 더 긴 것으로 지각하게 된다.

깊이 왜곡에 의해 크기 지각이 달라지는 또 다른 예는 에임즈 방이다. 〈그림 5-22〉에서 보는 것과 같이 왼쪽에 서있는 사람은 아주 작게 보이며 오른쪽에 있는 사람은 거인처럼 보인다. 이는 실제 방이 일반적인 사각형이 아니라 왼쪽 모서리가 긴 사다리꼴 모양을 하고 있기 때문에 발생하는 착시이다. 또한 바닥의 패턴과 창문도 사다리꼴로 만들어 사진을 찍어놓았을 때 직사각형으로 보일 수 있도록 하여 마치 사다리꼴의 방과 창문이 일반적인 방으로 보이도록 만들어 놓았다. 따라서 동일한 사람이라도 왼쪽에 있을 때에는 먼 거리에 있기 때문에 눈으로 입력되는 영상은 작아지고, 오른쪽에 있는 사람은 가까운 거리에 있기 때문에 상대적으로 큰 영상이 입력된다. 깊이 지각이 적절하게 일어날 수 있는 일반적인 환경에서는 왼쪽 영상은 더 멀리 있는 것으로 지각되기 때문에 크기 항등성이 작동하여 실제 지각되는 크

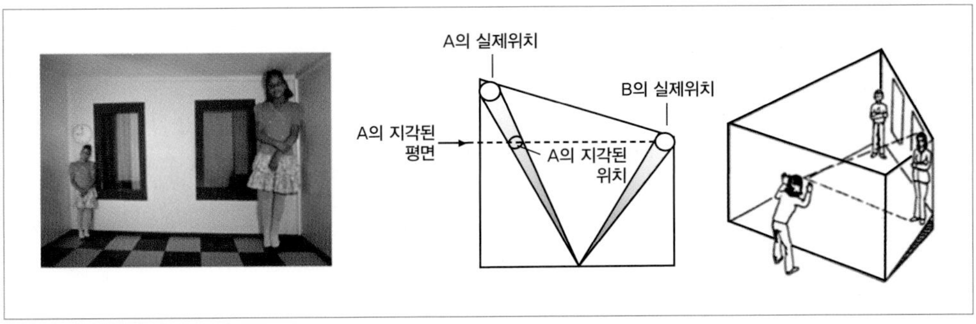

그림 5-22 에임즈 방 착시 거리에 대한 왜곡된 정보는 크기 지각을 왜곡시킨다.

기는 오른쪽 대상과 유사하게 된다. 그러나 깊이가 왜곡된 에임즈 방에서는 두 모서리까지의 거리가 동일하게 지각되므로 크기 항등성 기제가 작동하지 못하고, 그래서 망막 상의 크기에 입각하여 지각된 크기가 결정됨으로써 왼쪽에 있는 사람이 더 작게 지각된다.

실험실 상황이 아닌 자연환경에서도 거리 왜곡에 의한 크기 착시가 발생한다. 지평선에서 떠오르는 보름달을 보았을 때의 크기는 그 달이 중천에 떠 있는 달을 보았을 때의 크기보다 더 크게 느껴진다. 달의 크기는 몇 시간 동안 변할 수 없고 지구와 달까지의 거리도 변하지 않는데 실제 지각하는 달의 크기는 왜 달라질까? 깊이와 크기와의 관계에 대한 위의 논의를 살펴보면 이를 쉽게 이해할 수 있다. 관찰자가 지평선을 볼 때 주변 건물이나 산과 같은 지형지물이 많고 이것이 풍부한 깊이 단서로 작용하기 때문에 달까지의 거리가 멀게 지각된다. 이와 달리 중천에 떠 있는 달과 관찰자 사이에는 깊이 정보를 제공할 수 있는 대상이 아무것도 없기 때문에 지평선에 있을 때보다 더 가깝게 지각된다. 폰조 착시에서 본 것과 같이 눈으로 입력되는 영상의 크기가 동일하더라도 지각된 거리가 멀어지면 그 크기는 더 큰 것으로 지각하게 된다.

요약하면, 다양한 지각 현상들에서 항등성 기제가 존재한다는 것을 살펴보았고 항등성 기제가 작동할 수 없는 상황에서는 착시가 발생할 수 있음을 알아 보았다. 항등성 기제는 원래 물체의 변화가 없음에도 불구하고 망막으로 입력되는 영상이 관찰자나 주변환경에 의해 달라지는 상황에서 망막 상의 변화보다 원래 물체가 가진 특징을 살려내는 과정이다. 이것은 매 순간 변화하는 망막 상으로부터 안정적인 지각을 위해 반드시 필요한 기능이다.

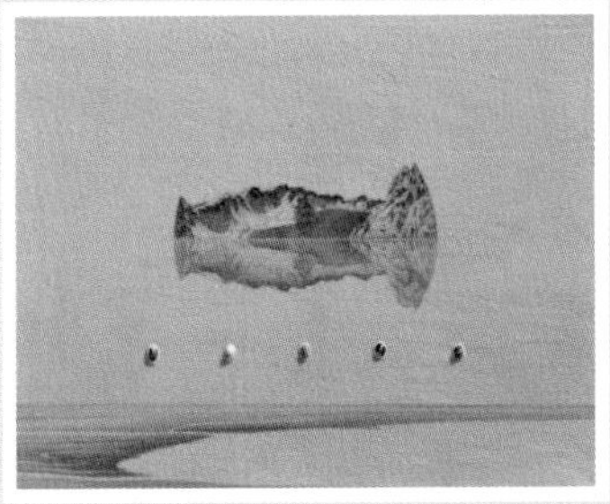

06 기억과 사고

An Introduction to Modern Psychology

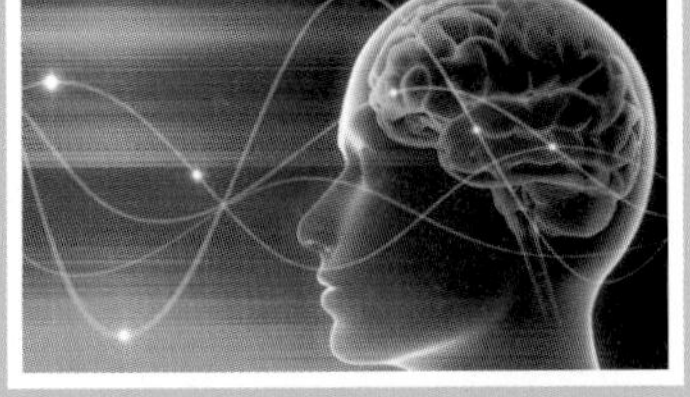
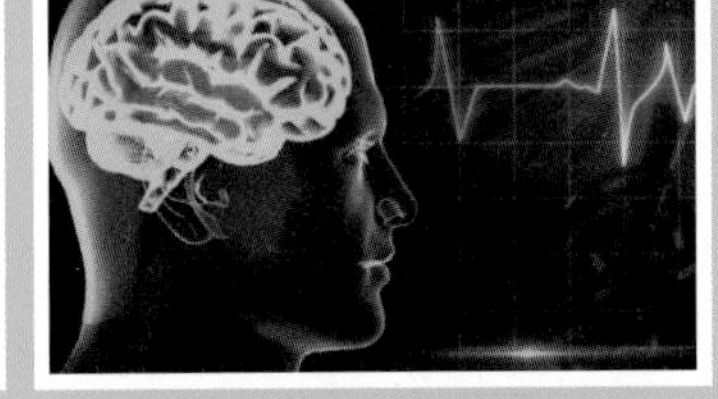
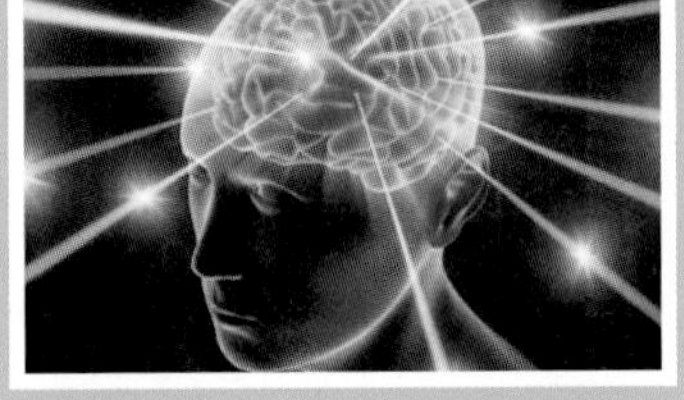

개요

“코지토 에르고 숨(Cōgitō ergo sum).” 당황해 하지 말자. 여러분도 다 아는 말이다. 프랑스의 저명한 철학자 Descartes가 한 유명한 이 말은 ‘나는 생각한다, 고로 나는 존재한다.’라는 뜻으로, Descartes 철학의 출발점이 되는 제 1원리로 알려져 있다. 철학적인 의미나 의의를 떠나서, 이 말은 생각한다는 것이 우리 인류에게 얼마나 중요한지를 잘 보여준다. 인간이 하는 모든 생각을 다루는 심리학의 분야를 인지심리학(cognitive psychology)이라고 한다. 특히, 인지심리학은 인간이 자신과 그 주변에 대해서 알고, 그에 해당하는 지식을 얻고, 그 지식을 저장하여, 필요한 곳에 적용하는 과정을 그 연구 주제로 삼고 있다. 따라서 인지심리학의 연구 범위는 매우 넓다. 인지심리학의 교재를 살펴보아도 그 안에 포함되어 있는 연구 분야는 형태재인, 지각, 주의, 기억, 개념, 지식, 언어, 추리, 의사결정, 문제해결, 전문성, 창의성, 지능과 같은 전통적인 분야에서 최근 그 중요성이 날로 커져가는 인지신경, 인지과학, 공학심리, HCI(Human Computer Interaction) 등의 분야까지 인간의 마음이 개입하는 모든 과정을 담당하고 있다. 본 장에서는 이 다양한 인지심리학의 분야에서 중요하게 여기는 몇 가지를 기억과 사고라는 큰 틀에서 알아보고자 한다.

학습목표

1. 감각기억, 단기기억, 장기기억으로 대표되는 기억의 저장소를 이해한다.
2. 효과적인 부호화 및 인출 전략을 이해한다.
3. 개념 형성 과정을 설명하는 이론을 숙지한다.
4. 의사결정에 영향을 끼치는 다양한 요인들 및 상황에 대해 이해한다.
5. 창의성의 올바른 개념에 대해 생각해 본다.

기억(memory)이란 시간에 걸쳐 특정한 정보를 획득하고 저장하였다가 인출하는 과정이다. 우리는 일반적으로 기억력을 생각할 때 열심히 외운 내용을 시험 볼 때 사용하는 것과 같이 필요한 정보를 적절한 시기에 생각해 내서 사용하는 단순한 형태를 떠올리지만, 실제 기억은 모든 인지 활동의 기본이라고 할 수 있다. 앞에서 언급했듯이 인지심리학의 핵심 개념 중 하나는 지식인데, 내가 경험하여 획득한 정보가 기억에 저장되지 않고서는 지식이 형성될 수 없기 때문이다.

어떤 정보를 우리 마음 안에 있는 저장소에 저장했다가 필요할 때 꺼내서 사용하는 것을 기본적인 기억 과정이라고 할 때, 기억은 기본적으로 다음 3가지 과정에 걸쳐 이루어진다. 첫째, 우리가 경험하고 획득한 다양한 정보를 그 저장소 안에 집어넣는 과정이 선행되어야 한다. 이를 부호화(encoding) 과정이라고 한다. 둘째, 저장소 안에 입력된 정보를 계속 유지해야 하는데 이를 저장(storage) 과정이라고 한다. 마지막으로 저장소 안에 있는 정보를 필요할 때 사용해야 하는데 이를 인출(retrieval) 과정이라고 한다.

기억이 이 세 과정이 순차적으로 진행되는 단순한 형태라면 이해하기 편하겠지만, 우리의 기억은 그렇게 단순하지 않다. 기억이 저장되는 곳을 의미하는 저장소도 하나만 있는 것이 아니다. 기본적으로 우리가 획득한 정보를 저장하는 저장소로 감각기억, 단기기억(작업기억), 장기기억의 세 종류가 있다. 〈그림 6-1〉은 이 세 저장소를 중심으로 정보의 흐름을 간략하게 보여주고 있다. 이제 이 세 종류의 저장소를 중심으로 기억의 속성들을 알아보자.

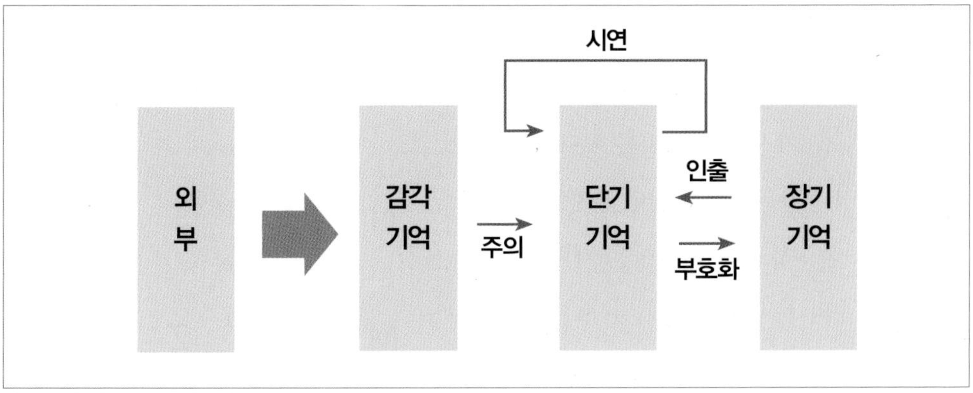

그림 6-1 기억 저장소에 따른 정보 흐름도

1 감각기억

(1) 감각기억의 종류와 용량

감각기억(sensory memory)은 감각 정보가 매우 짧은 시간 동안 머무르는 저장소이다. 이곳은 저장해야 할 정보가 최초로 저장되는 저장소로, 세 가지 저장소 중에서 정보가 가장 짧게 머무른다. 감각기억에 저장되는 정보들을 감각 정보라고 하는데, 이는 우리가 경험 및 학습을 통해 획득하는 대부분의 정보들이 우리의 감각기관을 통해서 얻어지기 때문이다. 우리는 제5장에서 인간이 5가지의 감각을 가지고 있고, 이러한 감각 정보를 독립적으로 처리한다는 사실을 언급하였다. 마찬가지로 감각기억도 각 감각의 종류별로 따로 존재한다. 특히, 시각과 청각과 관련된 감각기억에 대해서는 많은 연구자들이 관심을 기울여 왔다. 시각과 관련된 감각 정보가 저장되는 곳을 영상기억(iconic memory)이라 하고, 청각과 관련된 감각 정보가 저장되는 곳을 반향기억(echoic memory)이라 한다. 각 감각 별로 얻는 정보의 특성도 다른 것처럼, 감각기억에 정보가 머무르는 시간도 조금은 다른데, 영상기억의 경우 일반적으로 1초 이내로, 반향기억은 5초 이내인 것으로 알려져 있다(Darwin, Turvey & Crowder, 1972).

정보가 매우 짧은 시간 동안에만 저장되어 있다는 사실은 감각기억의 용량에 대해서 부정적인 느낌을 갖게 한다. 실제 감각기억은 얼마나 많은 정보를 저장할 수 있을까? George Sperling이라는 학자가 1960년에 감각기억의 용량을 알려주는 전설적인 실험을 실시했다. 〈그림 6-2〉에서 보는 것처럼 실험참가자에게 매우 짧은 시간 동안(50밀리초, 즉 1/20초) 영어 알파벳 자음 문자를 4개씩 3열 총 12개 보여준 후, 자신이 본 문자를 보고하도록 하였다. 정말 짧은 시간 동안만 문자를 보여줬음에도 불구하고, 참가자들은 대략 절반 이하 개수의 문자를 기억해 냈다. 이 결과를 토대로 예상해 보면, 감각기억의 용량이 영상기억의 경우 대략 문자 6개 정도라고

P	K	R	D
N	S	C	H
M	Q	Z	T

그림 6-2 Sperling(1960)의 실험에 사용된 자극

할 수 있다. 하지만, 여기서 고려해야 할 점은 감각기억의 정보들이 매우 짧은 시간 동안만 머문다는 점이다. 위에서 언급했듯이 영상기억의 정보들은 1초만 지나도 없어진다. 혹시, 감각기억에는 실제 더 많은 문자에 대한 정보가 저장되어 있지만, 참가자가 문자를 보고하는 동안에 아직 보고하지 못한 정보들이 없어질 수도 있다는 의문이 들 수 있다.

Sperling은 실험 절차를 아주 약간 수정하는, 매우 교묘한 방법으로 이 가능성을 확인하였다. 매우 짧은 시간 동안 12개의 문자를 보여주는 것은 위의 실험과 동일했다. 그런데 이전과는 달리 문자가 사라지자마자 고음, 중음, 저음의 소리를 들려주었다. 이 소리는 참가자들에게 보고해야 할 문자열을 알려주는 것이었는데, 참가자들은 고음이 들렸을 때는 제일 윗줄의 문자 4개를, 중음이 들렸을 땐 가운데 줄의 문자 4개를, 저음이 들렸을 땐 아랫줄의 문자 4개를 보고해야 했다. 그 결과 정답률이 급격하게 향상되었다. 거의 대부분의 참가자들은 자신이 보고해야 하는 4개의 문자를 모두 보고할 수 있었다. 12개의 문자열을 제시한 시점까지는 참가자들이 소리를 듣기 전이기 때문에, 그들이 어느 줄의 문자를 보고해야 하는지 알지 못했다. 따라서, 참가자들이 외워야 하는 문자의 양은 앞의 실험과 동일했다. 그럼에도 불구하고, 두 번째 실험에서 참가자들이 모든 문자를 보고했다는 사실은 위의 실험 결과가 감각기억에 저장된 정보 자체는 많으나 보고하는 과정에서 소멸되었다는 것을 의미한다. 즉, 이 결과는 감각기억의 용량이 5~6개 정도의 문자가 아니라 거의 무한대에 이를 수 있다는 점을 의미한다.

감각기억에 저장되어 있던 무한대의 정보들은 어떤 운명을 갖게 될까? 앞에서 말했듯이, 감각기억의 정보들은 매우 빠르게 없어진다. 우리가 아무런 노력을 기울이지 않는다면, 우리는 본 것을 아무것도 기억하지 못할 수도 있다. 하지만, 감각기억에 있는 일부의 정보들이 앞으로 이야기할 단기기억이라는 저장소로 옮겨진다. 그럼 감각기억에 있는 그 많은 정보들 중 어떤 정보들이 단기기억으로 옮겨질까? 그것은 주의를 받은 정보들이다.

(2) 감각기억에서 단기기억으로의 부호화: 선택적 주의

방학이 끝나고 개강을 맞아 모처럼 학과 모임을 나갔다. 익숙한 주점에서 오랜만에 만난 친구들과 이야기를 나누고 있다. 주점 안은 무척이나 시끄럽다. 그 소리들은 마치 소음처럼 들린다. 나와 친구들 간의 대화를 제외하고는 별로 신경을 쓰지 않는다. 소음 속에서도 친구들과 대화는 이루어진다. 그러다 갑자기 내 귀를 사로잡는 소리가 있다. 누군가 내 이름을 언급한 그때, 신기하게도 나는 내 이름을 듣고 고개를 돌린다. 아마도 이런 경험을 모두 겪었을 것이다. 너무나도 시끄러운 곳에서 주변에 관심을 끊고 나의 일에 몰두하고 있다가도, 다른 어디에서 내 이름을 부르면 나는 반사적으로 고개를 돌린다. 이런 현상을 '칵테일 파티 효과(Cherry, 1953)'라고 한다.

칵테일 파티 효과는 주의(attention)의 선택성을 보여준다. 주의는 주변에 있는 많은 정보들 중 일부의 정보들을 선택하여 처리하게 해 주는 관문과도 같은 역할을 한다. 주의를 통한 정보의 선택은 두 가지 방법으로 일어날 수 있다. 하나는 내가 나의 의지로 선택하는 것이다. 이를 내인성 주의(endogenous attention)라고 한다. 위의 예에서처럼 나의 귀에는 수많은 소리들이 들리지만, 그것이 나와 관련 없는 소리일 때, 나의 주의 기제는 그 정보들을 나로부터 분리시키고 나와 내 친구 사이의 대화에만 주의를 두게 한다. 우리는 내인성 주의를 통해 나의 대화와 관련된 정보만을 처리하게 된다. 그러나 나의 이름 같이 나에게 매우 중요한 정보에 대해서는 나의 주의 기제가 반사적으로 반응한다. 즉, 내가 그러한 정보를 의도적으로 선택하지 않았지만 반사적으로 선택한다. 이 때의 주의를 외인성 주의(exogenous attention)라고 한다.

칵테일 파티 효과가 청각 정보에 대한 주의의 선택성을 보여준다면, '보이지 않는 고릴라'로 유명한 무주의 맹시(inattentional blindness; Simons & Chabris, 1999)는 시각 정보에 대한 주의의 선택성을 보여준다. 보이지 않는 고릴라 실험에서 참가자들은 여러 명의 학생들이 농구공을 서로 패스하는 영상을 보면서, 학생들 중에서 흰색 옷을 입고 있는 학생들끼리 패스하는 횟수를 세라고 지시받았다. 학생들이 농구공을 패스하는 도중에 갑자기 고릴라 한 마리가 영상에 등장해서 화면을 가로질러 지나갔다. 그런데 흥미로운 사실은 농구공 패스 횟수를 세는 데 모든 주의를 쏟은 참가자들은 그 고릴라의 등장을 전혀 인지하지 못했다는 점이다. 이는 주의가 주어지지 않으면 우리 눈앞에 보이는 대상에 대한 정보를 전혀 처리하지 않는다는 점을 보여준다.

이제 다시 주의와 감각기억의 이야기로 돌아오자. 앞에서 언급했듯이 감각기억에는 무척이나 많은 정보들이 잠시 동안 머문다. 그 정보들 중에서 일부 정보에 내인성 주의이든 외인성 주의이든 주의가 주어지면, 그 정보들은 단기기억으로 넘어간다.

2 작업기억

(1) 단기기억

단기기억(short-term memory)은 입력된 정보들을 저장하는 시간이 감각기억보다는 길지만, 그래도 단기기억이라는 명칭처럼 들어온 정보가 비교적 짧은 시간동안 머무는 저장소이다. 단기기억에 정보가 머무는 시간이 얼마인지에 대해서는 다양한 의견이 있지만, 그 중 Peterson과 Peterson(1959)이 수행한 고전적인 실험은 단기기억에서 정보가 소멸되는 시간을 잘 보여준다. 실험자는 참가자들에게 3개의 문자로 이루어진 문자열들을 기억하라고 하였다. 기존의 지식이 영향을 끼치지 않게 하기 위해서 그 문자열은 단어가 아닌 무의미 철자들이었다. 그리고는 시간이 지남에 따라 그 문자열을 기억해 내는 능력이 어떻게 변화하는지를 확인하였다. 그 결과 〈그림 6-3〉에서 보듯이 참가자들은 3초가 지난 후에는 그래도 상당히 높은 수준의 기억력을 보였으나, 15초가 지나면 거의 대부분 기억해내지 못했다. 이 결과는 대략 단기기억에 정보들이 약 15~20초 정도 유지될 수 있다는 것을 알려준다.

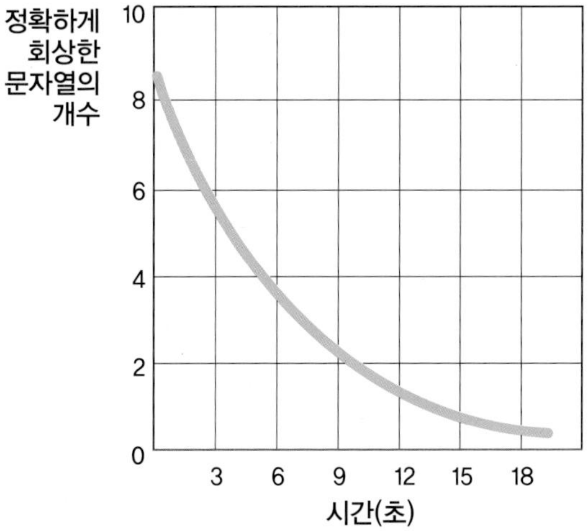

그림 6-3 **Peterson과 Peterson(1959)의 실험 결과.** 참가자들은 3개의 문자열에 대해서 15초 이상 시간이 지나면 거의 기억하지 못했다.

단기기억에서 저장된 정보가 단 15~20초 정도만 머문다는 것은 턱없이 짧게 느껴진다. 과연 이 정도의 시간 안에 우리는 무엇을 할 수 있을까? 그러나 단기기억의 정보들은 필요한 만큼 더 오래 머무를 수도 있다. 예를 들어보자. 도서관에서 공부를 하다 잠깐 바깥으로 나왔다가, 우연히 오랜 기간 동안 연락이 끊긴 중학교 동창을 만났다. 공교롭게 둘 모두 휴대폰을 가져오지 않아서 서로의 전화번호를 저장할 수 없었다. 이 경우 여러분은 자신의 도서관 자리로 돌아와 올 때까지 그 친구의 전화번호를 기억하고 싶다. 어떻게 할 것인가? 아마 대부분의 사람들은 그 번호를 끊임없이 입으로 (혹은 속으로) 반복해서 되뇌며 올 것이다. 이처럼 지속적으로 반복하여 그 정보를 되뇌는 것을 시연(rehearsal)이라고 하는데, 시연을 하면 그 정보가 단기기억 속에 계속 머무르게 된다.

감각기억을 이야기할 때, 감각기억에 저장될 수 있는 정보의 양 즉, 그 용량에 대하여 이야기했다. 그럼 단기기억의 용량은 어떻게 될까? 감각기억과는 달리 단기기억의 용량은 제한되어 있어서, 한정된 정보만이 여기에 머무를 수 있다고 한다. 제한된 단기기억의 용량을 쉽게 이르는 말이 매직넘버(magic number) 7이다. Miller(1956)가 제안한 매직넘버 7은 우리가 단기기억에 7개 정도, 정확하게는 7개에 2개를 더하거나 뺀 정도의 정보를 가지고 있을 수 있다는 것을 칭하는 말이다. 친구들의 전화번호를 생각해 보자. 핸드폰 공통이라고 할 수 있는 '010'을 제외하면 전화번호는 거의 8개의 숫자로 이루어져 있다. 실제 여러분은 어렵지 않게 그 전화번호를 외울 수 있다.

7개 정도의 정보라는 표현이 무척이나 모호하게 들릴 것이다. 단기기억에 저장된 한 개의 정보는 단순하게 하나의 글자나 숫자가 아니고 상황에 따라 달라질 수 있다. 예를 들면, '심–인–어–워–려–지–리'라는 7개의 글자를 제시하고 외우라고 한다면, 각 글자는 한 개의 정보에 해당한다. 그러나 7개의 글자의 배열을 좀 바꿔서 다음과 같이 배열한다면 어떨까? '인–지–심–리–려–어–워.' 이 경우 여러분은 '인지' '심리' '려' '어' '워'로 외울 수 있을 것이다. 조금만 더 신경을 써서 다음과 같이 배열한다면 어떨까? '인–지–심–리–어–려–워.' 처음과 비교해 보면 어떤가? '인지심리 어려워'의 한 문장으로 외운다면 훨씬 외우기 쉽지 않은가? 이렇게 여러 글자들을 하나의 의미 있는 단어, 더 나아가 문장으로 엮는 것은 군집화(chunking)의 한 전략이다. 군집화란 규모가 작은 정보들을 큰 정보로 묶는 것을 말한다. 군집화된 정보는 하나의 정보이다. 즉, '인지심리 어려워'는 하나의 정보에 해당한다. 따라서 의미 없는 7개의 문자는 7개의 정보에 해당하여 단기기억 용량 전부를 차지하지만, 7개의 문자로 이루어진 한 문장은 1개의 정보에 해당하기 때문에 아직도 6개 정보에 해당하는 용량의 여유가 있는 셈이다.

(2) 작업기억

초기의 기억 연구에서 저장소의 개념은 말 그대로 정보가 머무는 곳이었다. 이와 같은 관점은 기억을 정보를 저장했다가 인출하는 단순한 과정으로 보는 측면이 있었다. 하지만, 최근의 연구들은 기억의 기능을 강조하고 있다. 시험 문제를 풀고 있는 모습을 상상해 보자. 우리들은 시험 문제의 해답을 찾기 위해 복잡한 정신 과정을 작동시키고 있다. 즉, 이를 위해 감각기억에서 받아들인 정보들 그리고 장기기억 속에 저장되어 있으면서 이 문제의 해답을 찾는데 필요한 각종 정보들을 인출하여, 서로 통합적으로 비교한 후 결정할 것이다. 그럼 이 문제 해결에 필요한 정보들은 어디에 머무는 것일까? 거기가 바로 작업기억(working memory)이다.

작업기억이라는 저장소는 정신적인 작업 공간과 같은 곳이다. 작업기억과 단기기억을 거의 동일한 개념으로 사용하는 연구자들도 있지만, 두 개념은 큰 차이점을 가지고 있다. 단기기억은 주로 단기간 동안 정보가 저장되는 과정만을 강조한다면, 작업기억은 정보의 저장 과정뿐만 아니라, 저장된 정보들이 중앙집행기(central executive)에 의해 처리되는 과정까지 포함한다는 점에서 다르다. 작업기억을 설명하는 많은 이론들은 중앙집행기가 작업기억에 포함되는 구성 요소라고 주장하고 있다. 뇌 영상 연구들은 작업기억이 전두엽의 활동과 밀접한 관계가 있음을 보여준다. 전두엽이 여러 정보들을 조작하고 통제하는 데 중요한 역할을 하는 뇌의 부위라는 점에서 이 연구들은 작업기억 내 중앙집행기의 중요성을 보여주고 있다 (Baddeley, 2002).

(3) 단기 혹은 작업기억에서 장기기억으로의 부호화: 효율적인 전략

단기기억 혹은 작업기억에 저장된 정보들은 장기기억으로 옮겨져 거기에 저장된다. 단기기억에서 장기기억으로 정보를 부호화시키는 가장 일반적인 방법은 단순 반복 즉, 시연이다. 시연은 단기기억 내에서도 정보를 계속 머물게 하지만, 동시에 장기기억으로 정보를 부호화시키는 기능도 한다. 여러분이 시험공부를 할 때를 생각해 보라. 여러분의 가장 대표적인 방법도 반복일 것이다. 그러나 장기기억에만 머물러 있는 정보들은 가치가 없다. 우리가 필요할 때 적절하게 사용할 수 있어야 그 정보는 의미가 있다. 감각기억에서 장기기억으로 정보를 옮기는 부호화 과정에서 효율적인 전략을 쓰면 그 효용성이 높아진다. 대표적인 세 가지 유형의 부호화 전략에는 정교화, 조직화, 시각화가 있다.

정교화(elaboration). 정교화는 정보의 처리 수준을 높여 부호화의 강도를 강화시킴으로써 더 잘 기억하는 책략이다. 처리 수준이란 주어진 정보를 처리하는 정도를 말한다. 만일 어떤 단어에 대하여 그 물리적인 속성만을 확인한다면, 그 처리 수준은 얕은 것이다. 반면에 그 단어의 의미와 그 단어가 떠올리는 예전의 추억들을 생각한다면, 그 처리 수준은 깊은 것이다.

정교화의 효과를 보여주는 고전적인 실험(Craik & Tulving, 1975)에서 참가자들은 동일한 단어에 대하여 서로 다른 수준의 처리를 하도록 요구받았다. 시각판단 조건의 참가자들은 제시된 단어가 대문자인지 소문자인지를 판단하게 하였다("OWL은 대문자인가 소문자인가?"). 이 경우는 매우 얕은 수준의 처리가 이루어진다. 라임(rhyme) 판단조건에서는 제시된 단어와 다른 단어의 라임이 동일한지를 판단하게 하여 해당 단어의 음을 처리하도록 하였다("owl은 towel과 동일한 라임인가?"). 이 조건은 중간 정도의 처리가 이루어진다. 의미 판단 조건에서는 제시된 단어의 의미를 생각하도록 하였다("owl이 다음 빈칸에 적절한가? ____는 야행성 동물이다."). 의미 판단조건은 단어에 대해 깊은 처리가 요구된다. 실험 결과, 처리 수준이 깊어질수록 단어에 대한 기억을 더 잘하는 것으로 나타났다.

깊은 수준의 처리는 다양한 방식을 통해서 가능하다. 정교화 책략에서 빈번하게 사용하는 방식은 주어진 정보를 기존에 가지고 있던 정보 혹은 지식과 연관 짓는 방식이다. 예를 들면, 원주율을 외워보자. 파이라고 불리는 원주율 값은 3.14159265...로 계속되는 무리수로, 그 정확한 값을 외우는 것은 쉽지 않다. 하지만, 이 원주율을 외우는 많은 방법들이 제시되어 있는데, 그중 상당수가 정교화 책략을 이용한 것이다. 예를들면, 기존의 지식을 통해 암기할 수 있다. 1592년은 임진왜란이 한창인 때이다. 이 지식을 이용하여, '3월 14일, 1592년, 65만의 왜군이 조선을 침범하였다.'라고 암기하면 원주율의 첫 부분을 외울 수 있다. 외국에서는 문장을 이용하여 원주율을 외우기도 한다. 1906년에 Orr라는 사람이 자신의 시를 소개했는데, 첫 구절이 "Now I, even I, would celebrate in rhymes inept"였다. 각 단어의 문자 수를 세어보면, 3-1-4-1-5-9-2-6-5로 원주율이 된다. 최근에는 이와 같은 방식으로 원주율을 외우는 문장들을 인터넷에서 쉽게 찾을 수가 있다. 문장을 외우는 것도 좋지만, 더 좋은 방법은 스스로 문장을 만들어 보는 것이다. 스스로 만드는 과정에서 더 깊은 수준의 처리가 가능해지기 때문에 더 잘 기억할 수 있다.

조직화(organization). 조직화는 주어진 정보를 적절하게 범주화 혹은 위계화하여 부호화함으로써 더 잘 기억하는 책략이다. 예를 들어, 책상, 트럭, 사자, 버팔로, 의자, 곰, 연필, 버스, 자동차의 아홉 단어를 외운다고 해 보자. 단순하게 반복적으로 시연하여 외우는 것도 가능하겠지만, 위의 아홉 단어를 교실 범주(책상, 의자, 연필), 탈 것 범주(트럭, 버스, 자동차) 그리고 동물 범주(사자, 버팔로, 곰)로 조직화하여 암기한다면 암기하기가 더 쉬울 것이다.

범주에 위계를 더하면 조직화가 더 강하게 이루어진다. 한 연구(Halpern, 1986)는 매우 잘 알려진 노래 54곡의 제목을 제시하고 실험 참가자들에게 암기하도록 하였다. 조직화 조건에서는 노래의 제목을 장르(락, 팝 등) 및 분위기(행복, 슬픔) 등을 기준으로 위계적으로 범주화시켜 제시하였고, 비조직화 조건에서는 무선적으로 제시하였다. 그 결과, 조직화 조건에서의 기억 수행이 훨씬 좋았다.

단기기억의 용량과 관련해서 언급한 군집화(chunking)도 조직화의 한 종류라고 할 수 있다. 특히, 연구자들은 군집화를 전문가의 기억과 관련해서 많이 언급한다. 때때로 전문가들은 동일한 내용에 대해서 일반인들과는 비교할 수 없을 만큼의 기억력을 보인다. 예를 들면, 프로 바둑 기사는 자신이 상대방과 둔 바둑 대국을 첫 수부터 마지막 수까지 다 기억하여 복기할 수 있다. 그렇다고 바둑 기사들이 일반인들에 비해 아주 큰 기억 용량을 가지고 있는 것은 아니다. 이것을 가능하게 하는 것이 군집화이다. 바둑 기사들은 놓인 바둑알들의 위치를 의미 관계 중심으로 패턴화함으로써 군집화시킨다. 따라서 개별 바둑알의 위치를 기억하는 것이 아니라, 게임 진행 상의 의미로서 기억한다. 실제로 바둑알을 게임의 흐름과 상관

없는 위치에 놓으면 전문 기사라고 해도 일반인과 큰 차이가 없는 기억력을 보인다.

시각화(visualization). 시각화는 암기하여야 할 정보를 마음속의 이미지(심상)로 만들어 부호화하는 전략이다. 시각화는 다양한 방식으로 활용할 수 있다. 영어 단어를 외울 때도 가능하다. 예를 들어, 책이라는 뜻의 영어 'book'을 외우고 싶다면, 'book'의 발음이 우리나라의 '북'과 유사하다는 점에서 착안하여 책 겉표지에 북 모양을 그린 이미지로 기억하는 것이다(〈그림 6-4〉 참고).

그림 6-4 시각화의 예. 겉표지에 그려진 북을 통해서 책의 영어 단어가 book임을 외운다.

시각화 전략은 아주 오래 전부터 많이 사용된 것으로 알려져 있다. 시각화 전략과 관련해서 시모니데스라고 하는 그리스 시인의 일화가 유명하다. 시모니데스는 한 연회에서 시를 발표한 후 잠시 자리를 비웠다. 그런데 그 사이에 연회장의 지붕이 내려 앉아 참석한 사람들이 모두 죽었다. 사고가 너무 커 사망한 사람들의 신원을 확인하기 힘들 정도로 시신이 훼손되었다. 사망자가 확인되지 않아 고민하는 와중에, 시모니데스가 연회에 참석한 사람들의 전원을 기억해 내었다. 그는 연회장의 의자를 원래 대형대로 세우고, 각 의자에 앉은 사람이 누구였는지를 정확하게 기억해 냈다. 그는 자신의 시를 경청하던 사람들을 한 장의 사진처럼 하나의 심상으로 만들어 저장하고 있었던 것이다.

오래 전부터 쉽게 기억하는 고전적인 기억법으로 유명한 장소법도 시각화의 한 종류라고 볼 수 있다. 장소법이란 낯익은 장소를 지나가는 경로에 기억해야 할 것을 시각화하여 배치하여 외우는 것이다. 예를 들어, 사과, 바나나, 강아지, 식빵을 기억해야 한다고 하자. 우선 자신에게 익숙한 장소를 정한다. 본인의 집이라고 한다면, 문을 열고, 현관에서 신발을 벗고, 거실을 가로질러 자신의 방으로 들어가는 가장 일반적인 경로에 외워야 할 것을 배치한다. 현관문에 걸려 있는 사과 모양의 '환영' 사인, 현관에 들어가니 나를 반기는 강아지, 강아지를 뒤로 하고 거실에 가니 동생이 먹다 남은 식빵이 있고, 내 방에 들어가니 운동하기 전에 먹으려고 준비한 바나나가 놓여있다는 식으로 외우는 것이다. 일종의 군집화도 사용가능한데, 현관에서 바나나를 물고 나를 반기는 강아지와 사과잼을 바른 식빵과 같은 방식을 이용하면 훨씬 적은 공간이 필요하다. 다수의 실험 연구도 시각화의 효과를 입증하였다. 단어 목록을 암기할 때 단순 반복으로 암기한 참가자들에 비해 시각화 전략을 사용한 참가자들이 2배에 달하는 단어들을 기억할 수 있었다(Schnorr & Atkinson, 1969).

시각화 전략이 효과적인 이유는 무엇일까? 시각화가 시각 시스템이 가지고 있는 기억 저장소를 효과적으로 사용하기 때문이다. 이중 부호화 이론(dual-coding theory; Paivio, 1971, 1986)에 따르면, 장기 기억에는 두 가지 형태로 정보가 저장되는데 하나는 언어 형태이고 다른 하나는 시각 형태이다. 언어 형태로 저장되는 정보는 언어 정보 및 다양한 의미 정보들이고, 시각 형태로 저장되는 정보는 우리가 시각적으로 경험하는 장면을 구성하고 있는 물체 및 그들의 배열 및 패턴과 같은 정보이다. 이 두 가지 형태의 정보는 따로 저장되지만, 서로 상호작용을 하면서 우리의 장기 기억을 구성하고 있다. 이때 이 두 가지 형태의 기억을 동시에 사용하는 것이 한 가지 형태의 기억만을 사용할 때보다 기억력을 향상시킬 수 있다. 단어를 외우는 경우, 단순 반복하여 암기하는 것은 언어 형태의 정보만 사용하는 것이지만, 시각화를 사용하는 것은 언어 형태뿐 아니라 시각 형태의 정보도 사용하기 때문에 더 효과적이다. 또한, 시각화 전략은 더 깊은 수준의 처리를 가능하게 한다. 어떤 대상을 시각화하는 행위 자체가 해당 정보를 더 깊게 처리하도록 하기 때문이다.

3 장기기억

(1) 기억의 종류

단기기억에 있던 정보들은 다양한 부호화 방식을 통해 장기기억으로 옮겨진다. 장기기억에는 감각기억이나 단기기억과는 달리 정보가 머무는 시간에 제한이 없다. 우리가 초등학교에 입학하기 전에 놀이터에서 친구들과 놀던 기억을 떠 올릴 수 있는 것도 이렇게 정보가 장기기억에 수 십년 동안 남아 있기 때문이다. 또한 장기기억은 용량에도 제한이 없는 것으로 알려져 있다. 이 때문에 수 십년 동안의 기억들이 모두 저장될 수 있다. 대용량의 장기기억에

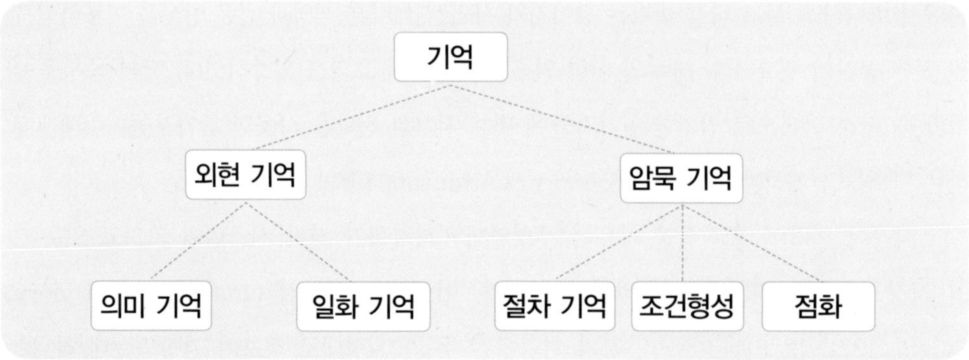

그림 6-5 기억 저장소에 따른 정보 흐름도

저장되어 있는 정보들은 매우 다양하다. 이 정보들을 종류에 따라 분류하는 것도 매우 중요하다(〈그림 6-5〉 참고).

외현기억과 암묵기억. 장기기억에 있는 기억들을 가장 크게 구분하는 방식은 그 기억을 우리가 의식적으로 기억할 수 있는지의 여부에 따른 것이다. 우리가 어떤 것을 기억한다는 표현을 할 때, 우리는 그 기억을 의식적으로 인식할 수 있다는 것을 말한다. 어제 우연히 만난 사람을 오늘 다시 만나서 '어제 만난 사람'이라고 명확하게 생각할 수 있을 때, 우리는 그 사람을 '기억'한다고 한다. 그러나 우리가 장기기억에 있는 모든 정보들을 항상 명확하게 떠올릴 수 있는 것은 아니다. 어제 만난 그 사람이라는 것은 기억하지 못하지만, 언제 어디선가 본 것 같은 느낌이 약하게 떠오를 때도 있다. 이처럼 장기기억에 저장되어 있는 정보들 중에는 우리의 의지와 의도에 따라 쉽게 떠올릴 수 있는 정보들도 있고, 노력해도 명확하게 기억나지 않는 정보들도 있다. 더 나아가 스스로 경험한 것 자체를 떠올리지 못할 정도로 의식하지 못하는 정보도 있다.

장기기억에 저장되어 있는 정보 중에서 사람들이 의식적으로 혹은 의도적으로 인출하고자 할 때 인출에 성공한 정보를 외현기억(explicit memory)이라고 한다. 반면에, 어떤 정보에 대해서는 인출하려는 노력조차 하지 않을 만큼 장기기억에 저장해 놓은 것을 인식조차 못할 수도 있는데 이를 암묵기억(implicit memory)이라고 한다.

그러면 우리 스스로 어떤 정보가 기억 속에 저장되어 있는지도 모른다면, 그 정보는 어떤 의미가 있을까? 또 어떻게 그 존재를 증명할 수 있을까? 암묵기억은 우리가 그 정보를 인식하지는 못하지만 우리의 행동과 판단에 영향을 미친다. 대표적인 종류의 암묵기억은 절차기억(procedural memory)인데, 이는 어떤 일을 '어떻게' 수행하는가에 대한 기억이다. 초등학교 시절 이후 자전거를 타지 않았다가, 대학교에 입학해서 친구들과 자전거를 타러 가 본 경험이 있는가? 거의 10년 가깝게 자전거를 타지 않아 잘 탈 수 있을까 걱정하면서 갔지만, 막상 자전거를 타면 어렵지 않게 탈 수 있다. 이는 자전거를 타는 절차가 우리 기억 속에 있기 때문인데, 이것이 절차기억이다. 절차기억의 흥미로운 점은 말로 설명하기 어렵다는 점이다. 10년 넘는 기간 동안 무사고로 자동차 운전을 한 베테랑 운전사에게 어떻게 운전을 하는지를 설명해 달라고 하면 매우 어려워한다. 혹시 여러분들 중에 수영을 할 수 있는 사람이 있다면, 수영을 어떻게 하는지 설명해보길 바란다. 말로 설명하기는 매우 힘들 것이다. 이렇듯 '말이 아닌 몸이 기억하는 기억'이 절차기억에 해당한다.

혹시 여러분은 지나가는 귀여운 강아지를 보고 깜짝 놀란 때는 없었는가? 약한 수준의 공포증은 많은 사람들이 가지고 있는 보편적인 증상이다. 공포증은 많은 이유에서도 발생하지만, 제 4장에서 언급한 조건형성도 중요한 이유 중 하나이다. 어릴 적에 강아지에게 깜짝 놀란 적이 있다면, 그 경험을 내가 전혀 기억하지 못할 정도로 망각해도 그때 형성된 연합은 지속적으로 남아 나의 행동에 영향을 끼칠 수도 있다. 이렇게 스스로 의식하지는 못하는 조건형성이 여전히 현재의 행동에 영향을 미치는 것도 암묵기억의 한 유형이라고 할 수 있다.

우리가 기억하지 못하는 암묵기억이 나의 행동과 판단에 영향을 끼친다는 사실을 흥미로운 방식으로 확인할 수 있는데, 이중 한 방법이 점화(priming)이다. 점화는 이전에 경험하여 장기기억 속에 있는 정보가 새로 경험하는 정보의 지각 및 판단 등에 영향을 끼치는 것을 말한다. 여러분은 인터넷에서 쉽게 볼 수 있는 퀴즈에서 점화효과를 경험할 수 있다. 예를 들어, 다음 일련의 질문에 빨리 대답해보라. "눈은 무슨 색인가? 백합은 무슨 색인가? 웨딩드레스는 무슨 색인가? 소는 무엇을 마시는가?" 아마 여러분 중에 소가 마시는 것을 우유라고 대답했다면, 그것은 점화효과 때문이다. 눈, 백합, 웨딩드레스의 색상이 흰색이고, 이것을 떠올리면 대답하는 과정에서 흰색이라는 정보가 점화되고, 이 점화된 정보는 다른 정보들에 비해서 나에게 훨씬 쉽게 사용되기 때문에, '소가 무엇을 마시는가?'라는 질문에 대답할 때도 '흰색'이라는 정보가 점화되어 '흰색'과 관련된 정보들이 더 쉽게 떠오른다. 소와 흰색 모두에게 밀접하게 관련되어 있는 우유가 가장 먼저 떠오르는 것이다.

점화를 통해 암묵기억의 효과를 확인할 수 있는 것은 우리가 의식하지 못하는 암묵기억들도 점화효과를 유도할 수 있기 때문이다. 사회심리학의 이론 중에서 단순노출효과(mere exposure effect; Zajonc, 1968)라는 것이 있다. 이 효과는 우리가 어느 특정 자극을 많이 경험할수록 그 자극에 대한 선호도가 증가하는 것을 말한다. 흥미로운 사실은 어떤 자극에 대한 경험의 기억이 전혀 없는 상황에서도 단순노출효과가 발생한다는 점이다. 어느 한 실험에서 참가자들에게 도형, 사람 얼굴, 알파벳 문자를 보여주었는데, 매우 짧은 시간 동안만 제시해서 참가자들은 자신이 무슨 자극을 보았는지 알아차리기도 힘들었다. 그럼에도 불구하고, 이렇게 제시한 자극(기존 자극)과 새로운 자극을 함께 제시하고 더 선호하는 대상을 선택하라고 했을 때, 참가자들은 기존 자극을 이 전에 보았는지 기억하진 못해도 더 선호한다고 보고하였다(Monahan, Murphy, & Zajonc, 2000). 이는 기존 자극들이 우리의 장기기억에 저장되었다가 점화되어 그 선호도를 높인 결과로 해석할 수 있다.

우리가 의식적으로 인출할 수 있는 외현기억은 크게 두 가지로 나누어 볼 수 있다. 한 가지는 세상에 대한 일반적인 지식과 관련된 의미기억(semantic memory)이고, 또 다른 한 가지는 스스로 겪은 다양한 과거 경험과 관련된 일화기억(episodic memory)이다. 3월 1일을 맞이하여, 1919년 3월 1일이 일본의 식민지로부터 해방을 꿈꾸던 조상들의 평화운동인 3.1 운동이 일어난 날이라는 기억은 의미기억에 해당하며, 작년 3월 1일 친구들과 함께 춘천으로 여행을 다녀오며 겪었던 많은 일들에 대한 기억은 일화기억에 해당한다.

기억의 독립성. 이처럼 장기기억에 저장되어 있는 정보들은 매우 다양하다. 하지만 흥미로운 점은 이 다양한 정보들이 실제로 장기기억 속에서 구분되어 저장되어 있다는 점이다. 드라마를 보면 흔히 기억상실증에 걸린 사람들을 볼 수 있다. 이 사람들의 증상을 보면, 다양한 형태의 정보들이 장기기억 속에서 서로 독립적으로 존재한다는 점을 알 수 있다.

쉽게 기억상실증이라고 하지만, 기억상실증도 크게 두 가지로 분류할 수 있다. 하나는 역행성 기억상실증이고 다른 하나는 순행성 기억상실증이다. 역행성 기억상실증(retrograde amnesia)은 어느 시점을 기준으로 그 이전의 기억이 없어진 경우이다. 교통 사고를 당한 후에 자신이 누구인지, 어디에서 왔는지, 왜 그곳에서 발견이 되었는지를 기억하지 못한다면 역행성 기억상실증에 걸린 것이다. 하지만, 역행성 기억상실증에 걸린 사람들은 자신에 관한 기억들은 다 잊었지만, 세상을 살아가는 데 필요한 지식들은 여전히 기억하고 있다. 즉, 일화기억은 손실했지만 의미기억은 여전히 유지하고 있다. 만일 의미기억과 일화기억이 동일한 위치에 함께 저장되어 있다면, 두 기억이 어떤 사고로 인해 함께 손실되는 것이 옳을 것이다.

순행성 기억상실증(antrerograde amnesia)은 단기기억상실증이란 용어로도 친숙한 형태로, 어느 시점 이후에 단기기억에 있는 정보들이 장기기억으로 부호화 되지 않는 경우이다. 이 경우 새로 경험하는 모든 것들에 대한 기억이 없다. 순행성 기억상실증에 걸린 사람은 동일한 사람을 10번 이상 보아도 그 사람이 전에 보았던 사람인지 알 수가 없다. 만날 때 마다 처음 보는 사람이 된다.

순행성 기억상실증이 대중에게 널리 알려진 것은 최근에 이르러서이지만, 기억 연구자들에게는 비교적 오래 전부터 관심 주제였다. 1953년 Henry Molaison은 간질 증상으로 고생을 하고 있었다. (당시 Henry Molaison은 HM이라는 약자로 대부분의 논문에 표기되었다.) 당시 간질 증상의 치료법 중의 하나로 뇌의 일부분을 절단하는 수술법이 있었다. 뇌의 일부분을 절단하면 간질 발작이 전체 뇌로 퍼지는 것을 막아 간질 증상이 호전되었다고 한다. Henry Molaison도 간질 증상의 호전을 바라면서 뇌의 일부부을 절제하였는데, 그 부위가 해마가 포함된 측두엽 부위였다. 절제 수술을 실시한 후, Henry Molaison은 순행성 기억상실증 증세를 보이며 새로운 정보를 전혀 취득할 수 없는 상태가 되었다. 이 후 Henry Molaison을 대상으로 많은 연구가 진행되었고, 이 연구들을 토대로 대뇌와 기억에 관한 이해가 크게 증진되었다.

Henry Molaison을 대상으로 한 흥미로운 연구 중 하나는 미로 학습 실험이었다. 실험에서 Henry Molaison을 포함한 몇 명의 순행성 기억상실증 환자에게 매일 주어진 미로에서 탈출할 수 있는 탈출 경로를 찾는 게임을 하도록 했다. 그들은 탈출 경로를 찾는 것에는 성공했지만, 그 다음 날 자신들이 전날 미로 탈출 게임을 했다는 사실은 기억하지 못했으며, 당연히 전날과 동일한 미로를 보여주어도 알아차리지 못하였다. 그런데 흥미로운 점은 전날과 동일한 미로를 사용했을 때, 새로운 미로를 사용했을 때보다 탈출 때까지 걸린 시간이 짧았다는 점이다. 이 결과는 순행성 기억상실증의 경우에도 외현기억과 관련된 정보들은 장기기억으로 부호화되지 않지만, 절차기억과 같은 암묵기억들은 장기기억으로 부호화된다는 것을 의미한다(Corkin, 2002).

역행성 그리고 순행성 기억상실증 환자들을 통해서 알 수 있는 것은 다양한 형태의 기억이 장기기억 속에 함께 엉켜 있는 것은 아니라는 점이다. 그러면 우리의 뇌에서 기억이 저장된 곳은 어디일까? Henry Molaison의 경우 해마 부위가 절제된 이후에 기억상실증이 걸렸다는 사실을 주목해 보자. 사실 해마라는 부위는 기억에 매우 중요한 역할을 하는 것으로 여겨져 왔고, 한 때 우리의 장기기억 저장소가 해마가 아닐까 하는 의견이 많았다. 하지만, Henry Molaison의 경우 해마가 절제된 이후에도 모든 기억이 사라지는 것이 아니라, 새로 취득한 정보 중 외현기억에 해당하는 정보가 장기기억에 저장되지 않을 뿐이었다. 따라서, Henry Molaison의 사례는 해마가 장기기억의 저장소가 아니라는 점을 보여주고 있다. 최근의 연구들은 다양한 기억들이 우리 뇌의 여러 곳에 저장되어 있으며(Schacter, 1996; Squire & Kandel, 1999), 해마는 이렇게 여러 장소에 저장되어 있는 다양한 정보들을 서로 연결시켜 활용할 수 있게 하는 역할을 한다고 주장한다(Schacter, 1996).

(2) 장기기억에서 작용기억으로: 효과적인 인출을 위하여

장기기억에 자리를 잡은 정보들은 이제 우리의 호출을 기다리게 된다. 그러나 여러분이 시험을 볼 때마다 항상 느낄 수 있듯이 이 정보들을 우리가 원할 때 항상 쉽게 인출할 수 있는 것은 아니다. 장기기억의 인출에 영향을 끼치는 요인에는 어떤 것들이 있을까?

고정. 일단 정보가 장기기억으로 부호화된 이후에는 정보들의 상태가 매우 불안정하다. 그래서 그 정보를 안정화시키는 과정이 필요한데 이것을 고정(consolidation)이라고 한다. 만일 고정이 제대로 이루어지지 않으면, 부호화된 정보가 훼손되어 적절한 인출이 어려워질 수가 있다. 교통 사고를 당한 사람이 사고 전후의 기억을 잃어버리는 경우에는 사고 당시 고정이 채 이루어지지 않은 기억이 손실되었을 가능성이 높다.

고정은 부호화가 이루어진 직후에만 일어나는 과정은 아니고, 대신 고정의 정도는 지속적으로 강화되는 것으로 보인다. 고정의 강도를 높이는 데 효과적인 방법은 기억을 지속적으로 인출하는 것이다. 어떤 경험을 지속적으로 이야기하고 생각하는 기회를 갖게 되면 고정은 강화된다(Moscovitch et al., 2006). 또 다른 요인은 수면이다. 수면이 기억에 도움이 된다는 사실은 거의 한 세기 전의 연구에서도 확인된 점이다(Jenkins & Dallenbach, 1924). 암기과목을 수면시간 직전에 하는 것이 더 효과적이라는 이야기도 있는데, 수면이 기억의 고정에 도움이 된다는 측면에서 보면 옳은 이야기라고 할 수 있다.

고정이 이루어진 장기기억 정보는 필요에 따라 인출되어 작업기억(혹은 단기기억)으로 옮겨진다. 이 인출의 과정에 도움을 주는 정보들이 있는데 이것을 인출단서(retrieval cue)라고 한다. 대표적인 인출단서는 인출하고자 하는 정보가 부호화 되었을 때의 상황 혹은 상태이다. 장기기억 정보는 부호화되었을 때와 동일한 맥락에서 더 잘 생각나는데 이를 맥락 의존적 인출(context-dependent retrieval)이라고 한다. 이를 가장 잘 보여주는 실험으로, 잠수부들에게 물 속에서 단어를 암기하도록 한 후 회상하도록 했다. 그 결과 물 속에서 회상하도록 했을 때의 정확율이 물 밖에서 회상하도록 했을 때보다 높았다(Godden & Baddeley, 1975). 이는 단어를 부호화한 물리적 맥락이 동일할 때 인출이 더 잘 이루어진다는 점을 보여주고 있다. 우리가 예전에 다닌 초등학교를 다시 방문했을 때, 그 시절의 기억이 평소보다 더 생생하게 생각나는 것도 맥락 의존적 인출의 결과라고 할 수 있다.

상태 의존적 인출. 비슷한 형태로 상태 의존적 인출(state-dependent retrieval)이 있다. 맥락 의존적 인출에서는 인출단서가 물리적 맥락이라면, 상태 의존적 인출은 나의 내적 상태, 즉 마음의 상태가 인출단서가 된다. 따라서 내가 슬픈 정서 상태였을 때 부호화한 정보는 동일하게 슬플 때 더 잘 생각이 나고, 즐거운 정서 상태였을 때 부호화한 정보는 마찬가지로 즐거울 때 더 잘 생각이 난다(Eich, 1995). 상태 의존적 인출 때문에 우울증이 더 심화되기도 하는데, 나의 내적 상태가 우울하면, 우울한 사건들이 더 잘 생각나기 때문이다. 간혹 술김에 한 행동들이 전혀 생각나지 않다가 나중에 술을 마실 때 생각나는 경우도 상태 의존적 인출 때문이다. 기본적으로 술은 기억의 고정을 약화시키기 때문에 술을 마시고 한 행동들은 잘 기억나지 않는다. 하지만, 이후에 부호화되었을 때와 똑같이 술 마시는 상황이 되면, 그때의 기억이 생각날 수도 있다.

이와 같이 부호화했었을 때의 물리적 맥락이나 내적 상태가 인출 단서로 작용하여 인출이 효과적으로 이루어지는 것을 부호화 특수성 원리(encoding specificity principle)라고 한다(Tulving & Thomson, 1973). 장기기억에는 정보가 망조직으로 저장되어 있다. 망조직이라는 것은 하나의 정보가 관련성이 높은 다른 정보와 연합되어 서로 연결되어 있는 형태를 말한다. 따라서 한 정보가 부호화될 때 그 맥락 및 내적 상태도 함께 연결되어 저장된다. 이후에 한 정보가 활성화되면 연결되어 있는 다른 정보들에게도 그 활성화가 전달되어 그 정보들도 인출될 가능성이 높아진다.

상태 의존적 인출에서 내적 상태인 정서가 인출단서로 작용할 수 있다는 점을 확인했다. 하지만 정서가 우리의 기억에 미치는 영향은 이보다 더 직접적이다. 매우 충격적인 일을 경험할 때, 그때의 기억이 마치 카메라로 녹화한 것과 같이 생생하게 생각나는 경우가 있다. 이것을 섬광 기억(flashbulb memory)이라고 한다. 우리의 정서에 큰 영향을 끼칠 수 있는 사건, 예를 들면 친한 친구의 죽음, 천재지변과 같은 사건을 경험하면, 정서를 담당하는 뇌의 부위인 편도체가 자극되어 기억 형성과 연관된 뇌의 영역을 활성화시킨다(Buchanan, 2007). 따라서 강한 정서를 유발하는 사건은 보통의 경험에 비해 더 선명한 기억을 갖게 된다. 대부분의 미국인들은 2001년에 발생한 9.11 사태에 대해 이와 같은 섬광 기억을 가지고 있어서, 그 날 어디에서 무엇을 하면서 그 소식을 들었는지에 대해 매우 세세한 기억을 가지고 있다(Kvavilashvili et al., 2009).

섬광 기억을 가지고 있는 사람들은 대부분 자신의 기억이 옳을 것이라는 높은 확신도를 가지고 있었지만, 섬광 기억이 항상 완벽하게 정확한 것은 아니었다. 하지만, 비슷한 시기의 일상적인 경험에 대한 기억보다는 섬광 기억의 정확도가 더 높았다(Neisser & Harsch, 1992).

(3) 기억의 실패

핸드폰을 집에 두고 오거나 즐겨 찾는 인터넷 사이트의 로그인 비밀번호를 잊는 경우처럼 일상생활에서 발생하는 사소한 기억의 실패에도 당황할 정도로 우리 기억 능력은 우수하다. 실제 여러 심리학의 연구에서 보여주고 있는 우리의 기억력은 매우 정확하다. 사람 얼굴과 장소를 찍은 사진 2,500장을 각 장당 10초씩 보여주었을 때, 우리는 대략 90%의 정확률로 그 사진을 기억할 수 있었다(Standing, Conezio, & Haber, 1970). 그럼에도 불구하고, 우리가 모든 것을 제대로 기억하는 것은 아니다.

앞에서 언급했듯이 장기기억에는 시간적인 측면과 용량적인 측면에서 모두 제한이 없다.

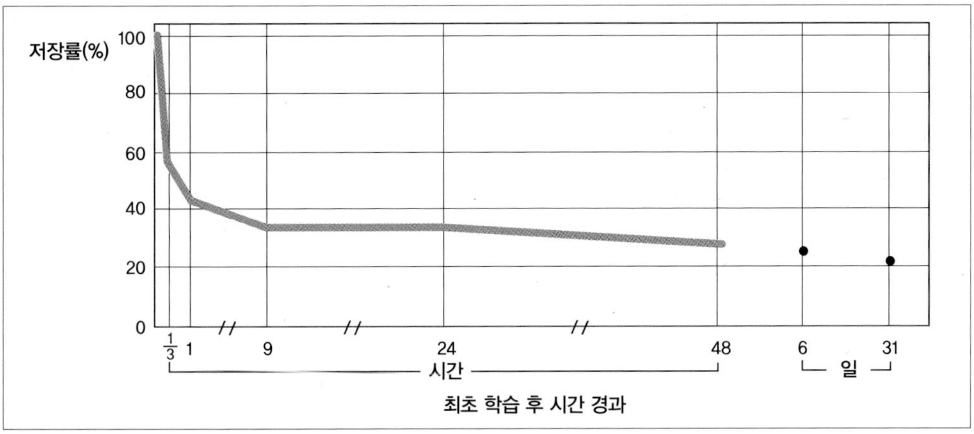

그림 6-6 Ebbinghaus의 망각곡선

그렇다면 장기기억에 일단 부호화된 정보들은 영원히 우리 기억 속에 머물게 되는 것일까? 심리학 최초의 기억 연구를 실시한 Ebbinghaus는 1885년에 기억 속에 저장되어 있는 정보가 시간이 지남에 따라 소실되는 정도를 보여주는 망각곡선을 보고하였다(〈그림 6-6〉 참고). 망각곡선은 그 이후에도 여러 연구들을 통해서 확인되었는데, 공통적으로 망각은 부호화가 완성된 시점에서부터 급격하게 일어나며, 얼마의 시간이 지난 후에는 안정화되어 큰 규모의 기억 손실이 일어나지 않았다. 영어를 모국어로 사용하는 사람들이 고등학교와 대학교 때 익힌 스페인어 어휘에 대한 망각곡선을 측정했을 때, 초반 3년 동안에는 대규모의 망각이 발생했으나 3년 이후에는 작은 규모의 망각만이 발생하였다(Bahrick, 1984).

Ebbinghaus의 망각곡선은 장기기억에 부호화된 정보가 시간이 흐름에 따라 소실될 수 있다는 점을 보여준다. 그러나 장기기억의 정보들은 다른 정보들의 방해 때문에 인출에 실패할 수도 있는데 이것을 간섭(interference)이라고 한다. 간섭은 두 가지 형태로 구분할 수 있다. 기존의 장기기억 정보가 새로 부호화된 정보의 기억을 방해하는 것은 순행간섭(proactive interference)이라고 하고, 새로 부호화된 정보가 기존 정보의 기억을 방해하는 것을 역행간섭(retroactive interference)이라고 한다. 예를 들어, 갓 이사 간 새집의 주소를 생각하려 할 때 먼저 살던 집의 주소만이 생각나고 새로운 집주소가 생각나지 않을 때, 이것을 순행간섭이라고 할 수 있다. 반대로, 새로운 집 주소는 기억할 수 있는데 먼저 살던 집의 주소가 생각나지 않으면, 이것은 역행간섭의 예로 볼 수 있다.

망각이나 간섭의 결과로 장기기억의 정보를 인출하지 못하는 것도 문제이지만, 왜곡된 기억을 인출하는 것도 문제이다. 기억의 왜곡은 장기기억 정보의 출처 정보가 손실되어 발생할 수 있다. 기억의 일부는 장기기억에 저장되어 있는 정보를 언제, 어디서, 어느 경로를 통해 획득했는지에 관한 것들인데 이를 출처기억(source memory)이라고 한다. 내가 어제 강의실에서 우연히 만난 사람에 대해서 기억한다면, 어제라는 시간과 강의실이라는 장소가 출처기억에 해당한다. 그런데 가끔 이 출처기억이 왜곡되면서 전체적인 기억도 왜곡될 수 있는데 이를 기억오귀인(memory misattribution)이라 한다.

기억오귀인을 보여주는 실례가 있다. 1995년에 미국의 오클라호마에서 테러 사건이 발생하였다. 당시 테러범을 직접 목격한 사람이 2명의 테러범에 대해 매우 정교한 인상착의를 알려주었다. 그 덕분에 1명의 테러범은 매우 빠른 시간 안에 체포할 수 있었다. 하지만, 두 번째 범인을 찾아내는 데 어려움을 겪다가 결국 찾아내지 못했다. 그런데 차후 수사 결과 밝혀진 것은 범인이 2명이 아니라 이미 체포된 범인이 단독으로 저지른 사건이었다는 것이다. 목격자가 알려준 두 번째 범인의 인상착의는 그 목격자가 다른 시간에 우연히 만난 테러와는 전혀 무관한 사람의 것이었다.

이외에도 기억의 왜곡은 저장되어 있는 정보에 차후 다른 출처로부터 얻은 정보를 통합하는 경향 즉, 암시성(suggestibility) 때문에 발생한다. Elizabeth Loftus는 일련의 실험들을 통해 암시성에 의한 기억 왜곡을 잘 보여주었다. 한 실험(Loftus & Palmer, 1974)에서 그녀는 참가자들에게 교통사고 영상을 보여주고 그 직후에 몇 가지 질문을 하였는데, 절반의 참가자들에게는 "두 대의 차가 부딪혔을 때 그 차들은 얼마나 빨리 달리고 있었나요?"라고 물었고, 다른 절반의 참가자들에게는 "두 대의 차가 충돌했을 때 그 차들은 얼마나 빨리 달리고 있었나요?"라고 물었다. 그 결과 '충돌하다'라는 표현이 '부딪히다'라는 표현보다 더 강한 표현이기 때문에 '충돌했을 때'라고 질문한 참가자들이 보고한 속도가 더 빨랐다. 더욱이, 1주일 후에 참가자들을 다시 불러서 전에 보여준 영상에서 깨진 유리창 파편을 보았는지 물어보았다. 실제 영상에서는 깨진 유리 파편이 전혀 없었음에도 불구하고 '충돌했을 때'라고 질문한 참가자들의 경우 상당수가 깨진 유리 파편을 보았었다고 이야기했다. 이는 차후의 질문을 통해서 얻은 정보들이 이미 저장된 기억을 왜곡시킬 수 있음을 보여준다. 이 연구의 결과는 특히 범죄 수사에서 유도 질문의 위험성을 잘 보여준다고 할 수 있다.

지금까지 이야기한 기억이 인간의 인지 활동의 가장 기본이 되는 요소라면, 이제부터 할 이야기는 인지 활동 그 자체라고 할 수 있다. 우리는 매우 다양한 종류의 인지 활동을 하고 있으며, 그 각각의 활동은 서로 다른 능력을 요구한다. 다시 말하면, 합리적이고 논리적인 의사결정을 잘 하는 사람이 문제해결을 잘 한다고 꼭 말할 수는 없으며, 언어를 빨리 습득하는 사람이 추리 능력까지 좋은 것은 아니라는 것이다. 사고라고 이름 붙일 수 있는 고등 인지 활동의 몇 가지에 대해 알아보기로 하자.

4 사고

(1) 개념과 범주

세상을 구성하고 있는 것은 너무나도 많다. 그 수많은 것들을 하나하나 받아들여 각자 이름을 붙인다면, 우리의 뇌는 마비되고 말 것이다. 해변에서 한 웅큼의 모래를 쥐었을 때, 그 모래알 하나하나를 독립적인 것으로 따로 처리해야 한다고 생각해보면, 그것이 얼마나 끔찍한 일인지 알 수 있을 것이다. 다행히 우리의 인지 시스템은 모래 알갱이 하나하나에 따로 이름을 붙이지 않는다. 대신 모래라고 하는 개념으로 그 무수한 모래 알갱이를 하나로 묶어준다.

개념(concept)은 세상을 구성하고 있는 사물이나 그 사물들이 만들어 내는 사건들에 대한 마음의 표상(representation)을 말하는데, 각각의 사물 혹은 사건들이 공통적으로 가지고 있는 속성을 근거로 범주화하여 생성해 낸다. 우리는 개념을 통해서 지식을 구성한다. "개는 인간이 사육한 최초의 포유류이다."라는 지식에는 '개', '인간', '사육', '포유류' 등의 개념이 포함되어 있다. 개념이 없다면 우리는 이 복잡한 세상에서 생존에 필요한 지식을 형성할 수도 없을 것이다.

우리는 매우 쉽게 개념을 형성하는 것처럼 보이지만, 그 과정이 간단한 것은 아니다. 길을 가다가 주인과 산책하고 있는 강아지를 보았을 때, 우리는 그 강아지를 보고 아무런 어려움 없이 '개'라고 이야기한다. 하지만 개는 무척이나 다양한 속성을 가진 다양한 품종을 포함하고 있는 큰 개념이다. 치와와와 골드리트리버의 두 종류의 개를 비교해 보자. 〈그림 6-7〉

그림 6-7 본보기이론과 원형이론

에서 볼 수 있듯이 치와와는 대략 18cm 정도의 키에 3kg 정도의 몸무게를 가졌으며 털이 짧다. 그에 비해 골드리트리버는 대략 55cm 정도의 키에 50kg이 넘는 몸무게를 가졌으며 풍성해 보이는 털을 가졌다. 물리적인 측면으로 비교해보면 도저히 한 범주에 속하기 어려워 보이는 두 종류의 동물을 우리는 공통적으로 개라고 부른다. 개의 품종이 약 400여종이고, 종들 간에서 태어난 믹스견까지 포함하면 그 종류는 어마어마하게 많다. 또한 한 품종에 속한 개들이 모두 비슷한 것도 아니다. 치와와만 하더라도, 평균적으로는 3kg 정도의 몸집이지만 어떤 치와와는 500g에 불과한 것도 있다. 이렇게 다양한 속성을 가진 개들을 어떻게 하나의 범주인 개로 개념화할 수 있을까? 인지심리학자들은 개념을 형성하는 원리에 대해서 많은 이론을 제시하였다.

고전적 시각. 인간이 어떻게 개념을 형성해 나가는지에 대한 질문은 고대 그리스 때부터 철학자들이 관심을 기울인 주제이다. Aristotle 시절에서 1970년대 이전까지의 고전적 시각을 가진 이론들은 대부분 개념을 정의의 문제로 보았다. 개념을 정의할 수 있는 속성들을 정의 속성(definitional attribute)이라 칭하고, 개념은 이 정의 속성을 공통적으로 가지고 있는 사례들의 집합이라고 보았다. 예를 들면, 사각형이라는 개념은 '4개의 변', '폐쇄성(4개의 변이 서로 연결되어 폐쇄된 도형의 형태를 이루는 속성)', '평면성(4개의 변이 이루는 도형이 동일한 깊이에 평면으로 존재하는 속성)'이라는 3개의 정의 속성으로 구성된다. 그래서 어떤 자극이 이 정의 속성을 모두 가지고 있으면 그 자극은 사각형이 되지만 이중 하나의 속성이라도 가지지 못하면 그 자극은 사각형이 아니게 된다. 고전적 시각은 개념을 매우 명쾌하게 정의한다는 점에서 큰 매력이 있지만, 사각형과 같이 매우 명확하게 정의할 수 있는 개념을 제외하면 적용하기가 어렵다. 예를 들면, 위에서 언급한 개의 정의 속성은 무엇일까? '4개의 다리', '긴 털', '꼬리', '짓는 소리'로 정의할 수 있을까? 어떤 품종의 개들은 털이 길지만 어떤 품종의 개들은 털이 짧다. 꼬리가 긴 품종의 개도 있고 꼬리가 짧은 품종의 개도 있다. 짓는 소리도 우리는 쉽게 '멍멍'이라는 의성어를 사용하지만, 개의 품종별로 조금씩은 다르다. 그럼, '4개의 다리'로만 정의되는가? 그럴 경우, 4개의 다리를 갖는 고양이, 소, 돼지 등의 다른 동물들과는 어떻게 구분할 수 있는가?

유사성 기반 시각. 1970년을 전후하여 개념과 범주화에 대한 다양한 심리학의 연구가 진행되면서 고전적 시각과는 다른 시각들이 등장하였다. 고전적 시각은 엄격한 정의 속성이 개념을 규정하는 것으로 보았다. 정의 속성을 모두 가지고 있지 않은 사례는 그 개념에 해당하지 않는 것으로 보는 엄격함이 있었다. 하지만, 1970년을 전후해서 등장한 이론들은 이와 같은 엄격함을 포기하고 비교적 유연한 입장을 취했다. 그들이 집중한 것은 유사성이었다. 개의 예에서 알 수 있듯이, 한 개념에 속하는 모든 사례들이 언제나 모든 정의 속성을 가지고 있는 것은 불가능하다. 따라서 우리가 어떤 한 사례가 그 개념에 포함되는지 여부를 판단할 때, 완벽하게 정의 속성을 다 가지고 있지는 않지만 어느 정도 유사하면 동일한 개념에 속하는 것으로 본다는 것이다.

이 유사성 기반 시각(similarity-based view)에 해당하는 다양한 이론들이 있다. 대표적인 이론은 1970년대 개념에 대한 획기적인 연구들을 진행한 Eleanor Rosch(1978)가 주장한 원형(prototype)이론이다. 이 원형이론에는 고전적 시각의 정의 속성에 비견되는 가족 유사성(family resemblance)이 있다. 이것은 개념의 모든 사례가 공유하지는 않지만 그 개념을 특징짓는 특유의 속성을 이야기한다. 예를 들어, 다양한 품종의 개들이 모두 다르게 생겼지만, 그럼에도 불구하고 우리가 개와 고양이를 혼동하지 않게 하는 개들만의 유사성이 어느 정도 있다는 것이다. 삼형제가 있는데 첫째 아들은 아버지의 눈을 닮았고, 둘째 아들은 아버지의 코를 닮았고, 막내 아들은 아버지의 입을 닮았는데 서로 비슷하게 생기지 않았다. 그러나 아버지를 중심으로 세 명의 아들이 함께 찍은 사진을 보면, 우리는 아들들이 모두 아버지를 닮았다고 말하는 것과 비슷하다.

그래서 Rosch(1978)에 따르면, 우리는 한 개념에 속하는 사례들을 지속적으로 살펴 보면 그 사례들이 평균적으로 혹은 대표적으로 가지고 있는 속성들을 알게 된다. 그 다음 우리는 이 속성들의 집합체로서 원형(prototype)을 형성하게 되며, 새로 경험하는 사례들을 이 원형과의 유사성을 근거로 이 개념에 포함할 것인지 아닌지를 결정한다고 주장하였다. 우리는 다양한 개와 고양이를 보면서 개와 고양이의 원형을 형성하게 되고, 그 이후에 만나는 새로운 네 발 동물을 개의 원형과 고양이의 원형과 대조하여 본 다음, 더 유사한 쪽에 해당하는 것으로 판단하게 된다는 것이다. "꾀꼬리는 새인가?"라는 질문에 매우 쉽게 '그렇다'라고 대답을 하는데 반해, "펭귄이 새인가?"라는 질문에 대해서는 약간 머뭇거리게 된다. 이것은 우리가 가지고 있는 '새'라는 원형에 꾀꼬리는 유사성이 높지만 펭귄은 유사성이 낮기 때문이다.

원형이론에 따르면 각 개념에는 한 개씩의 원형이 있다. 물론 이 원형은 고정되어 있는 것은 아니어서 새로운 사례들을 볼 때마다 변할 수는 있지만, 그럼에도 불구하고 한 개념에 하나의 원형이 있다는 사실은 변함이 없다. 원형은 하나의 개념에 해당하는 다양한 사례를 모두 포괄하기 때문에 어느 정도 추상적일 수밖에 없다. 유사성 기반 시각에 해당하는 또 다른 이론인 본보기(exemplar)이론은 이런 점에서 상이하다. 본보기이론은 한 개념을 대표하는 하나의 표상이 있고 그에 따른 유사성으로 새로운 사례의 개념을 판단한다는 점에서는 원형이론과 동일하지만, 각 개념의 대표 표상이 하나의 추상적인 원형이 아니라 여러 개의 구체적인 사례라는 점에서는 원형이론과 다르다(Medin & Schaffer, 1978).

예를 들면, 여러 품종의 개를 보았다고 하자. 여러 마리의 개들을 구분해 보면, 몸집이 작고 털이 짧은 개들, 몸집이 작고 털이 긴 개들, 몸집이 크고 털이 짧은 개들, 몸집이 크고 털이 긴 개들로 구분할 수 있다고 가정하자. 원형이론에 따르면, 우리는 이 네 종류의 개들을 다 아우르는 하나의 표상 즉, 원형을 형성하고, 이것을 앞으로 경험할 새로운 사례를 판단하는 기준으로 삼는다. 하지만 본보기 이론은 하나의 표상을 형성하는 것이 아니라 네 종류의 개들을 각기 잘 나타내는 네 개의 구체적인 사례들을 본보기로 표상한다는 것이다. 즉, 몸집이 작고 털이 짧은 개들의 표상으로 치와와, 몸집이 작고 털이 긴 개들의 표상으로 포메라니안, 몸집이 크고 털이 짧은 개들의 표상으로 도베르만, 몸집이 크고 털이 긴 개들의 표상으로 골드리트리버를 저장한다. 그 다음 새로운 종류의 네 발 동물을 만나면, 그 동물이 저장해 놓은 네 개의 구체적인 표상들과 유사하면 그 동물을 개라고 판단하고, 그 네 개의 표상 어느 것과도 유사하지 않다면 개가 아니라고 판단하게 된다.

(2) 의사결정

최근 햄릿 증후군 혹은 결정장애라는 말이 유행이다. 이 증후군 무엇인가 선택해야 할 때 쉽게 결정을 내리지 못하는 것을 일컫는 말이다. 어떤 상황에서 하나를 선택하는 것은 쉽지 않은 일이다. 하지만, 결정장애라는 말이 유행어가 될 정도로 우리가 많이 언급한다는 사실은 우리에게 의사결정을 내려야 하는 순간이 많다는 것을 보여주고 있다.

우리의 삶은 실제로 의사결정(decision making)의 연속이다. 휴대폰 알람 소리를 듣고 즉시 일어날지 아니면 조금 더 누워 있을지를 결정해야 하고, 아침으로 무엇을 먹어야 할지, 어떤 옷을 입고 등교를 해야 할지를 결정해야 한다. 수업 시간에는 졸린 눈을 비비며 수업에 집중을 해야 할지, 아니면 조금 휴식을 취하며 조는 것이 좋을지, 아니면 강의 대신 휴대폰에 주의를 기울일지를 결정해야 한다.

우리가 호모 사피엔스라는 이름처럼 현명해서 스스로 내리는 의사결정이 언제나 옳다면 얼마나 좋을까? 실제 과거의 경제학자들은 이와 같은 믿음을 가지고 있었다. 합리적 선택이론(rational choice theory)이라고 불리는 이 믿음은 우리가 선택에 필요한 모든 정보를 가지고 있고, 이를 바탕으로 가장 합리적인 선택을 한다는 것을 의미한다. 실제 우리의 의사결정이 이렇게 합리적일까?

2002년 노벨 경제학상을 수상한 Daniel Kahneman이 Amos Tversky와 함께 수행한 연구들은 우리의 의사결정이 얼마나 합리적이지 않은지를 여실히 보여주고 있다. 기본적으로 의사결정뿐 아니라 우리의 전반적인 사고가 언제나 합리적인 것은 아니다. 주어진 문제를 풀 때 가장 확실하게 정답을 산출할 수 있는 방법은 연산법(algorithm)이다. 예를 들어, 네 자리 숫자로 이루어진 비밀번호를 맞추고자 할 때, 연산법은 가능한 모든 경우의 수를 일일이 대조하여 확인하는 방법이다. 연산법은 확실한 정답을 산출해 내기는 하지만 시간과 노력이 매우 많이 드는 일이다. 때문에 우리는 어림법(heuristic, 추단법, 발견법)이라는 방식을 주로 사용한다.

어림법. 어림법은 어림잡아 대충 정답을 생각하는 방식이다. 가령 위의 비밀번호를 맞추고자 할 때, 대충 추측으로 네 가지 숫자를 만들어서 대입해 보는 방식이다. 물론 어느 정도의 전략은 사용되어, 비밀번호를 만든 사람의 생일, 결혼 기념일, 전화번호, 그 외의 중요한 날짜 등을 고려해서 네 자리 숫자를 추측하겠지만, 완성도가 높은 추리를 담보함으로써 얻을 수 있는 확실한 정답을 보장하는 방식은 아니다. 하지만, 우리가 어림법을 사용하는 이유는 연산법에 비해 투입되는 시간과 노력이 매우 적은 반면, 그 정확률이 아주 형편없이 낮지는 않기 때문에 효율성인 측면에서 이점이 있기 때문이다.

Tversky와 Kahneman(1974)의 연구도 기본적으로 우리의 의사결정이 어림법을 사용한다는 것을 보여주고 있다. 하지만, 이 어림법이 매우 취약해서 여러 가지 요인에 의해 극단적으로 영향을 받을 수 있다는 점도 보여주고 있다. 그들은 참가자들에게 영어 단어 중에서 첫 번째 글자가 k인 단어와 세 번째 글자가 k인 단어 중 어느 단어가 더 많은지를 판단하도록 했다. 여러분들도 한번 생각해 보라. 어떤 단어가 더 많을까? 아마도 여러분들도 실험의 참가자들과 마찬가지로 k가 첫 번째 글자인 영어 단어가 많다고 판단했을 것이다. 하지만 실제로는 세 번째 글자가 k인 영어 단어가 첫 번째 글자가 k인 영어 단어보다 세 배 더 많다고 한다. 왜 사람들은 k가 첫 번째 글자인 단어가 더 많다고 착각할까? 그 이유는 세 번째 글자가 k인 단어를 떠올리기보다 k로 시작하는 단어를 떠올리기가 더 쉽기 때문이다.

이처럼 머리 속에 쉽게 떠오를수록 그 사건 혹은 그 사례가 더 빈번하게 발생한다고 판단하는 경향을 가용성 편향(availability bias)이라고 한다. 가용성은 사용 용이성, 기억 용이성이라는 개념으로도 해석하는데, 기본적으로 어떤 특정 정보를 손쉽게 사용할 수 있을 때 가용성이 높다고 한다. 위의 예를 보면, 우리들은 단어를 외우거나 사전에서 단어를 찾을 때 첫 번째 글자를 기준으로 많이 사용한다. 따라서 첫 번째 글자가 k인 단어는 기억 속에서 쉽게 생각이 나는 반면, 세 번째 글자가 k인 단어는 여간해서는 생각해 내기가 쉽지 않다. 첫 번째 글자가 k인 단어의 가용성이 높기 때문에 그 단어가 더 많이 있다고 생각하는 것이다.

어떤 사건에 대한 기억이 매우 강렬해도 그 가용성이 높다. 많은 사람들이 자동차 여행보다 비행기 여행을 더 위험하다고 생각하지만, 실제로는 자동차 여행 중 사망할 확률이 비행기 여행 중 사망할 확률보다 더 높다. 자동차 사고로 인한 사망자는 거의 매일 발생하지만, 비행기 사고는 그 자체가 매우 드물게 발생한다. 하지만, 비행기 사고는 여러 언론에서 매우 중요한 사건으로 다룬다. 우리나라 비행기가 아닌 다른 나라의 비행기가 타국에서 난 사고로 사망자가 발생해도 우리나라의 신문이나 방송은 이것을 뉴스로 보도한다. 이 때문에 비행기 사고에 대한 기억은 자동차 사고에 대한 기억에 비해 더 강렬하게 저장되고, 그 결과 비행기 사고가 더 가용성이 높은 정보가 된다. 따라서 비행기 여행이 더 위험하다는 착각을 하게 되는 것이다. 마찬가지로 적은 나이가 아닌 자녀들이 혼자 등교하는 것을 그 부모들이 망설이는 것도 유괴 사건에 대한 강렬한 기억 때문에 실제보다 그 위험성을 과도하게 받아들이기 때문이다.

반면에 어떤 사건들에 대해서는 실제 그 위험성은 높지만 그 가용성이 낮아서 그것을 과소평가하는 경향도 있다. 예를 들어, 온난화 때문에 지구의 기후는 매해 상당한 정도로 달라지고 있고 이 때문에 인류가 멸망할 가능성이 높다는 지적이 계속되고 있음에도 불구하고, 우리들은 그 위험성을 그다지 높다고 생각하지 않는다(Pew Research Center, 2014). 이것은 기후의 변화가 1년 단위로 측정했을 때 알 수 있는 것으로, 우리가 일상적으로 알 수 있는 기후 변화는 그렇게 가시적이지 않다. 따라서 기후 변화에 대한 가용성이 낮아서 그 위험성을 과소평가하게 된다. 그러나 자신이 살고 있는 지역 근처에서 허리케인 등 자연 재해가 발생해 큰 피해를 겪은 사람들은 기후 변화에 대한 걱정이 커졌고, 그결과 해당 지역의 환경보호 운동이 증가했다(Rudman et al., 2013).

도박사의 오류. 가용성 편향 이외에도 Tversky와 Kahneman(1974)은 다양한 의사 결정의 오류를 보여주었는데, 도박사의 오류(gambler's fallacy)로 알려진 현상도 그중 하나이다. 동전을 던져서 앞면과 뒷면 중 어느 면이 나올 것인지를 맞추는 게임을 한다고 치자. 지금까지 네 번 연속 앞면이 나왔다. 다시 한 번 더 동전을 던진다면, 당신은 앞면이 나온다는 결과에 돈을 걸겠는가, 아니면 뒷면이 나온다는 결과에 돈을 걸겠는가? 아마 대부분 여러분은

"설마 다섯 번 연속으로 앞면이 나오겠어?"라고 생각하며 뒷면에 돈을 걸 것이다. 하지만 사실은 어떨까? 앞에서 네 번 연속 앞면이 나왔던 아니면 네 번 연속 뒷면이 나왔던, 지금 던지는 동전이 앞면일 확률과 뒷면일 확률은 동일하게 50%이다.

도박사의 오류는 실제로 1913년 모나코의 몬테카를로에 있는 도박장에서 발생한 사건에서도 확인할 수 있다. 룰렛이라고 하는 도박 게임이 있는데, 작은 구슬을 회전판에서 굴려서 검은색 칸에 떨어지는지, 빨간색 칸에 떨어지는지를 맞추는 게임이다. 한번은 어느 테이블에서 20번 연속 구슬이 검은색 칸에 떨어지는 일이 발생했다. 그 사실을 확인한 많은 도박사들은 이제 빨간색 칸으로 떨어지는 일만 남았다고 판단하고 거기에 많은 돈을 걸었으나, 이번에도 결국 구슬은 검은색 칸으로 떨어졌다. 그 이후에도 도박사들은 '이번에는', '이번에는 반드시'를 외치며 계속 빨간색 칸에 돈을 걸었으나, 결과적으로 그 이후에도 5번 연속 검은색 칸으로 구슬이 떨어졌다. 총 26번 연속 검은색 칸에 구슬이 떨어진 것이었다. 그래서 도박사의 오류를 몬테카를로의 오류라고도 한다.

도박사의 오류와 정반대인 오류도 있다. 뜨거운 손 오류(hot-hand fallacy)는 한 번 성공을 경험한 사람이 그다음 시도에서도 성공할 확률이 더 높다고 여기는 현상이다(Gilovich, Vallone, & Tversky, 1985). 뜨거운 손 오류는 특히 스포츠 분야에서 많이 나타나는데, 농구 경기에서 연달아 슛을 성공시킨 선수는 그 이후 평소보다 더 많은 패스를 받아 결국 더 많은 슈팅 기회를 갖는 경향이 있다. 농구 경기에서 슛을 성공시키는 것은 도박과는 달리 숙련된 기술이 필요하고, 또 연달아 슛을 성공시키는 것은 그 선수의 컨디션이 좋다는 것을 의미할 수 있다는 점에서 이것을 오류라고 간주하는데 머뭇거릴 수도 있지만, 실제 그 선수의 경기 전반에 걸친 슛 성공률을 보면 다른 선수들에 비해 높지 않다. 이 점을 고려하면 이것도 올바른 판단이라기보다는 잘못된 믿음의 결과라고 보는 것이 더 합당하다. 서로 정반대의 경향성이지만 도박사의 오류이든 뜨거운 손 오류이든, 두 가지 모두 서로 상관없는 독립적인 사건을 서로 연관되어 있는 종속사건으로 이해하기 때문에 발생하는 오류라는 점에서는 동일하다.

틀 효과. 의사결정의 오류는 외부적인 요인에 의해서도 발생할 수 있다. 대표적인 것이 정보를 제시하는 방식이다. 여러분이 어떤 심각한 질병을 가졌다고 진단 받았다고 가정해

보자. 현재 있는 약으로는 치료 가능성이 없다. 이 질병에 대한 새로운 신약이 나왔는데 아직 그 안정성이 완전하게 검증되지는 않았다. 당신은 이 약으로 치료받는 것에 대해 동의하겠는가? 이때의 의사 결정은 신약을 설명하는 방식에 따라 달라질 수 있다. 의사가 새로운 약에 대해 "이 약의 성공률은 70%입니다."라고 설명하는 경우에는 대부분의 사람들이 그 약의 사용에 동의한다. 하지만 "이 약의 실패율은 30%입니다."라고 설명한다면 대부분의 사람들은 그 약을 사용하는 것을 원하지 않는다(Tversky & Kahneman, 1981). 어떤 정보가 표현되는 방식에 따라 동일한 정보에 대한 의사결정이 달라질 수 있는 현상을 틀 효과(framing effect)라고 한다.

틀 효과는 다양한 형태로 나타날 수 있다. 어떤 화학 물질에 대한 위험성을 이야기할 때, 이 물질에 노출되었을 때 사망률이 0.000001%라고 말하는 경우와 1,000만명 중에 10명이 사망한다고 말하는 경우 사람들이 지각하는 위험 정도는 다르다. 실제 0.000001%와 1,000만 명 중 10명은 동일한 정보이지만, 10명이 사망할 수 있다는 정보가 훨씬 위험하다고 판단한다(Kraus et al., 1992).

틀 효과의 다른 예가 매몰비용 오류(sunk-cost fallacy)인데, 이것은 이미 투자한 시간, 노력, 돈 때문에 어떤 행동을 지속하는 현상을 말한다(Arkes & Blumer, 1985), 예를 들어, 모처럼 주말에 시간을 내서 친구들과 함께 춘천으로 놀러가기로 했다. 예약비를 지불해서 숙소도 잡았고, 기차표도 구입했고, 점심과 저녁 식사를 위한 식당도 예약했다. 완벽하게 준비했지만, 갑자기 주말에 날씨가 나빠져 비바람이 심해졌고 더욱이 심한 감기에 걸렸다. 이처럼 상황이 좋지 않음에도 불구하고, 대부분의 사람들은 여행 일정을 짜고 각종 숙소와 식당을 예약하는 데 들어간 비용 및 시간 때문에 춘천 여행을 포기하지 못한다. 사실 여행을 가지 않는 것이 추가적인 비용이 들어가지 않는 현명한 방법이다. 여행 때문에 감기가 심해져 병원이라도 가게 되면 실질적으로는 손해가 날 수도 있지만, 이미 투자한 것들에 대한 가치를 더 크게 지각하기 때문에 합리적이지 않은 의사결정을 하는 셈이다.

스포츠 분야에서도 매몰비용 오류를 빈번하게 볼 수 있다. 예를 들어, 미국 농구 리그인 NBA나 영국의 축구 리그인 프리미어 리그에서 비싼 돈을 들여서 이적한 선수가 매우 부진한 활약을 보여도, 감독 및 단장은 그 선수를 계속해서 출전시키는 경향이 있다. 실제로 NBA에서 높은 연봉을 받는 선수들이 낮은 연봉을 받는 선수들에 비해 뛰어난 활약을 보이지 못할 때에도 경기에 더 많이 투입되고 해당 팀에서 더 오래 선수 생활을 지속했다(Staw & Hoang, 1995).

전망이론(prospect thoery)에 따르면, 틀 효과가 발생하는 이유는 잠재적인 손실을 판단할 때와 잠재적인 이익을 판단할 때 다른 전략을 쓰기 때문이다. 잠재적인 손실을 생각할 때는 부정적인 틀을 가지고 판단하기 때문에 위험을 감수하는 선택을 하고, 잠재적인 이익을 생각할 때는 긍정적인 틀을 가지고 판단하기 때문에 위험을 회피하는 선택을 한다는 것이다(Tversky & Kahneman, 1992).

과잉 확신. 이처럼 우리의 의사결정은 합리적이라고 보기 힘들다. 하지만, 그보다 더 큰 문제는 우리들이 스스로 내린 의사결정에 대해서는 매우 합리적인 결정이라고 생각한다는 점이다. "압생트(absinthe)가 술인가, 보석인가?"라고 질문한다면 당신은 무엇이라고 답하겠는가? 그리고 그 대답이 정답이라고 얼마나 확신하는가? 압생트는 19세기 후반에 프랑스에서 많이 마시던 술이다. 쑥이 들어가서 쓴 맛이 나는 술로 식전주로 많이 이용하였다. 하지만, 압생트는 환각 효과를 일으키고 중독이 될 경우 심각한 문제를 야기한다. 실제로 빈센트 반 고호가 압생트 중독으로 인한 정신발작을 일으켜 자살을 했다. 이 때문에 20세기 초반부터는 금지된 술로 그렇게 인지도가 높지 않은 술이다. 한 연구에서 압생트가 무엇인지를 묻는 질문에 대해 참가자들의 약 60%의 정답률을 보이는 반면, 그들의 확신도는 75%에 달했다(Fischhoff et al., 1977). 이와 같이 자신이 가지고 있는 지식이나 자신이 내린 의사결정에 대해 과대평가를 하는 경향을 과잉 확신(overconfidence)이라고 한다.

과잉 확신은 다양한 장면에서 볼 수 있는데, 이 책을 읽고 있는 여러분들과 가장 관련이 깊어 보이는 것은 아마 계획 오류(planning fallacy)일 것이다. 계획 오류는 사람들이 자신이 일을 진행하는 속도를 과대평가하여, 일이 완료되는 시점에 대해서 과소평가를 하는 경향성을 말한다(Buehler et al., 1994). 중간고사 준비를 2일 정도면 다 할 수 있을 것이라고 판단했지만 실제로는 4일을 준비해도 부족했다면, 여러분은 계획 오류에 빠진 것이다. 계획 오류는 시간에 국한되지 않는다. 자신의 집을 리모델링할 때, 원래 계획한 비용보다 평균적으로 2배 이상이 소요된다(Kahneman, 2011).

(3) 창의적 사고

4차 혁명의 시대에 돌입하는 요즘 창의성(creativity)에 대한 사회적 필요는 더욱 강해지는 듯이 보인다. 대학교육도 학생들의 창의성을 증진시키는 것을 중요한 목표로 하고 있을 정도이다. 창의성에 대한 관심이 증가할수록 그에 대한 오해도 많아지고 있다. 창의성은 무엇이고 어떤 과정들이 창의적 사고에 도움이 될 수 있을까?

창의성에 대한 정의는 다양하지만, 그래도 최근의 정의들은 두 가지 핵심 개념을 포함하고 있다. 하나는 기존에 없는 새로운 것을 만든다는 것이고, 다른 하나는 만든 것이 가치 있는 것이어야 한다는 것이다(Mumford, 2003). 많은 사람들은 창의성의 첫 번째 조건으로 참신함을 생각하지만, 이런 정의는 참신함이 창의성의 전부는 아니라는 것을 말한다. 실제로 창의성의 중요한 부분은 이 사회에서 유용하게 사용할 수 있는 것을 만들어야 한다는 것이다.

창의적 사고를 구성하는 중요한 요인으로 전문성(expertise)이 포함되는 것도 동일한 맥락에서 이해할 수 있다. 우리들은 흔히 어린이들의 자유로운 생각을 보고 창의적 사고 능력이 뛰어나다고 말한다. 어린 아이가 풍경화를 그릴 때 나무를 빨간색으로 칠하면, 사람들은 기존의 상식에 얽매이지 않고 창의적으로 그림을 그렸다고 칭찬한다. 혹자들은 어린 시절의 창의적 사고가 주입식 교육을 거치면 다 사라진다고 이야기한다. 주입식 교육이 창의적 사고에 좋지 않은 영향을 끼치는 것은 사실이지만, 아이들의 창의성은 다른 측면에서 바라봐야 한다. 언어나 그림으로 표현되는 아이들 창의성의 대부분은 의도적인 것이 아니다(Kamiloff-Smith, 1994). 지식의 부족에서 오는 왜곡된 표현을 아이들의 창의적 능력으로 오귀인하는 결과일 수도 있다. 새로 만들어 내는 어떤 것을 사회적으로 유용하고 가치있게 하기 위해서는 해당 분야에 대한 전문성을 갖춰야 한다. Sternberg(2003)는 창의성의 중요 요소 중의 하나로 전문성을 꼽았으며 이 전문성은 축적된 지식을 기반으로 만들어지는 것이라고 보았다.

창의적 사고의 중요 구성 요소로 전문성이 들어 있다는 점은 창의적 사고가 결국은 지적 능력과 연관되어 있음을 시사한다. 실제로 많은 연구들이 지능과 창의적 사고의 연관성에 대해 긍정적인 결과를 보고하기도 했다. 예를 들면, 지능이 높을수록 혹은 작업기억의 용량이 클수록 더 창의적 사고를 잘 하는 것으로 나타났다(Arneson et al., 2011). 이런 이유 때문에, 창의적 사고 능력을 지능의 하위 요인으로 보거나(Gardner, 1993) 반대로 지능을 창의적 사고 능력의 하위 요인으로 보는(Sternberg & Lubart, 1991) 이론들도 있다. 하지만, 창의적 사고와 지능이 전혀 별개의 것이라고 보는 주장들도 존재한다. 초등학교 학생들을 대상으로 여러 개의 지능검사와 창의성검사를 실시하고 각 검사들 간의 상관관계를 알아보았더니, 지능검사와 창의성검사 점수 간의 상관점수가 매우 낮게 나왔다(Wallach & Kogan, 1965). 최근에 가장 보편적으로 받아들여지고 있는 견해는 지능과 창의적 사고는 별개의 개념이지만 서로 중첩되어 있는 요인들이 존재한다고 본다(Naglieri & Kaufman, 2001).

최근에는 창의적 사고를 증진시키는 방법들이 많이 나와 있다. 그중 몇 가지를 소개하고자 한다. 우선, 부화(incubation) 시간은 창의적 사고에 도움을 준다. 가끔 해결하지 못한 문제에 매달려 오랜 시간을 보내다가, 잠시 그 문제에서 벗어나 휴식 시간을 갖고 난 후에 거짓말처럼 문제가 해결되는 경우가 있는데, 이것을 부화 효과라고 한다. 부화 효과는 오래전의 심리학 실험에서도 확인이 되었다. 이 실험에서 일부의 참가자들에게는 아무런 휴식 없이 문제를 풀도록 한 반면, 다른 일부의 참가자들은 문제를 푸는 도중에 휴식 시간을 갖도록 하였다. 그 결과 휴식시간을 오래 가질수록 정답을 맞힌 참가자들의 수가 증가했다(Silveira, 1971). 문제를 해결하는 과정에서 해결책을 찾아내지 못했다는 것은 당시 문제 해결을 위해 선택한 전략이 옳지 않았음을 의미한다. 이 경우 빨리 다른 전략을 선택해야 하는데, 앞에서 언급한 과잉 확신은 적절하지 않은 전략에 고착하게 만들어 문제 해결을 더 어렵게 만든다. 그러나 문제에서 벗어나 있는 시간이 있으면, 적절하지 않은 그 전략에서도 벗어날 수 있어 다른 창의적인 전략을 생각해 낼 수 있게 된다(Ward, 2003).

멍때리는 것이 창의력을 높인다는 말을 들어본 적이 있는가? 최근 우리나라에서도 멍때리는 대회가 개최되었다. 이렇듯 멍때리는 행위에 대한 관심이 높아진 것은 최근 뇌 영상 연구에서 뇌가 아무 일도 하지 않았을 때 활성화되는 뇌의 영역을 발견하고, 이를 디폴트 모드 네트워크(default mode network, DMN)라고 명명한 이후이다. 특히, 이 부위가 기타 다른 인지 기능에 많은 역할을 한다는 것이 알려지면서, DMN의 역할에 대해 많은 연구가 이루어졌다. DMN의 긍정적인 역할 중 하나가 창의적 사고에 도움을 준다는 것이다. 뇌가 아무런 일을 하지 않고 쉬고 있을 때, 백색질의 활동이 증가하고, 그 결과 새로운 아이디어를 신속하게 산출하는 창의성 과제에서 더 우수한 수행을 보였다는 연구 결과가 보고되었다(Takeuchi et al., 2012). 따라서 우리의 뇌를 계속 일하게 하는 스마트폰 및 SNS나 텔레비전과 같은 자극을 멀리하는 것도 창의적 사고 증진에 도움이 될 수 있다. 다양한 문화를 경험하는 것도 창의적 사고에 도움을 준다. 그래서 많은 고정관념을 가지고 있는 사회는 사람들의 창의적 사고를 얽매고 있을 수 있다. 다양한 문화와 그 안의 다양한 시각을 경험하는 것은 창의적 사고에 도움이 된다. 실제로 해외에서 생활한 학생들의 창의적 사고 능력이 국내에서만 생활한 학생들에 비해서 우수했다(Lee, Therriault, & Linderholm, 2012).

07 발달

An Introduction to Modern Psychology

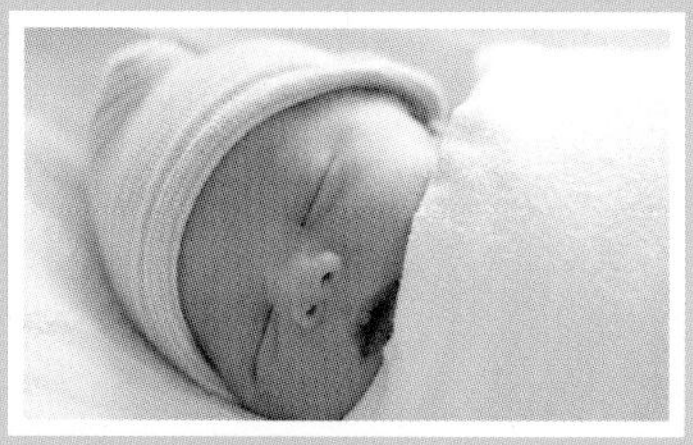

개요

이 장은 전 생애에 걸쳐 여러 연령 단계에서 나타나는 발달의 원리와 특징을 학습하고 이해하는 데 목표를 둔다. 생명의 시작에서부터 사망에 이르기까지 일생을 통해 발달이 이루어진다는 전생애 접근법은 인생의 어느 한 시기도 다른 시기보다 더 중요하거나 덜 중요하지 않다는 사실을 이해하고 받아들이는 것에서부터 출발한다. 이 장에서는 태내기, 아동기, 청소년기, 성인기 각 단계에서 보이는 신체적, 인지적, 정서적, 사회적 발달 특성과 연령에 따른 발달 과업, 정체감 형성 과정 등의 내용을 살펴보고자 한다. 이와 같은 지식을 통해 인간이 경험하는 수많은 내, 외적인 변화에 영향을 미치는 요인들을 이해하여 각자의 위치와 상황에서 삶을 되돌아보고 미래의 삶을 위한 건강한 안목을 키우는 것을 궁극적인 목표로 한다.

학습목표

1. 태내기의 세부 단계의 특성과 태아의 건강에 영향을 줄 수 있는 요인들을 살펴본다.
2. 아동기의 운동, 정서, 성격, 인지, 도덕 발달의 특성에 대해 살펴본다.
3. 청소년기의 생리적 변화 및 신경의 변화, 정체감 형성의 과정을 살펴본다.
4. 성인기의 신체 및 인지 변화의 특성에 대해 살펴보고 관련 주요 이론을 다룬다.

발달(development)이란 수정에서부터 사망에 이르기까지 전 생애 동안 연령에 따라 나타나는 일련의 변화 과정을 의미한다. 인간은 연령이 증가함에 따라 생물학적 변화뿐만 아니라 행동적인 변화도 포함하는 단계적이고 누적적인 과정을 거치게 된다. 발달심리학자들이 과거에는 아동기의 발달 과정에만 주목하는 경향이 있었으나, 최근에는 전생애적 관점에서 발달을 정의하는 것이 일반적이다. 전생애적 발달은 크게 네 단계로 나눌 수 있다. 그 첫 번째 단계는 태내기로 수정부터 출생까지의 시기를 의미하며, 두 번째 단계는 아동기, 세 번째 단계는 청소년기, 마지막 네 번째 단계는 성인기이다. 본 장에서는 각 단계의 발달적 특성을 알아보겠다.

1 태내기

발달은 수정에서부터 시작한다. 수정 시에는 정자와 난자가 결합된 단세포 즉, 접합체(zygote)가 만들어진다. 신체의 모든 세포는 이 접합체로부터 만들어져 나오는데, 이 세포들은 부모의 염색체로부터 받은 정보들을 포함하고 있다. 또한 각 염색체는 다양한 유전자를 가지고 있는데, 각 유전자는 부모로부터 받은 유전적 청사진을 저장하고 있어 그것와 관련된 특징들이 전 생애에 걸쳐 나타난다.

태내기는 수정부터 출생전까지의 기간을 의미하는데, 대개 임신 기간인 9–10개월여 동안 지속된다. 출생 전인 태내기 동안에도 여러 발달이 매우 빠른 속도로 이루어진다. 태내기는 세 단계로 나누어지는데 첫 번째 단계는 수정 후 첫 2주를 포함하는 발아기(germinal stage), 두 번째 단계는 2주부터 2개월까지인 배아기(embryonic stage), 마지막 단계는 2개월부터 출생 전까지인 태아기(fetal stage)이다.

(1) 태내기의 세 단계

발아기는 수정 과정을 거쳐 접합체가 만들어진 시점부터 착상까지의 약 1주를 말한다.

36시간 이내에 세포 분열이 매우 빠르게 시작함으로써, 접합체는 여러 세포로 이루어진 미세한 집합의 형태를 이루게 된다. 세포들의 집합은 어머니의 나팔관을 통해 자궁강으로 이동하여 약 일주일 후 자궁 벽에 착상한다. 하지만 모든 접합체가 성공적인 착상에 이르는 것은 아니다. 약 20% 정도는 착상에 실패하며 수정이 일어났다는 사실조차 깨닫지 못한다(Simpson, 2002). 착상이 이루어지는 동안 태반이 형성된다(Buster & Carson, 2002). 태반은 어머니의 혈관을 통해 태아에게 산소와 영양분을 공급하고 영아의 배설물을 어머니를 통해 배출할 수 있도록 한다.

두 번째 단계인 배아기는 착상에서부터 수정 후 2개월까지의 기간을 말한다. 이 동안에는 배아(embryo) 내에서 대부분의 주요 장기와 신체 체계가 만들어진다. 이 시기에는 세포 분화가 보다 구체적으로 이루어짐으로써 심장, 척추, 뇌와 같은 신체 구조물이 형성된다. 배아기 말에 배아의 크기는 약 2.5cm 정도에 불과하지만, 사람과 유사한 형상을 갖추어 팔, 다리, 손, 발, 손가락, 발가락, 눈, 귀 등을 구분할 수 있다. 배아기는 대부분의 생리적 구조가 형성되는 시기이기 때문에 특히 민감한 시기라고 할 수 있다. 따라서 배아기 동안 정상 발달을 방해하는 위험 요인에 노출될 경우 이것이 발달에 치명적인 악영향을 미칠 수 있다. 대부분의 유산이 배아기 동안 이루어지며(Simpson, 2002), 대부분의 구조적 기형 역시 배아기 동안 받은 부정적 영향 때문이다(Simpson & Niebyl, 2002).

태아기는 수정 후 2개월부터 출생 전까지의 시기에 해당한다. 태아기의 첫 2개월 동안에는 급격한 성장이 이루어져서 근육과 뼈가 형성된다(Moore & Persaud, 1998). 이 시기에 발달한 유기체를 태아(fetus)라고 부르는데, 태아는 골격 구조가 강화됨에 따라 신체 움직임이 가능해진다. 배아기에 형성된 장기들은 계속해서 성장하며 점차 기능하기 시작한다. 예를 들어, 20-24주 경 청력이 발달하여 이때부터 태아는 외부의 소리를 들을 수 있다(Hepper, 2003).

태아기의 마지막 3개월 동안에는 뇌세포의 수가 급격하게 증가한다. 또한 단열제 역할을 하는 지방층이 피부 아래 자리잡기 시작하며 호흡기관과 소화기관이 완전히 발달한다. 이는 태아가 아늑하고 안전한 어머니의 자궁이라는 환경에서 나와 바깥 세상에 적응하기 위한 준비 과정에 해당한다. 22주에서 26주 사이 태아는 생존 가능한 연령에 도달하는데, 이때부터는 태아를 조기분만하더라도 생존할 수 있다. 최근에는 의학 기술의 발달로 생존 가능한 연령이 낮아지고 있으나 아직도 22-23주에 태어난 경우 생존 확률이 희박하지만(14-26%) 26

주 경 태어나는 경우 생존 확률은 80-83% 정도로 급증한다(Iams, 2002).

(2) 태아에게 영향을 줄 수 있는 요인들

태아에게 가장 중요한 요인은 어머니의 영양섭취라고 할 수 있다. 어머니의 영양실조는 출산 합병증과 태아의 신경학적 장애를 일으킬 위험을 증가시킨다(Coutts, 2000; Fifer, Monk, & Crose-Fifer, 2001). 어머니의 약물 사용 역시 태아에게 치명적인데, 대부분의 약물이 태반을 통과하여 태아에게 전달되기 때문이다(Trixler & Tenyi, 1997). 환각제, 코카인, 마취제, 각성제 등 마약성 약물뿐만 아니라(Finnegan & Kandall, 2005; Singer, Arendt, Minnes, Farkas, Salvator, Kirchner, & Kliegman, 2002), 약국이나 병원에서 처방 가능한 약들도 태아에게 부정적인 영향을 미칠 수 있다(Niebyl, 2002). 하지만 태아에게 해가 되지 않는 선에서 약물 사용이 필요한 경우도 있기 때문에, 임신 중 약물 사용을 무조건적으로 피하기보다는 전문가와의 상담을 통해 사용 여부를 결정하는 것이 바람직하다(한정열, 조금준, 오정미, 2017).

임신 중 흡연 역시 산모와 태아에게 악영향을 미쳐 유산이나 사산, 조산 및 기타 출산 합병증의 가능성을 증가시키며(Andres & Day, 2000; Baba, Wikströ, Stephansso, & Cnattingius, 2012), 유아 돌연사 증후군(sudden infant death syndrome, SIDS)의 위험을 증가시키고(Fullilove & Dieudonne, 1996), 태아의 뇌 발달에 악영향을 미치며(Dwyer, McQuown, & Lesli, 2009), 인지발달을 저해하고(Trasti, Vik, Jacobson, & Bakketeig, 1999), 주의력 결핍 장애(attention deficit hyperactivity disorder, ADHD)를 유발할 수 있다(Langley, Rice, van den Bree, & Thapar, 2005). 산모의 직접적인 흡연뿐만 아니라 간접적인 흡연 역시 태아에게 부정적인 영향을 미쳐 출생 후 아동의 인지발달 지연(이명지 등, 2016), 소아우울(김은정 등, 2012), 폐기능 약화(Gilliland et al., 2000) 등을 일으킬 수 있다.

산모의 음주 역시 심각한 위험을 초래할 수 있는데, 대표적인 예로는 태아기 알코올 증후군(fetal alcohol syndrome)을 들 수 있다. 이는 임신 중 어머니의 과도한 음주로 인한 자녀의 발육 이상을 의미하는데, 이 경우 아동은 소두증, 심장결함, 과민성, 과잉행동, 인지 및 신체발달의 지체 등의 증상을 보인다(Hannigan & Armant, 2000). 알코올은 적은 양으로도 태아에게 해로울 수 있기 때문에 아예 섭취하지 않는 것이 바람직하다.

2 아동기

아동기는 보통 출생 후부터 청소년기 전까지의 시기를 말한다. 아동기를 좀 더 세분하면 영아기, 유아기, 아동기와 같이 나눌 수 있다. 그러나 여기서는 아동기 특성을 운동발달, 정서발달, 인지발달 그리고 도덕발달 중심으로 알아보겠다.

(1) 운동발달

운동발달이란 신체 활동에 필요한 근육 협응의 발달을 의미한다. 예를 들어, 집기, 가리키기, 앉기, 걷기, 뛰기 등이 운동 발달에 해당한다. 운동발달은 위에서 아래, 즉 머리에서 다리 방향으로 이루어진다. 예를 들어, 영아는 목을 먼저 가누기 시작하고 이후 원하는 대로 팔을 움직이는 법, 다리를 움직이는 법 등을 터득하게 된다. 또한 운동 발달은 중앙에서 바깥 방향으로 이루어지는데, 일례로 영아 초기에는 옆에 있는 장난감을 잡기 위해 몸통 전체를 돌리는 모습을 보이다가 점차 팔만 뻗어 장난감을 잡을 수 있게 된다.

많은 부모들이 아동의 초기 운동발달에 관심을 가지면서 발달규준과 자신 아동의 발달을 비교하기도 한다. 발달규준은 다양한 행동이나 능력을 나타내는 일반적인 (평균) 연령을 의미한다(〈그림 7-1〉 참고). 부모가 아동의 발달이 반드시 발달규준에 딱 들어맞아야 한다고 집착하지 않는다면, 발달규준은 아동의 발달을 파악하는 데 유용할 수 있다. 어떤 부모들은 아동이 발달규준보다 뒤떨어지는 경우 지나치게 걱정하는 모습을 보이지만, 이런 부모들은 발달규준이 평균 연령을 의미한다는 사실을 간과하고 있는 것이다. 평균과 차이를 보이는 것은 지극히 정상적인 일이다.

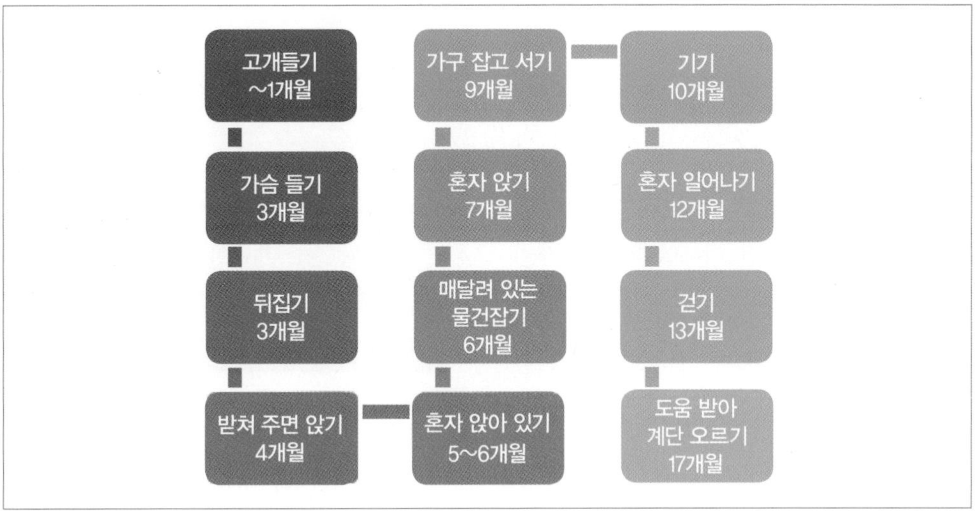

그림 7-1 영아기 주요 운동 발달 및 평균 연령

(2) 정서발달

애착과 애착이론. 애착이란 영아와 양육자 사이에서 발달하는 친밀하고 정서적인 유대 관계를 의미한다. 대개의 경우 주양육자가 어머니이기 때문에 영아가 가장 먼저 강한 애착을 형성하는 대상은 어머니이지만(Lamb, Hwang, Ketterlinus, & Fracasso, 1999), 후에 아버지, 형제자매, 조부모 등을 포함한 많은 사람들과도 애착을 형성한다(Cassidy, 1999). 많은 사람들이 생각하는 것과는 달리 생애 초기의 영아는 어머니에 대해 특별한 선호를 보이지 않는다. 생후 2–3개월경 영아는 어머니와 상호작용할 때 더 많이 웃고 미소 짓는 경향을 보이지만, 큰 어려움 없이 낯선 사람에게도 다가갈 수 있다. 그러나 6–8개월이 되면 영아는 어머니에 대한 강한 선호를 보이고 어머니와 떨어질 때 큰 저항을 보인다(Lamb, Ketterlinus, & Fracasso, 1992). 이러한 현상은 분리불안의 초기 단계라고 할 수 있는데, 분리불안이란 영아가 애착을 형성한 대상과 분리될 때 보이는 정서적인 불안을 의미한다. 분리불안은 어머니뿐만 아니라 다른 양육자와의 관계에서도 나타날 수 있으며, 14–18개월경 가장 강하고 이후 감소한다.

많은 연구자들이 애착의 발달에 대한 이론을 제시하였다. 행동주의자들은 영아와 주양육자 간의 애착은 주양육자(주로 어머니)가 제공하는 음식 공급이라는 강력한 강화를 통해 형성된다고 주장하였다. 즉, 어머니가 조건 강화물로 작용하는 것이다. 하지만 Harry Harlow는 붉은털 원숭이들을 대상으로 한 일련의 애착 실험을 통해 행동주의자들이 주장하는 애착의 조건 이론에 의문을 제기하였다(Harlow, 1958, 1959).

그림 7-2 할로우(Harlow) 실험 사진

Harlow는 갓 태어난 붉은털 원숭이들을 어머니로부터 분리시킨 후 두 유형의 대리모 모형이 있는 실험실에서 길렀다(〈그림 7-2〉 참고). 한 유형은 접촉위안(contact comfort)을 줄 수 있는 천으로 만든 대리모였고 다른 유형의 대리모는 철사로 만들었다. 원숭이들 중 절반에게는 철사 대리모에 젖병을 매달아 주었고, 나머지 절반은 천 대리모에 젖병을 달아 주었다. 새끼 원숭이들이 대리모에게 애착을 형성했는지 측정하기 위해 그들에게 낯선 인형과 같은 위협적인 자극을 제시하였다. 음식 공급이라는 강화를 통해 애착이 형성된다면, 위험이 닥쳤을 때 새끼 원숭이는 젖병이 매달려 있는 대리모에게 달려갔을 것이다. 그러나 원숭이들은 젖병의 유무와 상관없이 천으로 만든 대리모에게 달려갔다.

강화 이론이 애착을 설명하는 데 부적합하다는 것을 Harlow의 실험이 밝힘으로써, 연구자들은 John Bowlby의 애착이론에 관심을 가지기 시작했다(Bowlby, 1969, 1973, 1980). Bowlby는 Harlow가 제시한 접촉위안의 중요성과 접촉위안을 추구하는 동물의 선천적인 특성에서 영감을 받았다. 진화론의 영향을 받은 Bowlby는 애착의 생물학적 근간이 있다고 주장하였다. 그의 주장에 따르면 영아는 성인으로부터 애정적이고 보호적인 반응을 이끌어 내는 행동(미소, 옹알이 등)을 하도록 선천적으로 프로그램되어 있으며, 성인은 영아의 이런 행동에 주목하고 따뜻한 보살핌, 애정, 사랑과 같은 긍정적 반응을 하도록 진화적으로 프로그램되어 있다는 것이다. 이러한 특성들은 모두 영아의 생존을 위해 적응적인 특성들이다. 이와 같은 Bowlby의 이론은 Mary Ainsworth의 애착 유형 실험을 포함하여 최근 몇십 년간 이루어진 애착 연구의 토대가 되었다.

애착 유형. Ainsworth 와 동료들(1978)은 생후 1–2년경 영아가 세상을 탐색할 때 아동의 애착대상인 주양육자가 안정기지로 기능한다는 점에 주목하였다. 영아는 자신의 주위를 탐색하다가도 틈틈이 주양육자로부터 정서적인 지지를 얻고자 한다. 이때 주양육자가 민감하게 반응할 경우 영아는 주양육자를 안정기지로 생각하여 정서적 안정을 얻고 마음껏 주위를 탐색할 수 있지만, 주양육자의 반응이 부적절한 경우(예로, 아동의 정서에 부합하지 않는 반응을 보이는 경우, 반응이 느리거나 아동의 요구에 둔감한 경우, 예측할 수 없는 반응을 보이거나 학대적인 경우 등) 아동은 주양육자를 안정기지로 여기지 못해 정서적으로 불안한 모습을 보인다.

Ainsworth 등(1978)은 '낯선 상황 실험'을 통해 영아와 어머니 간 애착을 3가지 유형으로 구분하였다. 연구자들은 약 20분 간의 실험에서 영아가 어머니나 낯선 타인과 있는 상황에서 보이는 반응을 관찰했다. 그 결과, 대부분의 영아는 안정애착을 형성했다. 이런 영아들은 어머니가 곁에 있을 때 편안하게 주변을 탐색하고 놀이를 지속하며, 어머니가 사라졌을 때 눈에 띄게 불안한 모습을 보이지만 어머니가 돌아오면 빠르게 심리적 안정을 되찾는다. 하지만 몇몇 영아들은 불안-저항애착을 보였다. 이런 영아들은 어머니가 곁에 있을 때도 불안한 모습을 보이며, 어머니가 떠날 때 강한 저항을 보이고 어머니가 돌아온 후에도 쉽게 달래지지 않는다. 세 번째 유형은 회피애착으로, 이 유형의 영아들은 어머니와 접촉을 잘 하지 않고 어머니가 떠날 때도 불안한 모습을 보이지 않는다. 하지만 일부 영아들은 세 유형 중 어느 유형에도 속하지 않는 모습을 보였는데, 이에 후대 연구자들은 애착의 네 번째 유형으로 혼란애착(disorganized 혹은 disoriented)을 주장하였다(Main & Solomon, 1990). 이런 영아들은 스트레스 상황에서 비일관적인 반응을 보인다. 예를 들어, 동일한 스트레스 상황에서 침착한 모습을 보이거나 격노하는 모습을 보이는 등 상반된 반응을 보인다. 이와 같은 혼란애착은 부모로부터 학대를 받는 영아에게서 자주 나타나는 것으로 알려져 있다.

연구에 따르면 어머니의 행동이 영아와 어머니 간 애착유형에 큰 영향을 미치는 것으로 나타났다(Ainsworth, Blehar, Waters, & Wall, 1978). 영아의 요구에 민감하고 반응적인 어머니는 상대적으로 민감성이 약하고 비일관적인 반응을 보이는 어머니보다 안정애착을 촉진시키는 것으로 나타났다(Isabella, 1995; van den Boom, 1994). 하지만 애착형성 과정에서 영아가 단순히 수동적인 방관자 역할을 하는 것은 아니다. 예를 들어, 영아는 울음, 웃음, 떼쓰기, 옹알이 등을 통해 애착형성에 적극적으로 참여한다. 까다로운 영아들은 먹던 음식을 다 뱉어버리거나 목욕하기를 거부하고 잠에 쉽게 들지 못하며 잘 웃지 않는 등 애착형성에 부정적인 행동을 통해 애착형성 과정을 느리게 만든다(Mangelsdorf, Gunnar, Kesternbaum, Lang, & Andreas, 1990). 따라서 영아와 어머니 간 애착 유형은 어머니의 민감성뿐만 아니라 영아의 기질적 특성의 영향을 받는다(Seifer, Schiller, Sameroff, Resnick, & Riordan, 1996; Vaughn & Bost, 1999).

애착 관계의 질은 아동의 후속 발달에도 중요한 영향을 미친다. 아동은 애착 경험에 근거하여 친근한 관계에 대한 내적 작동 모델(internal working model)을 발달시키는데, 이는 후에 다양한 사람들과의 상호작용에 영향을 미친다(Bretherton & Munholland, 1999). 안정애착을 지닌 영아들은 걸음마기 때 탄력성과 자존감이 높을 가능성이 크고(Goldsmith & Harman, 1994), 유아기 때보다 높은 인내심과 호기심, 자립심, 리더십을 보이며 보다 원만한 또래 관계를 유지하며(Weinfield, Sroufe, Egeland, & Carlson, 1999), 낮은 부정적 정서와 높은 긍정적 정서를 경험한다(Kochanska, 2001). 또한 안정애착은 아동기 및 청소년기의 높은 인지발달과 관련이 있고(Jacobsen, Edelstein, & Hofmann, 1994), 성인기에 보다 건강한 애정 관계와 관련이 있다(Feeney, 1999; Kirkpatrick, 1999).

기질. 기질이란 아동이 보이는 반응성의 일반적인 수준으로, 선천적인 특성이다. 기질은 활동 수준, 규칙성, 접근/회피, 적응성, 반응강도, 자극 역치, 정서, 주의산만 등의 8가지 요소로 구성된다. 각 구성 요소들을 바탕으로 아동의 기질을 크게 3가지 유형으로 나눌 수 있다. 쉬운 기질의 아동은 대개 순하고 긍정적인 정서를 보이며 규칙적인 생활 습관을 지닌다. 반면 까다로운 기질의 아동은 새로운 경험을 두려워하고 부정적이고 강렬한 정서를 자주 보이며 불규칙적인 생활 패턴을 보인다. 연구에 따르면 약 40%의 아동이 쉬운 기질에 해당하며 약 10%의 아동이 까다로운 기질을 지닌다(Thomas & Chess, 1977). 나머지 50%에 해당하는 아동 중 약 15% 아동은 느린 기질로 분류되고 나머지 약 35% 아동은 특정 기질로 분류되지 않는다. 느린 기질의 아동은 순한 기질과 까다로운 기질의 중간 수준에 해당하여 긍정적 정서와 부정적 정서를 모두 보이고, 새로운 환경을 만났을 때 다소 주저하나 곧 적응하며 어느 정도 규칙적인 생활 습관을 보인다. 이와 같은 기질적 특성은 이후 아동의 성격발달의 토대가 된다.

(3) 성격발달

성격발달에 대한 최초의 주요 이론은 20세기 초 Sigmund Freud의 이론이라고 할 수 있다(자세한 내용은 이 책의 9장을 참고). Freud는 성격의 기본적인 바탕은 5세경에 정립된다고 주장하였다. 약 반 세기 후 Erik Erikson(1963) 은 Freud의 이론을 수정한 새로운 이론을 제시하였다. Freud와 마찬가지로 Erikson은 어린 시절의 경험이 성인기의 성격에 지속적으로 영향을 미친다고 주장하였다. 그러나 Freud와 달리 Erikson은 인간의 성격이 전 생애에 걸쳐 계속해서 발달한다고 주장하였다.

Erikson의 단계이론. Erikson(1963)은 Freud의 초기 연구들에 근거하여 성격발달의 단계이론을 정립하였다. 단계(stage)란 어떤 행동의 특징적인 패턴들이 나타나며 특정 능력이 발현 및 구축되는 발달 시기를 의미한다. 단계이론에 따르면 각 단계는 선행 단계를 바탕으로 구축되기 때문에 인간은 정해진 순서에 따라 특정 단계들을 거치게 되며, 각 단계는 연령과 밀접한 관계가 있고, 각 발달 단계는 눈에 띄는 행동의 변화들로 구분된다.

Erikson(1963)은 인간의 전 생애를 8단계로 나누었는데, 각 단계마다 인간은 특정 심리사회적 위기를 겪으며 단계가 진행됨에 따라 타인과의 중요한 관계를 맺는 반경이 점차 넓어진다고 주장하였다(〈그림 7-3〉 참고). 그에 따르면 각 단계에서 한 개인이 심리사회적 위기에 어떻게 대응하는지에 따라 성격이 형성된다. 각 위기는 대응 방법에 따라 긍정적이거나 부정

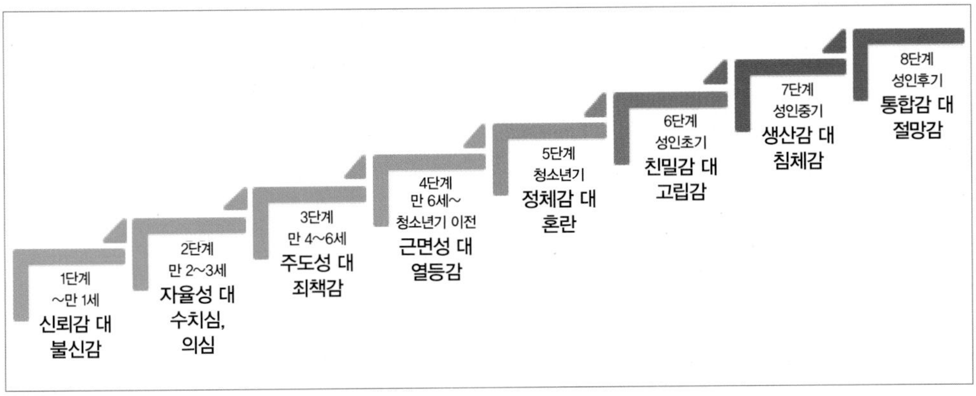

그림 7-3 Erikson의 심리사회적 단계이론

적인 결과를 야기할 수 있는 잠재적 전환점으로 기능하며, 이렇게 각 단계에서 나타난 결과들은 후속 발달 과정에서 성격 특성으로서 나타나게 된다. 생후 첫 해부터 청소년기 이전에 해당하는 네 단계를 먼저 살펴보면 다음과 같다.

첫 번째 단계는 신뢰감 대 불신감으로, 생후 첫 1년에 해당하는 이 시기는 영아가 음식이나 보살핌과 같은 기본적 욕구 충족을 위해 성인에게 온전히 의지해야 하는 시기이다. 주 양육자가 영아의 생물학적 요구를 잘 충족시키고 적절한 애착을 형성한 경우, 영아는 세상에 대한 신뢰감과 긍정적인 태도를 지니게 된다. 하지만 영아의 이러한 욕구가 충족되지 않은 경우 세상을 불신하고 불안정한 성격을 지니게 된다.

에릭슨 이론의 두 번째 단계는 자율성 대 수치심과 의심으로, 생후 2-3년에 해당하는 이 시기는 배변훈련을 시작하고, 아동의 행동에 대한 여러 통제가 필요한 시기이다. 이 시기 동안 아동은 밥 먹기, 옷 입기, 씻기 등과 같은 행동에 대한 개인적인 책임감을 배우게 된다. 만약 이런 활동이 원만하게 이루어지면 아동은 자부심을 가지게 되지만, 부모가 아동의 노력을 경시하고 자녀의 행동을 지나치게 통제함으로써 부모와 자녀 간 갈등이 지속되면, 아동은 수치심을 느끼고 자신의 능력을 의심하게 된다.

세 번째 단계는 주도성 대 죄책감으로, 대략 만 3세에서 6세에 해당하는 이 시기의 아동은 가정에서 사회적으로 기능해야 하는 시기이다. 이 시기 아동은 신체적 성숙과 운동능력 및 언어인지능력이 향상되면서 주도적으로 목표를 세우고 이를 실천하는 법을 배우게 된다. 이때 아동에게 도덕적인 사고방식과 행동을 지나치게 강요하거나 양심의 가책을 느끼도록 하면, 아동은 죄책감을 갖게 되며 그의 자아존중감 역시 손상받게 된다. 하지만 아동이 자신의 향상된 능력을 잘 활용하여 주도적으로 일을 처리하고 형제자매나 부모 등 다른 가족 구성원들과 잘 어울리는 방법을 배우면 자신감이 향상된다.

네 번째 단계는 근면성 대 열등감으로, 만 6세부터 사춘기에 들어설 때까지의 시기에 해당한다. 초등학교에 입학하면서 이 아이들의 사회적 범위가 가족에서 이웃이나 학교 등 보다 넓게 확대된다. 사회적 영역에서는 생산성을 중요시하기 때문에 이런 영역에서 효과적으로 기능하는 아동들은 유능감과 근면성을 발달시키지만, 그렇지 않은 아동들은 자신이 필요없는 존재라고 느끼며 열등감을 지니게 된다.

Erikson이론에 대한 평가. Erikson의 이론은 성격 발달의 연속성과 전환을 모두 설명한다는 장점이 있다. 전생애에 걸쳐 단계별로 새로운 사회적 위기가 어떻게 성격발달에 영향을 미치는지 보여줌으로써 전환을 설명하고, 초기 경험과 성인기의 성격이 어떤 연관성을 보이는지 보여줌으로써 연속성을 설명한다. 더불어 Erikson은 초기 경험이 부정적이더라도 후에 긍정적인 발달이 가능하다고 주장하였는데, 이전 단계의 위기가 올바르게 해결되지 않았더라도 후에 노력하여 이후 위기들을 적절하게 해결한다면 긍정적인 발달을 이룰 수 있다고 보았다.

하지만 Erikson의 이론은 전형적인 발달 패턴의 매우 이상적인 모습만을 제공하고 있다는 단점이 있다. 즉, 그의 이론은 다양한 사람들이 지닌 성격적 차이를 설명하지 못한다. 이처럼 개인차에 대한 설명이 부족한 것은 단계이론이 가지고 있는 공통적인 문제점이기도 하다.

(4) 인지발달

인지발달이란 추론, 기억, 문제 해결 등을 포함한 사고 패턴의 변화를 의미한다. 여기서는 Jean Piaget의 인지발달 단계이론과 Lev Vygotsky의 사회문화적 이론을 중심으로 살펴보겠다.

Piaget의 인지발달이론. 인지발달 연구는 대부분 Jean Piaget(〈그림 7-4〉 참고)의 이론에 근거하고 있다(Kessen, 1996). Piaget는 스위스 학자로, 자연과학 박사학위를 취득하고 소설을 출판한 후 20대 초반 심리학에 관심을 가지기 시작했다. 이 시기 Piaget는 Theodore Simon을 만났는데, Simon은 Alfred Binet와 함께 첫 번째 지능검사를 개정하는 작업을 하고 있었다. 파리에 위치한 Simon의 실험실에

그림 7-4 장 피아제(Jean Piaget: 1986~1980)

서 일하면서, Piaget는 보다 적절한 검사 규준을 만들기 위해 여러 아동들을 대상으로 지능 검사를 실시하였다. 이 과정에서 Piaget는 아동들이 답한 오답의 기저에 있는 사고의 추론 과정에 흥미를 느꼈다. Piaget는 아동이 자신의 지능을 어떻게 사용하는지를 연구하는 것이 그들의 지능을 검사하는 것보다 흥미롭다고 생각하였다. 1921년, Piaget는 제네바로 이사하여 그곳에서 인지발달에 대한 연구를 하며 여생을 보냈다. Piaget의 아이디어 중 다수는 자신의 세 자녀에 대한 세심한 관찰에서 비롯되었다.

Piaget는 아동이 주위 세계를 적극적으로 탐색한다는 점을 강조하면서, 환경과의 상호작용과 성숙이 아동의 사고 방식을 변화시킨다고 주장하였다. Piaget에 따르면 모든 사람들은 선천적으로 주위의 세계를 의미있게 구조화하려는 경향을 지닌다. 이로 인해 사람들은 세상에 대한 정신적 모델인 도식(schemata)을 형성하게 되는데, 우리는 이 도식을 사용하여 자신의 경험을 해석한다. 어린 아동의 도식은 성인의 도식과 다른데, 대개 세상을 정확히 반영하지 못한다. 하지만 신체와 뇌가 발달함에 따라 점차적으로 보다 정확하고 구조화된 도식을 형성하게 된다.

Piaget는 도식을 통한 인지발달은 두 종류의 심리적 과정을 통해 이루어진다고 주장하였다. 첫 번째 과정은 새로운 정보나 경험을 기존의 도식에 맞추는 동화(assimilation) 과정이며, 두 번째 과정은 새로운 정보나 경험을 수용하기 위해 기존의 도식을 수정하거나 변화시키는 조절(accommodation) 과정이다. 예를 들어 토끼를 처음 본 아동이 저건 고양이라고 이야기한다면, 이 아동은 "털이 복슬복슬한 작은 생명체는 고양이다."라는 기존의 도식에 자신의 새로운 경험을 동화시켰다고 할 수 있다. 하지만 토끼가 기존에 자신이 알고 있는 고양이와는 달리 깡총깡총 뛰어 다니고 귀가 길고 꼬리가 짧다는 것을 배우면서 아동은 털이 복슬복슬한 작은 생명체에 대한 기존의 도식을 수정하는 조절 과정을 겪게 된다.

Piaget는 아동이 일련의 단계를 통해 점차 성인 수준의 도식을 발달시킨다고 주장하였다. 따라서 Erikson의 이론과 마찬가지로 Piaget의 모델도 발달의 단계이론으로 볼 수 있다. Piaget는 아동의 사고 과정이 네 단계를 거쳐 발달한다고 보았다(〈그림 7-5〉 참고). 첫 번째 단계는 감각운동기로 태어난 직후부터 만 2년까지 해당되며, 두 번째 단계는 전조작기로 만 2-7년, 세 번째 단계는 구체적 조작기로 만 7-10년, 마지막 네 번째 단계는 형식적 조작기로 만 11년부터 그 이후에 해당된다. Piaget에 따르면 이 같은 연령 기준은 대략적인 것이며 각

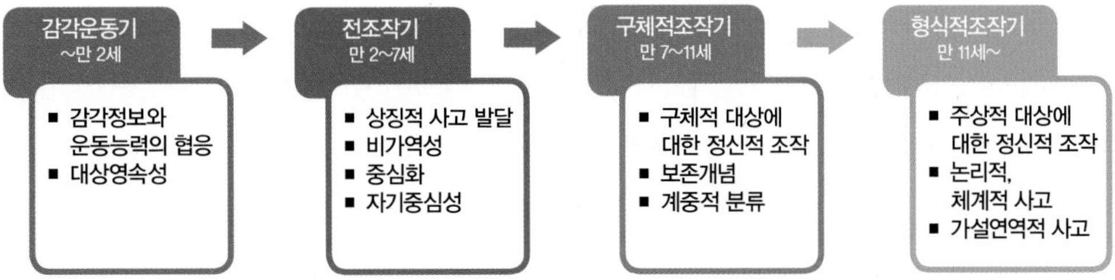

그림 7-5 Piaget의 인지발달이론

단계로 전환되는 연령에는 개인차가 있을 수 있다.

Piaget이론의 1단계: 감각운동기. Piaget의 가장 큰 업적 중 하나는 생후 초기의 인지 발달에 대한 이해를 향상시켰다는 것이다. Piaget 이론의 첫 번째 단계는 감각운동기로 생후 2년까지가 여기에 해당한다. 이 시기 동안 아동은 감각기관을 통해 입력된 정보를 동작과 통합시키는 능력을 발달시킨다. 그래서 감각운동기의 아동은 외현적이며 물리적인 행동을 통해 세상을 이해한다.

감각운동기 때 가장 중요한 발달은 상징적 사고의 점진적 출현이다. 감각운동기 초기, 아동의 행동 대부분은 선천적인 반사행동에 해당한다. 즉, 영아는 생각을 하기보다는 단순히 자극에 반응한다. 하지만 점차적으로 행동 및 사건에 대한 구조화된 패턴인 도식을 발달시켜, 대상을 표상하기 위해 정신적 상징을 사용할 수 있게 되며 의도를 가지고 행동할 수 있게 된다. 예를 들어, 자신이 가장 좋아하는 장난감에 대한 정신적 이미지를 생성할 수 있으며, 떨어진 장난감을 잡기 위해 손을 뻗는 등 의도된 행동을 할 수 있다. 이러한 변화에서 가장 중요한 개념은 대상영속성(object permanence)의 획득이다.

대상영속성은 물체를 시각적으로 탐지할 수 없을 때에도 즉, 물체가 자신의 눈 앞에서 사라지더라도 그 물체가 계속해서 존재한다는 사실을 아는 것이다. 갓 태어난 영아는 이러한 개념을 이해하지 못한다. 만약 생후 4개월된 영아에게 장난감을 보여주고 그 위에 담요를 덮어 장난감이 보이지 않도록 하면, 영아는 장난감을 찾으려고 하지 않을 것이다. Piaget는 이 같은 상황을 관찰한 후 영아는 장난감이 계속해서 담요 밑에 있다는 사실을 이해하지 못하는 것이라고 추론하였다. 하지만 대상영속성에 대한 개념은 하루 아침에 형성되는 것이 아니다.

대략 생후 4–8개월의 영아는 자신의 눈 앞에서 부분적으로 가려진 물체를 찾으려는 시도를 하는데, 이것이 대상영속성 개념 획득의 첫 번째 신호라고 할 수 있다. 이후 대상영속성에 대한 이해는 점진적으로 발달하며, 18개월 경에 완전히 이해할 수 있게 된다.

Piaget이론의 2단계: 전조작기. 생후 2–7년에 해당하는 시기인 전조작기 동안 아동은 자신의 정신적 표상을 더 많이 사용하게 된다. 예를 들어, 물체나 행동, 사건을 나타내기 위해 언어나 제스처, 이미지와 같이 보다 복잡한 상징을 사용할 수 있게 된다. 이 시기 동안 상징적 사고 과정이 지속되기는 하지만 Piaget는 전조작적 사고에 큰 약점이 있다고 강조하였다.

실제 Piaget가 사용한 문제를 예로 들어 보자. 똑같은 모양의 비커 두 개를 준비하고 각각의 비커에 같은 양의 물을 채운다. 두 비커에 담긴 물의 양이 같다는 것을 아동이 이해하는지 확인한 후, 한 쪽 비커의 물을 보다 길고 가는 비커에 옮겨 담는다. 그 후 아동에게 두 비커에 든 물의 양이 동일한지 질문한다. 이 때 전조작기의 아동들은 대개 아니라고 대답한다. 이 시기 아동은 길고 가는 비커에 담긴 물의 표면이 더 높다는 사실에 초점을 두고 길고 가는 비커의 물이 더 많다고 대답한다. 이는 전조작기 아동이 아직 보존개념을 획득하지 못했기 때문에 나타나는 현상이다. Piaget가 말하는 '보존'이란 모양이나 외양의 변화에도 불구하고 어떤 대상의 물리적인 속성은 그대로 남아있음을 인식하는 것을 의미한다.

그렇다면 전조작기 아동은 왜 보존 문제를 풀지 못하는 걸까? Piaget에 따르면 이는 전조작기 아동이 중심화(centration)와 비가역성(irreversibility)과 같이 경직된 사고 과정을 지니기 때문이다. 중심화란 문제의 한 부분에만 초점을 맞추고 다른 부분은 무시하는 경향을 의미한다. 위에서 예에서 전조작기 아동은 물의 높이에만 초점을 맞추고 비커의 넓이는 무시하는 모습을 보인다. 즉, 문제의 여러 가지 측면을 동시에 고려하는 데 어려움을 보인다. 비가역성이란 행동의 가역성을 상상하지 못하는 특성을 의미한다. 전조작기 아동은 무언가를 원래 상태로 돌리는 것을 정신적으로 수행하지 못한다. 예를 들어, 보존 문제에서 아동은 길고 가는 비커로 옮겨 담은 물을 다시 원래의 낮고 넓은 비커로 옮기면 물의 높이가 어떨지를 상상하지 못한다.

전조작적 사고의 또 다른 특징인 자기중심성(egocentrism)은 타인의 관점을 이해하지 못하는 사고를 의미한다. Piaget는 전조작기 아동이 타인의 관점은 나와 다를 수 있다는 것을 이해하지 못한다고 생각했다. 예를 들어, 가운데에 입체적인 조형물을 두고 아동과 마주앉은 상태에서 이쪽에선 무엇이 보일지 질문한다면 아동은 자신의 관점에서 바라 본 모습에 대해 설명한다. 또한 집단으로 활동을 할 때도 타인과 대화를 주고 받기보다는 자신이 하고 싶은 말을 혼잣말 형태로 하는 모습을 보인다. 자기중심성의 한 가지 특징이 물활론적 사고인데, 이는 모든 것들이 자신과 마찬가지로 생명을 지닌다고 믿는 것이다. 따라서 이 시기의 아동은 무생물에게 생명과 관련된 혹은 인간과 비슷한 특징(예: 정서, 동기, 의지 등)을 부여한다. 예를 들어, 많은 아동들이 "태양이 왜 이렇게 화가 났어?", "바다는 왜 계속 잠만 자?"와 같은 질문을 한다.

이와 같이 Piaget는 전조작적 사고가 지니는 단점들을 강조하였다. 이는 Piaget가 이 시기를 전조작기라고 이름 붙인 이유이기도 하다. Piaget는 내재화된 정신적 활동을 의미하는 조작을 수행하는 능력은 전조작기에서는 불가능하지만, 다음 단계 즉 구체적 조작기에서 가능해진다고 보았다.

Piaget이론의 3단계: 구체적 조작기. 만 7–11년에 해당하는 구체적 조작기의 두드러진 특징은 정신적 조작의 발달이다. 이 시기의 아동은 실재하는 대상과 실제로 일어난 사건에 대해서만 조작이 가능하다. 구체적 조작기의 특징은 가역성과 탈중심화이다. 즉, 정신적으로 어떤 행동을 원래 상태로 돌리는 것이 가능해지며 탈중심화를 통해 대상의 여러 측면을 동시에 고려할 수 있게 된다. 문제의 여러 측면을 통합하는 능력을 통해 아동은 대상을 보고 이해하는 데 여러 방법이 있다는 것을 이해하게 된다. 그래서 결과적으로 자기중심성이 약화되고 보존개념에 대한 이해가 발달해서, 액체, 고체, 숫자, 부피, 넓이, 길이 등 다양한 개념을 적용할 수 있게 된다.

아동이 구체적 조작을 획득하면서 새로운 문제해결 능력 역시 발달하게 된다. 특히, 논리적이며 수리적인 능력이 발달하여 곱셈, 나눗셈, 순서화, 계층화, 분류 등 다양한 조작이 가능해진다. 예를 들면, 전조작기 아동에게 해바라기 일곱 송이와 장미 세 송이를 주고 이 꽃들을 해바라기와 장미로 분류해보라고 한다. 그 다음 아동에게 해바라기가 더 많은지 장미가 더 많은지 질문한다. 대부분의 아동들이 해바라기가 더 많다고 대답한다. 이번에는 아동에게 해바라기가 더 많은지 꽃이 더 많은지 질문한다. 이 때 대부분의 전조작기 아동은 꽃

보다 해바라기가 더 많다고 대답한다. 왜냐하면 일반적으로 전조작기 아동은 두 유형의 분류 방법을 동시에 고려해야 하는 계층적 분류 문제 즉 해바라기가 꽃이라는 상위유목에 포함된다는 사실을 동시에 고려하지 못하기 때문이다. 그러나 구체적 조작기 아동은 중심화에서 벗어났을 뿐만 아니라 상위유목과 하위유목과의 관계에 대한 계층적 분류 문제도 풀 수 있다.

Piaget이론의 4단계: 형식적 조작기. Piaget이론의 마지막 단계인 형식적 조작기는 만 11년부터 시작한다. 이 시기의 아동은 구체적 대상뿐만 아니라 추상적인 개념도 조작할 수 있다. 뿐만 아니라 형식적 조작기의 아동은 추상적 개념에 대한 사색을 즐기는 모습을 보인다. 예를 들어 많은 청소년들이 정의, 사랑, 자유 의지와 같은 추상적 개념에 대해 깊이 생각한다.

형식적 조작기의 청소년은 문제해결 과정에서 보다 체계적인 모습을 보이며 우리가 흔히 과학적 방법이라고 일컫는 사고 과정에 따라 생각하고 행동한다. 이전 발달 단계의 아동은 문제를 빨리 해결하려고 하며 여러 번의 시행착오를 겪는 반면, 형식적 조작을 획득한 아동은 보다 꼼꼼하게 문제를 생각할 뿐만 아니라 실제 문제풀이 행동을 하기 전에 가능한 행동 방식을 상상해보고 적합한 가설을 세우며 각각의 해결책이 야기하는 결과를 논리적으로 추론하려고 한다. 따라서 형식적 조작기의 사고 과정은 보다 추상적이고 체계적이며 논리적이고 사색적이라고 할 수 있다.

Piaget에 따르면 이 시기의 아동/청소년은 점차 성인과 유사한 사고 양식을 지니게 된다. Piaget는 형식적 조작기에 들어선 아동/청소년들에게는 더 이상 인지발달이 일어나지 않는다고 주장하지는 않았지만, 형식적 조작을 획득한 이후에는 사고 유형의 근본적인 변화가 일어나지는 않으며 이후에는 사고의 정도가 발달하는 것이라고 주장하였다.

Piaget이론에 대한 평가. Piaget는 아동에 대한 일반적인 심리학적 이해뿐만 아니라 구체적으로 아동의 인지발달에 대한 이해를 향상시키는 데 중요한 기여를 했다(Beilin, 1992). Piaget는 아동에 대한 새로운 관점을 제시하여 아동은 자신만의 세계를 구축하는 능동적인 존재임을 밝혔다(Fischer & Hencke, 1996). 무엇보다 Piaget는 새로운 질문에 대한 답을 찾으려고 했다. 1970년 인터뷰에서 Piaget는 이렇게 언급하였다. "지금까지 어떤 어른도 보존개념에 대해 아이들에게 질문할 생각을 하지 않은 것뿐이다. 어떤 물체의 모양이 바뀌어도 양에는 변화가 없다는 것은 우리에게는 매우 당연한 사실이다. 아이들에게 물어볼 필요성을 못 느낀 것이다. 하지만 새로운 발견은 질문하는 것에서부터 시작된다(Hall, 1987, p. 56)". Piaget의 이론은 유용한 연구들을 생산해냈다(Brainerd, 1996; Feldman, 2003). 이러한 연구들은 Piaget이론의 주요 가설을 지지하는 결과를 보여주었다(Flavell, 1996). 하지만 Piaget의 이론에도 몇 가지 문제점이 존재하는데, 크게 다음과 같은 부분에서 비판을 받고 있다.

먼저, 에릭슨과 마찬가지로 Piaget의 이론은 발달의 개인차에 대해 설명하지 못한다(Siegler, 1994). 비슷하게, 많은 아동들이 종종 여러 단계의 특성을 모두 아우르는 사고 과정을 보인다는 점은 발달을 단계 개념으로 조직화하는 것에 의문을 제기한다(Courage & Howe, 2002; Bjorklund, 2005). 둘째, Piaget는 발달의 과정과 각 단계의 특징은 상세하게 기술하였지만 아동이 어떻게 새로운 개념과 사고 과정을 획득하는지는 충분히 설명하지 못하였다(Bryant, 1986). 동화와 조절을 통해 사고 방식을 수정한다고 주장했지만 구체적으로 어떤 방법과 기제를 통해 다음 단계로 전환되는지에 대해서는 구체적인 설명을 제공하지 않았다.

셋째, Piaget는 자신의 이론이 보편적이라고 주장하지만, 후속 연구들에 따르면 단계의 순서는 문화권과 상관없이 비슷했지만 단계를 통과하는 연령은 문화권에 따라 차이가 있었다(Dasen, 1994; Rogoff, 1990). 넷째, Piaget는 어린 아동의 인지발달을 과소평가하였다(Lutz & Sternberg, 1999). 예를 들어, 여러 연구들에 따르면 아동은 Piaget가 제시한 연령보다 훨씬 이른 생후 3–4개월 경 대상영속성을 이해하는 듯한 모습을 보였다(Baillargeon, 1987, 1994). 또한 전조작기 아동이 Piaget의 주장에 비해 자기중심성과 물활론적 사고를 약하게 보인다는 연구 결과도 있다(Newcombe & Huttenlocher, 1992). 또한, 매우 어린 영아도 수 개념에 대해 Piaget가 주장하는 것보다 더 잘 이해하는 것으로 나타났다(Gelman, 1972; Gelman & Gallistel, 1978).

Vygotsky의 사회문화적 이론. Piaget이론의 한계점과 취약점이 드러나면서 몇몇 발달 연구가들은 보다 나은 이론적 설명을 찾기 시작했다. Lev Vygotsky(〈그림 7–6〉 참고)의 사회문화적 이론(sociocultural theory)은 1960년대까지 연구자들의 관심을 받지 못하였으며, 1986년에서야 Vygotsky이론의 완성본이 출판되었다(Vygotsky, 1934). 소련의 혁명 이후 위험한 정치적 환경 때문에 Vygotsky는 공산주의적 사고가 지배적인 막시즘 사회 철학에 위배되지 않도록 자신의 이론을 수정해야만 했다(Thomas, 2005). Vygotsky는 경제적 생산 양식이 사회 구성원들의 작업 환경과 사회적 상호작용을 결정지으며, 이러한 경험들은 나아가 사람들의 사고 양식, 태도, 믿음과 같은 인지구조에 영향을 미친다는 경제학 및 사회학 이론을 아동 발달에 적용하였다. 이에 Vygotsky는 사회적 환경 내에서 타인과의 상호작용과 더불어 언어와 같은 문화적 도구 사용이 아동의 사고 과정에 영향을 미칠 것이라고 주장하였다.

그림 7–6 레프 비고츠키(Lev Vygotsky: 1896~1934)

Vygotsky는 사회적 맥락 내에서의 아동 발달을 강조했는데, 아동은 자신보다 숙련된 사회구성원과의 상호작용을 통해 자신이 속한 문화권의 인지기술과 문제해결전략을 습득한다고 주장하였다. Vygotsky는 인지발달이란 개인적인 탐색 과정이기보다는 도제 양식에 가깝다고 주장하였다. 모든 아동은 발달 과정 중 근접발달영역(zone of proximal development)을 경험하는데, 이는 어떤 활동에 대해 아동이 혼자서 수행할 수 있는 영역과 타인과의 사회적 상호작용을 통해 수행 가능한 영역 간의 차이를 의미한다. 따라서 아동의 인지능력은 자신보다 뛰어난 타인과의 상호작용을 통해 발달한다. 언어의 역할에 대한 강조는 혼잣말(private speech)에 대한 Vygotsky의 설명에서 잘 나타난다. 유아는 활동을 할 때 종종 큰 소리로 혼잣말을 하는 모습을 보인다. Piaget는 유아의 혼잣말은 자기중심성의 일환으로 보고 중요하지 않다고 생각했지만, Vygotsky는 아동이 혼잣말을 통해 전략을 세우고 행동을 조절하고 목표를 성취할 수 있다고 주장하였다. 이후 아동의 연령이 증가함에 따라 혼잣말은 내재화되고 타인과 주고 받는 대화를 하게 된다. 따라서 언어는 아동의 인지과정의 중요한 기반 역할을 하는 것이다.

Vygotsky의 사회문화적 이론은 Piaget의 연구와 더불어 현대의 인지발달 연구를 이끌었으며(Feldman, 2003), 많은 연구들은 Vygotsky의 이론을 경험적으로 지지했다(예로,

Rogoff, 1998; Winsler, 2003). 인지발달에 대한 Vygotsky와 Piaget의 관점은 유사한 점도 많지만 몇몇 중요한 측면에서는 큰 차이도 있다(DeVries, 2000; Matusov & Hayes, 2000; Rowe & Wertsch, 2002). 첫째, Piaget의 이론에서는 아동의 적극적인 탐색이 인지발달을 가속화시킨다고 주장한다. 즉, 아동이 변화의 주체인 것이다. 반면 Vygotsky는 아동의 인지발달이 부모, 교사 등 안내자 역할을 하는 사람들과의 사회적 상호작용 덕분에 어떻게 가속화하는지에 주목하였다. 둘째, Piaget는 인지발달이란 다양한 문화권에 거쳐 유사한 방식으로 나타나는 보편적인 과정이라고 보았지만, Vygotsky는 문화가 인지발달에 매우 중요한 역할을 한다고 주장하였다. 예를 들어, 학교가 교육을 담당하는 문화에서 아동이 획득하는 인지기술은 그런 기관이 없는 부족 문화의 경우와는 다를 것이다. 셋째, Piaget는 아동의 언어습득은 인지발달과는 다른 측면의 발달이라고 주장했지만, Vygotsky는 언어습득이 인지발달에 매우 중요하고 중심적인 역할을 한다고 주장하였다.

인지능력은 선천적인가? Piaget가 영아의 인지능력을 과소평가했다는 비판은 영아가 여러 복잡한 개념을 이해한다는 점을 밝힌 연구들로 이어졌다. 이러한 연구에 따르면 영아도 대상의 기본적인 속성과 관련 규칙들을 이해한다(Baillargeon, 2002, 2004). 만 3-4개월경 영아는 각 물체는 분명한 경계를 가진 개별적인 대상이라는 것, 고체로 된 물체가 다른 물체를 통과할 수 없다는 것, 물체는 그보다 작은 구멍을 통과할 수 없다는 것, 내리막길에 있는 물체는 올라가는 것이 아니라 떨어진다는 것 등을 이해한다(Kim & Spelke, 1992; Spelke & Newport, 1998).

이 중 가장 놀라운 연구결과는 영아가 보이는 간단한 덧셈과 뺄셈 능력이다(Bremner, 2001). 스크린 뒤에 물체 하나가 있는 것을 보여주고 스크린을 올린 뒤 같은 물체 하나를 또 놓았을 때, 5개월 된 영아는 스크린이 사라졌을 때 물체 두 개가 있을 거라 예상하고, 이러한 예상과 다른 결과를 보았을 때 매우 놀라는 반응을 보인다. 이것은 영아가 1+1 = 2 라는 것을 이해한다는 것을 보여준다(Wynn, 1992, 1996). 이와 유사하게 영아는 2-1 = 1, 2+1 = 3, 3-1 = 2 등과 같은 연산뿐만 아니라 이보다 복잡한 연산도 이해하는 모습을 보였다(Hauser & Carey, 1998; McCrink & Wynn, 2004; Wynn, 1998).

영아가 이전 경험이나 교육이 없음에도 불구하고 복잡하고 어려운 개념을 이해한다는 연구들이 지속적으로 나오고 있다. 이러한 연구들에 근거하여 몇몇 학자들은 어떤 인지능력은 생물학적으로 인간의 신경구조에 내재해 있다고 주장한다. 여기에는 생득적 이론가와 진화론적 이론가가 있다. 생득적 이론가는 인간이 태어날 때부터 특정 개념을 이해할 수 있게 프로그램화되어 있다고 주장하지만, 왜 그런지에 대해서는 설명하지 못한다(Spelke, 1994; Spelke & Newport, 1998). 생득적 이론가들의 주된 관심은 어떤 개념이 미리 프로그램화되어 있고 어떤 개념이 그렇지 않은지를 구분하는 것이다. 진화론적 이론가들 역시 인간이 특정 인지능력을 미리 지니고 있다고 믿는다는 점에서는 생득적 이론가들과 유사하지만, 그들은 '왜'라는 질문에 더 주목한다. 그들은 이러한 프로그램화가 자연선택의 결과라고 주장하며, 그것의 적응적 중요성을 설명하고자 한다(Hauser & Carey, 1998; Wynn, 1998). 예를 들어, 진화론적 이론가들은 기본적인 덧셈뺄셈 능력이 우리 조상의 수렵, 채집, 물물교환에서의 성공을 향상시켰을 것이라고 주장한다.

(5) 도덕발달

> 유럽의 한 마을에서 한 부인이 암으로 죽어가고 있었다. 그 부인을 살릴 수 있는 약은 하나밖에 없었다. 이 약은 같은 마을에 사는 어떤 약사가 최근에 제조한 라듐으로 만든 약이었다. 약사는 약값으로 2,000달러를 요구했는데, 이는 원가의 10배나 되는 가격이었다. 이 부인의 남편인 하인즈는 돈을 빌리려고 그가 아는 모든 사람들을 찾아갔지만 약값의 절반밖에 마련할 수 없었다. 하인즈는 약사에게 아내가 죽어가고 있다고 말하면서 약을 싸게 팔거나 외상을 줄 수 있는지 물었지만 약사는 안 된다고 대답했다. 하인즈는 절망하여 결국에는 약국 문을 부수고 부인을 위해 약을 훔쳤다. 하인즈는 이렇게 해야만 했을까? 그렇다면 그 이유는 무엇인가? (Kohlberg, 1969, p. 379)

Kohlberg(1976, 1984; Colby & Kohlberg, 1987)는 이러한 딜레마에 대한 연구참가자들의 대답을 연구하여 도덕발달이론을 발달시켰다. "도덕성이 무엇인가?"라는 질문은 철학자들이 몇 세기 동안 논쟁해 온 매우 복잡한 주제이다. 여기서는 도덕성을 옳고 그름을 구별하고 적절하게 행동하는 능력이라고 정의하였다.

Kohlberg의 단계이론. Kohlberg(1976, 1984)의 이론은 아동이 옳은 것과 그른 것에 대한 개념을 어떻게 발달시키는지를 설명한 가장 영향력 있는 이론이다. Kohlberg의 연구는 훨씬 이전에 이루어진 Piaget의 연구(1932)에 바탕을 두고 있다. Piaget는 도덕발달이 인지발달에 의해 결정된다고 주장하였다. 즉, 도덕적 주제에 대한 사고방식은 인지발달의 수준에 의해 결정된다는 것이다. 이러한 가설은 Kohlberg 연구에 중요한 발판이 되었다.

Kohlberg의 이론은 도덕적 행동보다는 도덕적 추론에 초점을 두고 있다. Kohlberg는 연구참가자들에게 하인즈의 딜레마와 같이 곤란한 도덕적 문제를 제시한 뒤, 이야기 속 주인공이 어떻게 행동을 해야하는지 그리고 왜 그렇게 생각하는지 질문하였다. 이를 통해 Kohlberg는 도덕적 추론의 특성과 과정을 탐색하였다. 이에 기초하여 Kohlberg는 인간의 도덕은 3수준을 거쳐 발달하며 각 수준은 두 개의 하위 단계로 이루어져 있다는 3수준6단계 이론을 제시하였다(〈그림 7-7〉 참고). 이때 각 단계는 옳고 그름에 대한 각기 다른 접근 방식을 지닌다.

첫 번째로 전인습적 수준(preconventional level)의 아동들은 외부 권위에 근거하여 사고한다. 따라서 처벌 받는 행동은 나쁜 것이고 칭찬이나 보상과 같은 긍정적인 결과를 야기하는 행동은 옳은 것이다. 인습적 수준(conventional level)의 아동은 사회적 질서를 유지하기 위해 규칙이 필요하다는 점을 이해한다. 따라서 이 시기 아동은 처벌을 피하기 위해서가 아니라 타인의 인정을 받기 위해 규칙을 내재화한다. 또한 이 시기 도덕적 사고는 융통성이

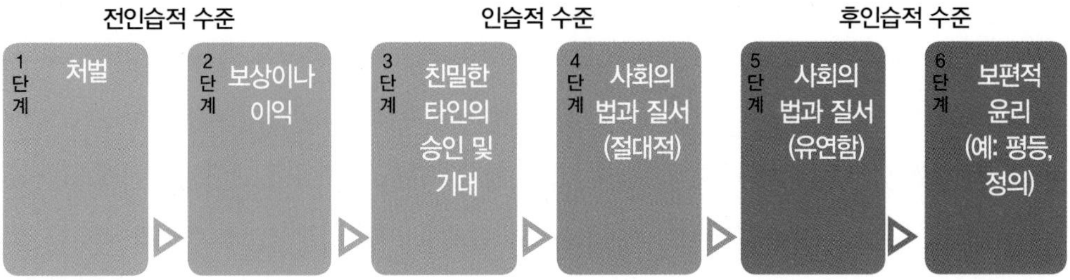

그림 7-7 **Kohlberg의 도덕발달이론.** Kohlberg의 이론은 크게 세 수준으로 나뉘며 각 수준은 다시 두 단계로 나뉜다. 개인이 어떤 행동의 옳고 그름을 평가할 때 사용하는 기준은 각 단계에 따라 다르다.

없기 때문에 규칙이란 반드시 지켜야 하는 절대적인 규준이라고 본다. 일부 아동은 청소년기에 후인습적 수준(postconventional level)에 접어드는데, 이 시기에는 개인적인 윤리 규칙에 따라 행동하는 모습을 보인다. 규칙 준수에 대해 보다 융통성 있는 태도를 보이며 도덕적 사고 역시 보다 유연해진다. 따라서 후인습적 수준의 사람은 사회의 특정 규칙이 개인의 윤리 규준과 충돌할 때 사회적 규칙을 따르지 않을 수 있다는 점을 이해한다.

Kohlberg이론의 평가. 많은 연구가 Kohlberg이론을 지지하여 도덕적 추론이 인지발달과 밀접한 관련이 있다는 사실을 입증했다(Walker, 1988). 또한 도덕발달의 과정 역시 Kohlberg가 제시한 도덕적 추론의 단계를 따르는 것으로 나타났다(Walker, 1989). 뿐만 아니라 도덕적 추론의 수준과 연령 간의 관계 역시 Kohlberg의 가설에 부합했다(권승혁, 2001; Rest, 1986). 즉, 연령이 증가함에 따라 단계 1과 단계 2의 추론은 감소하며 단계 3과 단계 4의 추론은 증가하였다. 마지막으로, 도덕적 추론은 도덕적 행동을 예측할 수 있었다(Bruggerman & Hart, 1996). 즉, 도덕발달 수준이 높은 아동은 낮은 아동보다 이타적이고 양심적이며 정직한 행동을 했다(Fabes, Carlo, Kupanoff, & Laible, 1999; Ongley, Nola, & Malti, 2014; Taylor & Walker, 1997). 이러한 결과들이 Kohlberg 모델의 유용성을 지지하고 있지만, 이 이론도 몇 가지 비판점을 지닌다.

먼저, 대부분의 사람들이 발달의 특정 시점에 여러 수준의 도덕적 추론을 동시에 보인다(Walker & Taylor, 1991). 이것은 거의 대부분의 단계이론이 지니는 문제점이라고 할 수 있다. 또한, Kohlberg의 딜레마가 모든 문화권에서 도덕발달의 적절한 지표가 되는 것은 아니다(Nucci, 2002). 가령, Kohlberg이론의 기저에 있는 가치 판단이 현대 서구 사회의 자유주의와 개인주의를 반영하고 있기 때문에 문화적으로 보편적이지 않을 수 있다(Miller, 2001). 마지막으로, Kohlberg가 사용한 연구 방법은 신뢰도와 타당도가 낮다(Kurtines & Greif, 1974). 가령, 참가자의 답변을 누가 평정하느냐에 따라 그리고 답변의 언어적 복잡성에 따라 그의 도덕발달 수준이 다를 수 있다. 또한, 참가자들이 딜레마에 대해 솔직하게 답변했는지 확인할 수 없고, 가상의 상황에 대한 추론이 실제 유사한 상황에서의 행동과 비슷할 것이라고 확신할 수 없다.

3 청소년기

(1) 생물학적 변화

청소년기는 키와 몸무게가 급격하게 증가하는 성장 급등기이다. 급격한 성장은 호르몬 변화에 의한 것으로, 여아는 만 10세경에, 남아는 만 12세경에 시작한다(Archibald, Graber, & Brooks-Dunn, 2003). 청소년기는 키와 몸무게가 증가하는 시기일 뿐만 아니라 성인과 유사한 신체적 특징이 나타나는 시기로, 한 성과 다른 성을 구분하는 신체적인 특징인 이차성징이 나타난다. 예를 들어, 남아는 목소리가 굵어지고 수염이 나기 시작하며 상체의 골격과 근육이 발달한다. 한편 여아의 경우 가슴이 커지고 골반뼈가 넓어진다.

이와 더불어 청소년기는 생식 기능이 성숙하는 사춘기에 진입하는 시기로, 생식에 필요한 신체 구조를 의미하는 일차성징이 완전히 발달한다. 우리나라 청소년의 평균 사춘기 시작 연령은 남자가 만 11-13세, 여자가 만 10-12세이며 성적 성숙의 총 변화기간은 남자가 평균 3.3년, 여자가 평균 3.6년으로 나타났다(박미정, 이인숙, 신은경, 정효지, 조성일, 2006). 사춘기 동안 남자는 고환과 음경 및 관련 내부 기관이 발달하고, 여자는 난소, 질, 자궁 및 관련 내부 기관이 발달한다. 특히, 여아는 만 11-13세경에 첫 월경을 의미하는 초경을 경험하며, 남아는 대략 만 11-14세에 첫 사정을 경험한다(박미정 등, 2006).

청소년기는 신경 발달이 이루어지는 시기이다. 청소년기 동안 뇌의 백색질 부피가 점차 증가하는데(Schmithorst, Wilke, Dardzinski, & Holland, 2002), 이는 곧 뉴런의 수초화가 보다 활발하게 이루어져 뇌의 전도성과 연결성이 향상된다는 것을 의미한다. 반면 활동이 적은 시냅스가 제거되는 시냅스의 가지치기가 이루어져 회색질의 부피는 감소한다(Sowell, Trauner, Gamst, & Jernigan, 2002). 이와 같은 뉴런의 수초화와 시냅스 가지치기는 전전두엽에서 가장 활발하게 나타난다(Keating, 2004). 즉, 전전두엽은 뇌의 영역 중에서 성숙이 가장 늦게 이루어지는 영역으로, 청소년기 후기 혹은 성인 초기까지 발달이 지속되는 영역이다.

(2) 정체감 탐색

Erikson(1963)의 단계이론에 따르면, 청소년기는 총 여덟 단계 중 다섯 번째 단계에 해당한다. 이 시기의 심리사회적 위기는 자신의 정체감에 대한 혼란을 극복하고 자아정체감을 확립하는 것이다(정체감 대 혼란). 청소년기는 이차성징이 나타남에 따라 신체적 변화가 나타나는 시기일 뿐만 아니라, 보다 합리적이고 성숙한 행동을 하도록 사회적 압력이 주어지는 시기이기도 하다. 따라서 이 시기 동안 청소년은 자아정체감을 확립하면서, 독특한 개인으로서의 자기개념을 찾고 인생의 방향성을 알려주는 이념이나 가치체계 등을 받아들이게 된다. 하지만 변화된 자신의 모습이나 역할 등을 통합하지 못하는 경우 정체감에 혼란을 느끼게 된다.

자아정체감을 찾는 과정은 전 생애에 걸쳐 지속되지만(Waterman & Archer, 1990), 청소년기는 이런 활동이 특히 활발한 시기이다. Marcia(1966, 1980, 1994)는 에릭슨의 이론을 경험적인 연구로 검증했는데, 그는 인생의 목표와 가치에 대한 관여와 세상을 탐색하고 이에 대해 질문하는 위기 여부에 따라 정체감 상태를 네 가지로 구분하였다(〈그림 7-8〉 참고).

관여와 위기 모두 없는 경우는 정체감 혼미에 해당한다. 자신의 인생에 대한 계획을 세우고 실행하며 신념에 따라 살아가는 노력을 하지 않는 사람이 여기에 해당한다고 할 수 있다. 이러한 태도는 정체감 탐색 과정에서 발생하는 위기를 피할 수 있도록 하지만, 동시에 인생에 대한 방향성이 없기 때문에 사회적 혹은 심리적 문제를 일으킬 가능성이 높다(Adams, Gullotta, & Montemayor, 1992).

정체감 유실은 관여는 있으나 위기는 결여된 유형으로, 가치, 역할, 관점 등에 대해 미성숙한 관여를 보인다. 이런 사람들은 주로 정체감을 탐색하는 과정에서 어려움을 피하려고 하며 타인(주로 부모)의 가치에 따라 정체감을 형성한다. 정체감 유실 유형은 애착 관련 불안, 순응과 관련이 있으며 새로운 것을 경험하는 것을 꺼린다(Kroger, 2003).

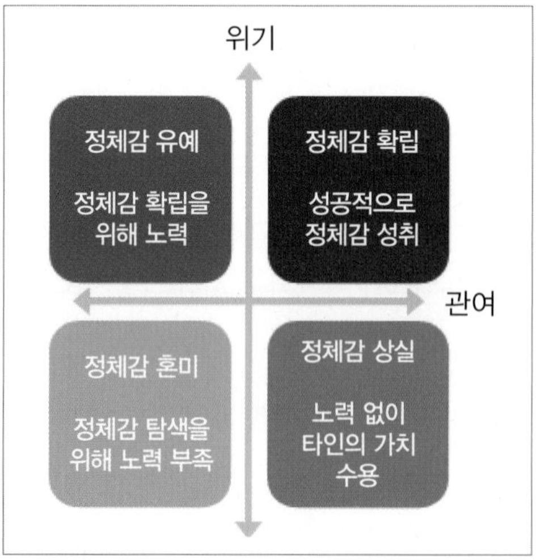

그림 7-8 **Marcia의 정체감 유형.** 위기와 관여 여부에 따라 네 가지 유형으로 나뉜다. 색이 진해질수록 성숙한 유형을 의미한다.

정체감 유예는 관여는 없으나 위기는 경험한 유형으로, 다른 신념이나 직업 등을 탐색하는 과정에서 관여를 잠시 미루어 둔 상태를 포함한다. 보통 이러한 탐색 과정은 후에 정체감을 확립하기 위해 필요한 일시적 과정이지만, 일부 사람들은 이 상태에 머물러 있기도 하다. 정체감 유예는 자기의심 및 혼란과 관련이 있다(Flum, 1994).

관여와 위기를 모두 경험한 경우 정체감 확립에 이른다. 이러한 상태에 있는 사람들은 자신의 인생에 대한 여러 가능성을 충분히 고려하였기 때문에 자아정체감과 인생에 대한 방향성을 확립하게 된다. 정체감 확립은 높은 자아존중감, 성실성, 안정감, 성취 동기 등과 관련이 있으며, 자아정체감을 확립한 사람은 타인과의 친밀한 관계를 더 쉽게 맺는다(Kroger, 2003).

연구 결과, 참가자의 연령이 증가하면서 정체감 유예와 확립 유형의 비율은 증가하는 반면 정체감 혼미와 유실 유형의 비율은 감소했다(Meeus, Iedema, Helsen, & Vollebergh 1999; Meilman, 1979). 그러나 많은 청소년들이 이 4가지 유형을 모두 경험하는 모습을 보였으며(Berzonsky & Adams, 1999), Marcia의 주장보다 좀 더 늦은 나이에 정체감 확립에 도달했다. 청소년 후기에는 일부 청소년만이 정체감 확립을 경험했으며, 자신의 정체감을 탐색하는 과정은 성인 전기까지 계속되었다. 또한 정체감 확립에 도달한 이후에도 계속해서 자아정체감이 성장한다는 연구결과가 있다(Kroger, 1996).

4 성인기

(1) 신체 및 인지 변화

성인기에도 여러 신체적 변화가 나타난다. 예를 들어, 머리카락이 가늘어지고 흰머리가 나기 시작한다. 신체 내 지방 비율이 증가하여 50대 중반까지는 몸무게가 점차 증가하는 모습을 보이다가 이후 점점 감소한다. 또한 감각기관에도 변화가 생기는데 특히 시력과 청력이 점차 감퇴된다. 예를 들면, 연령이 증가하면서 근시, 야맹증 등이 흔하게 나타나며(Fozard, 1990), 색조와 대비에 대한 민감성이 감소한다(Fozard & Gordon-Salant, 2001). 소리에 대한 민감도는 성인전기부터 점차 감소하기 시작하나 50대에 접어들기 전에는 그 변화가 크지 않다. 청력의 감퇴는 특히 여성보다 남성에게서 크게 나타나며, 저주파보다는 고주파에 대한 민감도가 크게 감퇴한다(Liu & Yan, 2007; Yost, 2000).

성인기 동안 호르몬 기능 역시 변화한다. 여성은 이러한 호르몬의 변화로 인해 평균 만 49-50세에 폐경을 경험하고 생식기능을 상실하는 갱년기를 겪는다(박영주, 구병삼, 강현철, 천숙희, 윤지원, 2001). 예전에는 갱년기가 모든 여성에게 정서적인 압박감과 스트레스를 준다고 보았지만, 최근의 지배적인 의견은 갱년기 증상에는 개인차가 있고 대부분은 일반적인 수준의 스트레스만을 경험한다는 것이다(George, 2002; Walter, 2000). 일부 사람들은 남성도 갱년기를 경험한다고 주장하지만, 남성이 여성과 동일한 의미의 갱년기를 경험하는 것은 아니다. 남성의 경우 성인중기부터 테스토르테론이 감소하나(Morley, 2001), 이러한 변화는 서서히 일어나며 여성이 경험하는 증상들을 유발하지는 않는다(Jacobs, 2001).

60대부터는 뇌조직과 뇌의 무게가 점차 감소하기 시작한다(Vinters, 2001). 이러한 경향은 뇌의 일부 영역에서 활동 뉴런의 수가 감소하거나 뉴런 자체가 수축되는 현상을 반영한다(Albert & Killiany, 2001). 하지만 뇌조직의 감소는 생각만큼 심각한 현상은 아니고, 연령이 증가함에 따라 자연스럽게 나타나는 현상이다. 뇌조직의 감소가 기능적으로 문제를 야기하는지는 연구자마다 입장이 다르지만, 많은 연구자들이 뇌조직의 감소가 노인성 치매를 유발하는 것은 아니라는 데 동의한다. 치매는 기억력의 감퇴를 포함하여 여러 인지적 손상을 수반하는 비정상적인 현상이다. 치매를 유발할 수 있는 요인으로 약 80여 가지의 질병이 보고되고 있다. 예를 들면, 알츠하이머병, 혈관성 치매, 루이체 치매, 파킨슨병, 헌팅턴병, 에이즈 등이 치매를 유발할 수 있으며 그 중 알츠하이머병이 주요 치매요인으로 알려져 있다(주수현, 임제진, 이창욱, 2014; Caine & Lyness, 2000). 이러한 질병들이 대부분 노인에게 나타나 75세 이상 성인 중 15-20% 정도가 치매를 앓고 있지만(Wise, Gray, & Seltzer, 1999), 연령이 증가한다고 해서 반드시 치매를 경험하는 것은 아니다.

알츠하이머병은 전체 치매 환자의 약 3분의 2가 경험하는 질병으로(Cummings & Cole, 2002), 뇌의 구조적인 손상을 수반한다(Vinters, 2001). 이 병은 성인중기에도 나타나지만 주로 65세 이상의 성인에게서 나타난다. 알츠하이머병은 지속적인 손상을 동반하여 대략 8-10년 동안 점차 증상이 악화되고 결국엔 사망에 이르게 한다(Rabins, Lykestone, &

Steele, 1999). 이 병의 대표적인 전조증상은 많은 시간이 지나지 않았는데도 새롭게 습득한 정보를 망각하는 것이다(Albert & Killiany, 2001). 이후 보다 명확한 증상들이 점차 나타나기 시작하는데, 대화 능력이나 이해력에 문제가 생기고 복잡한 문제를 해결하는 데 어려움을 겪으며 우울감이나 수면 장애를 경험한다.

알츠하이머병을 포함하여 신경 손상으로 인한 치매가 어떤 요인으로 인해 발생하는지는 아직 확실하지 않다. 유전적 요인이 영향이 있기는 하지만 그것이 정확히 어떤 영향을 미치는지는 불확실하다(Ashford & Mortimer, 2002). 다만 알츠하이머병의 위험을 낮추고 진행 속도를 늦출 수 있는 요인들은 몇 가지 나와 있다. 예를 들면, 규칙적인 운동(안나영, 2015; Schuit et al., 2001)과 인지능력을 자극하는 활동에 참여하는 것(Wilson & Bennett, 2003), 긍정적 정서를 많이 경험하는 것(Danner, Snowdon, & Friesen, 2001) 등이 이 병의 위험을 낮추는 것으로 알려져 있다.

(2) Eikson의 관점

Eikson은 성인기를 총 성인전기, 중기, 후기의 세 단계로 나누었다. 대략적으로 성인전기는 만 19세에서 40세, 성인중기는 만 41세에서 65세, 성인후기는 만 65세 이상을 의미한다.

성인전기에 해당하는 여섯 번째 단계는 친밀감 대 고립감 단계이다. 이 단계에서 성공적으로 자아정체감을 발달시킨 경우 타인이나 자신에 대해 친밀감을 발달시키게 된다. 따라서 성인전기의 주요 과업은 타인과 친밀감을 형성하는 능력을 기르는 것이다. 이는 이성과의 관계에만 국한된 것이 아닌 동성 친구와의 우정이나 자신의 감정이나 사고에 대한 친밀감까지 포함한다. 이 과업을 성공적으로 수행할 경우 공감 능력과 개방성이 향상된다.

성인중기에 해당하는 일곱 번째 단계가 생산감 대 침체감 단계이다. 성인중기의 과업은 후속 세대의 안녕에 대해 진지하게 고민하고 사심없이 진실된 마음으로 그들을 안내하고 지도하는 것이다. 구체적으로 아동 양육뿐만 아니라 창의적이며 생산적인 활동들 모두가 생산성을 기르는 방법에 해당한다. 반대로 자신의 이익과 욕구만을 추구할 경우 침체감에 빠지게 된다. 특히 부모 역할에 대해 느끼는 만족도는 성인중기의 성격발달에 중요한 역할을 하는 것으로 보인다.

마지막으로, 성인후기에 해당하는 여덟 번째 단계는 통합감 대 절망감의 단계이다. 성인후기는 대개 은퇴 후 시기에 해당하는데, 이 시기 주요 발달과업은 과거의 실수나 자신의 죽음을 곱씹으며 침잠하는 경향에서 벗어나는 것이다. 지나간 삶을 후회하기보다는 삶의 유한함을 받아들이고 자신의 삶에 대한 의미를 찾으며 이에 만족하는 것이 중요한 시기이다.

이처럼 에릭슨은 인지적, 사회적 존재로서 출생에서부터 성인후기에 이르기까지 전 생애에 걸쳐 사람들의 사회적 상호작용과 기대에 의해 성격발달이 어떻게 이루어지는가를 보여주었다.

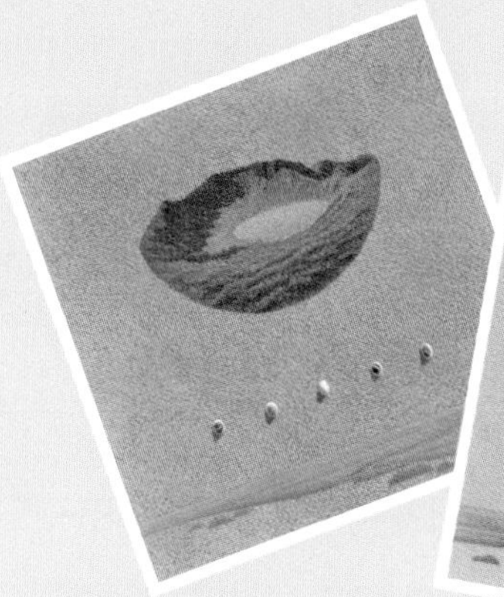

08 사회 속의 개인

An Introduction to Modern Psychology

개요

대인지각과 귀인에서는 대인지각의 특성, 비언어적 단서가 대인지각에 미치는 효과, 귀인이론 그리고 귀인의 오류 및 편향을 살펴본다. 태도와 태도 변화에서는 태도의 형성에 영향을 미치는 요인 그리고 태도 변화 관련 이론들을 살펴본다. 대인매력과 사랑에서는 매력의 요인과 사랑의 이론을 살펴보고, 사회적 영향에서는 동조와 복종을 알아본다. 마지막으로 집단수행에서는 사회적 촉진과 태만을 그리고 의사결정에서는 집단극화, 집단사고, 몰개성화 등을 살펴본다.

학습목표

1. 대인지각의 특성과 비언어적 단서와 같은 영향 요인을 이해한다.
2. 귀인의 이론과 오류 및 편향을 파악한다.
3. 태도의 형성에 영향을 미치는 요인과 태도변화를 설명하는 다양한 이론을 이해한다.
4. 매력을 결정하는 요인과 사랑의 이론을 이해한다.
5. 동조에 영향을 미치는 다수의 효과와 소수의 효과 그리고 복종에 대한 현상을 이해한다.
6. 집단수행에 영향을 미치는 요인과 집단의사결정의 특징을 이해한다.

사회심리학은 여러 사회적 맥락에서 관찰할 수 있는 개인의 행동을 과학적으로 탐구하는 심리학의 한 분야이다. 사회심리학자는 개인이 특정 상황에서 어떻게 생각하고 느끼고 행동하는지 그리고 그 이유나 원인을 체계적으로 연구한다. Allport(1924)의 정의에 따르면, 사회심리학은 '실제적이든 가상적이든 타인의 존재에 의해 개인의 행위가 영향을 받는 과정, 이와 관련된 사고, 행위 그리고 상호작용에 대한 과학적 연구'이다.

사회심리학에서 다루는 핵심 개념에는 사람, 상황, 그리고 사람–상황 상호작용이 있다. 사람은 우리가 다른 사람의 행동을 그들의 개인적 특성 가령, 목표나 동기, 기억이나 신념, 감정, 지식 등으로 설명하고자 할 때 관련된다. 상황은 개인의 사고와 행동에 영향을 줄 수 있는 외부적 사건을 의미한다. 좁게는 가족과 지인 혹은 지금 직면한 상황에서부터, 넓게는 개인이 속한 사회계층, 계급, 문화가 모두 여기에 해당한다. 또한 사회적 상황에는 실재하는 대상이나 사건뿐만 아니라, 자신이 상상한 타인의 기대나 관계적 사건도 포함된다. 또한 행동에 영향을 미치는 행위자와 상황이라는 이 두 요인은 독립적으로 작용하기보다는 상호작용한다. 그래서 일정한 특성을 가진 사람도 그가 처한 상황에 따라 매우 다양하게 행동할 수 있다.

사회심리학의 연구주제는 실로 다양하다. 여기서는 개인에 기초한 연구주제로 대인지각과 귀인, 태도와 태도변화를 살펴본다. 관계에 기초한 연구주제로는 대인매력과 사랑을 알아본다. 마지막으로 집단에 대한 연구로 사회적 영향 그리고 집단수행과 의사결정을 알아본다.

1 대인지각과 귀인

(1) 대인지각의 특성

대인지각은 다른 사람에 대한 인상형성을 지칭하는 개념으로, 우리는 이러한 지각을 통해 그들의 성격을 추론하거나 그의 인상을 평가한다. 우리는 어떤 사람의 움직임, 머리카락의 색깔, 몸의 크기를 지각하기도 하지만, 그 사람을 보고 겉으로 드러나지 않는 그의 성격 특성을 추론하기도 한다. 우리가 어떤 사람을 똑똑하다고 지각할 때, 이러한 지각은 그 사람의 똑똑한 성격 특성을 직접 관찰한 것에 근거하는 것은 아니다. 대신에 우리는 그의 행동을 통해 그 사람이 똑똑할 것이라고 추론한다.

범주화. 대인지각은 자동적으로 이루어지는 범주화를 통해 상대방의 성격 특성을 추론한 다음, 필요하면 의도적으로 새로운 정보를 찾아 처음의 인상을 조정해 가는 과정을 거친다(Fiske & Neuberg, 1990). 이때 우리는 다양한 정보를 이용해서 사람들을 비슷한 특성을 가진 집단으로 묶는다. 우리가 어떤 사람을 처음 보고 사용하는 범주 중에서 'Big Three'로 알려진 범주는 인종, 나이, 성별이다(Fiske & Neuberg, 1990). 우리는 여러 두드러진 생물학적 단서로부터 이 범주에 대한 정보를 쉽게 얻을 수 있다. 그래서 이 범주는 다른 사람들에 대한 지각을 다양한 상황에서 지배한다. 범주에 기초한 인상은 각 범주에 대한 고정관념의 영향을 받는다. 고정관념이란 범주에 속하는 몇몇 사례의 속성을 그 범주에 속하는 모든 사람들에게 일반화하는 현상이다. 예를 들면 사람들은 여성이 남성에 비해서 덜 지적이고, 역량이 떨어지며, 포부가 적다고 평가한다(Rudman, 2005).

내현성격이론. 사람들은 상대방의 주어진 성격특질을 통해 또 다른 성격특질이나 행동을 그에게 부여하거나 추론한다. 이러한 경향성은 사람들이 특정 개인의 성격특질과 행동을 하나의 조직화된 실체라고 지각하기 때문에 나타난다. 다양한 성격특질이 일관적으로 조직화되어 있다는 지각자의 믿음이 내현성격이론(implicit personality theory)이다. 즉, 이는 어떤 성격특질은 다른 특질과 같은 범주에 속하고 또 다른 특질과는 같은 범주에 속하지 않는다는 지각자의 믿음이다. 예를 들면, 어떤 사람은 개그맨은 외향적이면서 활발하지만 지적으로는 떨어진다고 생각할 수 있다. 그래서 이 사람은 관련 정보가 없더라도 그 개그맨이 특정 대학 출신일 것이라고 추론한다. 이때 '따뜻한–차가운'이나 '외향적인–내향적인'과 같은 중심특질은 다른 특질에 비해 좀 더 폭넓은 추론을 하도록 한다. 고전적인 연구로 Asch(1946)는 중심특질로 '차가운–따뜻한' 특질의 효과를 입증했다. 그는 두 집단의 학생들에게 동일한 사람을 기술하는 특질 목록을 읽어주었다. 한 집단에게는 '지적인, 능숙한, 근면한, 따뜻한, 단호한, 실질적인 그리고 신중한'의 목록을 제시하였고, 다른 집단에게는 '따뜻한'을 '차가운'으로 바꾼 것 말고는 나머지는 모두 동일한 목록을 제시하였다. 그 결과, 두 집단은 이 사람에 대하여 매우 상이한 인상을 형성했다. '따뜻한' 집단의 참가자들은 이 사람을 관대한, 행복한, 마음씨 좋은, 유머가 있는 그리고 인간적인 사람이라고 지각했다. 반면에 '차가운' 집단은 이 사람을 마음이 좁은, 불행한, 화를 잘 내는, 유머가 없는 그리고 무례한 사람이라고 지각했다. '따뜻한-차가운'을 '공손한-무뚝뚝한'으로 바꾸었을 때는 이러한 인상의 차이는 매우 미미했다.

초두효과와 최신효과. 우리가 상대방에 대한 인상을 형성할 때, 그가 제공하는 모든 정보가 인상형성에 동일하게 기여하는 것은 아니다. 상대방에 대한 인상형성에서 나중보다 처음에 제시된 정보의 영향이 더 클 수 있다. 초두효과에 따르면, 첫인상이 중요한 이유는 그것이 이후의 인상에 대한 기저선 역할을 하기 때문이다. Asch(1946)는 두 집단의 참가자에게 한 가상적 인물에 대한 동일한 내용의 성격특질 목록을 제시하고 그 사람에 대한 인상을 보고하도록 했다. 첫 번째 집단의 참가자에게는 '지적인, 근면한, 충동적인, 비판적인, 고집 센, 시기하는' 목록을 제시하였고, 두 번째 집단에게는 동일한 목록을 그 순서만 정반대로 해서 제시하였다. 즉, 첫 번째 목록은 긍정적 특질에서 부정적 특질로 나아가지만 두 번째 목록은 부정적 특질에서 긍정적 특질로 나아간다. 연구 결과, 첫 번째 집단의 참가자들이 두 번째 집단의 참가자들에 비해 이 가상적 인물을 더 긍정적으로 지각했다.

초두효과의 원인은 무엇일까? 처음에 제시된 형용사가 나중에 제시된 형용사의 의미를 변화시키기 때문으로 보인다(Asch, 1946). '지적이고' '근면한' 특질은 이후의 '비판적'이라는 특질을 자신의 지적인 능력을 제대로 발휘하는 것으로, '고집 센' 특질을 자신의 신념이나 입장을 견지하는 것으로 해석할 수 있게 한다. 반대로, '시기하고' '고집 센' 특질은 이후의 '지적인' 특성을 간교하거나 계산이 빠른 특징과 연결해서 해석하게 만들 수 있다. 또 다른 설명은, 초두효과는 후속 자극에 대한 주의의 감소 때문에 나타나거나, 초기의 정보에 근거해서 인상을 형성한 다음 이후의 정보를 경시하여 생길 수 있다는 것이다(Anderson, 1981).

이와 반대로, 어떤 사람에 대한 일련의 정보에서 나중에 제시된 정보가 인상형성에 더 큰 영향을 미칠 수도 있다. 이것을 최신효과라고 한다. 초두효과가 최신효과보다 더 강력하고 일반적이지만, 최신효과가 나타날 수 있는 여러 가능성이 있다. 가령, 제시되는 두 정보 사이에 충분한 시간적 간격을 두고 두 번째 정보 제시 직후에 인상을 형성하도록 하면, 참가자가 처음의 정보를 망각할 가능성이 높기 때문에 최신효과가 나타날 가능성이 크다(Myers, 2013). 또한, 다수의 모범적인 행동 이후에 나타난 하나의 비열한 행동은 많은 주의를 끌기 쉽고 매우 진단적인 가치가 있어서 인상형성에 더 큰 영향을 미칠 수 있다. 또한 지각자가 정확한 판단을 하도록 동기화되면, 판단하기 전에 초기의 정보에 국한되지 않고 나머지 정보도 고려할 수 있다(Berza, Gannon, & Skowronski, 1992).

(2) 대인지각과 비언어적 정보

우리는 다른 사람을 지각할 때 그가 하는 말뿐만 아니라 얼굴의 생김새, 목소리, 쳐다보기와 같은 비언어적 정보에 의해서도 큰 영향을 받는다.

얼굴. 우리는 다른 사람의 얼굴 단서를 이용해서 그의 성격을 추론한다. 특히, 얼굴 단서로 신체적 매력은 성격 특질을 추론하는 데 큰 영향을 미친다. 사람들은 아름다움은 좋은 것이라는 고정관념 혹은 신화를 가지고 있다. 그래서 아름다운 외모와 같이 하나의 긍정적인 측면을 가진 사람에게 여러 호감 가는 특질을 부여하는 경향성이 있다. 이것을 신체적 매력이 갖는 후광 효과(halo effect)라고 한다. 이러한 후광효과는 관계적인 상황, 학교, 직장과 같은 다양한 맥락에서 매우 보편적으로 나타난다. 사람들은 매력적인 사람이 지적이고, 사교적이고 외향적이며, 자신감이 높다고 생각하는 경향이 강하다(김혜숙, 1993).

신체적 매력은 강사에게도 유리하게 작용한다. Hamermesh와 Parker(2005)의 연구에서 대학생들은 463개의 강좌를 담당하는 강사들의 사진을 보고 그들의 신체적 매력을 평정했다. 그 결과, 강사의 외모가 강의에 대한 학생들의 평가에 상당한 영향을 미치는 것으로 나타나, 잘생긴 강사의 강의가 그렇지 않은 강사의 강의보다 더 좋은 평가를 받았다. 이러한 효과는 여성 강사보다 남성 강사에게서 더 크게 나타났다. 심지어 매력적인 여성은 법정에서도 더 낮은 형량의 처벌을 받는다(고재홍, 1994). 반대로, 우리는 신체적으로 매력이 낮은 사람들이 덜 사교적이고, 덜 이타적이며, 덜 지적일 것이라고 생각한다(Griffin & Langlois, 2006). 이것을 부정적 후광 효과 혹은 악마 효과(devil effect)라고 한다.

목소리. 각 개인의 목소리는 독특한 비언어적 단서를 제공함으로써 그에 대한 인상을 형성하는 데 기여한다. 우선, 목소리의 매력에 대한 한 연구에서(Zukerman & Miyake, 1993) 단조롭거나 비음이 큰 목소리일수록 매력이 낮고 목소리의 크기와 울림 그리고 발음의 명료성이 클수록 매력적이었다. 그러나 음의 높이, 날카로움, 울림 등이 지나치게 낮거나 높으

곁글 얼굴반전효과와 합성효과

얼굴과 사물을 180° 회전시켜 놓으면, 우리는 사물보다는 사람의 얼굴을 알아보는 데 더 큰 어려움을 겪는다. 이것을 얼굴반전효과(Fagan, 1972)라고 한다. 우리는 얼굴로부터 이목구비와 같은 각 특징에 대한 정보와 함께 전체적인 형태에 대한 정보도 끄집어낸다. 이때 얼굴을 위아래로 뒤집어 놓으면, 형태에 대한 정보를 끄집어내는 데 어려움을 겪게 되고, 다른 종류의 대상에 비해 얼굴을 인식할 때 더 많은 방해를 받는다(Maurer, Le Grand, & Mondloch, 2002).

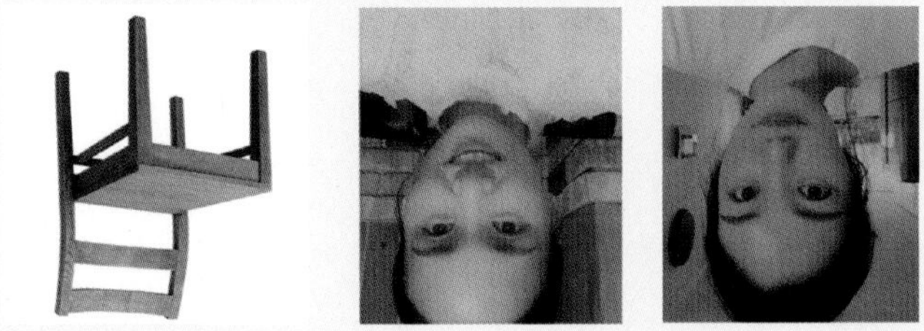

어떤 사람의 얼굴 윗부분과 다른 사람의 얼굴 아랫부분을 반씩 합성해서 새로운 얼굴을 만들면, 우리는 이 얼굴의 윗부분이나 아랫부분의 사람이 누구인지 파악하는 데 어려움을 겪는다. 이러한 얼굴합성효과(Hole, 1994)가 나타나는 원인은 합성한 두 부분으로부터 외형에 대한 정보를 발췌해서 하나의 새로운 사람으로 융합시키기 때문이다. 이러한 효과는 얼굴 인식이 형태에 대한 정보에 크게 의존하고 있음을 보여준다.

면 매력이 떨어졌다. 또한, 매력적인 목소리를 가진 사람은 성격 평가에서 더 우호적인 인상을 주었다(Zuckerman & Driver, 1989). 즉, 그들은 더 따뜻하고, 호감이 가고, 정직하고, 우월하고, 성취 지향적인 사람으로 평가를 받았다. 이러한 효과는 목소리만 들려주거나 목소리와 얼굴 모습을 모두 제시한 경우에도 나타났다.

또한, 목소리는 그 사람의 연령, 성, 성적 지향 등을 파악하는 데 유용하다. 예를 들면, 사람들은 빈도, 음높이, 강도, 크기, 각 분절의 발음 기간 등 다양한 음성적 단서를 이용해서 상대방의 연령을 정확히 예측할 수 있다(Schötz, 2003). 가령, 나이가 들면서 목소리의 높이와 말의 속도가 낮아지는 경향이 있는 반면, 아이들은 성장할수록 말의 속도가 더 빨라지고 발음도 더 정확해진다.

쳐다보기. 사람들은 상호작용하면서 매우 다양한 시선 행동을 한다. 어떤 때는 상대방을 똑바로 쳐다보기도 하고 또 다른 때에는 그의 시선을 피하기도 한다. 우리는 사람들의 이러한 시선 행동을 통해 그들에 대한 인상을 형성한다. 쳐다보는 시간은 인상형성에 영향을 미친다. 일반적으로, 기대하는 것보다 상호적으로 좀 더 오래 쳐다보는 것은 더 친밀하게 지내고 싶다는 바람을 보여주는 신호로 지각된다(Knapp, Hall, & Horgan, 2014). 그러나 서구와 같은 문화에서 적절하다고 생각하는 것보다 일방적으로 더 오래 쳐다보면, 사람들은 그러한 사람을 너무 앞서가거나 무례한 사람으로 여긴다(Richmond, McCroskey. & Hickson Ⅲ, 2012).

또한, 말하는 사람을 쳐다보는 것은 그 사람이 말하는 것에 흥미를 느끼고 있다는 신호일 수 있지만, 다른 문화권 가령 아시아나 아프리카 국가의 사람들은 특히 지위가 높은 사람이 말을 할 때 똑바로 쳐보다는 것은 무례하다고 생각한다(Martin & Nakayama, 1997). 반면, 시선 피하기는 여러 의미로 해석된다. 불친절하거나 다른 사람의 말에 흥미가 없거나 대화를 중단하고 싶다는 신호일 수도 있고, 자신에 대한 확신이 없을 때 그러한 내면의 상태를 상대에게 들키지 않기 위한 행위일 수도 있다(Richmond et al., 2012).

(3) 귀인의 이론

때로 우리는 자신이나 다른 사람이 왜 특정 행동을 하는지 그 이유를 추론한다. 우리는 어떤 사람이 어떤 상황에서 왜 공격행동을 하는지 혹은 왜 두 사람이 서로를 좋아하는지 질문한다. 이처럼 귀인이란 자신이나 다른 사람의 행동의 원인을 추론하는 과정을 말한다. 귀인에는 크게 상황귀인과 성향귀인이 있다(Heider, 1958). 상황귀인은 행동의 원인을 상황에서 찾는 것으로, 예를 들어 우리는 어떤 사람의 공격행동을 상대방의 도발 때문이라고 귀인할 수 있다. 반면에, 그는 원래 다른 사람을 때리고 욕설도 하는 등 공격적인 성격 때문에 그와 같은 행동을 했다고 생각할 수도 있다. 이것은 행동의 원인을 행위자의 내적인 특성에서 찾는 성향귀인의 한 사례이다. 귀인을 설명하는 이론으로 Jones와 Davis(1965)의 대응추리이론과 Kelley(1967)의 공변원리를 살펴본다.

대응추리이론. Jones와 Davis(1965)의 대응추리이론은 다른 사람의 행동을 보고 그 행동에 상응하는 의도나 성향을 추론하는 원리에 대한 이론이다. 이때 대응이란 특정 행동을 관찰함으로써 그 기저에 있는 행위자의 의도나 성향을 알 수 있는 정도를 의미한다. 어떤 행동이 그 행위자의 성향을 반영한다고 우리가 믿을 때, 대응 수준이 높다고 말할 수 있다. 가령, 한 여성이 지적이고, 매력적이며 돈이 많은 남성과 결혼한 것은 그녀가 부에 대한 갈망이 컸기 때문이라고 우리가 확신한다면, 행동과 의도 혹은 성향 간의 대응 수준이 높은 것이다. 반대로, 이러한 확신이 불분명하면 그 둘 간의 대응 수준은 낮은 것이다.

대응 수준을 결정하는 주요 선행조건 중의 하나가 비공통 효과이다. 이 이론에 따르면, 우리는 관찰자로서 행위자가 실제 수행한 행위 이외에 그 대안적 행동도 고려한다. 예를 들면, 우리는 이 여성이 두 파트너 A와 B 중에서 한 명을 선택했다고 가정할 수 있다. 이때 두 파트너는 매력적이고 지적이라는 두 효과를 공통으로 가지고 있지만, 이 여성이 선택한 파트너 A는 부유한 반면 선택하지 않은 파트너 B는 가난하다고 생각해 보자. 이 이론에 따르면, 우리는 두 개의 선택을 통해 얻을 수 있는 효과를 비교해서 공통 효과와 비공통 효과를 구분한다. 이 사례에서 이 여성이 파트너 A를 선택한 것에는 두 개의 공통 효과와 하나의 비공통 효과 즉, 그의 경제적 부가 있다. 이 때 비공통 효과의 수가 적을수록 대응 수준은 높아지는 반면, 비공통 효과의 수가 많을수록 대응 수준은 떨어진다. 이 사례에서 우리는 이 여성이 돈 때문에 파트너 A와 결혼했다고 확신 있게 귀인할 수 있다.

대응 수준을 결정하는 또 다른 선행조건이 비공통 효과의 사회적 바람직성이다. 비공통 효과가 사회적으로 바람직하면, 그 효과는 행위자의 성향에 대하여 많은 정보를 제공하지는 않는다. 위의 사례에서 경제력이라는 비공통 효과는 그 가치를 보편적으로 인정받기 쉽다. 그래서 우리는 경제적으로 유리한 파트너 A를 선택한 이 여성의 행동을 보고 그녀의 성향에 대하여 많은 것을 알기는 어렵다. 반대로, 일반적인 기대와는 반대로 이 여성이 경제적으로 가난한 파트너 B를 선택했다면, 우리는 이러한 선택을 그녀의 특이한 성향 때문이라고 추론하게 된다. 즉, 사람들은 사회적 바람직성이 낮은 행동을 할 때(이 예에서는 일반적이지 않은 행동을 할 때) 그 행동의 원인을 성향에서 추론한다. 같은 맥락에서, 비공통 효과의 사회적 바람직성이 보편적이지 않으면, 그 효과를 통해 행위자의 성향을 더 자신 있게 추론할 수 있다(〈표 8-1〉 참고).

〈표 8-1〉 **대응의 선행조건.** 사회적 바람직성에 따라 정보적 가치가 결정되고, 비공통 효과의 수에 따라 귀인의 확실성이 결정된다.

비공통 효과의 수	사회적 바람직성	
	높음	낮음
많음	사소한/애매한	흥미로운/애매한
적음	사소한/분명한	높은 대응

공변원리. Kelley(1967)는 귀인의 과정을 공변원리로 개념화하였다. 이때 공변이란 특정 원인이 특정 효과와 여러 조건에 걸쳐서 결합되어 있는 경우를 말한다. 예를 들면, 서쪽 하늘에 검은 구름이 드리우면 소나기가 내리고 그곳에 검은 구름이 없으면 비가 내리지 않는다면, 서쪽 하늘의 검은 구름과 소나기는 공변하는 것이다. 일반인도 과학자와 마찬가지로 결과의 원인을 찾으려고 하고, 대부분은 인과관계를 설명하기 위해서 공변과 같은 과학적 원리를 사용한다. 이러한 점에 기초해서 Kelley는 인과적 귀인을 위해서는 특정 행위자가 주어진 상황에서 자극 대상에게 어떻게 행동하는지와 관련한 세 가지 정보가 필요하다고 제안했다. 또한, 그는 이러한 정보의 공변 정도에 따라 사건의 원인을 행위자, 대상(혹은 자극), 상황에서 찾는다고 보았다.

이 세 가지의 정보를 설명하기 위해서 철수가 일과를 마친 후 술을 마시는 경우를 예로 살펴보자. 세 정보 중 하나인 일관성은 한 사람이 동일한 상황에서는 늘 동일한 방식으로 행동하는지의 문제이다. 위의 예에서 철수가 일과 후 늘 술을 마시는 것(높은 일관성)은 성향적인 귀인을 함축하는 반면, 일과 후 가끔 술을 마시는 것(낮은 일관성)은 상황적인 귀인을 함축한다. 또 다른 정보인 일치성은 동일한 상황에서 다른 사람들도 그 사람처럼 행동하는가의 문제이다. 가령, 다른 사람들도 철수처럼 일과 후 술을 마신다면(높은 일치성), 이것은 철수의 일과 후 음주에 대한 상황 귀인을 함축한다. 반면에, 다른 사람들은 일과 후에 술을 마시지 않는다면(낮은 일치성), 이것은 철수의 일과 후 음주에 대한 성향 귀인을 함축한다. 마지막 정보가 특이성인데, 이것은 그 사람이 특정 상황에서만 이런 식으로 행동하는가의 문제이다. 가령, 철수는 일과 후에는 술을 마시지만 골프를 마친 후나 파티에서는 술을 마시지 않는다면(높은 특이성), 이러한 행동은 상황적 귀인을 함축한다. 반대로, 모든 상황에서 술을 마신다면 그것은 성향귀인을 의미한다.

Kelley 등(1973; Orvis, Cunningham, & Kelley, 1975)은 이 세 정보의 조합으로 만들어지는 8(혹은 2×2×2)가지의 경우가 귀인을 결정한다고 제안했다. 그에 따르면, 사람들은 세 정보가 모두 높을 때 대상(위의 예에서는 일)에 귀인하지만, 일관성만 높을 때는 행위자에게 귀인하고 특이성만 높을 경우 특정 상황에 귀인한다(〈표 8-2〉 참고). 많은 연구에서 이러한 귀인의 종류를 검증했다. 그 전반적인 결과에 따르면(Forsterling, 2001), 행위자나 대상에 대한 귀인은 Kelley가 제안한 바를 지지했다. 그러나 상황에 대한 귀인은 나머지 두 정보에 상관없이 일관성이 낮을 때 두드러지는 경향이 있었다.

〈표 8-2〉 **세 가지 정보의 공변 정도에 따른 귀인.** 세 가지 정보가 모두 높을 때 대상(혹은 자극)에 귀인하는 반면, 그렇지 않은 조합의 경우에는 행위자나 상황에 귀인한다.

귀인	정보		
	일관성	일치성	특이성
행위자	고	저	저
대상(혹은 자극)	고	고	고
상황	저	저	고

(4) 귀인의 오류와 편향

여러 귀인이론은 사람들이 실생활에서 과학자처럼 합리적이고 논리적인 방식으로 귀인한다고 가정한다. 그러나 종종 사람들은 귀인에서 다양한 오류나 편향을 범한다.

기본적 귀인오류. 사람들은 다른 사람의 행동이 상황적 요인에 의한 경우에도 그 행동이 행위자의 내적인 특질이나 태도 및 의도에 의한 것으로 귀인하는 경향이 있다. 이처럼 귀인을 할 때 상황의 힘을 낮추어 평가하는 경향성을 기본적 귀인오류 혹은 대응편향이라고 한다. 이러한 현상을 처음으로 입증한 연구에서(Jones & Harris, 1967), 실험자는 대학생들에게 쿠바 대통령 Fidel Castro를 존경하고 예찬하는 연설을 하도록 요구했다. 또 다른 대학생들은 녹화한 이 연설을 보고, 연설을 한 학생이 실제로 Castro에 대하여 어떤 태도를 가지고 있는지 평가하도록 했다. 이때 연설을 한 학생들이 자신의 의사와는 상관없이 Castro를 칭찬했다는 사실을 평가하는 대학생들에게 알려 주었다. 평가자들이 상황적 제약을 실감했다면, 연설한 학생들의 태도가 보통 학생들이 그에 대하여 가지는 부정적인 태도와 같다고 추측했을 것이다. 그러나 그들은 Castro를 지지하는 연설을 한 사람은 적어도 그러한 태도를 조금이라도 가지고 있다고 판단했다.

행위자-관찰자 효과. 때로 우리는 자신의 행동과 타인의 행동을 다른 식으로 설명한다. 행위자-관찰자 효과(Jones & Nisbett, 1972)에 따르면, 우리는 다른 사람의 행동은 성향귀인을 하고 자신의 행동은 상황귀인을 한다. 어떤 십대 운전자들은 자신들이 위험하게 운전하는 것을 '시간에 늦어서'와 같이 상황에 귀인하는 반면, 다른 십대들은 그들의 위험한 운전을 '멋있게 보이기 위해서'와 같이 성향에 귀인한다(Harré, Brandt, & Houkamau, 2004). 많은 연구들이 이 효과의 존재를 입증하고 있지만, 전반적으로 이 효과는 제한적이다. 예를 들면, Watson(1982)은 26개의 관련 연구 중 24개의 연구에서 행위자-관찰자 차이를 발견했다. 그러나 이러한 차이를 분석한 결과, 행위자는 관찰자에 비해 상황귀인을 더 많이 했지만, 행위자와 관찰자 모두 상황보다는 성향귀인을 선호했다. Malle(2005)은 총 1만 2천 명이 참여한 137개의 연구를 담고 있는 95개의 논문을 검토했다. 그 결과 전반적으로 행위자-관찰자 효과는 매우 약했다. 특히, 이 효과는 부정적인 사건에서는 나타났지만 긍정적인 사건에서는 거꾸로 나타났다.

거짓 일치성 효과. 이 효과는 사람들이 자신의 태도와 행동이 실제보다 더 일반적이라고 가정하는 경향을 말한다. 이러한 가정이 보통은 맞지만, 특히 자신의 선호에 기초할 때는 틀릴 수 있다. 이러한 효과를 입증한 고전적인 연구에서(Ross, Greene, House, 1977) 실험자는 학생들에게 큰 글씨로 "회개하라!"라고 적힌 포스터를 들고 캠퍼스 곳곳을 다닐 마음이 있는지 물었다. 정확히 50%의 학생은 이 요청에 동의했는데, 그들은 다른 학생들의 58.3%도 동의할 것이라고 추정했다. 반면, 이 제안을 거부한 나머지 50%의 학생은 다른 학생들의 23.3%만이 이 요청에 동의할 것이라고 판단했다. 이러한 결과는 참가한 학생들의 추정에 거짓 일치성 효과가 들어있음을 보여준다. 또한, 참가자들은 자신의 결정이 더 보편적이라고 생각했으며, 자신과 다른 결정을 하는 사람들의 행동을 더 성향적으로 귀인하는 경향을 보였다. 가령, 이 요구에 동의한 학생은 다른 학생들이 동의하지 않을 경우 그 이유를 성격 때문이라고 생각했다. 거짓 일치성 효과는 개인의 행동이나 태도와 관련된 적어도 45개의 연구에서 입증된 매우 안정적인 현상이다(Forsterling, 2001).

자기고양 편향. 이 편향은 사람들이 자신의 수행 성적이 좋을 때 그것을 성향에 귀인하는 반면, 수행 성적이 나쁠 때는 그 결과를 외부 요인에 귀인하는 것을 말한다. 시험을 잘 본 학생들은 자신의 성공을 능력이나 노력에 귀인한 반면, 시험에 실패한 학생들은 운이나 교수가 출제한 문제유형으로 귀인했다(de Jong, Koomen, & Mellenbergh, 1988). 마찬가지로, 운동시합에서 이긴 감독은 자신의 팀이 열심히 노력했으며 더 우수한 재능을 가지고 있다고 말한 반면, 시합에서 진 감독은 판정이 엉망이었다든가 상대방이 어쩌다 이겼다는 식으로 말했다(Grove, Hanrahan, & McInman, 1991). 이러한 편향은 다른 사람의 수행에 대한 귀인에서도 나타난다. 참가자들로 하여금 연산법칙을 다른 학생들에게 가르치도록 했을 때, 참가자들은 학생들의 성적이 좋으면 그것을 자신의 훌륭한 교습기술에 귀인했고, 그들의 성적이 나쁘면 그것을 그 학생들의 탓으로 돌렸다(Johnson, Feigenbaum, & Weiby, 1964).

2 태도와 태도변화

사람이나 사건 혹은 무생물과 같은 특정 대상에 대한 태도는 인지적, 정서적 그리고 행동적 요소로 이루어져 있다(Fishbein & Ajzen, 1974). 인지적 요소는 태도 대상에 대한 사람들의 신념이나 지식이다. 예를 들면 흡연의 경우 담배 한 갑의 가격, 한 갑에 들어있는 개비의 수, 담배의 종류, 담배가 건강에 미치는 효과 등 흡연과 관련한 우리의 지식이 모두 인지적 요소에 해당한다. 이처럼 인지적 요소는 매우 다양하고 복잡하며 쉽게 달라질 수 있다. 정서적 요소는 태도 대상에 대한 느낌이나 '좋다–싫다'라는 감정이다. 사람들은 흡연에 대하여 그것을 좋아하는 긍정적 정서나 싫어하는 부정적 정서를 느낄 수 있다. 이러한 정서적 측면은 인지적 요소가 사라진 후에도 계속 남아 행동에 지속적으로 영향을 미친다(Olson & Fazio, 2004). 태도의 행동적 요소는 대상에 대한 태도와 일관적인 행동을 하려는 의도이다. 사람들은 대상에 대한 인지적이고 정서적 내용과 일관된 행동을 하고자 한다. 흡연에 대하여 긍정적으로 생각하는 사람은 흡연을 할 것이고, 그 반대인 사람은 흡연을 하지 않을 것이다. 그러나 사람들이 태도와 일치하는 행동을 언제나 하는 것은 아니다.

(1) 태도의 형성

태도의 형성은 유전과 같은 선천적인 요인의 영향을 받기도 하고 후천적인 학습을 통해서도 이루어진다. 학습은 크게 고전적 및 조작적 조건형성과 관찰학습이라는 기제를 통해 이루어진다.

유전적 요인. 때로 특정 대상에 대한 태도는 선천적으로 타고 태어난다. 예를 들면 태어난 지 어느 정도 지난 영아들은 뱀, 어둠, 갑자기 접근하는 자극에 대하여 선천적인 두려움을 보인다(Bourgeois, 2002). 또한 영유아를 대상으로 지각적 선호 패러다임을 이용한 연구에 따르면(〈그림 8–1〉 참고), 태어난 지 몇 분 되지 않은 신생아들은 무질서한 얼굴패턴보다 사람얼굴과 비슷한 패턴을 더 선호한다(Goren, Sarty, & Wu, 1975). 또한 매력적이지 않은 얼굴보다 매력적인 사람

그림 8–1 **신생아의 지각선호에 사용된 패턴.** 신생아들은 무질서한 얼굴 패턴(오른쪽)보다 질서를 갖춘 얼굴 패턴(왼쪽)을 더 선호한다.

과 동물 얼굴을 더 선호한다(Quinn, Kelly, Lee, Pascalis, & Slater, 2008). 이러한 결과들은 '아름다운 것이 좋은 것'이라는 고정관념이 생애 초기부터 형성된다는 사실을 보여준다.

학습. 태도는 후천적인 학습을 통해서도 형성된다. 그 대표적 기제 중의 하나가 고전적 조건형성이다. 특정 반응을 유발하는 무조건 자극을 그 반응과 관계없는 중립 자극과 함께 반복적으로 제시하면 이후에는 중립 자극만으로도 그 반응을 유발할 수 있다. 이와 같은 과정을 통해 우리는 중립 자극에 대한 태도를 형성한다. 고전적 조건형성을 통한 태도의 형성은 무의식적 연합을 통해서도 가능하다. 최근의 한 실험에서(Gibson, 2008) 참가자들에게 코카콜라와 펩시콜라를 긍정적 이미지(꽃, 엄마와 아이)와 짝지어 보여준 반면, 또 다른 브랜드의 음료들은 부정적 이미지(묘지, 끔찍함)와 짝지어 보여주었다. 그 결과, 처음에는 특별히 선호하는 브랜드가 없던 참가자들이 나중에는 부정적 이미지와 연합된 음료보다 긍정적 이미지와 연합된 콜라를 선호했다.

태도에 대한 학습은 조작적 조건형성을 통해서도 이루어진다. 이것은 특정 행위를 한 다음 강화물이 주어지면 이후에 그 행동이 발생할 가능성이 높아지는 원리이다. 우리가 어떤 교수가 가르치는 과목에서 A+를 받았다면, 그 교수가 강의하는 다음번 과목에서도 좋은 성적을 받기 위해 노력할 것이다. 반대로 그 교수가 가르치는 과목에서 매번 나쁜 성적을 받았다면, 좋은 점수를 받고자 열심히 노력하지는 않을 것이다.

또한 우리는 관찰학습, 즉 특정 대상에 대한 다른 사람의 행동을 관찰하고 모방함으로써 그 대상에 대한 태도를 형성할 수 있다. 때로 사람들은 어떤 대상에 대하여 다른 사람이 하는 행동을 바탕으로 그 대상에 대한 태도를 발달시킨다. 한 여성이 어떤 소수 집단을 혐오하는 아버지의 모습을 보고 자랐다면 그녀 역시 그 집단에 대해서 아버지와 똑같은 태도를 가지기 쉽다. 태도는 또한 관찰을 통해 바뀔 수도 있다. 개를 무서워하는 아이들에게 개와 노는 소년의 모습이 담긴 20분짜리 영상을 4일 동안 보여주었다. 그 후 개 공포증을 가지고 있던 아이들 가운데 67%는 개와 편안하게 놀 수 있게 되었다(Bandura, Grusec, & Menlove, 1966).

(2) 태도의 변화

우리의 태도가 늘 일관적인 것은 아니다. 지지하는 정당을 이번 선거에서는 바꿀 수 있고 선호하던 상품을 더 이상 구매하지 않을 수도 있다. 태도 변화와 관련해서는 인지부조화 이론, 정교화가능성모형, 설득이 있다.

인지부조화이론. 이 이론(Festinger, 1964)에 따르면, 사람들은 자신의 태도와 일치하는 행동을 함으로써 인지적으로 조화로운 상태를 유지하고자 한다. 우리는 자신이 좋아하는 사람에게는 애정을 표현하는 행동을 하고, 자신의 가치관에 부합하지 않는 정당에 대해서는 찬성투표를 하지 않는 행동을 한다. 그러나 때로 우리는 자신의 신념, 느낌 혹은 가치와 불일치하는 행동을 함으로써 부조화 상태에 놓이게 된다. 맛있다는 음식점을 열심히 찾아 한 시간 기다린 다음 먹은 음식이 실제 맛이 없는 경우, 우리는 자신의 노력과 그 결과가 불일치하는 부조화 상태에 놓이게 되고 그로 인해 심리적 불편을 느낀다. 이러한 부조화는 불편한 감정을 해소하기 위한 행동을 촉발한다는 점에서 동기적 힘을 가지고 있다(Wood, 2000).

부조화에 따른 심리적 불편을 해소하는 한 방법이 대상에 대한 기존의 태도를 바꾸는 것이다. 가령 음식이 생각보다 맛있다고 태도를 바꿈으로써 부조화를 해소할 수 있다. 혹은 대상과의 인지부조화가 중요하지 않은 것처럼 생각하는 것도 하나의 방법이다(Simon, Greenberg, & Brehm, 1995). 이처럼 부조화가 태도를 변화시키기 위해서는 충족해야 할 조건들이 있다(Festinger, 1964). 첫째, 행동을 취소할 수 없어야 한다. 행동을 없던 것으로 취소할 수 있으면 그 사람의 태도 변화는 일어나지 않을 수도 있다. 둘째, 행동이 자발적으로 이루어져야 한다. 어떤 행동을 강압적인 이유 때문에 했다면 행위자는 그 행동의 원인을 외적인 요인에 귀인함으로써 태도를 변화시킬 필요성을 느끼지 못할 수 있다. 셋째, 행동의 결과에 대해서 예측 가능해야 한다. 때로는 우리의 행동이 전혀 뜻밖의 결과를 초래할 수도 있는데, 이러한 경우에는 부조화에 따른 태도 변화가 나타나지 않을 수 있다.

Festinger와 Carlsmith(1959)는 지루한 과제를 수행한 대학생 참가자들에게 대기실에서 기다리고 있는 다른 대학생들에게 거짓말로 이 과제가 매우 재미있다고 말해 줄 것을 부탁했다. 참가자들의 반에게는 거짓말의 대가로 20달러를 주었고 나머지 반에게는 1달러만 주

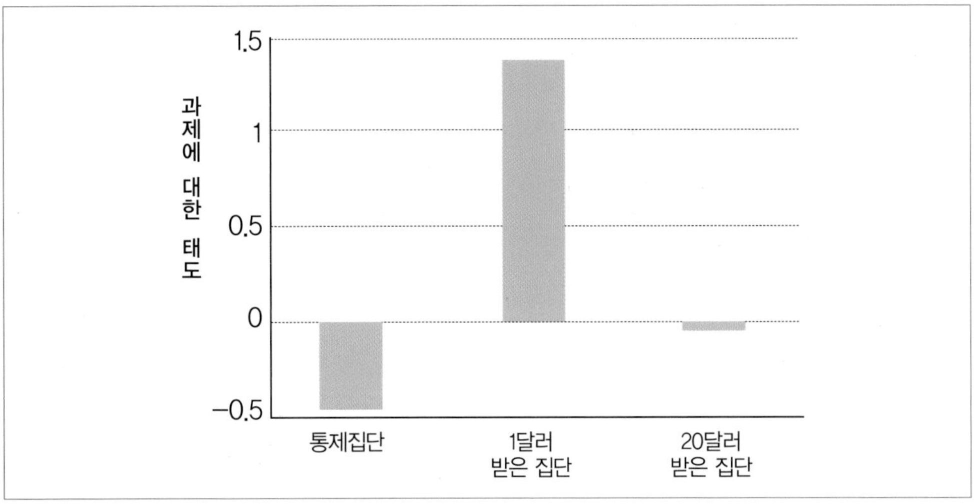

그림 8-2 **보상의 정도에 따른 태도 변화의 차이.** 20달러를 받은 학생보다 1달러를 받은 학생들이 지루한 과제를 더 재미있었다고 응답함으로써 많은 태도 변화를 보였다.

었다. 그다음 이 과제가 실제로 어느 정도 재미있었는지를 보고하도록 했다. 20달러는 거짓말을 한 이유를 돈이라는 외적인 요인으로 합리화하는데 충분한 액수이지만, 1달러는 거짓말한 행동을 정당화하기에는 불충분한 금액이다. 그래서 1달러 집단은 이 과제에 대한 태도와 행동 간의 부조화를 겪었고 이것을 줄이기 위해 과제에 대한 평가를 바꾸었다. 즉 그들은 "과제가 정말로 재미있었다. 이런 과제의 실험에 또 참가하고 싶다."고 말했다. 반면 20달러 집단은 과제에 대한 평가를 바꾸지 않았다. 그들은 여전히 과제는 재미없고 거짓말은 '돈 때문에' 했다고 보고했다(〈그림 8-2〉 참고).

정교화가능성모형. 이 모형(Petty & Caccioppo, 1986)은 태도 대상에 대한 정보를 처리하는 방식에 따라 그 정보가 태도 변화에 미치는 영향이 달라진다고 가정한다. 이 모형에 따르면, 정보처리 방식에는 중심 경로 처리와 주변 경로 처리가 있다. 중심 경로 처리는 정보가 갖는 논리성이나 타당성을 분석해서 처리하는 것이다. 이러한 처리는 인지적인 노력을 요구하는 방식이다. 반면, 주변 경로 처리는 정보원의 지각된 신뢰도나 매력, 정보 전달의 방식 등 정보 그 자체보다는 주변의 환경이나 맥락 정보에 근거해서 처리하는 방식이다.

두 처리 방식이 태도 변화에 미치는 효과는 여러 요인에 달려 있다. 그 한 요인은 태도 대상이 갖는 중요성이다(Petty & Cacioppo, 1990). 보통 사람들은 중요한 태도 대상에 대하여 더 많이 관여하고 그래서 그에 대한 정보를 중심 경로를 통해 처리한다. 반면, 중요하지 않은 태도 대상에 대해서는 관여 수준이 떨어지고 그래서 사람들은 그 대상에 대한 정보를 주변 경로를 통해 처리한다. 또한 특정 사안이 개인적으로 연관성이 높을 때 사람들은 메시지가 전하는 주장의 실제 내용에 더 영향을 받은 반면, 연관성이 낮은 경우에는 주변적 경로에 더 영향을 받는다(Petty, Cacioppo, & Goldman, 1981).

또 다른 요인은 태도가 지닌 특성과 관련된다(Ajzen & Sexton, 1999). 어떤 대상에 대한 태도가 사람에 따라 인지적 요인에 기반할 수도 있고 아니면 정서적 요인에 기반할 수도 있다. 이때 인지적 요인에 기반한 태도는 중심 경로를 통해 처리되는 인지적 정보에 의해 바뀌기 쉬운 반면, 정서적 요인에 기반한 태도는 주변 경로를 통해 처리되는 정서적 정보에 의해 바뀌기 쉽다. 예를 들면, 커피 광고에서 "맛있고 정성 어린 아로마 향의 스터링 블렌디드 커피는 아주 신선한 원두로 만들어졌습니다."라는 인지 기반 정보는 인지 기반 태도를 지닌 사람들의 커피 호감도를 높인 반면, "여러분이 마시는 커피는 흔치 않은 맛을 가지고 있습니다." 라는 정서 기반 정보는 정서에 기반한 태도를 지닌 사람들의 커피 호감도를 높였다(Shavitt, 1990).

설득에 의한 태도 변화. 설득은 전달자가 수신자에게 메시지를 보내 자신의 목적을 달성하려는 소통행위이다. 설득적 의사소통은 특정 대상에 대한 사람들의 생각과 행동을 변화시키고자 한다. 설득의 효과에 영향을 주는 요인에는 전달자, 수신자, 메시지의 특성이 있다.

전달자는 상대방을 설득하기 위한 메시지를 보내는 사람이나 집단이다. 이때 전달자가 가지는 전문성, 신체적 매력, 신뢰성, 유사성과 같은 여러 특성이 메시지의 설득력에 영향을 미친다. 일반적으로 전문성이 높은 사람의 말이 더 설득적이다. 사람들은 특정 대상에 대하여 전문적인 지식과 경험을 가진 사람의 말을 더 잘 믿고 받아들이는 경향이 있다. 전문가는 정확한 정보를 전달할 수 있는 지식과 능력을 가지고 있는 사람으로, 전문가의 정식 명칭, 학위, 자격증 그리고 그가 사용하는 전문적 언어들은 높은 신뢰성과 권위를 보여준다.

또한, 전달자의 신체적 매력이 설득적 의사소통에 영향을 미친다. 화장품이나 전자제품 등 다양한 제품을 선전하는 광고에는 매력적인 연예인이 등장하듯이, 신체적으로 매력적인 사람이 메시지를 전달할 때 그 영향력이 커진다(Chaiken & Eagly, 1983). 전달자의 신뢰성 역시 설득에 영향을 미친다. 신뢰성의 핵심은 전달자의 이면에 상대방을 설득하고자 하는 동기가 없다고 여겨지는 것이다. 신뢰성을 높이는 한 가지 방법은 자신의 개인적 이득에 반하는 주장을 하는 것이다. 한 고전적인 연구에서(Walster, Aronson, & Abrahams, 1966) 사회 질서를 유지하기 위해서는 범죄자의 인권보다 경찰의 권한이 더 중요하다는 주장을 경찰이 하는 것보다는 유죄를 선고받은 범죄자가 하는 것이 더 설득적이었다. 마지막으로, 우리는 자신과 비슷한 사람의 말을 더 잘 믿는 경향이 있다. 전달자와 수신자의 유사성이 높을 때 전달자의 말이 더 설득적일 수 있다.

전달자의 특성과 더불어 메시지의 특성도 태도 변화에 영향을 미친다. 메시지가 설득력을 갖추기 위해서는 메시지가 주장하는 내용을 뒷받침하는 근거가 많을수록 좋다. 가령 폭력 남편의 피해 여성이 그로부터 도망칠 수 없는 10가지의 이유를 전달자가 알고 있다면, 청중들에게 이 모두를 언급하는 것이 일부만 말하는 것보다 더 설득력이 있다.

또한, 메시지의 내용이 일방적이거나 쌍방적일 때 그 효과가 다를 수 있다. 가령 흡연이 해로운 이유만을 설명한다면 일방적이지만 이것 외에도 흡연이 스트레스를 해소할 수 있다는 긍정적 이유도 설명하면 쌍방적이다. 이때 청중이 메시지의 주장, 가령 흡연은 해롭다는 주장에 이미 동의하고 있다면 그의 의견과 일치하는 내용만을 제시하는 일방적 방식이 더 효과적이다. 그러나 청중이 메시지의 입장과 반대적인 입장을 가지고 있다면 쌍방적 주장이 더 효과적이다. 그래서 전달자가 메시지를 통해 제시하는 주장에 반하는 내용을 먼저 설명한 뒤에 이를 반박하는 형식이 효과적이다(McGuire, 1964).

또한, 메시지의 입장이 청중의 입장과 다른 정도가 메시지의 설득력에 영향을 미칠 수 있다. 일반적으로 이 둘 간의 차이가 지나치게 크면 청중의 태도 변화가 덜 일어난다. 이를 상위 효과라고 한다. 청중의 태도가 메시지와 매우 다를 때 오히려 청중들은 그 메시지를 무시할 가능성이 높다. 왜냐하면 사람들은 자신의 태도와 지나치게 다른 설득메시지를 반박하고자 하기 때문이다.

동일한 메시지라도 그것을 듣는 사람의 특성에 따라서 그 메시지가 갖는 설득 효과는 달라진다. 가장 대표적인 수신자 특성으로는 지적 수준이 있다. 수신자의 지적 수준이 너무 높거나 낮을 때보다 중간 수준일 때 가장 설득적이다(McGuire, 1968). 지적 수준이 높은 수신자는 메시지의 내용은 잘 이해할 수 있다. 그러나 그들은 설득하려는 전달자의 입장을 비판할 수 있기 때문에 그것을 수용할 가능성은 떨어진다. 반대로 지적인 수준이 낮은 수신자는 메시지의 내용을 비판 없이 수용할 수는 있지만 그 내용을 전부 이해하지는 못할 수 있다. 그래서 설득 효과는 중간 정도의 지적 수준을 가진 수신자에게 가장 크게 나타날 수 있다. 그들은 메시지의 내용을 충분히 잘 이해하면서도 단기간에 비판할 능력을 갖추고 있지는 않기 때문이다. 그러나 메시지의 내용이 매우 쉬워 모든 사람들이 이해할 수 있는 경우, 지적 수준이 낮은 사람에게서 설득 효과가 가장 크게 나타난 반면 지적 수준이 높은 사람에게서 가장 적은 효과가 나타났다(Eagly & Warren, 1976).

이와 관련된 자기존중감 같은 성격 요인도 설득에 영향을 미친다. 한 연구는 태도 변화에서 자기존중감, 지적 수준이 어떠한 효과를 나타내고 있는지 살펴보기 위해 태도 변화와 연관된 약 58편의 연구를 메타분석하였다(Rhodes & wood, 1992). 그 결과 메시지에 대한 수신자의 자기존중감과 설득 효과 간에는 ∩형 관계가 있음을 밝혔다. 즉 논점과 관련하여 자기존중감이 낮은 사람은 불안이나 주의결핍으로 메시지 수용이 잘 이루어지지 않아 설득 효과가 덜 나타난다. 반대로 자기존중감이 높은 사람은 자신을 설득하려는 시도에 반발하기가 쉬워 설득 효과가 잘 나타나지 않는다. 그래서 설득 효과는 자기존중감이 중간 정도인 사람에게 가장 크다.

3 대인매력과 사랑

사람들은 어떤 사람들과는 가깝게 지내는 반면 다른 사람들과는 관계를 멀리한다. 이처럼 관계의 발달에 영향을 미치는 요인으로 매력을 들 수 있다. 지금까지 밝혀진 매력요인에는 신체적 매력, 근접성, 유사성, 보상성, 상호성 등이 있다.

(1) 매력의 요인

신체적 매력. 우리는 아름다운 사람을 보거나 그들과 교류하는 것에서 즐거움을 느낀다. 뿐만 아니라 우리는 매력적인 사람들이 따뜻하고 친절하며 자신감이 있다는 고정관념을 가지고 있다. 한 연구에서(Dion, Berscheid, & Walster, 1972) 대학생들에게 남녀 사진의 매력 정도를 평가하게 하고 그들의 성격을 예측하도록 했다. 그 결과 대학생들은 매력적인 사람일수록 그의 성격도 지적, 사교적 등 더 바람직할 것이라고 예측했다. "아름다운 것이 좋은 것이다."라는 믿음은 고정관념 이상일 수 있다. 또 다른 연구에서(Frieze, Olson, & Russell, 1991) MBA학위를 받은 700명의 매력을 평가하고 10년 동안의 취업 이력을 추적했다. 그 결과 신체적 매력이 높은 남성과 낮은 남성 간 초임 연봉의 차이가 약 260만원이었다. 여성의 경우 매력과 초봉은 관련성이 없었지만, 이후에는 매력이 평균 이상인 여성과 그 이하인 여성 간 연봉의 차이가 약 500만 원이 되었다.

그러면 신체적 매력의 기준에는 어떠한 것들이 있는가? 그러한 기준은 문화보편적인 측면과 문화특수적인 측면을 모두 가지고 있다. 얼굴의 대칭성은 문화보편적 기준 중의 하나이다. 사람들은 얼굴의 왼쪽과 오른쪽이 균형을 이루며 대칭적일 때 더 아름답다고 판단한다. 한 연구에서(Rhodes & Tremewan, 1996) 참가자에게 독특한 얼굴에서부터 평균적인 얼굴까지 체계적으로 변환시킨 얼굴을 보여주고 매력을 판단하도록 했다. 그 결과 더 평균적인 얼굴일수록 더 매력적으로 판단하였다. 또한 평균적인 얼굴일수록 왼쪽과 오른쪽이 균형을 이룰 가능성이 더 높았다. 진화심리학에 의하면 얼굴의 대칭성은 신체적 건강과 건강한 유전자를 보여주는 표식으로, 건강한 자손을 낳을 것이라는 강력한 근거를 제공해 주기 때문이다.

근접성. 친구나 연인관계에서 매력에 강력한 영향을 미치는 상황적 요인이 근접성이다. 가까운 거리에서 자주 상호작용하는 사람들은 한정적 자원을 공유하는 경쟁자일지라도 서로에게 호감을 갖게 된다. 기혼 대학생을 위한 아파트에 거주하는 사람들을 대상으로 한 고전적 연구에서도 그들은 가장 가깝게 거주하는 사람들과 우정관계를 맺었다(Festinger, Schachter, & Back 1950). 가장 인기 있는 거주자는 계단 근처나 우편함 근처에 사는 사람이었는데 그들은 다른 사람들과 상호작용할 기회가 많았기 때문이다.

근접성에 따른 매력은 빈번한 상호작용을 통해 나타나는 친숙성에 근거한다. 어떤 것에 자주 노출될수록 그것을 좋아하게 되는 현상을 단순노출효과라고 한다. 한 연구는(More-land, & Beach, 1992) 단순노출이 대인관계의 매력에 미치는 효과를 검증했다. 나이와 생김새가 비슷한 4명의 여성이 사회심리학 수업에 임의로 참석했다. 3명의 여성은 각각 5주, 10주, 혹은 15주 동안 참석하였고 한 명의 여성은 한 번도 참석하지 않았다. 그들은 교실의 뒤로 들어와서 모든 학생들이 그녀를 볼 수 있도록 앞자리로 걸어와 앉았다. 수업 마지막 주에 수업에 참여한 학생들은 4명의 여성에 대한 매력도를 평가하였다. 그 결과 학생들은 수업에 자주 참석한 여성들을 더 매력적으로 평가하였다.

유사성. 사람들은 자신과 유사한 사람을 좋아한다. 좋아하는 음식이 비슷한 사람, 정치적 성향이 유사한 사람, 여가활동이 유사한 사람, 아니면 일처리가 비슷한 동료를 매력적으로 평가한다. Byrun과 Nelson(1965)은 참가자들로 하여금 특정 태도에 대한 설문에 응답하게 한 뒤 동일한 설문에 응답한 다른 참여자의 설문지를 보여주었다. 그 다음 참가자들이 각 설문지를 평가한 결과, 그들은 자신의 태도와 유사한 응답자에게 더 많은 호감을 드러냈다. 또한 부부들을 21년 동안 추적한 종단연구에 의하면(Gruber-Baldini, Schaie, & Willis, 1995) 연구의 시점부터 부부는 서로 유사했고 시간이 흐르면서 능력과 태도를 서로 맞추어 갔다.

신체적 매력의 유사성도 관계의 매력에 중요하다. 덜 매력적인 사람들은 상대방의 거절을 피하기 위해 자신과 유사한 매력의 상대방을 원한다. 한 연구의 연구자들은(Van Straat-en, Engels, Finkenauer, & Holland, 2009) 싱글인 남자대학생에게 매력적이거나 덜 매력적인 이성 친구를 소개시켜 주었다. 이때 비디오카메라를 이용하여 참가자들이 상대를 향해 얼마나 접근행동을 하는지 즉, 따뜻한 반응, 상호간 흥미 그리고 반응성을 측정하였다. 그 결과, 남성 참가자들은 자신과 매력이 유사한 여성과 상호작용 할 때 더 접근적인 행동을 보였다. 반대로 여성들은 매력의 유사성과 상관없이 상대적으로 접근행동이 낮았다.

보상성. 사람들은 자신에게 보상이나 강화를 제공하는 사람에게 매력을 느낀다. 보상이나 강화는 단순한 칭찬부터 값비싼 선물까지 다양하다. 또한 사람들은 자기가 되고 싶거나 닮고 싶은 사람에게도 매력을 느낀다(LaPrelle, Hoyle, Insko, & Bernthal, 1990). 그러나 이러한 경우 상대방에 대한 인지적 매력도는 증가하지만 정서적 매력은 감소한다. 아마도 이러한 상대방은 사람들에게 위화감을 조성하기 때문인 것으로 보인다(Herbst, Gaerter, & Insko, 2003).

한편 사람들은 자신의 특성을 보완해 줄 수 있는 사람에게 매력을 느끼기도 한다. 나에게는 없지만 가치 있고 중요한 특성을 가진 사람을 매력적이라고 생각할 수 있다. 이것은 자신의 어떤 특성과 반대적인 것에 느끼는 매력이 아니라, 자신에게는 없지만 갖고 싶은 점에 느끼는 매력이다. Buss(1989)는 37개국의 자료를 통해서 남성들은 더 젊은 여성을 선호하는 반면에 여성들은 약간 더 나이가 많은 남성을 선호한다는 것을 발견했다. 아름다움은 남성들에게는 없지만 상대적으로 더 중요하고 가치 있는 요인인 반면, 사회적 지위는 여성들에게는 없지만 더 중요한 매력요인이다.

상호성. 우리는 자신을 좋아해주는 사람은 좋아하고 자신을 싫어하는 사람은 똑같이 싫어한다. 한 연구에서(Finkel & Eastwick, 2009) 참가자들을 한 쌍씩 짝지어 주면서 한 집단에게는 상대가 자신을 좋아한다고 믿도록 했고 다른 집단에게는 상대가 자신을 싫어한다고 믿도록 했다. 그 결과 상대가 자신을 좋아한다고 믿은 참가자들은 상대방에게 자기개방을 더 많이 하고 상대방의 말에 반론을 거의 하지 않았으며 더 따뜻하고 즐거운 모습을 보였다. 실제로 상대방은 이 참가자들을 더 호의적으로 평가하였다. 사람들은 자신을 좋아한다고 생각하는 사람과 상호작용할 때 더 친절하게 행동하고, 이것이 실제로 상대방의 호감을 사게 한다.

(2) 사랑

사람들 간의 밀접한 관계 중에서도 남녀 간의 낭만적 관계는 그 나름의 독특한 특성을 가지고 있다. 이 절에서는 사랑이 어떠한 심리적 요인으로 구성되어 있는지 알아본다.

사랑의 삼각형이론. Sternberg(1986)는 사랑이 친밀감, 열정 그리고 헌신으로 구성되

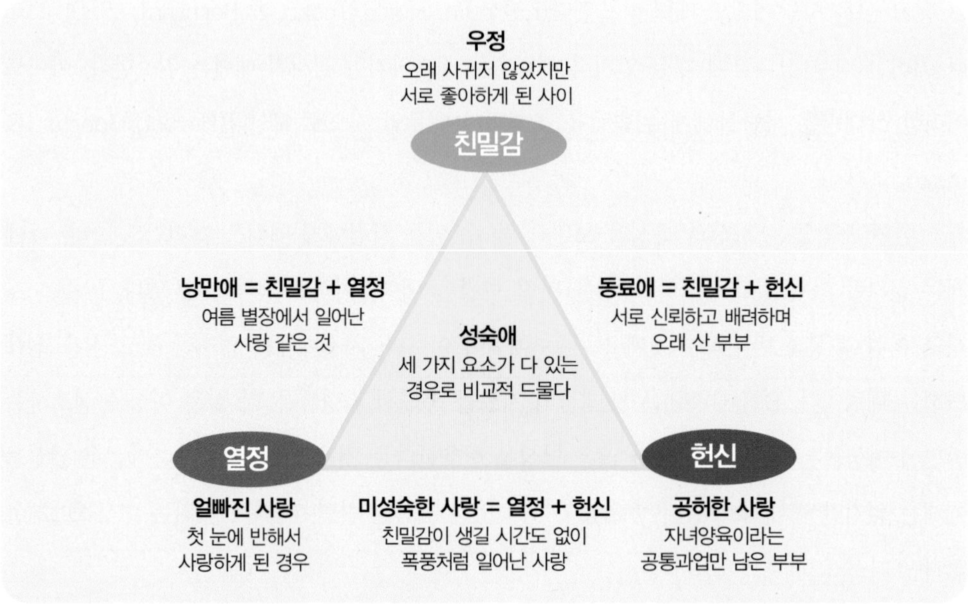

그림 8-3 **Sternberg의 사랑의 삼각형 이론.** 친밀감, 열정, 헌신의 조합에 따라 사랑의 유형이 구분된다.

어 있다는 사랑의 삼각형이론을 제안하였다. 이때 친밀감은 상호이해, 온정, 상대방을 향한 배려를 의미한다. 열정은 사랑의 동기적인 측면으로 강렬한 감정, 열망, 성적인 바람 및 끌림과 관련된 생리적 각성 상태를 의미한다. 마지막으로 헌신은 오랫동안 관계를 지키고자 하는 의식적인 결정을 의미한다. 즉, 관계를 위해 헌신하고자 하는 의지와 노력이다. 〈그림 8-3〉에서 보듯이 사랑의 삼각형 이론은 이 요소가 어떤 조합을 이루는가에 따라 다양한 종류의 사랑이 성립할 수 있다고 설명한다.

낭만애는 친밀감과 열정이 조합된 사랑으로, 신뢰, 성적 매력, 수용, 시간 공유하기, 생각과 비밀 공유하기 등 다섯 요인의 영향을 받는다(Regan, Kocan, & Whitelock, 1998). 동료애는 친밀감과 헌신이 조합된 사랑으로, 애정 어린 우정에 기초함으로써 지속적이면서도 성공적인 관계를 만든다. 미성숙한 사랑은 열정과 헌신이 조합된 사랑이며, 얼빠진 사랑은 열정만 가지고 있는 사랑이다. 이 두 사랑은 미성숙하거나 비합리적인 사랑이다. 열정은 시간이 지나면 시들기 때문에 지속되기 어렵다. 헌신만 있는 사랑은 공허한 사랑이다. 관계를 지속해야 한다는 이유 때문에 친밀감 없이 관계만 남아 있다. 가장 성숙한 사랑은 친밀감, 열정, 헌

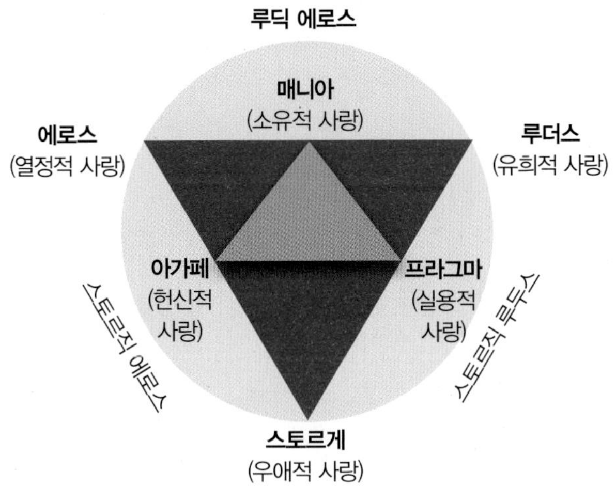

그림 8-4 **Lee의 사랑의 색깔.** 에로스, 루더스, 스토르게는 원형적 사랑이며 이 세 유형의 조합은 이차적 사랑유형으로 매니아, 아가페, 프라그마가 있다.

신이 모두 높은 경우이다.

사랑의 색깔. 캐나다의 사회학자 Lee(1973)는 원색물감이 어우러지면서 다양한 색상이 만들어지듯 일차적 사랑이 혼합되면 이차적 사랑이 나타날 수 있다고 보았다. 〈그림 8-4〉에서 보듯이 일차적 사랑은 세 가지의 원형적 사랑 즉, 에로스(Eros), 루더스(Ludus) 그리고 스토르게(Strorage)이다. 에로스 유형은 첫눈에 강하게 이끌리는 사랑으로 보통 신체적 매력에 이끌린다. 이 유형의 사람은 매력적인 데이트 상대에게 초점이 맞춰져 있다. 루더스 유형은 다양한 낭만적 상대와 심리적 거리를 두면서 심각하지 않게 놀이를 하듯 만나는 유희적 사랑이다. 스토르게 유형은 동반자적 사랑과 유사하게 연인과 안정적이고 신뢰로운 우정을 나눈다.

세 원형적 사랑이 혼합되면 이차적 사랑인 매니아(Mania), 프라그마(Pragma) 그리고 아가페(Agape) 유형이 나타난다. 매니아 유형은 소유적이고 의존적인 사랑으로 상대방에게 끊임없이 사랑을 확인하고자 한다. 프라그마 유형은 현실적이면서 실용적인 사랑이다. 이런 유형의 사람은 사랑을 조건적 거래라고 생각해서 학력, 배경, 외모, 사회경제적 수준에서 공정한 거래를 하고자 한다. 아가페 유형은 이기적이지 않은 헌신적 사랑이다. 이 유형의 사람은 사랑을 주는 것으로 생각하면서 자신을 희생해서라도 상대방의 행복을 추구한다.

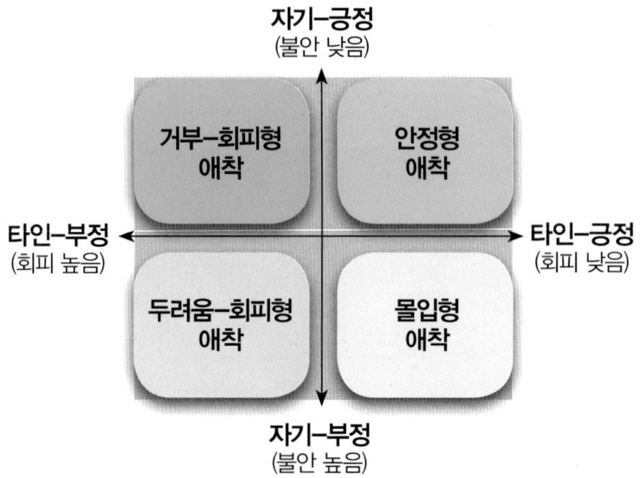

그림 8-5 **성인애착의 유형.** 성인애착은 자기 및 타인에 대한 지각 차원에 따라 4가지 유형으로 구분된다.

애착유형. 성인애착은 자기와 타인에 대한 지각에 달려 있다(Bartholomew, 1990). 즉, 자신이 사랑받을 만한 가치가 있는지 그리고 타인은 믿을 만한지 이 두 차원에 달려 있다. 이때 불안은 버림받을 수 있다는 두려움, 낮은 자존감과 부정적 자기개념으로 나타난다. 회피는 타인에 대한 불신과 의심 또는 지나친 자신감으로 친밀한 관계를 불필요한 것으로 지각하는 방식으로 드러난다. 불안과 회피 차원을 고, 저로 구분하여 조합하면 〈그림 8–5〉와 같이 총 4가지의 애착유형이 만들어진다.

안정애착의 성인은 관계에 대한 불안과 회피가 낮고 긍정적 자기개념을 가지고 있다. 이들은 신뢰수준과 친밀도가 높고, 정적 정서를 많이 경험하며, 질투 수준이 낮고 결혼만족도와 결혼적응도가 높다. 몰입애착의 성인은 타인과의 친밀함을 원하고 좋아하기 때문에 회피수준은 낮지만 자존감도 낮아 불안수준이 높다. 상대방의 요구에 민감한 것처럼 보이지만, 이들은 버림받을지 모른다는 두려움 때문에 타인을 통제하고자 하거나 질투를 많이 느낀다.

두려움–회피애착 성인은 회피와 불안수준이 높다. 이들은 거부에 대한 두려움 때문에 타인과의 친밀함을 피하면서 자신은 사랑받을 자격이 없다고 생각한다. 따라서 이들은 타인을 믿지 못하고 실망시킨다. 이들은 분노와 슬픔을 느낄 때 그것을 강렬한 표정으로 드러내고, 그 결과 부정적인 상황에서 더 많은 어려움을 겪는다. 마지막으로 거부–회피애착의 성인은 회피수준은 높지만 불안수준은 낮다. 이들은 높은 자존감과 자기신뢰, 독립성에 대하여 자부심을 가지고 있고, 타인은 자신과 무관한 존재라고 생각한다. 따라서 관계에서 오는 즐거움, 헌신, 친밀성 수준이 낮다. 또한 이들은 사람들의 따뜻한 표현을 인지하기 어려워하고, 사람들과 갈등을 해결하기보다는 도망가려는 경향이 강하다.

4 사회적 영향

우리는 다른 사람들과 함께 살면서 그들의 생각이나 느낌, 행동으로부터 영향을 받는다. 우리는 때로 다른 많은 사람들의 생각이 옳다고 생각하기도 하고, 지위가 높은 사람의 요구에 무조건 따르기도 한다. 이처럼 우리는 다른 사람의 사회적 영향 속에 놓여 있다. 본 절에서는 동조와 복종을 알아본다.

(1) 동조

우리는 때로 자신의 개인적인 생각이나 판단과는 다르게 다른 사람들의 행동을 따라한다. 이처럼 우리는 사회적 영향, 즉 개인의 사고, 감정, 행동을 변화시키는 사람들 간의 과정 속에 있다. 이러한 사회적 영향과 관련된 하나의 현상이 동조이다. 동조는 우리가 다른 사람들의 행동이나 의견을 자발적으로 받아들이는 경향성을 말한다. 유행을 따라하거나 친구들이 가는 오락실에 따라가는 것도 모두 동조이다. 보통 동조는 대부분 다수가 소수에게 사회적 영향을 행사함으로써 소수가 동조하는 경우이다. 그러나 때로는 소수가 다수에게 영향을 줌으로써 다수가 동조하기도 한다.

다수의 영향. 일찍이 Sherif(1935)는 암실에서 이루어진 실험에서 개인이 다른 집단 구성원들의 판단에 동조하여 자신의 의견을 바꾸는 현상을 입증하였다. 그는 이 실험을 위해 암실에 하나의 전등을 고정시켜 놓고 참가자로 하여금 그 불빛이 움직인 거리를 추정하도록 했다. 이때 암실에 고정되어 있는 불빛을 보면 그것이 아무렇게나 움직이는 것처럼 보이는데

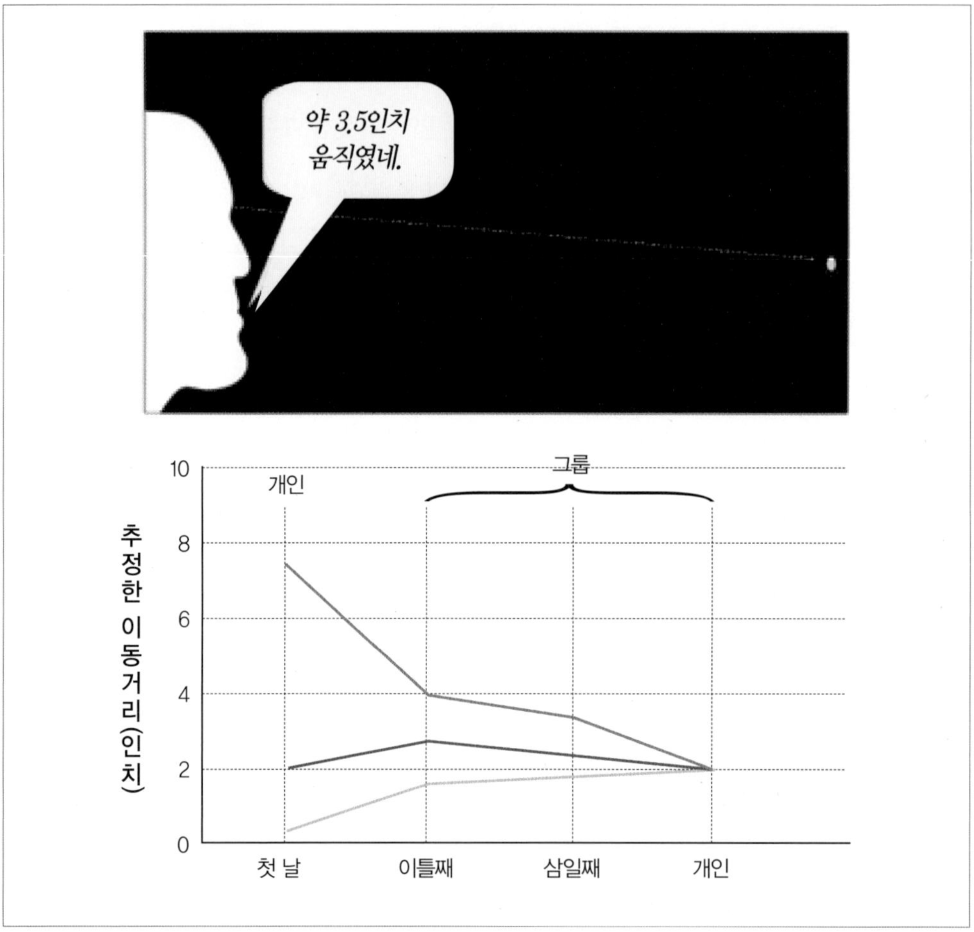

그림 8-6 Sherif(1935) 실험상황(위의 그림)과 집단조건에서 얻은 결과(아래 그래프). 집단조건의 참가자들은 불빛의 이동거리를 점차 비슷하게 추정했다.

이러한 착시를 자동운동현상이라고 한다.

실험은 두 조건에서 이루어졌다. 개인적 조건의 참가자들은 자신의 추정치를 다른 사람들과 공유하지 않았다. 반면 집단적 조건의 참가자들은 자신의 추정치를 큰 소리로 말해서 다른 참가자들과 공유했으며 이와 같은 과제를 반복적으로 수행했다. 그 결과, 불빛의 움직임을 상대적으로 비교할 수 있는 기준이 전혀 없기 때문에 모든 조건의 참가자들은 처음에는 매우 다양한 응답을 했다. 또한 개인적 조건에서는 이와 같은 반응이 지속되었다. 그러나 불빛의 이동거리를 다른 사람들과 함께 공유한 집단적 조건에서는 〈그림 8-6〉에서 보듯이 참가자들의 추정치가 점차 비슷해졌고 나중에는 하나의 수치로 수렴했다.

Asch(1956)는 Sherif(1935)의 연구에서처럼 정답이 불확실한 상황에서는 누구나 동조할 수밖에 없다고 보고, 정답이 분명한 상황에서는 사람들은 다수의 틀린 견해에 따르지 않고 자신이 생각하는 정답을 말할 것이라고 생각했다. 그래서 연구자는 간단한 시력검사 실험으로 알고 지원한 참가자들에게 선분과제를 실시하였다. 〈그림 8-7〉의 오른쪽 사진에서 보듯이, 이 과제는 기준이 되는 선분이 그려진 카드와 세 개의 선분이 그려진 카드를 이용하여 기준 선분과 길이가 같은 선분을 세 개 중에서 하나 고르는 것이었다. 이때 길이가 다른 다양한 선분을 개발하여 이와 같은 판단과제를 참가자들에게 여러 번 실시했다. 매 시행에서 실험자는 두 개의 카드를 제시하고 참가자들에게 대답하도록 했다.

〈그림 8-7〉의 왼쪽 사진에서처럼 한 명의 진짜 참가자는 여러 명의 실험 협조자들과 함께 테이블에 둘러앉아 과제를 수행했다. 이때 실험자는 진짜 참가자가 가장 나중에 대답할 수 있도록 앉는 자리를 배정했다. 처음 몇 번의 시행에서 모든 사람들이 실수 없이 대답하는 것을 지켜 본 후, 실험자는 미리 짜놓은 각본대로 실험 협조자들에게 틀린 답을 하게끔 했다. 그 결과, 진짜 참가자들의 76%가 적어도 한 번 이상 틀린 답에 동조했다. 또한 진짜 참가자들이 한 수행의 41%가 틀린 답이었다. 실험 종료 후 참가자들에게 개인적인 판단을 다시 요구했을 때는 모두가 정답을 제시했다. 또한 집단압력이 없는 통제집단의 참가자들도 98% 이상 정확한 답을 선택했다.

참가자들이 동조한 것은 그들이 실제로 선분의 길이를 잘못 지각했기 때문은 아니라는

그림 8-7 **Asch(1956) 실험의 상황(왼쪽)과 사용한 자극(오른쪽).** 실험자극에서 왼쪽의 선분이 기준이 되고 오른쪽 선분이 비교대상이다.

점을 이러한 연구결과가 분명히 하고 있다. 즉 너무나 명백한 상황에서도 많은 사람들이 다수의 의견에 동조한다는 것을 이 연구는 보여주고 있다. 더군다나 다른 답을 말하더라도 큰 불이익이 주어지지 않는 실험실 상황에서도 뚜렷한 동조행위가 나타났다. 이것은 집단의 압력이 이보다 훨씬 더 강한 현실에서는 더 많은 동조현상이 나타날 수 있음을 시사한다. 이러한 상황에서 동조가 발생하는 이유는 무엇보다도 자신의 집단으로부터 수용과 인정을 받고자 하는 욕구 때문이다. 이때 집단의 의견에 따르지 않는 사람은 배척과 따돌림을 받을 수 있기 때문이다.

Asch(1956)의 연구에서처럼 동조는 사회적 압력의 산물이라는 점에서 그러한 압력의 수준에 따라 동조의 크기도 달라질 수 있다. 동조의 크기에 영향을 미치는 요인에는 만장일치, 집단의 크기 등의 요인이 있다. 먼저 Asch(1956)의 실험에서 집단 내 단 한 명의 이탈자라도 있을 때 동조수준은 만장일치일 때의 1/4로 줄어들었다. 이때 그 이탈자가 진짜 참가자 자신의 생각과 다른 제 3의 대답을 한 경우에도 마찬가지였다. 집단의 크기 또한 동조의 정도에 영향을 미친다. Asch(1951)는 집단의 크기에 따라 동조 수준이 어떻게 달라지는지 알아보고자 다수집단의 규모를 2명에서 16명까지 다양하게 변화시켰다. 또한 오직 한 명으로부터 반대 의견을 접한 경우도 포함시켰다. 그 결과, 집단의 크기가 3–4명일 때 최대의 동조 효과를 얻을 수 있었다.

소수의 영향. 사회적 영향에 관한 연구들은 주로 다수가 소수에게 미치는 영향에 관심을 가져왔다. 그러나 뛰어난 소수가 다수에게 영향을 미치는 경우도 쉽게 볼 수 있다. 오래전 아무도 믿지 않던 지동설을 끈질기게 주장한 코페르니쿠스나 미술계에 새로운 변화를 이끈 피카소와 같은 역사적 인물들은 대부분 기존의 다수 의견과 다른 의견을 제시하여 다수에게 영향을 미쳤다.

소수의 영향력을 가장 먼저 강조한 Moscovici, Lage와 Naffrechoux(1969)는 Asch(1951, 1956)의 실험 방식을 그대로 빌려 이 주제를 연구했다. 그는 6명의 집단으로 이루어진 참가자들에게 밝기가 다른 청색 슬라이드를 보여주고 그것이 무슨 색인지를 돌아가면서 말하도록 했다. 이때 2명이 실험 협조자이고 4명이 진짜 참가자였다. 실험 협조자들은 청색 슬라이드를 녹색 슬라이드라고 일관적으로 대답했다. 이와 같은 과제를 여러 번 반복한 결과 진짜 참가자들의 1/3이 적어도 한 번 이상 소수의 응답에 동조했다. 또한 그들의 전체 수행 중 8% 정도가 소수에 동조한 반응이었다. 이러한 결과는 소수가 다수에게 상당한 영향력을 행사했음을 입증하는 것이다.

다수의 영향력과 마찬가지로 소수의 영향력도 여러 요인에 의해 달라질 수 있다(Maass & Clark, 1984). 그 한 요인이 높은 일관성으로, 소수가 영향력을 행사하기 위해서는 자신의 주장을 일관적으로 제시해야 한다. 왜냐하면 소수의 일관적인 행동은 다수에게 그들의 자신감과 확실성을 보여주는 하나의 신호가 될 수 있기 때문이다. 소수의 영향력에 관여하는 또 다른 요인이 논리성이다. 소수가 다수에게 영향을 미치기 위해서는 완고하거나 독선적으로 보이는 것을 피해야 한다. 소수가 논리적 주장을 통해 다수의 의견을 효율적으로 정당하게 반박할 수 있어야 한다(Clark, 1990). 소수의 영향에 관여하는 또 다른 조건이 사회적 추세이다. 소수의 주장이 사회적 추세와 일치할 때 더 큰 영향력을 가진다. 맥락적인 조건이 소수의 주장을 현실적으로 타당하고 바람직한 것으로 보이게 함으로써 다수가 쉽게 거부하기 어렵게 만드는 데 기여할 수 있기 때문이다.

(2) 복종

상관이나 웃어른과 같은 권위를 가진 사람의 지시나 명령에 따르는 행위를 복종이라고 한다. 패스트푸드점 매니저는 '경찰'이라는 권위에 그저 복종할 수밖에 없었다. 사람들은 어이없는 지시를 따른 매니저가 어리석다고 생각하지만, 실제로 대다수 사람들도 이와 유사한 상황에 처하면 같은 행동을 한다. 왜 사람들은 이와 같은 행동을 할까? 동조행위가 합법적 권위에 의해 강하게 요구될 때, 사람들은 그 행위가 본인의 신념이나 가치와 모순된다고 하더라도 어렵지 않게 수행한다. 제2차 세계대전 당시 일어난 유태인 학살 사건인 홀로코스트, 일본이 만주에서 자행한 731부대 생체실험, 르완다 종족몰살사건, 코소보 인종청소, 일명 '킬링필드'라고 불리는 크메르 루즈(Khmer Rouge)에 의한 캄보디아 대학살 등 인류 역사상 가장 잔혹한 사건 모두 사회적 권위에 책임을 전가시킬 수 있는 상황에서 발생한 일이다.

Stanley Milgram의 복종실험. Milgram(1974)은 사람들이 권위를 가진 사람의 요구에 어떻게 반응하는지 알아보기 위하여 일련의 실험을 했다. 그는 기억에 관한 연구에 참여할 사람을 모집한다는 신문광고를 통해 교사, 회사원, 기술자, 노동자 등 다양한 직업의 일반인을 모집했다. 그 중 두 명을 뽑아 한 명에게는 실험자 역할을 하도록 했으며 또 다른 한 명은 학생 역할을 하도록 했다.

이 두 사람은 실험 협조자들이다. 나머지 모든 참가자는 진짜 실험 참가자로서 교사 역할을 하도록 했다. 진짜 참가자와 학생 역할의 실험 협조자는 한 조로 이뤄 학습과제를 수행했다. 교사가 학생에게 가르쳐야 할 것은 쌍으로 결합된 과제로, 교사는 학생에게 일련의 단어를 읽어준 다음 그 쌍의 첫 단어와 네 개의 낱말을 읽어준다. 예를 들면 푸른 상자, 좋은 날씨, 야생 오리 등을 읽어준 다음 평가할 단어, 즉 푸른: 하늘, 잉크, 상자, 램프 등을 읽어준다. 그러면 학생은 그 첫 번째 단어와 원래 쌍을 이룬 낱말을 가려내야 한다. 위의 예에서는 하늘이 정답이고 학생은 네 개의 버튼 중에서 이것에 해당하는 버튼을 누르면 된다.

학생이 단어 쌍을 맞추면 "맞았어요." 등으로 응답하고 학생이 틀린 답을 할 때마다 전기 충격을 주도록 교사에게 지시했다(〈그림 8-8〉 참고). 이때 전기충격기의 계기판 위에는 스위치 30개가 가로로 늘어서 있다. 각 스위치는 15~450볼트 범위의 전압을 표시한 라벨이 붙어 있다. 그리고 왼쪽에서 오른쪽으로 4개의 스위치마다 '미약한 쇼크', '중간 쇼크', '극심한

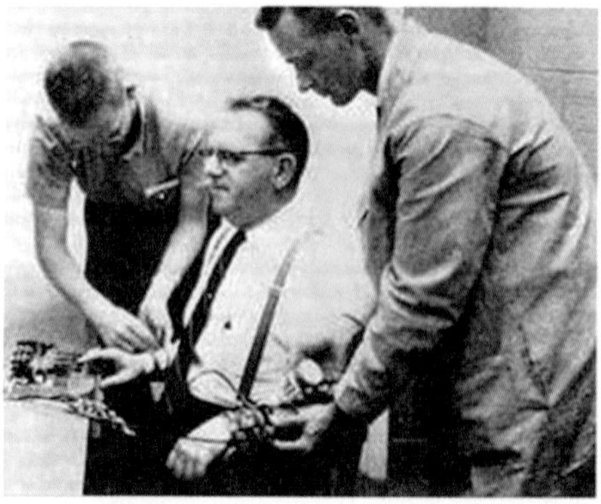

그림 8-8 **Milgram의 실험.** 전기충격기(왼쪽)와 학생 역할 실험 협조자의 모습(오른쪽)

쇼크' 등과 같은 충격 수준을 표시해 두었고 마지막 두 단계는 'XXX'로 표기했다. 실험자는 학생의 답이 틀릴 때마다 이 전기충격을 한 단계씩 높이라고 교사에게 지시했다. 또한 그는 전기충격을 가하기 전에 전압량을 말하라는 지시를 받았다. 또한 진짜 참가자는 교사 역할을 수행하기 전에 시험적으로 전기충격을 받아봄으로써 전기충격기가 진짜라고 믿도록 유도했다.

학생 역할을 맡은 실험 협조자는 단어 쌍 검사에 대해 미리 정한 대로 대답했는데, 거의 틀린 답 세 번에 올바른 답 한 번꼴이었다. 또한 이 실험 협조자는 교사가 스위치 단계를 올릴 때마다 전기충격을 받는 것처럼 신음소리 내기, 소리 지르기, 울부짖기, 그만하겠다고 절규하기 등의 연기를 하였다. 한편, 실험자는 교사 역할을 맡은 참가자와 같은 방에서 실험 상황을 참관했다.

실험의 다양한 시점에서 진짜 참가자는 전기충격을 계속 가할 것인지에 대해 실험자에게 조언을 구하거나 더 이상 실험을 계속하고 싶지 않다고도 했다. 이때 실험자는 "계속하세요. 실험을 위해 계속해야 합니다. 반드시 계속해야 합니다. 당신은 어떤 선택권도 없습니다, 계속해야만 합니다."의 네 문장을 차례로 필요한 만큼 사용했다. 네 번째 명령에도 참가자가 지시를 거부하면 실험은 종료되었다.

연구자는 정신과 의사, 대학생, 중산층 성인 등 110명에게 이 실험을 개괄적으로 설명한 후 어느 시점에서 실험자에게 불복종할지를 예상해보고 설명하도록 했다. 그들의 대답은 상당히 유사했다. 그들은 실제로 모든 참가자(혹은 미국인 100명)가 실험자에 대한 복종을 10단계 정도(150볼트)에서 거부할 것이라고 예측했고, 마지막 단계까지 갈 수 있는 사람은 병리적인 문제를 가진 1~2% 미만의 극단적인 사람들일 뿐이라고 생각했다. 그러나 실제로는 총 40명의 참가자 가운데 26명(65%)이 'XXX'표시가 된 최종 스위치까지 눌렀다. 그리고 모든 참가자들은 학생 역할을 하는 실험 협조자에게 300볼트까지의 전기충격을 주었다. 이 연구에 대한 반복실험이 전 세계에서 이루어졌고 그 결과는 매우 유사했다(Smith, Bond, & Kagitcibasi, 2006).

복종에 영향을 주는 요인. 명령을 내리는 사람의 권위가 사회적으로 인정받고 분명할 때 사람들은 그에게 더 복종하려는 경향을 보인다. 그러나 명령이 이루어지는 과정이나 그 상황적 특징이 복종에 영향을 미칠 수 있다. Milgram(1963, 1974)의 연구에서도 복종실험을 조금씩 달리해서 총 18개의 실험을 실시한 결과 참가자들이 보인 복종은 여러 실험상황에 따라 차이가 있었다.

먼저 교사 역할을 하는 진짜 참가자와 학생 역할의 희생자 간의 근접성 정도가 복종에 큰 차이를 가져왔다. 원격 반응 조건은 다른 방에 있는 희생자의 음성을 들을 수 없는 경우로 40명 중 26명(65%)이 실험자의 명령에 끝까지 복종했다. 근접성 조건에서는 참가자와 희생자를 같은 방에 몇 미터 떨어뜨려 놓아 희생자의 목소리를 듣고 그를 볼 수 있었다. 이때는 16명(40%)이 복종했다. 접근-근접성 조건에서는 근접성 조건과 동일하지만 참가자는 희생자의 손을 잡아 직접 전기충격판 위에 올려놓아 처벌을 가하도록 했다. 이 경우에는 12명(30%)이 끝까지 복종했다.

참가자는 희생자뿐만 아니라 실험자와의 근접성에 따라서도 복종을 달리했다. 새로운 장소에서 이루어진 실험에서 실험자가 참가자에게서 몇 걸음 떨어진 거리에 앉아 있었을 때 40명 중 26명(65%)이 실험자의 명령에 끝까지 복종했다. 이와 달리 실험자가 처음 지시를 한 후 실험실에서 나와 전화로 명령을 했을 때 9명(22.5%)만이 복종했다. 심지어 이 상황에서 몇몇 참가자들은 요구대로 전기충격을 높이고 있다고 답하면서도 실제는 낮은 전기충격을 가했으며, 정확한 실험 절차를 벗어나고도 보고하지 않았다. 반면에 희생자에게 전기충격을 가하는 행동을 참가자 자신이 아닌 다른 참가자가 대신하는 실험에서는 37명(92.5%)이나 끝까지 복종했다.

신분과 역할도 복종에 영향을 미칠 수 있다. 권위를 가진 사람들은 특정 지위를 가지고 있고 거기에 해당하는 신분으로 역할을 수행한다. 그래서 사람들은 그런 신분을 가진 사람에게 복종한다. 실험자의 신분이나 역할이 변할 때에도 사람들은 그에게 복종할까? Milgram(1963, 1974)이 수행한 다양한 실험은 이 질문에 대한 하나의 대답을 제공한다. 그는 실험자와 학습자의 역할을 바꾸는 실험을 실시하였다. 여기에서 실험자는 150볼트의 전기충격이 학습자에게 가해진 후 학습자의 건강을 위해서 더 이상 실험을 진행하지 않겠다고 말했다. 이때 학습자는 자신의 실험을 계속하고 싶다고 주장했다. 그 결과 단 한 명의 진짜 참가자도 학습자의 요구를 들어주지 않았다.

5 집단수행과 집단의사결정

집단은 여러 측면에서 개인과는 다른 특성을 가지고 있다. 그 중에는 집단수행과 집단의사결정이 있다.

(1) 집단수행

집단수행에 관한 일반적인 모형으로 Nijstad와 Paulus(2003)는 집단수행 관련 집단구성원, 집단 상호작용의 과정, 집단산출 그리고 집단맥락으로 이루어진 모형을 제안하였다(〈그림 8-9〉 참고). 이 모형에서 보듯이, 집단구성원들은 자신들의 지식, 기술과 능력뿐만 아니라 동기와 정서 그리고 성격과 같은 요인들을 집단 장면으로 가지고 들어온다. 이러한 요인들은 집단마다 다르고 그 차이가 집단의 수행에 영향을 미친다. 집단 과정은 개별 구성원들이 투입한 노력을 어떻게 집단 차원의 수행으로 조합하는가의 문제이다. 때로는 집단의 실질적 수행은 잠재적 수행보다 낮거나 높을 수 있다. 이러한 대표적인 현상이 사회적 촉진과 사회적 태만이다.

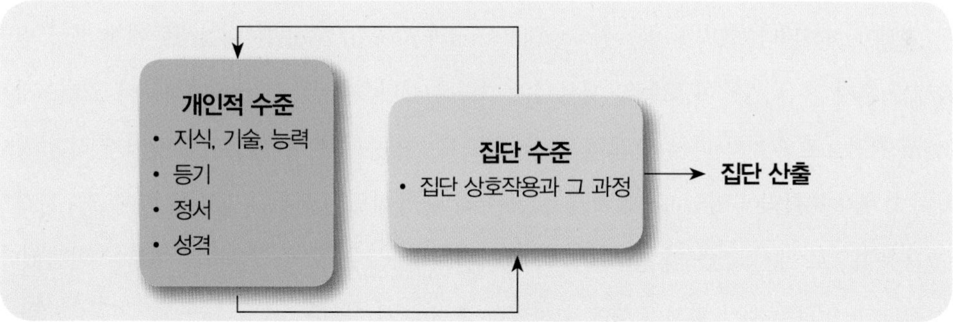

그림 8-9 **집단수행에 관한 일반적 모형.** 집단산출에는 집단구성원의 개인적 요인과 집단적 차원의 요인이 영향을 미친다.

사회적 촉진. 때로 우리는 혼자서 일을 할 때보다 여럿이 모여서 할 때 혹은 다른 사람이 보고 있을 때 개인적 성적이 더 좋은 경우가 있다. 이와 같은 현상을 사회적 촉진이라고

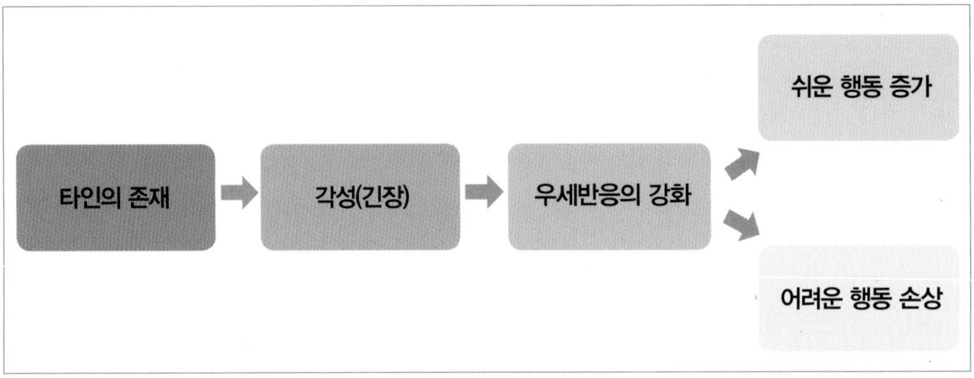

그림 8-10 Zajonc(1965)의 사회적 촉진모델

한다. 사람들은 혼자서 자전거를 탈 때보다 여럿이 탈 때 더 빠르다. 또한 아이들에게 낚싯줄 감기 과제를 주었을 때 그들은 혼자 할 때보다 여럿이 모여서 할 때 더 빨리 감는다. 이런 현상에 대한 설명에는 각성유발, 평가우려 그리고 주의분산 등이 있다.

Zajonc(1965)는 타인이 존재할 때 개인의 과제수행은 과제난이도에 따라 달라진다는 것을 발견했다. 그에 의하면 한 개인이 과제를 수행할 때 타인이 존재하면 그 개인의 각성 수준이 올라가고 이것이 과제에 대한 그의 우세한 반응을 활성화시킨다. 이때 단순하고 쉬운 과제에서는 정반응이 우세해서 수행이 촉진되지만 복잡하고 어려운 과제에서는 오반응이 우세해서 수행이 저하된다(〈그림 8-10〉 참고). Platania과 Moran(2001)은 대학생들에게 자극 변별 과제를 혼자 혹은 관중이 보는 앞에서 수행하도록 했다. 자극은 22mm에서부터 52mm까지 3mm 간격으로 크기가 다른 66개의 정사각형으로, 이 중에는 1부터 11까지 숫자가 적힌 정사각형 11개가 포함되어 있었다. 이 자극을 담은 각 슬라이드는 어두운 실험실 벽에 5초 간격으로 자동적으로 제시되었으며 참가자들은 제시된 두 자극을 보고 같은지의 여부를 판단했다. 그 결과, 타인의 존재가 과제 수행에서 사회적 촉진을 가져왔다.

사회적 촉진에 대한 또 다른 설명이 평가우려이다. 우리는 다른 사람들이 자신을 인정해주고 좋아해주길 바란다. 그래서 우리는 다른 사람들이 자신을 어떻게 판단할지 염려하게 된다. Goffman(1959)의 자기제시이론에 따르면 사람들은 타인에게 이상적인 자기상을 보여주고자 동기화되어 있다. 그래서 타인이 있는 상황은 자신의 유능함과 같은 이상적인 모습을 보일 수 있는 좋은 기회이다. 이때 단순하게 쉬운 과제를 접하면 성공에 대한 기대로 과제수행이 촉진되지만, 어려운 과제를 접하면 실패에 대한 두려움으로 당황하여 과제수행이 저하된다. 한편, 자의식이론(Duval & Wicklund, 1973)은 타인의 존재가 과제수행자의 자의식을 높임으로써 과제수행에 영향을 준다고 설명한다. 즉, 자신의 과제수행 성적과 이상적으로 생각하는 수행성적 간의 불일치가 개인의 동기를 유발해서 쉬운 과제의 수행은 촉진하고 어려운 과제 수행은 저하시킨다는 것이다. 예를 들면 축구 경기에서 페널티킥을 차는 선수가 중요한 경기일수록 실수를 하는 경우가 많은데, 이때 자의식이 높을수록 자신의 동작에 신경을 써 실패할 수 있다.

뿐만 아니라, 한 개인의 과제수행에서 다른 사람의 존재는 그의 주의를 분산시킴으로써 수행수준에 영향을 줄 수 있다. 우리가 혼자서 과제를 수행할 때에는 다른 것에 주의할 필요 없이 과제에만 집중할 수 있다. 그러나 누군가가 옆에 있으면 그 사람에 대하여 주의를 쏟게 되고, 이것이 과제에 대한 집중도를 떨어뜨려 궁극적으로 수행 수준을 저하시킬 수 있다(Guerin, 1986). 그럼에도 불구하고 지금까지의 연구에 따르면 다른 사람의 존재는 쉬운 과제에서는 수행을 촉진하지만 어려운 과제에서는 수행을 저하시킨다. 따라서 다른 사람의 존재가 사람들의 각성 수준을 높여 수행 수준을 높이는데, 주의분산이 가져오는 부정적 효과가 쉬운 과제에서는 크지 않기 때문에 궁극적으로 성적이 높아진다. 반면, 어려운 과제에서는 주의분산이 가져오는 부정적 효과가 각성이 가져오는 긍정적 효과보다 더 크기 때문에 궁극적으로 주의분산은 어려운 과제의 수행을 낮추는 결과를 초래한다(Geen, 1991).

사회적 태만. 사회적 촉진과는 반대로 사람들은 때로 다른 사람들과 함께 일을 할 때 혼자 할 때보다 덜 노력한다. 이러한 현상을 사회적 태만이라고 한다. 이 현상을 처음 발견한 Ringelmann(1913)은 학생들이 개별적으로 밧줄을 당길 때에는 평균 85kg의 힘이 작용했으나 7명이 동시에 당길 때에는 65kg, 14명이 동시에 당길 때에는 61kg의 힘이 작용했다. 이러한 결과는 집단구성원이 증가함에 따라 개인이 쏟는 힘의 크기가 감소함을 보여준다. 〈그림 8-11〉에서 보듯이 집단의 크기가 증가할수록 수행에 미치는 개인의 공헌도가 떨어지는 현상을 링겔만 효과라고 한다.

사회적 태만의 주요 원인은 과제 자체의 특성에 있다. 줄다리기나 고함지르기, 손뼉치기와 같이 흥미가 떨어지는 과제에서 사회적 태만이 상대적으로 더 많이 일어났다. 즉, 과

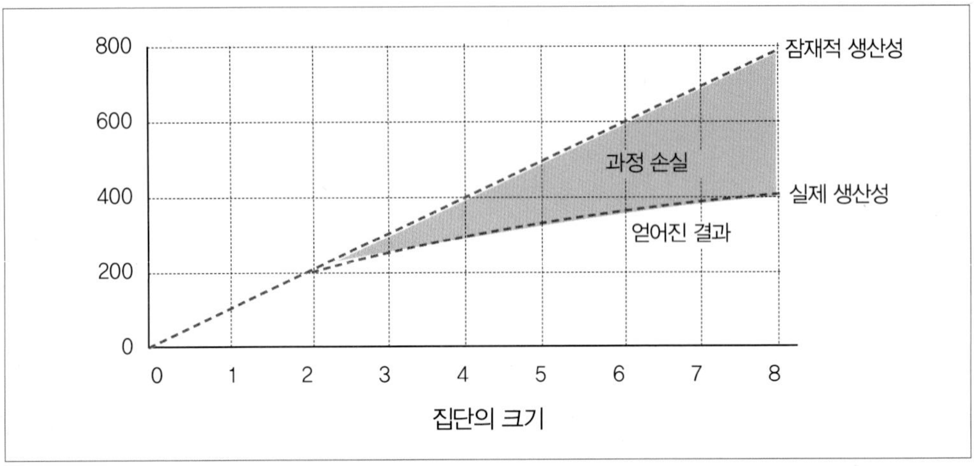

그림 8-11 **링겔만 효과.** 우리가 혼자 할 때보다 집단으로 할 때 각 개인의 평균적 기여도가 떨어진다.

업 자체가 참가자들의 동기를 감소함으로써 집단 상황에서 수행 수준을 낮추는데 기여한다(Harkins & Symanski, 1988). 같은 맥락에서 사회적 태만은 참가자들이 긴장을 필요로 하는 복잡한 과제보다는 나태해지기 쉬운 단순한 과제에서 주로 나타난다.

사회적 태만의 또 다른 이유는 주어진 과제에서 자신의 개인적 수행 정도를 다른 사람들과 비교할 수 없기 때문이다. 이처럼 재미가 덜한 과제에서 개인적 수행에 대한 익명성은 자신의 비용을 최소화하는 방향으로 참가자들의 행동을 유도할 가능성이 매우 높다. 물론 집단 수행에 대한 개인적 보상이 클 경우나 낯선 사람이 아닌 개인이 강한 소속감을 느끼는 집단에서 수행할 경우에는 링겔만 현상이 더 적게 나타났다(Davis & Greenless, 1992).

마지막으로 집단구성원들의 노력을 하나로 통합하지 못함으로써 수행 수준이 떨어질 수 있다(Plaks & Higgins, 2000). 집단 조건에서는 혼자가 아닌 여러 사람이 동시에 과제를 수행한다. 이때 최대의 효과를 얻기 위해서는 줄다리기나 고함지르기에서처럼 개인들의 힘과 노력을 동시에 모을 필요가 있는데, 각자가 노력이나 힘을 투자하는 시점이 일치하지 않아 통합력이 상실된다. 이러한 경우 성과의 최대치는 개인적인 성과보다 평균적으로 낮을 수밖에 없다.

사회적 태만을 줄이기 위해서는 개인적으로 열심히 하는 것이 과제를 성공적으로 수행하는데 중요하다는 인식을 고취시켜 그 과제에 몰입하도록 유도하는 것이 중요하다(Weldon & Mustari, 1988). 아울러 개인적인 기여 정도가 집단에 있는 다른 사람들에게 드러난다는 것을 알리는 것이 필요하다. 명확한 기준을 통해 각 개인의 기여도나 집단 전체의 기여도를 측정하고 이 측정치를 다른 집단과 상대적으로 비교하여 평가할 수 있는 기회를 주면 사회적 태만이 상당히 줄어든다.

(2) 집단의사결정

우리는 보통 중요한 결정을 할 경우 여러 사람들과의 토론을 거친다. 아무리 많은 권력을 가진 사람도 중요한 결정을 내리기 전에는 참모들의 의견을 듣는다. 이처럼 집단의사결정을 하는 이유는 집단이 개인의 결정보다 더 합리적이고 올바른 결정을 할 수 있다고 생각하기 때문이다. 그러나 집단의사결정이 개인의 결정보다 늘 효율적이거나 올바른 것은 아닐 수도 있다. 집단의사결정과 관련된 집단극화, 집단사고 그리고 몰개성화가 좋은 사례이다.

집단극화. 사람들은 개인적으로 결정할 때보다 집단적으로 결정할 때 더 극단적으로 결정하는 경향을 보인다. 이러한 현상을 집단극화라고 하는데 여기에는 모험적 이행과 보수적 이행이 있다(Moscovich & Zavalloni, 1969). 즉, 특정 주제에 대하여 집단구성원들의 평균적 의견이 최초에 모험적이면 그 집단의 의사결정은 더 모험적으로 되는 반면, 최초에 신중한 쪽이면 그 집단은 더욱 신중한 쪽으로 결정을 내리게 된다. 예를 들면 Schkade, Sunstein과 Hastie(2007)의 연구에서 집단토론은 집단극화를 초래했다. 미국 콜로라도에 거주하는 20~75세의 볼더 주민과 스프링스 주민 63명을 대상으로 동성 간 결혼을 인정해야 하는가, 인종주의자에 대한 채용 우선권을 부여해야 하는가, 그리고 미국정부가 지구온난화 국제조약에 서명을 해야 하는가와 같은 주제를 토론하게 하였다. 그 결과, 토론 이전에는 이러한 주제에 대한 참가자들의 보수적 태도와 진보적 태도가 전반적으로 비슷한 수준이었지만, 토론 이후에는 그 차이가 더 크게 벌어졌다.

집단극화를 몇 가지로 설명할 수 있다. 먼저 설득주장이론(Brauer, Judd, & Gliner, 1995)에 따르면, 집단은 토론을 통해 초기의 지배적 의견을 지지하는 새롭고 다양한 의견을 제시함으로써 구성원들에게 기존에 없던 정보를 제공하게 된다. 이러한 정보에 근거해서 구성원들은 자신의 태도를 더 확신하게 되고 이것이 그들의 태도를 좀 더 극단적으로 유도해간다. 특히 서로 유사한 의견을 지니고 있는 사람들이 토론을 하면 원래 가지고 있던 의견이 더 강해지는 경향이 있다. 결국 집단토론을 통해 그 구성원들이 스스로 설득됨으로써 집단극화가 발생한다.

집단극화에 대한 사회비교이론의 설명(Sanders & Baron, 1977)은 각 개인의 태도가 다른 사람과의 비교를 통해서 결정된다는 점을 강조한다. 이때 중요한 점은 유사성에 대한 욕구로, 같은 집단에 속한 사람들은 그 집단에서 중요한 가치를 가지는 사안에 대해서는 서로 동일한 태도를 가지게 된다. 또한 사람들은 집단 토의과정에서 다른 사람들보다 자신의 의견이 더 좋은 의견으로 채택되기를 바란다. 이때 극단적인 태도를 보이는 사람은 상대적으로 더 자신 있어 보이고 확신에 찬 모습으로 보인다는 점에서 사회적으로 더 바람직하게 보인다. 그래서 사람들은 다른 사람과의 토론 속에서 좀 극단적인 쪽으로 자신의 의견을 바꿈으로써 결국 집단극화가 발생한다.

세 번째 설명은 다원적 무지이다. 다원적 무지는 집단 구성원 대부분이 실제로는 어떤 규범을 부정하고 있음에도 불구하고, 사람들은 다른 사람들이 모두 그 규범을 수용하고 있다고 잘못 생각하는 현상이다. 즉 다원적 무지는 집단에 대한 집단의 편향이다. Prentice와 Miller(1993)의 연구에서 프린스턴대학교 대학생들은 대부분 개인적으로 술을 과도하게 좋아하지 않고 혼자 있을 경우 실제로 그렇게 많이 마시지도 않는다. 그럼에도 불구하고 자신을 제외한 대부분의 다른 학생들은 음주를 매우 즐긴다고 믿고 있어서 그들이 집단적으로 모이면 서로 과도하게 마시게 되었다. 아무도 공개적으로 반대하지 않은 결과, 그 규범은 실제로는 모든 구성원이 싫어하는 것일 수 있음에도 불구하고 영속화될 수 있다.

마지막으로 집단극화를 시회정체성이론에 근거해서 설명할 수 있다. 이 설명에 따르면(Hogg, Turner, & David, 1990), 사람들이 집단에 속하면 자기 집단의 전형적인 신념과 가치관을 수용하는 경향이 강해진다. 여기서 내집단의 의견 차이를 최소화하는 방향으로, 그리고 외집단과의 의견 차이를 극대화하는 방향으로 정체성이 형성된다. 그래서 사람들은 자신을 타 집단과 좀 더 구별하기 위해서 기존의 입장보다 더 보수적으로 되거나 반대로 더 모험적으로 된다.

집단사고. 플로리다의 날씨가 여느 때와는 달리 쌀쌀하던 1986년 1월 28일 우주왕복선 챌린저호는 처음으로 학교교사를 태우고 발사했다. 그러나 추진로켓 엔진의 문제로 발사 후 1분 13초 만에 폭발하여 승무원 전원이 사망했다. 사고 원인에 대한 조사를 보면, 사고가 전혀 예측할 수 없이 발생한 것은 아니다. 즉, 발사 불과 몇 시간 전에 추진 로켓을 제조한 회사는 날씨가 너무 추워서 O형 모양의 고리가 작동하지 않을 수도 있다고 우주항공국(NASA) 의사결정 팀에 긴급 경고를 보냈다. 그러나 NASA는 우주왕복선의 발사를 감행했고 결국 그것은 대형 참사로 이어졌다.

Janis(1972)는 미국의 쿠바 피그만 침공, 일본의 진주만 공습에 대한 루즈벨트 대통령과 그의 참모들의 대처, 워터게이트 도청 사건에 대한 닉슨 대통령과 그의 참모들의 의사결정도 최악이었음을 지적하면서, 그 속에 존재하는 문제점이 무시된 이유가 무엇인지 밝히고자 했다. 집단사고란 집단의사결정 과정에 존재하는 동조압력으로 인해 충분한 논의가 이루어지지 못한 상태에서 합의에 도달하는 현상이다. 〈그림 8-12〉에서 보듯이, 집단사고에 영향을 주는 조직의 다양한 구조적 결함이 있고 그 속에서 집단사고의 여러 증상들을 보여 궁극적으로 잘못된 의사결정을 내리게 된다.

Janis(1982)가 제시한 집단사고의 한 원인은 보다 나은 결정에 도움이 되는 정보를 고려하지 않고 합의가 이루어지기 때문이다. 만장일치에 대한 압력이 너무 강하여 가장 합리적인 방안을 찾고자 노력하기보다는 합의에 이르는 것 자체가 목적이 되는 것이다. 그래서 집단구성원들은 동의를 깨는 정보를 제시하지 못하도록 압력을 받거나 그런 정보의 제공에 따른 불편함을 느낄 수가 있다. 심지어 집단구성원들은 합의에 반대하거나 비판적인 의견을 가진 사

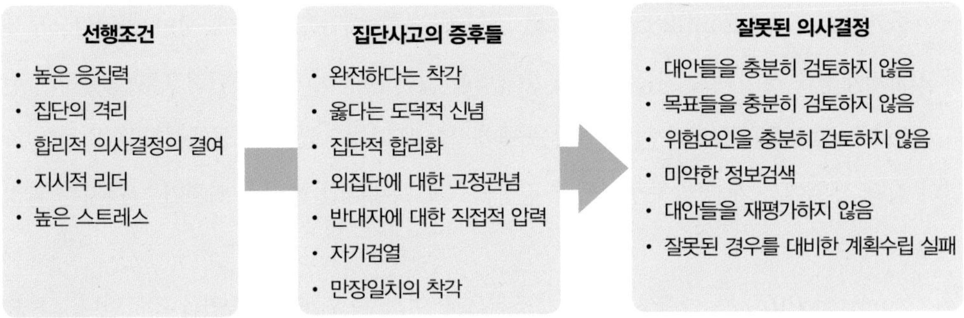

그림 8-12 **집단사고의 모형.** 이 모형은 잘못된 의사결정을 가져오는 선행조건과 증후들을 제시하고 있다.

람에게는 정보를 왜곡해서 제공하기도 한다. 그래서 합의안을 지지하는 증거만 받아들이고 나머지는 무시하는 집합적 합리화가 일어난다. 집단사고의 또 다른 원인으로는 집단이 고립된 채 비슷한 사람들로만 이루어질 경우 그들의 합의는 잘못될 가능성이 높아진다. 특히 응집성이 강한 집단에서는 구성원들이 자신의 비판적이거나 부정적인 의견을 개진하지 않고 자신의 불만족을 억누르기 쉽다. 그러면서 자신 이외의 나머지 모든 사람들이 집단의 입장을 받아들인다고 생각하게 되고 모든 사람들이 합의했기 때문에 집단의 결정이 옳다고 받아들인다. 이때 집단은 스스로 자신들이 옳다고 생각하고 윤리적으로도 우수하다고 생각하게 된다.

집단사고를 방지하기 위한 방안으로 Janis(1982)는 다음과 같은 방법을 제시하고 있다. 우선, 여러 방안을 적절히 고려하기 위해서 개방된 토론과 반대의견 제시를 적극적으로 촉구해야 한다. 즉, 집단이 선호하는 입장의 단점이나 반대의견을 들을 준비가 되어야 한다. 또한 대다수의 집단구성원들이 공유하고 있는 편견이나 선입견을 견제하기 위해서 집단에 속하지 않는 외부 전문가들이 결정의 옳고 그름을 판단할 수 있도록 해야 한다. 또한 상이한 구성원들로 이루어진 여러 집단이 같은 문제를 동시에 토론하도록 하여 상이한 관점이 모두 나올 수 있는 장치를 마련할 필요가 있다. 게다가 동조 압력을 피하기 위해서 공개적인 투표는 피해야 하고 집단의 리더가 자신의 생각과 입장을 토론 전에 밝히기보다는 구성원들이 견해를 충분히 표명한 다음 제시하는 것이 필요하다. 마지막으로 집단결정이 이루어졌다 하더라도 최종 결정을 내리기 전에 의문스러운 사항과 문제를 전체적으로 재고할 수 있는 기회를 마련하는 것이 필요하다.

몰개성화. Le Bon(1985)에 따르면 집단에 속한 개인은 집단에 깊이 몰입함으로써 자신의 정체성을 상실하고 행동에 대한 통제력을 잃어 충동적이고 극단적으로 행동하게 된다. Zimbardo(1970)는 이와 같은 현상을 몰개성화라고 명명했는데, 몰개성화는 특정한 조건의 집단 상황에서 개별적 구성원들이 정상적으로 억제하던 행위의 역치가 낮아지는 과정이다.

Zimbardo(1970)는 몰개성화의 발생조건으로 여러 사회심리적 측면을 강조한다. 그 중 하나가 익명성 혹은 낮은 식별가능성이다. 사람들은 자신이 드러나지 않을 때 도덕적 규범과 절제에서 탈피하여 충동적이고 비합리적인 행동을 보일 가능성이 높다. Zimbardo(1970)의 연구에서 높은 익명성 조건의 여대생들은 모두 동일한 실험복을 입었으며 이름을 부르지 않은 반면, 낮은 익명성 조건에서는 서로 다른 옷을 입었으며 각자의 이름을 사용했다. 참가자들은 두 여성에게 20회에 걸친 전기충격을 주도록 요구받았다. 이때 한 여성은 매력적(가령 따듯하고 친절한)으로 보이도록 한 반면, 나머지 한 여성은 불쾌하게(가령 자기중심적이고 비판적인) 보이도록 했다. 그 결과, 높은 익명성 조건의 참가자들이 표적인물에게 더 많은 전기충격을 주었으며, 낮은 익명성 조건과는 달리 표적인물의 특성이 전기충격의 정도에 영향을 주지 않았다.

여러 이유에서 집단소속감은 몰개성화 과정의 또 다른 주요 요인이다(Zimbardo, 1970). 우선 집단의 일원이 되면 익명성이 높아지고 책임감의 분산이 가능해진다. 또한 집단에서 더 많은 사람들이 소통하고 행동의 예를 제공받기 때문에 사고나 행위의 전염성이 더 높다. 게다가 타인이 있다는 것이 어떤 경우에는 각성을 증가시키거나 심지어 흥분시키기도 한다. 마지막으로 다수의 사람들이 집단으로 행동하면 누구든지 이길 수 있다는 힘을 느낀다. 이런 점에서 집단이 클수록 익명성의 효과도 더 커질 가능성이 높다.

Zimbardo(1970)의 몰개성화 이론에 따르면, 여러 변인들이 집단구성원에게 특정 변화를 가져오고 그 변화가 이후에 나타나는 비정상적 행동의 가장 직접적인 원인이다. 이와 같은 심리적 변화로 자의식과 자기통제의 상실을 들 수 있다(Myers, 2013). 사람들은 자신의 주의를 다른 집단구성원들이나 그 외의 대상 등 외부에 초점을 두거나 자신의 내부에 둘 수 있다. 이때 자신의 내부에 주의하는 사람들은 자신을 의식하고 자신의 감정과 인지상태에 주의함으로써 주의 깊게 행동을 선택하고 관찰한다. 반면, 외부에 주의를 두는 사람은 자신의 행동을 제대로 관찰하거나 감시하지 못한다. 몰개성화된 사람은 집단상황에서 자의식과 개인적 정체감을 잃게 됨으로써 외부의 자극이나 즉각적인 감정에 반응하는 반면, 규범이나 행동의 장기적 결과에 대해서는 둔감해진다.

몰개성화된 행동들은 자극에 따른 적절한 반응이기보다는 예측할 수 없이 자동적으로 발생하는 행동으로, 이전에 정상적인 상황에서 보인 행동패턴과는 모순되는 경향이 있다(Zimbardo, 1970). 가령 정상적으로는 집단에서도 지도자의 권고를 받아들이지만, 몰개성화가 생기면 그의 명령은 더 이상 효과를 발휘하지 못한다. 경찰차, 경찰, 경찰견 등 사법당국

겉글

악마 효과(Lucifer Effect)

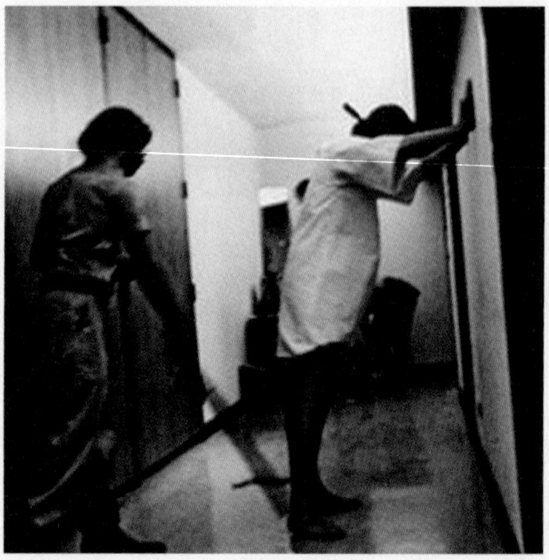

사회심리학자 Philip Zimbardo는 그 유명한 스탠포드 교도소 실험을 통해 몰개성화 현상을 극적으로 입증했다. 그는 24명의 백인 학생들에게 교도관과 죄수 역할을 무작위로 부여하고 옷과 장비를 갖추도록 했다. 실험 1일차에 교도관은 폭력적으로 그리고 죄수는 수동적으로 변했다. 2일차 새벽에 교도관들이 갑작스럽게 점호를 취하고 이에 죄수들이 반란을 일으키자, 교도관들은 소화기를 사용하여 그들을 제압했다. 4일차에는 죄수들이 신청한 가석방을 교도관들이 무시하면서 교도소 분위기는 악화되어 갔다. 5일차에는 교도관들이 죄수를 고문하고 성적으로 학대하기도 했다. 교도관은 점점 더 가혹해졌고 이에 Zimbardo는 2주로 계획한 실험을 6일만에 중단했다. 인간의 이러한 변화를 그는 '악마 효과(Lucifer Effect)'라고 불렀다.

의 출현은 일반인에게는 경고가 되지만, 몰개성화된 폭도들에게는 그와 같은 의미가 상실된다. 이와 반대로 Reicher, Spears와 Postmes(1995)의 주장에 따르면, 몰개성화가 단지 개인 정체성을 상실하게 만드는 것이 아니라 사회정체성을 더욱 특출하게 만듦으로써 내집단 규범이 개인의 태도와 행동에 더 큰 영향을 미친다. 그래서 내집단 규범이 반사회적 행동을 허용하면 그 구성원들은 반사회적 행동을 하고, 반대로 친사회적 행동을 장려하면 그들도 그것과 일치하는 행동을 한다. 결국 몰개성화가 반드시 사회규범을 어기는 부정적 태도와 행동으로만 나타나는 것이 아니라, 집단의 규범과 가치에 따라서 구성원들의 행동도 긍정적으로 나타날 수 있다.

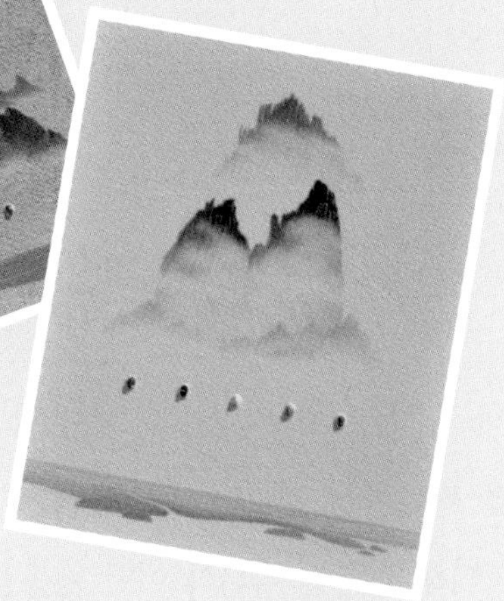

09 성격과 개인차

An Introduction to Modern Psychology

개요

사람들은 시대를 막론하고 자신이나 타인에 대해서 알고자 노력한다. 이때 활용하는 방법이 그들의 성격을 파악하는 것이다. 사람들의 성격을 파악하면 그 사람이 갖고 있는 생각과 감정을 이해할 뿐만 아니라 어떤 행동을 할지를 예측할 수 있다. 이러한 성격은 인간이 갖고 태어나는 선천적인 측면과 함께 경험적으로 만들어지는 측면을 포함하고 있다. 이 장에서는 성격이 무엇이며 성격심리학의 대표 접근인 생물학적 접근, 정신역동적 접근, 인본주의 접근 그리고 사회인지적 접근을 통해서 성격의 구조, 형성 및 발달 과정에 대해 설명한다.

학습목표

1. 성격에 대한 정의와 그 구조를 파악한다.
2. 성격의 생물학적 접근을 이해한다.
3. 성격의 정신역동적 접근을 이해한다.
4. 성격의 인본주의 접근을 이해한다.
5. 성격의 사회인지적 접근을 이해한다.

1 성격의 본질

우리는 타인의 행동을 보고 그들의 성격을 파악하고자 한다. 뿐만 아니라 우리 자신의 성격을 평가할 때에도 자신이 한 행동을 참조한다. 또한 우리는 누군가를 평가할 때 그 사람의 성격을 토대로 하는 경우가 매우 많다. 왜냐하면 한 개인의 성격을 파악할 수 있다면, 그 사람이 왜 그런 행동을 하는지 이해할 수 있기 때문이다. 즉, 사람들의 성격을 알면 생각과 행동에서 그들이 보이는 차이를 이해할 수 있고, 이를 토대로 앞으로 그들이 어떤 행동을 할지 예측할 수 있다.

그럼 심리학에서 말하는 성격이란 무엇인가? Allport는 1937년 『성격: 심리학적 해석』이라는 책에서 인간의 성격을 소개하고 있다. 그는 성격을 '환경에 대한 개인의 독특한 적응을 결정하는 개인의 정신적, 신체적 체계들의 역동적 조직'이라고 정의하였다. 이 정의에 따르면, 먼저, 성격은 개인 내의 여러 요소(욕구, 감정, 가치관, 태도 등) 간의 역동적인 관계로 이루어져 있다. 둘째, 성격은 정신적인 체계와 신체적인 체계 모두로 이루어져 있다는 것이다. 셋째, 성격은 각자의 독자적인 영역이 있고 그 영역 내에는 또 다른 하위 영역이 존재하는 등 여러 시스템으로 구성되어 있다. 넷째, 성격은 개인이 겉으로 표출하는 외현적인 행동, 사고, 감정을 결정하고 그 방향을 제시해준다. 다섯째, 성격은 개인이 다른 사람과 구별되는 독특한 속성을 갖게 해 주는 것이다. 여섯째, 성격은 외현적인 행동과 내적인 사고과정 모두와 관련되어 있다.

이렇듯 성격은 개인이 물리적, 사회적 환경과 상호작용하는 방식으로 나타나는 그 사람의 인지, 정서, 행동의 고유하고 특징적인 양상이다. 그래서 성격은 상당히 안정적이고 일관적인 특성을 가지고 있다. 또한, 성격은 일부 선천적으로 결정되기도 하지만 주어진 환경에서 하는 후천적 경험에 의해서도 영향을 받는다. 선천적 요소는 유전이나 기질과 같은 생물학적인 요인을 말한다. 반면, 후천적 요소란 다양한 사회문화적 영향, 가족, 교육 등과 같은 환경적 요인을 말한다. 이는 성격을 결정하는 데 선천적 요소도 중요하지만 후천적 요소도 중요하다는 점을 보여 준다. 예를 들면, 맹모삼천지교(孟母三遷之敎)에서 알 수 있듯이, 맹자의 선천적인 뛰어남과 적절한 환경과의 만남 덕분에 그는 유교의 훌륭한 권위자가 될 수 있었다.

이처럼 심리학은 성격을 선천적 요소의 범위 안에서 후천적 환경 요소의 영향에 따른 것으로 보고 있다. 또한, 일반적으로 심리학에서는 성격을 '한 개인이 타인과 구별 가능한 독특하고 일관적이며 환경에 적응하는 그 사람만의 안정적이고 특정한 행위의 총체'라고 정의한다. 그러면 유전과 환경이라는 두 가지 요소가 어떻게 한 개인의 성격을 형성하고 유지 혹은 변화시키는가? 이와 관련해서 성격을 바라보는 네 가지 주요 접근 즉, 성향적 접근, 정신역동적 접근, 인본주의 접근, 사회인지적 접근을 차례대로 알아보겠다.

곁글 성격이라는 개념과 유사한 개념: 기질과 품성

성격이라는 개념과 함께 자주 사용하는 개념으로 기질(temperament)과 품성(character)이 있다. 기질이란 한 개인이 유전적 원인으로 인해 태어날 때부터 가지게 되는 고유의 특성을 말한다. 이런 기질에는 감정적이고 충동적인 기질, 활달하고 사교적인 기질, 주도적이고 적극적인 기질과 같은 유형이 있다. 반면, 품성이란 사회적으로 바람직하게 여기는 특성을 말하는 것으로, 흔히 성격이 좋다든가 성격이 나쁘다고 할 때 사용하는 개념이다. 즉, 사회적 판단이 개입된 것으로 한 사회 시스템에서 긍정적으로 받아들이는 특성을 지칭한다. 이에 비해, 성격은 이러한 기질과 품성을 모두 포괄하는 개념으로, 태어날 때부터 유전적으로 가지고 있는 것뿐만 아니라 성장과 함께 학습하면서 생긴 것, 그리고 개인이 가지고 있는 긍정적인 특성과 부정적인 특성 모두를 포함해서 어느 한 개인을 다른 사람과 구별해 주는 것을 지칭하는 개념이다.

2 성향적 접근

성향(disposition)은 비교적 지속적이며 안정적인 성격특성을 지칭하는 개념이다. "이 친구는 온순한 사람인 반면, 저 친구는 좀 과격한 편이지."에서처럼, 우리는 다양한 성향적인 용어를 사용하여 개인, 관계, 집단을 기술하고 이와 관련해서 의사소통한다. 성격에 대한 성향적 접근에서는 성격을 그 개인의 타고난 지속적인 특성으로 바라본다. 또한 사람들은 각 특성을 소유한 정도에서 차이가 나고, 이것이 지속적이고 안정적으로 그들의 행동상의 차이를 가져온다고 본다. 여기서는 특질이론과 성격의 생물학적 특성을 알아보겠다.

(1) 특질이론

특질(trait)은 다양한 종류의 자극에 동일하거나 비슷한 방식으로 반응하는 성향을 말한다. 특질을 나타내는 용어는 '친절하다', '착하다', '조용하다'와 같이 우리가 어떤 사람을 기술할 때 사용하는 용어들이다. 특질이론은 한 개인의 성격이 다른 사람과 같지 않은 것은 그들이 가지고 있는 특질의 종류나 정도가 다르기 때문이라고 본다. 특질이론에서 보면, 한 개인의 성격은 평생에 걸쳐 비교적 일관적인 모습을 보이고 타인과 비교했을 때 서로 다른 특징을 갖는다.

우리는 어떤 사람의 특질을 직접 관찰할 수 있는 것이 아니라 그 사람의 행동을 보고 추론을 통해 파악한다. 이때 행동으로 나타나는 모든 것이 한 개인의 특질이라고 볼 수 없다. 가령, 특질과 상태 사이에는 분명한 차이가 존재한다. 특질과 상태 모두 어떤 사람의 관찰 가능한 행동을 통해 확인이 가능하지만, 특질은 지속적인 반면 상태는 일시적이다. 어떤 사람의 특질은 그 사람이 일시적으로 어떤 상태를 설명할 수 있다. 예를 들면, 우울한 특질을 가지고 있는 사람은 그렇지 않은 사람들에 비해 우울한 상태에 빠질 가능성이 높다.

뿐만 아니라 사람들마다 특질을 표현하는 정도가 다르다. 외향적이고 사교적인 사람은 많은 친구가 있는 반면, 내향적이고 비사교적인 사람은 상대적으로 친구의 수가 적을 것이다. 그렇기 때문에, 특질이론에서는 사람들이 서로 다른지를 비교하여 성격을 파악하고자 한다. 또한, 연구자들은 안정된 성격 특질을 규명하여 그것을 체계적으로 분류하고자 한다. 여기에서는 Allport, Cattell 그리고 Eysenck의 이론을 소개하고자 한다.

Allport의 접근. 성격심리학자인 Allport(1937)는 성격을 특질들의 조합으로 보았는데, 이때 특질은 개인으로 하여금 특정 방식으로 일관성 있게 행동하도록 만드는 비교적 안정적인 성향(disposition)이다. 그는 특질을 각 개인 내에 존재하며 행동을 결정하고 행동의 원인이 되는 것이라고 보았다. 또한, 특질은 개인이 적절한 자극을 찾도록 동기화하고 환경과 상호작용하여 행동을 만들도록 한다. 그래서 행동을 관찰하면 특질을 찾아낼 수 있어서 특질은 경험적 증명이 가능하다.

예를 들면, 어떤 사람이 자신의 옷을 옷장에 나름의 순서대로 깔끔하게 정리해 놓고 책상을 잘 정리하는 등 자신의 물건을 잘 정리정돈 해서 언제든 원할 때 쉽게 찾을 수 있게 하는 사람이라면, 이 사람은 정리정돈을 잘하는 특질을 가지고 있다고 말할 수 있다. 이러한 모습은 자신의 집이나 사무실뿐만 아니라 다양한 상황에서도 일관적으로 나타날 것이다. 물론 이 특질을 통해 그 사람을 다 설명할 수는 없지만, 그 사람이 왜 그와 같은 행동을 하는가를 설명해 줄 수 있다. Allport는 특질을 사전에 이미 존재하는 성향이며, 행동을 일관성 있게 촉발하는 원인으로 보았다.

Allport는 인간의 특질을 공통 특질과 개별 특질로 구분하였다. 공통 특질은 한 문화 안에 속한 대부분의 사람이 공통적으로 지니고 있는 특질로, 사람들을 서로 비교할 수 있는 일반화된 성향을 말한다. 개별 특질은 한 개인이 가지고 있는 고유한 특질로, Allport는 개별 특질을 다시 기본 성향, 중심성향, 이차 성향으로 세분화하였다. 기본 성향은 개인의 생활 전반에 광범위하게 퍼져 있어 거의 모든 행동에서 그 영향력을 발견할 수 있는 성향이다. 이에 비해 중심 성향은 기본 성향보다는 더 제한된 범위의 상황에 영향을 미치지만, 행동에서 폭넓은 일관성을 보여주는 성향을 말하며 주위 사람들이 쉽사리 알아차릴 수 있다.

예를 들면, 어떤 사람에 대한 '성실하다', '활발하다', '정직하다'와 같은 말은 그의 중심 성향을 지칭하는 것이다. 마지막으로 이차 성향은 중심 성향보다 덜 현저하고 덜 일반적이며 덜 일관된 성향을 말한다. 그래서 그 사람을 잘 알고 있는 사람이 아니면 알기 어려운 극히 개인적인 성향(특정 대상에 대한 태도, 음식, 특정 상황에서의 행동 경향성 등)을 말한다.

Cattell과 Eysenck의 접근. Cattell(1950)은 개인의 특징적 행동을 설명하기 위해 특질을 표면특질과 근원특질로 분류하였다. 표면특질은 개인의 행동을 통해 겉으로 드러나는 특질이라면, 근원특질은 개인의 내면에 있어 겉으로 잘 드러나지 않은 특질을 말한다. 표면특질은 인간이 보이는 다양한 행동 중에서 서로 관련되어 있는 것으로 보이는 일련의 행동들을 하나로 묶어 놓은 것이다. 예를 들면, 기부하기, 봉사활동, 양보하기 등은 이타적 특질로 묶을 수 있다. 그에 반해 근원특질은 성격의 핵심을 이루는 것으로, 개인의 행동, 생각, 정서에 영향을 주어 행동의 일관성을 결정하는 역할을 한다. 근원특질은 표면특질에 해당하는 행동의 기저에 있는 원인으로, 위의 예에서는 이타적 특질이 나타나게 하는 원인이다. 근원특질은 표면특질에 비해 훨씬 더 안정적이고 지속적인 단일 성격요인으로, 하나의 근원특질로부터 여러 표면특질이 나타날 수 있다. Cattell은 근원특질로 16PF(sixteen personality factor)를 소개하였다(〈표 9-1〉 참고).

〈표 9-1〉 Cattell이 제시한 16개의 근원특질

요인	특성	
	낮은 점수	높은 점수
A	내성적인	사교적인
B	지능이 낮은	지능이 높은
C	정서적으로 불안정한	정서적으로 안정된
E	복종적인	지배적인
F	심각한	낙천적인
G	편의적인	양심적인
H	소심한	모험적인
I	완고한	부드러운
L	신뢰하는	의심 많은
M	현실적인	상상적인
N	솔직한	약삭빠른
O	자기 확신적인	걱정하는
Q1	보수적인	급진적인
Q2	집단 의존적인	자기 충족적인
Q3	충동적인	통제적인
Q4	이완된	긴장한

한편, Eysenck(1970)는 요인분석을 사용하여 초기에는 두 가지 성격차원, 나중에는 그것을 세 차원으로 확장한 특질이론을 발전시켰다. 즉, 외향성-내향성(extroversion-introversion,

그림 9-1 **아이젱크의 성격 요인들.** 이 그림은 아이젱크와 다른 연구자들에 의해 수행된 특질 간의 상관에 대한 요인 분석 연구에서 얻어진 두 가지 주요 요인을 보여준다. 안정-불안정 축은 신경성 성향 요인을 나타내고, 내향성-외향성 축은 외향성 요인을 나타낸다. 이 원 주위에 나열된 형용사들은 다른 특질들이 이 두 요인과 관련하여 어디에 위치하는지를 알려준다.

E-I) 차원과 안정성-불안정성(stability-instability) 또는 신경증적 경향성(neuroticism, N) 차원을 제시하였으며, 이후 정신병적 경향성(psychoticism, P) 차원을 추가했다.

외향성-내향성 차원은 뇌의 각성 수준과 관련되어 있다. 외향성인 사람은 충동적이고 혈기왕성하고 사교적인 성격 특성을 보이는 반면, 내향성인 사람은 수줍어하고 관심이 한정되어 있으며, 내성적이고 과묵한 성격 특성을 보인다. 안정성-불안정성/신경증적 경향성 차원은 정서적인 안정성과 관련이 있는 차원이다. 신경증적 경향성이 높을수록 정서적으로 불안정하고 예민하여 사소한 일에도 지나치게 근심하는 경향이 있다. 〈그림 9-1〉은 이 두 차원을 보여주고 있는데, 이 두 차원으로 구분한 4사분면 각각에 매우 많은 특질들이 분포해 있다. 마지막으로, 정신병적 경향성 차원은 정신질환자가 될 가능성을 반영하는 차원이다. 정신병적 경향성이 높을수록 타인을 배려하지 않고 이기적으로 행동하며, 공격적이고, 냉정하며, 충동적으로 행동하고, 자제할 줄 모르는 행동 경향성을 보인다.

오늘날 많은 성격연구자들은 요인분석에 기초한 Eysenck의 이론을 발전시켜 성격특질을 5개의 요인으로 범주화했다(McCrae & Costa, 1999). 즉, 5요인 모델을 지칭하는 Big Five는 성격이 의미하는 바를 대부분 포함하고 있다(Goldberg, 1981). 〈표 9-2〉에서 보듯이 이 5요인에는 경험에 대한 개방성(Openness), 성실성(Conscientiousness), 외향성(Extroversion), 우호성(Agreeableness) 그리고 신경증 경향(Neuroticism)이 있다. 이 Big Five의 기본 구조는 여러 문화권에서 반복적으로 확인되고 있으며, 다양한 연령, 아동, 성인에게서 일관적으로 나타나고 있다(McCrae & Costa, 2006).

〈표 9-2〉 Big Five에 대한 설명

5요인	대표적 차원
개방성	인습적 – 창의적, 안전무사 – 대담, 보수적 – 자유적
성실성	부주의한 – 조심스러운, 믿을 수 없는 – 믿을 만한, 게으른 – 성실한
외향성	위축된 – 사교적인, 조용한 – 말 많은, 억제된 – 자발적인
우호성	성마른 – 성품이 좋은, 무자비한 – 마음이 따뜻한, 이기적 – 이타적
신경증 경향	침착한 – 걱정 많은, 강인한 – 상처를 잘 입는, 안정한 – 불안정한

(2) 성격의 생물학적 특성

사람의 성격 특성들이 잘 변하지 않고 안정성을 갖는 이유로, Allport는 뇌가 환경에 대한 사람들의 반응 방식에 영향을 주는데 성격이 이러한 뇌의 특성을 반영하기 때문이라고 보았다. 이외의 많은 특성 이론가들도 불변성을 갖는 뇌와 생물학적 과정이 놀라울 만큼 큰 성격 특성의 안정성을 만들어 낸다고 주장한다.

감각추구 성향. Zuckerman(1971)은 Eysenck의 영향을 받은 생물학적 이론가로, 감각추구(sensation seeking)라는 성격 특성을 소개하였다. 감각추구란 일반적으로 아주 높거나 낮은 수준의 감각자극을 선호하는 경향을 말한다. 감각추구가 높은 사람은 높은 자극 수준을 선호하여 항상 새롭고 유쾌한 경험을 추구한다. 반면에 감각추구가 낮은 사람은 중간 정도의 자극 수준을 선호하여 흥분보다 안정을 추구하는 경향이 있다.

이처럼 감각적 자극을 추구하는 경향도 다른 성격 특성처럼 연속적이다. 그래서 대부분의 사람은 중간범위에 속하지만, 감각추구 경향이 높은 사람은 자극 수준이 높은 활동을 선호하기 때문에 지루한 일을 싫어하고 도전과 모험을 추구한다. 이들은 감각추구 경향이 낮은 사람보다 더 충동적이고 덜 억제적이며 더 외향적이다. 게다가 신체적으로 위험한 활동을 좋아하여 암벽등산, 스카이다이빙, 스쿠버다이빙과 같은 극단적인 활동을 선호한다. 반대로 감각추구 성향이 낮은 사람들은 감각적인 자극을 회피하는 성향이 강해, 덜 충동적이고 내향적이며 순종적이다. 활동적인 측면에서도 과격한 활동을 회피한다.

높은 감각추구 성향은 외향성과도 크게 관련되어 있다. Eysenck는 외향성과 내향성의 차이가 자극에 대한 개인의 민감성에서의 차이 때문이라고 생각했다. 그는 각성을 조절하는 뇌의 망상체가 사교적인 사람보다 부끄러움이 많은 사람에게서 더 민감하다고 가정하였다. Gray(1991)는 Eysenck의 이러한 생각을 정교화하고 그가 제시한 두 성격 차원을 반영하여 두 가지 기본적인 뇌 체계를 제안하였다.

그에 의하면 행동 활성화 체계(behavior activation system: BAS)는 보상에 대한 예측으로 접근행동을 활성화시킨다. 예를 들어, 한 개인이 새로운 물건을 구입하면 기쁠 것이라고 기대한다면, BAS의 활성화는 그 사람으로 하여금 돈을 모아 그 물건을 구입하도록 할 것이다. 또한 BAS는 행복, 희망 등과 같은 긍정적인 느낌을 경험하게 하는 원인이기도 하다. 반대로 행동 억제 체계(behavior inhibition system: BIS)는 처벌에 대한 예측으로 접근행동을 억제한다. BIS는 공포, 불안, 좌절감, 슬픔과 같은 부정적인 정서를 경험하게 하는 원인이 된다.

Gray(1991)의 이론은 특정 성격 특성을 설명하는 데 도움을 줄 수 있다. 예를 들어, 법규를 위반하여 벌금을 내야하는 상황에 처할 때, BIS 민감성이 높은 사람은 BAS의 민감성이 낮은 사람보다 더 불안해 할 것이다. 이뿐만 아니라 성격과 뇌손상 관계를 다룬 연구들을 살펴보면, 뇌 손상은 성격의 변화를 가져온다. 사람들이 성격상에서 큰 변화를 겪는 경우, 그들에게 알츠하이머병, 뇌졸중, 뇌종양 등과 같은 문제가 있다는 것이 자주 밝혀지고 있다 (Feinberg, 2001). 또한 뇌의 화학 성분의 변화를 가져오게 하는 항우울증 약의 복용이나 약물학적 치료는 사람을 더 외향적이면서 덜 신경증적으로 만드는 것과 같이 성격상의 변화를 초래할 수도 있다(Bagby et al., 1999;, Knutson et al., 1998). 연구자들은 이러한 결과를 통해 성격을 생물학적으로 이해하기도 한다.

성격의 유전적 영향. 유전은 신체·생물학적인 측면에만 영향력을 행사하는 것이 아니라 성격에도 영향을 미칠 수 있다. 최근 연구자들은 쌍생아 연구를 통해서 성격의 유전 가능성을 검증해 왔다. 행동유전학자들에 의하면 일란성 쌍생아는 완전히 동일한 유전자를 가지고 있는 반면, 이란성 쌍생아는 유전적으로 약 50% 정도가 동일하다고 설명하고 있다(Loehlin, 1992; Pervin, 2003). 예를 들면, 자란 환경이 동일함에도 불구하고, 이 두 유형의 쌍생아 사이에 성격의 차이가 있다면 그것은 유전적 요인에 의한 것이라고 볼 수 있다. 여러 연구자들은 이와 같은 방식을 이용하여 성격 특질이 일정 부분 유전된다는 사실을 입증하였다.

가령 Buss와 Plomin(1975)은 평균 연령이 55개월 된 동성의 쌍생아 139명을 대상으로 그들의 성격 특질을 조사했다. 그들은 쌍생아의 어머니에게 자녀의 정서 반응, 활동 정도, 사회성 등을 평가하도록 했다. 그 결과, 일란성 쌍생아가 이란성 쌍생아보다 정서반응, 활동 정도, 사회성에서 더 비슷했다. 따라서 위의 연구 결과는 일란성 쌍둥이가 이란성 쌍생아보다 유전적으로 더 비슷하기 때문인 것으로 해석할 수 있다. Lykken(Lykken et. al., 1988)도 같은 집에서 기른 쌍생아들과 태어나자마자 서로 다른 집에서 자란 쌍생아들에게 성격검사를 실시하였다. 그 결과 쌍생아들이 같은 집에서 자랐는지 그 여부에 관계없이 일란성 쌍생아가 이란성 쌍생아보다 더 비슷한 성격을 가지고 있었다. 이러한 결과들은 성격이 어느 정도 유전된다는 것을 보여주는 증거이다.

뿐만 아니라 또 다른 연구자는 쌍생아들을 대상으로 행동과 태도의 유사성을 연구했는데, 이러한 연구들에서도 유전의 영향이 매우 강력한 것으로 나타났다. 예를 들면 한 연구(Tesser, 1993)에서 3,000쌍의 일란성 혹은 이란성 쌍생아들에게 사형제도, 검열제도, 누드촌 등과 같은 여러 가지 정치적 및 사회적 문제들에 대한 의견을 물었다. 그 결과, 이러한 주제에 대한 태도가 일란성 쌍생아들에게 더 유사했다. 이러한 결과는 생물학적 요인이 다양한 사회적 문제에 대한 태도나 신념에도 영향을 미친다는 점을 보여준다.

3 정신역동적 접근

성격에 대한 정신역동적 접근(psychodynamic theory)은 인간의 행동을 의식이나 무의식 세계 속에 존재하는 다양한 요소들 간의 역동적인 상호작용으로 설명한다. 이러한 상호작용에는 서로 상충적인 동기와 그에 따른 여러 갈등이 들어있다. 이 접근은 Freud의 정신분석(psychoanalysis; 1949)에서 유래한 것으로, 그는 무의식에 대한 임상적 관심에 초점을 맞춘 최초의 학자이다.

오늘날에는 Freud의 정신분석이론과 그의 추종자들의 이론들을 모두 포괄해서 정신역동적 접근이라 부르고 있다. 이 접근에 의하면 성격은 주로 의식 밖의 영역에서 작용하는 욕구, 갈망, 충동에 의해 형성되며, 이들은 때로 정서적 문제의 원인이 된다. 정신역동적 접근은 다음과 같은 두 가지 신념에 기초한다. 첫째, 사람들은 일반적으로 자신의 진짜 동기가 무엇인지 모르는 경우가 많다. 둘째, 사람들은 불쾌한 생각과 동기를 해결하기 위해서 무의식적으로 방어기제를 사용한다. 여기서는 Freud와 Jung의 이론을 소개하고자 한다.

(1) Freud의 정신분석이론

정신분석이론은 주로 초기 아동기 경험, 무의식적 동기와 갈등, 성적 또는 공격적 충동이라는 개념을 가지고 인간의 성격, 동기 및 심리장애를 설명하고 있다. 정신분석이론의 창시자인 Freud(1949)는 19세기 말 비엔나에서 신경과 수련을 받으며 많은 환자들을 치료하였다. 그는 수련과정에서 신체마비와 같은 신체적인 증상이 정서적 혼란 때문에 생긴다는 것을 알았다. 당시에는 이러한 증후군을 히스테리(hysteria)라고 불렀는데, 그는 이렇게 다양한 환자를 관찰하며 우리의 마음속에 무의식이 존재한다고 추론하였다. 예를 들면, 그는 사람들이 자신의 실제 감정을 실언으로 나타내고 꿈을 통해 감추어진 욕구를 표현한다는 것이다.

이렇듯 Freud(1935)의 신념은 마음의 대부분이 숨어 있고 의식적으로 알 수 있는 부분은 수면 위로 떠 있는 빙산의 일각이라는 것이다. 수면 아래에 훨씬 큰 무의식이 존재하는데,

여기에는 우리가 자각하지 못하는 사고, 소망, 감정, 기억 등이 들어 있다고 보았다. Freud는 이러한 무의식적 내용 중에서도 사람들이 인정하기에는 너무 위협적이어서 일부러 억압함으로써 의식으로부터 강제로 몰아내는, 용납할 수 없는 사고에 대해 많은 관심을 가졌다. 그는 의식적으로 자각할 수는 없어도 골치 아픈 감정과 생각들이 사람들에게 강력한 영향력을 행사하며, 때로는 사람들이 선택하는 일, 가지고 있는 신념, 일상 습관, 불안 징후 등과 같이 위장된 형태로 표현되기도 한다고 믿었다. 그래서 그는 사람들이 이전에 의식하지 못한 감정과 갈등을 발견하도록 도와주는 것이 정신분석이 할 일이라고 보았다.

인식의 수준과 성격의 구조. Freud(1935)는 인식 수준을 의식, 전의식, 무의식의 세 수준으로 구분하였다. 의식은 특정 시점에서 인식하는 모든 것을 말한다. 예를 들면, 지금 이 순간의 의식은 현재 자신이 무엇을 하고 있는지 정확히 알고 어떤 느낌을 느끼고 있는지를 파악할 수 있는 것 등을 포함하고 있다. 전의식은 조금만 노력하면 쉽게 의식 수준으로 떠올릴 수 있는 것으로, 인식의 표면 밑에 있는 내용을 말한다.

일주일 전 누구와 만나 저녁식사를 했는지는 조금만 생각하면 쉽게 기억해낼 수 있는 내용이다. 무의식은 의식적 인식이 어렵지만 행동에 큰 영향력을 발휘하는 사고, 기억, 욕구를 말한다. 아동기의 외상, 부모에 대한 감추어진 적대감, 억압된 성적 욕구 등이 무의식에 속한다. 〈그림 9-2〉에서 보듯이 Freud는 이러한 인식 수준을 흔히 빙산에 비유하였다. 그는 수면 위로 보이는 의식이나 전의식은 수면 아래에 자리하고 있는 무의식에 비해 극히 작은 부분에 지나지 않는다고 하였다.

Freud(1935)는 성격을 원초아, 자아, 초자아 등 세 가지 요소로 이루어진 구조로 보고, 우리의 행동은 이 세 요소가 상호작용한 결과라고 보았다. Freud는 이 세 가지 요소 간 상호작용의 상대적 강도 즉, 어떤 체계가 더 우세한가가 개인의 성격의 기본 구조를 결정한다고 보았다. 먼저 원초아(id)는 출생할 때부터 존재하는 가장 기본적이고 생물학적인 추동을 가지고 있는 부분으로, 성격의 가장 원초적인 부분이며 자아와 초자아도 여기서 발달한다. 원초아는 먹고 마시고 배설하려는 욕구, 고통을 피하고 성적 쾌락을 추구하려는 욕구 등을 가지고 있다. Freud는 공격성도 기본적인 생물학적 추동의 하나로 보았다. 실제로 그는 전생애에 걸쳐 성적 추동과 공격적 추동이 성격의 가장 중요한 본능적 결정 요인이라고 생각했다. 원초

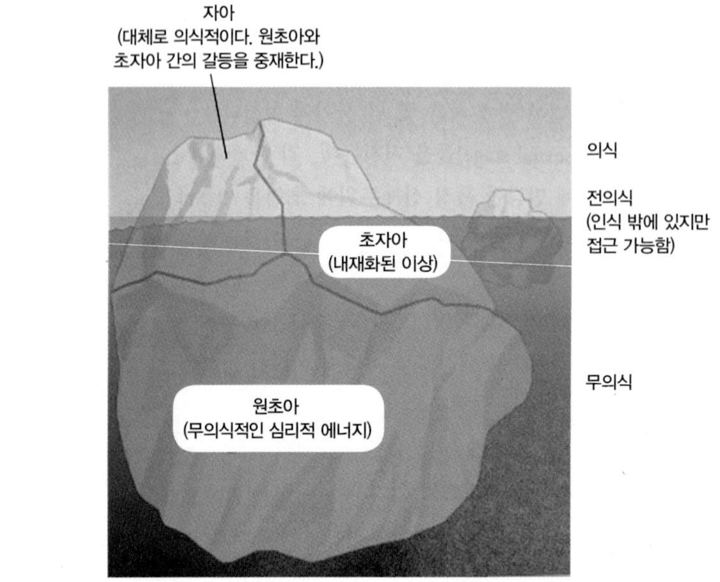

그림 9-2 **프로이트의 마음에 관한 구조 모델.** 프로이트의 인간 마음에 대한 '빙산' 모델에서는, 원초아의 전부와 자아와 초자아의 대부분이 무의식으로 내려가 있다. 자아와 초자아의 일부만이 의식이 아니면 전의식에 있다.

아는 이러한 충동을 즉각적으로 만족시키려는 쾌락원리(pleasure principle)에 따라 작동한다. 즉, 어린 아이처럼 외적 환경에 관계없이 지속적으로 쾌락을 얻고 고통을 피하려고 한다. 이처럼 원초아가 할 수 있는 것은 단지 원하기만 하는 것으로, 이것은 일차과정으로 원시적, 비논리적, 비합리적이다.

이와 달리 자아(ego)는 외부세계와의 접촉으로부터 발달하는 것으로, 생의 현실적인 요구를 처리할 수 있게 해주는 성격 요소이다. 자아는 사람으로 하여금 즉각적인 만족을 지연할 수 있게 하고, 현실세계에서 효과적으로 기능할 수 있게 해준다. 예를 들면, 아동은 곧 자신의 충동을 언제나 즉각적으로 충족할 수 있는 것은 아니라는 것을 알게 된다. 배고픔은 누군가 음식을 제공해야만 사라지고, 화장실에 갈 때까지는 배설을 지연해야 한다. 이렇듯 성격의 한 요소인 자아는 어린 아동이 현실적 요구를 고려하는 것을 배우면서 발달한다. 즉, 자아는 사회규범, 규칙, 관습과 같은 사회적 현실을 고려해서 행동을 결정한다. 이런 의미에서 자아는 현실원리에 따라 작동하는 성격의 의사결정 요소이자 집행자이며, 원초아와 현실 사이의 관계를 중재하는 역할을 한다.

자아가 현실을 고려한다면, 초자아(superego)는 무엇이 옳고 그른가에 대한 사회적 기준을 통합하는 성격의 요소이다. 초자아는 사회의 가치와 도덕에 대한 내적 표상으로, 행위가 옳은지 그른지를 판단한다. 즉, 초자아는 개인의 양심과 도덕적으로 이상적인 사람에 관한 이미지이다. 초자아는 부모가 제공하는 상과 처벌에 대한 반응으로 발달한다. 처음에는 부모는 상과 벌을 통해 아동의 행동을 직접적으로 통제하지만, 이후 아동은 부모의 기준을 초자아에 통합함으로써 자신의 행동을 스스로 통제한다. 예를 들어, 아동은 도둑질이 나쁜 행동이라고 말해주지 않아도 알아서 도둑질을 하지 않는다. 이것은 그 행동이 잘못된 것이라고 자신의 초자아가 말해주기 때문이다. 하지만 원초아가 초자아의 기준을 위반하거나 그렇게 하려는 충동은 불안을 유발한다.

Freud에 따르면 이러한 불안은 주로 무의식적이지만, 우리는 초자아를 위반하는 행동이나 충동으로 인해 죄책감을 경험할 수 있다. 부모의 기준이 지나치게 엄격하면, 그 자녀는 더 큰 죄책감을 느낄 수 있어 모든 공격적 충동과 성적 충동을 억제할 것이다. 반면에 사회적 행동에 대하여 납득할 만한 기준을 갖지 못한 사람은 행동 제약을 거의 느끼지 않아 제멋대로 행동하거나 범죄 행동을 할 수도 있다. 그러한 개인을 초자아가 약한 사람이라고 부른다.

불안과 방어기제. Freud(1935)에 따르면 원초아, 자아 그리고 초자아 간의 역동으로 인해 갈등이 발생한다. 대부분의 내적 갈등은 해결할 수 있지만, 어떤 갈등은 쉽게 해결하기 어렵고 아주 오랫동안 내적 긴장을 유발한다. Freud는 오래 지속되는 대부분의 갈등은 성적, 공격적 충동에 따른 것으로 보았으며, 이러한 갈등은 완전히 무의식에서 진행되기 때문에 인식되지 않지만 불안을 유발한다.

자아가 불안을 경험하면 그 불안을 물리치기 위해 방어기제(defense mechanism)라고 하는 자기 기만적 방법을 사용한다. 이것은 수용할 수 없는 충동의 위협 때문에 생기는 불안을 감소시키기 위한 무의식적 대처 기제이다. Freud의 딸이자 정신역동이론가인 Anna Freud(1936)는 많은 유형의 방어기제를 밝혀냈으며 이들이 어떻게 작동하는지를 설명하였다. 이러한 방어기제는 우리가 불안을 극복하고 외부 세계에 효과적으로 적응하는 것을 도와주기도 한다.

곁글 방어기제의 종류

- 억압(repression): 가장 기본적이며 사람들이 가장 많이 사용하는 방어기제로, 불쾌한 사고나 갈등을 무의식에 묻어 두는 방어기제이다. 사람들은 죄책감을 야기하는 욕구, 불안을 유발하고 갈등, 고통스러운 기억 등을 억압하는 경향이 있다.
- 합리화(rationalization): 자신의 숨겨진 동기나 감정을 감추기 위하여, 수용할 수 없는 감정이나 행동에 대해 그럴듯해 보이는 설명을 갖다 붙이는 방어기제다. 신포도에 대한 이솝우화에서 합리화를 찾을 수 있다.
- 투사(projection): 자신의 생각, 감정, 동기 등을 다른 사람의 탓으로 돌리는 방어기제다. 다른 사람에 대한 투사는 때때로 죄책감을 유발한다. 자신에게 잘못이 있음에도 불구하고 남탓을 하는 경우이다.
- 주지화(interllectualization): 스트레스를 주는 상황을 추상적이고 지적인 용어로 다룸으로써 그 상황으로부터 멀어지려고 하는 방어기제다. 예를 들면, 인간의 고통에 직면하는 의사는 모든 환자에게 매번 정서적으로 관여할 수 없다고 생각하는 것이다. 하지만 주지화를 너무 많이 사용하여 모든 정서적 경험을 차단할 때는 문제가 된다.
- 전위(displacement): 어떤 대상에게 느낀 감정을 원래의 대상과는 무관한 다른 대상에게 전환하는 방어기제다. "종로에서 뺨 맞고 한강에서 성 낸다."는 말처럼, 직장 상사에게 굽실거리고 기를 펴지 못하지만 자신보다 밑에 있는 사원에게는 큰 소리를 치는 경우이다.
- 반동형성(reaction formation): 자신의 실제 감정과 상반되게 행동하는 방어기제다. "미운 놈 떡 하나 더 준다."라는 말처럼, 반동형성이 작용한 행동은 상당히 과장되어 있다.

- 퇴행(regression): 미숙한 행동양식으로 되돌아가는 것을 말한다. 동생이 태어나는 경우 하지 않던 어릴 적 행동을 다시 하게 된다.
- 승화(sublimation): 인간의 에너지를 중요하거나 가치 있는 활동으로 향하게 하는 것을 말한다. 내면의 불안을 아름다운 예술의 창조로 돌리는 사람들을 승화인으로 간주한다.

성격발달. Freud는 개인이 발달하면서 그의 성적 에너지가 특정 신체 부위에 집중하게 되고, 그래서 그의 성적 충동이 한 발달단계에서 다른 발달단계로 이동하게 된다고 보았다. 이처럼 성적 에너지가 집중되는 신체 부위에 근거하여 Freud는 5단계로 이루어진 심리성적(psychosexual) 발달단계를 제안하였다. 성격은 주어진 발달단계에서 자신의 성적 충동을 해결하는 방법에 의해 형성되는데, 이 과정에서 가장 문제가 되는 것이 고착이다. 고착이란 한 단계에서 다음 단계로 진행하지 못하고 그 단계에 머무는 것을 말한다. 한 발달단계에서 욕구가 지나치게 만족되거나 좌절될 때 고착이 일어난다. 일반적으로 고착이 일어나면 고착된 발달단계의 심리성적 욕구를 지나치게 강조하는 경향이 있다.

Freud(1949)가 제안한 심리성적 발달단계는 다음과 같다(〈표 9-3〉 참고). 구강기(oral stage)는 태어나면서부터 생후 1년까지의 기간으로, 이 단계에서는 성적 에너지가 구강 부분에 집중되어 있는 시기이다. 그래서 이 시기의 아동은 주로 깨물기나 빨기와 같은 구강 행위를 통해 욕구를 충족시킨다. Freud에 따르면, 이 단계의 수유 경험은 후기 발달에 중요한 역할을 한다. 구강기에 고착되면 빠는 행동과 관련하여 강박적인 흡연이나 습관적인 욕설이나 수다와 같은 행동을 보일 수 있다.

항문기(anal stage)는 1~3세경으로, 유아는 배설이나 배설의 보유와 같은 내장운동을 통해 성적 쾌감을 경험하게 된다. 유아는 이 단계에서 배변훈련을 통해 처음으로 사회적 통제를 경험한다. 그러나 배변훈련이 지나치게 엄격하면 낭비벽이나 수전노와 같은 여러 부정적인 성격 특성을 지닐 수 있다. 또한 부모가 지나치게 처벌적인 방법을 동원하여 배변훈련을 시키면 아동은 생식기에 대한 관심과 처벌 간에 관련이 있다고 생각할 수 있다.

〈표 9-3〉 **Freud의 심리성적 발달단계**

단계	연령	주요특징
구강기 (oral stage)	출생~1	· 구강(입, 입술, 혀)에 리비도 집중 · 구강의 경험을 통해 쾌감 충족 · 성인기 고착행동: 과식, 과음, 과도한 흡연, 빈정거림 등
항문기 (anal stage)	2~3	· 항문 주위에 리비도 집중 · 배설물을 보류하고 방출하는 것에서 쾌감을 느낌 · 부모에 의한 배변 훈련을 통해 최초의 사회적 제지 경험 · 강압적 배변 훈련: 개성이나 가치 형성에 역효과, 지나치게 청결하거나 지저분해짐. 강박적 욕구
남근기 (phallic stage)	3~6	· 성기 부위에 리비도 집중 · 이성의 부모에게 성적 애착을 느낌 · 오이디푸스 콤플렉스(Oedipus complex) & 일렉트라 콤플렉스(Electra complex) · 남근기가 끝날 무렵 아동의 성격 대부분이 형성됨
잠복기 (latent period)	7~12	· 리비도가 무의식 속에 잠재 · 동성친구나 외부 세계에 관심 집중 · 고착될 경우, 이성과의 원만한 교제가 어려움
생식기 (genital period)	12~19	· 신체적 성숙과 이성에 대한 관심 증대 · 진정한 의미의 성욕이 나타남 · 이성과의 성적 결합이 일어남

남근기(phallic stage)는 3~6세경으로, 이 단계에서는 생식기를 통해 쾌감을 추구하는 오이디푸스 콤플렉스와 일렉트라 콤플렉스가 나타난다. 즉, 남아는 어머니에 대해 성적으로 접근하면서 아버지를 경쟁상대로 보고 적대시한다. 그러면서 자신보다 강한 아버지와의 경쟁 속에서 거세불안을 경험한다. 남아는 이와 같은 불안을 극복하기 위해 아버지와 동일시한다.

그래서 아버지의 가치와 목표, 심지어는 습관까지도 따라 함으로써 오이디프스 콤플렉스를 해결한다. 여아는 이성인 아버지에 대해 특별한 관심을 기울이고, 남자 아이와 자신의 성기가 다르다는 것을 알고 부러워하는 남근선망(penis envy)을 경험한다. 오이디푸스·일렉트라 콤플렉스 기간 동안에 아동은 동성의 부모에게 적대감을 느끼는 동시에 이성의 부모에 대해 성적으로 접근한다. Freud는 이 시기의 콤플렉스의 해결이 건전한 심리성적 발달의 관건이 된다고 보았다.

잠복기(latent stage)는 6~12세경으로, 이 시기의 아동은 성적 충동을 억압한다. 이 단계의 가장 중요한 과제는 가족이라는 울타리를 벗어나 사회적 접촉을 확대하는 것이다. 잠복기를 지나 사춘기가 되면 아동은 생식기(genital stage)로 진행한다. 이 단계에서는 억압된 성적 충동이 다시 활성화되고 생식기를 통해 성적 욕구를 충족하려 한다. 따라서 자신을 향한 성적 에너지는 같은 또래의 이성을 향하게 된다. Freud의 시각에서 보면, 생식기의 궁극적 목표는 성숙한 성인의 성격을 형성하는 것이다.

Freud는 아동기 초기에 성격 틀이 완성된다고 주장했지만 그 이후에는 성격이 발달되지 않는다는 것은 아니다. 다만, 아동기 초기에 결정된 틀 내에서 발달이 진행되며, 아동기 이후의 갈등은 초기의 갈등이 재현되는 것에 불과하다는 것이다.

(2) Jung의 분석심리학

Jung은 1914년 Freud의 정신분석학파에 소속되어 활동했지만, Freud와 학문적 견해의 차이로 결별하고 무의식 요소를 개인적 차원에서 집단적 차원으로 확대하여 분석심리학파를 만들었다. Jung(1961)은 한 인간의 전인격적 심리 구조를 통틀어 사이키(psyche)라고 표현하였다. 그는 이러한 사이키가 의식의 심층을 둘러싼 자아, 그 의식을 둘러싼 개인무의식 그리고 집단무의식과 원형으로 구성되어 있다고 보았다. 특히, 사이키의 구성 중 집단무의식과 원형은 성격에 대한 Jung의 분석심리학이 갖는 특징이라고 할 수 있다.

개인무의식은 자아의 세계에서 억압되거나 잊힌 경험이 저장되어 형성된 것으로, Freud가 말한 무의식적 요소에 해당한다. 어떤 새로운 것을 경험했을 때 그것이 자신과 무관하거나 중요하지 않게 보이는 것들, 또는 그 자극이 너무 약해서 의식의 수준에까지 도달하지 못한 경험들이 저장된 것이다. 이것은 평소에는 의식에 머물러 있지 않지만 필요할 때 작동하여 우리의 행동에 영향을 미친다. Jung은 개인무의식은 개인이 가지고 있는 콤플렉스(무의식 속에 저장되어 있는 감정, 생각, 기억이 연합되어 생긴 흔적들) 혹은 과거 조상의 경험에서 얻은 것이라고 생각했다. 개인적인 갈등, 해결하지 못한 도덕적 갈등, 강렬한 감정이 뒤섞인 사고과정은 개인 무의식의 중요한 부분이다. 개인무의식에 직접 접근하기는 어려우며 종종 이런 요소들은 꿈으로 나타나 그 내용을 구성하는 데 중요한 역할을 한다.

Jung(1929)은 무의식이 개인의 성격 형성에 중요한 영향을 끼친다는 Freud의 생각을 수용했지만, 무의식이 단지 개인적 차원만이 아닌 집단적 차원에도 영향을 미친다고 생각했다. 즉, 그는 성격이 그 사람이 어떤 사회나 문화에서 자라나는가에 따라 달라질 수 있다고 본 것이다. 개인을 지배하는 생각, 감정, 욕구가 모두 현재의 자신에게서 비롯되는 것은 아니며, 과거 인류의 경험이 축적되어 전달된 것들일 수도 있다. 인간이 대대로 이어받은 여러 가지 원시적 이미지는 자신도 모르게 세상을 경험하고 반응하는데 소질이나 잠재적 가능성으로써 기능하게 된다. 이러한 집단무의식은 신화나 전설 및 민담과 같은 집단 문화의 형태로 전승되어, 원형(archetype)의 형태로 개인 내면에 자리잡게 된다. 예를 들어, 어떤 나라에 태어나든지 인간은 누구나 어머니에 대한 공통적인 원형을 가지고 있다. 사람들은 자신이 가지고 있는 원형에 따라 특정한 방식으로 세계를 지각하고 경험하며 반응하게 된다. 여기서 원형이란 조상으로부터 전달받아 개인이 태어날 때부터 가지게 되는 미리 정해진 생각이나 기억, 즉 근원적 심상을 말한다.

Jung(1929)은 성격을 구성하는 가장 중요한 원형으로 페르소나(persona), 그림자(shadow), 아니마(anima), 아니무스(animus), 자기(self)를 들었다. 페르소나란 어머니의 심상과 같이 사회적 역할수행에 대한 심상으로 남에게 보이는 모습을 말한다. 그림자는 개인이 가지고 있는 어두운 면으로, 성적으로 수용되지 않거나 동물적인 것 즉, 무의식의 어둠 속에 있는 자신의 분신을 말한다. 아니마는 남성 속에 있는 여성성을 말하고 아니무스는 여성 속에 있는 남성성의 모습을 말한다. 자기란 인간이 추구하는 합일, 완성, 만다라의 상태를 말한다. 이런 집단무의식의 원형은 인간 개개인의 성격 중 한 요소를 형성한다.

4 인본주의 접근

인본주의 접근은 인간에 대하여 다른 접근과는 다른 그 나름의 독특한 몇 가지 특징을 가지고 있다. 첫째, 이 접근은 인간은 능동적인 존재로, 지각, 감정, 사고, 행위에 영향을 줄 수 있는 내적 구조와 과정을 가지고 있다고 보았다. 둘째, 인간은 규칙성과 질서를 가진 통합된 인격체로서 조직적인 성실성을 가진 통합체로 보았다. 셋째, 인간은 분화 과정을 통해 발달하는 여러 요소들을 하나로 통합한 복잡한 조직으로 보았다. 넷째, 인간의 행위는 합리적인 목표, 의도, 가치관에 의해 결정된다고 보았다. 다섯째, 인간은 존엄성을 강조하는 독자적인 존재이다. 여섯째, 인간은 미래지향적인 조재로, 심리적인 성장, 진보적인 분화와 통합을 강조하고, 그들이 성격은 끊임없이 환경에 작용한다고 보았다.

이러한 인간관을 바탕으로 성격을 이해하는 관점이 인본주의 심리학(humanistic psychology)이다. 인본주의 심리학자들에 따르면, 성격은 인간의 신념과 세계에 대한 지각에 달려 있다. 예를 들어, 어떤 특정 경험을 의미 있다고 여기면, 그것은 실제로 매우 의미 있는 일이 된다고 보는 것이다.

인본주의 심리학은 1950년대와 1960년대 당시 지배적인 심리학적 관점이던 행동주의와 정신분석에 대한 반박으로 출현했다. 행동주의자와 정신분석학자는 흔히 인간의 사고와 행동의 덜 숭고한 측면에 대해서 강조한 반면, 인본주의 심리학자는 인간이 근본적으로 선하며 스스로의 잠재력을 성취하기 위해 분투한다고 주장했다. 또한 행동주의 및 정신분석은 관점의 차이에도 불구하고 두 가지 모두 결정론(모든 행동에는 원인이 있다는 믿음)과 환원주의(행동을 그 구성요소로 설명하려는 입장)적인 가정에 바탕을 두고 있다. 반면 인본주의 심리학자들은 인간은 의도적이고 의식적인 결정을 내린다고 주장하며, 이러한 결정이 자신의 성격 형성에 영향을 준다는 점에 주의를 전환하였다.

인본주의 심리학자들은 인간이 자신의 내적 잠재력을 실현하려는 동기인 자아실현 경향성을 성격의 주요 요인으로 본다. 지식 추구, 창조성의 표현, 영적 개발에 대한 욕구, 사회에의 공헌 욕구 등이 모두 자아실현 욕구의 예들이다. 이처럼 인본주의 접근은 인간의 의식적인 이해와 자기실현을 달성하기 위한 그들의 능력을 강조하고 있다. 대표적인 학자로는 Roger와 Maslow가 있다.

(1) Rogers의 인간중심이론

Rogers(1961)는 인본주의 심리학자 중 가장 영향력 있는 학자로, 인간 본성에 대한 그의 관점은 인본주의에 관한 초기 연구에 큰 영향을 끼쳤다. Rogers의 이론은 Freud의 이론과 마찬가지로 많은 환자를 치료한 경험에 기초하고 있는데, 그는 특히 개인의 주관적 경험을 강조했기 때문에 그의 이론을 인본주의이론이라고 한다. 또한 Rogers(1980)는 인간은 근본적으로 선하며 자기실현 경향성을 가지고 태어나는 것으로 간주하였다.

Rogers에 따르면 아이들은 생애 초기부터 자기 자신과 자신의 행동을 평가하기 시작한다. 아이들은 자신의 행동이 좋거나 나쁠 수 있다는 것을 배우고, 자신이 실제로 어떠한지에 대한 이미지 즉, 자기개념을 발달시키며, 자신이 되고 싶은 이미지로 이상적 자아를 발달시킨다. Rogers는 자기개념과 이상적 자아를 비교하여 둘 사이에 불일치를 많이 느끼는 사람일수록 일반적으로 정신적 괴로움을 많이 느낀다고 보았다. 그래서 인본주의 심리학자들은 사람들이 그들의 자기개념을 향상시키거나 이상적 자아를 변경함으로써 괴로움을 극복하도록 유도한다.

Rogers는 성격 구조의 구성 개념을 자기(self)라고 보았으며, 자기개념이란 자신의 독특하고 고유한 성질이나 전형적인 행동에 대한 신념의 총체이다. 예를 들어, "나는 누구인가?", "내가 무엇을 좋아하는가?", "나의 성격은 어떤가?" 등에 대한 개인적인 생각이나 판단을 일컫는다. Rogers에 따르면, 자기 개념은 정신분석에서 말하는 것처럼 무의식 속에 잠재되어 있는 것이 아니라 스스로 인식이 가능하다.

성격발달의 측면에서 Rogers(1980)는 아동기의 경험이 자기 개념과 경험의 일치 또는 불일치에 미치는 영향을 연구하였다. 그에 따르면, 모든 사람은 사랑받고 수용받으려는 욕구를 가지고 있다. 이때 대부분의 부모는 자녀의 애정욕구를 충족시켜 주지만, 어떤 부모는 애정을 조건적으로 표현하기도 한다. 즉, 아동이 부모의 기대에 맞게 행동할 때만 애정을 표현한다. 이처럼 부모의 사랑이 조건적일 때 아동은 자신이 무가치하다는 것을 경험하여 부정적인 자기개념을 형성한다. 이렇게 되면 부모가 자신을 수용하지 않을지도 모른다는 생각에 걱정하고 불안해한다. 특히, 자신에 대한 다른 사람의 사랑이 조건적이라고 생각하면 수용받기 위해서 점점 더 자신의 경험을 왜곡시킬 수 있다. 즉, 가치의 조건화가 생겨 이것이 자신에 대한 괴리감과 불안을 초래하여 심리적 문제가 발생한다. 반면에 부모가 자녀에게 무조건적으로 애정을 표현하면, 그 자녀는 자신이 사랑받을 가치가 있다고 생각하여 긍정적인 자기개념을 키운다. 그래서 아동기의 경우 그 아동에게 중요한 대상이 특히 중요한데, 이 중요한 대상은 아동이 인간적인 성장과 성숙한 인간으로의 발달로 향해가도록 무조건적인 수용적 경험을 제공해야 한다.

Rogers(1961)는 자기개념의 주관적 특성을 강조하였는데, 자기개념은 자신의 주관적 경험과 완전히 일치하지 않을 수도 있다. 대부분의 사람은 긍정적인 자기개념을 가지기 위해 자신의 경험을 왜곡하는 경향이 있다. 예를 들면, 자신은 잘 생겼고 멋지다고 생각하지만 실제로는 그렇지 않을 수 있다. 이처럼 자기개념과 현실 간에 괴리가 있는 것을 부조화라고 한다. 즉, 부조화란 자기개념과 실제 경험이 일치하지 않는 정도를 말한다. 반대로 개인의 자기개념이 아주 정확하여 현실과 일치하는 것을 조화라고 한다. 사람들은 모두 어느 정도의 부조화를 경험하기 때문에 문제는 정도의 문제이다. 또한 Rogers는 사람이 자신의 자기개념이 위협받으면 불안을 경험한다고 보았다.

자기개념이 부정확할수록 자기 지각과 상충되는 경험은 많아질 것이다. 따라서 현실과 일치하지 않는 자기개념을 가지고 있는 사람일수록 반복해서 불안을 경험하기 쉽다. 이러한 불안을 방어하기 위해서 사람들은 자기개념과 일치하는 방향으로 자신의 경험을 재해석하려고 한다. 또한 자기개념을 보호하고 유지하기 위해 현실을 무시하거나 부인하거나 왜곡시킬 수 있다.

Rogers의 주요 관심사 중의 하나는 사람의 성격을 변화시킬 수 있는 방법이었고, 이를 위해 치료 시 내담자의 감정을 반영할 수 있는 기술이 매우 중요하다는 것을 강조하였다. 그는 치료 장면에서 치료자의 활동과 지도가 최소화되어야 하고, 내담자가 말하는 것에 대해 비지시적으로 접근하여야 한다고 보았다. 또, 상담자가 갖추어야 할 특성으로 일치성, 무조건적 긍정적 존중 그리고 공감적 이해를 강조하였다(1959). 여기서 일치성은 상담자의 진실함을 의미하는 것으로, 상담자가 진실할 때 내담자는 자신의 감정에 개방적이며, 거짓된 겉치레를 떨쳐버리고 솔직하게 속내를 드러내 보이게 된다.

무조건적 긍정적 존중은 내담자를 평가하지 않고 그를 있는 그대로 존중하고 수용하는 것이다. 사람들은 자신이 수용받고 있다고 느낄 때, 자신이 실패한 것을 알고 있는 경우에도 스스로를 가치 있게 여길 수 있다. 즉, 자신이 어떤 모습이든 상관없이 여전히 인정받고 있다고 사실을 발견하면, 사람들은 가식을 버리고, 최악의 감정을 고백하며, 커다란 안도감을 느낀다. 좋은 부부관계, 결속된 가족 또는 친밀한 친구관계에서는 상대방의 자존감을 손상시킨다는 두려움을 가지지 않고 자유롭게 자발적으로 행동할 수 있다.

공감적 이해는 상대방의 입장에서 그를 이해하는 것으로, 상담자가 공감적으로 됨으로써 상대방의 감정을 공유하고 그의 의도를 받아들일 수 있다. Rogers는 "우리가 정말로 상대방을 이해하고 공감하면서 상대방의 말을 청취하는 경우는 드물다. 그렇지만 이렇게 특별한 유형의 듣기야 말로 내가 아는 한에 있어서 가장 강력하게 변화시키는 힘의 하나이다."라고 말했다.

Rogers에 따르면 일치성, 무조건적 긍정적 존중, 공감적 이해는 인간을 성장하도록 만들어주는 자양분이다. 인정받고 칭찬받을수록 사람들은 자기 자신을 보다 더 아끼고 보살피는 태도를 발달시키는 경향이 있기 때문이다(Rogers, 1980). 자신의 말에 공감하면서 잘 들어주면, 사람들은 자신의 내적 경험의 흐름에 더욱 정확하게 귀를 기울일 수 있다.

(2) Maslow의 욕구위계이론

이 책의 3장에서 살펴본 것처럼, Rogers와 마찬가지로 Maslow(1968, 1970)도 인간의 본성을 긍정적으로 보고 인간을 자기실현이라는 목표를 향해 나아가는 존재로 보았다. Maslow는 인간의 욕구가 생물학적 욕구, 안전 욕구, 소속과 사랑의 욕구, 자존감의 욕구, 자기실현의 욕구 순으로 위계적으로 조직화되어 있고, 하위 욕구가 먼저 충족되어야 상위 욕구가 활성화된다고 주장하였다.

특히, 인간은 자신의 잠재력을 최대한 발휘하려는 자기실현의 욕구를 가지고 있기 때문에, 자신의 소망을 성취하고 개인적으로 성장하려는 내적 동기를 가지고 있다. 자기실현을 달성한 사람은 꾸준히 개인적 성장을 추구하는 건전한 성격을 가지고 있고, 현실과 자기 자신을 잘 조화시킨다. 이들은 또한 개방적이고 자발적이며 주위의 사상을 있는 그대로 받아들인다. 특히, 이들은 다른 사람에 비해 절정 경험(peak experience)을 더 많이 갖는다. Maslow에 따르면, 자아실현을 하는 과정은 그 사람에게 더 많은 효율성, 창의성 그리고 생산성을 불러일으킨다.

5 사회인지적 접근

사회인지적 접근(social cognitive approach)은 사람들이 일상적으로 접하는 상황을 어떻게 생각하고 그것에 대해 어떻게 반응하는지의 관점에서 성격을 이해하고자 한다. 이 접근 방식은 학습심리학, 인지심리학, 사회심리학을 토대로 사람들이 주어진 상황을 어떻게 경험하고 해석하는지에 대한 문제에 초점을 두고 있다(Bandura, 1986; Mischel & Shoda, 1999; Ross & Nisbett, 1991; Wegner & Gilbert, 2000). 행동주의는 상황이 행동의 원인이 된다는 생각을 기본 원리로 하고 있다. 사회인지 분야의 연구자들도 상황과 학습의 역사가 행동의 주요 결정요인이라는 점에는 동의한다. 그러나 그들은 성격과 상황이 어떻게 상호작용하여 어떤 행동을 유발하는지, 사람들이 마음 속에서 그 상황을 재구성하는 과정에 성격이 어떤 역할을 하는지, 그리고 사람들의 목표와 기대가 각 상황에 대한 그들의 반응에 어떠한 영향을 주는지가 중요하다고 생각한다. 여기에서는 Bandura, Mischel 그리고 Rotter의 이론을 소개하고자 한다.

(1) 반두라 사회학습이론

Bandura는 행동주의이론에 인지적 과정을 추가하여 인간의 행동을 설명하는 학자이다. Mischel, Rotter와 함께 Bandura는 Skinner의 급진적 행동주의에 이의를 제기하였다. 이들은 인간에게 의식, 사고, 감정이 있다는 측면에서 볼 때 인지과정을 무시한 스키너의 이론을 일부 수정하여 사회학습이론을 주장하였다. Bandura(1977)는 기본적으로 성격이 학습을 통해 형성된다는 전통적인 행동주의적 관점을 지지하지만, 인간은 수동적이거나 기계적 존재가 아니라 바람직한 결과를 최대화하기 위해서 환경에 대한 정보를 추구하고 처리하는 능동적 존재라는 입장을 취하고 있다. 그의 이러한 입장을 상호결정론이라고 한다. 〈그림 9-3〉에서 보듯이, 상호결정론이란 환경이 행동을 결정하지만 행동 역시 환경을 결정한다는 것이다. 그리고 신념이나 기대와 같은 개인적 요인이 행동과 환경을 결정하기도 하지만 행동과 환경이 그것에 영향을 주기도 한다. 따라서 상호결정론이란 내적인 심리 요인과 외적인 환경 요인 및 행동이 서로 영향을 주고받는다는 입장이다.

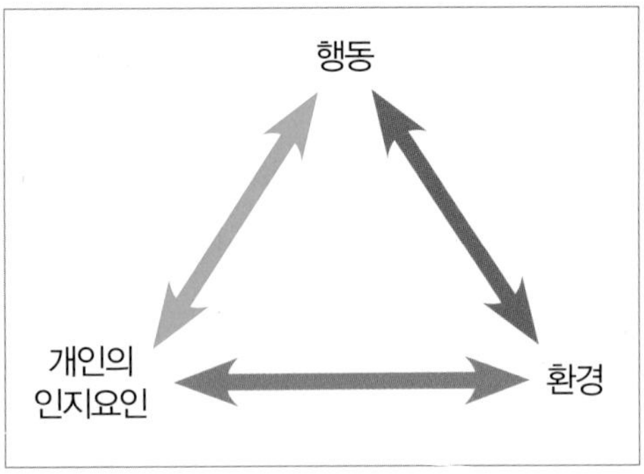

그림 9-3 Bandura의 상호결정론

Bandura의 중요한 공헌 중 또 다른 하나가 관찰학습이다. 관찰학습이란 모델이 되는 사람을 관찰함으로써 새로운 행동을 습득하는 것을 말한다. 여기서 모델이란 특정 행위를 하고 있는 타인을 말한다. 따라서 모든 사람이 모델이 될 수 있다. Bandura에 따르면, 우리는 타인의 행동을 관찰하기만 해도 그 행동을 대리적으로 학습할 수 있다(Bandura, 1977). 〈그림 9-4〉에서 보듯이, 관찰학습의 과정은 주의집중, 파지, 행동재생, 동기부여의 순서를 거친다.

Bandura(1986)에 따르면, 개인의 특정 행동 유형도 모델의 영향을 받는데, 개인의 반응 경향성 역시 모방한 결과이다. 최근 증가하고 있는 모방범죄에서 모델의 잠재적 영향력을 찾아볼 수 있다. 즉, 모방범죄들의 대부분은 관찰학습으로 설명할 수 있다. 이때 어떤 모델은 다른 모델보다 영향력이 더 강하다(Bandura, 1986). 예를 들어, 자신이 좋아하고 존경하는 사람을 더 잘 모방하는 경향이 있다. 특히, 매력적이고 힘 있는 사람의 행동을 모방할 가능성이 높고 모델과 관찰자가 유사할수록 모방 경향은 높아진다. 아동들 같은 경우 동성 모델을 이성 모델보다 더 잘 모방한다. 또한, 모델의 행동에 긍정적인 결과가 따르는 것을 관찰하였을 때 행동을 모방할 가능성은 증가한다.

뿐만 아니라 Bandura(1997)는 여러 개인적 요인이 행동에 미치는 영향을 연구하였다. 그 중 가장 중요한 개념이 자기효능감이다. 자기효능감(self-efficacy)이란 자신의 어떤 행동

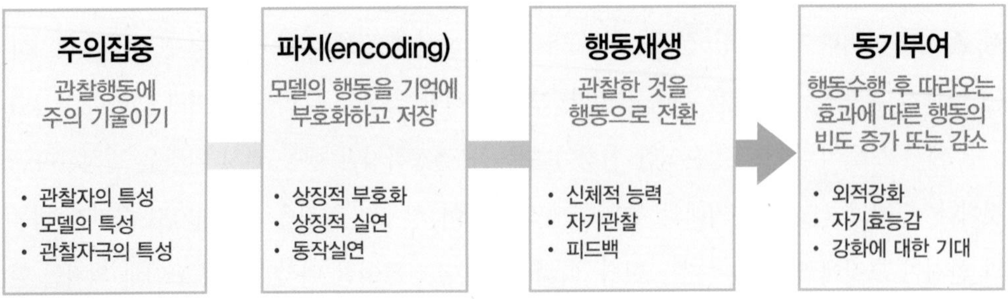

그림 9-4 관찰학습의 과정

이 기대한 결과를 얻어낼 수 있다고 확신하는 신념이다. 즉, 자기효능감이 높은 사람은 주어진 과제를 수행할 수 있다는 신념이 높다. 반면에 자기효능감이 낮은 사람은 어떤 일이 자신의 능력 밖이라고 걱정한다. 자기효능감의 지각은 주관적이며, 과제에 따라 다르기도 하고 성격처럼 전반적인 수준에서 개인차가 있을 수도 있다. 예를 들면, 수학 과목에 자기효능감이 높은 학생이 영어에 대한 자기효능감도 높다고 단정 지을 수 없다. 또한 Bandura는 높은 자기효능감이 높은 수행을 예측할 뿐만 아니라 실제 수행을 야기한다고 믿었다. 이와 같은 자기효능감의 수준이 전반적으로 차이가 있을 수 있다. 그래서 어떤 사람은 다른 사람에 비해 전체적으로 자기효능감이 높을 수도 있고 낮을 수도 있다.

곁글 자기효능감의 원천

자기효능감(self-efficacy)의 원천으로는 한 개인의 능력의 지표라고 여겨지는 그 무엇에서 비롯, 그 무엇은,

- 성취경험(가장 중요한 결정 요인)
  목표를 달성하기 위한 시도에서 비롯된 성공/실패에 대한 과거의 경험
- 대리경험(개인의 관찰 경험)
  타인의 성공/실패를 목격하는 유사한 상황에서 개인의 유능감을 평가하기 위한 비교 근거를 제공
- 언어적 설득(효과는 미약)
  타인으로부터 어떤 과제를 숙달 혹은 숙달할 수 없는지에 관해 듣는 것
- 정서적 각성
  수행상황에서 개인이 느끼는 정서적 각성의 정도와 질

그 중 성취경험과 대리경험이 다른 둘보다 중요하다.

(2) Mischel의 상황 특수성

사회인지적 접근의 핵심에는 행동이 성격과 상황 중 어떤 요인의 영향을 더 많이 받는지의 문제 즉, 인간-상황 논쟁의 문제가 들어 있다. 이 논쟁은 Mischel(1968)이 심리검사로 측정한 성격 특성이 많은 경우 개인의 행동을 잘 예측하지 못한다는 주장을 들고 나오면서 본격적으로 시작되었다. Mischel은 내향성을 측정하는 검사에서 높은 점수가 나온 사람이 낮은 점수가 나온 사람에 비해 정말로 혼자서 보내는 시간이 더 많은지의 문제를 제기했다. 이러한 문제를 실증적으로 검증하기 위해서, 표준화된 성격검사를 통해 측정한 점수와 실제 행동을 비교한 수십 년간의 연구들을 종합적으로 검토하였다. 이러한 자료를 통해 Mischel이 내린 결론은 성격 특성과 행동 간의 관련성이 높지 않음을 밝혔다. 이것은 한 개인이 어떤 상황에서 한 행동이 그 사람이 다른 상황에서 어떻게 행동할 것인가를 예측하는 데 별로 도움이 되지 않는다는 것이다. Mischel은 이와 같이 검사를 통해 측정한 특성이 행동을 잘 예측해 주지 못하는 이유로 행동이 성격이론가들이 인정하고 있는 정도 이상으로 상황 요인에 의해 더 많이 결정되기 때문이라고 주장하였다.

그러나 이러한 주장은 많은 논쟁을 불러일으키기도 했다. 많은 성격이론들은 시간과 상황에 관계없이 인간의 행동은 일관적이라고 가정했다. 왜냐하면 행동의 일관성이 없다면 성격이라는 개념을 더 이상 가정할 필요조차 없기 때문이다. Mischel의 주장을 반박하는 증거들도 많이 보고되었다. 예를 들면, 어떤 연구자는 Mischel의 연구는 방법론적인 문제가 있어서 상황에 따른 행동의 일관성을 과소 추정했다고 주장하였다(Kidd, Palmeri, & Aslin, 2013). 또 다른 연구자는 성격 특성이 안정적으로 나타난다는 근거를 제시하였다(Gosling & John, 1999). 그래서 어떤 사람은 다른 사람에 비해 상황에 따라 일관성 있게 행동하고, 어떤 특성은 다른 특성에 비해 더 일관성이 있다는 사실을 Mischel은 고려하지 못하였다는 비판도 제기되었다. 이처럼 Mischel의 이론은 인간의 행동을 결정하는 것이 성격과 같은 개인의 성향과 상황의 상대적 중요성에 관한 많은 논쟁을 불러일으켰다.

그렇다면 성격이라는 것은 없는 것인가? 우리는 상황이 요구하는 바대로 행동하는가? Mischel의 주장이 나온 이래로, 이러한 인간-상황 논쟁은 많은 연구들을 촉발시켰다. 그 결과, 행동을 예측하기 위해서는 성격과 상황이라는 두 요인에 관한 정보가 모두 필요하다는

곁글 Mischel이 개인차를 설명하는 변인

Mischel이 행동에서의 개인차를 설명하는 요인으로 제시한 것에는 다음과 같은 것들이 있다.

- **능력:** 무엇을 할 수 있는가? 능력에는 지적 능력, 사회적이고 신체적인 기술 그리고 다른 특별한 능력이 포함된다.
- **부호화전략:** 어떻게 보는가? 사람들은 정보에 선택적으로 주목하고, 사건을 부호화하며, 정보를 의미 있는 범주로 묶는 방식에서 차이가 있다. 어떤 사람에게는 위협적으로 지각되는 사건이 다른 사람에게는 도전적인 것으로 보일 수 있다.
- **기대:** 무엇이 발생하는가? 다양한 행동에 따라 발생할 결과에 대한 기대는 개인의 행동 선택을 안내한다. 우리는 특정한 행동의 결과를 기대할 수 있지만, 자신이 그것을 실행할 수 있는 능력에 대해 확신을 갖지 못하면 그 행동을 하지 않는다.
- **주관적 가치:** 무엇이 가치가 있는가? 비슷한 기대를 갖고 있는 사람들이라도 그 결과에 대해 서로 다른 가치를 부여하기 때문에 다른 행동을 선택할 수 있다.
- **자기조절 체계와 계획:** 그것을 어떻게 달성하는가? 사람들은 자신의 행동을 조절하기 위해 사용하는 기준과 규칙이 다르다(성공이나 실패에 대해 자신이 부여하는 보상이나 처벌뿐만 아니라 목표를 달성하기 위해 필요한 현실적인 계획을 세우는 능력도 다르다.

것이 밝혀졌다. 비록 사람들이 모든 상황에 걸쳐 반드시 똑같은 방식으로 행동을 하는 것은 아니지만, 대부분의 경우 비슷한 상황에서는 비슷한 방식으로 행동한다(Mischel & Shoda, 1999). 그렇다면 성격의 일관성은 언제 그리고 어디서 어떤 종류의 행동이 나타날 것인가의 문제이다. 사회인지 이론가들은 상황에 따라 성격의 일관성이 이렇게 다르게 나타나는 것은 사람에 따라 상황을 다르게 해석하고 각 상황마다 사람들이 추구하는 목표가 다르기 때문이라고 본다. Mischel(1973, 1993)은 이러한 개인차를 사회학습이론에 통합하려고 시도했다. 즉, 그는 어떤 개인이 특정 상황에서 어떻게 행동할 것인지는 모든 개인적 변인과 특정 상황의 조건이 상호작용한 결과물이라고 보았다.

(3) Rotter의 통제소재

Rotter(1982)는 사회학습이론의 하나로 기대-강화가치 모델을 제시하였다. 즉 이 모델에 따르면, 어떤 상황에서 특정한 행동이 나타날 가능성은 그 행동이 특정한 결과를 가져올 확률, 즉 기대(expectancy)와 그러한 결과와 연합된 강화가치(reinforcement value)의 함수로 결정된다. 개인마다 특정한 상황에서 판단하는 기대와 보상가치가 다른 이유는 각자가 생각하는 기대와 보상가치가 다르기 때문이다. Rotter의 성격 이론은 기본적으로 학습의 개념과 그 원리에 근거하고 있다. 즉, 개인의 행동은 학습되며 행동은 다른 사람들과의 경험을 통해 획득된다는 것을 가정한다. Rotter에 따르면, 개인과 경험의 상호작용은 계속적으로 서로 영향을 준다는 점에서 상호의존적이다. 과거 경험은 현재 경험에 영향을 주고, 현재 경험은 과거에 학습한 것을 변화시킨다. 그는 개인이 계속적으로 새로운 경험에 노출되기 때문에 성격은 변화하는 것이고, 이전 경험이 새로운 학습에 영향을 주기 때문에 성격은 안정적이라고 보았다.

Rotter(1982)가 제시한 또 다른 개념은 개인적 통제(personal control) 즉, 환경에 대한 통제력이다. 통제소재란 개인이 결과를 통제하는 정도에 대한 일반화된 기대를 말하는데, 이러한 통제소재에는 내적 통제소재와 외적 통제소재가 있다. 먼저 내적 통제소재를 가지고 있는 사람들은 그들 자신이 자신의 보상과 운을 조절한다고 생각하며 자신이 행위의 결과에 영향을 줄 수 있다고 생각한다. 반면, 외적 통제소재를 가지고 있는 사람들은 보상이나 운이 외적인 요소에 의해 조절된다고 믿으며, 자신이 행위의 결과를 통제할 수 없다고 생각한다. 이러한 통제소재도 다른 성격 차원과 마찬가지로 연속성이 있다. 외적 혹은 내적 통제소재자가 있기는 하지만, 대부분은 이 양극단의 연속선상에서 어느 한 지점에 위치한다.

Rotter는 개인의 통제소재를 알아보기 위하여 1966년에 통제소재 척도를 개발하였다(Rotter, 1966). 내적 통제소재를 보이는 사람들은 성적이 우수하고 사전에 건강을 관리하며 집단압력에 저항하고 스트레스에 효과적으로 대응하는 것으로 나타났다(Lachman & Weaver, 1998; Lefcourt, 1982). 뿐만 아니라 내적 통제소재를 보이는 사람들은 외적 통제소재를 보이는 사람들보다 덜 불안해하고 삶에 더 만족하는 경향이 있었다. 그리고 통제소재와 구체적인 행동의 관련성을 다룬 연구에 따르면, 건강과 관련해서 통제소재는 질환에 대한 대처방식에도 영향을 준다. 외적 통제소재자에 비해 내적 통제소재자는 건강문제에 관한 정보를 더 많이 추구할 뿐만 아니라 금연과 금주, 꾸준한 운동, 정기적인 의료검진을 통해서 질환을 예방하고 건강을 유지하려는 경향이 높다(Lefcourt, 1982; Surtees, Wainwright, Luben, Khaw, & Day, 2006).

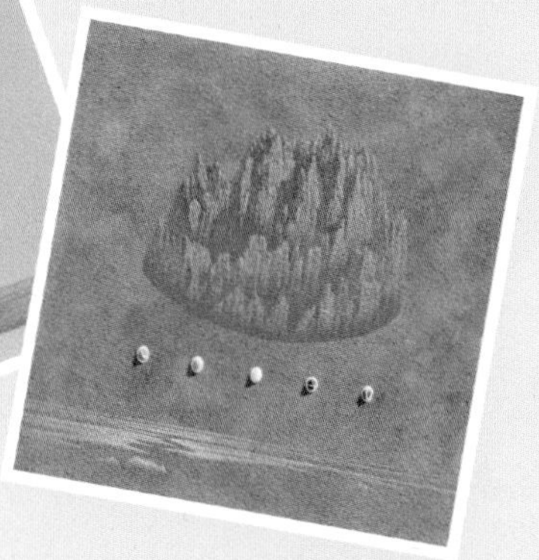

10 정신건강과 행복

개요

정신건강은 신체적 건강 못지 않게 삶의 질에 중요한 영향을 미친다. 현대인들은 물질적 풍요에도 불구하고 우울, 자살 등 정신적 고통은 더 큰 '부유함의 역설'(Myers, 2000)을 경험하고 있다. 또한 치열하고 경쟁적인 현대사회에서 스트레스로 인해 고통 받는 사람들도 증가하고 있다. 이러한 시대적 요구로 행복에 대한 관심은 대중과 연구자 모두에게 점차 커지고 있다. 이 장에서는 스트레스와 행복에 관한 연구 결과들을 바탕으로 스트레스란 무엇이고 어떻게 대처하는 것이 바람직한 것인지, 행복이란 무엇이며 왜 중요한지, 그리고 어떻게 행복을 증진시킬 수 있는지 등을 살펴 볼 것이다.

학습목표

1. 스트레스의 정의 및 스트레스의 원인을 이해한다.
2. 스트레스의 악영향과 그 대처 방식에 대하여 포괄적으로 파악한다.
3. 행복의 정의, 행복과 불행의 관계 그리고 행복에 대한 접근법을 이해한다.
4. 행복을 결정하는 다양한 요인들을 이해한다.
5. 긍정 정서의 기능과 효과를 이해한다.

1 정신건강과 스트레스

스트레스는 현대인의 삶에서 빠지지 않는 요소이다. 과도한 스트레스는 심리적, 신체적, 정신적 건강에 문제를 불러일으킨다. 하지만 적절한 스트레스는 오히려 유익할 때도 한다. 그렇다면 스트레스를 불러일으키는 요인과 그로 인한 문제 그리고 스트레스를 잘 극복하고 적절하게 이용하기 위한 방안에 대하여 알아 보겠다.

(1) 스트레스의 원인

스트레스는 개인이 신체적, 심리적으로 감당하기 어려운 상황에 처했을 때 느끼는 불안과 위협의 감정으로 정의할 수 있다(Lazarus, 1993). 이처럼 과도하거나 지속적인 스트레스는 개인의 행복 및 정신건강에 해롭다. 스트레스를 경험하면 불안, 우울과 같은 부정적 정서를 느끼게 되어 정신적인 안녕이 낮아지고, 심각할 경우 정신장애까지 나타날 수 있다. 그렇다면 현대인들이 경험하는 스트레스의 주요 원인은 무엇일까?

대학생이 경험하는 스트레스의 원인. 대학생들은 다양한 원인으로 스트레스에 노출될 수 있다. 대학생이 되면 고등학교 때보다 대인관계의 범위가 넓어져, 관계 속에서 시행착오와 좌절을 경험할 가능성이 증가한다. 또한 성인기로 진입하면서 새로운 가치관과 자아정체감을 확립해 나가는 발달 과업과 마주하게 된다. 이러한 변화들이 대학생들이 경험하는 스트레스의 주요 원인이다(Arnett, 2000). 구체적으로, 대학생은 학업에 대한 부담과 시간 활용뿐 아니라, 등록금 마련과 같은 경제적인 문제나 취업에 대한 걱정과 같은 진로에 대한 고민, 그리고 대인관계 형성 등과 관련된 다양한 원인으로 스트레스를 경험한다.

특히 한국의 대학생들은 청소년기부터 이어져 온 학업에 대한 과도한 부담으로 학업 스트레스를 대학생의 시기까지 겪음으로써 긴장, 우울, 공포, 등과 같은 불편한 심리상태에 놓일 수 있다. 학업 스트레스는 과중한 학업의 양이나 시험, 성적 등에 대한 압박감과 같은 학업 그 자체에 대한 부담감 때문일 수도 있다. 또한 부모가 학업에 대한 압력을 과도하게 가하거나 친구들 간에 학업에 대한 경쟁이 심한 경우 그 스트레스가 과중해질 수 있다. 과도한 학업 스트레스에 적응적으로 대처하지 못하면, 우울, 불안, 공격성의 증가 등 심리적 부적응을 경험하거나(이영복, 이상민, 이자영, 2009), 학업 소진이나 현실 도피를 위한 인터넷 중독, 비행 행동이 나타나고, 더 나아가 자살 시도와 같은 심각한 심리적 부적응을 경험하기도 한다(이동수, 정명숙, 2007; 주영, 이서정, 현명호, 2012; Morgan & Cotten, 2003).

대학생들이 겪는 스트레스의 또 다른 주요 원인은 진로 고민 및 직업 선택, 취업에 대한 걱정이다. 진로가 결정되지 않은 상태는 대학생들에게 스트레스로 작용할 수 있다. 특히 청년 실업률이 높고 일자리가 부족한 현재의 상황에서는 진로와 취업에 대한 고민이 더욱 큰 스트레스가 될 수 있다.

직장인이 경험하는 스트레스의 원인. 직장인들은 직무 수행으로 인한 스트레스에 노출되기 쉽다. 직무 스트레스는 모든 직종에 종사하는 직장인들에게서 나타나는데, 직무 요구가 많을수록, 즉 업무량이 많거나 업무 강도가 높을수록 심해진다. 또한 업무 수행에서 개인에게 주어지는 자율성은 작고, 통제는 클수록 직장인이 경험하는 스트레스 수준은 높아진다(Karasek, 1979). 우리나라의 직장인들은 OECD 국가 연평균 근로 시간을 훌쩍 뛰어넘는 과중한 업무를 담당할 뿐 아니라 수직적, 위계적인 직장 내 서열구조로 인하여 업무에 대한 자율성 또한 낮아 직장인들이 상당한 수준의 스트레스를 경험할 수 있다.

또한, 그들은 자신의 역할이 모호하거나 직장 동료와의 역할 갈등이 발생할 경우에 더 심한 스트레스를 받는다(류수민, 유태용, 2015; 임광모, 탁진국, 2016). 게다가 직무를 수행하며 직무에 대한 만족감이 떨어질수록 직무 스트레스를 더 많이 경험한다(박영신, 이경란, 안자영, 이상희, 2015).

직장인 중에서도 특히 감정 노동자들은 업무 수행 과정에서 스트레스를 많이 겪는다. 감정 노동(emotional labor)은 서비스가 이루어지는 동안 바람직한 것으로 여겨지는 정서를 조직적으로 표현하는 행위이다(Morris & Feldman, 1996). 그래서 감정 노동자들의 직무 내용에는 고객들이 원하는 특정한 감정을 지속적으로 표현해야 한다는 요구가 들어 있다. 대표적으로 서비스센터의 상담원이나 고객들을 대하는 것이 주요 업무인 직종의 종사자, 보육 교사 등이 감정 노동자에 해당한다. 이들은 자신의 실제 감정을 억제하고 고객이 기대하는 정서를 표현해야 하므로 감정의 부조화를 겪게 된다. 특히 감정 노동자를 대하는 고객들의 태도가 무례한 경우, 감정 노동자는 분노와 같은 부정적 감정을 경험하지만 이러한 감정을 표현할 수 없어 큰 스트레스를 겪게 된다. 실제로 고객의 공격성은 감정 노동자에게 정서적 고갈과 스트레스를 불러 일으킨다(Grandey, Dickter, & Sin, 2004).

감정 노동의 강도가 강할수록 감정 노동자가 경험하는 스트레스의 수준 또한 높아진다(Mann, 1999). 감정 노동자들의 직무 스트레스는 직무 만족도를 떨어뜨리며, 업무 동기가 저하되고 업무 수행 능력도 떨어지는 등 직무와 관련된 전반적인 영역에서 부정적 영향을 미친다. 감정 노동자들이 경험하는 직무 스트레스는 업무 환경에서 뿐 아니라 불면증, 만성적 피로 및 신경 과민 등과 같은 일상 생활 전반에도 악영향을 미친다(Wharton & Erickson, 1995).

관계로 인한 스트레스. 사회적 관계에 대한 인간의 소속감 욕구는 기본적인 생리적 욕구만큼 중요한 욕구이다(Baumeister & Leary, 1995). 따라서 대인관계에서 경험하는 스트레스는 개인의 행복과 정신건강에 그만큼 중요한 영향을 미칠 수 있다. 실제로 다양한 스트레스 중에서도 특히 대인관계에서 오는 스트레스는 삶의 질에 가장 큰 영향을 줄 수 있다. 관계 갈등으로 인한 스트레스가 심할 경우 심장 질환을 통해 조기 사망에도 영향을 미칠 수 있는 것으로 밝혀졌다(Lynch, 1979). 한국의 대학생들을 대상으로 실시한 연구에서도 대인관계 스트레스를 경험하는 대학생들은 행복 수준이 떨어지는 것으로 나타났다(이경순, 서경현, 2011).

이 연구에서 대학생들이 친구, 이성, 교수 등 다른 일반적인 대인관계보다 가족 간의 관계, 특히 부모와의 갈등에서 경험하는 스트레스가 삶의 질을 가장 크게 떨어뜨리는 것으로 나타났는데, 이는 성인기에 진입한 대학생들의 삶에 부모와의 관계가 여전히 큰 영향을 미칠 수 있음을 보여준다.

일상의 문제로 인한 스트레스. 일상의 문제로 인한 스트레스는 사소하지만 빈번하게 발생할 수 있는 불쾌한 상황이나 사건으로 인해 경험하는 스트레스이다. 큰 충격을 주는 스트레스는 아니지만 자주 경험할 수 있어, 이것이 누적될 경우 스트레스를 유발할 수 있다. 지갑이나 휴대폰을 잃어버린다든지, 친구와 사소한 말다툼을 하는 경우, 집에서 사용하는 가전제품의 고장 등 작지만 짜증을 유발할 수 있는 일상 속의 사건들로 인해 스트레스를 경험할 수 있다.

실제로 높은 수준의 일상 스트레스를 경험하는 남녀 대학생들은 행복 수준이 떨어지며, 자신의 전반적 삶의 질을 낮게 평가하고, 심리적 안녕감도 낮은 것으로 나타났다(Lam, Wong, Ip, Lam, & Pang, 2010). 또한 높은 수준의 일상 스트레스는 우울감이나 분노와 같은 부정 정서를 더 많이 경험하게 하며, 신체적 증상이나 심지어 편집증적 사고에도 영향을 미친다(박효정, 김미영, 정덕유, 2008).

(2) 스트레스로 인한 폐해

스트레스는 무엇보다 신체적 건강에 악영향을 미친다. 전반적으로 스트레스는 다양한 질병과 관련성이 있지만, 특히 심혈관계 질환과 매우 높은 관련성을 지니는 것으로 알려져 있다(Pickering, 2001; Schnall, 1994). 뿐만 아니라 지속적인 스트레스를 경험하는 사람은 당뇨나 비만 등의 질병을 갖기가 더 쉬워진다(Brindley & Rolland, 1989). 스트레스는 신체적 건강뿐만 아니라 전반적인 정신건강과 행복에도 악영향을 끼친다(Morris, Rao, Wang, & Garber, 2014). 대인관계의 갈등이나 생활 속의 각종 원인으로 스트레스를 겪는 사람들은 우울증을 경험할 가능성이 높고 자살 생각을 할 가능성 또한 높다(정주리, 김은영, 최승애, 이유정, 김정기, 2015).

스트레스는 수면장애도 유발한다. 스트레스는 불면증을 촉진하여 잠에 들기 어렵게 하고 잠에서 깨었을 때 다시 수면에 들기 어렵게 만든다. 실제로 자기보고 스트레스 수준이 높은 사람들은 수면의 질 또한 낮다고 보고했다(Morin, Rodrigue, & Ivers, 2003). 이처럼 스트레스로 인해 수면장애를 겪게 되면, 절대적인 수면 시간이 부족하여 스트레스에 대한 적응적 대처 능력이 더 떨어지는 악순환이 생길 수 있다(심태경, 이민규, 2013).

스트레스는 또한 기억을 담당하는 뇌 구조물인 해마(hippocampus)에 영향을 미쳐, 인지 능력과 기억 능력의 손상을 야기하기도 한다(김은주, 김진석, 2012). 외상 후 스트레스 장애를 겪는 환자들의 경우 일반인들과 비교해 해마의 크기가 작아져 있다는 점이 드러나기도 했다(Wignall et al., 2004). 게다가 강한 스트레스를 유발할 수 있는 외상 사건을 경험한 사람들은 외상 후 스트레스 장애(posttraumatic stress disdorder: PTSD)라는 정신장애를 겪기도 한다(예로, 주수진, 손정락, 2015). 특히 경찰관이나 소방관과 같이 직업적 특성상 외상 경험에 빈번하게 노출되는 사람들이 PTSD를 호소하는 비율이 타 직업군에 비해 더 높을 수 있어 대책이 필요하다(구훈정, 이종선, 2016; 권용철, 유성은, 2013).

(3) 스트레스에 대한 대처 전략

그렇다고 해서 스트레스가 무조건 사람들의 몸과 마음에 해롭기만 한 것은 아니다. 적당한 스트레스는 오히려 긍정적일 수 있는데, 사람들이 스트레스를 경험하는 이유도 그것의 적응적 기능 때문이다. 즉, 적절한 수준의 스트레스는 사람이 변화하는 환경에 대처하고 자신을 보호할 수 있도록 하는 적응된 기제라고 볼 수 있다. 과도한 스트레스는 신체적 건강뿐 아니라 정신건강에도 치명적인 영향을 미칠 수 있지만, 오늘날에는 스트레스 자체보다는 그에 대한 대처 방식이 개인의 정신건강과 안녕에 더 중요한 영향을 미칠 수 있다.

스트레스 대처는 스트레스를 다스리기 위한 인지적, 행동적 노력들을 포함한다(Lazarus & Folkman, 1984). 스트레스에 대한 대처방식이 중요한 이유는 동일한 스트레스 사건도 그 대처방식에 따라 스트레스의 악영향이 달라질 수 있기 때문이다(Kessler, Price, & Wortman, 1985). 스트레스에 대해 건설적인 방식으로 대처하는 사람들은 스트레스 사건을 개인적 성숙과 성장의 기회로 삼기도 한다. 반면, 효과적이지 못한 대처 방식은 정신건강과 행복에 손상을 주기도 한다. 실제로, 스트레스 사건 자체보다도 여기에 대한 대처방식이 개인의 심리적 적응과 신체적 건강을 예측한다(Stanton, Danoff-Burg, & Huggins, 2002). 예를 들어 중년 부부 중에서 가족스트레스를 경험하는 사람들은 스트레스원(stressor) 자체가 아닌 스트레스원에 대한 대처방식에 따라 가족생활 만족도가 영향을 받는다(김두길, 유영달, 2015).

문제중심적 대처와 정서중심적 대처. 스트레스 대처 전략을 문제중심적(problem-focused) 대처와 정서중심적(emotion-focused) 대처 두 방식으로 나누기도 한다. 먼저 문제중심적 대처는 스트레스를 제공하는 사건 자체에 대하여 직접적으로 반응하는 것이다. 즉, 스트레스를 유발한 사람이나 환경을 바꾸어 스트레스의 근원을 없애려고 노력하는 것이다. 주어진 문제를 해결하기 위한 계획을 세우거나 행동을 취하는 것, 문제 해결을 위해 정보를 수집하거나 새로운 기술을 배우는 행동, 문제 자체에 집중하며 다른 행동을 자제하는 것, 신중하게 자신의 행동을 제재하는 것 등이 문제중심적 대처 방법에 포함된다. 이러한 활동들이 가진 특성 때문에 문제중심적 대처를 스트레스에 대한 적극적 대처방식으로 분류하기도 한다.

문제중심적 대처는 매우 적응적인 스트레스 대처 방략이다. 왜냐하면 이 방식을 사용한 사람은 자신이 스트레스에 잘 대처했다고 생각해서 자존감과 통제감이 높아졌다고 느끼게 되기 때문이다. 실제로, 문제중심적으로 스트레스에 대처하면 스트레스 사건으로부터 개인이 받는 부정적 영향이 완충되어 우울감을 더 적게 경험한다(Rohde, Lewinsohn, Tilson, & Seeley, 1990). 또한 문제중심적 대처방식을 사용하는 학생들의 학업 성적이 더 좋을 뿐 아니라 심리적 상태도 더 적응적이다(Suls & Fletcher, 1985). 베트남의 청소년들도 문제중심적으로 스트레스에 대처했을 때 행복 수준은 높아지고 스트레스는 감소했다(Ebata & Moos, 1991).

한편, 정서중심적 대처는 문제 자체를 다루지 않고 주어진 문제로 인한 부정적 정서 반응을 조절하고자 하는 대처방식이다. 즉, 스트레스 유발 상황 자체가 아니라, 상황 때문에 경험하는 자신의 정서를 지속적으로 다루는 방식이다. 정서중심적 대처를 하는 사람들은 스트레스를 일으킨 부정적 사건을 곱씹어 보거나 스트레스 상황에 대하여 공상하기, 자신이 경험하고 있는 정서에 주의를 기울이고 표출하기, 다른 사람들로부터 정서적인 지지를 얻고자 하는 행동, 현상에 대한 부정 등의 반응을 보인다. 일반적으로 정서중심적 대처방식은 문제중심적 대처에 비해 적응적이지 못한 방식으로, 이 방법을 사용하면 우울과 같은 심리적인 문제뿐 아니라 신체적 건강상의 이상을 경험할 가능성이 높다.

그렇다면 사람들은 스트레스 상황에 대하여 언제 문제중심적 또는 정서중심적으로 대처할까? 여기에 영향을 미치는 요인 중 하나는 통제감(Carver, Scheier, & Weintraub,

1989)이다. 주어진 상황에 대한 통제감이 높을 경우 사람들은 스트레스에 대한 문제중심적 대처 방략을 사용한다. 자신의 행동을 통해 주어진 상황을 변화시키고 원하는 결과를 가져올 수 있다는 믿음을 가질 수 있는 상황에서는, 문제 상황을 변화시키려는 목표지향적 행동을 하기 때문이다. 반면, 주어진 상황을 자신이 통제할 수 없다고 느끼면, 문제중심적으로 대처하더라도 상황이 변하지 않을 것이라고 생각하여 정서중심적 대처 방략을 사용할 가능성이 높다(최해연, 2013).

또 다른 요인은 스트레스 수준이다. 큰 스트레스를 유발하는 사건을 개인의 힘으로 바꿀 수 없는 경우에는 정서중심적 대처가 적응적 결과를 유발하기도 한다(Cohen & Roth, 1984). 개인이 스트레스 상황에 압도될 때, 실질적으로 문제중심적 대처가 불가능할 경우에는 그것이 가능할 때까지 사용하는 정서중심적 대처는 더 큰 스트레스에 노출되는 것을 막아주어, 개인을 보호하는 역할을 한다.

물론 사람들은 문제중심적 대처와 정서중심적 대처 중 한 방략만을 양자택일적으로 사용하는 것이 아니라, 이 두 전략을 혼합해서 사용하는 경우가 많다. 또한 어떤 대처 방법이 적응적이고 다른 방법은 무조건 부적응적이라고 이분법적으로 단정지을 수도 없다. 스트레스 상황에 따라 대처방식을 유연하게 사용하는 사람이 획일적으로 사용하는 사람에 비해 사회적으로 보다 더 잘 적응하고, 스트레스 상황에 장기적으로 노출될 경우는 시간의 흐름에 따라 서로 다른 종류의 스트레스 대처방식을 사용하는 사람이 덜 우울하고 더 적응적이다(Kato, 2001). 스트레스 상황은 외부의 문제와 내면의 정서적 문제를 함께 해결해야 하는 상황이기 때문에(최해연, 2013). 문제중심적, 정서중심적 해결 방략을 모두 사용하는 것이 자연스럽고 적응적인 대응이라 볼 수 있다.

사회적 지지 추구를 통한 대처. 사회적 지지(social support)는 가족, 친구 등 중요한 타인으로부터 제공받는 긍정적 자원이다. 사회적 지지 추구를 통한 대처는 주위 사람들에게 자신이 경험하고 있는 스트레스 상황이나 부정적인 감정들을 이야기하거나 표현하여 도움을 청하는 방법이다. 이러한 사회적 지지는 스트레스가 정신 건강에 미치는 부정적 영향을 완충시키는 역할을 한다.

사회적 지지를 받으면 생활사건에서 경험하는 스트레스뿐 아니라 직무 스트레스 또한 감소시키는 효과가 있었다(Viswesvaran, Sanchez, & Fisher, 1999). 사회적 지지를 많이 받는다고 느끼는 군인들은 적응을 잘 하고, 우울이나 불안, 분노와 같은 부정적 감정은 덜 느꼈다. 더 나아가 스트레스에 대하여 부적응적 대처 방법을 사용하더라도 정신건강의 문제를 겪지 않는 완충 작용이 있었다(설정훈, 박수현, 2015). 사회적 지지의 효과는 극단적인 경우에서도 나타나는데, 베트남전 참전 용사들 중 사회적 지지를 잘 받은 사람들은 그렇지 못한 사람들에 비해 외상후 스트레스 장애(PTSD)를 덜 겪었다(강성록, 김세훈, 이현엽, 2014).

대학생들의 경우 여전히 친구 못지 않게 부모의 영향을 많이 받고 있기 때문에 스트레스 상황에서 부모와의 적극적, 개방적인 의사소통을 통해 사회적 지지를 받는 것이 스트레스에 대처하는 적응적인 방법일 수 있다. 실제로 스트레스 상황에서 부모와 폐쇄적인 의사소통을 하는 청소년들이 그렇지 않은 청소년들에 비해 더 큰 심리적 어려움을 경험했다(Yu et al., 2006). 일반적으로 어머니와의 의사소통뿐 아니라 아버지와의 개방적 의사소통 또한 자녀의 우울이나 불안을 낮추고 심리적 적응을 돕는다(조수진, 2009).

적극적 대처와 소극적 대처. 스트레스에 대한 대처방식을 나누는 또 다른 기준으로 적극적 대처와 소극적 대처를 들 수 있다(Lazarus & Folkman, 1984). 적극적 대처는 스트레스에 대처하기 위한 노력을 외부에 투입하는 방식이다. 적극적 대처에는 앞서 살펴본 문제중심적 대처와 사회적 지지 추구를 통한 대처방식이 포함된다. 반면, 소극적 대처는 스트레스에 대처하기 위한 노력을 자기 내부의 감정이나 사고에 투입하는 방식이다. 소극적 대처에는 정서완화적 대처와 소망적 사고 대처의 두 가지가 포함된다. 정서완화적 대처는 스트레스로 인해 유발된 정서적 고통을 조절하여 스스로의 감정 상태를 통제하기 위해 노력하는 것이다. 소망적 사고 대처는 바람직한 상황을 상상하며 스트레스를 유발하는 상황이나 사건과는 심리적으로 거리를 두고자 노력하는 방식이다.

스트레스 때문에 발생한 감정이나 내적 상태만을 다스리고자 하는 소극적 대처보다는 적극적으로 문제 상황을 바꾸려는 적극적 대처 방략이 보다 더 적응적이다(Terry, Tonge, & Callan, 1995). 특히 소극적 대처 방법 중 하나인 정서완화적 대처는 부정적 감정을 피하고 긍정적 감정 상태를 유지하기 위해 현실을 왜곡하거나 기만하게 만든다. 따라서 스트레스를 위협적으로 해석하게 되어 우울과 불안이 증가한다. 반면, 적극적 대처를 늘리고 소극적 대처를 억제하는 청소년의 경우 학업에 따른 소진이 줄어든다(신효정 등, 2012). 반대로 소극적 대처인 정서완화적 대처 방략을 주로 사용하는 사람들은 우울을 경험할 가능성이 높다. 그러나 다른 대처 방략들과 마찬가지로 사람들은 적극적 대처와 소극적 대처 중 한 가지만 사용하는 것이 아니라 두 방식을 혼합하여 사용한다(Tennen, Affect, Ameli & Corney, 2000).

그 외의 대처 방법. 앞서 살펴본 스트레스 대처 방법 외에도 스트레스를 감소하거나 스트레스의 부정적 효과를 완충하는 요인들이 존재한다. 그 중 하나인 긍정적인 감정은 스트레스를 줄여주고(Deery, Iverson, & Walsh, 2002) 스트레스에 대한 민감도 또한 약화시켜, 스트레스를 완충하는 효과를 발휘한다. 콜센터 상담 직원들을 대상으로 한 연구에서 업무 시작 전 아침에 느끼는 감정 상태, 업무 동안 고객에 대한 감정 그리고 업무에 대한 감정을 측정하였다(Rothbard & Wilk, 2011).

분석 결과, 업무 전에 긍정적 감정을 많이 느낀 사람들은 그렇지 않은 사람들에 비해 업무 과정에서 고객과 업무에 대해 느끼는 감정이 더 긍정적이었다. 즉, 동일한 업무 상황에서도 직무 스트레스를 더 적게 겪었다. 하루를 긍정적 정서로 시작하는 사람은 동일한 스트레스 상황에 노출되더라도 이를 더 긍정적으로 해석하기 때문에 스트레스를 덜 경험할 수 있다(Korotkov, 2008).

삶의 의미도 스트레스가 신체 및 정신적 건강에 미치는 부정적 영향을 완충하는 효과가 있다(주영 등, 2012). 즉, 스트레스는 행복감을 저해하는 것이 일반적이지만, 삶에 대한 의미는 스트레스와 행복 간의 부정적 관계를 완충하는 역할을 한다. 대학생들을 대상으로 한 연구에서 대인관계나 경제, 장래, 가치관 등 다양한 이유 때문에 느끼는 스트레스가 심리적 안녕감을 손상할 수 있으나, 삶의 의미가 높은 대학생들에게서는 심리적 안녕감이 떨어지지 않았다(백지영, 서수균, 2014). 이것은 자신의 삶에서 스스로 만족할 수 있는 삶의 의미를 발견했다고 생각하는 사람들은 스트레스를 경험하더라도 전반적 행복 수준이 떨어지지 않는다는 것을 의미한다.

2 행복이란 무엇인가?

행복에 대한 심리학 연구가 등장하기 시작한 것은 1960년대 이후이며, Diener가 1984년에 발표한 'Subjective well-being(주관적 안녕감)'이라는 논문은 행복이 심리학 연구의 주제로 전면에 등장하는 계기가 되었다. 이후 1999년에 Diener는 동료들과 함께(Diener, Suh, Lucas & Smith, 1999) '행복한 사람들의 특징'에 대하여 Wilson(1967)이 발표한 논문에 대하여, 이후 30여 년 간 이루어진 심리학의 경험적 연구 결과들을 바탕으로 재정리하였다.

최근에는 행복 연구의 중요성에 대하여 심리학자들 사이에 공감이 이루어지며 연구가 활발히 이루어지고 있다. 사회학자 Veenhoven(1999)이 행복에 관하여 전 세계에서 이루어진 연구들을 집대성해 놓은 'World Database of Happiness(세계 행복 데이터베이스)'에는 2018년 현재 전 세계에서 이루어진 행복 관련 연구 12,061편의 출판물 정보가 담겨 있다. 본 절에서는 행복과 불행의 특징, 행복에 대한 일반인의 생각 그리고 행복에 대한 접근을 알아보겠다.

(1) 행복과 불행의 독립성

심리학자들이 행복에 대해 오랜 기간 특별한 관심을 가지지 않은 이유 중 하나는 불행의 반대가 곧 행복이라는 믿음 때문이다. 즉, 인간의 심리적 문제를 파악해서 없애면 저절로 행복해질 것이기 때문에 행복에 대한 연구가 따로 필요하지 않다고 생각한 것이다. 그래서 심리학자들은 2차 세계대전 이후부터 오랜 세월 동안 인간에 대한 '질병 모형(disease model)'을 가지고 우울, 불안, 공포, 공격성 등의 심리적, 정신적 문제를 어떻게 치료할 것인지 연구해 왔다(Seligman, 2002). 이처럼 인간의 부정적 측면을 집중해서 연구한 결과, 오늘날 많은 심리적 문제들의 정체를 파악하고 체계적으로 분류하여 진단 가능한 시스템(Diagnostic and statistical manual of mental disorders, 5th ed: DSM-V)을 갖게 되었다(American Psychiatric Association, 2013). 또한 수많은 심리적 문제들을 예방하거나 관리할 수 있게 되었고 심지어 때로는 완치할 수도 있게 되었다(Seligman, 2002).

그렇다면 정말 심리적 문제의 해결에서 달성한 이러한 놀라운 성과가 사람들의 행복을 증진시켰을까? 그렇지 않다. 정신적 건강(심리적 안녕, 행복)과 정신적 질병(심리적 문제, 불행)은 서로 다른 별개의 차원이기 때문이다. 일례로 Keyes(2007)의 연구에서 한 해 동안 하나 이상의 정신 장애를 가진 미국 성인의 비율이 26%였다. 만약 정신적 질병이 없는 상태가 곧 정신적으로 건강하고 행복한 상태라면, 풍성한 삶을 사는 사람은 전체에서 26%를 제외한 74%이어야 한다. 그러나 조사 결과는 이와 많은 차이가 있었다. 풍성한 삶을 살고 있다고 보고한 사람의 비율은 불과 전체의 17%에 지나지 않았다. 즉, 정신 장애를 하나도 가지고 있지 않은 사람들 중에서도 일부만이 풍성한 삶을 살고 있었고 미국 성인의 57%는 정신 질환이 없으면서도 행복한 삶을 살고 있지 못했다. 이것은 정신적 질환을 줄이거나 없애는 것이 건강하고 번영하고 유능하며 행복한 삶을 보장하지는 않는다는 것을 의미한다.

불행의 부재와 행복이 별개의 차원인 것처럼, 긍정적 측면과 부정적 측면의 독립성은 정서 차원에서도 마찬가지이다. 긍정적 정서와 부정적 정서는 독립적인 요인으로, 하나의 수직선 상에 존재하는 양 극단이 아니라는 의미이다(Cacioppo & Berntson, 1999). 긍정적인 감정을 많이 경험하는 사람은 부정적인 감정을 적게 경험할 것 같지만 그렇지 않다. 긍정적 감정과 부정적 감정을 모두 많이 경험할 수도, 모두 적게 경험할 수도 있다. 예를 들면, 즐거운 감정을 많이 경험한다고 해서 공포나 불안 등의 부정적인 감정이 저절로 적어지는 것은 아니며, 그 반대도 마찬가지이다. 실제로 긍정적 정서와 부정적 정서를 따로 측정하여 검증한 연구들이 존재한다(Diener & Emmons, 1984). 따라서 행복 및 인간의 긍정적 측면에 대한 연구, 행복 증진을 위한 연구는 별도로 필요하다고 볼 수 있다.

(2) 행복에 대한 일반인들의 생각

연구자가 아닌 일반인들은 행복을 무엇이라고 생각할까? 행복에 대한 생각은 사람마다 다양하지만, 그들은 대체로 행복을 바람직한 것으로 여긴다. 사람들은 행복을 좋은 상태이자 좋은 삶을 위한 필수적인 요소라 생각하며, 행복한 삶이 질적으로 좋은 삶이라고 여긴다(〈그림 10-1〉 참고). 심지어 행복한 사람이 도덕적으로도 선하고 "천국에 갈 가능성이 높다."고까지 생각한다. 연구자들이 참가자들에게 행복, 의미, 부유함의 세 가지 중에서 좋은 삶과 도덕적으로 선한 삶을 위해 중요한 것이 무엇인지 순위를 매기도록 했을 때, 그들은 행복과 의미를 좋은 삶, 도덕적으로 선한 삶을 위해 더 중요한 요건으로 꼽았다(King & Napa, 1998).

그림 10-1 사람들은 행복을 바람직한 것, 좋은 삶을 위한 필수적인 요건으로 여긴다.

뿐만 아니라 행복은 사람들이 가장 원하는 가치이기도 하다. 국제적인 대규모 조사에서도 세계적으로 많은 사람들이 행복을 자신의 가장 중요한 인생의 목표 중 하나라고 보고했다(Diener, 2000). 브라질, 터키, 미국, 이란, 인도, 일본, 중국 등 여러 나라의 사람들도 행복을 사랑과 함께 가장 중요성 가치의 상위에 위치시켰으며, 재산, 경제적 성공, 겉모습 등의 가치가 행복보다 더 중요하다고 생각한 국가는 없었다(Diener & Biswas-Diener, 2008). 또한 사람들에게 세 가지 소원을 꼽도록 했을 때 행복은 꾸준히 이 목록 안에 들었다(King & Broyles, 1997). 이처럼 대부분의 사람들은 행복을 바람직한 것, 좋은 삶을 위한 필수적인 요건으로 여겨 행복을 추구한다.

(3) 행복에 대한 쾌락주의적 접근(hedonism)과 자기실현적 접근(eudaimonism)

행복에 대한 연구에는 두 가지 접근법이 있다. 한 가지는 자기실현적 관점(eudaimonism)으로, 행복이 개인의 진정한 잠재력을 발전시키고 삶의 목적을 달성하는 즉, 자기실현을 하는 삶을 살 때 경험된다고 본다. 자기실현적 접근법으로 행복을 연구한 Ryff와 Keyes(1995)는 행복을 심리적 안녕감(psychological well-being: PWB)이라고 칭하고, 심리적 안녕감이 높은 삶은 긍정적인 심리적, 사회적 기능을 하는 삶이라고 제안하였다. 심리적 안녕감은 자율성, 개인적 성장, 자기 수용, 삶의 목적, 환경 통제, 긍정적 관계성의 여섯 가지 요인으로 구성된다.

한편, 행복에 대한 또 다른 접근으로 쾌락주의적 관점(hedonism)은 쾌락적 감정 상태에 따른 만족스럽고 즐거운 삶을 행복한 삶으로 정의한다(Kahneman, Diener, & Schwarz, 1999). 따라서 쾌락주의적 접근에서는 행복을 주관적 안녕감(subjective well-being: Diener, 1984)으로 개념화한다. 이 개념에는 행복을 평가하는 주체가 자기 자신이며 본질적으로 행복은 주관적이라는 의미가 담겨 있다(Diener, 2000). 따라서 행복 즉, 주관적 안녕감은 자신의 삶과 긍정적, 부정적 정서 경험에 대한 인지적 평가라고 볼 수 있다. 주관적 안녕감은 인지적 요인과 정서적 요인으로 구성된다(Diener, 1984, 2000). 인지적 요인은 삶에 대한 전반적 만족감과 삶의 영역별 만족감이다. 즉, 자신의 삶에 대하여 전반적인 만족도가 높고, 삶의 중요한 영역에 대하여 만족하는 사람이 행복하다. 정서적 요인은 긍정적 정서와 부정적 정서이다. 긍정적 정서를 빈번하게 경험하고 부정적 정서를 자주 경험하지 않는 것을 행복한 것으로 정의할 수 있다.

이 두 접근법이 행복의 서로 다른 측면을 조명하기는 하지만 상호배타적인 개념은 아니다. 실제로 주관적 안녕감과 개인적 성장(심리적 안녕)은 서로 정적 상관 관계를 가지고 있다(Compton, Smith, Cornish, & Qualls, 1996). 즉, 주관적 안녕감이 높은 사람은 심리적 안녕감도 높을 가능성이 많다. 물론 자신이 원하는 목표 달성을 위해 해야 하는 공부나 훈련 등을 미뤄 두고 당장의 표피적인 쾌락 추구만을 위해 온라인 게임에 몰두하는 행동이라든가, 소소하게 누릴 수 있는 현재의 행복을 미루고 먼 훗날의 발전된 자기 모습만을 그리며 모든 사회적 접촉을 끊고 철저하게 자기관리를 하는 행동처럼, 쾌락적 행복과 자기실현적 행복이 서로 겹치지 않는 영역도 분명 존재한다. 그러나 극단적으로 쾌락적으로 행복한 사람이 성장과 자기실현 측면에서는 낙제 점수를 받는 일은 드물고, 오히려 두 관점에서 말하는 행복이 함께 나타날 가능성이 높다. 일반인들도 이와 유사한 생각을 가지고 있다. 그들에게 좋은 삶의 특성을 물었을 때, 최종적으로 행복(쾌락적 측면)과 의미(자기실현적 측면)라는 두 개념이 나타났다(King & Napa, 1998). 이 장에서는 행복을 쾌락적 접근법에 근거해서 살펴보겠다.

3 행복의 예측 요인

행복의 조건 즉, 행복을 예측하는 요인은 무엇일까? 학생들에게 자신의 행복을 위해 필요한 것이 무엇인지 질문하면, 가장 많이 나오는 답변이 주로 돈 즉, 물질적 풍요이다. 이처럼 사람들이 가장 직관적으로 떠올리는 행복의 선행요건은 성별, 수입, 나이 등의 객관적 조건이다. 그런데 정말로 객관적 조건이 행복을 예측하는 중요한 요인일까?

실제 돈, 환경 등 개인의 객관적 조건은 그 사람의 행복을 예측하는 데에 거의 도움이 되지 않아, 행복의 총 변량 중 10% 정도밖에 설명하지 못한다(Lyubomirsky, Sheldon, & Schkade, 2005). 행복을 가장 잘 설명하는 요인은 유전적으로 정해지는 행복의 기저선으로, 행복의 전체 변량 중 약 50%를 예측한다. 나머지 40% 정도는 의도적 활동이 설명한다. 행복을 예측하는 이 세 가지 측면을 살펴보겠다.

(1) 행복의 기저선

행복은 유전의 영향을 많이 받아, 태어날 때부터 유전적으로 정해진 행복의 기저선이 존재한다(Lykken & Tellegen, 1996). 사람들이 평생 누리는 행복의 수준은 이 기저선보다 높아지거나 낮아질 수도 있지만 그것을 크게 벗어나지는 않는다. 즉, 개인이 경험할 수 있는 최상의 행복 수준과 최저의 행복 수준의 범위는 그 사람이 가지고 태어난 유전적 정보에 의해 상당 부분 정해진다.

행복이 유전의 영향을 크게 받는다는 사실은 쌍둥이 연구를 통해 알 수 있다. 일란성 쌍둥이는 유전자를 100% 공유하고, 이란성 쌍둥이는 유전자를 50% 정도 공유한다. 따라서 행복이 유전자의 영향을 받는다면, 일란성 쌍둥이 간 행복 수준의 유사성은 이란성 쌍둥이보다 커야 한다.

Weiss와 동료들(Weiss, Bates, & Luciano, 2008)은 365쌍의 일란성 쌍둥이와 608쌍의 이란성 쌍둥이를 대상으로 쌍둥이들 간 행복 수준의 유사성을 비교하였다. 그 결과, 일란성 쌍둥이 간 행복 점수는 평균 .37의 정적 상관이, 이란성 쌍둥이 간 행복 점수는 평균 .10의 정적 상관이 있었다. 이러한 결과는 행복이 상당 부분 유전에 의해 결정될 수 있음을 시사한다. 다른 쌍둥이 연구에서는 행복 변화량의 44%~52%는 유전의 영향을 받는 반면, 사회경제적 지위, 교육수준, 결혼 여부, 가족의 경제적 수준 환경적 요인은 모두 합해도 행복의 3% 정도밖에 설명하지 못했다(Lykken & Tellegen, 1996).

적응. 타고나는 유전적 정보가 개인이 경험하는 행복의 범위를 어느 정도 정한다면, 사람들이 살아가면서 경험하는 긍정적, 부정적 사건들 때문에 행복 수준이 높아지거나 낮아지는 것은 어떻게 설명해야 할까? 특정한 사건으로 인해 경험하는 행복은 오래 지속되지 않을 뿐 아니라, 일반적으로 사람들이 생각하는 만큼 행복 수준의 변화에 큰 영향을 미치지도 못한다.

즉, 사람들의 장기적 행복 수준은 상당히 안정적이고 일관적인 것이다(Diener & Lucas, 1999). 심지어, 복권 1등에 당첨되는 굉장히 좋은 일이나 사고로 인해 전신 마비 또는 하반신 마비가 되는 명백한 어려움도 전반적인 행복 수준에 생각만큼 큰 영향을 미치지는 못했다(Brickman, Coates, & Janoff-Bulman, 1978). Headey와 Wearing(1989)은 호주에서 6년 간 4차례에 걸쳐 수집한 대규모 패널 연구의 종단 자료를 분석했다. 그 결과 행복 수준은 주어진 상황에 따라 단기적으로 높아지거나 낮아질 수 있으나 장기적으로는 대체로 개인의 행복 기준선으로 회귀한다는 것을 입증하였다.

외적인 환경의 변화나 경험, 사건 등으로 인한 행복 수준의 변화가 개인의 행복 기저수준으로 회귀한다면, 구체적으로 긍정적 사건이나 부정적 사건이 개인의 행복에 영향을 미칠 수 있는 기간은 얼마나 될까? Suh, Diener와 Fujita(1996)는 115명의 참가자들을 2년 간 추적한 종단 연구를 통해 긍정적 사건이건 부정적 사건이건 어떤 한 사건이 행복 수준에 미치는 영향은 약 3개월, 길어도 6개월 동안만 유지된다는 것을 발견했다. 연구의 참가자들이 보고한 삶의 이벤트 중 긍정적인 사건에는 '친한 친구를 새로 사귐'과 같은 비교적 일상적인 사건부터 '결혼'과 같은 중요한 사건까지 다양한 사건이 들어 있었다. 부정적인 사건에도 마찬가지로 '5kg 이상 살이 찜'과 같은 가벼운 사건에서부터 '친한 친구의 죽음'과 같은 무거운 사건까지 다양한 범위의 사건이 들어 있었다. 그런데 참가자들의 행복(삶에 대한 만족감, 긍정적 정서, 부정적 정서)은 개인이 최근에 경험한 사건에만 영향을 받는 것으로 나타났다. 즉, 사람들은 대부분 3~6개월이 지나면 그 사건으로 인한 행복이나 불행을 더 이상 경험하지 않고 기존의 행복 수준으로 돌아간다는 것이다.

이처럼 크고 작은 사건으로 인해 행복 수준이 일시적으로 변화한다 하더라도, 장기적으로는 유전적 영향으로 정해진 행복의 기저 수준으로 회귀하는데, 그 이유는 적응 때문이다. 어두운 곳에 있다가 밝은 곳으로 나오면 처음에는 눈이 부시지만 곧 빛에 적응하여 눈부심이 사라지듯이, 긍정적이거나 부정적인 상황이 정서에 미친 영향의 강도가 시간이 지남에 따라 점차 줄어든다. 이를 '쾌락적 적응(hedonic adaptation)'이라 한다(Frederick & Lowenstein, 1999). 우리는 원하는 직장에 취업하는 것처럼 긍정적 상황에 놓이면 일정기간 자신의 행복 기저선보다 더 높은 수준의 행복을 누릴 수 있지만, 이 긍정적 사건에 곧 적응함으로써 그것이 긍정적 정서에 미치는 영향의 강도가 점차 약해져 마침내 사라진다. 쾌락적 적응은 부정적 상황과 부정적 정서에도 동일하게 적용될 수 있다. 사람들은 연인과 헤어진 직후에는 강한 슬픔과 아픔을 느끼지만, 시간이 지남에 따라 점차 그 영향이 약해져 마침내 사라진다.

그럼에도 불구하고, 사람들은 한 가지 일에서 크게 성공하면 이후의 삶은 계속해서 행복할 것이라는 왜곡된 믿음을 많이 가지고 있다. 고등학생은 원하는 대학에 들어가면 행복해질 것으로 생각하고, 직장인은 승진해서 연봉이 오르면 행복해질 것으로 생각하며, 복권을 산 사람들은 복권만 당첨되면 자신이 인생이 단번에 역전될 것으로 생각한다. 그러나 성공으로 인해 달라진 행복 수준은 금세 제 자리로 돌아온다. 반대로 부정적인 사건으로 인해 떨어진 행복 수준도 생각보다 빨리 원상태로 돌아온다. 이처럼 쾌락적 적응 때문에 행복도 불행도 영원히 지속되지는 않는다.

따라서 지속적으로 향상된 행복 수준을 유지하기 위해서는 단 한 번의 큰 쾌락을 위해 삶의 가치 있는 것들(예, 가족들과 보내는 돈독한 시간, 취미 생활, 친구들과의 친교 등)을 미뤄 두고 희생시키는 전략보다, 소소한 작은 행복을 빈번하게 경험하는 전략이 바람직하다. Diener와 동료들은(Diener, Sandvik, & Pavot, 1991) 긍정적 정서와 부정적 정서 경험의 강도보다는 빈도가 전반적 행복에 더 중요한 영향을 미친다고 보고한 바 있다. 드물게 경험하는 강한 긍정 정서보다는 빈번하게 경험하는 잔잔한 긍정 정서가 행복을 더 잘 예측한다는 것이다. 같은 맥락에서 서은국(2014)은 그의 저서 "행복의 기원"에서 행복을 아이스크림에 비유했다. 아이스크림은 금방 녹아버리기 때문에 지속적으로 행복을 유지하기 위해서는 아이스크림을 자주 먹어야 한다는 것이다.

그러나 모든 상황이나 삶의 경험, 사건이 만든 행복의 변화가 동일한 수준으로 기저선으로 돌아오는 것은 아니다(Diener, Lucas, & Scollon, 2006). 우리는 주위에서 특별히 큰 고통을 겪은 사람들이 그 사건 이후로 원래의 행복을 되찾지 못하고 지속적으로 불행해 하는 모습들을 목격하기도 한다. Lucas(2007)는 장기적으로 유지되는 신체적 장애를 입는 경우에는 오랜 시간이 지나도 떨어진 행복 수준이 원상태로 돌아오지 않는다는 것을 발견하였다. 즉, 심각한 장애처럼 삶의 전반에 지속적이고 강한 부정적 영향을 미치는 사건의 경우 시간이 지나도 기저선 수준으로 행복의 쾌락적 적응이 일어나지 않거나 매우 오랜 기간이 걸릴 수 있다.

또한 쾌락적 적응의 정도에는 개인차가 존재한다. Lucas(2007)의 장애 정도가 심각할수록 행복 수준은 더 많이 떨어졌고, 낮아진 행복 수준이 오랜 기간 동안 유지되었다. 긍정적 사건으로 인한 행복 수준의 적응에서도 개인차가 있다. 예를 들어 결혼으로 향상된 삶에 대한 만족감은 결혼 이후 시간이 지날수록 원래의 행복 기저선 수준으로 되돌아온다. 그러나 결혼 당시 결혼에 대하여 정서적으로 강하게 반응한 사람은 결혼 이후 상당 시간이 지나도 여전히 기저선까지 적응하지 않고 높은 행복 수준을 누리고 있었다(Lucas, Clark, Georgellis, & Diener, 2003).

성격. 개인의 행복 기저선에 대한 유전의 영향은 성격을 통해 이루어진다(Weiss et al., 2008). 즉, 유전적 정보가 성격 특질에 영향을 미치고 성격이 행복에 영향을 미침으로써 유전적 영향이 행복에까지 미친다. 행복과 가장 밀접한 관련이 있는 성격적 특성은 외향성과 신경증이다(Emmons & Diener, 1985). 긍정 정서는 외향성과는 강한 정적 상관 관계를 갖지만 부정 정서나 신경증과는 상관을 갖지 않는다. 반대로 부정 정서는 신경증과는 강한 정적 상관 관계를 갖는 반면 긍정 정서나 외향성과는 상관을 보이지 않는다(e.g., Costa & McCrae, 1980; Emmons & Diener, 1985).

특히, 외향성과 긍정적 정서 경험 및 주관적 안녕감 간의 정적 상관 관계는 확고한 연구 결과 중 하나이다(Diener & Lucas, 1999). 외향적인 사람들 즉, 친근하며 사교적이고 주도적이며 활동적이고 자극 추구 성향이 강한 쾌활한 사람들(Costa & McCrae, 1992)이 조용하고 차분한 내향적인 사람들에 비해 긍정적 정서를 더 많이 경험한다. 외향성에 쾌활함(또는 긍정적 정서성)이라는 하위 국면이 들어 있다는 점에서 외향성과 행복 간의 관계를 짐작해 볼 수 있다. 실제로 Lucas와 Fujita(2000)는 다양한 측정 방법과 도구를 사용하여 행복과 외향성의 관계를 다룬 연구들을 종합한 결과 외향성과 행복 간 평균 상관 관계가 .37~.59라는 사실을 발견했다.

그렇다면 외향적인 사람들이 왜 행복할까? 한 가지 원인은 그들의 사교적인 성향에서 찾아볼 수 있다. 외향적인 사람들은 높은 사교성 덕분에 더 많은 사람들과 만나면서 그들과 함께 보내는 시간이 더 긴데, 이와 같은 사회적 접촉은 긍정적 정서와 밀접하게 연결되어 있다(Emmons & Diener, 1986). 또한 외향적인 사람들은 사회적인 기술 또한 내향적인 사람들에 비해서 뛰어나 사교적인 상황에서 보다 편하고 능숙하게 활동한다(Argyle & Lu, 1990). Diener와 Seligman(2002)이 행복 수준이 상위 10%인 사람들 즉, 가장 행복한 사람들의 특성을 조사한 결과, 그들은 모두 사회적 관계가 매우 좋다는 공통점을 가지고 있었다. 이 연구의 결과를 바탕으로 연구자들은 좋은 사회적 관계는 행복의 필요조건이라고 제안했다.

외향적인 사람들이 행복한 또 다른 이유는 그들의 보상 추구적 성향 때문이다(Lucas, Le, & Dyrenforth, 2008). 이러한 성향 덕분에 외향적인 사람들은 어떤 상황에서든지, 심지어 내향적인 사람들이 더 편하게 여길 것 같은 홀로 보내는 비사회적인 상황에서조차 더 높은 긍정 정서를 경험한다(Pavot, Diener, & Fujita, 1990). 외향적인 사람들은 보다 민감한 행동 접근 체계(Behavioral Approach System, BAS; Carver & White, 1994)를 가지고 있다. 행동 접근 체계는 욕구 충족적 동기를 조절하는 시스템으로, 보상이 주어지는 바람직한 목표를 향해 접근하는 행동을 하도록 한다(Smillie, Cooper, Wilt, & Revelle, 2012). 즉, 외향적인 사람들은 꼭 사회적인 상황이 아니어도 보상적인 자극을 발견하여 이를 통해 긍정 정서를 더 많이 경험하고 그래서 높은 수준의 행복을 누린다.

이처럼 여러 이유로 외향적인 사람들은 내향적인 사람보다 행복 수준이 높기 쉽다. 그러나 외향성이 낮은 사람이라고 해서 행복해질 수 없다고 생각할 필요는 없다. 왜냐하면 외향성과 행복의 관계는 개인차 수준에서만 나타나는 것이 아니라 개인 내 차원에서도 동일하게 나타나기 때문이다. 다시 말하면, 같은 사람이라도 더 외향적으로 행동할 때 더 행복하다는 것이다. 내향적인 사람도 단짝 친구와 함께 여행을 할 때에는 출퇴근 시간에 버스에서 낯선 사람들에 둘러싸여 있을 때보다 더 외향적으로 행동할 수 있다. 이처럼 같은 사람도 더 외향적으로 행동할 때 행복 수준이 더 높다. Fleeson, Malanos과 Archille(2002)의 연구에서 집단 토론 과제 관련 외향적으로 즉, 모험적이고 적극적으로, 활발하고 열정적이고 대담하게, 말을 많이하도록 지시 받이 집단이 내향적으로 활동하라는 지시를 받은 집단에 비해 토론 동안 더 많은 긍정 정서를 경험했다. 이와 유사한 결과가 한국인을 대상으로 이루어진 연구에서도 나타났다(이화령, 임낭연, 류초롱, 서은국, 박수진, 2008).

안타깝게도 사람들은 외향적 활동 특히, 타인과의 대화나 사교적 활동을 통해 얻는 행복을 과소평가하는 경향이 있다. 예를 들어, 모르는 사람들과의 대화에서 얻을 수 있는 행복의 이익은 일반적인 예상보다 현저히 크다(Epley & Schoeder, 2014). 특히 내향적인 사람일수록 외향적으로 행동함으로써 얻을 수 있는 행복을 더욱 과소 예측하는 경향이 있다(Zelenski et al., 2013). 그러나 주목할 점은 관계 중심적 행복관을 가짐으로써 향상될 수 있는 행복 수준은 내향적인 사람들에게서 더 크게 나타날 수 있다는 것이다(신지은, 김정기, 서은국, 임낭연, 2017). 즉, 다른 사람들과 좋은 관계를 맺고 사교적인 활동을 하는 것이 자신의 행복을 증진시킬 것이라는 믿음이 실제로 사람들을 더욱 행복하게 할 수 있고, 그 효과는 내향적인 사람들에게서 더 크게 나타날 수 있다.

신경증은 외향성 이외에 행복을 설명하는 또 다른 중요한 성격 특질로, 이것은 부정적 정서 경험과 정적 상관을 갖는다(Costa & McCrae, 1980). 신경증은 자주 불안하거나 우울하고 화가 나며, 충동적이고 스트레스 상황에 잘 대처하지 못하는 경향을 포함한다(Costa & MeCrae, 1992). 우리가 신경증을 '부정적 정서성'이라고도 부를 만큼 부정적 정서 경험의 경향성은 신경증의 핵심적 특성이다. 신경증이 높은 사람들은 분노, 슬픔, 공포 등의 일반적인 부정적 정서뿐 아니라, 죄책감, 수줍음, 부끄러움 등의 자기의식적 부정정서 또한 많이 경험한다(Einstein & Lanning, 1998).

이처럼 신경증이 높은 사람들이 부정 정서를 많이 경험하고 행복 수준이 낮은 이유 중 하나는 그들의 높은 회피적 동기와 관련이 있다. 외향적인 사람이 보상에 대한 접근 시스템에 민감한 것과는 달리, 신경증이 높은 사람은 부정적 결과를 회피하고자 하는, 행동 회피 시스템(Behavioral Inhibition System, BIS; Carver & White, 1994)에 민감하다. 신경증이 높은 사람들은 고통스러운 결과를 유발할 것 같은 행동이나 상황에서 강한 부정적 정서를 경험하기 때문에 그 결과를 회피하고자 하는 동기가 강하다(Zelenski & Larsen, 1999).

이처럼 높은 신경증은 행복에 불리한 측면을 가지고 있지만 적응적 측면도 가지고 있다. 성격심리학자 Nettle(2009)은 신경증을 화재경보기에 비유하여 이것을 설명했다. 화재경보기가 민감하면 화재가 발생했을 때 그것을 빨리 알아차려 대피할 수 있는 가능성이 높지만, 작은 향초의 불꽃이나 부엌 가스레인지 불꽃에도 쉽게 오경보를 울리기 때문에 일상 속에서 불편함을 감수해야 한다. 마찬가지로 신경증이 높으면 부정적 단서에 민감하게 반응함으로써 척박한 환경에서 생존할 가능성이 높지만, 일상적인 평온한 환경에서는 부정 정서라는 경보기가 과하게 자주 울려 불안, 스트레스와 같은 부정적 정서를 빈번하게 경험하는 손해를 감수해야 한다(Nettle, 2009).

(2) 외적, 객관적, 환경적 요인

사람들이 일반적으로 생각하는 행복의 선행 요건 즉, 행복해지기 위해서 충족해야 할 요인들 중 상당 부분은 돈, 취업, 주거지, 성공, 결혼, 건강 등 외적 요인이다. 그러나 환경적 요인이 생각만큼 행복을 잘 예측하지 못한다는 실증적 연구 결과들이 있다(예, Diener et al., 1999; Myers, 2000). 한국인의 행복 또한 외적, 환경적 조건보다는 개인의 내적, 심리적 특성에 의해 더 잘 예측되었다(구재선, 서은국, 2011)

돈. 돈으로 행복을 살 수 있을까?(〈그림 10-2〉 참고) 일반적으로 사람들은 돈으로 행복을 살 수 있다고 믿는다(King & Napa, 1998). 그러나 돈과 행복의 관계는 단순하지 않다. 대규모 조사 결과, 한 국가 내에서 돈이 행복을 안정적으로 예측하는 것은 맞지만 그 예측의 강도는 매우 작다. 돈은 개인의 욕구를 충족시키고 삶에 대한 통제감이나 낙관적 시각 등 심리적 혜택을 제공하기 때문에, 돈이 없을 때보다 있을 때 더 행복할 가능성이 높다(Diener, Tay, & Oishi, 2013).

그러나 돈이 제공하는 심리적인 혜택의 증가에는 한계효용 체감의 법칙이 적용되어 일정

소득 수준에 이르면 돈을 통해 얻는 행복의 강도가 약해진다(Diener & Oishi, 2000). 연구자들은 인간의 기본적인 욕구 충족에 필요한 수준 이하에서는 소득 수준이 높아질수록 행복 수준도 높아지지만, 그 이상의 소득 증가는 더 이상 행복을 잘 예측하지 못한다고 제안하였다(Diener, Sandvik, Seidlitz, & Diener, 1993). Kahneman과 Deaton(2010)은 구체적으로 돈과 행복의 관계 강도가 달라지는 기점인 기본적 욕구 충족을 위해 필요한 액수를 국가 일인당 연 소득 평균 약 $7,500 수준이라고 제안하기도 했다.

이처럼 돈이 행복에 미치는 긍정적인 영향은 제한적이지만 존재한다. 그러나 반대로 돈이 행복에 미치는 부정적 영향도 있다. 돈은 자급자족 지향성을 유발하는 심리적 결과를 낳는다(Vohs, Mead, & Goode, 2006). 자급자족 지향성은 자신의 목표를 달성하기 위해 혼자의 노력만을 투자하며, 타인에게 의지하는 것도, 타인이 자신에게 의존하는 것도 원치 않는, 독립성을 선호하는 경향성이다.

Vohs와 동료들(2006)은 돈의 개념을 점화시킨 참가자들은 통제 집단의 참가자들에 비해 일관적으로 타인을 돕는 행동과 타인에게 도움을 청하는 행동을 더 적게 한다는 것을 발

그림 10-2 돈으로 행복을 살 수 있을까?

견했다. 뿐만 아니라, 일과 놀이 모두 타인과 함께하기보다는 혼자 하기를 선호했으며, 타인과의 신체적 거리도 더 멀게 유지했다. 심지어 설문에 응답하는 동안 참가자가 앉은 책상의 모니터에 돈 이미지를 화면보호기로 띄워 놓는 단순한 조작만으로도, 참가자들은 통제조건에 비해 타인을 덜 돕고 혼자 보내고자 하는 동기가 높아졌다. 실제로 소득 수준이 높은 사람일수록 사람들과 보내는 사교적인 시간은 적은 반면, 혼자 보내는 시간은 많다(Bianchi & Vohs, 2016). 좋은 사회적 관계가 행복의 주요 원천임을 고려하면, 돈이 오히려 행복에 부정적 영향을 미치는 측면도 있다.

돈과 행복의 관계에서 또 다른 중요한 측면은 소득의 격차이다. 사람들은 자신이 속한 사회, 공동체 내에서 자신의 소득과 다른 사람의 소득을 비교한다. 남아프리카공화국 출신의 스탠드업 코미디언인 Trevor Noah는 미국의 한 토크쇼에서 자신은 어렸을 때 매우 가난하게 살았지만, 동네의 모든 사람들이 가난했기 때문에 당시에는 가난한지 모르고 마냥 행복하게 뛰어 놀았다는 경험을 이야기하기도 했다. 이처럼 소득의 절대적 액수보다도 소득의 불균형이 국가 수준의 행복에 중요한 영향을 미칠 수 있다. 실제로 Hagerty(2000)는 미국 및 8개국의 대규모 샘플을 사용한 연구에서 국가 내에서 소득 불균형이 줄어들수록 국가 차원의 평균 행복 수준이 높아지는 것을 발견하였다. 뿐만 아니라, 개인 차원에서도 소득의 액수 자체보다는 부의 순위, 즉 타인과 비교에서 자신의 상대적 위치가 개인의 행복에 더 큰 영향을 미친다(Boyce, Brown, & Moore, 2010). 따라서 자신보다 수입이 많은 사람들 사이에 있을 때 경험하는 상대적 빈곤감이 행복에 해로운 영향을 미친다(Clark, Frijter, & Shields, 2008).

그 외의 객관적 요인. 돈 이외에도 행복을 예측할 것 같은 여러 환경적, 객관적 요소들이 있다. 그러나 성별, 연령, 건강, 교육 수준 등 객관적 삶의 조건들이 행복에 미칠 수 있는 효과는 일반적인 기대와는 달리 일관적이지 않는 것으로 나타났다(Diener et al., 1999).

(3) 의도적 활동의 영향

Lyubomirsky와 동료들이 행복의 약 40%를 예측한다고 제안한 요인이 의도적 활동이

곁글 행복을 증진시키는 방법으로 돈의 경험 구매

Dunn과 Gilbert, Wilson(2011)은 '돈이 당신을 행복하게 해 주지 않는다면 당신은 돈을 잘못 쓰고 있는 것'이라는 연구를 통해 행복에 유리한 소비 방식들을 제안하였다. 그 중 한 가지는 '물질 구매'보다는 '경험 구매'를 하라는 것이다(Carter & Gilovich, 2010). 물질 구매는 눈으로 보고 손으로 만질 수 있는 물질(예, 보석, 신발 등)을 사는 것이고, 경험 구매는 무형의 경험과 활동(예, 여행, 공연 감상 등)을 구매하는 것이다. 연구자들은 경험 구매가 물질 구매보다 행복을 증진시키는 데 더 효과적이라고 이야기한다(Van Boven, 2005).

그 이유는 첫째, 경험은 직접적으로 그 가치와 우열을 사회적으로 비교하기 어려운 모호성을 가지고 있기 때문이다(Carter & Gilovich, 2010). 여행지에서 일박에 60만 원인 호텔에서 숙박하는 것이 일박에 3만 원인 게스트하우스에서 숙박하는 것보다 더 우수한 경험이라고 단언하기 힘들다. 반면 물질은 비교가 쉽다. 60만 원짜리 반지에는 3만 원짜리 반지보다 귀한 보석이 달려 있다.

둘째, 경험은 물질에 비해 쾌락적 적응이 더디며(Nicolao, Irwin, & Goodman, 2009), 시간이 갈수록 오히려 점점 각색되어 경험 구매 당시보다 이후에 더 좋게 기억되기도 한다. 새로 산 물건, 예를 들어 반지와 같은 보석에 대해서는 금방 적응하게 될 뿐 아니라 물건은 사용할수록 점차 낡아진다. 반면 여행과 같은 경험 구매는 보다 추상적이므로 적응도 천천히 되며, 이 여행에 대하여 기억할 때마다 경험이 낡아지는 것이 아니라 '아름다운 추억'으로 점차 각색되어간다는 것이다.

마지막으로, 사람들은 물질 구매보다는 경험 구매에 대하여 타인과 이야기를 나누는 경우가 더 많다. 즉 경험 구매는 더 많은 이야기의 소재를 제공하여 사회적 관계를 발전시키는 데에 도움이 되기도 한다(Kumar & Gilovich, 2015).

다. 즉, 행복을 증진시켜 주는 활동들을 의도적으로 노력해서 지속적으로 실천할 때, 우리의 행복은 증가하고 이 긍정적 변화가 지속 가능할 것이라는 것이다(Lyubomirsky et al., 2005). Lyubomirsky와 동료들은 효과적으로 행복을 증진시키기 위해서는 행복에 상당한 영향을 미치면서도 노력으로 쉽게 바꿀 수 있는 영역에 투자할 것을 권한다.

유전적인 요인이 행복의 50%를 설명하긴 하지만, 이것은 우리의 노력을 통해 후천적으로 변화시킬 수가 없다. 또한, 대부분의 사람이 행복해지기 위해 많은 시간과 노력을 투자하는 환경적 요인(예, 부의 축적)은 노력을 통해 바꾸는 것이 극도로 힘들 뿐 아니라, 바꾸었다 해도 그것이 행복에 미치는 영향은 미미할 뿐이다. 그러나 의도적 활동은 노력을 통해 변화가 가능하며 행복에도 큰 영향을 미친다.

행복을 증진시킬 수 있는 활동으로, '축복 세어 보기(counting blessings)'는 감사를 연습하기 위한 활동이다(Emmons & McCullough, 2003). 실제로 감사를 경험하고 표현하는 것이 일반적인 행복과 대인관계 만족을 증진시켜준다. Emmons와 McCullough(2003)는 실험 참가자들을 세 집단으로 나누어 한 집단에게는 지난 한 주간의 삶을 되돌아 보고 감사하게 생각하는 것들을 찾아 다섯 가지를 적도록 했다. 두 번째 집단에게는 번거로웠던 일 다섯 가지를 적도록 했다. 마지막으로 세 번째 집단에게는 지난 한 주 동안 있었던 중립적인 사건들 다섯 가지를 떠올려 적도록 했다. 이러한 활동을 일주일에 한 번씩 10주 간 했을 때, 감사한 일을 떠올린 참가자들은 나머지 두 집단에 비해 지난 주에 더 행복했고 다음 주에도 더 행복할 것이라고 보고했다. 뿐만 아니라 통증과 같은 신체적 증상도 덜 경험했으며 운동하는 시간이 더 많았다.

의도적으로 실행할 수 있는 또 다른 활동으로 친절 행동이 있다. 이 또한 즉각적이고 장기적으로 행복 수준을 향상시킨다(Lyubomirsky et al., 2005). 타인에게 친절을 베풀면 자신을 이타적인 사람으로 여기게 되고, 자신감과 효능감이 향상되는 등 행복에 유리한 방향으로 심리적 변화가 일어난다. 뿐만 아니라 친절 행동을 통해 타인과 자신이 연결되어 있다고 느끼며 타인을 더 좋아하게 된다. 이러한 다양한 심리적인 영향을 통해 친절 행동은 장단기적으로 개인의 행복을 증진시킬 수 있다.

이 외에도 행복을 증진시키는 단순하면서도 긍정적인 의도적 활동들이 많이 있다(Lyubomirsky & Layous, 2013). 사교적 활동에 더 많은 시간을 보내기, 현재지향적으로 생활하기, 자신의 가치관에 맞는 목표를 설정하고 그 목표를 달성하기, 규칙적인 운동하기, 긍정적 관점으로 세상 바라보기 등과 같은 여러 의도적 활동들을 통해 지속적으로 행복을 향상할 수 있다.

4 행복의 결과

오랜 시간 동안 사람들은 어떤 요인들이 행복을 가져올 것인가에 대해 궁금해 왔다. 이것은 행복을 성공의 결과물로 생각하는 전제에 기초하고 있는 것이다. 그러나 앞서 언급된 바와 같이, 삶의 성공은 행복의 일부밖에 설명해 주지 못한다. 오히려 최근의 행복 연구들에 따르면, 그 반대의 인과관계 즉, 행복한 사람들이 다양한 삶의 영역에서 성공할 가능성이 높다(Lyubomirsky, King, & Diener, 2005). 행복이 원인이고 성공이 행복의 결과가 되는 것이다. 이 장에서는 행복과 긍정 정서가 가진 기능과 그로 인해 나타나는 긍정적 삶의 결과들을 살펴보겠다.

(1) 긍정적 정서의 기능

부정 정서의 적응적 기능은 오래 전부터 알려져 왔다. 부정 정서는 행동과 주의의 반경을 좁히고 특정하게 국한된 행동을 유발함으로써 생존에 가장 유리한 행동을 할 수 있도록 진화되었다(Derryberry & Tucker, 1994). 예를 들어, '분노-공격', '공포-도망'과 같이 특정 정서와 구체적인 행동이 1대 1로 연결된다. 부정 정서에 대한 이와 같은 관점에서 보면, 긍정 정서는 특정한 행동을 유발하지 않기 때문에 그 기능에 대한 궁금증이 이어져 왔다.

Fredrickson(2001)은 긍정 정서의 확장 및 축적 이론(broaden-and-build theory of positive emotion)을 통해 긍정 정서의 중요한 적응적 기능을 제안하였다. 이 이론에 따르면, 긍정적 정서는 부정적 정서와는 반대로 생각과 행동의 폭을 넓혀 장기적으로 생존과 번식에 유리하도록, 사회적이고 심리적인 자원을 수집하고 축적하도록 하는 역할을 한다. 긍정 정서가 유발하는 행동들은 특정 영역에 국한하거나 특정한 패턴을 지니지 않은, 광범위한 영역으로 주의를 분산시키는 역할을 한다(Fredrickson & Branigan, 2005). 따라서 긍정적 정서의 경험은 신체적, 사회적, 성취적 각 측면에서 장기적으로 보다 잘 적응하고 번영할 수 있는 기반이 된다.

이러한 긍정적 정서의 기능 덕분에 사람들은 긍정적 정서를 경험하면 평소에 하지 않던 창의적인 생각, 새로운 행동을 하며 탐험을 하게 된다. 결국 빈번한 긍정 정서 경험을 통해 이러한 자원을 많이 축적한 사람이 생존과 번식에 유리할 수 있다. Diener, Kanazawa, Suh와 Oishi(2015)는 긍정적 정서가 창의력, 짝짓기, 사회성, 건강, 환경적 요구에 대한 대응 등 다양한 능력에 도움을 주는 적응적 행동을 하도록 하기 때문에, 사람들은 정서적인 사건을 경험하지 않고 있을 때에도 자연스럽게 약간 긍정적 기분 상태에 있도록 진화되었다고 주장했다. 이러한 접근은 거의 대부분의 국가에서 대부분의 사람들이 중립 이상의 행복 수준을 보이는 현상(Diener & Diener, 1996)에 대한 설명을 제공하기도 한다.

(2) 행복의 긍정적 결과

긍정 정서가 갖는 적응적인 기능 때문에 행복은 단순히 기분이 좋은 상태 이상으로 광범위한 삶의 영역에서 긍정적 삶의 결과들을 유발한다. Lyubomirsky와 동료들(2005)은 긍정 정서의 잦은 경험이 이후에 성공적인 삶을 예측한다는 225개의 경험적 연구 결과를 정리하여, 긍정 정서의 이득을 사회적 측면, 건강 측면, 성취 측면 등 세 가지로 나누었다.

사회적 영역에서의 성공은 주로 대인관계에서의 만족, 주변 사람들과 사회적 지지의 주고 받음, 낮은 외로움 수준 등과 같은 사회정서적 측면에서 나타난다. 행복이 대인관계에 주는 이러한 긍정적 결과는 가장 두드러지는 이득이라고 할 만큼 그 영향이 크다. 행복한 사람들은 관계 만족도가 높고(Diener & Seligman, 2002), 어울리는 친구의 숫자도 더 많으며(Requena, 1995), 모든 대인 관계에서 더 친밀함을 느낀다(Neyer & Asendorf, 2001).

Harker와 Keltner(2001)는 1950년대 후반과 1960년에 찍은 미국 한 여대의 졸업 앨범 속 사진의 20대 초반 여학생들이 얼마나 행복한지 평가했다. 연구자들은 사진 속 여학생들이 '뒤셴 미소(Duchenne's smile)'를 짓고 있는지 평가했는데, 뒤셴 미소는 진짜 행복한 사람이 그 행복을 표현하고 있는 것으로 볼 수 있다(Frank, Ekman, & Friesen, 1993). 연구자들은 졸업 앨범 사진이 찍힌 시점으로부터 약 30년이 지난 후, 중년이 된 여성들을 찾아 결혼생활이 얼마나 만족스럽고 행복한지 물었다. 그 결과, 사진 속에서 뒤셴 미소를 지은 여성들은 결혼 가능성이 높았을 뿐 아니라, 30년 배우자와의 관계에 더 만족스러워 하고 있었다. 이처럼 젊은 시절의 사진 한 장에 드러난 행복 수준이 30년이라는 긴 시간이 지난 시점의 관계적 지위와 만족도까지도 예측할 수 있는 강력한 효과를 지닌다.

행복한 사람이 대인관계 측면에서 더 좋은 결과를 얻을 수 있는 이유는 긍정 정서를 경험할 때 보이는 그들의 행동 때문이다. 긍정 정서를 경험하면 사람들은 보다 사교적으로 행동한다(Cunningham, 1988). 예를 들어, 임낭연, 신지은, 홍성우, 서은국(2013)은 실험 연구를 통해 긍정적 정서 중, 고각성 정서인 '즐거움'을 경험한 사람들은 이후 상호작용 상대방에게 보다 지지적인 정서표현을 많이 한다는 것을 발견하였다.

건강 영역에서 나타나는 긍정적 정서의 결과들은 주로 생물적, 신체적 차원에서 찾을 수 있다(예, 통증, 건강행동, 면역 기능, 스트레스 호르몬 분비 등). 예를 들어, 긍정적 정서를 자주 경험하는 사람들은 더 적은 질병 증상 및 통증을 경험하고 전반적으로 더 건강하며(Pressman & Cohen, 2005; Steptoe, Dockray, & Wardle, 2009) 장수한다(Danner, Snowdon, & Friesen, 2001). 행복한 사람들이 건강하고 장수하는 이유 중 하나는 긍정적 정서가 면역 체계를 강화시키고, 스트레스에 더 잘 대처하도록 하는 생리적인 반응을 유발하기 때문이다(Kraft & Pressman, 2012).

행복과 수명 간의 관계는 다양한 배경의 사람들과 다양한 행복 측정 방법으로 검증되어 왔다. 예를 들어, Danner와 동료들(2001)은 60년 전에 쓰여진 Notre Dame 수녀원 수녀들의 글에서 행복, 흥미로운, 사랑, 감사, 기쁨 등 긍정적 정서 단어가 사용된 정도를 분석하여 수녀들의 수명과 글의 긍정성의 관계를 살펴 보았다. 그 결과, 행복 표현을 가장 많이 한 수녀들은 가장 적게 한 집단에 비해 글이 쓰여진 지 60년이 지났을 때 조기 사망 위험이 2.5배 낮았으며, 평균 10년 이상 더 장수한 것으로 나타났다.

다른 연구에서는 1950년 이전에 데뷔한 미국 메이저리그 프로야구선수들의 얼굴 사진을 전혀 웃지 않는 선수, 입만 웃는 선수, 입과 눈을 모두 활짝 웃는 뒤셴 미소를 지은 선수

등 3단계로 분류했다(Abel & Kruger, 2010). 그리고 이 선수들의 수명과 웃음 간의 관계를 살펴 본 결과 사진 속에서 뒤셴 미소를 지은 선수들은 평균 연령이 79.9세로, 웃지 않은 선수들에 비해 평균 7년 더 장수한 것으로 나타났다. 또 다른 연구에서는 이미 세상을 떠난 저명한 심리학자 96명의 자서전을 내용 분석하였다(Pressman & Cohen, 2012). 자서전에 행복한 표현을 많이 사용하고 친밀한 사람들과의 관계를 묘사한, '행복한 자서전'을 쓴 심리학자들이 행복하지 않은 자서전의 저자들에 비해 평균적으로 더 장수한 것으로 나타났다.

성취 영역에서 나타나는 행복의 결과들은 주로 인지적 활동과 관련이 높다(예, 직업 수행 능력, 창의력 등). 긍정 정서는 인지적 과정의 유연성을 높여 보다 창의적으로 사고하게 하며(Baas, De Dreu, & Nijstad, 2008) 인지적 과제 수행 능력을 높인다. 뿐만 아니라, 긍정적인 정서를 자주 경험한 사람들은 이후의 실업률도 낮고, 소득 수준은 높으며, 직업 수행 평가도 더 잘 받을 가능성이 높았다(Boehm & Lyubomirsky, 2008). Diener와 동료들은 1976년에 여러 대학의 신입생들을 대상으로 대학교에 입학한 당시의 '쾌활함' 정서를 측정하고, 이로부터 약 19년이 흐른 뒤에 그들이 직업적 측면에서 얼마나 성공적인 삶을 살고 있는지 추적하여 조사하였다(Diener, Nickerson, Lucas, & Sandvik, 2002). 그 결과, 1976년에 보다 쾌활했던 대학생들이 그렇지 않은 사람들에 비해 1995년 중년이 되었을 때 평균 소득 수준이 더 높다는 것을 발견하였다. 뿐만 아니라 그들은 직업 만족도도 더 높았고 실직 경험은 더 적었다.

행복한 사람들이 직업적 성취 영역에서 더 좋은 결과를 얻는 이유는 실제로 긍정 정서가 더 창의적으로 사고하도록 하여 일의 효율을 높일 가능성, 행복한 사람들이 후광 효과로 인해 직장 상사 및 동료들로부터 더 좋은 평가를 받기 때문일 가능성, 행복한 사람들이 보다 낙관적이므로 어려운 과제를 마주할 때에도 포기하지 않고 더 열심히 일하기 때문일 가능성 등 다양한 가능성이 존재한다.

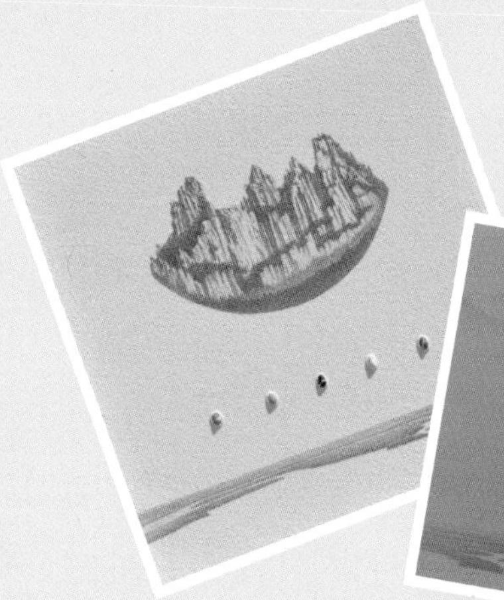

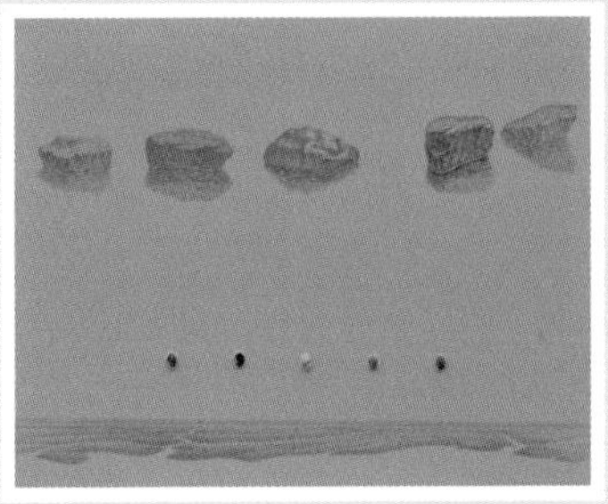

11 심리검사와 지능

An Introduction to Modern Psychology

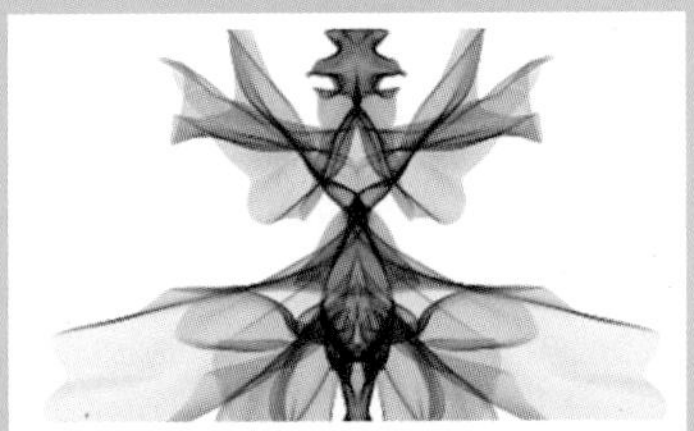

개요

사람들이 다양한 차원에서 보이는 개인차를 측정하기 위한 도구로서의 심리검사 그리고 그 대표적인 예로 지능검사를 알아본다. 우선, 심리검사의 정의, 구성 원리, 좋은 심리검사가 갖추어야 할 요건 그리고 심리검사의 유형을 살펴본다. 그 다음, 지능의 개념, 지능의 측정과 유형, 웩슬러 지능검사 그리고 지능에 개인차와 집단차이에 영향을 미치는 유전과 환경의 영향을 알아본다.

학습목표

1. 심리검사의 개념적 정의를 이해한다.
2. 심리검사를 구성하는 원리와 좋은 심리검사가 갖추어야 할 조건을 알아본다.
3. 심리검사의 다양한 유형을 파악한다.
4. 지능의 개념을 이해하고 그 유형과 측정을 이해한다.
5. 웩슬러 지능검사의 원리와 특징을 이해한다.
6. 지능에 영향을 미치는 유전과 환경의 영향을 이해한다.

오늘날 심리검사는 학교, 병원, 상담소, 기업, 군대, 경찰, 법정 등 우리 사회의 거의 모든 장면에서 사용되고 있다. 학생들의 학업적 성취를 평가하고 미래의 수행을 예측하기 위한 객관적인 도구로 심리검사가 사용된다. 그런가 하면 학업상의 어려움과 문제를 경험하는 경우 그 원인을 밝히고 해결 방안을 찾기 위해 심리검사가 활용된다. 병원과 심리상담소에서는 환자와 내담자가 경험하는 심리적인 문제가 어느 정도로 심각한지, 환자를 괴롭히는 문제의 본질과 원인이 무엇인지, 어떤 치료법이 도움이 될지, 치료를 통해 어느 정도로 문제가 해결되었는지 등을 판단할 때 심리검사는 필수적인 도구이다. 기업에서는 지원자가 업무에 대한 잠재력을 어느 정도 가지고 있는지, 그를 어떤 부서 어떤 업무에 배치할 때 능력을 가장 잘 발휘할 수 있는지를 판단하기 위해 적성검사를 실시한다.

심리검사는 개인에 대한 이해와 의사결정을 도와주고, 다양한 장면에서 다양한 용도로 사용되는 도구지만, 검사의 특성과 한계를 잘 알고 있어야 용도에 맞게 잘 활용할 수 있다. 본 장에서는 심리검사의 원리와 좋은 심리검사의 요건을 알아볼 것이다. 또한 다양한 심리검사를 유형별로 분류하여 그 특징을 개관할 것이다.

1 심리검사의 개념과 원리

(1) 심리검사의 개념

사람들은 외모와 행동의 여러 측면에서 서로 다르다. 어떤 학생은 교사의 설명을 쉽게 이해하지만, 아무리 설명을 해줘도 잘 이해하지 못하는 학생도 있다. 모임에서 새로운 사람들을 만나야 할 때, 어떤 사람은 호기심을 느끼고 설레기도 하지만 어떤 사람은 잔뜩 긴장하면서 마음이 불편해진다. 과제가 주어졌을 때 어떤 사람은 미리 꼼꼼하게 따져봐서 예상되는 어려움에 대한 대책을 준비한 다음에야 일에 착수하지만, 어떤 사람은 일단 일을 시작해 놓고 어려움이 생기면 그때마다 상황에 적합한 방법을 찾아 해결해 나간다.

이처럼 동일한 상황에서 개인마다 다르게 보이는 반응은 무엇을 의미할까? 아마도 개인 내부에 존재하는 것으로 여겨지는 어떤 특성 예를 들어 지능, 성격 등에서의 차이 때문으로 생각할 수 있다. 이러한 내적 특성에서의 개인차는 개인 간 행동의 차이를 설명하는 데 사용되는가 하면, 미래의 상황에서 개인이 어떻게 행동할지를 예측하는 데도 도움이 된다.

심리검사란 행동의 개인차를 이해하고 설명하기 위해 고안된 심리학적 도구다. 어떤 심리검사는 행동 자체를 측정하고자 하지만, 많은 경우 심리검사는 행동 자체보다는 특정한 방식으로 행동하게 만드는 원인이라고 생각되는 개인의 내적 특성, 예를 들어 지능, 적성, 지식, 정서, 동기, 성격, 가치관, 태도 등을 측정하기 위한 것이다. 개인의 내적 특성을 이해하는 것은 결국 개인의 행동을 이해하고 설명하고 예측하는 데 도움이 될 수 있다.

이때 지능, 성격 등 개인의 내적 특성은 실제 존재하는 것이라기보다는 행동을 설명하기 위해 만들어진 추상적인 개념이다. 심리학에서는 이를 '구성개념' 또는 '구인(construct)'이라고 한다. 대부분의 경우 심리검사를 통해 알고자 하는 것은 추상적인 개념인 구인이다. 눈에 보이지 않는 추상적인 개념인 구인을 직접 측정할 수 있는 방법은 없다. 심리검사에서는 이러한 내적이고 추상적인 특성을 어떻게 객관적으로 측정할 수 있을까? 물체의 길이, 부피, 무게와 같은 물리적인 속성의 경우 측정 대상이 눈에 보이는 구체적인 것이기 때문에 측정이 용이하다. 그리고 누가 측정하건, 언제 측정하건 차이가 크지 않다. 그러나 눈에 보이지 않는 사람의 마음을 측정하는 것은 그렇게 간단하지 않다.

(2) 심리검사의 원리

사람의 마음을 어떻게 객관적으로 측정할 수 있을까? 이 질문에 답하기 위해 심리검사의 원리를 알아보자. 내적 특성은 눈으로 직접 관찰할 수 없기 때문에, 심리검사에서는 흔히 내적 특성이 반영되어 나타나는 외적 행동을 측정하여 내적 특성을 추론하는 간접적인 방식을 사용한다. 즉 검사 문항에 대한 수검자의 반응을 분석하여 내적 특성을 추론한다.

성격의 한 차원인 사교성을 측정한다고 생각해보자. 이 사람은 사교성이 어느 정도일까? 사교성이 매우 풍부한 사람일까, 아니면 부족한 사람일까? 내적 구성개념인 사교성을 직접 측정하기는 불가능하므로, 심리학자들은 사교성이 반영되어 나타나는 행동을 평가하여 이를 토대로 사교성의 정도를 추정하는 방법을 사용한다. 그러면 사교성이 반영되어 나타나는 행동에는 어떤 것들이 있을까? 사교성이 풍부한 사람들은 흔히 친구가 많고, 새로운 사람을 잘 사귀고, 사람들과 함께 어울리는 모임을 좋아하고, 자신의 감정을 쉽게 잘 드러내고, 감정 표현이 풍부한 등과 같은 다양한 행동적인 특징을 보일 수 있다. 반면에 사교성이 부족한 사람들은 자신을 잘 드러내지 않으며 대체로 과묵하다. 또한 남들과 함께 있을 때보다 혼자 있을 때 마음이 더 편하고, 여러 사람들과 어울리기보다는 혼자 있거나 소수의 사람들과 어울리는 것을 더 선호한다. 그밖에도 사교성이 풍부한 사람과 사교성이 부족한 사람은 생활 속에서 다양하게 서로 다른 특징적인 행동을 한다. 사교성이 풍부하거나 부족한 사람들이 보이는 이러한 행동적인 특징들을 질문으로 사용하여 '사교성 검사'를 만들 수 있다. 수검자가 이 검사에서 사교성이 풍부한 사람들이 보일 수 있는 행동 문항에 많이 표기하고 사교성이 부족한 사람들이 보이는 행동 문항에 적게 표기할 때, 그를 사교성이 풍부하다고 판단한다. 반대로 사교성이 풍부한 사람들이 보일 수 있는 행동 문항에 적게 표기하고 사교성이 부족한 사람들이 보이는 행동 문항에 많이 표기할 때, 그를 사교성이 부족하다고 판단한다.

심리검사의 또 다른 원리는 측정하고자 하는 구성개념을 반영하는 모든 행동을 모두 문항으로 사용할 수는 없다는 점과 관련이 있다. 이 때문에 구성개념을 가장 잘 반영한다고 생각되는 소수의 행동들만 표집하여 문항을 구성한다. 사교성을 예로 들면, 사교적인 그리고 비사교적인 사람들이 보이는 여러 가지 행동들을 모두 문항으로 만들어 질문하기는 어렵다. 이 때문에 사교성이 높거나 낮은 사람들이 보이는 대표적인 몇 가지 행동을 표집하여 질문을 구성한다.

지능검사를 가지고 이 점을 다시 생각해보자. 지능검사 중에 가장 잘 알려져 있는 웩슬러 지능검사는 여러 가지 하위 검사들로 이루어져 있는데, 그 중의 하나가 '일반지능' 소검사이다. 이 검사의 저자인 Wechsler는 지능이 우수한 사람들은 역사, 정치, 문학, 예술, 과학, 자연현상 등 다양한 영역에서 사실적인 지식을 풍부하게 가지고 있을 것이라는 가정 하에 이 소검사를 자신이 만든 지능검사에 포함시켰다. 웩슬러 성인용 지능검사의 가장 최근판인 개정 4판(WAIS-IV)에서 이 소검사는 총 26개의 문항으로 구성되어 있다. 그런데 이 세상에 존재하는 일반상식은 얼마나 될까? 셀 수 없을 정도로 많을 것이다. 개인의 일반상식 수준을 정확하게 측정하기 위해서는 이 셀 수 없이 많은 내용을 모두 물어보아야 할 것이다. 그러나 그것은 현실적으로 가능하지 않다. 이 때문에 그들을 잘 대표한다고 생각되는 26개의 문항으로 일반상식 수준을 평가한다. 26개의 표집된 일반상식 문항에서 높은 점수를 얻으면 거의 무한

대로 존재하는 일반상식 전체(전집)를 다 물어봤을 때도 높은 점수를 얻을 것이고, 26개의 문항에서 낮은 점수를 얻으면 전체를 다 물어봤을 때도 낮은 점수를 얻을 것이라고 가정한다. 여기서 관건이 되는 것은 26개의 표집된 문항이 헤아릴 수 없을 정도로 큰 전집을 얼마나 잘 대표하는가이다.

이 대표성의 정도에 따라 검사가 수검자의 일반상식 수준을 잘 평가할 수도 있고 그렇지 못할 수도 있다. 그런데 이 표집의 전집 대표성을 판단할 수 있는 절대적이면서 보편적인 기준은 없다. 심리검사를 제작하는 사람들은 측정하고자 하는 영역의 전접 대표성이 클 것으로 보이는 문항들을 표집하기 위해 해당 분야의 이론을 참조하기도 하고, 관련된 여러 선행 연구에서 나타난 결과를 참조하기도 한다. 또한 해당 분야 전문가들의 의견을 폭넓게 수집하여 반영하기도 한다. 이러한 절차를 통해 선정된 검사 문항들이 일반상식 전체를 잘 대표한다면, 이 소수의 문항을 통해 개인의 일반상식 수준을 잘 평가할 수 있고 그래서 이 검사는 좋은 검사로 인정받을 수 있다. 만약 검사 문항들이 일반상식 전체를 잘 대표하지 못한다면 수검자가 이 소검사에서 얻은 점수는 그 사람의 실제 일반상식 수준을 잘 말해주지 못하게 되고 그래서 이 검사는 좋지 않은 검사가 된다. 심리학자들은 표집된 문항들이 측정하고자 하는 영역 전집을 얼마나 잘 대표하는지를 판단하기 위해 그밖에도 여러 가지 방법을 동원한다. 앞으로 설명할 '타당도'는 이러한 대표성의 정도를 판단하는 데 도움이 된다.

2 좋은 심리검사의 요건

어떤 심리검사가 좋은 검사인지 그렇지 않은지를 판단할 때 사용하는 기준으로는 신뢰도, 타당도, 표준화와 규준을 들 수 있다.

(1) 신뢰도

신뢰도(reliability)란 검사에서 얻은 점수를 믿을 수 있는 정도를 뜻하는 것으로, 한 검사를 두 번 또는 여러 번 실시했을 때 일관된 점수가 나올 때 신뢰도가 높다고 할 수 있다. 어떤 물체의 무게를 잰다고 생각해보자. 잴 때마다 아주 조금씩 다른 값이 나올 것이다. 이때 조금씩 다른 값은 측정오차를 반영한다. 여기서 얻은 값은 물체의 실제 무게에 측정오차를 더한 값이다. 만약 물체의 실제 무게에 비해 측정오차가 매우 작다면 이 오차값은 무시해도 좋을 것이다. 그러나 만약 오차값이 매우 크다면 잴 때마다 물체의 무게에 큰 차이가 있을 것이다. 그렇게 되면 이 물체의 진짜 무게가 얼마나 될지 확신하기 어렵다.

만약 같은 심리검사를 두 번 실시했을 때 점수가 현저하게 다르게 나왔다면 어떤 점수가 그 사람의 진짜 점수일까? 두 점수가 유사하지 않으면 우리는 그 검사에서 얻은 점수를 믿고 해석할 수가 없다. 어떤 검사를 한 사람에게 반복적으로 실시했을 때 유사한 점수가 나와야 그 점수가 그 사람에 대한 안정적인 점수임을 확신할 수 있고 해석할 수 있다(〈그림 11-1〉 참고).

신뢰도를 평가하는 방법에는 검사-재검사 신뢰도, 동형검사 신뢰도, 반분 신뢰도, 내적 일관성 신뢰도, 평정자간 일치도 등이 있다. 검사-재검사 신뢰도(test-retest reliability)란 동일한 검사를 시간 간격을 두고 두 번 실시했을 때 얻은 두 점수의 일치 정도를 말한다. 두 점수 간에 차이가 심하다면 어떤 것이 그 사람의 진짜 점수일까? 어떤 사람에게 어떤 지능검사를 약간의 시간 간격을 두고 두 번 실시한 경우를 생각해보자. 개인의 지능은 시간과 상황

그림 11-1 **신뢰도와 타당도.** 여기서 정확성 측면은 타당도, 안정성 측면은 신뢰도의 개념이다.

에 따라 그때그때 변하는 것이 아니라 매우 안정적인 것인 만큼 두 점수가 비슷한 정도로 나올 것으로 기대된다. 그런데 3개월 전에 실시했을 때 IQ가 96으로 나왔고, 그 검사를 오늘 다시 실시했더니 IQ가 116으로 나왔다면 이 사람의 진짜 지능은 얼마일까? 이때 얻은 지능은 믿을 수가 없다. 즉, 신뢰도가 낮은 것이다.

검사–재검사 신뢰도는 신뢰도의 의미를 잘 반영하는 좋은 평가 방법이지만 약점도 있다. 만약 정서 상태, 피로도처럼 측정 시기에 따라 가변성이 큰 특성을 측정하는 검사라면, 검사의 실시 시점에 따른 서로 다른 결과가 검사 자체의 비신뢰성 때문이라고 보기는 어렵다. 또 기억검사, 창의력검사처럼 검사를 일단 한 번 실시하고 나면, 검사를 해본 경험이 그 다음 검사의 결과에 영향을 준다. 이 경우 두 번째 검사의 점수는 수검자의 순수한 기억 능력 또는 창의력을 측정하는 것으로 보기 어렵다. 이를 연습효과 또는 학습효과라고 한다. 연습효과 또는 학습효과가 작용할 수 있는 검사의 경우 검사를 두 번 실시하여 그 일치도를 보는 방식으로 신뢰도를 평가하기는 곤란하다.

신뢰도를 평가하는 다른 방법은 동형검사 신뢰도(alternative form reliability)이다. 이는 문항의 구체적인 내용은 다르지만 문항을 통해 측정하고자 하는 영역, 난이도 그리고 형식은 동일한 두 검사를 한 시점에 다 실시하여 두 검사 점수의 일치도, 즉, 신뢰도를 확인하는 방법이다. 예를 들어 초등학생용 산수문제 '7 + 3 × 2 = ( )'와 '6 + 4 × 3 = ( )'은 문제에 사용한 구체적인 숫자는 다르지만 측정하고자 하는 영역, 난이도, 형식은 거의 동일하다고 볼 수 있다. 이런 방식으로 두 개의 검사를 같은 시기에 실시하여 검사 점수의 일치 정도를 통해 신뢰도를 산출할 수 있다. 이 방법은 측정 시기의 차이로 인한 문제가 개입하지 않고 연습효과도 그다지 작용하지 않기 때문에 신뢰도를 평가하기에 매우 적합하다.

다만 이러한 종류의 심리검사를 만들기가 어렵기 때문에 실제로는 매우 드물게만 사용된다. 비교적 최근에 국내에서 표준화된 웩슬러 기초학습기능검사 A형과 B형(홍상황 등, 2015)은 측정 영역, 난이도, 형식은 거의 동일하지만 구체적인 문항 내용은 다른 두 개의 검사 즉 동형검사이다. 일반적으로 동형검사는 교육이나 치료의 효과를 판단하기 위해 처치 전과 후 두 번에 걸쳐 검사를 실시하고 두 점수의 비교를 하는 경우에 적합하다. 만약 교육 전의 점수에 비해 교육 후의 점수가 월등하게 우수하다면 이 점수 차이는 교육의 효과라고 판단할 수 있을 것이다.

동형검사 신뢰도의 대안으로 반분 신뢰도(split-half reliability)가 흔히 사용된다. 이 방법은 예를 들어 50문항으로 구성된 심리검사를 25문항으로 구성된 2개의 동형검사인 것처럼 간주하여 두 점수간 일치 정도를 통해 신뢰도를 평가하는 방법이다. 이 방법은 개념적으로 동형검사 신뢰도의 훌륭한 대안이고, 간편하기 때문에 널리 사용되는 신뢰도 평가 방법이지만 한 가지 약점이 있다. 검사에 포함된 문항의 수가 반으로 줄어들면 검사에서 산출되는 점수의 범위도 반으로 줄게 된다. 두 검사 점수 간의 일치도는 흔히 이 둘 간의 상관계수로 측정하는데, 일반적으로 산출되는 점수의 범위가 줄면 그로 인해 두 점수 간의 상관계수가 낮게 나온다. 이 때문에 결과적으로 신뢰도가 검사 자체의 실제 신뢰도보다 낮게 나올 수 있다.

반분 신뢰도를 산출할 때 한 가지 더 고려해야 하는 것은 검사 문항들을 반분하는 방법이다. 50문항으로 구성된 어떤 심리검사를 두 개의 25문항 검사로 만드는 방법은 얼마나 있을까? 엄청나게 많은 방법이 존재한다. 이 중 어떤 방법을 사용하는가에 따라 신뢰도 계수가 조금씩 다르게 나올 수 있다. 이러한 경우 생각해볼 수 있는 것은 가능한 모든 반분신뢰도를 산출하여 그 값들을 평균하는 방법이다. 이 방법을 반영하는 것이 내적 합치도(internal consistency) 또는 내적 일관성 신뢰도이다. 이 신뢰도는 한 검사에 들어 있는 모든 문항들 간의 상관의 평균값으로, 검사 문항들이 동일한 개념을 측정하는 정도를 말해준다.

평정자간 일치도는 문항에 대한 평정을 누가 실시하는지에 따라 문항에 대한 채점과 결과가 달라질 수 있는 검사의 경우에 흔히 사용하는 신뢰도 평가 방법이다. 구체적으로, 한 대상자에 대해 두 명의 평정자가 따로 평정을 하고 이 두 평정 결과의 일치 정도를 계산하여 신뢰도를 산출한다. 동일한 대상자를 같은 도구로 평가했다면 동일한 결과가 나와야 그 도구가 신뢰롭다고 할 수 있다. 아동의 행동에 관한 일련의 질문에 아동의 어머니와 아버지가 각각 따로 응답(평정)할 때 두 사람의 평정 점수가 큰 차이를 보인다면 이 자료로 아동의 실제 모습을 짐작하기 어렵다. 채점자 간 일치도와 진단가 간 일치도도 평정자 간 일치도와 유사한 내용의 신뢰도이다.

(2) 타당도

좋은 심리검사의 또 다른 요건은 타당도다. 타당도(validity)란 검사에서 얻은 점수가 그 검사를 통해 측정하고자 하는 개념을 잘 반영하는 정도를 말한다. 어떤 검사의 신뢰도가 높다 하더라도 타당도가 높지 않으면 검사에서 얻은 점수의 해석은 정확할 수가 없다. 타당도의 종류에는 크게 내용타당도, 준거타당도, 구인타당도가 있다.

내용타당도(content validity)란 심리검사에서 사용한 문항의 내용이 그 검사에서 측정하고자 하는 개념의 여러 가지 측면들을 잘 나타내는 정도를 말한다. 예를 들어 '성격장애'를 평가하기 위한 심리검사라면, 자기상, 감정과 정서, 타인 지각 및 대인관계, 일에 대한 태도 및 일 하는 방식 등 성격장애의 여러 가지 양상들을 문항에 잘 포함하고 있을 때 그 검사의 내용타당도가 높다고 할 수 있다. 내용타당도를 객관적으로 판단할 수 있는 기준은 일반적으로 설정하기 어렵다. 이 때문에 흔히 검사의 문항들이 해당 개념을 얼마나 잘 나타내고 있는지에 대한 관련 전문가들의 의견을 취합하여 판단한다.

준거타당도(criterion validity)란 현재의 심리검사 외의 다른 외적 준거에 비추어 이 검사의 타당도를 판단하는 방법이다. 이때의 외적 준거로는 현재의 심리검사에서 측정하는 것과 동일한 개념을 평가하는 다른 측정치가 사용된다. 예를 들어, 새로 제작한 지능검사가 타당한지 확인하기 위해 이미 존재하는 다른 지능검사를 함께 실시하여 두 검사에서 각각 산출된 IQ가 얼마나 일치하는지 살펴볼 수 있다. 두 IQ가 매우 유사하게 나왔다면 이는 새로운 지능검사가 타당하다는 증거가 될 수 있다. 또 다른 예로 어떤 기업체에서 신입사원을 선발하는 절차 중의 하나로 업무적성검사를 사용하는 경우를 생각해보자. 이 업무적성검사의 타당도를 평가할 수 있는 외적 준거로 무엇을 사용할 수 있을까? 아마도 입사 후 일정 기간 동안의 엽무성과를 외적 준거로 사용할 수 있을 것이다. 입사 당시 업무적성검사 점수가 높은 사람이 2년 후의 업무성과가 우수했고 업무적성검사 점수가 낮은 사람이 2년 후의 업무성과가 낮았다면, 이 적성검사는 업무성과를 잘 예측해주는 타당한 검사라고 할 수 있다.

구인타당도(construct validity)란 심리검사가 측정하고자 하는 구인 또는 이론을 제대로 측정하고 있는지를 검증하여 검사의 타당도를 판단하는 방법으로, 앞에서 소개한 여러 가지 타당도를 포함하는 개념이다. 구인타당도에는 검사에서 측정하고자 하는 개념의 이론적 성분을 밝히기 위한 요인분석, 그 개념과 유사한 개념 그리고 구분되는 다른 개념과의 관계를 밝히는 수렴 및 변별타당도 등 매우 다양한 입증 방법이 존재한다. 한 예로, 어떤 수학적성검사를 음대생과 공대생에게 실시했을 때 공대생이 평균적으로 더 높은 점수를 얻었다면, 이것은 이 검사의 구인타당도를 입증하는 것이 될 수 있다.

(3) 표준화

표준화(standardization)란 심리검사의 실시와 채점을 일관성 있게 그리고 통일된 방식으로 할 수 있게 절차를 명세화하는 것을 의미한다. 실시와 채점의 명세화에는 다음과 같은 것들이 포함된다. 예를 들어 각 문항에서 사용하는 질문은 명확하게 정해져 있어야 하며, 수검자가 과제의 내용이나 수행 절차를 잘 이해하지 못하는 경우 검사자가 어느 정도까지 보충 설명을 해줄 것인지 그 지침을 정해두어야 한다. 또 반응시간을 측정해야 하는 검사의 경우 시간을 어떻게 측정할 것인지에 대해서도 지침을 정해두어야 한다. 채점의 경우에도 선다형 문항이 아닌 서술형 문항의 응답 내용에 따라 점수를 부여할 때 명확한 기준과 예시를 제공하여 누가 채점하든 일관성 있는 채점이 가능해야 한다. 검사의 표준화가 잘 되어 있으면 검사를 누가 실시하든 같은 내용, 같은 절차에 따라 실시와 채점을 할 수 있다. 검사 결과의 개인 간 비교를 위해서는 검사의 표준화가 특히 중요하다.

심리검사에서 얻은 점수를 제대로 해석하기 위해서는 검사의 표준화와 함께 검사의 규준(norm)이 있어야 한다. 예를 들어보자. 고등학교 1학년생용으로 개발한 한 음악적성검사에서 어떤 학생이 100점 만점 기준으로 68점을 맞았다. 이 학생의 음악적성은 높다고 할 수 있을까, 낮다고 해야 할까? 이 68점에 의미를 붙이기 위해서는 이 검사에서 다른 학생들은 평균적으로 어느 정도의 점수를 받았는지를 아는 것이 도움이 된다. 이 학생이 속한 학급의 학생 30명의 평균이 74점, 표준편차가 6점이고, 1학년 전체 학생 150명의 평균이 62점, 표준편차가 5점이라고 가정해보자. 그러면 이 학생의 음악적성은 어떻다고 할 수 있을까? 학급을 기준으로 볼 때 이 학생은 음악적성이 상대적으로 낮다고 할 수 있고, 학년 전체를 기준으로 볼 때는 상대적으로 높다고 할 수 있다.

개인이 얻은 점수에 의미를 붙이기 위해서는 그 점수를 그 개인이 속한 집단의 점수 분포에 비추어 상대적으로 해석할 수 있어야 한다. 평균과 표준편차로 요약되는 이 집단의 점수 분포를 규준이라고 한다. 이 예에서 학급과 학년 중 어떤 것을 기준으로 하는가에 따라 학생의 점수를 다르게 해석할 수 있다. 이 예에서 학생의 점수를 판단할 때 사용할 수 있는 가장 이상적인 집단은 전국의 고등학교 1학년생으로 이루어진 집단이다. 그러나 현실적으로 약 50만 명에 이르는 전국의 고1 학생들 모두에게 이 검사를 실시할 수는 없고 또 굳이 그렇게 할 필요도 없다. 이러한 경우 통상적으로 심리학자들은 전집인 50만 명을 잘 대표하는 소수

(예를 들어 500명)의 표본 집단을 대상으로 이 검사를 실시하여 얻은 평균과 표준편차를 사용하여 개인의 점수를 분류한다. 이 소수의 표본 집단을 규준집단 또는 표준화집단이라고 한다. 여기서 관건은 소수의 표본 집단이 전집을 얼마나 잘 대표하는가이다. 표집의 전집 대표성이 좋을수록 점수에 대한 해석이 정확해진다. 심리학자들은 검사 규준을 제작할 때 전집 대표성이 높은 규준집단을 얻기 위해 고심한다.

심리검사의 해석 즉, 검사의 점수가 갖는 의미를 찾아나가는 과정은 개인 간 비교와 개인내 비교를 통해 이루어진다. 개인간 비교란 한 개인의 특정한 속성이 다른 사람들에 비해 상대적으로 어떠한지를 알아보는 것이다. 개인내 비교란 한 개인이 가지고 있는 특정한 속성이 그 개인의 다른 속성들에 비해 상대적으로 어떠한지를 알아보는 것이다. 개인내 비교는 수검자가 얻은 여러 점수들을 서로 비교하여 강점과 약점을 밝혀나가는 과정이다. 이 비교를 위해서는 속성에 대한 수량화, 특히 표준점수화가 필요하다. 표준점수란 단위가 다른 여러 가지 측정치들을 서로 비교하기 위해 통일된 단위의 점수로 변환한 것을 말한다. 예를 들어, 한 수검자의 IQ가 115라는 것은 표준화집단의 평균적인 능력 100에 비해 표준편차 15점 즉 1 표준편차만큼 우수한 지능을 가졌다는 것으로 해석할 수 있다. 이것은 개인 간 비교에 해당한다. 또한 이 수검자의 언어성 IQ는 130이고, 동작성 IQ는 100이라면 이 사람은 비언어적 능력에 비해 언어적 능력이 월등하게 뛰어나다는 것을 말해준다. 이것은 개인 내 비교에 해당한다.

3 심리검사의 유형

미처 다 파악하기 어려울 정도로 많은 심리검사들이 개발되어 사회의 다양한 장면에서 다양한 목적으로 사용되고 있다. 수많은 심리검사 하나씩 그 특징을 살펴보는 것으로는 심리검사 전반을 파악하기가 불가능할 것이며, 아마도 일반적인 특징에 따라 분류하면 좀 더 간편하게 심리검사 전반을 파악할 수 있을 것이다.

(1) 실시 및 응답 방식, (비)언어성

검사를 그 실시방식에 따라 집단 검사와 개인 검사로 구분할 수 있다. 집단 검사의 경우 한 사람의 검사자가 동시에 여러 사람의 수검자를 대상으로 검사를 실시한다. 주로 질문지형 검사에서 사용하는 이 방식은 한꺼번에 여러 사람들을 검사할 수 있고 또한 검사자가 고도로 훈련된 사람이 아니라도 실시할 수 있기 때문에 경제적인 면에서 효율성이 높다. 그러나 검사 상황에서 보일 수 있는 개인마다의 다양한 과제 접근방식, 행동, 응답 시간 등을 정확하게 관찰하고 효과적으로 통제하기가 어렵다는 제한점이 있다. 개인 검사는 검사자가 한사람의 수검자와 면대면 상황에서 검사를 진행하는 방식의 검사이다. 이 방식에서는 수검자의 독특한 특성과 행동, 과제 접근방식 등을 관찰할 수 있고, 검사의 진행을 잘 통제할 수 있으며, 필요에 따라 유연하게 진행할 수 있어 수검자의 능력이나 성향을 보다 더 정확하고 풍부하게 파악할 수 있다.

검사를 응답의 방식에 따라 선택형 검사와 진술형 검사로 구분할 수도 있다. 선택형 검사의 경우 검사 문항에 대해 '예/아니오' 또는 '전혀 그렇지 않다(0점) ~ 매우 그렇다(4점)'와 같은 방식으로 응답하도록 만들어진 검사다. 진술형 검사는 예를 들어 "'세 살 적 버릇이 여든까지 간다.'는 속담은 무슨 뜻입니까?", "'생략하다'라는 단어의 뜻이 무엇입니까?", "이 그림이 무엇처럼 보입니까?"와 같이 매우 다양한 응답이 가능한 문항들로 구성된 검사다. 선택형 검사의 경우 반응의 종류가 제한되어 있기 때문에 채점이 용이한 장점이 있다. 진술형 검사의 경우 점수화가 매우 어렵다는 단점이 있지만, 수검자가 매우 다양한 내용의 응답을 할 수 있기 때문에 해석이 풍부하다는 중요한 장점이 있다.

검사를 언어성 검사와 비언어성 검사로 구분할 수도 있다. 언어성 검사는 말이나 글로 질문하고 대답하는 방식으로 진행되는 검사다. 비언어성 검사는 그림이나 동작으로 질문하고 동작으로 대답하는 빙식으로 진행된다. 언어는 문화와 교육의 영향을 받는다. 그런 점에서 문화권이나 교육 환경이 다른 배경의 사람들에게는 언어성 검사가 제약을 받을 수 있다. 이런 경우 동작성 검사가 특히 유용하다. 언어적 의사소통 능력이 잘 발달하지 못한 아주 어린 아동의 경우에도 비언어적인 방식의 검사가 유용하다. 1차 세계대전 당시 장병의 선발에 사용한 군사용 적성검사인 아미 베타 검사의 경우 영어를 알지 못하는 미국인들을 위해 개발된 검사이다.

(2) 최대 수행 검사와 전형적 수행 검사

심리검사를 최대 수행 검사(maximum performance test)와 전형적 수행 검사(typical

performance test)로 구분하는 것도 검사의 특성을 이해하는 데 도움이 된다. 최대 수행 검사(또는 능력검사)란 각 문항에서 정답과 오답이 존재하는 검사로, 이 유형의 검사에서 얻은 높은 점수는 수검자의 지식, 기능 또는 발달이 우수하다는 것을 의미한다. 여기에 속하는 대표적인 심리검사는 지능검사이며, 그밖에 학업성취검사, 다양한 종류의 발달수준 검사, 신경심리검사 등이 있다. 임상 및 상담 장면과 교육 장면에서 사용하는 대표적인 최대 수행 검사인 지능검사는 다음 절에서 보다 더 상세하게 살펴보겠다.

최대 수행 검사는 성취검사와 적성검사로 구분할 수도 있다. 성취검사는 과거부터 현재까지의 훈련과 경험을 통해 수검자가 습득한 지식과 능력을 측정하기 위한 것이다. 반면에 적성검사는 수검자가 앞으로의 경험과 훈련으로 성취할 수 있는 정도 즉, 미래 수행을 예측하기 위한 것이다. 성취검사와 적성검사는 검사의 내용에 따른 차이라기보다는 검사 결과의 용도에 따른 구분이다. 즉, 같은 검사도 수검자가 지금까지 성취한 것을 평가하기 위해 사용하면 성취검사, 앞으로의 수행을 예측하는 데 초점을 맞추면 적성검사가 된다.

대표적인 능력검사인 지능검사는 검사에서 나온 점수를 어떻게 개념화하고 어떤 용도로 사용하는지에 따라 성취검사로도 분류되고 적성검사로도 분류된다. 지능검사에서 산출된 점수, 즉 IQ는 개인이 유전적으로 물려받은 잠재력과 함께 현재까지의 경험과 훈련을 통해 습득한 지적 능력의 총합이다. 그런 점에서 지능검사는 성취검사로 볼 수 있다. 그러면서도 한편 IQ는 적절한 교육적 배치를 결정하고 미래의 가능성을 예측하는 데 사용된다. 그런 점에서 지능검사는 적성검사이기도 하다.

다른 예로 대입수능시험을 생각해보자. 대학교 입시 담당자는 학생이 입학하여 교과과정을 잘 따라갈 수 있는지를 예측하기 위해 수능시험 점수를 사용할 것이다. 이 경우 대입수능시험은 적성검사에 해당한다. 그러나 고등학교의 진학지도 교사가 지난 3년간 학생들을 지도한 방식에 따라 수능시험 점수가 어떻게 향상되었는가를 판단하고자 한다면 수능시험은 성취검사에 해당한다.

최대 수행 검사는 정확도검사와 속도검사, 그리고 이 둘을 결합한 형태의 검사로도 구분할 수 있다. 정확도검사(power test)는 수검자가 필요한 만큼의 시간을 자유롭게 사용하되 정답을 하는지 여부로 점수가 결정된다. 속도검사(speed test)는 시간이 충분히 주어지면 정답을 할 수 있는 과제에서 제한된 시간 내에 얼마나 정답을 많이 하는지에 따라 점수가 결정되는 유형의 검사이다.

전형적 수행 검사(또는 성향검사)란 문항에 대한 정답이 있는 것이 아니라 어떤 응답을 하는가에 따라 수검자의 성향을 파악하는 유형의 검사다. 예를 들어, "당신은 다른 사람들과의 긴밀한 접촉이 없이 혼자서 작업할 수 있는 직업을 선택하고 싶습니까?"와 같은 문항에서 정답이 무엇일까? 이러한 유형의 문항에서는 정답과 오답이 없고, 단지 '예/아니오' 또는 '전혀 그렇지 않다 ~ 매우 그렇다' 중 어떤 쪽에 응답하는지에 따라 수검자가 어떤 성향의 사람인지 분류하게 된다. 정서, 흥미, 태도, 가치관, 자기상, 대인관계 양상 등을 포함하는 다양한 성격검사가 이 유형에 속하며, 그밖에 정신병리를 평가하기 위한 많은 심리검사가 여기에 속한다.

전형적 수행 검사는 성격과 정신병리를 평가하기 위해 빈번하게 사용하는 유형으로, 자기보고형 검사(self-report test)와 투사 검사(projective test)가 이 유형에 속한다. 자기보고형 검사는 흔히 알고 있는 '질문지형 검사'로, 현재 사용하고 있는 심리검사 중 거의 대부분이 이 유형에 속한다고 해도 과언이 아닐 정도로 널리 사용되고 있다. 이 유형의 검사의 문항은 개인의 내적 상태, 경험, 기억 등에 대한 질문들로 구성된다. 이와 같은 개인적 특성들은 본인이 가장 잘 알고 있으므로 본인한테 직접 물어볼 때 가장 정확하고 풍부한 정보를 얻을 수 있다는 점에서 이 유형의 검사는 가치가 큰 자료를 얻을 수 있는 도구이다.

다만 이 검사를 통해 얻는 자료는 수검자가 자신이 인식하고 기억하고 있는 사실을 있는 그대로 응답해줄 때만 가치가 있다. 수검자가 자신을 더 잘 이해하기 위한 목적으로 심리검사를 받는 경우 진실한 응답을 할 가능성이 높고, 따라서 이 검사를 통해 정확하면서도 풍부한 자료를 얻을 수 있다.

그러나 수검자가 자신의 실제 경험과 기억에 따라 있는 그대로 응답하지 않는다면, 이 검사에서 얻은 자료는 왜곡된 것이거나 가치가 없는 것이 된다. 이 점이 자기보고형 심리검사의 가장 큰 약점이다. 실제로 임상 장면에서 수검자가 자신의 내적 경험을 숨기려 하는 경우나 실제보다 과장되게 호소하는 경우가 흔히 있다. 또 다른 문제로 수검자가 자신의 내적 상태와 경험을 잘 인식하지 못하거나 기억하지 못하는 경우에도 이 유형의 검사는 제한적이다. 이 때문에 정신적으로 성숙하지 못한 어린 아동들이나 지적 기능의 감퇴가 현저하게 있는 노인성 치매 등의 경우 이 유형의 검사를 사용하기 어렵다.

(3) 투사 검사 및 기타

투사 검사에서 '투사(projection)'란 정신분석 이론에서 나온 개념으로, 마치 영사기 속의 필름에 있는 인물이 스크린에 투사되는 것과 같이 개인의 내부에 존재하는 감정, 욕구, 소망을 자신의 것으로 인정하지 않고 외부 대상의 것으로 돌리는 일종의 방어기제이다. 투사 검사는 정신분석 이론에서 제시한 이러한 개념을 이용한 것으로, 모호한 자극에 대한 반응을 분석하여 응답자 본인도 인식하지 못한 채 마음 깊은 곳에 자리잡고 있는 사고, 동기, 욕구, 태도, 갈등 등을 추론해낸다.

〈그림 11-2〉는 가장 잘 알려져 있는 투사 검사인 로르샤하 검사(Rorschach Test)의 자극도판과 유사한 그림이다. 수검자는 이 그림을 보고 그림이 전체적으로 또는 부분적으로 무엇처럼 보이는지를 말해야 한다. 그러면 심리학자는 이 반응을 일정한 기준에 따라 형식과 내용 측면에서 분석한다. 임상 장면에서 빈번하게 사용하는 투사 검사에는 로르샤하 검사(Rorschach, 1921) 외에도 주제통각검사(Thematic Apperception Test, TAT; Murray, 1935), 인물화검사(Drawing A Person Test, DAP), 문장완성검사(Sentence Completion Test, SCT) 등이 있다.

그림 11-2 로르샤하 검사 자극과 유사한 자극

투사 검사는 개인의 인식 바깥에 있는 정신 현상과 작용을 측정한다는 점에서 다른 유형의 심리검사에 비해 그 강점이 있다. 또한 어떤 반응을 어떻게 채점하고 어떻게 해석하는지 수검자가 알기 어렵기 때문에, 자기보고형 검사의 약점이라고 할 수 있는 반응 왜곡 의도가 개입할 여지를 줄일 수 있다는 장점도 있다. 그러나 개인의 인식 바깥에 있는 정신활동을 객관적으로 측정할 수 있는 외적 준거가 마땅히 없기 때문에, 검사 결과의 타당성을 검증하기 어렵다는 단점이 있다. 이 때문에 사용 빈도가 점차 감소하는 추세이며, 법정 장면에서는 투사 검사의 결과를 법적 증거로 채택하지 않는 경우가 흔히 있다.

앞에서 언급하지는 않았지만 임상 현장에서는 널리 사용하는 또 다른 유형의 심리검사로 제 3자 평정형 검사를 들 수 있다. 앞서 자기보고형 검사의 한계에서 지적한 것처럼, 정신적으로 성숙하지 못한 어린 아동이나 지적 기능의 감퇴가 현저한 노인성 치매 환자 등의 경우 자신을 객관적으로 관찰하기도, 이해하기도, 언어적으로 보고하기도 어렵다. 이 경우 아동이나 치매가 있는 노인들에게 직접 물어보기보다는 그들과 함께 생활하면서 관찰하는 위치에 있는 보호자, 교사, 치료자 등에게 그들의 행동 양상(행동의 빈도, 강도, 발생 상황 등)을 물어보는 것이 더 정확하고 가치 있는 자료가 될 수 있다. 또한 일반적으로 개인의 행동 양상과 관련해서 행위자 본인의 인식과 가까이서 생활하는 주변 사람들의 인식 사이에 차이가 있을 수도 있다. 따라서 개인의 자기 인식과 그 사람에 대한 주변 사람의 인식을 비교하는 것도 유용한 자료가 될 수 있다. 이런 이유로 자기보고형 대신 또는 자기보고형과 함께 제 3자 평정형 검사(경우에 따라서 부모 평정형, 보호자 평정형, 교사 평정형 등으로 불린다.)를 통해 자료를 얻을 수 있다.

출생 직후의 영유아에서부터 노년기에 이르기까지 폭넓은 연령층의 일상생활 적응행동 기능을 평가하는 바인랜드 적응행동 척도(Vineland-II; 황순택 등, 2015; Sparrow et al., 2005)는 보호자가 대상자를 평가하도록 제작된 검사이다. 아동청소년들의 심리적인 부적응을 평가하는 대표적인 검사인 아동행동 평정 체크리스트(Child Behavior Checklist, CBCL; 오경자, 이혜련, 홍강의, 1997; Achenbach, 1994)의 경우, 부모 평정형과 함께 동일한 내용을 측정하는 청소년 자기보고형(Youth Self Report, YSR)과 교사 평정형(Teacher Rating Form, TRF)이 개발되었다. 아동청소년들의 심리적인 부적응을 평가하기 위해 국내에서 독자적으로 개발된 한국 아동인성 평정척도(Korean Personality Rating Scale for Children, KPRC; 김지혜 등, 2006)의 경우에도 청소년 자기보고형과 교사 평정형이 함께 개발되었다.

지금까지 심리검사의 개념과 원리, 좋은 심리검사의 요건 그리고 심리검사의 유형에 대해 알아보았다. 심리검사는 흔히 칼에 비유된다. 잘 사용하면 우리의 생활에 꼭 필요한 도구지만 잘못 사용하면 사람을 다치게 할 수 있는 해로운 물건이라는 의미이다. 심리검사의 장점과 한계를 잘 파악한 뒤 필요한 곳에 필요한 검사를 사용한다면, 우리 생활의 다양한 영역에서 유용한 도구가 될 수 있을 것이다. 다음 절에서는 대표적인 심리적 구성개념 중의 하나인 지능에 대해 알아보겠다.

4 지능의 개념과 측정

(1) 지능의 개념

지능은 간단하게 정의하기 어려운 매우 추상적인 개념이다. 지능이 무엇이고 인간 행동 중 어디까지 설명할 수 있으며 어떻게 측정해야 하는지 이에 대한 많은 논란이 있을 수 있다. 현대의 심리학이 출발한 이래로 오랫동안 지능을 연구해 왔지만, 아직까지 지능을 구성하는 성분 또는 요인이 무엇인지 정확하게 밝혀내지 못했다. 현재까지 연구된 바에 따르면, 지능은 그 본질이 매우 복잡하고 복합적이고 방대하며, 단일한 성분이 아니라 여러 가지 요인들로 구성되어 있다는 것이다. 즉, 지능은 계획 능력, 문제해결 능력, 논리적 사고력, 추상적인 사고력, 이해력, 판단력, 계획능력, 창의력, 신속한 학습 능력, 경험을 통한 학습 능력, 자신의 환경에 적응하는 능력, 새로운 상황에 대처하는 능력 등 다양한 능력을 포괄하는 개념이다.

지능의 이러한 복합성 때문에 현존하는 어떤 지능검사도 지적 능력의 여러 측면들 중 그 일부를 측정할 뿐 모두를 측정하지는 못한다. 따라서 특정한 지능검사에서 나온 점수가 개인의 모든 지적 능력을 충실하게 반영한다고 보기는 어렵다. 이 때문에 역사적으로 볼 때 지능의 측정은 지능의 이론적 개념화와는 별개로 현실의 실용적인 목적을 위해 이루어지기 시작했다. 이론적 입장에서는 지능의 구조와 구성 성분에 대해 활발한 논의가 있어 왔다. 특히 지적 능력이라고 할 만한 능력에는 어떠한 것들이 있는지, 그러한 능력들이 서로 어떤 관련성을 가지고 있는지, 그러한 여러 능력에 공통적으로 들어 있는 요인이 무엇인지 등이 가장 활발하게 논의되었다.

Spearman은 20세기 초에 지능의 구성 요인을 밝히는 과정에서 글의 뜻을 파악하고, 수학 문제를 풀고, 같은 형태의 그림을 찾는 등 여러 지적 기능의 측정치 간에 상관관계를 계산하였다. 그 결과 각 과제의 점수 간에 정적 상관이 관찰되었다. 이것은 한 가지 과제를 잘하는 사람은 다른 과제도 잘 한다는 것을 의미한다. 수학에서 뛰어난 학생이 영어, 생물, 기타 다른 영역에서도 잘하는 경향이 있는 것이 사실이다. 그는 이 현상을 각 과제에 공통적으로 작용하는 일반적인 기저 능력이 존재하기 때문이라고 해석하였다. Spearman은 이 일반 능력을 g 요인(g factor)이라고 명명하였다(Spearman, 1904, 1927). 전반적이고 일반적인 능력으로서 g 요인은 모든 인지능력에 영향을 미치는 생물학적 또는 심리적 기질과 관련되어 있다. 그런가 하면 능력이 뛰어난 학생이 모든 과목에서 고르게 우수한 능력을 발휘하는 것은 아니다. Spearman은 다양한 인지과제의 점수들이 정적 상관을 보이지만 그 상관이 항상 강한 것은 아니라는 점에도 주목하였다. 그는 이를 토대로 여러 능력에 공통적으로 작용하는 일반 능력과는 구분되는 개별적이고 특수한 능력으로 s 요인(s factor)의 존재를 추가하여 지능의 2요인설을 주장하였다.

다양한 인지과제의 점수들 간의 상관이 그다지 크지 않다는 점에 주목한 몇몇 연구자들은 지능은 일반 능력보다는 비교적 독립적인 여러 능력들의 조합으로 더 잘 이해할 수 있다고 주장했다. Thurstone(1938)은 지능에는 7가지 독립된 요인이 있으며 일반 요인이란 존재하지 않는다고 보았다. 그는 서로 별개의 독립적인 능력으로 언어 요인(verbal factor, V), 수 요인(number factor, N), 기억 요인(memory factor, M), 지각 요인(perceptual factor, P), 어휘 유창성 요인(word fluency factor, W), 추리 요인(reasoning factor, R)의 7가지 기본 정신능력(primary mental ability, PMA)을 제시하였다. Thurstone이 제시한 기본정신능력은 Spearman의 s 요인에 해당한다. 지능에는 분석적 지능, 창조적 지능, 실용적 지능 등 세 종류의 기본 지능이 존재한다고 개념화한 이른바 Sternberg의 삼원이론(Triarchic Theory; Sternberg, 2004)이나 지능 혹은 마음의 틀로 언어, 수학, 공간, 신체-운동, 음악, 내성, 대인관계, 자연 등 8가지를 제시한 Gardner의 다중지능적 접근(Gardner, 1998)도 s 요인에 초점을 맞춘 이론이다. 최근까지 약 120개 정도의 s 요인이 제안되었다(Carroll, 1993; Domino & Domino, 2006).

Cattell은 Spearman의 일반지능 개념에 더하여 g 요인을 유동성 지능(fluid intelligence, Gf)과 결정성 지능(crystallized intelligence: Gc) 두 유형으로 구분하였다(Cattell, 1941). 이를 Gf-Gc이론이라고 한다. 유동성 지능은 추론을 통해 새로운 문제를 해결하는 능력으로, 문화, 경험, 교육과는 무관하고 유전, 성숙 등 생물학적 요인의 영향을 받는 선천적 기능이며, 뇌손상이나 정상적 노화에 따라 감소하는 지적 능력이다. 이에 비해 결정성 지능은 유동성 지능을 바탕으로 하여 개인의 문화적 및 교육적인 경험에 의해 습득되는 기능으로, 연령이 증가해도 유지되거나 지속적인 발전이 가능하다. 언어능력, 수리능력 등이 여기에 속한다. 흔히 노인이 되면 지적 기능이 감소하는 것으로 알려져 있지만, 노화와 지능 간의 관계에 관한 광범위한 연구결과 노년기에는 유동성 지능은 감소하지만 결정성 지능은 유지되거나 오히려 증가하는 것으로 밝혀졌다. Cattell의 제자 Horn은 이후에 Cattell의 유동성 지능과 결정성 지능 외에 추가적으로 시각 지각, 단기 기억, 장기 저장과 인출, 처리속도, 청각 처리 능력, 양적 능력, 읽기-쓰기 능력 등의 요인을 발견하여 초기 Gf-Gc이론을 확장하였다(Horn, 1966, 1991).

Carroll은 그동안 축적되어 온 지능검사 자료에 대한 요인분석을 포함한 광범위한 재검토를 통해 지적 능력이 위계를 이루는 3층 구조로 되어 있다는 3층이론(three stratum theory)을 제시하였다(Carroll, 1993). 최근에 이 이론은 Cattell, Horn의 Gf-Gc이론과 결합되어 카텔-혼-캐롤이론(Cattell-Horn-Carroll theory, CHC theory)으로 발전하였다. CHC이론에서 제일 위층에는 Spearman의 일반 지능이 있고, 중간층에는 유동성 지능(Gf), 결정성 지능(Gc), 단기기억(Gsm), 시각-공간 지능(Gv), 청각처리(Ga), 장기저장 및 인출(Glr), 인지적 처리속도(Gs), 결정 및 반응속도(Gt), 읽기 및 쓰기(Grw), 양적 지식(Gq) 등 넓은 범위의 10개 능력이 있으며, 가장 아래층은 매우 특수한 능력들이 있다. 이 이론은 지능의 구성에 관한 가장 종합적이고 경험적 지지가 가장 탄탄한 이론이다. 최근에 개발된 또는 개정 작업이 진행 중인 비중 있는 지능검사들은 대부분 CHC이론을 토대로 하고 있거나 반영하고 있다(Kaufmann, 2009; Schneider & McGrew, 2012).

(2) 지능의 측정

그림 11-3 알프레드 비네(Alfred Binet: 1857~1911)

19세기 후반 Galton은 정치인, 법률가 등 사회적으로 명망 있는 사람들은 대부분 그들의 일가친척들 중에도 뛰어난 활동을 한 사람들이 많다는 사실에 주목하여 지능이 가계를 따라 유전되는 것이 아닐까 생각했다. 그는 이 가설을 입증하기 위해 지능을 측정하고자 했다. 그는 지능이 높은 사람은 환경 정보를 효율적으로 받아들일 것이라는 생각으로 주로 감각적 민감성과 변별능력, 반응속도와 같은 감각-운동 기능에 초점을 맞추어 지능을 측정하고자 했다. 최초의 지능 평가로 볼 수 있는 이 시도는 성공하지 못했고, 그는 자신의 가설을 입증하는 데 실패했다.

지능의 측정을 위해서는 지능의 내용, 범위, 구조에 관한 연구가 선행되어야 한다. 그러나 앞에서 잠깐 언급한 것처럼 심리학에서 지능의 측정은 이론적 연구와는 별도로 현실적인 필요에 의해 다분히 실용적인 목적 하에서 이루어졌다. 19세기 말에 프랑스에서는 관련 법령의 제정에 따라 초등학교 아동들 중에 학습 능력이 매우 떨어지는 학생들을 그렇지 않은 학생들과 분리시켜 별도로 교육을 시켜야 할 필요성이 생겼다. 이러한 상황에서 교육부는 심리학자 Alfred Binet(〈그림 11-3〉 참고)에게 정신지체(mental retardation: 이 용어가 가진 부정적인 인상을 고려해 최근에는 '정신지체' 대신 '지적 장애'라는 용어를 사용한다.) 아동을 선별할 수 있는 객관적이고 체계적인 방법을 만들어줄 것을 의뢰하였다.

Binet-Simon 검사. 교육부의 의뢰를 받은 Binet는 Henri, Simon과 함께 1905년에 Binet-Simon 검사를 출간하였다. 현대적 의미에서 최초의 지능검사로 인정받는 이 검사는 기억력, 주의력, 이해력, 판단력과 같은 정신 기능을 평가하는 30개의 문항으로 구성되었으며 주로 언어적 능력에 초점을 맞추었다(〈그림 11-4〉 참고). 이 검사에서는 특정 아동의 점수를 같은 나이의 대표적인 아동집단의 점수와 비교하여 그의 정신연령(mental age: MA)을 산출하였다.

예를 들어 어떤 아동이 만 6세 아동들의 대부분이 통과하는 문항을 다 맞히면 정신연령 6세가 된다. 이 검사에서 아동 자신의 생활연령(chronological age: CA)에 비추어 정신연령이 현저하게 낮게 나오면 그 아동은 정신 기능의 발달이 지체되었다고 판단할 수 있다. 이 검사는 학습부진과 지적 장애 아동들을 선별하는 데 유용한 것으로 확인되었다.

그림 11-4 **비네-시몬 검사의 문항 예시.** 수검자는 나란히 그려져 있는 두 인물 중 어느 쪽이 더 예쁜지 대답해야 한다.

스텐포드-비네 지능검사. 프랑스에서 비네-시몬 검사가 성공을 거두면서 이 검사의 미국판이 여러 편 제작되었다. 그 중에서 가장 인기를 끈 것은 스텐포드 대학의 Terman이 1916년에 출판한 스텐포드-비네 지능검사였다. 그는 이 검사에서 최초로 지능지수(Intelligence Quotient, IQ)를 고안하였다. 이 검사에서는 아동의 정신연령을 생활연령으로 나눈 다음 그 값이 정수값을 갖게 하기 위해 여기에 100을 곱해서 지능지수를 산출하였다.

$$IQ = \frac{MA}{CA} \times 100$$

여기서 MA는 검사에서 산출된 정신연령이고 CA는 아동의 생활연령이다. 예를 들어, 만 10세 아동이 만 12세 아동의 대부분이 성공할 수 있는 과제를 성공했다면 12/10 × 100 = 120이 된다. 같은 나이 또래 아동들과 동등한 정도의 정신능력을 가진 아동 즉, 지적으로 평균적인 아동의 IQ는 100이 된다.

이 방식으로 산출하는 IQ를 비율지능지수라고 한다. 비율지능지수는 아동의 지적 능력을 하나의 수로 나타낼 수 있는 매우 편리한 값이다. 정신연령은 아동기와 청소년기 중기까지는 생활연령과 비례해서 일반적으로 일정하게 증가하기 때문에, 이 방식으로 지능지수를 산출하는 것이 문제가 되지 않는다. 그러나 청소년기 후기 이후에는 생활연령의 증가에도 불구하고 정신연령은 더 이상 증가하지 않기 때문에, 이 방식으로 성인의 지능지수를 산출하는 것은 적절하지 않다. 1960년에 출판된 이 검사의 개정 3판에서부터는 이 방식 대신 앞으로 소개할 편차지능지수를 도입하였다. 이 검사는 개정을 거듭하여 2003년에 Standford-Binet 지능검사 5판(SB-5)이 출판되었다.

최초로 개발된 집단용 지능검사는 1차 세계대전 당시 군사적 지식과 기술을 훈련시켜 전선에 투입할 장병들을 선발하고 배치하기 위해 군사용 적성검사로 개발된 아미 알파(Army Alpha)와 아미 베타(Army beta)이다. 아미 알파는 언어성 검사로, 아미 베타는 비언어성 검사로 개발되었다. 비언어성 검사를 함께 개발한 것은 영어를 알지 못하는 미국 청년들의 지적 능력을 평가하기 위해서였다.

검사의 문항은 스탠포드-비네 지능검사의 영향을 많이 받은 것으로 알려져 있다. 이 검사는 전쟁 중에 활발하게 사용되었으나 전쟁이 끝나면서 더 아상 사용하지 않는 검사가 되었다. 그러나 언어성-비언어성 검사로 구성된 이 검사는 후에 제작된 웩슬러 지능검사의 구조와 내용에 결정적인 영향을 주었다. 또한 전쟁 중에 군인을 선발하고 배치하는 중요한 일에 심리검사를 사용한 것은 심리검사와 심리학자의 역할을 국가와 사회로부터 인정받는 데 크게 기여한 것으로 평가할 수 있다.

웩슬러 지능검사. 개인용 지능검사로 가장 널리 사용되는 것이 웩슬러 지능검사이다. 1930년대에 뉴욕의 벨레뷰 정신병원의 주임 심리학자였던 Wechsler(〈그림 11-5〉 참고)는 성인을 위한 지능검사를 개발하고자 했다. 그의 노력의 결과로 웩슬러-벨레뷰 지능검사(Wechsler-Bellevue Intelligence Scale; Wechsler, 1939)가 개발되었고, 이를 보다 더 정교하게 다듬은 웩슬러 성인용 지능검사(Wechsler Adult Intelligence Scale, WAIS; Wechsler, 1955)가 출판되었다. Wechsler는

그림 11-5 데이비드 웩슬러(David Wechsler: 1896~1981)

아미 알파, 아미 베타를 참조하여 6개의 언어성 소검사와 5개의 비언어성 소검사(동작성 소검사라고 한다)로 검사를 구성하고, 지능지수도 전체 지능지수와 언어성 지능지수, 동작성 지능지수 등 3개를 제공할 수 있도록 제작하였다.

WAIS에서는 비네 검사와는 전혀 다른 방식으로 IQ를 산출하였다. Wechsler가 고안한 방식은 한 개인의 수행이 그가 속한 연령대의 표준화집단이 보인 수행 점수와 비교하여 차지하는 상대적 위치를 수량화하는 방식이다. 이 방식으로 산출된 IQ를 편차지능지수라고 한다.

$$IQ = \frac{Xi - M}{SD} \times 15 + 100$$

여기서 Xi는 수검자가 얻은 원점수이다. M은 표준화집단(수검자와 동등한 연령범주 집단)의 원점수의 평균값이고 SD는 표준화집단 원점수 분포의 표준편차이다. 개인의 원점수와 표준화집단의 평균 점수 간의 차이점수를 표준편차로 나눈 다음 여기에 15를 곱해주는 절차는 차이점수를 표준편차 15인 분포에서의 점수로 환산하기 위한 절차이다. 100을 더해준 것은 음수값이 나오는 것을 방지하기 위한 것이다. 비율지능지수는 수검자의 연령에 구애받지 않기 때문에(물론 수검자의 연령이 속해있는 표준화집단의 수행 점수는 필요하다.) 매우 편리하고 유용한 것으로 인정받아, 이후 IQ를 산출하는 모든 지능검사에서 IQ 산출의 표준적인 방식이 되었다.

〈그림 11-6〉에서 보듯이, 개인의 지능지수는 평균 100, 표준편차 15인 정규분포에서 그 개인이 차지하는 위치이다. 어떤 사람의 IQ가 100이라면, 이것은 그 사람이 속한 연령층에서 정중앙에 위치하는 지적 능력을 가지고 있다는 의미이다. 백분위로 표시하면 100명 중 50등

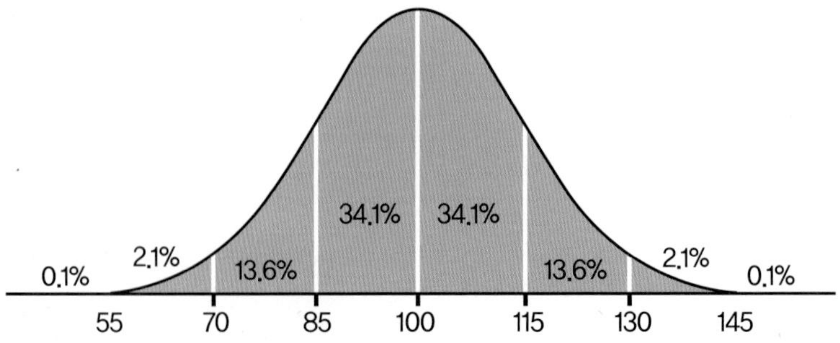

그림 11-6 평균 100, 표준편차 15인 정규분포로 변환된 지능지수 분포

에 해당되는 지능지수이다. 이 그림에서 볼 수 있는 것처럼 평균을 중심으로 ±15점 사이에 약 68%의 사람들이 속해 있다.

모든 측정치에는 오차가 포함되어 있다. 지능검사로 측정한 IQ의 경우에도 그것이 개인의 정확한 IQ가 아니라 오차를 포함한 값이다. 이 때문에 개인의 IQ를 하나의 값으로만 제시하지 않고 오차의 범위를 반영하여 실제 IQ의 범위를 제시하기도 한다. 즉, "수검자의 IQ는 95% 신뢰수준에서 90±8이다."와 같이 표현하기도 한다.

만약 이 수검자에게 같은 지능검사를 100번 실시한다면 100개의 IQ가 산출될 것이다(여기서 같은 검사를 반복하는데 따른 연습효과 또는 학습효과는 없는 것으로 가정하자.). 95% 신뢰수준에서 90±8이라는 표현은 100번 실시하여 산출된 100개의 IQ 중 95개는 82~98 사이의 어떤 값이라는 의미이다. 또한, IQ 값에 지나치게 정밀한 의미를 부여하지 않도록 하기 위해 심리학자들은 IQ를 수치가 아닌 범위로 표시하기도 한다. 이를 기술적 분류(descriptive classification)라고 한다. IQ의 기술적 분류는 〈표 11-1〉과 같다.

〈표 11-1〉 지능지수의 기술적 분류

조합점수 범위	기술적 분류
130 이상	최우수
120–129	우수
110–119	평균 상
90–109	평균
80–89	평균 하
70–79	경계선
69 이하	매우 낮음

사실 IQ에 관한 정보가 가장 필요한 경우는 지능이 매우 낮은 사람들이다. 이들의 일상생활 적응 능력을 판단하고 교육적 및 직업적 훈련을 결정하는 데 가장 중요한 정보가 지능지수이다. 그래서 이들에 대해서는 지능 수준을 보다 세분화한 정보가 필요할 수 있다. 이 때문에 '지적 장애' 즉 IQ 69 이하의 '매우 낮음'에 해당되는 지능 수준은 IQ 점수 약 15점을 간격으로 다시 경도, 중등도, 심함, 아주 심함의 4단계로 구분한다(〈표 11-2〉 참고). 이 구분은 지능지수와 함께 일상생활 적응 기능을 고려하여 이루어진다.

〈표 11-2〉 지적 장애의 하위 분류

명칭	지능지수의 범위
경도 지적 장애	50-55에서 약 70까지
중등도 지적 장애	35-40에서 50-55까지
심한 지적 장애	20-25에서 35-40까지
아주 심한 지적 장애	20 또는 25 미만

곁글 여론조사에서 "95% 신뢰수준"의 의미

"… KBS가 지난달 28, 29일 미디어리서치 의뢰해 전국 성인 1000명을 대상으로 실시한 대선 여론조사 결과 단일 후보 지지율은 A후보가 45.3%, B후보는 38.3%로 나타났다. KBS의 직전 조사인 5~6일 조사와 비교해 A후보는 2.4%포인트 상승한 반면 B후보는 0.1%포인트 떨어졌다. … KBS-미디어리서치 조사는 집 전화와 휴대전화로 조사됐고 표본오차는 95% 신뢰수준에 ±3.1%포인트다. …."

여론조사 결과에서 꼬리표처럼 달려있는 "표본오차는 95% 신뢰수준에 ±3.1%포인트다."라는 말이 무슨 뜻일까? 우리나라 전체 유권자 수가 4천만 명이라고 가정하자. 그러면 4천만 명 전체를 대상으로 여론조사를 하면 여론을 가장 정확하게 측정할 수 있다. 그러나 이것이 가능하지 않기 때문에 그 중의 일부인 천 명 또는 이천 명 표본을 대상으로 조사를 한다. 표본을 대상으로 조사한 결과를 가지고 전체 4천만 명의 의견을 추정하는 것이다. 이때 추정의 정확도는 표본이 전체를 얼마나 잘 대표하는 집단이냐에 달려있다. 당연히 표본의 크기가 클수록 전체를 더 잘 대표한다. 조사 전문가들은 비용 때문에 표본의 크기를 지나치게 키우지 않고 이 대표성을 확보하기 위해 여러 가지 방법을 고안해낸다.

4천만 명 중에서 천명 단위로 표집을 한다고 생각해보자. 4만 번의 표집이 가능하다. 천명 단위의 매번 표집마다 점수가 조금씩 다르게 나올 것이다. 이 때 표집들 간의 점수 차이는 "우연적 오차"이다. 이 4만 개의 점수를 평균하면 4천만 명을 한 번에 직접 조사한 것과 완벽하게 일치하는 결과가 나올 것이다. 그런데 지금은 4만 번이 아닌, 단 한 번의 표집만 했으므로 이번 표집에서 얻은 점수가 4만 개의 조금씩 다른 점수들 중 어떤 점수인지 알 수 없다. 즉, 현재 얻어진 점수 속에 우연적 오차가 얼마나 포함되어 있는지 알 수가 없다. 이때 사용하는 것이 현재 얻은 점수의 부정확성(즉, 오차의 범위)을 수 값으로 계산해내는 것이다. "표본오차는 95% 신뢰수준에 ±3.1 %포인트"라는 말은 "만약 천 명 단위로 100번 표집한다면 그 중 95번은 '현재 얻은 점수 ±3.1' 이내에 있는 어떤 점수를 얻게 될 것"이라는 뜻이다. 이 글의 첫머리에 인용한 내용은 대통령 선거 유세기간 중의 한 언론사 여론조사 보도이다. 위 여론조사 결과에 대입해 보면 A후보(지지율 45.3%)의 경우 만약 백 번의 표집을 해서 매 표집에서의 지지율을 나열해보면 백 번 중 95번은 45.3±3.1 즉 42.2% ~ 48.4% 사이에 있는 어떤 점수를 얻을 것이라는 의미이다.

이 ±3.1이라는 값이 나오는 과정은 이 책의 범위를 넘어서는 좀 더 정교한 통계적인 이해가 필요하다. 이 값은 표집의 크기가 클수록 더 작은 값이 되고, 표집의 크기가 작을수록 더 큰 값이 된다. 아래 2012년 11월 당시 같은 사안에 대한 여론조사 결과 세 곳의 다른 조사기관에서 오차가 다르게 산정된 이유는 표집의 크기가 다르기 때문이다.

- "KBS-미디어리서치 조사는 1000명을 대상으로 집 전화와 휴대전화로 조사됐고 표본오차는 95% 신뢰수준에 ±3.1%포인트다."
- "한국갤럽 조사는 전국 성인 936명을 대상으로 휴대전화 RDD 방식으로 진행

됐고 표본오차는 95% 신뢰수준에 ±3.2%포인트다."

- "리얼미터-JTBC 여론조사는 전국 19세 이상 유권자 1500명을 대상으로 유선 전화 및 휴대전화 임의걸기 자동응답 전화조사 방식으로 진행됐고 표본오차는 95% 신뢰수준에 ±2.5%포인트다."

사실 한결같이 사용하고 있는 "표본오차는 95% 신뢰수준에 ~~%포인트다."라는 문구를 "95% 신뢰수준에서 표본오차는 ±~~%포인트다."라고 하는 것이 보다 정확한 표현이다.

5 웩슬러 지능검사

웩슬러 지능검사는 현재 가장 널리 사용하는 개인용 지능검사이다. Wechsler는 성인용 지능검사와 함께 약간의 시간 차이를 두고 아동용(Wechsler Intelligence Scale for Children, WISC; Wechsler, 1949)과 유아용(Wechsler Preschool and Primary Scale of

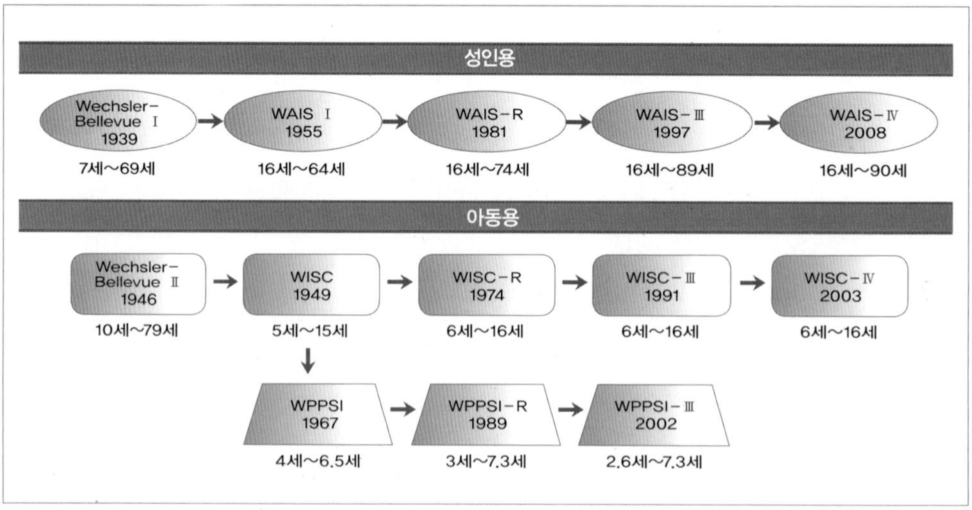

그림 11-7 웩슬러 지능검사 개발의 역사

Intelligence, WPPSI; Wechsler, 1967)을 출판하였다. 아동용과 유아용은 검사의 구조와 측정 내용에서 성인용과 동일하다. 다만 문항의 구체적인 내용 난이도, 친숙성 등의 측면에서 대상 연령에 적합하게 조절된 것이다. 이들 웩슬러 지능검사 또한 개정을 거듭하여 현재 WAIS는 4판, WISC는 5판, WPPSI는 4판이 출판되었다(〈그림 11-7〉 참고). 이들 중 대부분은 한국판으로도 표준화되어 임상 현장과 교육 장면에서 널리 사용되고 있다.

곁글 지능검사를 빈번하게 개정하는 이유

다른 거의 모든 심리검사가 그렇지만 특히 지능검사의 경우 일정한 시간 간격을 두고 개정할 필요가 있다. 그 이유에는 몇 가지가 있다. 그 중의 하나는 검사를 제작한 후 시간의 경과이다. 제작한 후 시간 경과에 따라 사회문화적 환경이 변화하는 경우 이에 맞추기 위해 문항을 수정해야 한다. 예를 들어보자. WISC의 한국 표준화판인 K-WISC(이창우, 서봉연, 1974)에는 "한 자루에 7원씩 하는 연필을 3자루 샀습니다. 값은 모두 얼마입니까?"와 같은 문항이 있다. K-WISC가 만들어진 70년대에는 연필 한 자루에 7원이라는 가격은 매우 자연스럽다. 이 문항은 7×3이 얼마인지를 묻는 산수 소검사 문항이다. 그러나 이 문항을 2000년대에 사용한다면 어떻게 될까? 문제를 들은 아동은 매우 의아해 할 것이며, 많은 아동들은 이 때문에 과제에 집중하기도 어려울 것이다. 이 문항은 예를 들어 "과일을 한 상자에 7개씩 담는다면 3상자에는 모두 몇 개를 담을 수 있을까요?"와 같은 내용으로 바꾸어줄 필요가 있다.

다른 이유는 검사 규준이 제작된 후 시간이 경과할수록 수검자의 지능지수가 높게 나오는 현상 때문이다. 예를 들어, 1955년에 만든 WAIS를 50년 동안 계속 사용하고 있다고 생각해보자. 2005년에 실시한 어떤 수검자의 원점수로 표준점수인 IQ를 산출할 때 1955년에 만든 규준을 사용하게 된다. 이렇게 하면 이 수검자의 실제 IQ보다 월등하게 높은 IQ가 산출될 것이다. 이는 시간이 지남에 따라 사람들의 원점수가 평균적으로 증가하기 때문에, 즉 사람들의 지적 능력이 평균적으로 증가하기 때문에 나타나는 현상이다. 이 현상을 발견한 뉴질랜드의 심리학자 이름을 따서 이것을 플린 효과(Flynn effect)라고 한다. 플린 효과의 크기는 1년당 0.3~0.5로 알려져 있으며, 전 세계의 여러 나라에서 이 현상이 발견되었다. 시간이 지남에 따라 사람들의 영양상태와 건강상태의 개선, 교육수준의 증가, 시험(검사) 경험의 증가, 지식 습득 기회의 증가 등이 원인일 수 있으나 그것이 현재까지 명확하게 밝혀지지는 않았다. 이유가 무엇이건 제작된 후 오랜 시간이 지난 지능검사를 사용하면 수검자의 IQ가 부당하게 높게 산출된다. 이 때문에 제작된 지 시간이 많이 경과한 검사와 규준을 사용하기는 곤란하다.

또 다른 이유는 제작된 지능검사를 통해 얻은 경험적 자료의 분석을 통해 그리고 이론적인 연구의 성과로 지능에 관한 지식이 증가하면, 그러한 지식을 검사의 구성과 내용에 반영해야 할 필요성이다. 웩슬러 지능검사 1판과 2판에서 얻은 자료로 요인분석을 한 여러 연구에서 사람들의 지적 기능이 언어성 기능과 동작성 기능의 두 요인으로 나누어지지 않는다는 것을 알게 되었다. 이러한 발견을 반영하여 이 검사 3판에서 새로운 구성이 시도되었고, 개정 4판에서는 종래의 언어성-동작성의 구조를 완전히 버리고 4개 지수 구조로 개편하였다. 그밖에도 카우프만 지능검사(K-ABC), 스텐포드-비네 지능검사 5판(SB-5)을 포함하여 최근에 제작되거나 개정된 많은 지능검사들이 지능에 관한 가장 최근의 그리고 가장 지지 받고 있는 이론인 CHC이론을 적극적으로 반영하고 있는 추세이다.

WAIS에서부터 WAIS-III까지는 언어성 소검사 6개, 동작성 소검사 5개 등 11개의 하위 검사로 이루어져 있으며, 검사 결과 언어성 IQ, 동작성 IQ, 전체 IQ가 산출된다. 그러나 WAIS-IV(Wechsler, 2008)에서 검사의 구성에 획기적인 변화가 있었다. 개정 당시까지 축적된 경험적 자료의 광범위한 분석 결과와 인지심리학의 연구 성과를 반영하여 몇몇 소검사를 추가하고, 종래의 언어성 소검사는 언어이해 지수 소검사와 작업기억 지수 소검사로, 동작성

〈표 11-3〉 WAIS-IV의 지수와 소검사 구성

지수척도 (Index Scales) 또는 조합척도 (Composite Scales)			소검사	
			핵심 소검사	보충 소검사
전체척도 (Full Scale)	일반능력 지수 (General Ability Index, GAI)	언어이해 지수 (Verbal Comprehension Index, VCI)	공통성 어휘 상식	이해
		지각추론 지수 (Perceptual Reasoning Index, PRI)	토막짜기 행렬추론 퍼즐	무게 비교 빠진 곳 찾기
	인지효능 지수 (Cognitive Proficiency Index, CPI)	처리속도 지수 (Processing Speed Index, PSI)	숫자 산수	순서화
		작업기억 지수 (Working Memory Index, WMI)	동형찾기 기호쓰기	지우기

소검사는 지각추론 지수 소검사와 처리속도 지수 소검사로 분리하였다. 검사의 결과도 달라져 전체 IQ와 함께 4개의 지수점수가 제공된다. 각 지수척도(조합척도라고도 한다.)에는 3~4개의 소검사가 포함되어 있으며, 이중 일부는 각 소검사의 핵심 소검사이고 나머지 일부는 보충 소검사이다(〈표 11-3〉 참고).

5개 지수점수는 표준절차상 10개 핵심 소검사만으로 산출한다. 언어이해 지수와 지각추론 지수를 결합하여 일반능력 지수를 산출할 수 있으며, 처리속도 지수와 작업기억 지수를 결합하여 인지효능 지수를 산출할 수 있다. WAIS-IV의 지수척도 및 소검사는 〈표 11-3〉에 제시되어 있고 15개 소검사의 실시 방법은 〈표 11-4〉에 정리되어 있다. 일반능력 지수와 인지효능 지수는 검사자가 필요하다고 판단하는 경우에만 선택적으로 사용하는 지수이다. 이 검사의 한국 표준화판인 K-WAIS-IV(황순택 등, 2012)는 제작 과정에서 신뢰도와 타당도가 양호한 것으로 확인되었으며, 2012년에 출판된 이후 임상 현장에서 널리 사용되고 있다.

〈표 11-4〉 WAIS-IV의 소감사의 실시 방법

소검사	약어	실시 방법
토막짜기	BD	정해진 제한시간 내에 제시된 모형과 그림 또는 그림만 보고 빨간색과 흰색으로 이루어진 토막을 사용하여 자극과 똑같은 모양을 만들어야 한다.
공통성	SI	공통적인 사물이나 개념을 나타나는 두 개의 단어가 제시되면 어떠한 유사점이 있는지를 기술해야 한다.
숫자	DS	숫자 바로 따라하기에서 검사자가 읽어준 일련의 숫자를 동일한 순서로 기억해내야 한다. 숫자 거꾸로 따라하기에서는 검사자가 읽어준 일련의 숫자를 역순으로 기억해내야 한다. 숫자 순서대로 배열하기에서는, 검사자가 읽어준 일련의 숫자를 작은 숫자부터 차례로 기억해내야 한다.
행렬추론	MR	일부가 빠져있는 행렬을 보고 이를 완성할 수 있는 반응 선택지를 골라야 한다.
어휘	VC	그림 문항의 경우 시각적으로 제시되는 물체의 이름을 말해야 한다. 언어적 문항의 경우 인쇄된 글자와 동시에 구두로 제시되는 단어의 뜻을 말해야 한다.
산수	AR	정해진 제한시간 내에 일련의 산수 문제를 암산으로 풀어야 한다.
동형찾기	SS	정해진 제한시간 내에 탐색 집단에서 표적 기호와 동일한 것을 찾아 표시해야 한다.
퍼즐	VP	완성된 퍼즐을 보고 제한시간 내에 그 퍼즐을 만들 수 있는 세 개의 반응을 찾는 것이다.
상식	IN	폭넓은 영역의 일반 지식에 관한 질문에 대답해야 한다.
기호쓰기	CD	제한 시간 내에 숫자와 짝지어진 기호를 옮겨적어야 한다.
순서화	LN	검사자가 일련의 숫자와 글자를 읽어주면 숫자와 글자를 순서대로 회상해야 한다.
무게비교	FW	정해진 제한시간 내에 양쪽 무게가 달라 균형이 맞지 않는 저울을 보고 균형을 맞추는 데 필요한 반응을 찾는다.
이해	CO	일반적 원리와 사회적 상황에 대한 이해에 근거해서 질문에 답해야 한다.

지우기	CA	정해진 제한시간 내에 조직적으로 배열되어 있는 도형들 속에서 표적 모양을 찾아 표시해야 한다.
빠진 곳 찾기	PC	정해진 제한시간 내에 중요한 부분이 빠져있는 그림을 보고 빠진 부분을 찾아야 한다.

전체 지능지수(FSIQ)는 개인의 현재 인지능력에 대한 전체적인 측정치이다. 이것은 언어이해, 지각추론, 작업기억, 처리속도 등 4개 지수의 합이다. 검사의 다양한 측정치들 중에서 FSIQ는 보통 개인의 지적 능력에 대한 가장 신뢰롭고 타당한 측정치이다. FSIQ는 일반 인구에서의 상대적인 순위에 관한 정보를 제공하며, 학업적 성취와 직업적 성공의 유용한 예측변인으로 알려져 있다.

언어이해 지수(VCI)는 비교적 순수하고 세련된 언어적 능력을 측정한다. 구체적으로 언어적 이해능력, 언어적 기술과 지식을 문제해결에 활용하는 능력, 언어적 정보처리능력, 어휘를 사용한 사고능력, 결정성 지식, 정신적 작업을 전환할 수 있는 능력을 포함한 인지적 유연성, 자기감찰능력 등을 측정한다. 이 지수에서 높은 점수를 받는 사람은 언어적 의사소통을 쉽게 이해하고 문장을 쉽게 구성할 수 있으며, 대체로 말이 유창하고 말하는 직업을 가지면 잘 할 수 있으며, 교육적 활동에 관심이 많다. 반면 낮은 점수를 받는 사람은 말하는데 어려움을 겪을 수 있고, 자신을 적절한 단어로 유창하게 표현하기 어려우며, 교육 및 지적 추구에 대한 관심이 거의 없다. VCI는 다른 지수에 비해 문화와 교육의 영향을 더 많이 받는 것으로 알려져 있다.

지각추론 지수(PRI)는 지각적 추론능력, 시각적 이미지에 대한 사고능력 및 시각적 이미지를 유창하게 다루는 능력, 인지적 유연성, 인지적 속도, 시각적 자료를 해석 또는 조직화하는 능력, 비언어적 능력, 언어를 사용하지 않고 추상적 개념과 관련성을 형성할 수 있는 능력, 유동적 추론능력, 자기점검 능력 등을 측정한다. PRI에서 높은 점수를 받는 사람은 창의적이고 새로운 생각을 하며, 장애물이 존재하는 상황에서도 잘 적응할 수 있다. 낮은 점수를 받는 사람은 보다 구체적이고 익숙한 과제를 선호하며, 명확한 지침과 지시를 좋아하고, 직설적으로 사고한다. 이 지수는 유동성 지능을 잘 반영하며, 일반적으로 VCI의 소검사보다 문화적 및 교육적 배경의 영향을 덜 받는 것으로 알려져 있다.

작업기억 지수(WMI)는 작업기억, 청각적 단기기억, 주의지속능력, 수리능력, 부호화 능력, 청각적 처리기술, 정신적 작업을 전환하는 능력을 포함한 인지적 유연성, 자기감찰 능력 등을 측정한다. WAIS-IV에서 이 지수는 새로 만들어진 것으로, 작업기억은 제한된 시간과 용량의 한계 속에서 정보를 활용하고 조작하고 결과를 산출하는 등의 인지적 효율성에 핵심적인 역할을 한다는 최근의 연구결과들을 반영한 것이다.

처리속도 지수(PSI)는 정보처리 속도, 과제수행 속도, 시지각적 변별능력, 정신적 작업의 속도, 정신운동 속도, 주의력, 집중력, 단기 시각기억, 시각-운동 협응력, 수 능력, 인지적 유연성, 자기점검 능력 등을 측정한다. 또한 PSI에는 계획하고 조직화하고 관련 전략을 개발하는 능력이 영향을 준다. WAIS-IV에 이 지수가 포함된 것은 정보처리의 속도가 작업기억의 효율적인 사용에 매우 중요한 인지기능 영역임을 밝힌 최근의 여러 연구결과를 반영한 것이다. 이 지수는 간질, 외상성 뇌손상, 치매, ADHD, 우울증, 조현병과 같은 신경학적인 증상과 정신과적 장애에 민감하다. 또한 이 지수는 20대에 감소하기 시작하여 30대 중반부터 급격하게 저하되며(Kaufman & Lichtenberger, 2006), 다른 지수들 특히 VCI보다 노화의 영향을 더 많이 받는 것으로 알려져 있다.

6 지능의 개인차와 집단차 : 유전과 환경의 영향

지능은 유전적으로 물려받는 것일까, 아니면 경험을 통해 형성되는 것일까? 이 문제 또한 그 결론을 내리기 위해서는 지능의 정의와 구성 요인이 명확해야 한다. 또한 지능의 작용에 관여하는 뇌의 구조와 원리를 포함한 신경생리학적 지식도 필요하다. 지능에 관여하는 특정 유전자를 찾으려는 노력은 아직 뚜렷한 성과를 거두지 못하고 있다. 지능의 유전성에 관한 증거는 행동유전학적 연구에서 나왔다. Plomin과 Petrill(1997)의 연구에서 유전적 유사성의 정도(일란성 쌍생아, 이란성 쌍생아, 형제)와 환경적 유사성의 정도(함께 양육된, 따로 양육된)에 따른 IQ의 상관을 계산하였다. 그 결과 함께 양육된 일란성 쌍생아, 따로 양육된 일란성 쌍생아, 함께 양육된 이란성 쌍생아, 함께 양육된 형제, 함께 생활한 부모-자녀, 따로 양육된 이란성 쌍생아, 따로 양육된 형제 순으로 쌍 간 IQ의 상관이 높게 나타났다. 이 결과는 유전적으로 유사할수록 IQ도 유사하다는 것을 매우 일관되게 보여주는 것으로 IQ의 유전 가능성을 입증하는 것이다. 그밖에 입양아 연구에서 흔히 관찰되는 바, 양부모에 비해 친부모와의 IQ 상관이 높게 나오는 현상도 지능에 미치는 유전적 영향을 보여준다. 이러한 유형의 여러 연구들을 개관한 연구자들은 IQ 점수 변량의 약 50%가 유전에 기인한다고 결론지었다.

그러나 유전성의 추정치가 1.0보다 작다는 것은 유전이 지능의 유일한 원천은 아니라는 것을 의미한다. 환경, 경험 또한 지능에 영향을 미친다. 어떤 환경에 노출되고 어떤 경험을 하는가에 따라 출생시 물려받은 잠재성이 충분히 개발될 수도 있고 그렇지 않을 수도 있다. 유전적 요인은 개인의 '잠재적 지능의 범위'를 정해주고 환경적 요인은 그 '변화의 폭'을 결정한다.

지능에 영향을 미치는 환경에는 부모의 양육 방식, 양육자와의 관계, 사회경제적 지위, 문화적 자극, 교육 경험, 스트레스 등 다양한 요인들이 있다. 이러한 환경 변인은 유전적 요소와 결합하여 지능에 영향을 미친다. 많은 연구에서 확인한 부모와 자녀 간 IQ 유사성은 지능에 미치는 유전적 영향과 환경적 영향의 상호작용을 잘 보여준다. 아버지와 아들로 구성된 집단의 IQ를 비교한 한 연구에서 상류층과 중산층의 부자 사이의 IQ는 매우 유사한 반면, 낮은 사회계층의 부자 사이의 IQ 유사성은 그다지 높지 않았다(Broman et al., 1975). 이러한 결과는 지능에 유전과 환경이 상호작용하여 영향을 미치는 현상을 보여준다.

사회계층이 지능에 미치는 영향의 경우 건강과 교육의 차이가 큰 비중을 차지한다. 임신 기간 중의 불충분한 영양 공급, 산모의 흡연, 음주, 비처방 약물 사용 등과 관련된 유해물질의 유입과 그로 인한 출생 당시 뇌 및 신체 성장의 부진은 이후 저조한 지적 발달을 초래한다. 더구나 출생 이후 유아기와 아동기의 뇌 성장에 필수적인 영양의 부족, 자극의 제한, 교육 기회의 제한 등이 가중되면서 지능의 발달이 방해받게 된다.

열악한 환경이 그 속에서 자라는 아이의 지능 발달을 방해하고, 그들이 성장하여 궁핍한 삶을 살면서 그들의 자녀에게 또 다시 열악한 환경을 제공하는, 이 악순환을 차단하기 위해 국가가 개입한 것이 헤드 스타드(head start) 프로그램이다. 1965년 미국 정부에서 시작한 이 프로그램에서는 저소득층 가족을 대상으로 초기 아동기의 교육, 건강, 영양, 부모의 관여 등을 촉진하는 종합적인 서비스를 제공하고 있다. 가족 관계를 안정적으로 만들고, 아동의 신체적 및 정서적 복지를 향상시키고, 인지 기능의 개발을 촉진하는 환경을 만드는 데 주안점을 둔 이 프로그램은 매우 체계적으로 진행되어 왔고 지금도 계속되고 있다. 이 프로그램의 효과를 확인하기 위한 연구도 다양하게 진행되었다. 이 프로그램의 혜택을 받은 아동은 지능이 높아지고 성인기에는 소득이 높은 직업에 종사한다는 긍정적인 효과를 보고한 연구가 대부분이지만, 효과가 크지 않거나 지속적이지 않다는 연구도 일부 있다.

지능의 집단차(특히 인종 간 차이)에 관한 논쟁의 역사는 20세기 초로 거슬러 갈 만큼 오래되었다. 미국을 포함한 다인종 국가에서 이 문제는 정치적인 입장과도 연결되어 있다. 1960년대 말 Jensen(1969)은 다양한 자료와 문헌을 검토하여 아프리카계 미국 아동들이 백인 아동들에 비해 평균적으로 IQ가 15정도 낮다는 사실을 확인하였다. 비교적 최근의 연구에서도 7~10점 정도의 차이가 확인되었다. Jensen은 이러한 현상에 대해 흑인이 백인에 비해 유전적으로 열등한 인종임을 의미한다고 주장하였다. 이를 젠센이즘(Jensenism)이라고 한다. 이 주장은 곧 많은 반론을 초래하였다.

사실 연구자들은 표준화된 지능검사에서 평균적으로 흑인과 히스패닉의 점수가 백인과 동양인들의 점수보다 낮다는 것을 일관되게 밝혔다. 논의의 쟁점은 낮은 점수가 아니라 그 이유이다. 흑인 아동과 백인 아동 간의 IQ 차이는 두 인종 간 지적 능력 자체의 차이 때문일 수도 있지만, 교육 기회의 차이와 하위문화 및 환경의 차이 때문에 나타날 수도 있고 사용한 지능검사의 불공정성 때문일 수도 있다. 지능의 정의의 측면에서도 이 현상을 검토할 수 있다. 어쩌면 이러한 여러 가지 가능성들은 서로 밀접한 관련이 있다.

먼저 고려해야 할 점은 흑인 아동과 백인 아동에게 제공한 지적 자극과 교육 기회의 차이다. 이러한 차이 때문에 지능검사에서 측정하는 지식과 기능을 흑인 아동들이 습득하지 못했을 수 있다. 다음은 지능의 정의 그리고 사용한 검사의 불공정성 문제이다. 아동의 지능을 측정하기 위해 사용한 지능검사는 중산층의 백인 학자들이 만든 것이다. 따라서 당연히 그들의 자녀에게서 관찰된 언어, 관심, 행동을 검사에 많이 반영했을 가능성이 있다. 이는 검사의 문항 자체가 흑인 아동들에게는 절대적으로 불리하게 구성되어 있음을 의미한다. 지능을 환경에 적응하는 능력으로 정의한다면, 백인 아동들에게는 미국의 초대 대통령이 누구인지(웩슬러 검사의 일반상식 소검사 문항)를 아는 것이 적응에 중요할 수 있지만, 미국 흑인 아동들이 빈민가에서 잘 적응하는 데는 그보다 다른 능력이 필요할 수 있다. 인도네시아의 오지에서 사는 어떤 종족에게는 나무를 잘 오르는 것, 창을 정확하게 던지는 것, 물고기를 더 잘 잡는 것이 환경에 적응하는 데 더 필요한 능력일 수 있다. 각 하위문화에서 적응적으로 가치 있는 지식과 기능이 다를 수 있고, 따라서 이들의 지적 능력은 서로 다른 내용의 문항으로 측정해야 할 것이다. Jensen의 주장 이후 수많은 연구에서 광범위한 자료를 분석한 결과는 인종을 포함한 하위 집단 간 IQ 차이의 기원이 문화와 환경임을 지지하였다. 인종 간 지능지수의 차이는 실제적인 것이 아니라 인공적인 현상으로 볼 수 있다.

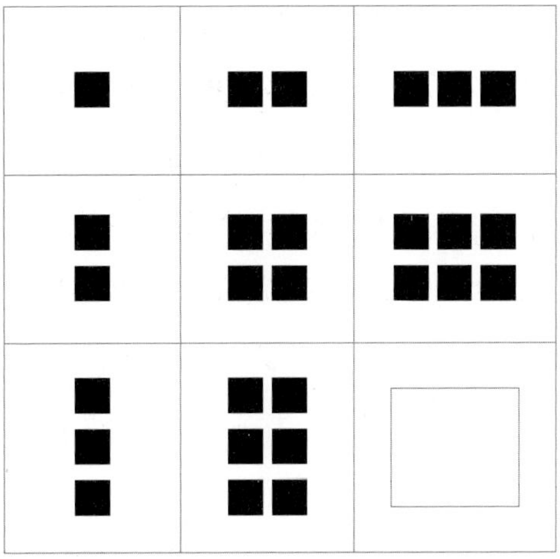

그림 11-8 **RPM 문항과 유사한 문항.** 수검자는 우측 하단의 빈칸에 들어갈 모양을 몇 개의 선택지 중에서 골라야 한다.

이 논쟁은 심리검사, 특히 지능검사의 문화적 형평성에 관심을 갖게 하는 계기가 되었다. 지능검사에서의 종 간 차이는 언어적 검사에서 특히 잘 나타난다. 문화는 많은 부분 언어에 반영되고 언어를 통해 전수되기 때문이다. 이 때문에 문화적 비편중 검사로 비언어적 지능검사가 주목받게 되었다. 언어의 영향을 최소화하는 지능검사로 가장 주목받은 것이 레이븐 진행행렬 검사(Raven's Progressive Matrioes: RPM, 〈그림 11-8〉 참고)이다. 이 검사는 비언어적인 검사로, 과제 수행에서 언어와 이전 경험의 영향이 거의 없거나 최소화되어 있다. 검사 문항은 일련의 도형으로 구성된 행렬표로, 이 행렬표에서 빠진 부분을 몇 개의 선택지 중에서 고르는 과제이다. 수검자는 검사 문항 내에 존재하는 단서를 활용하여 가설을 세우고 규칙을 추론하여 답을 찾게 된다. 이 검사는 유동적 지능에 속하는 추상적 추론 능력을 측정하는 것으로 알려져 있다. 이 검사에서는 언어와 문화적 경험이 개입할 여지가 최소화되지만, 지필형 검사이고 선다형 검사이기 때문에 이러한 형식의 문답에 친숙하지 않은 경우 문화적 편중성이 여전히 작용할 수 있다.

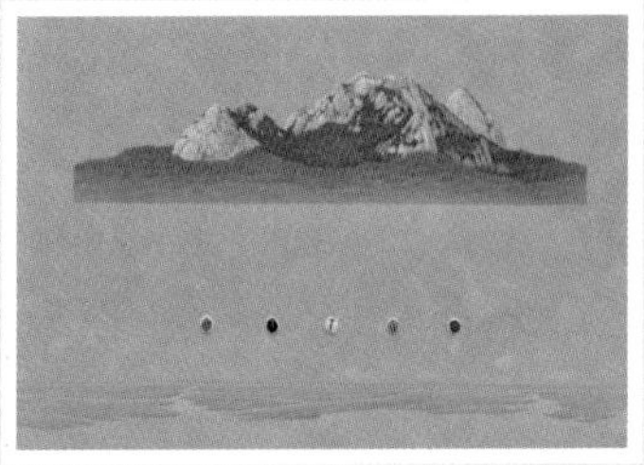

12 이상심리

An Introduction to Modern Psychology

개요

세상이 어지럽고 혼란할수록 사람들의 심리도 과거와 달리 복잡해지고 사회에 적응하기 위해 다양한 행동들이 나타난다. 이 과정에서 부적응을 경험하는 사람들은 이후에 심리적으로 심각한 문제에 직면할 수 있다. 이에 먼저 사람들의 심리와 행동이 정상인지 아닌지를 객관적으로 판단할 수 있는 기준을 알아본다. 그 다음 이상심리가 발생하는 이유를 심리학적 이론에 근거하여 여러 관점을 통해 살펴본다. 또한, 현재 심리장애를 분류하는 방법과 체계가 어떻게 이루어져 있는지 살펴보고 각 장애에서 나타나는 특징에 대해 알아본다.

학습목표

1. 정상과 이상을 구분하는 기준을 이해할 수 있다.
2. 이상심리의 원인에 대한 다양한 관점을 이해할 수 있다.
3. 심리장애의 범주를 분류하는 방법과 체계에 대해 이해할 수 있다.
4. 다양한 심리장애(우울 및 양극성 장애, 불안장애, 조현병 등)의 특징(증상, 유병률, 원인 등)을 이해할 수 있다.

사회는 급격하게 변화하고 직장이나 대인관계에서 받는 스트레스도 많아지면서, 이 세상에 아무런 문제없이 적응하는 것은 점점 더 어려운 일이 되고 있다. 또한 혼자 살아가는 1인 가구의 비율이 1/4을 넘어가면서 사람들 간의 온정을 느낄 수 있는 기회도 줄고 있다. 사람은 누구나 마음이 힘들 때 사회적 지지를 받지 못하면 다양한 심리적 문제와 부적응을 경험할 수 있다. 이러한 부적응이 일시적이면 괜찮지만 만성적으로 지속된다면, 학업 또는 직업적, 사회적 기능을 손상시켜 일상생활을 어렵게 만들고 궁극적으로 이상심리나 행동을 야기할 수 있다. 즉, 이 문제에 대한 적절한 대처가 없다면 우울과 불안 등의 문제가 발생하고, 나아가 집단 따돌림, 학교폭력, 자살, 범죄 등 자신과 타인의 고통을 유발하는 위험요인이 증가하게 된다.

2016년도 정신질환 실태조사(보건복지부, 2017)에 의하면(〈그림 12-1〉 참고), 우리나라 국민 가운데 1년 동안 심리장애를 경험한 사람은 11.9%로 약 470만 명으로 추산된다. 또한 주요 17개 장애에 대한 조사에 따르면, 성인 4명 중 1명이 평생 한 번 이상 정신건강 문제를 경험하는 것으로 밝혀졌다. 이렇듯 한국에서 심리적 문제나 이상심리를 경험하는 것은 더 이상 드문 현상이 아니며, 그 책임을 개인의 나약함으로 돌리기보다는 국가적 차원에서 더 많은 관심과 개입이 필요하다고 할 수 있다.

이와 같은 문제의식 속에서 이 장에서는 먼저 정상과 이상을 구분하는 기준, 심리적 문제가 발생하는 원인, 이상심리를 분류하는 체계 등 이상심리에 대한 전반적인 개관을 한 후에, 다양한 유형의 이상심리에 대해 살펴보겠다.

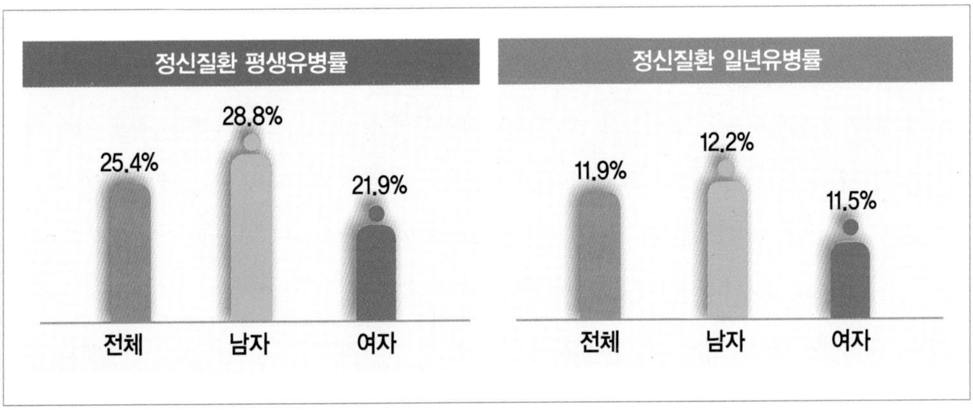

그림 12-1 2016년에 조사한 한국인의 정신질환 평생유병률과 일년유병률

1 이상심리에 대한 개관

이상심리에 대한 정의는 수없이 많이 있어 왔고 연구자마다 정확히 일치하지는 않지만, 사람들이 일상적으로 살아가는 데 사고, 정서, 행동과 같은 심리영역이 비정상적 양상으로 나타나는 것이라고 할 수 있다. 이상심리는 이상행동 또는 심리장애(psychological disorder)라고 부르기도 한다. 공식적인 분류 체계에 들어있는 용어는 심리장애이지만 세 가지 용어가 명확히 구분되는 개념은 아니므로, 여기서는 이상심리와 나머지 두 개의 용어를 함께 사용할 것이다. 이 절에서는 이상심리에 대한 전반적인 이해를 돕기 위해 이상심리를 판단하는 기준, 이상심리가 발생하는 이유, 이상심리를 분류하는 체계에 대해 알아보겠다.

(1) 정상과 이상을 구분하는 기분

사람들은 자신이나 타인이 정상(normal)인지 이상(abnormal)인지 판단할 때 각자 가지고 있는 근거나 기준이 있다. 이상심리를 연구하는 학자들은 이러한 기준들 가운데 합리적이고 타당하면서 공통적인 기준에 대해 많은 고민을 해왔다. 이상심리는 여러 가지 요인이 복합적으로 작용하므로 심리적으로 건강한 상태와 그렇지 않은 상태를 구분하는 것은 쉽지 않다. 또한 이를 구분하는 기준은 연구자에 따라 다양해서 그 모든 것을 포괄할 수 있는 단일한 기준은 아직 없다. 그래서 여기에서는 아직 완벽하게 일치된 것은 아니지만 정상과 이상을 나눌 때 일반적으로 많이 적용하는 몇 가지 기준들을 알아보고자 한다.

첫째, 통계적 기준은 개인의 심리 혹은 행동이 타인에 비해 평균에서 어느 정도 벗어나 있느냐에 따라 정상과 이상을 구별한다. 대부분의 사람들에게 나타나지 않는 행동이 특정한 사람에게만 있다거나 많은 사람들이 하는 행동이 특정 개인에게는 나타나지 않을 때, 그 정도를 객관적으로 측정하여 과도하게 벗어나 있으면 이상행동으로 간주하는 것이다. 일반적으로 평균에서 −2 표준편차 이상 벗어난 경우를 이상이라고 하며, 상위 및 하위 2.5% 이내가 여기에 해당한다. 대표적인 예로 지능지수(IQ)가 70점 미만인 경우를 지적장애로 판단한다. 현재 대부분의 임상장면에서 사용하고 있는 지능검사는 평균 100점과 표준편차 15점인데, 통계적 기준으로 볼 때 −2 표준편차에 해당하는 점수가 70점이기 때문이다(〈그림 12-2〉 참고). 이 기준은 아래

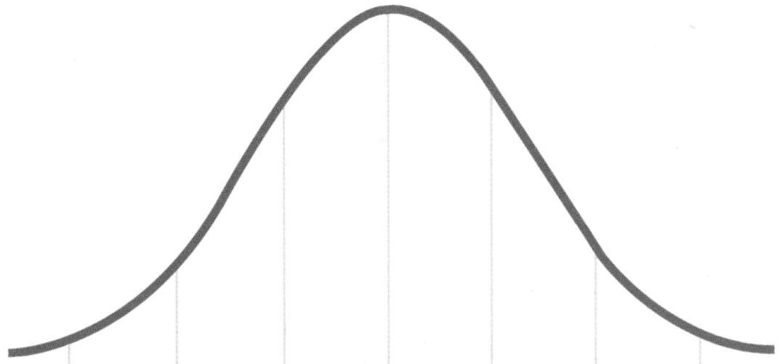

.14%	2.14%	13.59%	34.13%	34.13%	13.59%	2.14%	.14%
SD	−3	−2	−1	평균	+1	+2	+3
IQ	55	70	85	100	115	130	145

그림 12-2 정상분포곡선과 평균, 표준편차 및 지능검사 점수 간의 관계

에 소개할 다른 기준들에 비해 명확한 객관적 지표에 근거해서 적용한다는 장점이 있다. 하지만 상·하위 2.5%라는 범위도 사람들이 합의한 또 다른 사회적 규칙이므로, 그 범위를 어떠한 수준으로 정하느냐에 따라 정상과 이상을 판단하는 기준이 달라질 수 있다는 한계점이 있다. 또한 지능을 포함하여 운동이나 예술과 관련해서 능력이 매우 뛰어난 사람을 비정상이라고 간주하지 않기 때문에, 이 기준만을 적용하면 잘못된 판단에 이를 수 있다.

둘째, 주관적 기준은 정상과 이상의 여부를 자신이 경험하는 주관적 고통이 있느냐에 따라 판단한다. 예를 들어, 주관적으로 우울한 기분, 식욕 저하, 불면 등 심리적 또는 신체적 증상이나 고통을 느끼면, 그것을 이상으로 간주한다. 즉, 통계적 기준에 따라 평균에서 벗어난 정도가 크다고 하더라도 개인이 불편감을 경험하는 것에 더 초점을 맞추는 것이다. 그러나 이러한 기준에 따르면 기분이 들뜨고 자신감이 과도하게 팽창하는 조증 상태는 주관적 고통을 경험하지 않기 때문에 이상이 아니라 정상으로 판단하게 되는 오류가 발생할 수 있다. 또한 인생에서 겪는 스트레스나 부정적 사건으로 고통을 경험할 때, 이러한 정서적 반응이 없는 것이 오히려 문제일 수 있으므로 그 원인이 없어진 이후에 고통이 과도하게 오래 지속되지 않는 한 이상으로 판단하지 않는다.

셋째, 사회·문화적 기준은 개인이 주관적으로 하는 경험이 아니라 타인이 그 개인을 바라보는 시각에 중점을 두는 기준이다. 개인이 자신이 속한 사회나 문화 안에서 지켜야 할 관습이나 규범에서 벗어난 행동을 할 때, 그 개인을 이상으로 본다. 통계적 기준처럼 정상과 이상의 경계가 객관적 지표로 수량화되어 있지 않지만, 사회구성원들이 그 기준을 암묵적으로 공유하고 있기 때문에 이러한 판단에 쉽게 동의한다는 특징이 있다. 하지만, 2차 세계대전 중에 독일이 유대인을 열등한 민족이라고 간주하여 자행한 학살을 정당화한 것처럼, 사회적 강자가 자신의 이익을 위하거나 다른 특별한 상황으로 인해 규범을 불합리하게 만들었다면 이 기준에 근거하여 정상 여부를 판단하면 오류가 생길 수 있다. 이 기준은 시대가 변화하거나 해당 문화권에서 벗어나면 동일한 행동에 대한 판단도 달라질 수 있다는 한계가 있다. 예를 들어, 우리나라는 유교문화가 강해서 몸에 문신하는 것을 이상이라고 간주했지만, 최근에 젊은 세대들은 과거와 달리 이를 개성이나 생활양식의 차이라고 보는 경향이 있다.

넷째, 전문적 기준은 정신건강 전문가인 임상심리학자나 정신의학자가 면담, 관찰 및 여러 검사를 통해 정상과 이상 여부를 판단하는 것이다. 판단을 위해 진단기준과 같은 합의된 지침서를 작성하여 적용하는 경우가 많다. 하지만, 합의했다고 해도 통계적 기준과 같이 수량화된 지표가 있는 것은 아니기 때문에, 같은 진단기준을 사용하더라도 전문가들 간에 해석하는 방식이 다양할 수 있어서 동일한 사람을 다르게 판단하는 평가자 간 불일치가 나타날 수 있다.

마지막으로, 부적응 기준은 개인의 행동이 학업적 직업적, 사회적으로 적절하게 기능하는 것을 방해하는지에 따라 정상과 이상을 구분한다. 정서적으로 우울하거나 불안한 양상이 나타나더라도 일상생활을 하는 데 문제가 없으면, 그것을 이상이 아니라고 판단하는 것이다. 학업적 기능은 학습이 어렵거나 학업성취의 문제가 있는 것과 관련되며, 직업적 기능은 지각이나 결근과 같은 근무 태도나 업무 수행의 저하 등을 포함한다. 사회적 기능은 가족, 친구, 선생님, 직장 동료나 선후배 등 대인관계에서 나타나는 문제와 관련된다. 그러나 적절하게 적응하지 못하거나 기능이 떨어지는 경우를 모두 비정상이라고 판단하기는 어렵다. 왜냐하면 가령 자신의 전공이 적성에 맞지 않아 음악이나 영화 등 다른 분야에 몰두하느라 학교에 가지 않거나 공부를 소홀히 하여 학점이 좋지 않은 학생을 이상이라고 하기 어렵기 때문이다(〈그림 12-3〉 참고).

지금까지 정상과 이상 여부를 판단할 때 적용하는 기준들을 살펴보았다. 이외에도 연구자에 따라 '현실에 대한 잘못된 지각과 해석', '예측하기 어려운 행동', '자신과 타인에 대한 위험 가능성' 등 다양한 기준이 있을 수 있다. 중요한 점은 하나의 기준만으로 정상과 이상 여부를 구분하면 그만큼 잘못 판단할 가능성이 높아지기 때문에, 여러 가지 기준을 적용하는 것이 오류를 줄이는 타당한 방법이라고 할 수 있다.

그림 12-3 학교나 학업에 적응하지 못한 학생의 경우 부적응의 이유가 무엇인지 알아보고 정상과 이상의 여부를 판단해야 한다.

(2) 이상심리의 원인

이상심리 또는 심리장애가 왜 발생하는지 알아보려는 것은 궁극적으로 적절하고 효과적인 치료를 하기 위해서이다. 이상심리의 원인에 대한 관점들을 보면, 사람들의 마음과 행동을 설명하는 심리학 이론을 바탕으로 한 정신역동, 행동주의, 인본주의, 인지주의적 접근이 있다. 이외에 우리를 둘러싼 환경의 영향을 다룬 사회·문화적 관점, 신체적 문제가 근본적 원인이라는 입장을 취하는 생물학적 관점 그리고 다양한 접근 방법이 포함된 취약성-스트레스 관점이 있다. 여기서는 먼저 생물학적 관점에 대해 알아본 후 여러 심리학적 관점을 비롯하여 사회·문화적 관점과 취약성-스트레스 관점을 순서대로 살펴보겠다.

첫째, 생물학적 관점은 이후에 언급할 심리학적 관점과 다르게 신체적 문제가 이상심리의 원인이라고 가정한다. 이 관점은 질병 또는 의학적 관점으로도 불리는데, 이상심리를 신체적 질병과 같은 것으로 간주하여 유전, 뇌 구조와 기능, 신경전달물질이나 내분비계와 관련된 생화학적 문제로 여긴다. 예를 들어, 우울증은 세로토닌과 같은 신경전달물질의 불균형으로 인해 발생하고, 조현병의 경우 유전적 요인이나 뇌실의 확장과 같은 뇌 구조의 문제가 그 원인이라고 가정한다. 이 관점은 심리장애를 유발하는 심리적 요인 이외에 신체적 요인에 대한 이해의 폭을 넓혔으며 약물치료로 증상을 감소시키는 데 기여했다.

둘째, 정신역동적 관점은 이상심리를 무의식적인 내적 갈등이 상징적으로 표현된 것으로 본다. 이 관점에 따르면 의식, 전의식, 무의식으로 구성된 인간의 정신구조에서 의식이 행동을 통제한다고 생각하지만, 실제로는 무의식이 행동에 막대한 영향을 미친다고 주장한다. 또한 성격구조는 원초아(id), 자아(ego), 초자아(superego)로 이루어지며 세 가지가 상호작용한 결과가 바로 행동이라고 본다. 원초아는 무의식적 욕구로 채워져 있고 쾌락의 원리에 따라 즉각적으로 충동을 해소하여 만족을 얻는 것이 목적이다. 반면, 초자아는 욕구나 충동을 억제하고 만족을 바로 얻으려 하지 않고 지연하는 등 도덕적 원리를 따른다. 자아는 원초아와 초자아 간의 갈등이 발생하면 이를 중재하며 일상적 기능이 원만하게 이루어질 수 있도록 현실적 원리로 작동한다. 세 가지 구조 가운데 가장 중추적인 역할은 바로 자아의 기능이다. 자아가 약해지고 현실에 기초해서 적절하게 기능하지 못하면, 원초아나 초자아의 힘이 너무 강해져 과도하게 욕구를 충족시키려 하거나 충동을 심하게 억제하려는 양상이 나타난다. 이것은 결국 정상에서 벗어난 이상행동을 야기하여 심리장애가 나타난다고 설명한다.

셋째, 인본주의적 관점은 인간이 태어날 때부터 건설적이고 협력적 성향을 가진다고 가정한다. 사람들은 선하게 살아가고자 하고 성장의 잠재력을 발휘하고 싶어하는 자기실현(self-actualization) 경향성이 있는데, 자신의 장점 이외에 단점도 수용하고 삶의 가치를 만족스럽게 구현할 수 있다면 자기실현에 가까워질 수 있다.

인본주의적 관점 가운데 가장 널리 알려져 있고 영향력 있는 인간-중심 모형은 사람들은 인생에서 자신에게 중요한 의미가 있는 사람에게 긍정적 존중을 받고 싶은 욕구를 가지고 있으며 이를 충족하기 위해 노력한다고 가정한다. 하지만 타인에게 존중을 받으려는 욕구와 자기실현의 욕구가 충돌할 때, 긍정적 존중을 받기 위해 자신이 아닌 타인이 원하는 방향을 선택하면 우울이나 불안과 같은 문제가 발생한다. 왜냐하면 이러한 과정을 통해서 자신이 실제로 느끼는 바가 무엇이고, 진실로 무엇을 원하며, 삶에서 의미 있는 가치가 무엇인지 모르게 되고, 그래서 자신이나 자신의 경험에 대한 왜곡이 점점 커져 심리적 기능이 손상되기 때문이다.

예를 들어, 원래는 음악을 하고 싶었지만 긍정적 존중을 받는 착한 자녀가 되기 위해 부모님이 원하는 선생님이 되려고 사범대에 진학한 한 대학생은 학창시절 동안 자신이 음악에 대해 느끼는 내적 경험을 무시해왔다. 선생님이 된 이후에도 계속해서 자신이 음악을 좋아한다는 것을 부정하고 현재 직업이 더 적성에 맞다고 왜곡하면서 내적 경험을 회피해 왔다. 이처럼 현재의 삶과 자신의 내적 경험의 불일치가 커서 왜곡과 부정이 많아질수록 심리장애가 발생될 가능성이 높아질 수 있다.

넷째, 행동주의적 관점은 이상행동이 정상적 행동과 마찬가지로 학습을 통해 만들어지고, 외부 자극이나 환경과 부적절하게 연합되어 나타나는 문제라고 가정한다. 학습원리는 고전적 조건형성을 포함하여 조작적 조건형성이나 사회학습 등 다양한데, 이러한 원리는 행동 이외에도 부정적 정서의 발생과 지속 과정도 설명할 수 있다.

고전적 조건형성은 무조건 반응(예: 침 흘리는 행동)을 일으키는 무조건 자극(예: 음식)과 조건자극(예: 종소리)을 반복적으로 연합시킨 이후, 무조건 자극 없이 조건자극만 주어져도 조건반응(예: 침 흘리는 행동)이 나타나는 현상을 설명한다. 조작적 조건형성은 사람들이 어떤 행동(예: 음주)이 그 이후에 주어지는 보상(예: 기분 좋음)과 짝지어지면 그 행동이 강화되어 증가하며(예: 폭음) 반대로 보상이 아닌 처벌과 연합되면 행동이 감소한다고 설명한다. 사회학습은 위의 두 가지 원리에서 설명하기 어려운 간접적 경험을 통해 학습하는 원리를 제시하는데, 직접적 경험을 하지 않더라도 관찰이나 모방을 통해서 새로운 행동을 학습할 수 있다고 설명한다. 예를 들어, 형이나 언니가 어떤 행동을 했을 때 부모님께 칭찬받는 것을 보면, 자신도 칭찬받기 위해 그러한 행동을 따라서 하게 된다.

다섯째, 인지주의적 관점은 행동주의적 관점과 달리 외부 자극이 심리적 문제를 일으키는 것이 아니라, 그러한 자극에 대한 부정적 해석이 주된 역할을 한다고 가정한다. 즉, 인간은 외부 환경보다는 내적으로 정보를 처리하는 과정에 문제가 있으면 이상심리가 나타난다고 제안한다. 이를 도식화하면 '선행사건 → 신념(인지) → 결과(정서, 행동)'의 과정으로 요약할 수 있다. 예를 들어, 직장 상사에게 업무 실수에 대한 지적을 받은 직원이 이후에 불안과 대인관계의 회피가 나타나는 것은 지적을 받은 사건 때문이 아니라, "타인에게 언제나 사랑과 인정을 받아야 한다."는 비합리적 신념 때문에 정서나 행동 문제가 나타난 것이라고 설명할 수 있다. 한편, 우울증은 자신과 세상, 미래를 부정적으로 생각하기 때문에 나타나므로 이러한 부정적 생각이 변하면 우울이나 관련 행동이 개선된다고 설명한다.

여섯째, 사회·문화적 관점은 이상행동이 심리적 또는 신체적 문제 이외에 우리를 둘러싼 사회적, 문화적 환경에서 오는 스트레스로 인해 발생한다고 가정한다. 개인의 행동은 진공 상태에서 자신만의 독특한 형태로 나타나는 것이 아니라, 자신이 속해 있는 사회의 가치, 제도, 관습이나 문화적 요인 그리고 타인과의 상호작용을 통해 형성된다. 특히 문화는 심리적 건강과 밀접한 관련이 있는데, 가족이나 양육 형태, 전통적 사상 체계, 경제 구조와 같은 기본적 요인이 사람들의 가치관, 신념, 사회적 태도 등의 형성에 영향을 미친다.

사회·문화적 환경과 심리적 문제 간의 관련성이 보고되면서, 사회적 연결망, 직업, 종교, 가정 및 주거 환경, 사회경제적 수준과 이상행동의 관계가 광범위하게 연구되었다. 예를 들어, 자신을 지지해줄 수 있는 친구(사회적 연결망)가 많은 대학생은 실연이라는 스트레스를 경험하더라도 잘 견뎌내지만, 그런 친구가 없는 경우에는 동일한 스트레스에도 우울해질 가능성이 더 크다.

마지막으로, 취약성-스트레스(vulnerability-stress) 관점(또는 모형)은 이상심리의 원인을 하나의 관점만으로 충분히 설명하기 어렵기 때문에 다양한 접근 방법을 통합하여 설명한다. 이 관점은 생물학이나 심리학에서 중요하게 다루는 내적 취약성과 외부 환경에서 오는 스트레스가 서로 상호작용하여 심리장애가 발생한다고 제안한다. 예를 들어, 동일한 스트레스를 경험하더라도 조증에 대한 가족력(생물학적 취약성) 또는 충동조절 능력이 부족한 성격(심리학적 취약성)인 사람은 그렇지 않은 사람에 비해 양극성장애로 발전할 가능성이 더 높다.

이 관점을 통해 여러 심리장애의 취약성 및 스트레스 요인이 연구되어 왔으며, 두 요인의 상호작용이 심리장애의 유발에 영향을 미친다는 인식이 넓어지고 있다. 이와 유사하게 이상심리의 원인에 대한 복잡성을 설명하기 위해 위에서 다룬 생물학적, 심리학적, 사회적 관점을 통합한 생물심리사회적 관점(biopsychosocial perspective)도 자주 적용되고 있는데, 이 관점은 우울증과 같은 동일한 심리적 문제일지라도 서로 다른 원인으로 인해 나타날 수 있다는 것을 설명해줄 수 있다.

(3) 이상심리의 분류

이상심리 혹은 심리장애를 유형별로 분류하는 것은 해당 장애를 진단하고 치료하는 것과 함께 그 원인이나 경과에 대한 이론적 연구에도 많은 도움이 된다. 오늘날 널리 사용하고 있는 분류 체계는 두 가지인데, 세계보건기구(WHO)에서 발행한 『국제 질병 분류(International Classification of Disease: ICD)』와 미국정신의학회(American Psychiatric Association: APA)의 『정신장애의 진단 및 통계 편람(Diagnostic and Statistical Manual for Mental Disorders, DSM)』이다. ICD는 1992년에 발행된 제10판

(ICD-10)이 현재 사용되고 있으며 앞으로 제11판이 발행될 예정이다. DSM은 1994년에 제4판(DSM-IV; APA, 1994), 2000년에 4판 개정판(DSM-IV-TR: APA, 2000)이 발행되었으며, 2013년에 출간된 5판(DSM-5; APA, 2013)이 사용되고 있다(한국판 번역본은 2015년에 출간됨). DSM의 분류 방식은 ICD보다 진단하는 기준이 더 자세하고 구체적으로 설명하고 있다. 그래서 우리나라에서도 정신건강 전문가들이 주로 이 체계를 사용하여 심리장애를 판단하고 있기 때문에, 여기에서는 DSM의 내용을 바탕으로 이상심리의 유형들을 알아보겠다.

DSM 체계의 특징을 살펴보면 다음과 같다. 첫째, 심리장애를 분류할 때 어떤 원인이나 이론에 근거하는 것이 아니라 증상을 중심으로 진단 기준을 기술한다. 둘째, 특정한 심리장애에 해당하는지를 질적으로 결정하는 범주적 진단에 기초하고 있다. 셋째, 각 장애에 대한 유병률, 발달 및 경과, 위험 요인 및 예후, 감별진단, 공병 장애 등 부가적 특징들을 세분하여 심리장애에 대한 이해와 치료 계획을 세우는 데 도움을 준다. 넷째, 최근에 발행된 DSM-5는 범주적 진단의 문제점을 보완하고자 심리장애를 심각한 정도에 따라 양적으로 나누는 차원적 평가도 함께 실시한다. 또한 DSM-5에서는 이전에 적용한 다축체계가 임상적 타당성이 낮다는 문제로 인해 사용하지 않고 있다. 다음 〈표 12-1〉에는 DSM-5에 포함된 심리장애의 범주를 소개하고 있으며 여기에 소개한 장애 가운데 주요 범주를 구체적으로 살펴보겠다.

〈표 12-1〉 DSM-5에서 분류한 심리장애 범주

1. 신경발달장애(Neurodevelopmental Disorders)
2. 조현병 스펙트럼 및 기타 정신증적 장애
   (Schizophrenia Spectrum and Other Psychotic Disorders)
3. 양극성 및 관련 장애(Bipolar and Related Disorders)
4. 우울장애(Depressive Disorders)
5. 불안장애(Anxiety Disorders)
6. 강박 및 관련 장애(Obsessive-Compulsive and Related Disorders)
7. 외상 및 스트레스 관련 장애(Trauma- and Stressor-related Disorders)

8. 해리장애(Dissociative Disorders)
9. 신체증상 및 관련 장애(Somatic Symptom and Related Disorders)
10. 급식 및 섭식장애(Feeding and Eating Disorders)
11. 배설장애(Elimination Disorders)
12. 수면-각성장애(Sleep-Wake Disorders)
13. 성기능장애(Sexual Dysfunctions)
14. 성별 불쾌감(Gender Dysphoria)
15. 파괴적, 충동조절 및 품행장애(Disruptive, Impulse-Control, and Conduct Disorders)
16. 물질 관련 및 중독 장애(Substance-Related and Addictive Disorders)
17. 신경인지장애(Neurocognitive Disorders)
18. 성격장애(Personality Disorders)
19. 성도착장애(Paraphilic Disorders)
20. 기타 정신장애(Other Mental Disorders)

2 우울장애와 양극성 관련 장애

우울장애와 양극성 및 관련 장애는 DSM-Ⅳ에서는 기분장애(Mood Disorders) 범주에 포함되었다. 그러나 최근 연구에서 그 원인이나 예후 등 다양한 측면에서 서로 차이가 있는 것으로 나타나 DSM-5에서는 따로 독립된 범주로 분류되었다. 여기서는 두 장애 모두 정서적으로 중요한 증상인 기분과 관련된 문제를 보이므로 함께 살펴보겠다.

(1) 우울장애

우울장애(Depressive Disorders)는 슬픔, 공허함, 과민한 기분 등을 보이고, 일상 기능에 부정적 영향을 미치는 인지적, 신체적 변화를 동반하는 것이 특징이다(APA, 2013). 우울장애의 하위 유형은 파괴적 기분조절장애(Disruptive Dysregulation Disorder), 주요우울장애(Major Depressive Disorder), 지속적 우울장애(Persistent Depressive Disorder/Dysthymia), 월경전 불쾌장애(Premenstrual Dysphoric Disorder) 등이 있으며, 장애의 기간, 시점, 추정되는 원인에 따라 구분된다. 여기서는 우울장애 가운데 가장 유병률이 높고 일반적으로 널리 알려져 있는 주요우울장애에 대해 알아보겠다.

주요우울장애는 핵심적인 9개 증상 가운데 5개 이상을 2주 이상 경험하는 주요우울 삽화(major depressive episode)가 나타나는 것이 특징이다. 핵심 증상 9개는 우울한 기분, 일상활동에 대한 흥미나 즐거움의 감소, 식욕이나 체중의 감소 또는 증가, 불면 또는 수면과다, 정신운동의 초조나 지체, 피로감이나 활력 상실, 무가치감이나 과도한 죄책감, 집중의 어려움이나 우유부단함, 자살생각이나 계획이다(APA, 2013). 사람들이 자주 경험하는 우울한 기분과 우울장애는 구별할 필요가 있다. 학교나 직장에서 스트레스를 받거나 타인과 비교하여 자존심이 상하는 경우 또는 사랑하는 사람과 이별했을 때 기분이 우울해지는 것은 정상적이라고 할 수 있다. 이러한 경험은 일상생활에서 발생하는 문제들 때문에 나타나는 경우가 많으며, 문제가 해결되거나 시간이 지나면 기분은 다시 안정된다. 하지만 우울한 기분이 없어지지 않고 일정한 기간을 넘어서 계속 지속되면 정상 수준이 아닌 심리장애라고 판단하게 된다.

유병률은 미국의 경우 약 7%이며 18~29세의 유병률은 60세 이상보다 3배 더 높게 나타나 나이에 따라 큰 차이를 보인다. 여성은 약 5~9%, 남성이 약 2~3%로 여성이 1.5~3배 정도 더 많은 것으로 알려져 있다. 한국의 경우 2016년도 정신질환 실태조사에 따르면, 유병률은 1.5%이며 여성 2.0%, 남성 1.1%로 여성이 약 2배 정도 더 높았다(보건복지부, 2017).

주요우울장애에 영향을 미치는 요인은 생물학적 요인과 심리학적 요인으로 나눌 수 있다. 생물학적 관점에서는 유전과 생화학적 측면으로 나누어 볼 수 있다. 유전적 측면에서 보면 유전자를 100% 공유한 일란성 쌍둥이가 50%만을 공유한 이란성 쌍둥이보다 주요우울장애의 일치율이 2배 이상으로 나타났다(Kendler et al., 1993). 다른 연구에서도 유사한 결과가 나타났는데, 일란성 쌍둥이의 일치율은 46%였고 이란성 쌍둥이는 그 일치율이 20%로 상대적으로 더 낮았다(McGuffin et al., 1996). 쌍둥이 간 일치율은 성별에 따라 달랐는데(Bierut et al., 1999), 여성이 남성보다 일치율이 더 높았으며 여성의 유전 가능성은 36–44%, 남성은 18–24%로 추정되었다. 생화학적 측면을 보면 신경전달물질인 세로토닌(serotonin)과 노르에피네프린(norepinephrine)이 우울증과 관련이 있다. 세로토닌의 주된 기능은 정서 반응을 조절하는 것으로, 이 수준이 낮으면 기분 변화가 빈번하고 충동적으로 된다. 마찬가지로 노르에피네프린의 부족이 우울증을 유발하는 것으로 알려져 있으며, 세로토닌이 노르에피네프린의 조절에 관여한다는 가설도 존재한다. 한편, 주요우울증이 있더라도 세로토닌과 노르에피네프린 수준이 낮지 않다는 연구 결과가 보고된 것처럼(Belmaker & Agam, 2008), 세로토닌 또는 노르에피네프린과 우울증 간의 관련성이 단순한 것만은 아닌 것 같다. 즉, 특정한 신경전달물질이 단독으로 작용하기보다 두 가지 혹은 또 다른 신경전달물질이 서로 상호작용하여 우울증에 영향을 미칠 수 있다(Whisman, Johnson, & Smolen, 2011).

심리학적 요인은 다양한 이론에 근거하여 우울증을 설명하고 있다. 먼저 정신역동이론에서는 애착 대상에 대한 상실이 우울증을 유발한다고 본다(Freud, 1917/1957). 상실을 경험하거나 예견하면 대상에 대한 분노를 느끼게 되는데, 상실로 인한 분노를 표출할 대상이 없기 때문에 그 감정은 외부가 아니라 자신의 내부로 향하게 되어 자신이 무가치하기 때문에 버려졌다는 죄책감을 느낀다. 다시 말하면, 자신의 분노를 상대방에게 직접 표현하기 어려워 그 공격성을 자신에게 향함으로써 죄책감과 자기 처벌에 빠져 우울하게 된다. 대표적으로 죽음이나 이혼과 같은 상실은 우울의 위험성을 높인다(Kendler et al., 2003). 하지만 상실 경험이 있는 사람이 항상 우울해지는 것은 아니다. 살아가면서 상실을 겪은 사람들 가운데 우울한 사람은 10%를 넘지 않았다는 연구가 있었으며(Bonnano, 2004) 다른 연구들에서도 상실과 우울의 관련성이 항상 일관되게 나타나지는 않았다.

행동주의이론은 행동 이후에 나타나는 강화의 여부가 우울증에 영향을 미친다고 본다(Lewinson, 1974). 자신의 노력에 대한 보상이 적절하게 주어지지 않으면 동기가 낮아지고 우울증이 유발된다. 예를 들어, 취업을 앞둔 대학생이 서류 전형이나 면접에서 통과하지 못하고 계속 실패하게 되면, 회사에 지원하려는 의욕이 떨어지고 우울 증상이 나타날 수 있다. 우울증으로 인해 활동이 저하되거나 사회적으로 위축되면 다시 강화받을 기회가 줄어들게 되는 악순환이 생긴다. 보상의 정도와 우울 간의 관계는 여러 연구에서 보고되었는데, 우울한 사람은 그렇지 않은 사람보다 긍정적 보상을 덜 경험하고(Bylsma et al., 2011), 긍정적 사건이 많을수록 행복을 더 느끼는 것으로 나타났다(Carvalho & Hopko, 2011).

인지주의이론에서는 부정적 생각이 우울에 영향을 미친다고 가정하며, 특히 인지 3요인이 중요한 역할을 한다고 제안한다(Beck et al., 1979). 인지 3요인은 자신("나는 쓸모없는 사람이다."), 환경 또는 세상("이 세상은 살아가기에 너무 끔찍하다."), 미래("앞으로 나는 희망이 없고 어떻게 살아갈지 모르겠다")에 대한 부정적 생각을 의미한다. 또한 Aaron Beck은 부정적 사건을 경험할 때 인지 왜곡을 통해 우울증이 나타난다고 제안하였는데, 사건 자체가 아니라 왜곡된 생각이 우울에 결정적 영향을 미친다고 하였다. 인지 왜곡은 여러 가지 방식으로 나타나는데, 이분법적 사고(all-or-nothing thinking)의 경우 완벽하게 성공하지 않으면 실패라고 생각하는 특성이 있다. 그래서 A+ 학점이 아닌 A 또는 B+를 받게 되면 F학점과 동일하다고 생각하여 기분이 저하된다. 과잉일반화(overgeneralization)는 하나의 부정적 사건을 경험하면 다른 상황에서도 똑같이 부정적 결과가 일어날 것이라고 생각하는 것이다. 만약 대인관계에서 어떤 사람과 다투고 헤어지는 일이 있었다면, 앞으로 다른 사람들과도 비슷하게 갈등을 겪고 관계가 끝나버릴 것이라고 과도하게 일반화시킨다. 이외에도 부정적 사건의 의미는 더 과장하고 긍정적 사건에 대해서는 축소하여 평가하는 극대화와 극소화(magnification and minimization), 타인의 행동이나 문제의 원인이 자신과 관련 있다고 추측하는 개인화(personalization) 등이 있다.

학습된 무기력(learned helplessness, Seligman, 1975)이론에서는 무기력이 우울증 유발에 중요한 역할을 한다고 본다. 이 이론에 따르면, 동물들은 회피할 수 없는 상황에서 전기충격을 받을 때 무기력하거나 동기 저하 등 우울과 유사한 증상을 보이는 것처럼 사람도 자신에게 일어나는 중요한 사건을 통제할 수 없다는 것을 학습하면 우울해진다. 그러나 통제 불가능성만으로는 우울한 사람들에게 나타나는 낮은 자존감이나 우울의 정도와 지속은 명확하게 설명하지 못하는 문제가 있어서, 인지적 요소를 고려하여 이론이 수정되었다(Abramson et al, 1978). 수정된 이론에 의하면, 사람들은 실패(예로, 애인과 싸우고 헤어진 상황)를 경험하면 다양한 방식으로 그 이유를 설명하는데, 특히 내적/외적, 안정적/불안정적, 전반적/특정적 귀인 가운데 내적("내 잘못이야. 난 아무래도 어쩔 수 없는 사람인가봐."), 안정적("나의 변하지 않는 성격이 문제야."), 전반적("다른 사람을 사귀어도 똑같은 일이 생길 거야.") 귀인을 하는 사람들이 우울에 취약하다. 즉, 우울한 사람의 낮은 자존감은 부정적 사건에 대한 내부 귀인과 관련되고, 우울의 지속은 안정적 귀인으로 설명할 수 있다.

(2) 양극성 및 관련 장애

그림 12-4 양극성장애는 조증과 우울증이 번갈아 나타나며 특히 우울증이 나타나는 시기에 자살 위험이 높으므로 주변의 관심과 지지가 필요하다.

양극성 및 관련 장애(Bipolar and Related Disorders) 범주에는 양극성Ⅰ장애(Bipolar Ⅰ Disorder), 양극성Ⅱ장애(Bipolar Ⅱ Disorder), 순환성장애(Cyclothymic Disorder)가 포함되어 있으며(APA, 2013) 여기에서는 양극성Ⅰ장애와 양극성Ⅱ장애에 대해 살펴보겠다.

양극성장애는 기분의 양쪽 극단인 조증과 우울증이 번갈아 나타나는 것이 특징이며 과거에는 조울증이라고 불렸다(〈그림 12-4〉 참고). 조증은 기분이 들떠 있는 고양된 상태로, 지나치게 활력이 넘치고 자신감이 과도하게 팽창해 있다. 자신이 가지고 있는 능력이 없거나 있다고 하더라도 실제보다 매우 과대평가를 하는 경향이 있고, 타인이 자신의 말이나 계획을 받아들이지 않으면 예민해지고 분노나 공격성을 표출하기도 한다. 또한 매우 충동적이어서 예측하지 못하거나 부정적 결과를 초래할 수 있는 행동을 한다. 정신역동이론에 따르면, 조증과 우울증이 번갈아 나타나는 것은 조증이 우울증에 대한 방어를 의미하는 것이다. 다시 말하면 조증은 자신의 내면에 존재하는 깊은 절망을 부정하고 회피하기 위한 노력이 외적으로 표현된 것이라고 할 수 있다.

양극성Ⅰ장애는 비정상적으로 고양되거나 팽창 또는 흥분된 기분이 지속적으로 나타나고 목표 지향적 활동이나 활력이 증가하는 양상이 최소한 1주일 이상 지속되는 조증 삽화(manic episode)를 보인다. 증상에는 '팽창된 자신감, 수면에 대한 욕구 감소, 말이 많아짐, 사고 비약, 주의산만, 목표 지향적 활동이나 정신운동성 흥분, 고통스러운 결과를 초래할 활동에 몰두함'이 있고, 이 7개 가운데 적어도 3개(기분이 과민한 상태에서는 4개) 이상이 나타나야 한다. 이러한 삽화로 인해 사회적 또는 직업적 기능에 뚜렷한 손상이 발생하고, 심하면 망상이나 환각을 동반하는 정신증적 양상이 나타날 수 있다. 양극성이라는 명칭을 사용하지만 주요우울 삽화를 경험한 적이 없어도 조증 삽화가 1번 이상 나타나면 양극성Ⅰ장애로 진단할 수 있다. 또한 현재 주요우울 삽화나 경조증 삽화(hypomanic episode)가 있더라도 이전에 조증 삽화를 경험한 적이 있으면, 그것은 주요우울장애가 아닌 양극성도 장애에 해당된다.

양극성Ⅱ장애는 양극성Ⅰ장애에서 나타나는 7개 증상에서는 동일하지만 증상의 정도가 경미하고 지속 기간이 최소한 4일로 상대적으로 짧은 경조증 삽화(hypomanic episode)를 보인다. 삽화를 경험하기 전과 다르게 기능 변화가 나타나지만, 입원이 필요할 정도로 일상적 기능에 심각한 손상이나 정신증적 양상은 보이지 않는다. 과거에 조증 삽화를 경험한 적이 없으면서 최소한 1번의 주요우울 삽화를 경험해야 양극성Ⅱ장애에 해당한다. 마찬가지로 현재 주요우울 삽화에 해당하더라도 이전에 경조증 삽화를 경험한 적이 있으면 주요우울장애가 아닌 양극성Ⅱ장애로 진단할 수 있다.

유병률은 미국의 경우 양극성Ⅰ장애 0.6%, 양극성Ⅱ장애 0.8%이며 남녀 비율은 비슷한 것으로 알려져 있다(APA, 2013). 평생유병률은 남녀 약 1.1 : 1이며, 남성이 여성보다 조증 삽화를 먼저 경험하는 경우가 많다. 한국의 경우 양극성Ⅰ장애와 양극성Ⅱ장애를 합한 1년 유병률과 평생유병률은 모두 0.1%이며 여성이 남성보다 더 높은 것으로 나타났다(보건복지부, 2017). 양극성장애는 기분이 고양된 상태이기 때문에 사람들은 심각한 장애라고 간주하지 않지만, 우울장애와 더불어 자살 가능성이 매우 높아 평생 자살 위험도는 일반 사람들에 비해 약 15배 정도 높다. 또한 조증 상태보다 우울증 상태일 때 자살 가능성이 더 높아 주변의 세심한 관심과 지지가 필요하다.

3 불안장애

불안장애(Anxiety Disorders)는 발달 과정 중에 자연스럽게 경험하는 정상적 공포나 불안과는 달리, 불안의 정도가 심하거나 적정한 연령대를 넘어서까지 유지된다. 또한 오랜 기간 동안 지속된다는 점에서 스트레스로 인한 일시적 공포나 불안과도 다르다. 공포와 불안은 유사한 측면이 있지만 서로 다른데, 공포는 실제로 존재하는 즉각적 위협을 지각하여 보이는 정서 반응이고, 불안은 미래의 위협에 대한 예측으로 생긴다. 불안장애가 있는 사람들은 두려워하거나 회피하는 상황에서 그 위험을 과대평가하는 경향이 있기 때문에, 그 공포나 불안이 과도한지에 대한 판단은 문화적이고 상황적 요인을 고려해야 한다. 심리장애를 범주별로 비교해볼 때 불안장애는 유병률이 높은 범주 중에 속한다고 할 수 있는데, 우리나라의 경우 5개 불안장애(특정공포증, 사회불안장애, 공황장애, 광장공포증, 범불안장애)를 합친 1년 유병률이 5.7%, 평생유병률은 9.3%이다(보건복지부, 2017).

불안장애의 하위유형에는 분리불안장애(Separation Anxiety Disorder), 선택적 함구증(Selective Mutism), 특정공포증(Specific Phobia), 사회불안장애(Social Anxiety Disorder), 공황장애(Panic Disorder), 광장공포증(Agoraphobia), 범불안장애(Generalized Anxiety Disorder)가 있다. 여기서는 사회불안장애, 특정공포증, 범불안장애, 공황장애, 광장공포증에 대해서 살펴보겠다.

그림 12-5 타인들 앞에서 연설을 하기 힘들어 하는 사회불안장애를 극복한 주인공에 관한 영화 '킹스 스피치'

사회불안장애(Social Anxiety Disorder)는 사회공포증(Social Phobia)으로도 불리며, 이 장애를 가진 사람은 다른 사람들에게 노출되는 사회적 상호작용 상황(예로, 대화 또는 낯선 사람을 만날 때), 관찰 받는 상황(예로, 음식을 먹거나 마실 때), 타인 앞에서 어떤 일을 수행하는 상황(예로, 발표할 때) 가운데 최소한 1개 이상의 상황에서 과도한 공포나 불안을 6개월 이상 경험한다(〈그림 12-5〉 참고). 이러한 증상은 자신이 부정적으로 평가받거나 불안한 모습이 타인에게 드러날 수 있다는 두려움 때문에 나타나며, 사회적 상황이나 사회문화적 맥락에서 볼 때 일반적인 불안 수준에 비해 비정상적으로 극심하게 나타난다.

이 장애가 있는 사람들은 자기주장이 부족하고, 과도하게 순종적이며, 지나치게 경직된 자세나 부적절한 눈맞춤을 보이기도 한다. 또한 그들은 사회적 관계가 필요하지 않는 직장을 더 선호하고 되도록 집에 오래 머물러 있으려고 한다. 유병률은 미국의 경우 약 7%이고, 한국은 1년 유병률이 0.4%이고 평생유병률은 1.6%이다(보건복지부, 2017). 전체 인구를 대상으로 하면, 여성이 남성에 비해 1.5~2배 정도 더 많고 임상집단의 경우 남녀가 비슷하거나 남성이 약간 더 많은 것으로 알려져 있다. 약 3/4 정도가 8세에서 15세 사이에 발생하며, 따돌림을 당하거나 발표 중에 신체증상이 나타나는 등 스트레스나 수치심을 경험한 후에 나타날 수 있다.

특정공포증(Specific Phobia)은 사람을 제외한 특정한 대상이나 상황에 대해 강렬한 공포가 6개월 이상 나타나고, 전혀 두려워해야 할 이유도 없고 그렇게 하는 것이 비합리적이라는 것을 알면서도 통제할 수 없는 심한 공포감을 느끼는 증상을 보인다. 공포를 느끼는 유형은 동물(예로, 거미, 개), 자연환경(예로, 높은 곳, 물), 혈액–주사–상처(예로, 주사바늘, 외과적 의료절차), 상황(예로, 비행기, 엘리베이터)으로 나뉜다. 공포를 유발하는 대상이나 상황에 노출되면 즉각적으로 공포를 느껴 적극적으로 회피하고자 하는데, 이로 인해 사회적, 직업적 또는 다른 중요한 영역에서 임상적으로 현저한 고통이나 손상이 발생한다. 일반적으로 상황 유형을 가장 많이 호소하고 자연환경, 혈액–주사–상처, 동물 유형 순으로 나타난다. 유병률은 미국의 경우 약 7~9%이고 유럽은 약 6%인 반면(APA, 2013), 한국은 4.2%(보건복지부, 2017)로 상대적으로 낮은 편이다. 이 장애는 주로 어린 시절에 발생하는데, 대부분 10세 이전에 발생하며 자신의 공포증이 시작된 원인을 기억하지 못하는 경우가 많다. 아동기는 약 5% 정도이고, 13~17세는 약 16%로 높아지며, 그 이상의 연령에서는 점점 감소한다. 여성이 남성보다 2배 정도 더 많이 나타나는데, 여성은 동물, 자연환경, 상황 유형을 주로 경험하며 혈액–주사–상처 유형은 남녀가 유사하다.

범불안장애(Generalized Anxiety Disorder)는 직장생활이나 학업과 같이 수많은 활동에 대해 과도하게 걱정하고 불안해하며 이를 스스로 통제하기 어렵다고 느끼는 경우다. 걱정이나 불안으로 인해 다양한 증상이 나타나는데, '안절부절못함, 쉽게 피곤해짐, 집중력 저하, 쉽게 화를 냄, 근육 긴장, 수면장애' 가운데 3개 이상을 경험하는 날이 그렇지 않은 날보다 더 많고 그것이 6개월 이상 지속된다. 이 장애는 실제 발생할 확률이 낮아 그다지 심각한 걱정거리가 아닌데도 과도한 불안을 보이는 것이 특징이다. 예를 들어 길을 걸어가다 차가 갑자기 인도로 뛰어들어 사고를 당할지도 모른다는 걱정, 교실에서 공부하다 건물이 무너지는 것에 대한 불안, 비가 올 때 번개를 맞을 수 있다는 걱정 등으로 사회적, 직업적 기능에서 현저한 고통이나 손상이 발생한다.

범불안장애에서 경험하는 불안을 유동불안(free–floating anxiety)이라고 부르기도 하는데, 특정한 이유 없이 막연하게 걱정이 많으며 분명한 근거 없이 항상 불안해 하기 때문이다. 이 장애는 다른 불안장애보다 치료를 받는 비율이 낮은 것으로 알려져 있다. 왜냐하면 사회불안장애나 특정공포증처럼 증상이 특정한 대상이나 상황과 뚜렷하게 관련해서 나타나는 장애와 다르게, 명확한 대상이 없이 불특정하게 나타나는 경우가 많아서 스스로 문제가 있다고 인식하지 못하기 때문이다. 유병률은 미국의 경우 청소년은 0.9%, 성인은 2.9%이며 평생유병률은 9.0%이다(APA, 2013). 한국은 1년 유병률이 0.4%이고 평생유병률은 2.4%이다(보건복지부, 2017). 평균 발병 연령은 30세이고, 여성이 남성보다 2배 정도 더 많으며, 성인 중년기에 가장 빈도가 높고 그 이후부터 감소된다.

공황장애(Panic Disorder)는 갑작스럽게 몇 분 안에 최고조에 이르는 극심한 공포 또는 고통이 밀려드는 공황발작(panic attack)이 예상치 못하게 반복해서 나타나는 경우다. 공황발작은 '죽을 것 같은 공포, 통제하지 못하거나 미칠지도 모른다는 두려움, 비현실감 혹은 이인증'과 같은 심리적 증상과 함께, '가슴이 두근거리거나 심장박동이 빨라짐, 땀을 흘림, 몸이 떨림, 숨이 차는 느낌, 질식할 것 같은 느낌, 가슴 통증 또는 답답함, 메스꺼움 또는 복통, 어지럽고 기절할 것 같은 느낌, 춥거나 열이 나는 느낌, 마비 또는 저린 느낌'과 같은 다양한 신체적 증상으로 구성되어 있다. 이 13개 가운데 4개 이상의 증상이 나타날 때 공황장애로 진단받는다. 발작은 불안한 상태에서만 나타나는 것이 아니라 아무렇지도 않은 안정된 상태에서도 나타날 수 있다. 하지만 공황발작을 경험했다고 해서 그것이 바로 공황장애로 발전하는 것은 아니다.

공황장애에서는 '공황발작의 재발에 대한 걱정 또는 발작으로 인한 통제 불가능, 심장마비, 미치는 것에 대한 걱정'의 지속 혹은 공황발작을 피하기 위해 운동이나 낯선 상황을 멀리하는 등 '발작과 관련 있는 행동의 부적응적 변화' 가운데 최소한 1개가 1개월 이상 나타난다. 공황장애를 경험하는 사람들은 죽을지도 모른다는 두려움 때문에 종종 응급실을 방문하는 경우가 있지만, 일반적으로 두려움을 포함하여 여러 가지 신체증상들은 10~20분 내에 없어진다. 유병률은 미국이나 유럽의 경우 약 2~3%이고 청소년기에 점점 더 늘어나는 경향이 있으며 성인기에 가장 높아진다. 평균 발병 연령은 20–24세이고 여성이 남성보다 약 2배 정도 더 많이 경험하며, 연령이 높아질수록 그 비율은 감소하는데 64세 이상은 0.7%로 낮다. 한국은 1년 유병률이 0.2%이고 평생유병률은 0.7%이다(보건복지부, 2017).

광장공포증(Agora Phobia)은 대중교통(예로, 자동차, 버스, 기차, 배, 비행기)을 이용하는 상황, 개방된 공간(예로, 주차장, 시장, 다리)에 있는 상황, 막힌 공간(예로, 상점, 영화관)

에 있는 상황, 줄을 서 있거나 사람들이 많은 곳에 있는 상황, 혼자 집 밖에 나와 있는 상황 가운데 2개 이상의 상황에서 뚜렷한 공포와 불안을 6개월 이상 경험하는 것이 특징이다. 이러한 상황을 두려워하거나 회피하는 이유는, 공황과 유사한 증상을 경험하거나 쓰러질 것 같은 난처한 증상이 나타날 때 그러한 상황을 피하지 못하거나 도움을 받기 어렵다고 생각하기 때문이다. 이러한 증상이 있는 사람은 혼자서 돌아다니기 어렵기 때문에 일상생활에 상당한 방해를 받고 대인관계나 직업활동이 어려워 약 1/3 이상이 거의 집에만 있는 경우가 많다. 하지만 함께 다니는 사람이 있으면 그 상황을 어느 정도 참을 수 있다. 아동의 경우 집 밖에 혼자 나가거나 길을 잃는 것에 대한 공포가 자주 나타난다. 성인의 경우에는 공황과 유사한 증상을 경험하는 것, 노인의 경우 상점에 있거나 줄을 서는 것, 열린 공간에 있는 것 그리고 넘어지는 것과 관련된 공포가 흔하다. 유병률은 미국이 약 1.7%이며 여성이 남성보다 2배 더 많이 경험한다. 그리고 아동기에도 발생하지만, 후기 청소년기부터 초기 성인기에 가장 많이 나타난다. 한국은 1년 유병률이 0.2%이고 평생유병률은 0.7%이다(보건복지부, 2017). 2/3 정도가 35세 이전에 처음 발병하고 평균 발병 연령은 17세이며, 공황발작이나 공장장애가 선행하지 않는 경우는 25-29세 사이에 주로 나타난다.

4 강박 관련 및 스트레스 관련 장애

DSM-Ⅳ에서는 강박 및 관련 장애(Obsessive-Compulsive and Related Disorders)는 불안장애, 신체형장애, 충동조절장애 등에 속해 있었고, 외상 및 스트레스 관련 장애(Trauma- and Stressor-related Disorders)는 불안장애, 아동기 또는 청소년기 장애 등에 속해 있었으나 DSM-5에서는 새로운 범주로 분류되었다. 두 범주의 대표적인 장애는 각각 강박장애와 외상 후 스트레스 장애로, 두 장애 모두 불안 증상을 공통적 특징으로 가지고 있어서 DSM-Ⅳ에서는 모두 불안장애의 하위 유형에 포함되었지만, 진단적 증거나 장애를 분류하는 유용성 측면에서 새로운 범주로 독립했다.

(1) 강박 및 관련 장애

강박 및 관련 장애(Obsessive-Compulsive and Related Disorders)는 발달적으로 부적절하게 지나치고 지속적인 상태로, 연령에 따라 정상적으로 보이는 몰입이나 반복적인 생각과는 다르다. 이 장애의 특징은 생각이나 충동, 행동을 적절하게 억제하지 못하고 집착하여 일상생활에 적절히 적응하지 못하는 것이다. 하위 유형으로 강박장애(Obsessive-Compulsive Disorder: OCD), 신체변형장애(Body Dysmorphic Disorder), 저장장애(Hoarding Disorder), 발모광/모발 뽑기장애(Trichotillomania/Hair-Pulling Disorder), 피부 벗기기장애(Excoriation/Skin-Picking Disorder) 등이 있으며, 여기서는 강박장애에 대해서 살펴보겠다.

강박장애는 강박사고(obsession)와 강박행동(compulsion)의 두 가지 유형으로 나뉜다. 강박사고는 원하지 않는 생각, 충동, 심상이 머릿속에 계속해서 반복적으로 떠오르는 것이 그 특징이다. 예를 들면, 사람들이 함께 사용하는 공중 화장실에 다녀온 후에 병균에 감염되어 죽을지도 모른다는 생각이 계속 떠오르고 집착하게 되어 힘들어 한다. 반복되는 생각이 괴롭기 때문에 그것을 생각하지 않으려고 무시 또는 억제하거나, 다른 생각이나 행동으로 대

그림 12-6 감염에 대한 강박사고가 있는 경우 불안을 줄이기 위해 손을 자주 씻는 강박행동(결벽증)으로 이어질 수 있다.

체 또는 중화시키려고 노력한다(〈그림 12-6〉 참고). 강박행동은 손씻기, 정리정돈, 확인하기와 같은 반복행동이 있고, 기도하기, 숫자 세기, 마음 속으로 단어 반복하기와 같은 정신활동으로 나뉜다. 이러한 행동이나 활동들은 불안을 감소시키거나 두려운 상황이 발생하는 것을 방지하려는 목적으로 이루어진다.

하지만 실제로 그러한 행동이나 활동은 걱정스런 생각이나 상황을 현실적으로 중화 또는 예방할 수 있는 적절한 방법이라고 보기 어렵거나 지나친 방법이다. 예를 들어, 그들은 감염되지 않기 위해 모자를 오른쪽으로 15도 정도 비틀어서 쓰고 다른 사람들이 만진 문고리를 잡기 전에 뒤로 두 걸음 옮겼다가 앞으로 세 걸음을 옮긴 후에 문을 열고 나간다. 그들은 강박사고와 강박행동으로 하루에 1시간 이상을 소비하는데, 이것은 사회적 또는 직업적 기능이나 다른 중요한 영역의 손상을 일으키고 현저한 고통을 초래한다.

유병률은 미국 1.2%, 한국 0.4%이며(보건복지부, 2017) 아동기에는 남성에게 더 자주 나타나지만 청소년기에는 여성이 약간 더 높은 비율을 보인다. 평균 발병 연령은 19.5세이며 남성이 여성보다 더 이른 나이에 시작한다. 발병했을 때 치료받지 않으면 경과는 점점 더 만성화되며 증상의 악화와 완화를 자주 반복하게 된다. 아동이나 청소년기에는 성인기에 비해 자신 또는 사랑하는 사람의 질병, 죽음과 같은 재앙적 사건에 대한 두려움과 관련된 강박사고의 비율이 높다. 그리고 청소년은 아동에 비해 성적, 종교적 내용의 비율이 더 높은 것으로 알려져 있다.

(2) 외상 및 스트레스 관련 장애

외상 및 스트레스 관련 장애(Trauma-and Stressor-related Disorders)의 진단 기준에는 외상 또는 스트레스 사건에 대한 노출이 명백하게 들어 있다. 이 장애의 특징은 외상 또는 스트레스 사건을 경험한 이후에 다양한 증상들이 나타나고 이것이 일상생활에 심각한 손상을 일으키는 것이다. 하위 유형으로 반응성 애착장애(Reactive Attatchment Disorder), 탈억제 사회관여장애(Disinhibited Social Engagement Disorder), 외상 후 스트레스 장애(Posttraumatic Stress Disorder), 급성 스트레스 장애(Acute Stress Disorder), 적응장애(Adjustment Disorder) 등이 있으며 여기서는 외상 후 스트레스 장애를 살펴보겠다.

외상 후 스트레스 장애(Posttraumatic Stress Disorder: PTSD)는 실제적 또는 위협적 죽음, 심각한 상해, 성폭력 등과 같은 외상 사건을 경험한 후, 반복적인 침투 생각, 자극 회피, 인지와 정서의 부정적 변화, 각성과 반응의 변화 등 4개 범주와 관련된 증상이 나타난다. 외상 사건을 경험하는 방식은 직접 경험한 것, 직접 목격한 것, 가까운 가족이나 친구에게 일어난 것을 알게 된 것, 혐오스런 세부 내용에 반복해서 또는 극심하게 노출된 것으로, 그 범위가 DSM-Ⅳ에 비해 더 넓고 다양하다.

4개 범주에 대한 증상들은 다음과 같다. 반복적 침투 생각은 외상과 관련된 고통스러운 기억이 반복해서 머릿속에 침투하고, 고통스러운 꿈이 반복되고, 외상이 실제로 눈앞에 일어난 것처럼 느끼고 행동하는 해리 반응(예로, 플래시백)이 발생하고, 외상을 상징하거나 유사한 내적 또는 외적 단서에 노출되면 강한 심리적 고통이나 생리적 반응이 나타나는 증상이다.

자극 회피는 외상과 관련된 고통스러운 기억, 생각, 느낌 자체를 회피하거나, 그것을 유발하는 외적 단서(예로, 사람, 장소, 대화, 활동, 대상, 상황)를 회피하는 것이다. 인지와 정서의 부정적 변화 가운데 인지적 변화는 외상의 중요한 측면을 기억하지 못하고, 자기나 타인 또는 세상에 대해 지속적이고 과장된 부정적 신념이나 기대를 가지는 것이다. 정서적 변화는 공포, 분노, 죄책감, 수치심과 같은 부정적 정서 상태가 지속되며, 행복, 만족, 사랑과 같은 긍정적 정서를 경험하지 못하고, 타인과 거리감이나 소원함을 느끼는 것이다. 각성과 반응의 변화는 외상을 경험하기 전보다 쉽게 화를 내고, 자기파괴적 행동을 하고, 과잉 각성이 되어 있고, 과도하게 깜짝 놀라고, 집중을 못하고, 수면장애가 나타나는 특징을 보인다.

외상 사건에 노출된 후 위의 증상들이 3일에서 1개월 동안 나타나면 급성 스트레스 장애에 해당하고, 1개월 이상 지속될 때 외상 후 스트레스 장애로 진단받게 된다. 한국에서는 성수대교 붕괴(1994년), 삼풍백화점 붕괴(1995년), 대구지하철 화재(2003년) 등의 사건에서 생존한 사람들과 목격자들이 PTSD를 보였으며, 최근에 발생한 세월호 침몰(2014년) 이후에도 사망자 가족을 포함하여 많은 사람들이 이 장애로 고통받고 있다. 증상은 대개 외상 경험 직후에 나타나지만, 짧게는 6개월부터 몇 년이 지난 이후에도 천천히 나타나는 경우도 있는데 이를 지연된 유형(with delayed expression)이라고 세분한다. 그래서 PTSD 가능성이 높은 사건들이 발생했을 때에는 장기적인 관심과 노력을 가지고 진단과 치료에 임할 필요가 있다.

유병률은 미국이 3.5%이고 한국은 0.5%(평생 유병률 1.5%)이며(보건복지부, 2017) 여성이 남성보다 더 높고 더 오랫동안 지속된다. 참전 군인과 더불어 경찰관, 소방관, 응급구조사 등 외상에 노출될 위험이 높은 직업을 가진 사람들은 이 장애로 진단될 가능성이 높다. 이외에도 이 장애의 비율이 매우 높은 사람들은 성폭력 피해자, 전쟁 포로, 정치적 문제로 억류된 사람, 대량학살 생존자들로, 1/3에서 1/2 정도가 PTSD를 경험한다.

5 신체증상 및 관련 장애

신체증상 및 관련 장애(Somatic Symptom and Related Disorders)는 의학적 근거를 확인하지 못한 신체증상으로, 다른 심리장애들은 스트레스로 인한 심리적 어려움이 비정상적 심리나 행동으로 나타나지만, 이 장애는 적절하게 해소하지 못한 문제가 신체를 통해 나타난 것이다. 이 장애가 있는 사람들은 특정한 이득을 얻거나 주위의 관심을 받기 위해 신체증상이 있는 것처럼 가장할지도 모른다는 의심을 받기도 하지만, 실제로 신체증상을 경험한다. 하위 유형으로 신체증상장애(Somatic Symptom Disorder), 질병불안장애(Illness Anxiety Disorder), 전환장애(Conversion Disorder), 허위성장애(Factitious Disorder) 등이 있으며, 여기서는 신체증상장애와 질병불안장애에 대해 살펴보겠다.

신체증상장애(Somatic Symptom Disorder)는 고통스럽거나 일상적 기능을 손상시키는 1개 이상의 신체증상을 경험하는 것이다. 신체증상은 통증처럼 특정한 영역에서 나타날 수도 있고 피곤함과 같이 특정 영역과 관련 없이 나타나기도 하며, 주로 통증을 경험하면 통증 유형(with predominantly pain)이라고 세분한다. 더불어 신체증상이나 건강염려와 관련된 과도한 생각(예로, 증상의 심각성에 대한 생각), 감정(예로, 건강이나 증상에 대한 높은 불안), 행동(예로, 건강염려에 과도한 시간과 에너지 투여)을 보인다. 1개의 신체증상을 계속 경험할 수도 있지만, 서로 다른 여러 증상들이 지속적으로 6개월 이상 나타나기도 한다. 증상의 심각도에 따라 세 가지 수준으로 구분하며 과도한 생각, 감정, 행동 가운데 1개만 있으면 가벼운 정도, 2개 이상이면 중간 정도, 2개 이상과 여러 개의 신체증상(매우 심한 증상이면 1개)이 있으면 심한 정도라고 명시한다.

많은 요인이 이 장애에 영향을 미치는데, 유전적·생리적 취약성(예로, 통증에 대한 높은 민감성), 과거의 외상 경험(예로, 학대 피해), 학습(예로, 신체증상 때문에 얻게 된 관심의 강화), 신체적 고통에 비해 심리적 고통을 무시하고 비난하는 사회·문화적 규범 등이 있다. 이 장애는 DSM-5에서 새로 추가된 장애이기 때문에, 유병률에 대한 연구가 더 필요하며, 성인의 경우 약 5~7% 정도로 추정한다. 한국의 경우 보건복지부가 2016년에 실시한 정신질환실태 역학조사가 이 장애를 포함하지 않아서 정확한 유병률은 알기 어려우나, 2011년에 실시한 역학조사에서 DSM-Ⅳ에 포함된 이와 유사한 장애인 신체화장애의 유병률은 0.1%로 나타났다. 일반적으로 여성이 남성보다 신체증상을 더 많이 호소한다고 알려져 있기 때문에 여성의 유병률이 더 높을 것으로 예상된다. 아동의 경우 반복되는 복통, 두통, 피로, 메스꺼움을 가장 흔하게 경험한다.

질병불안장애(Illness Anxiety Disorder)는 DSM-Ⅳ에서 건강염려증(Hypochondriasis)으로 불린 장애로, 질병이나 건강과 관련된 과도한 생각(예로, 심각한 질병에 걸렸다고 집착함), 감정(예로, 건강에 대한 불안이 높음), 행동(예로, 건강과 관련된 부적절한 행동)을 보이는 것이

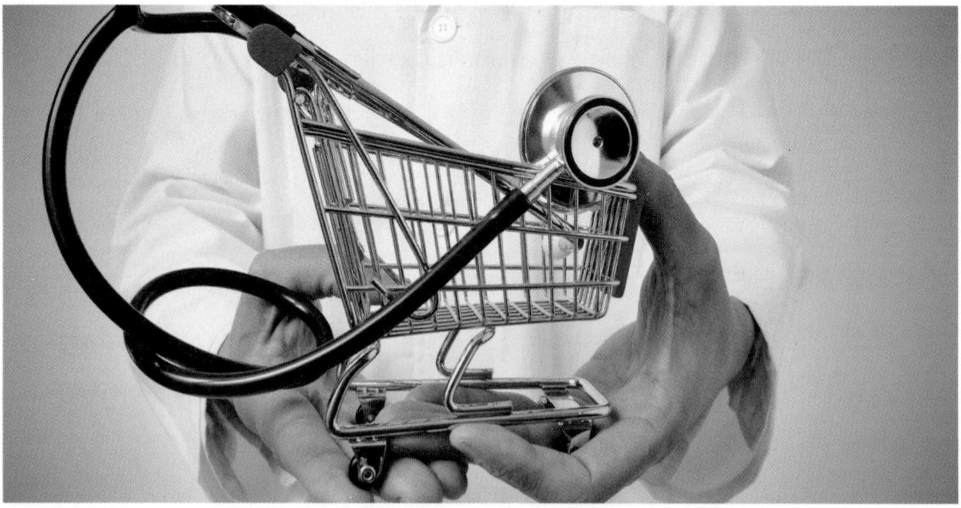

그림 12-7 질병불안장애가 있는 사람은 자신에게 병이 있다는 믿음을 확인받기 위해 내과를 비롯하여 다양한 과의 의사를 찾아가 진료나 검사를 받는 일종의 닥터 쇼핑(doctor shopping)을 하는 경우가 많다.

주된 특징이다. 일반적으로 자신의 신체증상(예로, 복통)을 심리적(예로, 과도한 긴장)이거나 환경적(예로, 추운 날씨) 원인으로 해석하는 것이 아니라 신체적 원인(예로, 위암)으로 해석하여 자신이 심각한 질병에 걸렸다고 믿는다.

이로 인해 건강과 관련된 지나친 행동(예로, 질병의 증거를 찾으려고 반복해서 확인함)이나 회피 행동(예로, 진료 예약을 하지 않거나 병원에 가지 않으려 함)을 하게 된다. 또한 의학적으로 병이 있다고 믿기 때문에, 정신건강 전문가를 찾기보다는 내과 진료를 더 많이 받고 동일한 증상에 대한 진료를 다양한 과의 의사에게 의뢰하는 양상을 보인다(〈그림 12-7〉 참고).

한편, 6개월 이상 질병에 대한 집착이 계속되며 이 기간 동안 두려워하는 질병의 종류가 달라질 수 있다. 하위 유형에는 진료나 검사에 집착하는 진료추구 유형(care-seeking type)과 반대로 진료를 거의 받지 않고 피하려는 진료회피 유형(care-avoidant type)이 있다. 이 장애가 DSM-5에서 새로 추가되었기 때문에 그 유병률은 아직 알려진 바 없으나, DSM-Ⅳ에서 건강염려증은 약 4~9%였으며 남녀 비율은 비슷한 것으로 보고되었다. 한국의 경우 2016년에 실시한 역학조사에는 이 장애가 들어있지 않았으며, 2011년 역학조사에서는 이와 유사한 장애인 건강염려증의 1년 유병률이 0.5%였고 평생유병률은 0.7%로 나타났다. 이 장애는 일반적으로 만성적이고 재발하는 특징이 있으며 발병은 초기 및 중년 성인기에 시작한다.

6 조현병 스펙트럼 및 기타 정신증적 장애

조현병 스펙트럼 및 기타 정신증적 장애(Schizophrenia Spectrum and Other Psychotic Disorders)는 자신의 현재 경험이 실제로 현실에 존재하는지 판단하지 못하고 왜곡하여, 망상, 환각, 혼란된 사고(언어), 심하게 혼란된 또는 긴장증적 행동, 음성증상의 특징을 보인다. 이 장애는 위에서 언급한 심리장애들에 비해 상대적으로 더 심각한 증상을 경험하는데, 특히 망상과 환각은 현실에서 실재하는 경험인지 판단하지 못하여 현실검증력이 손상된 증상에 해당한다. 이 장애는 증상의 심각도에 따라 연속적으로 나타난다는 관점에서 스펙트럼이란 용어를 쓰며, 심각도가 낮은 것에서 높은 순서로 조현형 성격장애(Schizotypal Personality Disorder), 망상장애(Delusional Disorder), 조현형장애(Schizophreniform Disorder), 조현병(Schizophrenia) 및 조현정동장애(Schizoaffective Disorder) 등이 있다. 여기서는 가장 대표적인 조현병에 대해서 살펴보겠다.

과거에 정신분열병이라고 불린 조현병은 '정신분열'이라는 용어의 부정적 이미지 때문에 환자는 물론 가족까지 사회적 낙인으로 고통받을 수 있어서 2011년 대한신경정신의학회가 변경을 제안한 진단명으로, 일본의 경우 현재 통합실조증으로 바꾸어 사용하고 있다. '조현'은 현악기의 줄을 고른다는 뜻으로, 너무 긴장하거나 느슨하지 않고 적절하게 균형을 이루는 것이 중요하다는 의미로 해석할 수 있다. 진단명에 대한 정신건강 전문가들의 합의가 아직 최종적으로 이루어지지 않아 앞으로 많은 논의가 필요하지만, 낙인 효과를 감소시켜 환자와 보호자가 받는 편견을 없앨 수 있는 병명이라면 바람직하다고 볼 수 있겠다.

(1) 조현병의 증상

조현병의 증상은 지각, 사고, 행동 등 다양한 영역에서 나타나는 양성 증상 4개와 음성 증상 1개가 있는데, 그 구체적인 임상적 특징은 다음과 같다. 첫째, 환각(hallucination)은 실제로 존재하지 않지만 현실에 존재한다고 잘못 지각하는 증상이다. 환각은 다섯 개의 감각과 관련된 환시, 환청, 환후, 환미, 환촉으로 나타나며 이 가운데 환청(예로, 자신의 행동을 비난하는 소리, 어떤 일을 하라고 명령하는 소리, 서로 다른 사람이 다투는 소리 등)이 가장 자주 발생한다.

둘째, 망상(delusion)은 일반적으로 잘못 해석한 지각이나 경험을 포함하는 잘못된 믿음이나 신념으로, 현실에서 일어나지 않은 일이 실제로 발생하고 있다고 생각하는 것이다. 망상의 유형은 매우 다양한데, 과대망상(예로, 자신을 신 또는 대통령이라고 하는 등 자신의 능력을 실제보다 매우 과장되게 믿음), 피해망상(예로, 자신이 미행을 당한다거나 감시당한다거나 괴롭힘을 당한다고 믿음), 관계망상(예로, 어떤 특정한 말투와 문구 및 그 밖의 다른 단서가 자신과 관련되어 있다고 믿음) 등이 있다. 환각과 망상의 주된 특징은 현실에 대한 판단의 왜곡으로, 이 증상들을 통해 현실검증력의 손상 여부를 판단할 수 있다.

셋째, 혼란된 사고 또는 언어(disorganized thinking or speech)는 논리적 사고의 전개가 어려워 말을 하거나 글을 쓸 때 서로 관련이 없는 생각들을 혼란스럽게 나열하는 것으로, 타인들은 무슨 말인지 잘 이해하지 못한다. 대표적으로 이탈(derailment: 예로, 대화하고 있는 주제에서 벗어나 관련 없는 엉뚱한 말을 함)과 지리멸렬(incoherence: 예로, 앞뒤가 맞지 않고 비논리적이어서 이해하기 어려운 말을 함) 등이 있고, 지리멸렬이 가장 심하게 혼란되어 있는 상태라고 할 수 있다.

넷째, 심하게 혼란된 또는 긴장증적 행동(grossly disorganized or catatonic behavior)은 이해하기 어려운 이상한 행동이나 극단적인 움직임을 보이는 것이다. 혼란된 행동은 이상하고 괴이하며 계절에 전혀 맞지 않는 옷차림, 맛이나 건강을 전혀 고려하지 않고 이해하기 어려운 방식으로 음식을 조리하는 행동, 청결을 유지하는 등 일상활동이 어려운 경우로 나타난다. 긴장증적 행동은 과도한 움직임 또는 거의 움직임이 없는 모습으로 나타나는데, 안절부절못하면서 복도를 반복해서 걸어 다니거나 한 곳에 꼼짝하지 않고 있는 특징을 보인다. 위에서 언급한 4개 증상들은 양성증상(positive symptoms)이라고 하는데, '양성'이라는 용어는 일반적으로 사람들에게는 나타나지 않는 특징을 가지고 있다는 의미이다.

음성증상(negative symptoms)은 사람들이 보통 가지고 있는 특징이 나타나지 않는 것을 뜻하는데, 정서표현의 감소(diminished emotional expression)나 무욕증(avolition)이 대표적이다. 정서표현의 감소는 얼굴 표정이나 눈 맞춤 등 자신의 정서를 표현하는 방식이 부적절하게 나타나거나 줄어드는 것이다. 무욕증은 동기가 낮아서 일상활동에 대한 흥미를 보이지 않고 목적의식적 행동을 하지 않는 것으로, 집에만 있으면서 어떠한 일도 하지 않고 시간을 보내려 하는 문제가 나타난다.

이외에도 말을 잘 하지 않거나 하더라도 매우 짧고 공허한 말을 하는 등 언어적 표현이 감소하는 무언증(alogia), 긍정적 자극에 대해 즐거움을 경험하지 못하거나 이전에 즐거웠던 경험을 잘 떠올리지 못하는 무쾌감증(anhedonia), 사회적 상호작용에 대한 흥미가 부족하고 그래서 대인관계가 손상되어 있는 비사회성(asociality) 등이 있다. 양성증상은 스트레스 경험과 관련이 있고 약물치료로 쉽게 호전되며 경과나 예후가 음성증상에 비해 양호하다. 반면 음성증상은 스트레스와 관련성이 적고 천천히 악화되는 만성적 경과를 보이며 약물치료에 대한 반응이 좋지 않은 편이다.

평생유병률은 미국의 경우 약 0.3~0.7%이며 남녀의 발생 빈도는 표본에 따라 차이는 있지만 대체로 비슷하다고 알려져 있다. 한국의 경우 1년 유병률과 평생유병률은 0.2%이고(보건복지부, 2012), 조현병과 다른 관련 장애를 포함한 조현병 스펙트럼 장애는 1년 유병률 0.2%, 평생유병률 0.5%이다(보건복지부, 2017). 조현병의 유병률은 다른 심리장애에 비해 높은 편은 아니지만, 한 번 발병하면 회복된 후에도 재발 가능성이 높다.

또한 우울장애나 불안장애보다 학업 또는 직업적, 사회적 영역의 손상이 더 심각해서 일상적 기능을 유지하는 것이 어렵기 때문에, 가족의 도움은 그 한계가 있어 사회나 국가의 지원이 필요하다. 발병은 보통 10대 후반에서 30대 중반 사이에 나타나며 남성이 여성보다 더 빠르다. 정신증적 증상이 처음 시작하는 가장 빈번한 연령은 남성 20대 초·중반, 여성 20대 후반이며, 어린 나이에 발병할수록 예후가 좋지 않은 것으로 알려져 있다(<그림 12-8> 참고).

그림 12-8 망상과 환각 등의 증상이 나타나는 조현병으로 투병했던 경제학자 존 내쉬(John Nash)의 일대기를 그린 영화 '뷰티풀 마인드'

(2) 조현병의 원인

조현병에 대한 관심과 연구는 오래 전부터 있어 왔고 특정 분야에서는 상당한 성과가 축적되었지만, 아직까지 그 원인이 명확하게 규명된 것은 아니다. 조현병의 증상이 여러 영역에서 서로 상이한 양상으로 나타나는 것을 볼 때, 다양한 요인이 이 장애와 관련되어 있는 것으로 보인다. 여기서는 생물학적 요인과 심리사회적 요인에 대해 살펴보겠다.

생물학적 요인은 생화학적 측면과 유전적 측면으로 나뉜다. 생화학적 측면에서 신경전달물질은 조현병 증상이 나타나는 데 중요한 역할을 하는 것으로 알려져 있으며 대표적으로 도파민(dopamine) 가설이 있다. 조현병 환자가 사망한 후 뇌를 해부하여 연구한 결과 조현병이 없는 사람들에 비해 도파민 수용기가 더 많은 것으로 밝혀졌는데(Seeman et al., 1993), 뇌에 도파민 활동이 과다해지면 망상이나 환각과 같은 양성 증상이 나타나며 약물을 통해 뇌의 도파민 수준이 낮아지거나 도파민 수용기가 차단되면 증상이 감소되는 것으로 알려져 있다. 또한 도파민 활동을 높이는 코카인이나 암페타민과 같은 물질이 신체로 들어오면 양성 증상이 증가하게 된다. 최근에는 도파민 가설 이외에 세로토닌이 도파민과 상호작용한다는 세로토닌(serotonin) 가설(Juckel, 2014)이나 흥분성 신경전달물질로 알려져 있는 글루타메이트(glutamate) 가설(Harrison, 2012)도 주목을 받고 있다.

유전적 측면에서 보면 조현병의 발병 일치율은 생물학적 관련성과 비례한다. 유전적으로 동일한 일란성 쌍둥이(48%)가 이란성 쌍둥이(17%)보다 일치율이 더 높으며 부모가 모두 조현병일 때 자녀의 일치율(46%)도 매우 높은 것으로 나타났다(Gottesman, 1991). 특히 일란성 및 이란성 쌍둥이들의 일치율의 차이는 독일, 덴마크, 영국, 일본 등 여러 국가에 걸쳐 일관된 결과를 보였다(Gottesman, 2001). 또한 조현병이 나타나지 않은 가족에게 입양된 경우에도 생물학적 부모가 조현병이 있다면 발병의 위험이 높아졌다(Gottesman, 1991). 한편, 유전자가 같은 일란성 쌍둥이의 일치율이 50%가 넘지 않는 것을 볼 때 유전적 측면이 조현병의 원인을 충분하게 설명하지 못한다고 할 수 있으며 출산기 뇌손상, 임신 중 바이러스 감염 및 영양 부족을 비롯하여 심리사회적 요인 등이 다양하게 상호작용하여 발생할 가능성이 있는 것으로 보인다.

최근까지의 연구에 의하면 심리사회적 요인은 그 자체가 조현병의 강력한 원인이라기보다 생물학적으로 취약함이 있을 때 증상을 촉발 또는 악화시키는 역할을 하는 것 같다. 인지적 관점의 경우 환각과 같은 이상한 감각을 경험한 후 가족이나 친구에게 자신의 경험에 대해 이야기를 하면 인정하지 않기 때문에 타인이 실제로 일어난 일을 감추고 거짓말을 한다고 생각한다. 이러한 생각이 점점 커지면 자신이 피해를 받는다는 믿음이 생겨 망상으로 발전하게 된다(Howes & Murray, 2014). 스트레스 경험도 조현병에 영향을 미치는데, 증상이 나타난 지 일주일 이내의 사람들을 대상으로 한 연구에서 발병 3주 전에 여러 가지 스트레스를 많이 경험했다고 보고하였다(Birley & Brown, 1970). 그리고, 전쟁에 참전한 군인들은 급성적으로 조현병 증상을 경험하기도 했으며(Dohrenwend & Egri, 1981) 복잡한 대도시에 거주하는 것도 발병 가능성을 높였다(Boydell & Allardyce, 2012).

사회적 요인은 가정환경에 대해서 주목한다. 가족들에게 비난이나 적대감과 같은 부정적 정서표현을 과도하게 받는 조현병 환자는 그렇지 않은 환자에 비해 재발률이 더 높았고(Kavanagh, 1992) 새로운 정신증 삽화를 더 많이 경험하였다(Hooley, 2007). 하지만 정서표현이 높은 가족이 조현병의 원인이라기보다 조현병이 있는 사람의 증상으로 인해 나타나는 결과라고 볼 수도 있다. 특히, 망상이나 환각과 같은 양성 증상은 환자가 조절하기 어렵다고 생각하지만 무욕증과 같이 잘 움직이지 않으려 하는 음성 증상이 보이면 가족의 정서표현이 과도해질 수 있다(Hooley, 2007).

7 성격장애

성격장애(Personality Disorder)는 자신이 살고 있는 문화권에서 기대할 수 있는 범위에서 과도하게 이탈되어 있는 성격이 지속되어 자신 또는 타인에게 고통을 주고 일상적 기능을 손상시키며 청소년기나 초기 성인기에 시작된다. 성격장애를 진단할 때 사용하는 일반적 기준은 네 가지 영역을 포함하는데, (1) 자신, 타인, 사건을 지각하고 해석하는 방식인 '인지'의 문제, (2) '정서'반응의 범위, 강도, 불안정성, 적절성의 문제, (3) 사람들과 상호작용이 어려운 '대인관계'의 문제, (4) 욕구를 적절하게 억제하기 어려운 '충동통제'의 문제이다. 이 가운데 2개 이상의 영역에 문제가 있을 때 성격장애로 진단할 수 있다.

유사한 특징에 따라 세 개의 군집 유형(cluster A, B, C)으로 나뉘며 모두 10개의 하위 장애가 포함되어 있다. A군은 편집성(paranoid), 분열성(schizoid), 분열형(schizotypal) 성격장애로 이루어져 있으며 특이하고 기이하게 보인다. B군은 반사회성(antisocial), 경계성(borderline), 연극성/히스테리성(histrionic), 자기애성(narcissistic) 성격장애가 포함되며 극적이고 감정변화가 많다. C군은 회피성(avoidant), 의존성(dependent), 강박성(obsessive-compulsive) 성격장애로 구성되어 있으며 불안하고 두려움이 많은 특징을 나타낸다. 각 군집 유형별 하위 장애를 〈표 12-2〉에 제시하였으며 각 군집별로 대표적인 장애에 대하여 살펴보겠다.

〈표 12-2〉 **성격장애 군집의 특성과 하위장애들**

군집 유형	특징	하위 장애
A군	특이하고 기이함	편집성(paranoid) 성격장애
		분열성(schizoid) 성격장애
		분열형(schizotypal) 성격장애
B군	극적이고 감정변화가 많음	반사회성(antisocial) 성격장애
		경계성(borderline) 성격장애
		연극성/히스테리성(histrionic) 성격장애
		자기애성(narcissistic) 성격장애
C군	불안하고 두려움이 많음	회피성(avoidant) 성격장애
		의존성(dependent) 성격장애
		강박성(obsessive-compulsive) 성격장애

편집성 성격장애(Paranoid Personality Disorder)는 A군에 속하며 타인을 잘 믿지 않고 의심하는 것이 가장 두드러진 특징이다(APA, 2013). 친구나 동료가 자신에게 잘 대해주면 오히려 신뢰하지 않고, 충분한 근거가 없는 상태에서 다른 사람이 자신을 속이고 착취할 것이라고 생각하며 사귀는 사람이나 배우자가 바람을 피운다고 의심한다. 이러한 의심으로 인해 타인의 말이나 주변에서 발생하는 사건에서 자신을 비하하고 위협하는 숨은 의도를 찾으려 하며 자신의 속마음이나 비밀을 털어놓으면 언젠가 악의적으로 이용할지도 모른다고 생각

하여 신상에 대해 이야기하는 것을 꺼린다. 그리고, 타인들은 그렇게 생각하지 않지만 자신의 인격이나 명예가 공격 받았다고 생각하면 분노를 표출하고 그 원한이나 앙심을 쉽게 풀지 않는다(Rotter, 2011). 한편, 일을 할 때 다른 사람의 실수나 약점을 파고들어 비판을 자주 하고 (McGurk et al., 2013) 무슨 일이든지 혼자 처리하려 하며 자신에 대한 비난은 잘 받아들이지 않으면서 남의 탓으로 돌린다. 이러한 양상 때문에 사람들과 친밀한 대인관계를 맺기 어렵고, 지나치게 사람을 경계하여 자신을 드러내지 않는 냉정한 사람처럼 보인다.

반사회성 성격장애(Antisocial Personality Disorder)는 B군에 포함되며 이 장애를 정의할 때 거짓말하고 타인을 속이는 행위에 초점을 둔다(Kraus & Reynolds, 2001). 주된 특징을 보면 사회적 규범이나 법을 준수해야 한다는 것을 내면화시키지 못하며 자신의 이익을 위해서만 행동하므로 자주 범죄를 저지르게 된다(APA, 2013). 구체적으로 보면 남에게 빚을 지고도 갚으려는 의도가 없이 사기를 치고, 자신의 신분이 드러나지 않도록 가명을 쓰고, 돈을 횡령하는 등의 문제가 나타난다. 이로 인해 법적인 문제가 생기면 타인의 책임으로 돌리거나 변명을 하며 겉으로 뉘우치는 것처럼 보이지만 실제로는 반성하지 않고 죄책감을 느끼지 않으며 처벌을 받더라도 자신의 행동을 고치기 어렵다. 그리고 충동적 경향이 많아서 자신의 욕구를 참지 못하고 곧바로 충족시키려 하며 어떠한 일을 하기 전에 계획을 잘 세우지 못하고 좌절을 못 견딘다. 또한 자신의 성향 때문에 직장에서 문제를 일으켜 자주 그만두게 되고 가족을 부양하려는 생각을 하지 않으며 재정적 의무를 지키지 않는 등 무책임하다. 이외에도 자신이나 타인에게 위해를 가하는 무모한 행동을 하며 폭력, 절도, 학대를 하더라도 양심의

그림 12-9 반사회성 성격장애.
이런 성격 장애가 있는 사람과 연쇄살인범은 양심의 가책이 없고 타인의 고통에 둔감하다는 공통점이 있지만 연쇄살인범이 모두 이 성격장애로 진단되는 것은 아니다. 사진은 화성 연쇄살인사건을 배경으로 한 영화 '살인의 추억'

가책을 보이지 않고 타인의 고통에 대한 공감 능력이 부족하다(〈그림 12-9〉 참고).

이 장애는 15세 이전에 시작된 품행장애가 있고 최소한 18세부터 진단할 수 있다. 품행장애와 주의력결핍/과잉행동장애의 과거력이 함께 있으면 이 장애를 진단받을 가능성은 더 높아진다(Biederman, Mick, Faraone, & Burback, 2001). 사이코패스(psychopath)는 반사회성 성격장애처럼 공감능력이 부족하다는 공통점으로 인해 두 장애가 동일하다고 생각하는 사람들도 있지만 사이코패스가 모두 법적 또는 대인관계적 문제가 나타나거나 외적 공격성을 보이는 것이 아니므로 이에 대해서는 아직 더 논의가 필요하다(Lynam & Vachon, 2012).

의존성 성격장애(Dependent Personality Disorder)는 C군에 해당되며 보호받고자 하는 지나친 욕구로 인해 타인에게 복종하고 매달리는 행동을 하며 따로 떨어져 있는 것을 두려워하는 양상을 보인다(APA, 2013). 다른 사람에게 충고를 듣거나 확신이 없으면 일상적인 일을 결정하지 못하고, 계획한 일을 스스로 시작하거나 진행하기 어려워하며 인생에서 매우 중요한 부분(예: 진로, 취업, 결혼, 주거 등)까지 스스로 책임지지 않으면서 대신 책임져 줄 사람을 필요로 한다. 그리고, 타인의 칭찬이나 지지를 받지 못하는 것을 두려워하여 자신의 의견을 솔직히 표현하지 못하고, 싫어하는 일이라도 기꺼이 하면서 관계를 유지하고 돌봄을 받으려 한다. 하지만 친밀한 관계가 끝나게 되면 더 이상 매달리지 않고 자신을 보살펴 줄 다른 사람을 곧바로 찾아 나선다.

만약 자신이 의존할 수 있다면 신체적 또는 심리적으로 자신을 괴롭히거나 학대하더라도 관계를 유지하는 경우도 있다(Loas, Cormier, & Perez-Diaz, 2011). 한편, 혼자 남겨지는 상황에 처해 있을지도 모른다는 두려움에 비현실적으로 집착하고, 혼자 있게 되면 스스로 감당하기 어렵다는 공포로 불안과 무기력을 느끼며 이로 인해 관계가 끝날 것 같다는 생각이 들면 자살사고를 많이 하게 된다(Bornstein, 2012). 이러한 성격 특성을 가진 사람의 경우 책임을 타인에게 돌리지 않고 자신이 감당하게 하는 것이 필요하고, 스스로 삶을 통제할 수 있다는 생각을 갖도록 하며 자신의 생각이나 주장을 적극적으로 표현하도록 도와주는 것이 필요하다.

8 아동기 및 청소년기 장애

아동기 및 청소년기 장애는 생의 초반기부터 아동과 청소년 시기에 주로 발병하는 장애들로 구성되어 있다. DSM-5의 범주 가운데 신경발달장애(Neurodevelopmental Disorders)에 속하는 몇몇 장애들과 정서 또는 행동의 문제를 보이는 장애들이 포함되었다. 여기서 신경발달장애는 심리사회적 요인보다 중추신경계인 두뇌 발달의 지연이나 손상 등 주로 생물학적 요인의 영향을 받는 장애라는 의미(신경)와 시간의 경과에 따라 변한다는 의미(발달)가 내포되어 있다. 한편, 여기서 언급된 장애들은 반드시 아동 및 청소년에게만 나타난다기보다 발병 가능성이 이 시기에 더 많다는 뜻이며 해당 증상이나 장애는 성인기까지 지속되는 경우도 있다. 먼저 정서나 행동의 문제를 보이는 장애들 중에서 분리불안장애와 적대적 반항장애를 알아볼 것이다. 그리고, 신경발달장애의 하위유형 가운데 지적장애, 특정 학습장애, 주의력결핍/과잉행동장애, 자폐 스펙트럼 장애, 의사소통장애에 대해서 살펴보겠다.

분리불안장애(Separation Anxiety Disorder)는 애착 대상과 떨어져 있는 것에 대해 부적절하고 과도하게 불안과 공포를 나타내는 특징이 있다(APA, 2013). 하지만 어린 아동들은 누구나 분리불안을 경험하기 때문에 특정한 발달단계에서 기대되는 수준보다 증상이 더 심하게 나타나야 한다. 구체적인 증상들을 보면 주된 애착 대상 또는 집에서 떨어져 있어야 하거나 그런 상황이 예상되면 심한 불안을 경험하고, 애착 대상이 좋지 않은 일(예: 질병, 부상, 재난, 죽음 등)을 당할 것 같아 과도하게 걱정하며 애착 대상과 분리되는 사건(예: 납치, 사고, 미아 등)이 자신에게 일어날지도 모른다고 근심한다. 이러한 분리의 두려움 때문에 학교나 직장 또는 집 밖으로 나가는 것을 거부하고, 애착 대상이 없는 상태에서 집이나 다른 장소에 있는 것을 꺼리며 애착 대상이 없이 잠을 자는 것을 피한다. 또한 분리되는 것과 관련된 악몽을 자주 꾸고, 분리 또는 분리가 예상되면 신체증상(예: 두통, 복통, 구토 등)을 나타낸다. 이러한 증상이 아동과 청소년의 경우 4주 이상, 성인의 경우 6개월 이상 지속될 때 진단할 수 있다. 이 장애가 있는 아동에게 가장 자주 진단되는 장애는 범불안장애로 알려져 있으며(Verduin & Kendall, 2003) 연령이 증가한 이후에는 우울증이 자주 나타난다(Kearney et al., 2003).

적대적 반항장애(Oppositional Defiant Disorder)는 기분(분노/과민한 기분), 행동(논쟁적/반항적 행동), 복수심이 포함된 세 가지 범주의 증상이 6개월 이상 지속되는 특징이 나타난다(APA, 2013). 기분 범주의 경우 화를 자주 내고, 과민하거나 짜증을 쉽게 내며 분노와 원망을 표출하는 특징을 보인다. 행동 범주의 경우 어른이나 권위가 있는 대상과 논쟁하고, 그 대상의 요구나 규칙에 대해 반항하며 자신의 실수를 타인의 탓으로 돌리는 문제가 나타난다. 복수심 범주의 경우 6개월 동안 2번 이상 악의적인 복수심을 내비치는 양상을 보인다. 문제의 심각도에 따라 세 가지 유형으로 나뉘는데 경도(mild)는 집, 학교, 직장, 또래 관계 등에서 증상이 한 가지 영역에 한정되고, 중등도(moderate)는 두 가지 영역이며 중증도(severe)는 세 가지 이상의 영역에서 나타날 때 구분된다. 이 장애는 아동기 발병 품행장애(Conduct Disorder)의 전조일 가능성이 있으며(Burke, Waldman, & Lahey, 2010) 세 가지 범주도 품행장애와 관련이 있다(Stingaris & Goodman, 2009). 한편, 분노/과민한 기분은 정서장애, 논쟁적/반항적 행동은 주의력결핍/과잉행동장애, 복수심은 반사회성 성격장애에서 나타나는 냉담-무정서와도 관련이 있는 것으로 밝혀졌다(Drabick & Gadow, 2012).

주의력결핍/과잉행동장애(Attention-Deficit/Hyperactivity Disorder: ADHD)는 크게 두 개의 범주인 부주의와 과잉행동-충동성이 핵심 증상이며 이러한 증상으로 인해 일상적인 기능이나 발달의 저하가 6개월 이상 지속적으로 나타난다(APA, 2013). 부주의 범주의 경우 9가지 증상 가운데 6개 이상이 나타나면 문제가 있는 것으로 판단한다. 구체적으로 보면 학업 또는 일이나 다른 활동에서 부주의로 실수를 하는 등 세부적인 측면에 주의를 기울이지 못하고, 과제나 놀이할 때 주의를 지속시키지 못하고(예: 수업, 대화, 독서 중에 주의집중이 어려움), 다른 사람의 말을 경청하지 않고(예: 주의집중을 방해하는 자극이 없는 상태에서도 딴 곳에 정신이 팔려 있음), 지시나 임무를 완수하지 못하고(예: 시작을 하더라도 쉽게 옆길로 빠짐), 과제와 활동을 체계적으로 진행하지 못하고(예: 순서를 정해놓고 일을 처리하기 어려움, 시간관리를 못함, 마감시간을 맞추지 못함), 지속적인 정신적 노력이 필요한 일을 회피하거나 꺼리고(예: 공부나 숙제, 보고서 쓰기 등), 과제나 활동에 필요한 물건들을 자주 잃어버리고, 외부 자극으로 인해 쉽게 주의가 분산되고, 일상적으로 해야 하는 일들을 자주 잊어버린다(예: 심부름, 전화 회답이나 이메일 답장, 약속 지키기).

과잉행동-충동성 범주의 경우도 9가지 증상 중 6개 이상이면 문제가 있다고 판단한다. 구체적으로 보면 손이나 발을 가만히 두지 못하고 의자에 앉아서도 몸을 꼼지락거리고, 앉아 있어야 하는 장소나 상황(예: 교실, 사무실 등)에서 자리를 벗어나고, 부적절하게 뛰거나 기어오르고(청소년과 성인의 경우 안절부절못하는 것), 여가 활동을 할 때 조용히 놀지 못하고, 마치 발동기가 달려 있는 것처럼 끊임없이 움직이고(예: 교실, 음식점, 기차와 같이 오랫동안 가만히 있어야 하는 곳에서 계속 뛰어다니는 등 가만히 있지 못함), 과도하게 말을 많이 하고, 질문이 끝나기도 전에 불쑥 대답을 하고, 차례를 기다리지 못하고(예: 줄을 서는 것), 다른 사람의 활동을 방해하고 끼어든다(예: 대화나 놀이할 때 참견하기, 허락 없이 남의 물건 쓰기). 이러한 증상들은 12세 이전부터 있어 왔으며 사회적, 학업적 또는 직업적 기능을 방해한다.

ADHD는 3가지 하위유형이 있는데 부주의가 두드러지게 나타나는 '부주의 우세형(Predominantly inattentive presentation)', 과잉행동-충동성이 두드러지는 '과잉행동-충동성 우세형(Predominantly hyperactive/impulsive presentation)', 부주의와 과잉행동-충동성 모두가 나타나는 '혼합형(Combined presentation)'으로 나뉜다. 아동기를 지나 청소년기를 지나면서 증상이 호전되는 경향이 있지만 부주의 증상은 상대적으로 더 오래 지속된다. 이 장애만 순수하게 나타나는 경우는 많지 않으며(Jarrett & Ollendick, 2008) 품행장애, 학습장애, 우울증 등이 공존하기도 한다. 유병률은 아동의 경우 대부분의 문화권에서 약 5%이며 성인은 약 2.5%이다. 아동의 경우 남아가 여아보다 약 2배 많고, 성인의 경우 남녀 비율은 약 1.6:1 정도로 알려져 있다(APA, 2013). 이후에 한국에서 DSM-5의 진단기준에 근거하여 유병률과 성차에 대한 연구 결과를 통해 다른 문화권과 비교해 볼 필요가 있다.

자폐 스펙트럼 장애(Autism Spectrum Disorder)는 다양한 영역에 걸친 사회적 의사소통과 상호작용의 문제와 제한적이고 반복적인 형태의 행동, 흥미, 활동으로 구성된 두 범주가 핵심적 특징이다(APA, 2013). DSM-Ⅳ에서 전반적 발달장애의 하위유형이었던 자폐성 장애, 소아기 붕괴성 장애, 아스퍼거 장애, 달리 분류되지 않는 전반적 발달장애는 DSM-5로 변환되면서 이 장애로 진단되는데, 각각의 장애가 질적 측면이 아니라 증상의 심각도에 따라 양적 측면에서 차이가 있으며 연속적이라는 의미로 스펙트럼이란 용어를 사용한다.

구체적인 증상들을 보면 먼저, 사회적 의사소통과 상호작용 문제가 나타나는 범주의 경우 사회적-정서적 상호작용이 어렵고(예: 주고 받는 일반적 대화가 어려움, 흥미나 감정의 공유가 어려움, 사회적 상호작용의 시작과 반응의 어려움), 상호작용에 필요한 비언어적 의사소통에 문제가 있고(예: 눈을 잘 마주치지 못하고 신체적 언어의 문제, 언어적/비언어적 의사소

그림 12-10 **자폐 스펙트럼 장애.**
이런 장애를 가진 사람은 사회적 상호작용과 의사소통의 어려움이 있으며 한 대상이나 관심사에 몰두하는 경우가 많다. 사진은 자폐 스펙트럼 장애에 관한 영화 '말아톤'과 '레인맨'

통의 통합이 어려움, 얼굴 표정과 비언어적 의사소통의 전반적 문제), 관계의 발전·유지·이해의 문제(예: 다양한 사회적 상황에서 적절한 행동의 어려움, 또래친구와 관계형성에 대한 관심 부족)가 포함된다. 다음으로 반복적인 행동, 흥미, 활동이 나타나는 범주의 경우 특정한 목적 없이 반복되는 신체 동작(예: 팔을 똑같이 올렸다 내렸다 하는 동작)이나 물건 사용(예: 장난감을 용도에 맞지 않게 한 줄로 세워서 놀기) 또는 말하기(예: TV 광고 내용을 그대로 따라 하거나 자신만 알아들을 수 있는 말을 반복하는 것), 융통성 없이 무엇이든 이전과 똑같이 하려는 고집과 집착(예: 멀리 돌아가더라도 다니던 길로만 가기, 같은 음식만 먹기), 극도로 제한적이고 고정된 흥미(예: 특정한 물건에만 애착을 가지고 집착하기, 한 가지에만 흥미를 가지고 다른 것에는 무관심), 감각 자극에 대해 과잉 또는 과소 반응(예: 통증에 대해 무관심, 특정한 소리를 싫어함, 과도하게 냄새를 맡거나 빛나는 물체에 대해 몰두함)이 나타난다(〈그림12-10〉 참고).

유병률은 전체 인구의 약 1%로 알려져 있으며(APA, 2013) 지능의 문제가 없는 경우도 있지만, 약 40%~55% 정도는 지적장애에 해당하기 때문에(Corbett & Gunther, 2011) 독립적인 생활이 가능한 사람은 많지 않다. 그리고, 인지기능은 각 영역별로 고르지 않고 단순 기억이나 기계적 학습에 비해 추상적 사고나 언어, 사회적 이해 영역이 더 낮다(Volkmar & Klin, 2000). 성별에 있어서 남자가 여자보다 약 4배 정도 더 많이 발병하는 것으로 보고되고 있다(APA, 2013). 증상은 보통 생후 2년 이내에 알 수 있지만 발달지연의 정도가 심하면 생후 1년 내에도 인식할 수 있으며 일차적으로 나타나는 증상은 언어발달이 느린 것이며 이외에 사회적 관심이 부족하거나 이상한 사회적 상호작용을 하고, 장난감을 가지고 놀지 않고 끌고 다니는 특이한 놀이 방식, 이름을 불러도 반응이 없는 등의 의사소통 결함 등이 자주 나타난다(APA, 2013).

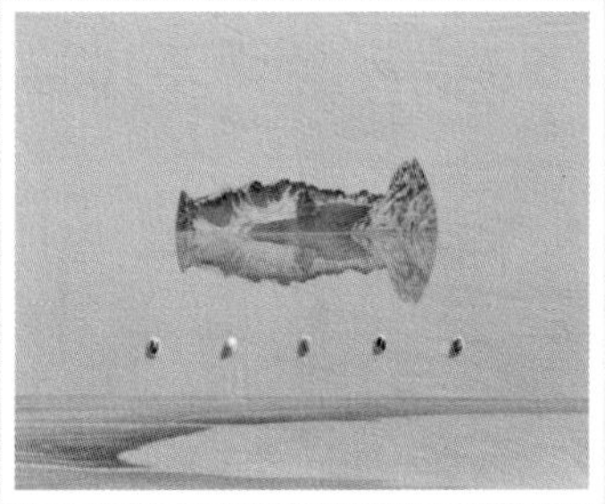

13 상담과 심리치료

개요

개별 상담과 심리치료 이론은 과거의 경험, 인지, 정서, 행동, 인간 삶에 대한 태도 등 인간의 삶에 연관된 중요한 측면들 중에서 어느 한 부분을 강조하는 것으로 구성된다. 이것은 상담과 심리치료 이론을 개별적으로 이해하고자 하는 노력이 전체로서의 인간을 이해하는 데 한계로 작용할 수 있고, 실제 상담과 심리치료에 적용하는 면에서도 어려움을 줄 수 있음을 의미한다. 이러한 면을 감안할 때 각 상담과 심리치료 이론을 총체적인 관점에서 바라보는 작업은 이러한 어려움을 극복하는 일에 도움을 줄 수 있다. 따라서 본 장에서는 개별 상담과 심리치료 이론들을 차례로 살펴보는 동시에 이론들을 하나로 통합한 관점을 제시함으로써 독자들로 하여금 이 이론을 현장에 보다 손쉽게 적용할 수 있도록 하고자 하였다.

학습목표

1. 성장배경 중심적 접근에 해당하는 이론을 설명할 수 있다.
2. 정서 및 행동인지적 접근에 해당하는 이론을 설명할 수 있다.
3. 인본주의적 접근에 해당하는 이론을 설명할 수 있다
4. 상담과 심리치료 이론의 통합적인 관점에 대해서 설명할 수 있다.

최근에 많은 사회적 관심을 받고 있는 상담과 심리치료는 전 생애에 걸쳐 개인적 및 개인 간 기능을 전문적으로 촉진하는 심리학의 분야이다. 이 분야는 우리가 일상생활에서 경험하는 여러 고민거리나 문제들을 해결하는 데 기여할 수 있기 때문에, 일반 사람들의 삶과 매우 밀접하게 연결되어 있다.

상담과 심리치료 전문가들은 사람들의 행복을 증진하고 고통과 부적응을 개선하며, 위기를 해결하는 등 정서적, 사회적, 직업적, 교육적, 건강 관련, 발달적 그리고 조직적 관심사항에 초점을 둔다. 또한 이 분야는 이와 관련된 문제들을 개인, 가족, 집단, 시스템 그리고 조직의 관점에서 다루는 학문이다. 본 장에서는 상담과 심리치료에 대한 여러 접근들 중에서 성장배경 중심적 접근, 정서 및 행동인지적 접근, 인본주의적 접근 그리고 통합적 접근을 차례로 살펴본다.

1 성장배경 중심적 접근

성장배경 중심적 접근은 우리가 직면하는 문제의 원인을 어린 시절의 경험, 특히 부모–자녀의 관계에서 찾는다. 이러한 접근에는 정신분석이론, 대상관계이론 그리고 애착이론이 있다.

(1) 정신분석이론

정신분석이론은 오스트리아 출신의 Sigmund Freud(1856 ~ 1939)가 구성하고 발전시킨 이론이다. Freud는 본래 신경과 전공으로 자신의 의학생활을 시작했다. 당시의 유럽은 진화생물학자인 Charles Darwin의 영향으로 인간이 단순한 세포로부터 진화했다는 인식이 생물학, 의학 등에 광범위하게 전파되어 있던 시절이었다. 따라서 Freud 역시 이러한 당대의 학문적 분위기의 영향을 많이 받았다. Darwin의 진화이론의 핵심은 인간이 자연선택과 성선택이라고 하는 두 가지 진화의 매커니즘에 의해서 구성된다는 것이다.

자연선택은 인간이나 동물의 어떤 특성이 자연에 적합한 것으로 드러날 경우 그러한 특성이 오랫동안 살아남아 진화하게 된다는 것을 말한다. 성선택은 모든 종류의 생물은 결국에는 죽음을 맞게 됨으로 자신들의 형질이나 특성을 다음 세대에 전달하는 것과 관련된다. 자신의 유전자를 다음 세대에 전달함으로써 지속해서 자신의 삶을 연장해 나가려면 우월한 형질을 가진 배우자를 만나야 한다. 따라서 다른 성을 매혹할 수 있는 특성을 가진 개체가 상대 배우자에 의해 선택되어 자신의 유전자를 다음 세대에 남기게 된다는 것이 성선택의 요지이다. Darwin의 성선택은 특히 Freud의 성격구조이론에 반영되어 있음을 알 수 있다. 이 부분은 뒤에서 조금 더 언급하도록 하겠다.

Freud의 정신분석이론에 들어 있는 핵심 개념들의 발전 과정은 다음과 같다(권석만, 2012). 첫째, 그는 신경증의 주된 원인이 심리적 외상이라고 생각했다(1886–1896). 둘째, 의식, 전의식, 무의식의 지정학적 이론을 추동 중심으로 발전시켰다(1896–1923). 셋째, 원초아, 자아, 초자아를 중심으로 한 성격구조이론을 자아 중심으로 발전시켰으며(1923–1939), 마지막으로 Freud 사후 정신분석이 발전하였다(1939–현재).

먼저 심리적 외상에 대한 그의 이론을 살펴보도록 하겠다. Freud는 신경증(신경증이란 자신의 욕망과 욕구가 충분히 의식화되지 못해서 일어나는 문제로 심각한 정신질환과 대비되는 것이다. 대부분의 평범한 사람들은 이러한 신경증적 문제를 지니고 있다고 할 수 있다.)의 주된 원인을 과거 성장하면서 겪은 심리적 외상에서 찾고 있다. 이것은 현재의 심리적 문제의 배경에는 과거의 특정 사건이 자리잡고 있다는 점을 의미한다. 이것을 심리적 결정론이라고 부른다. 심리적 결정론은 현재의 사건을 과거의 배경과 연계짓는 기초를 제공하고 있다. 그리고 현대 상담이론의 대부분은 이러한 관점을 전면적으로 혹은 부분적으로 인정하고 있다고 볼 수 있다. 다만 이론적 맥락에 따라 과거의 영향을 받아들이는 정도는 다르다고 하겠다.

다음으로 Freud 이론의 2기에는 의식의 지정학적 이론이 핵심을 차지하고 있다(〈그림 13-1〉 참고). 의식의 지정학적 이론이란 인간의 의식이 삼중으로 구성되어 있고, 그것이 각기 다르게 위치하고 있음을 말한다. Freud는 자신의 환자들과 치료적 관계를 통해서 그리고 1896년 아버지의 죽음 이후에 이루어지는 4년 간의 자기분석 과정을 통해 의식의 다양한 차원이 존재하고 있음을 주장하게 된다. 이중에서도 무의식(unconscious)의 발견은 그의 이론에서도 가장 영향력 있고 비중이 크다. 무의식의 존재는 인간이 말과 행동을 할 때 자신의 의도를 전부 다 인식하는 것은 아니라는 점에서 기존의 낭만적이고, 합리주의적인 사상에 하나의 파문이 되었다. 즉, 이성과 과학이 모든 것을 밝혀내 줄 것이라는 1900년대 전후의 낙관적

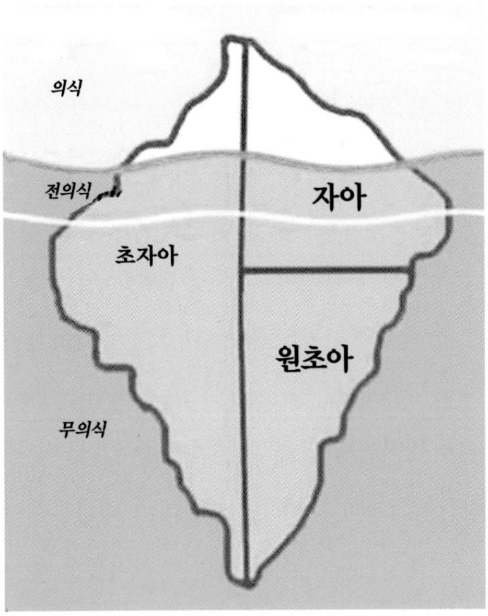

그림 13-1 의식의 지정학적 위치와 성격구조이론

기대와는 사뭇 다른 접근이었다. 그러나 이러한 관점은 두 차례의 세계대전을 통해 인간이 결코 쉽게 이해되거나 자신의 행동을 합리적으로 조절할 수 있는 존재가 아니라는 점에서 광범위하게 수용되었다. 무의식은 우리가 자신을 온전히 이해할 수 없다는 점에서 자기 자신에 대한 관심을 불러 일으켰고, 우리 말과 행동의 이면에 숨은 동기를 찾도록 촉구했다. Freud가 상담에 도입한 최면술이나 개발한 꿈의 분석, 자유연상기법(떠오르는 대로 자기 생각을 표현하는 방법)은 모두 이러한 무의식의 발견과 관련된 치료적 전략에 해당한다.

Freud 이론의 3기에서는 성격구조이론으로 원초아(id), 자아(ego), 초자아(superego) 등이 소개되고 있다. 앞서 언급하였듯이 Freud는 진화론적 관점을 자신의 이론에 도입하였다. 즉, 인간은 생존을 위한 모든 노력을 다 하는 존재로 그의 본능적 욕구의 핵심에는 성본능이 있다고 보았다. 원초아의 핵심은 성본능으로, 이것은 신체적 충동으로 나타나게 된다. 이러한 원초아는 현실 세계의 원리에 따라 조정되고, 통제되는데 그 기능을 맡은 것이 자아에 해당한다.

초자아 역시 현실적으로 조정되어야 하는데, 그 이유는 초자아가 부모나 사회가 요구하는 지나치게 높은 이상적 윤리를 내면화한 것이기 때문이다. 인간은 성장하는 과정에서 자아가 자신의 성본능과 사회화 과정에서 내면화하는 초자아적 요구를 현실적으로 잘 조정할 때 건강하게 성장한다고 볼 수 있다. 또한 Freud는 세계대전 이후에 원초아에 죽음 본능(thanatos)을 포함시켰다.

(2) 대상관계이론

대상관계이론은 현대정신분석이론이라고도 부른다. 그것은 대상관계이론이 정신분석이론에서 분화되어 발전하였기 때문이다. 정신분석이론이 주로 Freud라는 걸출한 한 사람에 의해서 확립되고 발전된 이론이라면, 대상관계이론은 Freud를 추종하거나 그와 다소 거리를 두었지만 확실히 그의 관점에서 이론을 발전시켜온 임상가, 이론가들에 의해서 오랜 시간을 두고 발전된 이론이다. 대표적인 이론가들로는 Margaret Mahler, Melani Klein, Alfred Bion, Michael Balint, Donald Winnicott, Heinz Kohut 등이 있고, 이 외에도 이론의 발전에 기여한 다양한 이론가들이 있다. 이 절에서는 먼저 대상의 개념을 살펴보고, 다음으로 정신분석과의 차이점에 기초하여 대상관계이론의 상담 기능을 살펴본다.

대상(object)이란 사랑이나 미움을 받는 사람이나 장소, 사물, 환상을 의미하는 것으로, Freud가 이 용어를 처음 사용하였다(Hamilton, 2007). 대상이란 감정이 투여된 어떤 것을 의미하는 것으로 Klein은 자기(self)라 불리는 내적 환상과 대상(obejct)이라 불리는 내적 환상 간의 관계를 연구하였다(Klein, 1932). 즉, 어린 시절의 경험은 우리 안에 자기 자신에 대한 표상과 대상에 대한 표상을 만들어낸다는 것이다. 이것을 내적 대상(internal objects)이라 한다. 반면에 외부에 실재하는 대상은 외적 대상(external objects)이라 한다.

대상관계이론과 정신분석이론의 결정적인 차이점은 상담자와 내담자의 관계를 어떻게 인식하고 있느냐에 달려 있다. 정신분석이론은 보통 한 사람 이론(one person theory)이라고 부르고, 대상관계이론은 두 사람 이론(two-persons theory)이라고 부른다.

먼저 한 사람 이론을 살펴보자. 정신분석에서는 상담자가 단지 빈 거울처럼 내담자의 마음을 반영하고 비춰주는 일만 해야 한다고 주장한다. 즉 상담을 하는 동안에 내담자의 이야기와 관련해서 상담자가 무언가를 느낄 때 그것을 생각하거나 상담에서 사용해서는 안 된다고 본다. 반대로 그것을 생각하거나 사용하는 것은 내담자의 성장과 탐색을 방해한다고 본다. 그래서 상담 동안 내담자는 상담자와 얼굴을 마주보고 상담하지 않고, 간이침대에 누워서 일방적으로 자신의 이야기를 하게 된다. 한 사람 이론에서는 상담자가 내담자의 이야기를 듣고 느낀 것을 표현하면 그것이 치료를 방해하는 역전이(countertransference)라고 규정한다. 상담자는 내담자의 전이(transference: 전이란 내담자가 어린 시절에 해결하지 못한 관계에 대한 욕구가 현재 상담자와의 관계 속에서 드러나는 것을 말한다.) 감정을 해석하는 역할을 함으로써 자신의 역할을 다 하게 된다.

한 사람 이론과 다르게 두 사람 이론은 상담자와 내담자 간의 정서적 교류와 교감이 상담의 필연적인 요소이자 그 성과를 내기 위해 중요하게 다루어져야 한다고 본다. 대상관계이론에서는 자신의 마음에 대한 내담자의 표현은 필연적으로 상담자의 마음을 움직이게 된다고 본다. 즉, 역전이는 상담자가 미성숙해서 일어나는 것이 아니라 상담의 진행과 치료를 위해서 일어나는 것이다. 따라서 상담자가 해야 하는 일은 내담자와의 관계에서 일어나는 자신의 역전이를 살펴 보고, 그것을 언어화해서 말로 내담자에게 전달하는 것이다. 그렇다면 두 사람 이론에 따른 상담의 특성은 어떠할까? 다음에 제시된 내용을 살펴보도록 하자.

첫째, 내담자의 내적 세계는 아직 의식이나 언어화되지 못한 채로 남아 있다. 이러한 특성으로 인해 내담자의 해소되지 않은 욕구와 마음은 무의식적으로 상담자에게 전달되는데, 이것을 전이 감정이라고 할 수 있다. 둘째, 전이 감정에 따른 상담자의 역전이는 자연스러운 반응이다. 상담자는 내담자의 전이 반응에 대한 무의식적인 반응으로 역전이 감정을 갖게 된다. 즉, 상담자는 상담관계에서 자신이 원치 않는 감정들, 가령 내담자에 대한 분노, 지루함, 답답함, 두려움, 성적 욕구 등을 느낄 수 있다. 셋째, 역전이 감정은 실은 내담자가 말로 표현할 수 없던 소망과 관련된다. 상담자는 자신의 역전이 반응이 내담자가 말로 표현할 수 없던 소망과 관련되어 있음을 인식할 필요가 있다. Bion(1962)은 내담자가 말로 할 수 없는 영역은 β요소로, 내담자가 말에 담아낼 수 있게 하는 것을 α요소로 소개하고 있다. 넷째, 전이와 역전이의 상호작용의 목표는 상담자의 α요소를 내담자가 내면화하는 것이다. 두 사람 이론에서 상담자는 자신의 α요소를 사용하여 내담자의 혼란스럽고, 정리되지 않은 마음을 소화하고 언어화하여 해석해서 전달함으로써, 결과적으로 내담자는 자신의 마음을 안심하고 이해하고 수용할 수 있는 기회를 얻게 된다. 이 과정에서 내담자는 상담자의 α요소를 모델링하여 자신의 것으로 삼게 된다.

이상으로 두 사람 이론으로 불리는 대상관계이론에 대해서 살펴보았다. 대상관계이론은 상담자와 내담자와의 관계 자체를 치료에서 중요한 요소로 보게 만든 이론이라고 할 수 있다. 이것은 뒤에 언급하는 애착이론과 더불어 내담자와 상담자 간의 상호작용을 상담의 핵심 기제로 만든 이론이라고 하겠다.

(3) 애착이론

애착이론은 John Bowlby(1907~1990)가 구성한 이론으로, 진화론적 필요성에 근거한 생리적 필요에서 출발한다. 양육자와의 애착 관계는 유아의 신체적 생존과 발달뿐만 아니라 정서적 생존과 발달에도 필수적이다. 따라서 유아는 신체적이고 정서적인 면에서 생존하기 위해서는 반드시 양육자에게 적응해야만 한다. 따라서 유아는 애착의 유대를 위협하는 행동은 생존하기 위해서 무엇이든 배척해야만 한다. 애착이론을 발전시킨 이론가들로는 Mary Ainsworth, Mary Main, Peter Fonagy 등이 있다. 각 이론가들의 주장을 요약하면서 애착이론을 살펴보도록 하자(Wallin, 2010).

먼저, Ainsworth는 애착유형을 발견한 연구자라 할 수 있다. 그녀는 애착유형을 결정하는 것으로 애착 관계에서 이루어지는 비언어적 의사소통의 질에 관심을 두었다. 무엇보다 자신의 애착감정에 대한 유아의 접근방식-자신의 애착욕구를 수용하는가(안정형), 배척하는가(회피형), 집착하는가(집착형)-에 따라서 애착유형을 구분하였다. 이러한 구분은 낯선 상황 실험(strange situation experiment)을 통해 알려졌다.(Ainsworth, Blehar, Waters, & Wall, 1978).

다음으로 Main(2000)은 초기의 비언어적 상호작용이 정신적 표상과 정보처리 규칙으로 유아에게 저장된다고 보았다. 이것을 내적작동모델이라고 하는데, 이는 대상관계이론에서 말하는 자기표상이나 대상표상과 유사하게 어린 시절의 상호작용 경험이 내면화된 규칙으로 작동한다는 것을 말한다. 특히, 이것은 아동, 청소년, 성인이 사고하고 느끼며 기억하고 행동하는 것에 영향을 미치는 방식을 보여준다.

마지막으로 Main(1991)과 Fonagy(1995)는 경험에 대한 태도의 중요성을 강조한다. 이들은 애착의 안정성, 적응유연성 및 안정된 자녀를 키우는 능력은 자신의 경험에 대하여 성찰적 태도를 취할 수 있는 개인의 능력과 관련된다고 보았다. 즉, 어린 시절에 무엇을 경험했든지 간에 건강한 성인이란 자신의 경험에 대해서 성찰할 수 있는 능력과 관련된다고 보았다. 이것은 우리가 하는 경험이 긍정적이든, 부정적이든 간에 그 경험에는 과거로부터 비롯된 해석의 관점이 반영된다는 것을 의미한다.

과거로부터 경험된 해석의 관점이란 이런 것이다. 동아리나 다른 모임에서 몇 차례 만나

서로 얼굴을 알고 있는, 하지만 잘 알지는 못하는 사람이 지나간다고 치자. 나는 예의상 인사를 했는데 상대방은 인사를 받지 않는다. 이때 우리는 몇 가지로 이 상황을 해석할 수 있다. 가령 "저 사람이 나를 무시하는구나." "나는 저 사람을 아는데, 저 사람은 나를 잘 모르는 모양이다." "저 사람의 표정이 어두운 것을 보니 오늘 안 좋은 일이 있어 인사 받을 상황이 안 되나 보다."로 해석할 수 있다.

이 상황을 첫 번째로 해석할 경우는 우리는 화가 나고, 나중에 그 사람을 만나면 심지어 외면하기도 할 것이다. 반면에 두 번째나 세 번째로 해석할 경우에는 조금 더 조심하거나, 걱정하는 마음으로 안부를 물을 수도 있을 것이다. 만약 당신이 첫 번째의 해석을 주로 하고 있다면, 이것은 당신의 성장과정에서 경험한 부정적 경험이 내적작동모델이 되었기 때문에 나타난 현상이라고 할 수 있다. 실제로 상대방이 당신을 무시할 의도가 있는지 없는지는 알 수 없으나 당신은 자꾸만 상대가 자신을 무시하는 것으로 지각하게 된다. Fonagy는 이러한 상황을 다루는 능력으로 정신화(mentalizing) 능력을 소개하고 있다.

정신화란 최초 관계를 통해 형성된 감정적인 반사적 반응에 불가항력적으로 사로잡히게 될 가능성을 줄여 주는 성찰의 능력이다. 즉, 어떠한 상황에 대한 자신의 해석에 대한 탐색을 말한다. 나는 "저 사람이 나를 무시한다고 주로 해석하는데, 이것이 나의 지난 삶과 어떤 관련이 있을지 모르겠네."라고 자신의 생각에 대해서 호기심 어리게 탐색하는 능력을 말한다. 상담자와의 관계에서 정신화 능력을 함양함으로써 내담자는 자기 감정 조절, 분열된 경험의 통합, 견고하고 응집된 자기감 등을 갖게 된다.

(4) 성장배경 중심적 접근의 사례

본 장에서 배운 내용을 토대로 아래 인영이의 핵심 문제를 분석해 보고, 상담 전략을 간단히 논의해 보자.

인영이는 21세의 4년제 대학교에 재학 중인 여대생이다. 첫째이고, 밑으로 네 살 터울의 남동생이 하나 있다. 부모님은 꽤 큰 자영업을 함께 운영하시기 때문에 경제적으로는 넉넉한 편이었으나, 어린 시절 늦게까지 일하시느라 인영이와 함께 할 시간이 부족했다. 부모님이 바쁘신 관계로 주로 외할머니 손에서 양육을 받은 인영이는 부모님을 대신하여 동생을 돌보는 역할을 주로 하였다. 할머니는 사랑은 많은 분이었으나 "언니니까 네가 잘 해야지." 내지는 "엄마, 아빠가 힘들지 않게 얌전히 굴어."와 같은 말을 반복해서 하였고, 그러한 영향 때문인지는 모르겠으나 인영이는 자기주장을 하는 게 늘 어렵고 힘들다고 생각했다. 대학생이 되어서도 자신이 원하는 것을 먼저 말하는 적은 없었고, 누군가 필요한 것을 묻더라도 "응, 나는 딱히 원하는 것은 없어."와 같은 말을 자신도 모르게 하게 되었다. 주변에서는 어른스럽고, 누구에게나 친절하게 대하는 사람으로 인정을 받기는 하지만 집에 돌아와 혼자 있게 되면 밀려오는 외로움과 공허감으로 우울감을 겪기도 한다.

- 정신분석이론의 관점에서 본 핵심 문제와 상담 전략
  - 핵심 문제: 인영이는 어린 시절 자기주장을 할 수 없었기 때문에 이러한 자기주장의 욕구를 억누르고 있고, 그 결과로 우울함에 빠져 있다.
  - 상담 전략: 따라서 인영이가 자기주장을 하도록 함으로써 우울을 덜 경험할 수 있도록 도울 수 있을 것이다.

- 대상관계이론의 관점에서 본 핵심 문제와 상담 전략
  - 핵심 문제: 인영이는 자기 욕구를 억압해야 하는 상황에서 성장한 결과, 자신을 초라하고 별 볼일 없는 아이라고 보고 있고, 다른 사람들이 자신의 욕구를 진심으로 알고 싶어 하지 않는다고 지각하고 있다.
  - 상담 전략: 자기 자신을 얼마나 초라하게 여기고 있는지, 그 결과 자신을 표현하지 못함으로써 상실한 삶이 얼마나 아팠는지 탐색하고 애도한다.

- 애착이론의 관점에서 본 핵심 문제와 상담 전략
  - 핵심 문제: 인영이는 사람들이 진심으로 자기 욕구에 관심을 가질 수도 있다는 생각을 하지 못함으로써 자기 욕구를 표현할 기회를 자꾸 놓치고 있다.
  - 상담 전략: "내가 예상하고 있는 것보다는 사람들은 나의 욕구에 관심이 많으며, 나 역시도 내가 생각해 온 것보다는 훨씬 더 괜찮은 사람일 수도 있다고 생각해 본다면?" 무엇을 느낄 것인지를 탐색한다.

2 정서 및 행동인지적 접근

상담에 대한 정서 및 행동인지적 접근은 우리가 겪는 문제를 정서적, 행동적 그리고 인지적 측면에서 그 원인을 찾는 접근이다. 여기에는 정서중심치료, 행동 및 인지적 접근 그리고 인지행동치료가 있다.

(1) 정서중심치료

정서를 최초로 언급한 사람은 Charles Darwin이다. 그의 책 『인간과 동물의 감정 표현』(2014)은 인간의 감정이 갖는 기능을 생물학적 기반에 의해 기술하고 있다. Darwin은 감정을 얼굴 표정과 연계지어 설명한다. 그는 감정이 자신의 열망이나 감각을 나타내는 것으로 1) 특정 정서에 대한 얼굴 표정은 습관화되어 나타나고, 2) 상반된 마음 상태(정서)는 상반된 표정으로 나타나며, 이러한 정서 표현은 3) 신경계의 작동에 근거한다고 주장하고 있다. 그는 정서의 감각과 표현이 인간이나 동물의 생존과 관련하여 진화하고 내면화되었다고 판단했다. 정서중심치료는 이러한 Darwin의 관점에 근거하여 내담자의 정서를 어떻게 다루고 치료할 것인가에 대해서 초점을 두고 있다.

정서중심치료는 Leslie Greenberg 등에 의해서 제시되었다. 정서중심치료에서 상담자와 내담자 간의 치료장면은 정동(affect)을 기존의 자기 조직 속에 통합하는 과정에 초점을 두고 있다. 상담을 통해서 내담자는 신체가 느끼는 정서적 경험을 분별, 상징화, 소유, 명확히 표현할 수 있게 된다(Greenberg & Paivio, 2008). 그러기 위해서는 무엇보다 내담자는 먼저 자신의 정서를 허락하고 수용하는 것을 배우고, 다음으로 자신의 정서를 신호체계로 사용하는 법을 배워야 한다.

정서중심치료는 동일한 사람이나 상황에 대해 경험하는 각기 다른 혹은 모순되는 정서를 통합할 수 있는 능력을 키워주는 데 초점을 둔다. 우리는 누군가를 미워하면서 동시에 그 사람을 사랑할 수 있다는 것을 알고 있다. 이처럼 미움과 사랑의 공존은 타인이 나를 공감적으로 조율할 때 촉진된다. 공감적 조율의 결과는 통합된 자기감(sense of self)을 발전시킨다. 내가 사랑하는 사람을 미워하고 있다는 것을 인정하게 될 때, 우리는 보통 슬픔을 느끼게 된다. 이때의 슬픔은 부인하거나 억압해야 하는 경험이 아니라, 수용하고 인정받을 수 있는 경험이다. "네가 사랑하는 사람이 밉다는 것은 너를 참 슬프게 하는 일이지."라고 한다면 이는 내담자에 대한 상담자의 공감된 조율이고, 그 결과 내담자는 자신의 감정을 조금 더 잘 수용할 수 있게 된다.

정서중심치료는 치료의 대상으로 원초적이고 일차적인 인간의 정서를 언급하고 있다. 일차적인 정서 경험으로 긍정적인 것에는 즐거움, 부정적인 것에는 슬픔, 분노, 두려움 등이 있다. 이러한 정서는 내담자의 욕구와 목표, 관심사를 상징하고 있다. 따라서 내담자가 상담자와의 관계를 통해서 이러한 정서의 의미를 해석할 수 있을 때 그는 자신이 원하는 것이 무엇인지를 알 수 있게 된다.

〈그림 13-2〉에서 보듯이, 정서중심치료에서 바라보는 정서의 특성을 살펴보면 다음과 같다(Greenberg & Paivio, 2008).

1) 정서는 우리를 행동하도록 조직화한다.
2) 정서는 적응적이다.
3) 정서는 기억과 사고에 영향을 미친다.
4) 정서는 동기적이다.
5) 정서는 우리에게 무엇인가를 알려 준다.
6) 정서는 의사소통이다.
7) 자신의 정서를 신뢰할 수 있어야 한다.
8) 정서는 지능이나 지혜로 보아야 한다.
9) 정서는 출현하고 완결되는 하나의 과정이다.

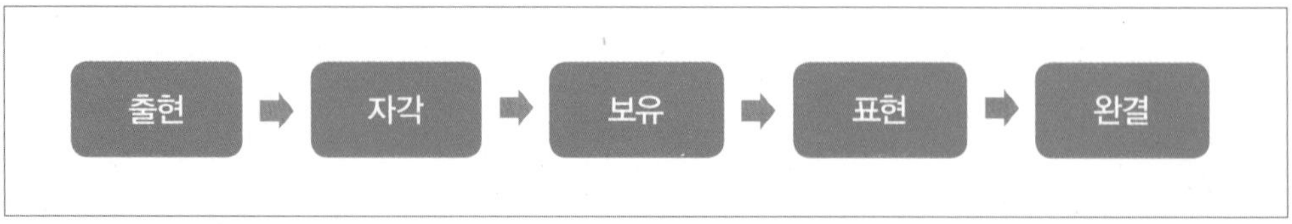

그림 13-2 정서의 과정

(2) 행동 및 인지적 접근

정서와 더불어 인간의 삶에 중요한 요소는 인간의 행동과 인지이다. 행동주의적 상담이론은 관찰할 수 있는 구체적인 행동을 분석하여 개인의 특성을 이해할 수 있다고 본다. 인간이 보이는 대부분의 행동은 후천적으로 학습된 것으로, 행동치료의 주된 목표는 부적응적인 문제행동을 제거하거나 긍정적인 행동을 학습함으로써 내담자의 적응을 돕는 것이다.

행동주의 상담이론의 기본개념과 학습원리에는 앞의 4장에서 살펴본 고전적 조건형성, 조작적 조건형성, 사회학습이론 등이 있다. 이상의 원리들은 인간이 태어나 성장하는 과정에서 환경과의 상호작용을 통해 자신의 생존과 관련한 반응을 습득하는 과정을 담고 있다. 이때 학습을 통해 드러나는 행동은 대개 의식되지 않고 무의식적으로 나타난다는 특성을 지니고 있다. 따라서 행동주의 상담이론은 이러한 무의식적인 반응들을 현재 환경에 적응적으로 만드는 데 초점을 두고 있다.

먼저, 행동주의 상담이론에서 고전적 조건형성을 살펴보도록 하자. 고전적 조건형성은 발견한 사람의 이름을 따라서 Ivan Pavlov(1849~1936)의 고전적 조건형성(Classical conditioning)이라 부른다. 고전적 조건형성은 다음의 절차를 따른다(〈그림 13-3〉 참고).

1) 조건형성 전: 고기(무조건 자극) ⇒ 침(무조건 반응)
2) 조건형성 중: 고기(무조건 자극) + 종소리(조건 자극) ⇒ 침
3) 조건형성 후: 종소리(조건 자극) ⇒ 침(조건 반응)

인간의 행동 중에는 바람직한 것과 그렇지 않은 것이 있다. 행동주의 상담이론에서는 바람직하지 않은 행동, 예를 들어 무서워할 필요가 없는 것들(인형, 동물 등)을 무서워하는 것은 고전적 조건형성의 결과라고 본다. 이것은 Watson의 공포 조건화를 통해 드러난다(Watson & Rayner, 1920). 그는 하얀 쥐 인형(중립/조건 자극)을 쇳소리(무조건 자극)와 단 5회 반복을 통해서 연합함으로써 아이에게 공포(무조건 반응)를 학습시켰다. 그 결과는 아이는 쇳소리가 제공되지 않는 상황에서도 하얀 쥐 인형(조건 자극)을 보고 공포(조건 반응)를 갖게 되었다. 그렇다면 이렇게 학습을 통해 조건화된 공포를 어떻게 제거할 수 있을까? 다음은 Jones의

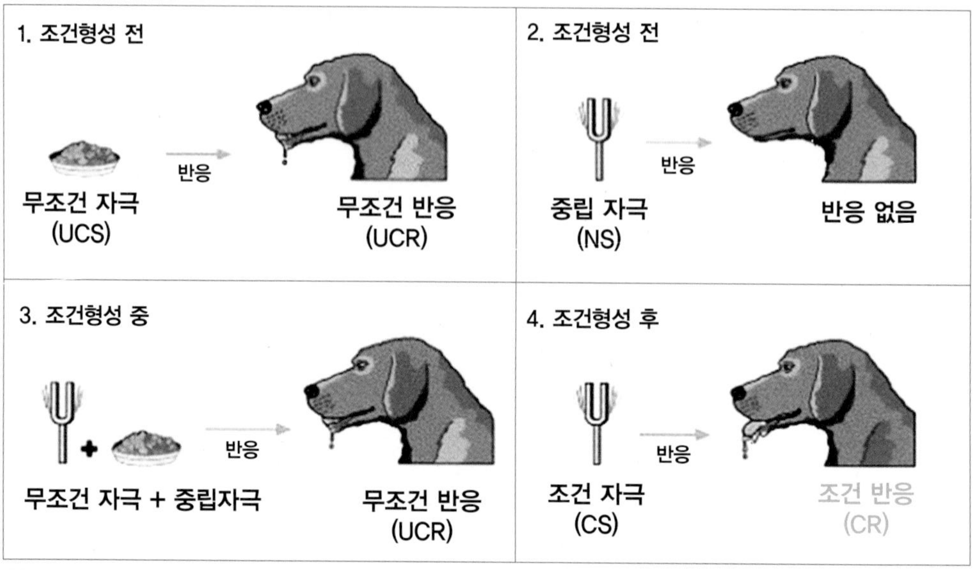

그림 13-3 고전적 조건형성 과정

'토끼' 공포 반응 제거 과정을 살펴보도록 하자(Jones, 1924). 먼저, 토끼(조건 자극)에 대해서 공포를 지니고 있는 내담자가 있다.

이때 그가 공포를 느끼는 토끼를 아주 먼 거리에서만 보게 한다. 그렇게 되면 내담자는 토끼에 대한 공포를 조금은 안전하게 경험할 수 있게 된다. 내담자가 토끼에 대한 공포가 줄면 다시금 거리를 줄여서 토끼를 보게 한다. 이러한 과정이 반복되고 나면 내담자는 토끼(조건 자극)가 제공될 때 공포를 느끼지 않게 된다.

다음으로 행동주의 상담이론에서 조작적 조건형성에 대해서 살펴보도록 하자. 조작적 조건형성은 Edward Thorndike(1874~1949)가 발견하고 Burrhus Frederic Skinner(1904~1990)가 체계화한 이론이다. 조작적 조건형성은 배고픈 생쥐를 대상으로 지렛대를 누르면 먹이가 나오는 상자실험을 통해 밝혀진 것이다. 배고픈(동기가 있는) 생쥐는 갇혀있는 상자 속의 지렛대를 누름으로써 먹이라는 보상을 얻는다. 이러한 학습을 통해서 생쥐는 지렛대를 계속 눌러 보상을 얻으려고 하는데, 이처럼 유기체가 특정 행동을 우연적으로 했을 때 보상이 뒤따르면 그 행동을 지속하는 경향을 보이는 것을 조작적 조건화(operant conditioning)가 되었다고 할 수 있다(Skinner, 1953). 이때 보상이 따르므로 증가된 행동을 강화(reinforcement)라고 한다. 강화에는 정적 강화(좋아하는 것을 제공해서 행동 증가)와 부적 강화(혐오 자극을 제거해서 행동 증가)가 있다. 아울러 처벌은 행동을 하지 못하도록 벌이나 고통을 제공하거나 칭찬과 같은 보상을 제거하는 것을 말한다.

조작적 조건형성을 통한 상담은 다음과 같다. 먼저, 내담자가 상담과정에서 긍정적인 반응을 보인다면 상담자는 이를 지속적으로 강화(칭찬)한다. 예를 들어, 내담자가 자신의 감정을 표현하면 혼나는 삶을 살아왔다면 상담장면에서도 자기 감정을 억압하고 표현하지 않을 것이다. 이것은 고전적 조건형성, 즉 감정 표현을 할 때마다 처벌 당한 경험이 조건화된 것을 의미한다. 따라서 상담자는 이러한 반응을 치료하기 위해 감정을 표현할 때마다("실은 저도 슬플 때가 있어요.") 강화를 제공할 수 있다("감정을 느끼고 표현할 수 있는 것은 다행인 일이에요."). 이러한 강화 반응이 상담자로부터 일관성 있게 제공될 때 내담자는 자기 마음을 수용할 자세를 가지게 될 것이다.

마지막으로, 사회학습이론은 인간이 관찰과 모방을 통해 새로운 행동을 학습한다는 것을 보여준다. 대표적인 학자로는 Albert Bandura(1925~)가 있다. 그는 학습의 세 가지 유형 즉, 모방학습(modeling: 따라하는 것. 인지적 요인의 개입없이 자동적으로 이루어짐), 대리학습(vicarious learning: 다른 사람들이 새로운 행동을 시도할 때 어떤 결과가 나타나는지를 관찰함으로써 학습하는 것), 관찰학습(observational learning: 다른 사람의 행동을 관찰해 두었다가 유사한 행동을 하는 학습과정)을 제시하였다.

Bandura의 사회학습이론을 상담에 적용하면, 상담자는 무엇보다 내담자가 따라하고 싶은 모델로서 기능하게 된다. 가령, 상담자는 내담자가 무서워서 표현하지 못하는 감정들(슬픔, 두려움, 분노 등)을 표현할 수 있는 방법을 보여주는 모델이 될 수 있고, 그러한 감정의 표현을 통해 어떠한 보상을 얻는지 내담자에게 보여줌으로써 내담자로 하여금 상담자처럼 행동하고자 하는 동기를 부여할 수 있다.

Bandura는 관찰학습에 개입하는 4가지 인지적 과정으로 ① 주의과정 : 모델의 행동에 관심을 갖고 주의를 기울임, ② 파지과정 : 모델이 하는 행동을 유심히 관찰하여 그 내용을 기억, ③ 산출과정 : 파지한 내용을 기반으로 특정한 행동을 결정, 실행에 옮기는 것, ④ 동기과정 : 관찰한 행동을 이끌어 내는데 영향을 미치는 외적 유인 혹은 자기 유인 등을 제시하고 있다(Bandura, 1986).

(3) 인지행동치료

인지행동치료는 인간의 인지를 중심으로 치료적 접근을 하는 것을 말한다. 대표적인 이론으로는 Albert Ellis(1913~ 2007)의 합리적 정서행동치료(Rational Emotional Behavioral Therapy; REBT)와 Aaron Beck(1921~)의 인지치료(Cognitive Therapy; CT)가 있고, 이를 통칭하여 인지행동치료(Cognitive Behavioral Therapy; CBT)라고 부른다.

상담과 관련해서 인지행동치료의 중요한 개념들을 살펴보면 다음과 같다. 먼저, 자동적 사고가 있다. 이것은 부정적 생각과 심상이 생활사건에 의해 자동적으로 촉발되는 것으로, 심사숙고한 결과가 아니라 빠르게 떠오른다. 자동적 사고는 타당성을 검토하지 않은 채 사실로 받아들이게 된다는 점에서 문제가 될 수 있다. 이러한 자동적 처리과정은 정보처리의 결과로 나타난 인지적 산물이라 할 수 있다. 합리적정서행동치료(REBT)에서는 〈그림 13-4〉에서처럼 이것을 신념(beliefs)이라고 부르고(Ellis & MacLaren, 2007), Beck은 이를 인지왜곡이라 부른다(Beck, 1976). 내담자는 특정한 사건(예: 성적이 떨어진 사건) 때문이 아니라 그 사건으로 인한 신념(예: "역시 나는 무능한 아이야.")으로 인해 고통 받는다. 내담자의 비합리적 신념의 종류로는 이분법적 사고, 과잉일반화, 정신적 여과, 의미확대와 의미축소, 개인화, 잘못된 명명, 독심술, 예언자, 감정적 추리 등이 있다. 이러한 신념에 대한 개념적 정의는 〈표 13-1〉을 참고하길 바란다.

인지를 다루는 치료이론들의 주요 개념은 다음과 같다. 인지행동치료 역시 합리적 정서행동치료와 같이 인지 도식에 초점을 두고 있다. 인지 도식(schema)이란 과거 경험을 추상화

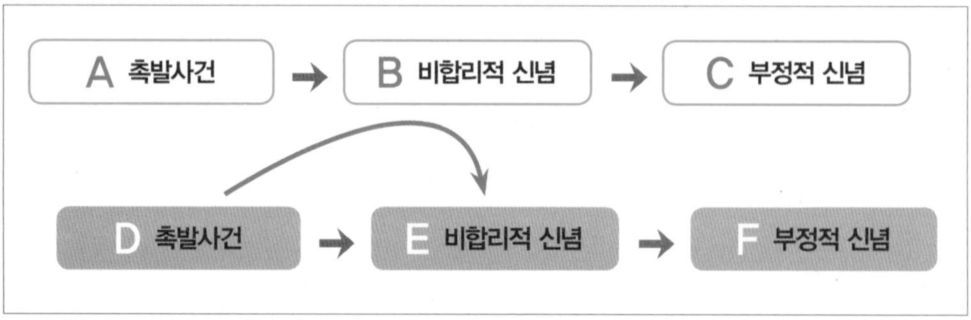

그림 13-4 REBT의 치료 과정

〈표 13-1〉 **내담자의 비합리적 신념의 종류와 사례**

비합리적 신념	개념 및 사례
이분법적 사고 (all or nothing thinking)	여러 가능성에도 불구하고 두 가지의 가능성에 한정하여 사고하는 오류. "모든 사람으로부터 인정을 받아야 해. 그렇지 않으면 인생 실패한 거야."
과잉일반화 (overgeneralization)	소수의 개별적이거나 특수한 사례를 전체로 일반화시키는 오류. "이번에 연애를 실패했으니 앞으로도 계속해서 이성 친구를 사귀지 못할 거야."
정신적 여과 (mental filtering)	부정적인 것만을 골라서 생각하고 그래서 세상을 어둡게 보는 오류. "전에도 그랬잖아! 나는 결국 실패할 거야!"
의미확대와 의미축소 (minimization and maximization)	부정적 사건의 의미는 과장하고 긍정적 사건의 의미는 축소해서 평가하는 오류. "내 장점은 별거 아니야. 내가 잘못하고 있는 것 좀 봐, 어마어마하잖아!"
개인화 (personalization)	모든 일이 자신으로 인해 발생했다고 자기중심적으로 사고하는 오류. "내가 성공한 것은 오직 내가 능력이 있기 때문이지."
잘못된 명명 (mislabelling)	실수나 결점을 기초로 완전히 부정적인 이미지를 만드는 오류. "난 주식에 실패했으니 인생의 실패자야."
독심술 (mind-reading)	다른 사람이 나를 깔보고 폄하하고 있다고 가정하는 오류. "거기 졸고 있는 학생! 내 수업이 재미없다 이거구나!"
예언자 (fortune telling)	자신에게 오직 좋지 않은 일만 일어날 것이라고 상상하는 오류. "잘 될 수가 있겠어? 내 인생 앞으로 불행만 닥치도록 정해져 있는데."
감정적 추리 (emotional reasoning)	자신이 느끼는 감정이 사실을 반영한다고 생각하는 오류. "절망적인 느낌이 들어. 내 인생은 끝난 거야!"

한 기억체계이다. 즉, 내담자는 과거의 반복적인 경험을 토대로 특정한 상황에서 정보를 선택하고 사건의 의미를 해석하며 미래의 결과를 예상하는 인지적 구조(cognitive structure)를 지니고 있다. 이것은 과거 경험을 일반화한 인지구조로 자신과 세상에 대한 신념으로 구성되어 있다. 신념은 역기능적 신념, 핵심 신념, 중간 신념 등으로 구분된다.

역기능적 신념이란 삶에 대한 일반적인 믿음과 원칙으로 절대적이고 완벽주의적이며 융통성이 없이 경직되어 있다는 특성을 지닌다. 예를 들어, 사람은 멋지고 돈이 많아야 행복하다.", "도움을 요청하는 것은 나약함의 표시이다.", "인정받으려면 항상 잘 해야 한다." 등과 같은 것이다. 핵심 신념(core beliefs)이란 어린 시절 중요한 인물과 상호작용을 통해 형성되는 것으로, 자신과 세상 전반에 대해 과잉일반화한 경직된 내용의 신념으로 구성된다. 중간 신념(intermediate beliefs)은 핵심 신념과 자동적 사고를 매개하는 것으로 삶에 대한 태도, 규범, 가정으로 구성된다.

인지행동치료를 적용한 상담의 함의는 첫째, 내담자는 자신의 과거 경험에 기반한 신념을 지니고 있다. 이러한 신념은 오랫동안 반복적인 경험을 통해서 내담자 안에 자동적으로 형성된다. 가령, 슬픔을 드러낼 때마다 "넌 왜 그렇게 약하니?"라는 핀잔을 들었다 그 결과 내담자는 슬픔을 느낄 때마다 "내가 슬퍼하면 사람들이 싫어하겠지." 또는 "나는 너무 나약해."라는 생각을 자동적으로 하게 된다. 그 결과 자신의 감정을 억압하는 일이 반복된다. 둘째, 내담자의 신념이 자동적인 반사 반응에 해당한다는 점은 이것이 내담자가 원해서 보이는 반응은 아니라는 점이다. 내담자는 자신의 슬픔을 느끼고 표현하고 싶지만, 지난 날 수없이 반복적으로 들어온 핀잔을 통해 형성된 신념의 영향 때문에 표현하기가 어렵다. 셋째, 내담자의 자동적인 반사 반응으로 나타나는 사고나 신념은 지금은 비합리적이고 역기능적으로 보이나 처음 생길 당시에는 내담자를 보호해주는 역할을 했다. 슬픔을 느끼고 표현할 때마다 매번 핀잔을 듣는다면, 슬픔을 표현하기보다는 억압하는 것이 덜 혼난다는 점에서 내담자에게는 도움이 될 수 있다. 즉 내담자는 슬픔을 억압함으로써 혼나는 상황을 줄인다는 이점이 있다. 넷째, 따라서 내담자의 현재 신념과 사고는 그 경직성이 문제이지 그 신념 자체는 문제라고 할 수 없다. 내담자가 슬픔을 억압한 것은 자신을 보호하기 위한 것이었다. 다만 지금은 그럴 필요가 없음에도 불구하고 억압하고 있을 뿐이다. 다섯째, 상담자는 내담자의 생각을 바꾸려고 하기보다는 그 생각이 실은 최초에는 내담자를 보호해주는 것이었음을 공감적으로 해석하고 전달할 필요가 있다. "당신이 슬픔을 느낄 때 그렇게 억압해야만 자신을 보호할 수 있었을 거예요. 얼마나 오랜 세월 그렇게 살아왔기에 나도 모르게 자동화되었을까요?"

(4) 정서 및 행동인지적 접근의 사례

본 장에서 배운 내용을 토대로 앞에서 살펴본 인영이의 핵심 문제를 분석해 보고 상담 전략을 논의해 보자.

- 정서중심치료의 관점에서 본 핵심 문제와 상담 전략
  - 핵심 문제: 인영이는 자기주장의 기회를 잃어버리고 살아온 것에 대한 깊은 상실감과 슬픔을 느끼고 있다.
  - 상담 전략: 자기를 주장할 수 없어서 얼마나 슬펐는지를 탐색하고, 슬픔의 크기만큼이나 자기주장 욕구도 크다는 것을 상기시키면, 인영이는 자신이 얼마나 자신을 주장하고 살고 싶은 사람인지를 알게 될 것이다.

- 행동주의 상담이론의 관점에서 본 핵심 문제와 상담 전략
  - 핵심 문제: 인영이는 자기 욕구를 표현하려고 할 때마다 반복해서 처벌을 당했고, 가만히 있을 때에만 칭찬을 들어 온 결과 자기주장을 하지 못하게 되었다.
  - 상담 전략: 상담 회기 중에 자기주장을 하게 되면 상(예, "와, 방금 자기주장 잘 하였고요, 보기 좋습니다." 또는 "자기주장하는 것은 당연한 권리이지요." 등)을 반복해서 줌으로써 자기주장에 대한 동기를 높여준다.

- 인지행동치료의 관점에서 본 핵심 문제와 상담 전략
  - 핵심 문제: 인영이는 "나를 주장하면 그것은 이기적인 행동이야." 또는 "자기주장을 하면 사람들이 나를 거부할거야."라는 비합리적 신념, 역기능적 사고를 지니고 있다.
  - 상담 전략: "나를 주장하는 것만큼 상대의 주장도 인정하는 게 건강한 자기주장이라고 한다면요?" 라든지 "나를 주장하게 되면 내 의견을 싫어할 수는 있겠지만, 그렇다고 그것이 나를 거부하는 것인가요? 단지 논의해야 하는 문제가 아닐까요?" 와 같이 함께 생각해볼 만한 질문을 통해 인영이가 자기 생각을 검토하고, 수정할 수 있도록 도울 수 있을 것이다.

3 인본주의적 접근

인본주의적 접근은 상담에서 우리의 인지적 능력 특히, 주관적 경험을 중시하는 접근이다. 이러한 접근에는 인간중심 상담이론, 실존주의 상담이론 그리고 게슈탈트 상담이론이 있다.

(1) 인간중심 상담이론

인간중심 상담이론은 Carl Rogers(1902~ 1987)가 발전시킨 이론으로, 통합된 유기체로서의 인간에 중점을 두고 있다. 유기체란 육체와 정신을 모두 포함하는 전체로서의 개별적 생명체를 의미하는 것으로, 아이는 유기체적 감각을 통해 세상을 인식하고 반응한다. 따라서 유기체적 경험은 전체로서의 인간 경험과 관련된다. 내담자의 세계는 객관적인 세계가 아닌 주관적 현실로서 현상적 장에 해당한다. 현상적 장이란 매 순간 개인의 의식에 의해 지각되고 경험되는 모든 것을 말한다. 이러한 현상적 장은 내적 참조 체계에 의해 평가되는데, 이것은 모든 행동과 판단의 근거가 된다. 또한 개인의 행동은 어떤 것이든 주관적 현실에서는 적합한 것이라고 볼 수 있다. 인간의 경험은 그것이 어떠한 것이든 그의 세계에서는 진실임을 의미한다.

Rogers는 자기실현 경향성(Self actualization tendency)을 인간 삶의 유일하고 기본적 동기로 보았다(Rogers, 1951). 이것은 Freud의 암울하고 어두운 세계관과는 다른 것으로, Rogers는 인간은 어떤 환경에 있느냐에 따라 자신의 실현 경향성을 성취할 수도 있고 방해받을 수도 있다고 보았다. 따라서 인간이 자신의 실현 경향성을 성취하기 위해서는 호의적 여건이 필요하다. 인간은 호의적인 환경에 처해 있을 때 자신에 대하여 긍정적인 체계적 인식을 갖게 된다. 즉, 긍정적이고 건강한 자기개념을 갖게 된다.

호의적인 환경에서 자신을 실현해 나가는 사람은 유기체적 가치화 과정을 거친다. 이것은 자신의 경험을 스스로 평가할 수 있다는 의미로, 이런 사람은 자기가 경험하는 것이 곧 자기라고 느껴 스스로를 방어할 필요성이 줄어든다. 이는 자신이 경험하는 것을 신뢰하고, 그런 경험에 대하여 개방적인 태도를 지니고 살아감을 의미한다. 이러한 삶은 자신을 수용하고, 신뢰하는 삶을 말한다. 반면에 조건적 가치(conditions of worth) 하에 살아가는 사람의 삶은 자신을 불신하고 타인의 기준에 맞추어 살아가게 된다. 이들은 외부(부모, 교사)의 인정을 받고자 하고, 이때 가치가 조건화된다. 이러한 가치의 조건화는 부모나 교사 등이 아이들에게 조건적인 사랑을 줌으로써 형성된다고 할 수 있다.

때로 인간은 자기와 경험 간의 불일치를 겪게 되는데, 이러한 불일치는 갈등으로 드러난다. 갈등이란 실현 경향성을 따르려는 유기체적 욕구와 조건적 가치를 획득하려는 자기존중 욕구 사이의 갈등을 말한다. 유기체적 소망과 자기존중감을 위해 추구하는 것 간의 불일치는 종종 일어나고, 이때 유기체적 경험을 무시하거나 왜곡하여 자기구조로 통합하지 못할 때 심리적 부적응이 발생한다. 이러한 갈등은 유기체적 경험에 대한 수용과 존중의 부족에 따른 문제인데, 타인으로부터 무조건적 긍정적 존중을 받는 경험을 할 때 해소될 수 있다.

인간중심 상담이론의 목표는 내담자가 무조건적인 긍정적 존중을 통해 자신의 실현경향성을 극대화함으로써 온전히 기능하는 사람(fully functioning person)이 되는 것을 뜻한다(Rogers, 1961). 이러한 사람은 기본적으로 자기를 신뢰하며 외부의 가치나 권위적 타인의 영향을 덜 받게 되는 삶을 살게 된다. Rogers는 특수한 상담기법 대신에 상담장면에서 상담자가 갖추어야 할 중요한 태도를 기초로 세 가지 치료적 조건을 제시하고 있다. 인간중심 상담이론의 치료적 조건 세 가지는 다음과 같다(Thorne, 2007, 〈표 13-2〉 참고).

〈표 13-2〉 인간중심 상담의 세 가지 치료적 조건

무조건적 긍정적 존중	내담자의 존재(Being)에 대한 수용과 관련 "나는 네가 소중한 존재임을 알아."
일치성	무조건적 긍정적 존중(존재의 수용)에 기반해서 내담자에게 진솔한 반응을 전달 "너를 존중하기는 하지만, 그렇다고 네 행동을 전부 다 받아들일 수는 없어."
공감	존재를 수용하는 입장에서 그의 마음을 공감하는 것과 관련 "네 존재는 사랑하지만, 행동을 다 받아들일 수 없다는 점이 너를 슬프게 할 수 있다는 점을 이해한단다."

첫째, 무조건적 긍정적 존중(unconditional positive regard)이다. 무조건적 긍정적 존중이란 사람들을 돌보고 존중하며 좋아하고 수용하는 것을 말한다. 이것은 '사람들은 본래 가치 있는 존재', 그리고 '인간은 현재 할 수 있는 최선을 다 하는 존재'라고 보는 것을 의미한다. 무조건적 긍정적 존중은 그의 존재(Being)를 수용하는 자세를 말한다. 존재를 있는 그대로 수용한다는 것은 역설적으로 그를 진솔하게 대할 수 있음을 의미한다. 상담자가 내담자의 선택에 대하여 걱정하는 동시에 그에 대한 수용과 확신을 일관적으로 유지하는 것이다. 즉, "너의 행동은 걱정돼, 그럼에도 나는 네가 좋은 사람이라는 것을 알아!"라는 태도를 말한다. 이를 통해 내담자는 자신의 부족함을 인식하는 것은 창피하지만, 그럼에도 불구하고 자신이 여전히 가치 있는 존재라는 것을 상담자와의 관계를 통해 경험하게 된다. 이것은 하나의 기술이라기보다는 인간의 성장을 촉진하는 태도에 해당한다.

둘째, 일치성 또는 진솔성(authenticity)이다. 이것은 내담자와의 관계에서 진실하고 정직한 상담자의 능력을 말한다. 이것은 내부 자기와 외부 자기의 일치 및 분명하고 일관된 메시지를 전달하는 능력과 관련되는 것으로, 매 순간 경험하는 것을 알아차리고, 그것을 의사소통하는 것이다. 이것은 세심하고 신중한 자기개방으로 나타날 수 있다. 이것은 앞서 언급한 무조건적 긍정적 존중이 이루어진 후에 발휘될 수 있는 능력이다. 먼저 내담자의 존재(Being)를 있는 그대로 받아들여야만 상담과정에서 경험하는 내담자의 상담자가 불쾌한 측면(Doing)을 개방할 수 있을 것이다. 이러한 개방(예, 나는 네가 공격적으로 말하는 게 힘들단다. 그리고 이러한 말을 한다고 해서 너란 존재를 싫어하는 것은 아니란다.)을 통해 내담자 역시 자신이 진솔해도 자기의 존재가 부정당하지 않는다는 것을 차츰 배워나가게 된다.

셋째, 공감(empathy)이다. 공감은 타인의 주관적인 세계를 경험하는 것을 말한다. 주관적 세계란 그 사람의 입장에서 그(녀)를 경험할 수 있는 능력과 관련된다. 이러한 공감 역시 무조건적 긍정적 존중이 전제될 때 가능하다. 상담자는 내담자에 대한 무조건적 긍정적 존중에 기반하여 내담자와 함께 함으로써 그가 겪고 있는 내적 세계에 대해서 "마치 ~인 것 같군요."라고 할 수 있게 된다. 이것은 객관적인 지식이 아니라 주관적인 경험이므로 "당신은 슬픔을 느낄 것 같군요."와 같이 내담자의 내적 세계를 반영하는 반응으로 나타나게 된다.

인간중심 상담이론의 핵심은 내담자가 자기실현 경향성을 실현할 수 있도록 무조건적 긍정적 존중을 드러내는 데 있다. 즉, 내담자는 자신이 있는 그대로 존중받는다고 느낄 때 좀 더 자기 자신이 될 수 있고, 자신의 감정과 욕구를 수용적으로 경험하되 그것들이 다른 사람에게 문제가 될 경우에는 언제든지 수정할 수 있는 탄력적인 마음도 갖게 된다.

(2) 실존주의 상담이론

실존주의 심리치료는 인간을 자기인식 능력을 지닌 존재로 본다. 인간은 자기 존재와 자신의 삶을 성찰하고 선택할 수 있는 존재라고 할 수 있다. 실존주의 심리치료는 실존주의 철학의 영향을 받아 발전한 것으로, 인간의 몇 가지 실존적 전제를 직면하는 것으로부터 상담적 함의를 이끌어 내고 있다. 실존주의 상담이론은 정신분석처럼 성장 배경을 중시하는 이론과 다른 점은 다음과 같다. 성장 배경을 중시하는 이론은 대개 성장하는 과정에서 결핍된 경험(대부분은 양육자의 사랑과 조율)을 제공하는 것을 치료의 중요한 과정으로 간주한다. 반면에 실존주의 상담이론은 내담자가 인간 삶의 한계를 직면하고 그 한계를 수용하도록 최선을 다하는 데 중점을 둔다.

실존주의 상담이론 관점에서 보면 인간은 실존적 불안을 지니고 살아가는 존재, 세상에 우연히 던져진 존재라고 할 수 있다. 이것은 인간이 특정한 목적을 위해서 세상에 존재한다고 보는 종교적 관점이나 윤리적 관점과는 다른 것으로, 인간에게는 애초부터 정해진 운명이나 삶의 목적 따위가 존재하지 않는다고 보는 것이다. 이처럼 실존주의적 관점에서 인간에게 주어진 목적이 없고 그의 삶에 한계가 있다는 점은 인간의 삶이 무의미하고 자유롭다는 것을 의미한다. 동시에 인간은 죽음이라는 한계 상황에 처해 있기 때문에 어쩔 수 없이 고독하고 외로운 존재임을 의미한다. 그래서 실존주의 상담이론은 내담자가 무의미, 자유, 죽음, 고독 등을 직면하고, 수용함으로써 현재 삶에 최선을 다하도록 그를 돕는다. 이와 같은 네 가지 인간 조건이 갖는 상담적 함의를 살펴보도록 하자(Yalom, 2007).

첫째, 인간의 삶은 본래 무의미하다. 인간의 삶에서 절대적이라고 할 수 있는 유일한 것은 절대적인 것이 없다는 것이다. 실존주의에서는 모든 것은 우연적이며 무의미하다고 전제한다. 즉 인간의 삶은 무근거성(groundlessness)과 무의미성(meaninglessness)을 특징으로 한다. 인간에게 원래부터 정해진 목적이 없다면 인간은 실존적 불안과 우울을 경험하게 될 것이다. 의미의 부재는 실존적 스트레스의 최고점이 되는 것이다. 이것이 뜻하는 바는 인간에게는 의미가 필요하지만 절대적인 의미는 존재하지 않는다는 것이다. 이런 경우 상담의 목표는 무의미한 세계에서 의미를 발견하는 것이 될 것이다. 의미가 원래부터 주어지는 것이 아니라면, 의미는 최선을 다해 일하고 창조할 때 생겨나는 부산물일 것이다. 즉, 의미는 추구하는 것이 아니라 발생하는 것이다. 이것은 내담자에게 위로가 될 수 있는 말이다. 왜냐하면 삶의 의미는 내가 애써서 만드는 것이 아니라 호기심어린 마음으로 관찰할 때 찾을 수 있기 때문이다. 우리는 어떤 정해진 의미가 있다는 강박을 버리고, 아직 발견하지 못한 나만의 삶의 의미를 발견하려는 자세로 살아가야 함을 뜻한다. 이것은 내담자에게 불안과 더불어 자유를 선사한다.

둘째, 무의미는 인간이 선택의 자유와 그 선택에 대한 책임을 지닌 존재라는 점을 알려준다. 우리는 주어진 환경의 희생자가 아니라 자신의 삶과 운명을 선택하여 결정할 수 있는 존재라고 할 수 있다. 애초부터 주어진 삶의 목적이 없다면, 우리는 자기 삶의 목적을 발견하기 위해서 자유롭게 탐색하고 선택할 수밖에 없다. 인간은 자유로운 만큼 책임져야 하며 책임질 수 있는 만큼 자유로운 존재가 될 수 있다. 인간이 자유롭다는 것은 매 순간의 삶이 선택을 위한 삶이 된다는 것을 의미한다. 인간의 존재는 불확실성이라는 물결 위에 떠 있고, 이러한 불확실성은 실존적 불안의 근원과 관련된다. 자유롭다는 것은 다른 사람을 탓할 수 없다는 것을 의미하기 때문에 불안을 유발한다. 따라서 자유롭다는 것은 전적으로 내가 책임을 져야 한다는 것을 의미하기 때문에 마냥 좋기만 할 수 없고 책임이라는 무게를 갖게 만든다.

셋째, 인간이 직면해야 하는 것은 죽음이다. 죽음은 인간 삶이 한계를 지니고 있음을 보여주는 유일하게 확실한 사건이다. 제 아무리 강하고 특별해 보이는 존재라도 죽음만큼은 피할 수 없다. 그렇기 때문에 죽음은 개인의 존재를 무력화시키고, 인간에게 격렬한 실존적 불안을 야기한다. 철학자 Heidegger는 죽음을 자각하지 못하는 삶은 존재를 망각한 상태라고 말한다. 마찬가지로 철학자 Diogenes는 "항상 죽을 각오를 하고 있는 사람만이 참으로 자유로운 인간이다."고 주장한다.

이것은 죽음을 직면할 때 일어나는 일과 관련된다. 죽음은 인간 삶의 가장 중대한 사건이기 때문에 죽음을 직면하고 수용하는 사람, 죽음이 자신에게 다가오는 것을 인정하는 사람은 일상의 사소한 것들로부터 자유롭게 된다는 것을 의미한다. 가령, 이 글을 읽고 있는 당신이 24시간 후에 죽는다고 가정한다면 당신은 무엇을 할 것인가? 아마도 가족들과 함께 시간을 보내거나, 가장 소중한 사람들에게 사랑을 전하고자 할 것이다. 또한 기존에 겪었던 갈등은 더 이상 문제로 여기지 않을 것이다. 이것이 죽음을 직면할 때 일어나는 일이라 할 수 있다.

넷째, 인간이 죽음이라는 한계 상황에 처해 있다는 것은 결국 인간의 존재가 고독하다는 것을 보여준다. 죽는다는 것은 타인과 함께할 수 없는 경험에 해당한다. 아무리 사랑하는 사람이 있어도 죽음만큼은 그 개인 자신의 온전한 몫이 된다. 병도 마찬가지라 할 수 있다. 암과 같은 질병 역시 제 아무리 사랑하는 가족이 있어도 결국에는 그 개인의 몫에 해당한다. 이러한 엄중한 현실은 인간이 처한 실존적 조건은 우리가 결국에는 외롭고 고독한 존재라는 점을 보여준다. 물론 인간의 고독은 몇 가지 차원으로 구분된다.

상담을 통해 치료하거나 해소해야 하는 고독이 있고, 직면하고 수용해야 하는 고독이 있다. 상담을 통해 해소해야 하는 고독에는 개인 내적(intrapersonal), 대인 관계적(interpersonal) 고독이 있다. 이러한 고독은 자신의 욕구와 소망을 인식하고, 고독을 타인과의 관계에서 적극적으로 나눔으로써 해소할 수 있다. 있다. 반면에 실존적(existential) 고독은 앞서 언급한 인간이 결국은 혼자라는 사실을 직면하는 것과 관련된다. 제 아무리 자신의 마음을 들여다보고 그것을 다른 사람과 나눈다 해도 결국에는 자신이 혼자 감당할 몫이 있다는 것을 직면할 때, 사람은 진정되고, 고독하다 하더라도 자신이 이상한 사람이 아니라는 것을 확신할 수 있게 된다. 이처럼 해소해야 하는 고독이 있고 견뎌내야만 하는 고독이 있다. 이 둘을 잘 구분하는 것이 상담의 진전에서 중요한 부분이다.

(3) 게슈탈트 상담이론

게슈탈트 상담이론은 Fritz Perls(1893~1970)가 만든 이론으로, 개인의 주관적인 체험을 강조하는 이론이다. 게슈탈트 상담이론 역시 실존주의 심리치료와 마찬가지로 실존철학의 영향을 받았다. 게슈탈트 상담이론은 게슈탈트 심리학의 맥락에서 이해할 수 있는데, 게슈탈트 심리학은 인간의 지각이 부분적으로 나뉘어서 이루어지는 것이 아니라 전체를 하나로 통합해서 파악하는 특성이 보인다고 보았다. 따라서 상황을 인식하고 해결하는 데 개인의 주관적이고 능동적인 인식을 중심에 두고 있다.

게슈탈트 상담이론은 또한 Kurt Goldstein의 유기체 이론으로부터 영향을 받기도 했다. 그에 따르면 인간은 스스로 성장하고 자기실현의 능력과 힘을 소유하고 있다고 본다(권석만, 2012). 내담자에게 문제가 생기는 것은 자기실현의 힘이나 능력이 유기체 전체적으로 막혀 있을 때이다. 따라서 내담자가 자신을 전체적으로 인식하고 성장하기 위해서는 특히 전체성을 드러내고 있는 신체에 초점을 두어야 한다. 즉, 신체의 긴장을 주의 깊게 살펴야 한다.

다음으로 게슈탈트 상담이론의 주요 개념들을 살펴보도록 하자(김정규, 2015). 우선, 게슈탈트란 개체가 지각한 자신의 행동 동기를 의미한다. 즉 인간은 자신의 유기체적 욕구나 감정을 하나의 의미 있는 행동 동기로 조직화하여 지각한다는 것을 의미한다. 그리고 인간은 이러한 상태를 자신이 처한 상황에서 실현 가능한 행동 동기로 지각하고 표현한다. 또한 게슈탈트는 인간을 부분의 합이 아닌 전체로서의 유기체로 파악하는데, 이러한 관점은 뇌기반 관점인 인간의 신체, 인지, 정서 간의 통합적 관점을 지지한다고 볼 수 있다.

전체로서의 유기체는 자신의 경험을 전경과 배경에 위치시킨다. 전경은 의식의 초점이 되는 경험을 의미하고, 배경은 뒤로 물러난 경험을 의미한다. 건강한 사람은 어느 순간에 가장 중요한 욕구와 감정을 전체(게슈탈트)로서 전경으로 떠올린다. 그리고 자신의 욕구와 감정이 해소되면 게슈탈트는 배경으로 사라지고, 새로운 게슈탈트가 떠오른다. 이러한 전경과 배경 간의 교체는 지속적으로 일어난다.

전경과 배경의 원활한 교체가 이루어지지 않을 때 미해결 과제가 발생한다. 미해결 과제는 게슈탈트의 형성과 해소의 문제와 관련되는 것으로, 한번 생성된 게슈탈트가 배경으로 사라지지 않을 때를 말한다. 유기체의 활동을 억압함으로써 결과적으로 미해결 과제가 쌓이기 시작하게 된다. 이러한 미해결 과제를 파악하기 위해서 먼저 내담자는 지금-여기에서의 감각, 욕구를 알아차릴 수 있어야 한다. 특히, 몸의 불편감 등을 세심하게 알아차릴 때 이것이 자신의 미해결 과제와 연관되어 있음을 알 수 있다.

치료적 개념에는 알아차림과 접촉이 있다. 알아차림은 자신의 유기체적 욕구나 감정을 지각한 다음 그것을 게슈탈트로 형성하여 명료한 전경으로 떠올리는 행위를 말한다. 내담자는 상담자의 도움을 통해 자신이 아직 모르고 있는 욕구나 감정을 알아차리고 그것을 명료하게 떠올리게 된다. 다음으로는 접촉이 있는데, 이것은 알아차림을 통해 전경에 떠오른 게슈탈트를 해소하기 위해 행동으로 옮기는 것을 말한다. 자신의 욕구와 감정과의 접촉은 성장의 활력원, 자신을 변화시키는 수단이 된다. 이를 위해서는 지금-여기에서 자신의 신체, 정서에 접촉하는 능력을 길러야 한다.

(4) 정서 및 행동인지적 접근의 사례

본 장에서 배운 내용을 토대로 앞에서 살펴본 인영이의 핵심 문제를 분석해 보고, 상담 전략을 간단히 논의해 보자.

- 인간중심 상담이론의 관점에서 본 핵심 문제와 상담 전략
  - 핵심 문제: 인영이는 자기주장의 기회를 잃어버린 결과 자기를 수용할 수 없게 되었다.
  - 상담 전략: "자기주장을 하지 않더라도 인영씨가 소중하지 않은 사람이 되는 것은 아니죠.(무조건적 긍정적 존중)", "그럼에도 불구하고, 자기주장을 할 수 없는 인영씨를 볼 때마다 제가 답답함을 느낀다는 것 또한 부정할 수는 없어요.(진솔성)", "사랑받기 위해서 자기를 억누르는 게 익숙한 것뿐인데, 그런 모습이 답답하게 비칠 때마다 인영씨는 너무 속상하고 자신이 초라해 보일 것 같아요. 그 마음이 얼마나 슬프고 안타까울까요?(공감)"와 같은 치료적 조건을 제공함으로써 자기주장을 하지 못하더라도 수용받을 수 있는 존재임을 경험하게 한다.

- 실존주의 상담이론의 관점에서 본 핵심 문제와 상담 전략
  - 핵심 문제: 자기주장을 하지 못했기 때문에 그것이 무섭고 누군가가 자신의 마음을 알아주었으면 하는 막연한 마음에 머물고 있다.
  - 상담 전략: "자기주장을 하면 이전에 받은 인정을 놓치게 될까봐 두려움과 공포감이 들 거예요, 하지만 스스로를 확인할 수 있으니 공허함 대신에 생생함을, 우울감 대신에 자기확신을 가질 수 있겠죠. 반면에 이전처럼 자신을 억누르고 살면 이전까지 받아온 인정을 계속 받을 수 있으니 좋겠지만, 생생함이나 자기확신을 갖기는 어렵겠죠. 둘 중의 하나를 선택한다면 인영 씨는 어떤 선택을 하고 싶나요?"

와 같이 내담자가 선택해야 하는 상황을 자세히 풀어서 보여줌으로써 선택해 나갈 수 있도록 돕는다.

- 게슈탈트 상담이론의 관점에서 본 핵심 문제와 상담 전략
  - 핵심 문제: 인영이는 자기주장을 함으로써 잃을 수 있는 것이 두렵고, 동시에 자기주장을 하지 않고 지냄으로써 우울과 낮은 자존감이 지속되는 것도 두렵다. 인영이는 자신이 주체적으로 선택해야 한다는 이 사실이 실은 무서운 것이다.
  - 상담 전략: "자신이 주체적으로 선택해야만 하는 이 상황에서 겪는 두려움에 대해서 말해볼까요? 두려움이 얼마나 클까요? 신체의 어느 부분에서 그 두려움이 느껴지나요? 괜찮다면 잠시 그 두려움에 머물러 볼래요?" 등과 같이 내담자가 자신의 상태에 충분히 머물도록 도움으로써 그러한 상황이 맞닥뜨리기 끔찍한 상황인 것만은 아님을 경험하게 한다.

4 상담이론의 통합적 접근

(1) 통합적 관점: 삼중뇌이론과 정서조절이론

통합적 상담모형은 다양한 이론적 관점의 합으로 구성되어 있다. 상담의 주된 이론에는 전통적으로 Freud가 소개한 정신분석이론을 필두로 하여, 정신분석이론을 현대적으로 재구성한 대상관계이론, 영유아와 부모 간의 상호작용에 대한 직접적 관찰에 기반한 애착이론, 관찰가능하고 개입이 용이한 측면을 강조하는 인지 및 행동치료이론이 있다. 다음으로 기법이나 기술로서의 상담기법이 아닌 인간을 대하는 태도나 관점을 중심으로 발전한 인본주의상담이론, 내담자 개인의 문제를 그가 속한 체계 내의 문제로 접근하는 가족체계이론 등이 있다.

통합적 상담모형은 인간을 통합적 관점으로 바라보고자 한다. 즉, 인간은 정동, 정서, 인

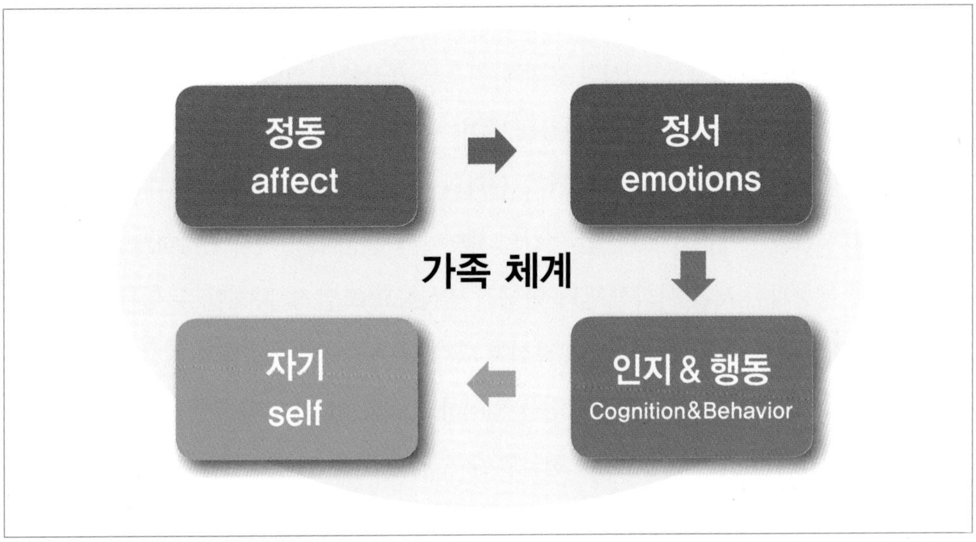

그림 13-5 상담이론의 통합적 구성

지, 행동, 자기의 측면들이 하나의 유기체 안에 담겨 있는 존재이다(〈그림 13-5〉 참고). 아울러 이러한 인간의 자기는 가족체계의 영향을 많이 받고 있음을 알 수 있다. 자기를 이해하고 상담에 효과적으로 개입하기 위해서는 어느 하나의 이론적 접근이 아니라 정동, 정서, 인지, 행동, 가족체계를 포함하는 관점이 필요하다.

앞에 제시한 상담이론들을 통합해 주는 하나의 관점이 최근에 부상하고 있는 뇌기반 관점이다. 대인관계 신경생리학으로 불리기도 하는 관점은 뇌에 관한 생리학적 연구에 기초하고 있는 것으로, Maclean(1985)의 삼중뇌이론(triune brain theory), Schore(2003)의 정서조절 이론(affec regulation theory) 등에 기초하고 있다.

삼중뇌이론은 인간의 복잡한 뇌구조를 사회적 관계와 인지, 충동조절 등과 관련된 신피질, 감정과 위험에 대한 정보를 처리하는 변연계, 마지막으로 인간의 신체를 자율적으로 조절하는 기능과 관련된 뇌간으로 구분하고 있다. 이러한 관점은 인간의 뇌를 신체 중심의 기능 그리고 공포와 관련된 일차적 정서와 관련된 기능 그리고 신체와 정서를 조절하고 타인과 협력할 수 있는 형태로 전환할 수 있는 인지와 사고 기능으로 그 역할을 구분할 수 있음을 의미한다. 따라서 삼중뇌이론은 기존의 상담이론에서 제시하고 있는 인지, 행동, 정서를 통합할 수 있는 기초를 제공하고 있다고 볼 수 있다.

삼중뇌이론이 인지, 행동, 정서의 통합적 기초를 제공하고 있다면 정서조절이론은 인지, 행동, 정서가 어떻게 통합되고 조절되는지를 밝히는 기제를 보여주고 있다. 아울러 이러한 뇌가 건강하게 발달하기 위해서는 부모, 가족 등과의 사회적 상호작용, 인간을 대하는 태도 등이 중요하다는 점을 제시하고 있다. 한 인간이 태어나서 성장하고, 특히 건강하게 성장한다는 것은 자신의 행동과 정서를 사회적 맥락 안에서 인식하고 조절 및 통제할 수 있는 능력이 있느냐에 달려 있다. 즉, 사회적 맥락에서 자신이 화가 나거나 속이 상한다고 해서 그것을 있는 그대로 드러내기보다는 먼저 자신의 감정을 인식하고, 그것이 의미하는 바를 해석해서 상황에 맞게 적절하게 처리하거나 상대에게 전달할 수 있는 능력을 가지고 있느냐에 달려 있다. 정서조절이론은 이러한 과정이 어떻게 이루어지는가를 기술하고 있다.

(2) 상담이론의 통합적 접근

정서조절이론은 뇌간을 중심으로 한 신체 반응과 변연계를 중심으로 한 동기와 정서 등의 정보가 우뇌에 통합된 다음 이러한 신체, 정서의 통합 정보가 언어를 통해서 종합되는 과정을 보여준다(〈그림 13-6〉 참고). 신체와 정서적 정보가 통합되어 언어화된다는 것은 Freud가 언급한 무의식이 의식화되는 것을 의미한다. 즉, 자율적인 생리적 반응을 포함한 몸의 반응과 정서적 반응이 언어화될 때, 인간은 자기 스스로를 사회적 맥락에서 조절하고 적응할 수 있음을 의미한다. 이것은 우리가 의식적으로 말을 할 때 자기 몸에서 일어나는 반응, 정서적인 반응 등을 의식하면서 말할 때 뇌가 통합적으로 기능하거나 혹은 자기 자신을 잘 조절하고 있다는 것을 뜻한다. 이러한 맥락은 최근 인지행동치료의 제 3의 접근으로 알려진 마음챙김(mindfulness)이나 알아차림(awareness)과 관련된다.

한 인간이 건강하게 태어나서 성장한다는 것은 부모와의 상호작용에서 어린 시절부터 자신의 신체반응, 정서 등에 대한 통합적인 조율이 필요하다는 것을 의미한다. 즉, 뇌를 중심으로 한 통합적인 상담 관점은 다음과 같이 요약할 수 있다. 첫째, 통합의 기초로서의 인간의 뇌(행동, 정서, 인지이론)는 신체, 정서 등의 반응을 언어를 매개로 한 인지를 통해 인식하고 다루어야 한다. 성숙한 삶이라고 하는 것은 자신의 신체적인 반응, 정서적인 반응이 일어

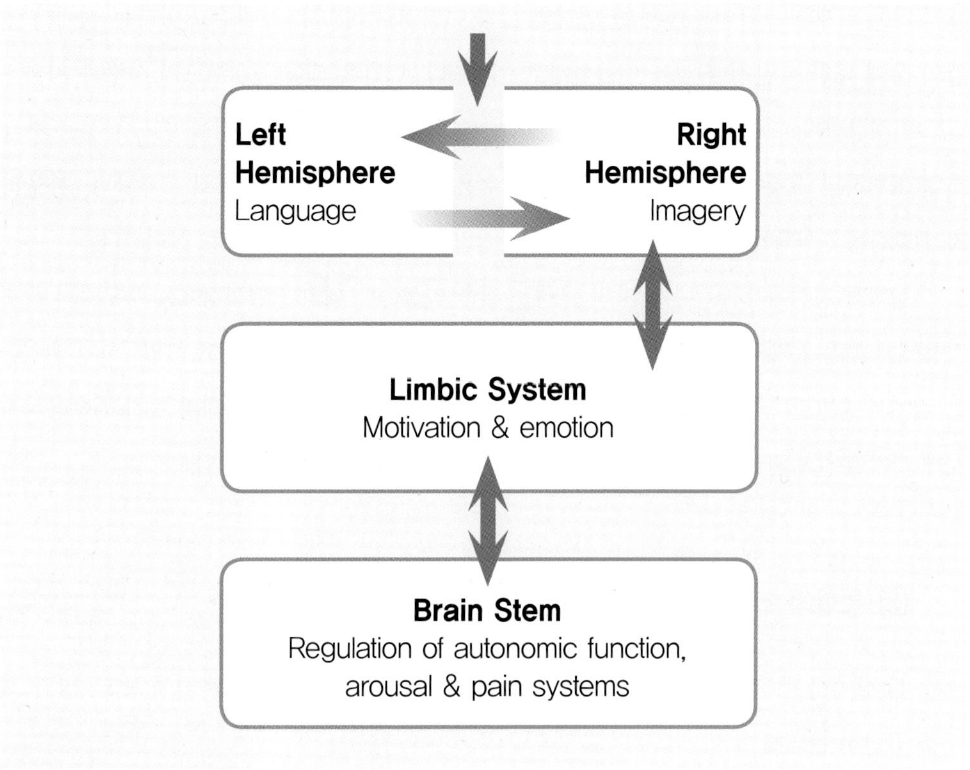

그림 13-6 정서조절이론(affect regulation theory)

났을 때 그것을 알아차릴 수 있어야 하고, 그것이 갖는 의미가 무엇인지를 언어적으로 해석할 수 있어야 한다는 것을 의미한다.

둘째, 미성숙한 뇌의 통합을 촉진하는 환경으로 양육(성장배경이론)을 강조한다. 인간의 뇌는 미성숙한 채로 태어나기 때문에 이러한 통합적 기능은 부모와의 상호작용을 통해서 성취될 수 있다. 즉, 부모와의 상호작용이 긍정적이라는 점은 양육과정에서 자녀의 신체와 정서 반응이 부모의 언어화 기능에 의해 적절히 해석되어 자녀에게 돌려졌음을 의미한다.

셋째, 인간의 통합된 뇌는 부분의 합을 넘어선다(인본주의이론). 건강한 인간이란 신체, 정서, 인지의 단순한 합을 넘어선다. 이것은 인본주의적 관점으로 나타나는데, 인본주의적 관점이란 인간을 단순한 부분의 합으로 보지 않고 전체적으로 바라본다. 게슈탈트 치료에서 말하는 게슈탈트(Gestalt)란 인간이 가지고 있는 전인적 특성, 즉 인간이 단순한 부분의 합을 넘어섬을 의미한다.

기존의 개별 상담이론들은 한 인간의 삶의 여러 가지 단면을 보여주고 있다는 점에서 인간의 삶에 대한 부분적 진실을 언급한다고 여겨진다. 인간은 태어나서 부모의 사랑과 지지를 받으며 성장한다. 그리고 건강하게 성장한 사람은 자신의 몸에 주의를 기울이고, 감정을 자각하며 표현하되 그것이 사회적으로 허용되고 수용될 수 있도록 언어적으로 드러낸다. 아울러 자기 자신을 전인적인 존재로 파악함으로써 자신의 존재를 수용하는 자세로 살아간다.

통합적 관점에서 보는 내담자의 문제는 결국 미성숙한 뇌의 발달과정에서 부모와의 상호작용에서 겪은 문제로 인해 내담자의 행동(몸), 정서, 인지 등이 부조화하고 불일치하게 되었다는 점에서 출발한다. 아울러 그 결과 자신을 전체적으로 인식하거나 조망하지 못하고 수용하지 못해 자기 분열적 관점으로 삶을 살아가기 때문에 어려움을 겪는다는 것이다.

(3) 통합적 접근의 사례

본 장에서 배운 내용을 토대로 앞서 살펴본 인영이의 핵심 문제를 분석해 보고, 상담 전략을 간단히 논의해 보자.

- 성장배경 중심적 접근에서 본 내담자의 핵심 문제와 상담 전략
  - 핵심 문제: 인영이는 억압적인 환경에서 성장하며, 자기주장의 기회를 잃어버린 결과 낮은 자기감과 타인에 대한 부정적 표상 등을 갖게 되었다.
  - 상담 전략: 상담자는 먼저 내담자가 자기주장을 하지 못하는 게 내담자의 잘못이기보다는 자기주장을 할 수 없는 환경에 있었음을 확인시켜줌으로써 ("인영 씨가 자기주장을 못하는 게 인영 씨의 잘못이라기보다는 인영 씨의 여의치 않았던 환경 때문이라고 한다면 마음이 어떠세요?") 내담자가 자신을 좀 더 긍정적으로 인식할 수 있는 기회를 제공할 수 있다.

- 정서 및 행동인지적 접근에서 본 내담자의 핵심 문제와 상담 전략
  - 핵심 문제: 인영이는 깊은 상실감과 슬픔이 배인 우울감을 종종 경험하고 있는데, 상담자는 내담자의 이러한 슬픔을 함께 탐색하고 공감한다. 아울러 내담자의 자

기주장 행동을 증진시키기 위해서 상담장면에서 자기주장의 모습이 나타날 때마다 보상(예, "자기주장하는 모습이 보기 좋습니다.")을 준다.

- 상담 전략: 내담자의 우울감은 비합리적 신념과 역기능적 사고("내가 자기주장을 하면 이기적으로 생각하겠지.")에서 비롯된 것이기 때문에 상담자는 이러한 신념과 사고를 대체할 만한 말("자기주장을 한다는 게 타인의 의견을 무시한다는 의미는 아니겠죠. 그렇지 않나요?")을 제시함으로써 내담자가 자신의 신념을 재검토할 기회를 제공한다.

- 인본주의적 접근에서 본 내담자의 핵심 문제와 상담 전략
  - 핵심 문제: 인영이는 자기주장을 하지 않아야 자신이 수용받을 것이라는 조건화된 가치에 갇혀 사느라 자신의 삶을 살지 못하고 있다. 이러한 결과로 인영이는 슬픔과 무력감, 만성적인 공허감을 겪고 있다.
  - 상담 전략: 상담자는 자기주장을 억압해야만 자신이 수용될 것만 같은 조건적 삶에 대해서 먼저 애도적 공감("억압해야만 수용받을 수 있을 거라면 그건 진짜 슬픈 일일 거예요. 무엇보다 나를 잃어버린 삶일 테니까요.")을 제공하고, 무조건적 긍정적 존중에 기반한 진솔성("당신이 자기주장을 하지 못하는 게 답답함을 불러 일으키는 것은 맞아요. 다만 저의 답답함이 당신을 거부한다는 의미는 아닙니다. 저는 당신이 좋아요, 여전히 말이죠.")을 반복해서 보여줌으로써 내담자가 현재의 자신을 수용하는 자세를 갖고, 자신의 불완전함이 드러나더라도 여전히 자신이 괜찮은 존재임을 알게 한다.

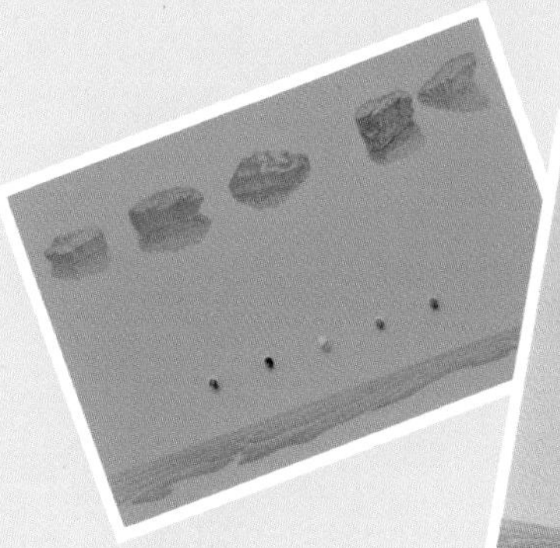

14 범죄와 법심리학

An Introduction to Modern Psychology

개요

본 장에서는 먼저 범죄심리학의 개념을 살펴본 다음, 범죄심리학의 역사를 그 원인에 대한 입장과 관련해서 살펴보겠다. 또한, 범죄심리학에서 다루는 연구 주제 및 영역을 살펴보고 범죄의 원인에 대한 다양한 이론을 알아보겠다. 마지막으로, 심리학과 법의 관계를 살펴보고 향후 법 관련 심리학의 활용 가능성을 검토해 보겠다.

학습목표

1. 범죄심리학의 정의 및 발전과정에 대하여 이해한다.
2. 범죄심리학의 연구 주제 및 영역에 대하여 살펴본다.
3. 사회학적·생물학적·심리학적 범죄원인론을 학습한다.
4. 심리학과 법의 관계 및 법 체제에 따른 범죄심리의 연구 영역을 파악한다.
5. 사법절차 내 심리학의 활용 방법을 알아본다.

1 범죄심리학의 이해

이 절에서는 범죄심리학을 이해하기 위해 범죄심리학의 정의와 발달과정을 살펴보겠다. 특히, 역사적 배경 속에 들어있는 철학적 사상은 초기 범죄심리학의 출현부터 현대의 범죄심리학에 이르기까지의 발전과정을 보여준다.

(1) 범죄심리학의 정의

범죄심리학(Criminal Psychology)은 범죄 특히, 범죄인의 심리적 측면을 다루는 학문이라고 정의할 수 있다(Howitt, 2002). 즉, 범죄행동의 심리학적 원리를 연구하는 학문으로, 심리학이 인간의 행동과 정신과정을 연구하는 학문이라는 점을 고려한다면 범죄심리학은 범죄행동의 심리학이라고 지칭할 수 있다(〈그림 14-1〉 참고).

국내의 형사정책 서적들과 외국의 범죄학 서적들은 범죄심리학 관련 범죄원인론만 일부 언급하고 있다. 그러나 범죄심리학은 범죄원인론 외에도 범죄수사, 판결과정, 범죄예측, 교정 등 다양한 분야와 연계되어 연구 및 응용되고 있다. 협의의 범죄심리학은 범죄의 원인에 대한 심리학적 연구이지만, 광의의 범죄심리학은 형사사법체계 전반에 걸쳐 범죄와 관련된 주제를 다루는 심리학의 영역이라고 하겠다.

외국에서도 범죄심리학이 애초부터 독자적 학문분야를 구축한 것은 아니다. 범죄심리학은 범죄학의 한 분야로 범죄사회학자나 정신의학자들이 관련 연구를 수행해 왔다. 하지만 법 적용 시 심리학의 활용도가 급증하면서 이 영역은 최근 들어 심리학자들의 고유한 연구 영역이 되고 있다. 범죄심리학과 밀접한 분야로 법정심리학, 법심리학, 수사심리학 등이 있으며, 이를 통해 범죄에 대한 심리학적 연구가 법정에서 나아가 사법제도 내에서 어떤 방식으로 활용되고 있는지 이해할

그림 14-1 범죄심리학은 범죄자의 행동, 즉 범죄행동의 심리학적 원리를 연구하는 학문이다.

수 있다.

우리나라에서도 최근 들어 범죄심리학에 대한 관심이 높아지면서 범죄심리학은 좀 더 광범위하게 규정되고 활용되고 있다. 2000년부터 경찰에서 공식적인 수사기법으로 활용하고 있는 프로파일링의 경우, 범죄심리학적 수사기법으로서 가장 일반적으로 받아들이는 것 중 하나이다. 또한 보안처분이나 교정 등 특정 형사정책 분야에서는 범죄심리학을 범죄자 개인의 재범 예측 및 교화에까지 확대하여 적용하고 있다.

(2) 범죄심리학의 역사

범죄심리학의 기원은 범죄의 원인을 개인에게서 찾고자 한 초기 실증주의 범죄학에서 유래하였다. 그 이후 오늘날까지 범죄에 대한 심리학적 연구는 계속되고 있다.

초기의 범죄심리학. 현대 범죄학 이론의 기원은 18세기 중반 프랑스 계몽사상에서 유래한다. 17세기 영국의 철학자인 Locke와 Hobbes는 개인의 힘이 모든 것을 좌우함으로 '만인의 만인에 대한 투쟁'으로 자기 보존마저도 보증할 수 없기 때문에, 각자의 이익을 위해서는 계약으로 국가를 만들어 '자연권'을 제한하고, 국가가 시민의 생명, 재산 및 자유를 보호할 의무를 가진다고 주장하였다(정동근, 2003).

당시 대부분의 유럽 국가에서는 범죄를 신의 명령에 어긋나는 것으로 간주하였기 때문에, 악령, 악마 등과 같이 로마 가톨릭 교리에 반하는 행위를 처벌하는 것이 범죄에 대한 처벌이었다. 17세기 유럽 전역에서 시행한 '마녀사냥'도 그 중 하나였으며, 이 잔인한 처벌은 국가의 법체계에 의해서 아무런 보호를 받지 못했다. 계몽주의 이론가들은 마녀사냥과 같은 처벌은 매우 비인간적이라고 비난하면서, 당시 유럽사회의 범죄와 처벌에 대한 관점에 동의하지 않았다. 대신 시민의 계약에 의해 만들어진 국가가 제정한 법은 공공의 이익을 수호하되, 그것이 천부적인 시민의 권리와 자유를 침해하여서는 안 된다고 주장하였다. 고전주의 범죄학은 이러한 계몽주의 사상에 근거하여 발전된 이론이다. 고전주의 학파는 인간을 자유의지를 가진 합리적 존재로 보았고, 모든 인간은 일탈할 잠재성을 가지고 있다고 가정하였다. 합리적인 선택에 기초하여 자신의 의지대로 저지른 범죄에 대해 처벌하는 것은 당연하지만, 그 처벌은 해당 범죄에 합당해야 한다고 주장하였다(Vold, 1979).

이후 유럽에서는 약 100년 정도 고전주의 범죄학이 유행했지만, 19세기 후반에 들어 과학적 연구방법의 중요성을 강조하기 시작했다. 즉, 순수한 사색에 의존한 이론적 탐구보다는 자연현상의 관찰과 과학적 분석에 의한 연구의 수행이 필요하다고 주장하였다. 실증주의는 두 가지의 주요 전제를 가지고 있다. 첫째는 인간의 행동은 개인이 통제할 수 없는 외적 요인에 의해 이루어진다는 것이다. 이러한 요인에는 계층과 같은 사회적 요인뿐만 아니라 전쟁이나 기아와 같은 정치적·역사적 요인도 있다. 개인의 뇌 구조나 생물학적 구성 및 정신적 능력과 같은 심리학적 요인도 포함되며, 이 모든 요인이 인간행동에 복합적으로 영향을 미친다는 것이다. 두 번째 전제로 실증주의는 문제해결을 위한 과학적 방법을 채택한다. 그래서 실증주의자들은 가설을 검증하기 위하여 엄격한 경험적 방법을 사용한다(Siegel, 2001).

고전주의 범죄학이 인간의 자유의지와 법률적 측면에서 형사사법 절차의 개혁을 강조하였다면, 실증주의 범죄학은 범죄에 대한 법률적 접근보다는 범죄를 저지른 범죄인의 특성과 범죄의 원인에 대한 연구를 강조하였다. 범죄현상에 초점을 두고 실증적인 연구를 수행한 학

그림 14-2 앙드레 게리(André Guerry: 1802~1866, 프랑스의 학자)

자들은 1820년대 프랑스와 벨기에의 통계학자들이다. 1827년 프랑스에서는 범죄에 대한 전국적인 통계가 산출되었고 1831년 영국에서는 런던 경찰 범죄통계표가 처음으로 발행되었다.

당시 Quetelet, Guerry 그리고 Fletcher와 같은 학자들은 사회를 정확하게 측정하고 예측할 수 있다고 생각하였다. Guerry(〈그림 14-2〉 참고)는 1833년 그의 책 『프랑스의 도덕통계분석(Essay on the moral statistics of France)』에서 프랑스의 범죄 통계들을 분석하고 설명하기 위해서 지도상에 범죄분포를 표기하는 제도법(측량법)을 이용하였다. 분석을 위해 지도를 사용한 것에 근거해서 Guerry를 생태학적 범죄학 혹은 제도학파의 창시자로 부른다(Hagan, 1988). 반면, 천문학과 수학을 전공한 Quetelet는 범죄율에 대한 실증적 연구를 수행하였다(〈그림 14-3〉 참고). 그는 1831년에 출판한 『연령별 범죄 경향에 대한 연구(Research on the Propensity for Crime at Different Ages)』에서 통계를 이용하면 범죄현상의 일정한 규칙성을 발견할 수 있다고 주장하였다(Beirne & Messerschmidt, 2000).

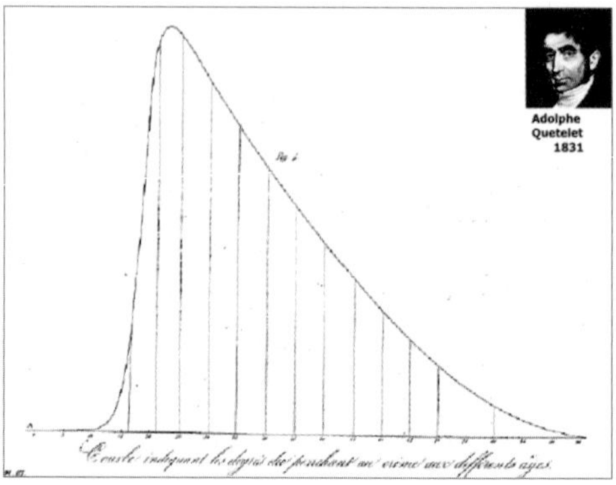

그림 14-3 **아돌프 케틀레(Adolphe Quetelet: 1796~1874, 벨기에의 천문학자이자 통계학자, 사회학자)** 1831년에 발표한 통계도표.

Darwin의 『종의 기원(Origin of Species)』의 출판으로 인간 행동에 대한 진화론적 관심이 고조되면서, 이탈리아의 범죄학자이자 외과의사인 Lombroso(1876)는 『범죄인론(L'uomo delinquente)』에서 범죄자에 대한 진화론적 설명을 주장하였다. 범죄인을 뇌의 구조 및 원시적 행동의 하나인 격세유전으로 설명하면서, 인간의 특성과 행동이 생물학적 요인에 근거한다는 가설을 처음으로 제시하였다. 이후 연구를 수행하면서 퇴화와 정신적 결함을 자신의 이론에 포함시켰고, 점차 다양한 사회적·경제적·환경적 요인들을 포함하는 쪽으로 자신의 이론을 수정하였다.

형사 사법 제도 내에서 심리학 적용의 역사. 심리학이 사법제도 및 그 이외 범죄자와 관련된 분야에 영향을 끼치기 시작한 것은 16세기 초반으로, 범죄행위에 정신이상과 같은 심

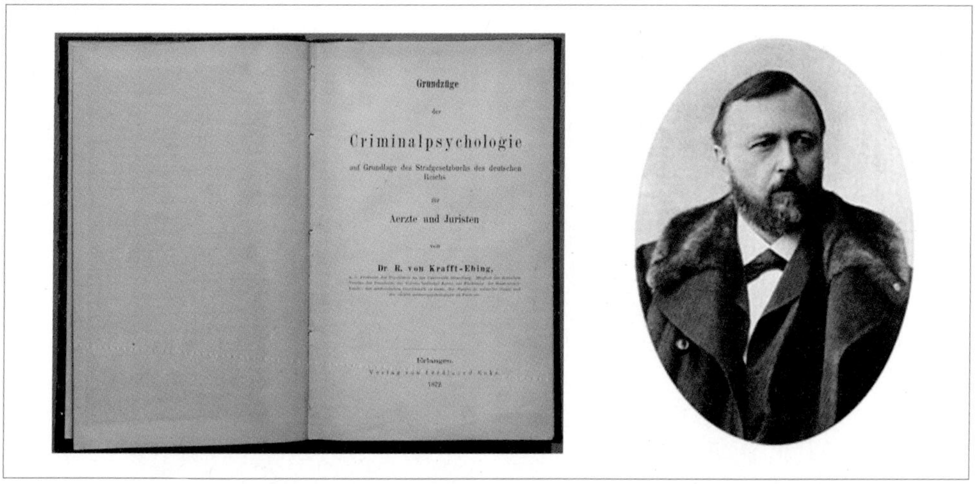

그림 14-4 **리처드 폰 크라프트-에빙(Richard von Krafft-Ebing: 1840~1902, 오스트리아의 정신의학자)** 세계 최초로 '범죄심리학'이라는 용어를 사용한 저서를 1872년에 출간하였다.

리학적 측면을 고려하면서부터이다. 그 이후로도 사회 변화와 더불어 법학이나 범죄학, 사회학과 같은 관련 학문이 변화하고 발전하면서 범죄심리학에 기여한 바가 크다.

'범죄심리학(criminal psychology)'이라는 용어를 처음으로 사용한 사람은 독일의 Krafft-Ebing으로 알려져 있는데(〈그림 14-4〉 참고) 그는 1872년에 『범죄심리학(Criminal Psychology)』이라는 책을 펴냈다(차재호, 2001 재인용). 법학을 전공한 Gross(〈그림 14-5〉 참고)는 범죄수사학을 많이 연구를 하였다. 그는 범죄의 과학적 접근법으로 범죄현상학, 경찰학 그리고 범죄심리학을 포함시켰는데, 그의 범죄심리학은 순수 심리학은 아니고 범죄심리학 연구에 기초하여 범죄수사의 기법을 개발하기 위한 것이었다(Gross, 1911).

Ebbinghaus의 선구적인 연구 이후 심리학에서는 기억에 대한 연구가 매우 일반화되었다(한국심리학회, 2004). Stern이 1901년 수행한 기억 연구는 학생들에게 45초 동안 그림 하나를 보여준 뒤 그들이 다양한 시간 간격을 두고 그 그림을 얼마나 많이 기억하는가를 알아보았다. 이 실험은 법정에서 이루어지는 목격자 증언의 신뢰성 연구의 선구자적인 역할을 하였다. Stern(1903)의 연구에 의하면 기억은 일반적으로 부정확하며, 그림을 본 시간과 그것을 회상하도록 요구한 시간 간격이 크면 클수록 오류는 더욱 증가했다. 특히 실험자가 피험자에게 유도질문을 할 경우에 잘못된 정보를 회상하는 정도가 컸다. 이렇듯 기억에 관한 심리

그림 14-5 **한스 그로스(Hans Gross: 1847~1915, 오스트리아의 범죄 법학자, 범죄학자)** 1911년에 범죄심리학을 출간하였다.

학이 목격자 증언과 크게 관련되어 있다는 것은 분명했지만, 1960년대가 되어서야 심리학자들은 실제 사건기억(일화 기억; episodic memory)에 대한 연구의 중요성을 깨닫기 시작했고 1970년대 목격자 증언에 대한 연구를 구체적으로 수행했다.

Lombroso(〈그림 14-6〉 참고)에 의해 실증주의 범죄학이 널리 호응을 받은 1900년대 초, Münsterberg(1908)는 심리학적 지식이 형사 사법 분야에 적용될 가능성이 충분하다고 주장했다. Münsterberg는 세계적으로 유명한 Wundt의 초청으로 독일에서 미국으로 건너간 후 하버드 대학교의 교수로 재직하면서 Wundt와 함께 최초의 심리학 실험실을 만들기도 했다. 그는 『증언석에서(On the Witness Stand)』라는 저서를 통해 심리학적 지식을 법원단계에 적용하여 법정심리학의 초석을 마련한 선구자로도 불린다(Wrightsman, 2001). 또한 혈압, 호흡, 피부전기 반응 등 일련의 생리적 변화가 정서에 미치는 효과를 언급하면서, 이러한 생리적 변화를 거짓말 탐지에 적용할 수 있는 가능성을 제시하여, 오늘날 거짓말 탐지 이론의 생리학적 배경을 제공하기도 하였다(박판규, 2003).

제1차 세계대전부터 1960년대 후반까지는 과학적인 범죄심리학의 응용이 쇠약해진 시기이다. 1930년대에서 1960년대 동안 범죄심리학 연구가 이루어지긴 했지만 그 수가 매우 적었

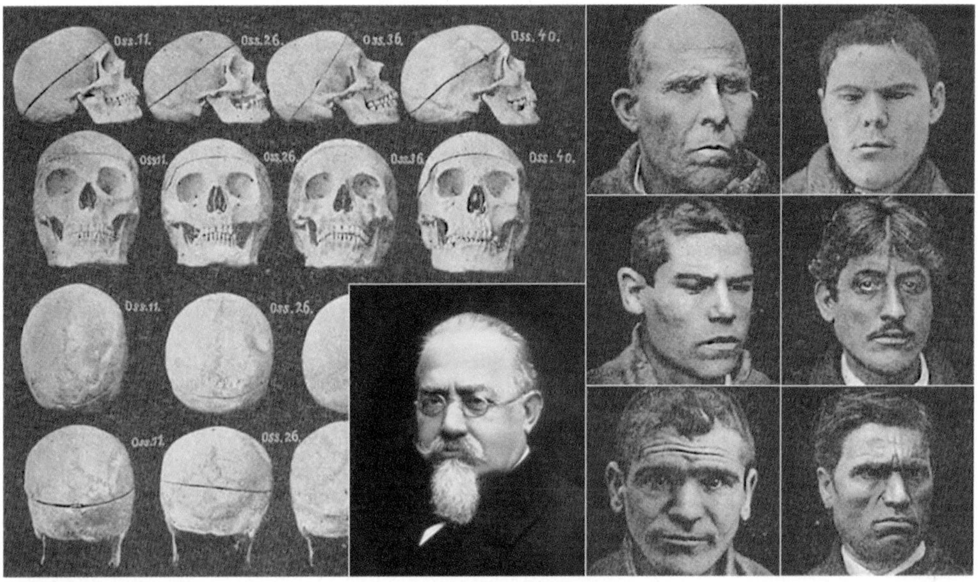

그림 14-6 **체사레 롬브로소(Cesare Lombroso: 1835–1909, 이탈리아의 범죄학자, 외과의사)** 범죄자의 진화론적 설명을 주장하였다.

고, 사법시스템에 대한 심리학적 연구도 있었다. 그러나 이 시기가 지나면서 인간의 사회행동과 기억에 대한 이해의 요구가 증가하였고 사회심리학적 연구의 필요성이 대두되었으며, 이를 사회정책에 적용하려는 노력이 증가했다(Wrightsman, 2001).

1960년대 이후에는 범죄에 대한 심리학적 원인론과 사회학적 원인론에 대한 연구가 활발했다. 정신분석, 성격, 인지발달, 학습, 지능 등을 적용한 연구가 이루어졌고, 이 중에서도 정신분석을 적용한 연구가 활발했다. 또한 사회학적 원인론 중에서 사회과정이론에 해당하는 Sutherland(1947)의 차별적 접촉이론(Differential association theory), Burgess와 Akers(1966)의 차별적 강화이론(Differential reinforcement theory), Sykes와 Matza(1957)의 중화이론(Neutralization theory) 등은 심리학적 개념을 차용한 사회학적 이론으로 볼 수 있다. 각 이론에 대한 자세한 내용은 범죄원인론에서 설명하겠다.

1980년대 이후에는 범죄행동에 대한 심리학적 접근뿐만 아니라 이를 형사 사법 분야에 적용하려는 노력이 활발하게 이루어졌다(Wrightsman, 2001). 이는 범죄심리학의 순수 이론 영역과 이를 형사 사법 분야에 적용하려는 법정심리학의 두 영역으로 크게 구분할 수 있다. 특히 범죄 및 사법 시스템에 대한 실험심리학자들과 사회심리학자들의 연구가 많이 이루어지기 시작했으며, 연구결과를 배심재판제도나 양형판단 등 형사사법적 실무에 적용하고자 하는 노력이 매우 활발했다.

(3) 범죄심리학의 주제와 영역

연구 주제. 과거 범죄심리학의 연구 주제는 범죄의 원인에 한정되었다. 그 당시 범죄심리학은 범죄의 원인을 거시적인 사회에 돌리지 않고 개인적 요인에서 찾는 일종의 개인 내적 범죄원인론에 초점을 두었다. 범죄의 원인을 밝히고자 한 이러한 범죄심리학적 연구는 그 원인을 실증적으로 입증하지 못하는 문제점과 이런 연구가 범죄의 분석에 미치는 영향력이 매우 미미하다는 점 때문에 한동안 주목받지 못하는 이론으로 전락할 위기를 맞기도 했다. 하지만 인간행동의 원인을 밝히기 위한 최근 연구방법론의 눈부신 발전은 심리학적 범죄원인론이 다시 빛을 발하게 하는 주요한 계기가 되었다. 최근 뇌의 기능적 원리와 연관시켜 인간행동을 설명하려는 시도는 범죄연구의 주제를 다시 한 번 인간 내적 기능의 저하와 손상으로 회귀시켰다.

범죄의 실증적 연구 중 심리학적 원인을 찾고자 하는 연구는 1980년대 이르러 보다 더 활발하게 이루어졌다. 주로 범죄행동에 대한 심리적 원인, 범행동기 등을 밝히는 연구가 주를 이루고 있으며, 범죄에 대한 심리학 이론의 적용이나 살인, 강간, 성범죄, 아동학대 등 특정 문제행동에 대한 심리학적 분석도 범죄심리학의 주요 연구 주제가 되고 있다. 국내에서도 살인 등의 강력범죄, 청소년비행, 성범죄, 가정폭력, 아동학대 등과 관련된 심리학적 연구가 오래전부터 수행되어 왔으며, 이러한 심리학적 연구의 결과들이 최근에는 형사 사법 관련 분야에서 매우 활발하게 활용되고 있다.

연구 영역. 미국의 경우 범죄심리학이 독자적 학문분야로 있기보다는, 다양한 분야에서 범죄심리학적 연구 주제를 다루고 있다. 범죄학, 법과학, 행동과학, 형사정책, 법심리학, 법정심리학과 같은 분야에서 심리학적 접근이 이루어지고 있다. 이에 비해 영국은 범죄심리학은 수사심리학 등과 함께 매우 활발하게 연구물을 산출하는 전문화된 연구 영역으로 기능해 왔다. 최근에는 북미지역에서 이루어진 법정심리 분야에서의 연구가 들어오면서 법정·범죄 심리학이란 용어가 자주 사용되는 것처럼 범죄심리학의 학문 영역과 법정심리학의 학문 영역을 구태여 구분하지 않는 추세를 보이고 있다.

정리하면, 범죄행동에 대한 심리학적 연구, 즉 범죄심리학이라는 영역은 특정 범죄인의 심리기제를 연구하는 미시적인 연구 영역뿐만 아니라 형사 사법 절차에 포함되는 경찰·법원·교정 단계에서 활용되는 광의의 심리학적 연구 영역까지를 포함하는 것으로 보인다. 하지만 Bartol과 Bartol(2004)은 사법판단의 대상이 되는 인간행동을 연구하는 것을 범죄심리학이라 보고, 형사 및 민사 분야를 포함한 사법 시스템 전반에 걸친 심리학의 전문적인 실무 적용을 법정심리학으로 정의하여 이 둘을 구분하였다. 현장에서는 여전히 범죄심리학과 법정심리학이라는 용어를 혼용하고 있지만, 범죄심리학은 범죄행위에 대한 이해 부분에 중점을 두는 연구 영역인 반면, 법정심리학은 사법단계마다 심리학을 활용하는 측면에 중점을 두는 연구 영역으로 구분하기도 한다.

활용도가 높은 심리학 영역. 심리학의 다양한 순수 학문 영역이 사법절차의 요구에 따라 주제별로 널리 활용되고 있다(〈그림 14-7〉 참고). 생물심리학 분야에서는 범죄의 원인론과 관련하여 유전의 영향력 그리고 신경생물학적 피해와 관련된 행동적 특성을 설명하고자 노력하였다. 발달심리학의 경우 공격성과 청소년 비행에 관한 수많은 연구를 수행하여 왔다. 인지심리학은 목격자 증언과 인지면담 등 인터뷰 기법의 개발에 지대한 영향을 미쳤으며 사회심리학은 배심원들의 의사결정 과정에 관한 연구와 미디어의 효과에 관한 많은 연구물을 생산하였다. 인사심리학은 경찰의 선발과정 및 업무 관련 스트레스 조절에 이바지하였고, 성격심리학은 프로파일링 기법의 개발에 지대한 영향력을 발휘하였다. 임상심리학은 판결 전·후 피고인에 대한 평가와 위험성 예측에 이바지하였고 상담심리학은 교정교화 및 심리치료 그리고 가석방 심사 및 형 정지 결정에 많은 정보를 제공하였다. 이처럼 전통적인 심리학의 하위영역은 사법절차의 각 단계 및 분야마다 많은 영향력을 발휘해 왔고, 최근의 범죄심리학 및 법정심리학 분야는 이들 각각의 하위 연구 주제를 고유한 연구 영역으로 간주하고 있다.

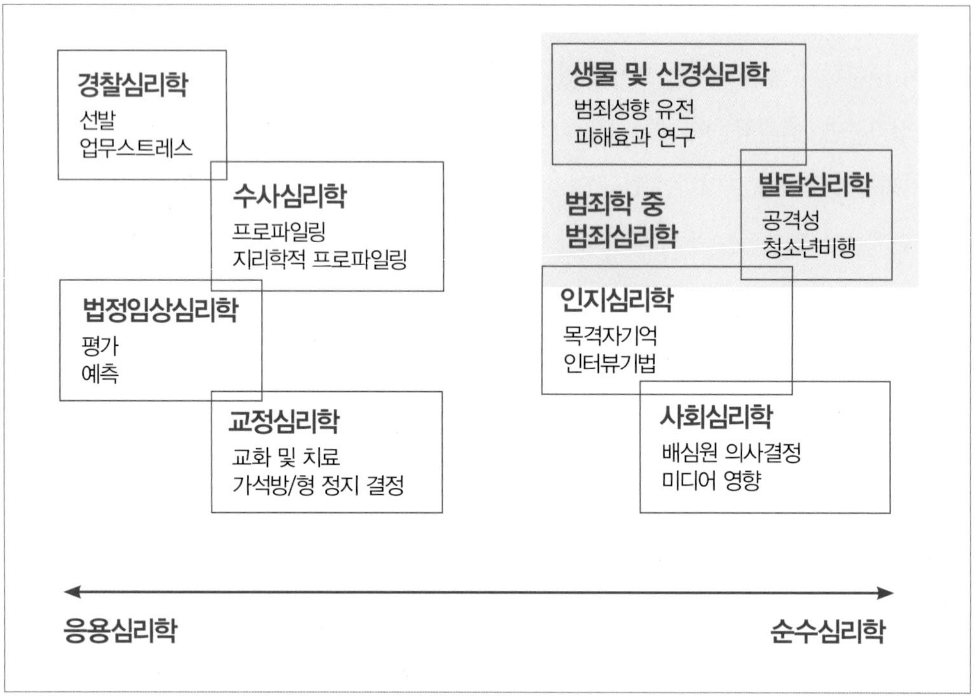

그림 14-7 Howitt(2002)이 정리한 범죄심리 및 법정심리 연구 주제별 심리학 관련분야

2 범죄원인론

범죄원인론은 사람들이 범죄를 저지르는 원인에 관한 이론이다. 범죄원인론은 고전학파와 실증학파로 분류할 수 있다. 고전학파는 범죄행동에 대한 자유의지론을 주장하는 반면에, 실증학파는 범죄행동을 인간이 통제할 수 없는 특정한 원인에 의한 것으로 보는 결정론적 입장을 가지고 있다. 고전학파와 실증학파의 이론적 배경에 대해서는 앞서 살펴보았고 여기서는 실증학파의 하위 이론들을 알아보겠다. 실증주의 이론들 중에서 사회학적 이론들은 기본적으로 범죄행위의 결정요인이 행위자의 외부에 존재한다고 보는 관점이고, 생물학적 이론들은 행위자의 내부에 존재한다고 보며, 심리학적 이론들은 외부적 결정요인과 내부적 결정요인의 상호작용에 비중을 두는 관점을 취하고 있다.

(1) 사회학적 범죄원인론

1920년대 미국 시카고학파의 사회생태학적 연구를 시작으로 범죄행동의 원인을 범죄자의 사회적 환경에 초점을 맞춘 것이 사회학적 범죄원인론이다. 이는 크게 사회구조이론과 사회과정이론으로 나누어 볼 수 있다.

사회구조와 범죄. 지역이나 계층과 같은 사회구조에 따라 범죄의 유형이 다양해지는 이유가 무엇인지를 규명하고지 하는 것이 사회구조이론이다. 사회경제적 하류계층을 범죄의 일차적 원인으로 간주하는 사회구조이론에는 생태학적 범죄이론, 긴장이론, 하위문화이론 등이 있다. 시카고학파는 급속하게 변화하는 도시지역이 사회의 불안정을 야기하고 이것이 그 사회를 해체시켜 결국 범죄를 양산한다고 보는 생태학적 범죄학파이다. 생태학적 범죄이론에서 파생된 사회해체이론은 지역사회의 제도적 조건을 중심으로 범죄의 원인을 규명하고자 한다.

긴장이론은 비행이나 범죄를 개인이 합법적으로 사회적 성공을 성취하지 못한 울분과 좌절의 결과로 보고 있다. Durkheim(1933)에 따르면 사회가 산업화와 도시화로 급격한 변화를 겪으면 사회적 상호작용을 지배할 수 있는 적절한 규범을 갖지 못하게 되는데, 이러한 사회구조적 상황을 '아노미(Anomie)' 즉, '무규범' 상태라고 일컫는다. 이와 같은 Durkheim의 주장을 기초로 Merton(1957)은 문화적으로 규정된 목표와 목표를 성취하기 위한 합법적 수단 사이의 불일치가 아노미 상태를 초래하고, 불일치로 인한 좌절을 경험한 사람은 일탈적인 수단인 범죄에 의존하게 된다고 설명하였다(<그림 14-8> 참고). 한편 하위문화이론은 하층

그림 14-8 **로버트 머튼**(Robert Merton: 1910–2003, 미국의 사회학자)은 이 책에서 아노미/긴장이론을 설명하였다.

의 청소년이 교육, 영향력 있는 인간관계 등 사회적 성공을 위한 승인된 수단에서 소외되기 쉽고, 이것을 상쇄하기 위해 그들이 성공적이고 중요하다고 느끼는 자신만의 하위문화를 개발하게 된다고 본다.

사회화 과정과 범죄. 사회구조에 초점을 맞춘 이론들은 사회구조와 범죄가 상관이 있다고 보고 개인적 특성이 아닌 사회의 구조를 강조하였다. 이와 달리 사회과정이론은 그 사회의 구성원이 어떻게 범죄자가 되는지에 초점을 맞춘다. 다시 말해, 범죄를 조장하는 환경이나 범죄자의 특성보다는 개인이 범죄자가 되는 과정을 설명하고자 한다(Reid, 1985). 사회화 과정에 대한 이론은 동일한 사회구조적 조건을 가진 사람들이 모두 동일하게 반응하는 것은 아니라는 사실을 연구하는 것에서 출발하였다. 하류계층이라고 하더라도 일부는 법을 지키지만 어떤 사람들은 그 법을 어기고 범죄를 저지른다. 또한 모든 범죄자가 항상 범죄적인 수단을 사용하는 것은 아니며, 모든 비범죄자가 항상 법을 준수하는 것도 아니다. 환경에 대한 이러한 차별적 반응을 설명할 수 있는 인간의 사회화 과정에 대한 이론은 크게 세 가지로 나누어 볼 수 있다.

첫 번째는 범죄를 저지르는 동료와의 친밀한 접촉을 통해 범죄기술을 학습한다는 사회학습이론이다. 두 번째인 사회통제이론은 모든 사람이 범죄를 저지를 수 있는 잠재력을 가지고 있다고 가정한 다음, 이러한 잠재성이 대부분 사회적 유대를 통해 통제받지만 일부 유대가 약화되면 그로 인해 통제가 느슨해진 사람들이 범죄를 저지른다고 주장한다. 마지막으로 사회가 범죄자라는 낙인을 찍기 때문에 범죄자가 생기는 것이라고 보는 낙인이론이 있다.

사회학습이론에 속하는 차별적 접촉이론을 주장한 Sutherland(1978)에 의하면, 범죄성은 유전되는 것이 아니라 대인 간의 사회적인 상호작용에 의해 학습되는 것이고, 법을 위반하는 것에 대한 호의적인 태도가 호의적이지 않은 태도를 능가하기 때문에 범죄자가 되는 것이다. 이질적인 사회에서는 매우 다양한 하위문화가 존재하지만, 법은 지배적인 문화만의 행동규범을 대표하기 때문에 다양한 하위문화의 구성원들은 그들 집단 고유의 행동규범을 따를 경우 그 사회의 법을 위반하게 된다. 그러나 비행 동료집단과의 접촉과 범죄활동에 가담할 가능성 사이에 강한 상관이 있기는 하지만 인과관계가 존재하는 것은 아니고, 이 이론은 대인 간 상호작용이 아닌 대중매체의 역할을 설명할 수 없다는 취약점이 있다.

이 점을 수정·보완하고자 한 노력의 일환으로 Burgess와 Akers(1966)의 차별적 강화이론이 있다. 차별적 강화이론은 범죄행동이 직접적인 조작적 조건화와 모방을 통해 학습된다고 주장한다. 또 다른 학습이론으로 중화이론이 있는데, Sykes와 Matza(1957)는 비행이 사회규범을 거부하기 때문에 발생하는 것이 아니라 중화의 결과물이라고 보았다. 그들은 범죄자들이 관습적인 가치와 태도를 가지고 있지만 그러한 가치를 합리화하는 기술을 배워 범죄를 저지른다고 주장한다. 중화 기술에는 책임의 부인, 가해의 부인, 피해의 부인, 비난자에 대한 비난, 상부에 대한 충성심에 호소하기가 있다.

다른 이론들의 기본 명제는 "왜 어떤 사람들은 범죄를 저지르나?"이지만, 통제이론가들은 모든 사람이 기본적으로 범죄를 저지른다고 인정한 다음 '왜 사람들은 사회의 규칙을 따를까?'라는 의문에 답하고자 한다. 이와 같은 사회통제이론을 주장한 Hirschi(1969)는 비행행동이 개인과 사회와의 유대가 약하거나 깨졌을 때 일어난다고 보고, 일탈을 억제하는 사회적 유대의 네 가지 요소를 애착, 관여, 참여 그리고 신념이라고 보았다(〈그림 14-9〉 참고). 애착은 애정과 정서적 관심을 통하여 개인이 사회와 맺고 있는 유대관계이고, 관여는 규범준수에 따른 사회적 보상에 얼마나 관심을 갖고 있는지의 상태를 말한다. 참여는 관습적 목표에 얼마나 많은 시간을 투자하고 있는가로 평가할 수 있고, 신념은 사회규범을 준수해야 한다고 믿는 정도를 의미한다.

그림 14-9 트래비스 허시(Travis Hirschi: 1935~2017, 미국의 사회학자)는 『비행의 원인(Causes of Delinquency)』에서 사회통제이론을 제시하였다.

사회적 반응학파라고도 알려진 낙인이론은 새로운 관점에서 범죄와 범죄자에 대한 질문을 던졌다. 이 이론에 따르면, 일탈행위에 대한 기존의 정의는 일탈적인 개인에 지나치게 초점을 맞추어 사람들이 일탈에 대해 반응하는 다양한 방식을 간과하고 있다(McShane & Williams, 2003). 낙인이론은 일탈이 행위와 그 행위에 대한 반응의 산물이라고 주장한다. 다시 말해, 일탈은 사회적 반응과 분리해서는 개념화할 수 없기 때문에 사회적 반응이 곧 일탈의 특성과 강도를 규정하는 원인이라고 설명한다.

(2) 생물학적 범죄원인론

범죄행동에 대한 생물학적 설명은 19세기 실증주의가 시작하기 훨씬 이전으로 거슬러 올라간다. 범죄행동과 체형의 관련성에 관한 연구는 1500년대로 거슬러 올라가며, 얼굴 특징과 범죄의 관련성에 대한 연구는 1700년경에 이루어졌다(Reid, 1985). 초기의 결정론적 실증주의자들은 자신이 통제할 수 없는 타고난 조건이 그 사람의 행동유형에 지대한 영향을 미친다고 믿었다. 인간의 외양이 그 사람의 특성을 드러낸다고 믿었기 때문에, 초기 실증주의자들은 범죄의 원인을 범죄자의 체형에서 찾고자 했다. 이들은 고전학파가 일부 사람은 범행을 선택하지만 대부분의 사람은 관습적인 가치와 신념을 견지하는 이유를 설명하지 못한다고 비판하면서 일부 범행을 선택하는 사람은 바로 생물학적 결함이 있는 사람들이라고 믿었다.

초기의 범죄생물학. Lombroso(1876)는 소질론적 범죄 원인을 제기하고 자연과학적이고 실증주의적으로 그 원인을 연구한 개척자로서 생물학적 입장의 대표자라 할 수 있다. 그는 법률위반자가 관습적인 가치를 지닌 사람들과 신체적으로 어떻게 다른가를 과학적으로 설명하기 위해 사형수들의 시체를 연구하였다. 그 결과, 그는 상습적인 절도나 폭력범죄자들은 애초부터 범죄자로 태어났고 이것은 격세유전의 결과라고 주장하였다. 오늘날에는 이러한 Lombroso의 연구를 과학적 사실이라기보다는 일종의 역사적 호기심으로 받아들이고 있다. 왜냐하면 그의 연구가 통제집단을 활용하지 않았다는 방법론상의 결함이 있고, 그가 유전된다고 믿은 많은 인자, 예컨대 "범죄자는 털이 많다."라는 것 등은 실제로는 유전적으로 결정되는 것이 아니고 사회로부터 격리되어 생활한 범죄자의 환경 때문에도 생길 수 있기 때문이다. 그럼에도 Lombroso의 연구가 높이 평가받는 이유는 범죄를 설명할 때 범죄자의 특성을 실증적으로 관찰하고 연구하고자 시도했다는 점 때문이다.

이와 관련해서, 범죄생물학의 또 다른 관점은 범죄자가 독특한 체형을 가지고 있다고 주장하는 체형학파다. Sheldon(1949)은 세 가지의 신체형을 구분하였는데, 첫째는 비만형

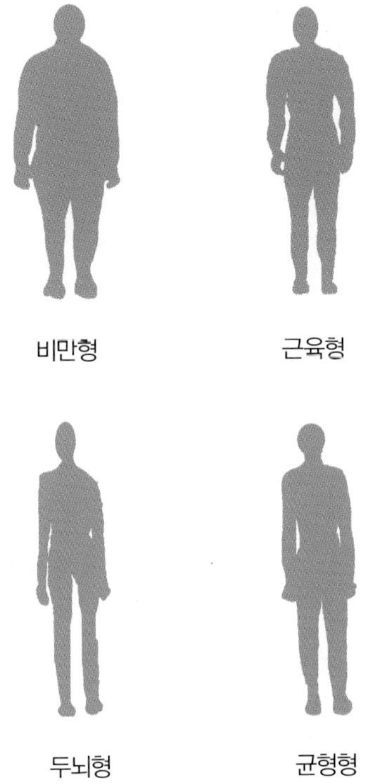

그림 14-10 **윌리엄 셸던**(William Sheldon: 1899~ 1977, 미국의 심리학자, 내과의사)은 인간의 체형과 기질이 범죄성향과 관련이 있다고 주장하였다.

으로 유쾌한 성격과 사회성을 지닌 경우가 많고, 둘째는 근육형으로 대담하고 주장이 강한 성격을 가지며, 셋째는 두뇌형으로 내성적이고 예민한 성격의 소유자가 많다(〈그림 14-10〉 참고). 이 연구에서 200명의 범죄자와 200명의 비범죄자를 비교한 결과, Sheldon은 근육형이 범죄성향과 관련이 있다는 결론을 도출하여 인간의 체형과 기질의 관련성을 이론화하였다.

유전과 범죄. 초기 학자들은 범죄자가 범죄행동을 저지르는 것에 대하여 비범죄자와 다른 점이 있고 이러한 차이점은 유전된다고 생각했다. 인간행동에 대한 유전적 설명은 아이들이 부모를 닮는다는 사실에서 시작한다. 이러한 유전과 범죄의 관계를 규명하기 위한 노력은 오랫동안 진행되어 왔고 대표적인 연구로는 범죄자의 가계 연구, 쌍생아 연구, 입양아 연구 등이 있다.

범죄자 가계에 대한 연구는 19세기 말 뉴욕의 Jukes가에 대한 Dugdale(1888)의 연

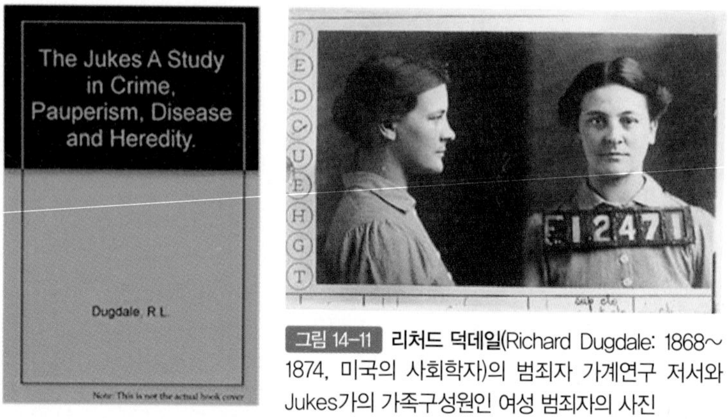

그림 14-11 **리처드 덕데일**(Richard Dugdale: 1868~1874, 미국의 사회학자)의 범죄자 가계연구 저서와 Jukes가의 가족구성원인 여성 범죄자의 사진

구를 빼놓을 수 없다(〈그림 14-11〉 참고). 이 연구는 Jukes가 사람들 중에는 수많은 범죄자와 창녀가 있으며 그것은 유전 때문이라고 결론지었다. 그러나 초기의 범죄자 가계에 대한 연구결과가 가지는 논리의 취약성은 범죄적 기질의 전이가 유전뿐만 아니라 학습이나 사회적 상호작용으로도 설명할 수 있다는 것이다. 따라서 이들 연구의 취약점으로 지적해야 할 것은 환경적 요인에 대한 완벽한 통제가 부족했다는 점이다. 이러한 문제점으로 인해 유전과 범죄의 관계를 연구하기 위한 방법으로 쌍생아와 입양아에 대한 연구가 이루어졌다(Rosental, 1984).

20세기 초에 시작된 쌍생아 연구는 범죄행동에 대한 환경과 유전의 개별적인 영향을 보다 명확하게 밝히고자 했다. 쌍생아 연구는 일란성 쌍생아와 이란성 쌍생아 그리고 일반 형제자매 사이의 행위일치율(concordance rate)을 비교하고 그것이 유전적 영향에 의한 것인지를 정확하게 밝힐 수 있다는 가정에서 시작되었다(Shoemaker, 1990). 즉, 유전이 환경보다 범죄행동에 더 큰 영향을 미친다면, 범죄행동의 유사성은 일란성 쌍생아 사이에서 가장 높고, 일반 형제자매 사이에서 가장 낮아야 한다는 논리이다. 그러나 이들 연구는 대체로 일란성 쌍생아와 이란성 쌍생아의 분류가 불확실하다는 문제가 있고(Rowe, 1983), 지나치게 적은 수의 표본으로 인한 낮은 통계적 타당성과 환경의 영향을 적절히 통제하지 못했다는 문제가 있어 그 연구결과에 대한 의문점이 제기되고 있다.

입양아 연구는 유전이 범죄행동에 미치는 영향을 알아보기 위한 또 다른 방법으로, 입양된 어린이의 행동에 초점을 맞춘다. 입양아의 행동이 양부모보다 친부모의 행동과 더 유사하다면, 유전이 범죄행동에 영향을 미친다는 주장이 지지받을 수 있다. 그러나 입양아 연구의 기본적인 한계는 입양기관이 양부모와 친부모의 가정을 서로 조화시키려고 한다는 것이다. 이를 통계적인 방법으로 해결할 수도 있지만, 환경과 유전의 영향을 분리하기란 그리 쉽지 않다는 것이 근본적인 문제이다.

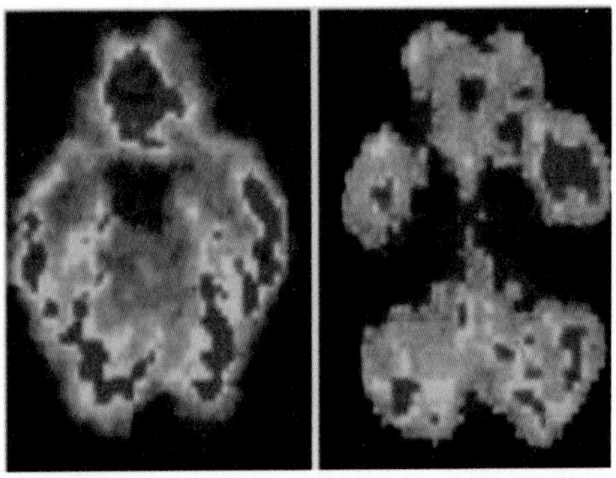
그림 14-12 Raine(2001)의 연구에 의하면, 우측 사이코패스의 뇌는 좌측 일반인의 뇌와 달리 특정 두뇌 부위의 활성 수준이 낮다.

현대의 생물학적 범죄원인론. 생물학적 연구 맥락을 이어가는 현대의 범죄학이론은 생리심리학적 연구 방법론의 발전과 그 맥을 같이한다. 여기에는 범죄행동의 유전적 영향을 밝히기 위한 연구로 이상염색체인 XYY 염색체 간의 연관성 연구, EEG(Electro Encephalo Gram)를 활용한 신경생리학적 연구, 인체 내의 비타민 결핍 등 생화학적 요인에 대한 연구 등이 있다. 나아가 뇌를 연구하는 신경심리학적 연구 방법은 최근 정신병질 즉, 사이코패스의 뇌기능 특이성에 대한 연구와 함께 현대 범죄학의 첨단 연구 영역을 형성하고 있다(〈그림 14-12〉 참고).

EEG 연구는 공격적이거나 폭력적인 범죄자의 EEG가 그렇지 않은 범죄자와 비범죄자의 EEG보다 더 비정상적인 뇌기능 변이를 보인다는 점을 밝혔다. PET(Positro Emission Tomography)를 이용한 뇌혈류 연구는 일부 범죄자의 혈액 속 생화학적 활동수준이 더 저조하다는 사실을 확인하였다. 두뇌 손상과 범죄와의 관련성 연구는 의식을 잃어버릴 만큼의 두뇌 손상이 범죄자집단에게서 상대적으로 더 많고, 폭력적인 범죄자는 그렇지 않은 범죄자에 비해 임신기와 출생시 그리고 유아기 초기 뇌손상 가능성이 더 많다는 것을 발견하였다.

(3) 심리학적 범죄원인론

범죄의 원인에 관한 고전이론, 사회학적 이론 그리고 생물학적 이론이 범죄행위를 설명하기 위한 분명한 목적을 가지고 발전한 반면에, 대부분의 심리학적 이론은 범죄행위 자체에 특별한 관심을 기반으로 체계화된 것은 아니다. 반대로, 범죄를 심리학적으로 이해하기 위해 일반적인 인간의 행동, 인지, 정서, 정신병리를 설명하기 위한 심리학의 이론들을 활용하고 있는 것이다.

지능이론. 범죄자가 일반인보다 더 열등할 것이라는 가정은 Lombroso(1876)의 연구에서부터 출발한다. 특히 지능과 범죄와의 연관성을 다룬 연구가 많이 이루어져 왔다. 지능이론은 비행청소년들과 범죄자들의 IQ가 일반청소년과 일반성인보다 평균적으로 낮다고 주장하며, 지능에서 나타나는 범죄자와 비범죄자의 차이는 주로 언어적 지능의 차이이고, 동작적 지능에서는 거의 차이를 보이지 않는다고 주장한다(Quay, 1987; Wilson & Hernstein, 1985). Herrnstein과 Murray(1994)는 지능과 범죄와의 관련성이 지능지수라는 측정방식의 문제 때문에 지나치게 과소평가되고 있다고 주장하면서, 인지적으로 문제가 있는 사람의 경우 사회적인 해악에 어떤 방식으로든 관련이 될 수밖에 없다고 주장하였다.

하지만 많은 범죄학자는 지능과 범죄의 연관성을 인정하지 않는다. 이에 대해 Hirschi와 Hindelang(1977)은 지능이 직접적으로 비행이나 범죄를 야기하는 요인은 아니지만, 간접적인 방식으로 비행에 연루되도록 만든다고 설명하였다. 예컨대, 지능이 낮은 소년들은 학교에서의 성취수준에 문제가 생기고, 그래서 학업에 흥미를 잃고 비행과 같은 비전통적 행동양식에 쉽게 빠져든다는 것이다. 지능과 비행 혹은 범죄와의 연관성에 대해서는 이 이외에도 다양한 설명기제가 있지만 최근의 메타분석은 지능과 범죄 간의 상관은 기껏해야 .10 정도에서 .20을 넘지 않는 것으로 보고한다. 이는 통계적으로는 유의하지만 큰 설명력을 제공하지 못하는 정도의 관련성이다.

정신분석이론. 정신분석이론에 의하면 범죄행위는 원초아(id)의 반사회적 충동을 자아(ego)와 초자아(superego)가 통제하지 못해 발생하는 것이다. 원초아의 반사회적 충동은 오이디푸스 콤플렉스로 대표되는 근친상간의 욕구와 그 욕구에 대한 죄책감과 벌 받고자 하는 욕구에서 유래한다(Freud, 1961). 반면에 정신분석학자인 Alexander와 Healy(1935)는 항문기에 즉각적인 욕구충족을 지연하는 능력과 현실원칙에 따라 행동하는 능력을 제대로 터득하지 못한 사람이 범죄를 저지른다고 생각했다.

Freud는 원초아의 본능적 욕구에 대한 조절과 초자아에 의한 도덕성 발달은 어린 시절 친부모와의 친밀한 관계형성에 의해 좌우된다고 가정한다. Bowlby(1944, 1951, 1973, 1980)는 이성부모에 대한 애착이 정상적인 발달에 결정적 역할을 한다는 점을 자신의 애착이론으로 발전시켰다. 그는 44명의 절도소년을 관찰한 결과 그 중 14명이 어린 시절 애착형성의 실패로 이후 사회적 관계형성에 실패하고 그래서 범죄의 길로 빠졌다는 것이 자신의 가정을 입증한 것이라고 주장하였다.

성격이론. Eysenck(1964)는 범죄에 대한 생물학적 관점에 근거를 두고 자신의 성격이론을 제안하였다. 그는 유전적 소양을 통하여 각 개인은 대뇌피질과 자율신경계상의 차이를 지니게 된다고 가정하였다. 그는 성격의 기본 요소로서 세 가지를 제안하는데, 내/외향성(E), 신경증(N), 정신증(P)이 그것이다. 여기서 내/외향성은 대뇌피질의 타고난 각성수준으로, 외향적인 사람의 경우 내재된 각성수준은 낮은 반면 내향적인 사람의 경우 내재된 각성수준이 높다. 즉, 내적으로 각성수준이 낮다는 것은 유기체가 항상성을 유지하기 어렵다는 것이고 따라서 외부로부터 보다 많은 자극을 추구하게 된다. 반면 내적으로 각성수준이 높은 경우 충분한 자극이 내부적으로 있어서 굳이 외적으로 더 이상의 자극을 추구하지 않아도 된다. 외향적인 사람의 경우에는 내적 각성수준이 낮아 외적으로 부가적인 자극을 추구하게 되고, 내향적인 사람의 경우에는 내적 각성수준이 충분히 높기 때문에 더 이상의 외적 자극이 필요가 없다.

Eysenck(1964)는 신경증이 일종의 정서성으로 자율신경계 기능에 해당한다고 주장하였다. 신경증이 높은 사람은 정서적으로 쉽게 흥분하여 불안정하고 불안하며 성마른 성질을 보이기 때문에 차분하게 학습하는 것이 어렵다. 반면 신경증이 낮은 사람은 차분하고 잘 흥분하지 않기 때문에 사회적 자극을 잘 학습할 수 있다. 규범행동의 경우 일종의 후천적 학습이 꼭 필요한데, 신경증적 반응을 보이는 사람은 이와 같은 사회학습 과정에 많은 어려움을 겪게 된다.

내/외향성과 신경증에 대한 이런 설명(Eysenck & Eysenck, 1972, 1976)은 생물학적으로도 상당한 설득력이 있지만, 정신증에 대해서는 연구자 자신의 임상적 경험을 기초로 한 것처럼 보인다. 한편, 그는 정신증이 높은 사람의 경우 타인에 대한 감정이 부족하고 고립되어 있기 때문에 자극을 추구할 필요가 있고 사고가 경직되어 있고, 우발적인 공격성이 높다고 주장한다.

Eysenck(1977)는 본인의 성격이론에 근거하여 가장 폭력적인 범죄자들의 경우 세 가지 척도에서 모두 점수가 높을 것이라고 예견하였다. 즉, 높은 N은 그들을 매우 성마르게 하여 쉽게 분노하게 하고, 높은 E는 문제를 혼자 해결하기보다는 외현화하게 하고, 높은 P는 타인에 대한 이해력을 낮추고 공격적 행동을 하게 만든다. Eysenck의 이러한 연구가설을 검증한 연구 결과, 소년범이나 성인범의 범죄성향은 N과 P와는 유의한 관련성을 지니고 있었다(Bartol, 1980). 그러나 E의 경우에는 일치하지 않는 결과가 나와 Eysenck와 Eysenck(1977)의 가설은 부분적으로만 입증되었다. 이에 대해 Eysenck와 McGurk(1980)은 외향성이 사회성과 충동성으로 양분되어 있는데 범죄행동은 이 중 사회성보다는 충동성과만 유의한 관련성을 지니고 있어 영향력이 반감된다고 설명했다.

범죄자들의 성격 연관성에 대한 연구는 1980년대 이후 수없이 많이 이루어졌다. 그 중 '반사회성 성격(antisocial personality)'이 가장 많이 논의되었다. Hare(1983)에 의하면 교도소 혹은 기타 수용기관에 수감된 범죄자 중 39%–75%가 반사회성 성격의 진단기준에 부합하는 사람들이다. 그리고 그 중 1/3에 해당하는 인원이 정신병질자 즉, 사이코패스이다.

학습이론. 1970년대 범죄학에서 범죄의 발생을 사회학습 과정으로 설명하기 훨씬 이전부터 학습은 심리학의 주요 연구 주제였다. 학습에 관한 수많은 실험은 강화를 받은 행위는 학습되고 강화가 없거나 처벌받는 행위는 사라진다는 것을 입증하여 왔다. 이 같은 학습의 원리는 범죄에도 그대로 적용된다. 예컨대, 비행이나 범죄를 통하여 이득을 얻으면 그 행위는 강화되고 처벌을 받은 행위는 사라질 것이다. 법적 처벌이란 이 같이 비행이나 범죄가 학습되지 못하도록 하는 모종의 억제력을 발휘하는 것이다.

직접적으로 강화나 처벌을 받는 방법 이외에도 인간은 타인을 관찰함으로써 다양한 학습을 한다. Miller와 Dollard(1941)는 대리학습이라는 개념을 도입하여 기존의 관찰학습 혹은 모델링효과를 설명하였다. 이후 보다 더 진보된 형태의 학습이론은 Bandura(1973, 1983)가 제안한 사회학습이론이다. 그는 어린아이가 인형을 가지고 노는 어른의 모습을 시청한 후

인형을 가지고 놀게 되었을 때 어른의 행동을 그대로 따라하는 것을 실증적으로 보여 줌으로써, 학습이 조건화 과정에 의해서만 일어나는 것이 아니라 단 한 번의 관찰로도 이루어질 수 있음을 보여 주었다.

범죄나 폭력행위의 획득 과정을 학습으로 설명할 수 있다는 점은 많은 심리학자들 사이에 논란을 불러일으켰다. 즉, 관찰을 하는 것이 곧 폭력행위만이 아니기 때문에 한두 번의 폭력물 시청으로 모든 사람이 전부 폭력행위를 할 수 있겠는가 하는 의문이다. 따라서 단순한 관찰로 폭력행동을 획득한다는 가정은 여러 경우에 부합하지 않는 결과를 산출하였고, 이에 단순한 학습과정보다는 보다 상세한 과정을 통하여 범죄의 획득을 설명해야 한다는 주장이 설득력을 얻고 있다(Howitt, 2002).

사회인지이론. 행동주의 이후 심리학에서 주류를 이룬 사조는 인지주의이다. 인간은 수동적인 존재가 아니라 적극적으로 인지적 정보처리를 하는 존재이다. 따라서 인지는 일종의 사고과정으로 행동의 근원이기 때문에 따라서 행동의 원리를 설명하려면 내재된 인지과정을 이해해야 한다. 먼저, 사회적 인지과정에서 매우 중요한 요소에는 공감, 조망수용 혹은 역할수용이 있다. 이는 타인의 입장을 이해하는 것인데, 이를 위해서는 두 가지 단계가 필요하다. 우선 타인의 입장을 이해할 수 있는 인지적 능력과 타인의 감정을 공감할 수 있는 감정적 능력이다. 범죄자의 경우 이 같은 공감능력에 심각한 결함을 보이며 이러한 결함은 특히 성범죄자에게서 두드러진다.

사회적 인지과정에서 또 다른 중요 요소가 도덕성 추론이다. 도덕성 추론이란 옳고 그른 것을 구별하며 타인의 권리와 감정을 존중하고 이해하는 것을 말한다. Kohlberg(1976)는 도덕성 추론능력이 6단계를 거쳐 발달한다고 하였는데, 각기 두 단계씩 묶어 전인습적 도덕성, 인습적 도덕성, 후인습적 도덕성이라고 명명하였다. 그는 비행과 관련해서 전인습적 단계에서 인습적 단계로 발달해 가는 과정상의 지연현상에 주목하였다. 연구결과, 비행청소년은 전인습적 단계의 도덕성 발달수준에 머물러 있는 반면, 비행을 저지르지 않는 청소년은 인습적 단계의 도덕성 발달수준으로 성장하였다.

또 다른 사회인지이론에는 사회정보처리 모형이 있다(Bandura, 1986). 사회정보처리 모형은 범죄자들이 사회적인 자극에 대한 정보처리에서 일반인과 다르다는 것을 강조한다. 일반적으로 사회정보처리 과정은 여섯 단계로 이루어진다. 사회적 단서의 인식, 사회적 단서의 해석, 목표의 설정, 적절한 반응 선택, 반응양식 결정, 행동 단계가 그것이다. Crick과 Dodge(1994, 1996)는 공격적인 사람은 비폭력적인 사람보다 사회적 단서를 덜 포착하거나, 단서를 지나치게 폭력적인 것으로 해석하며, 갈등관계에서 적절한 반응 양식을 잘 찾을 수 없고, 자신의 폭력 반응이 사회적으로 용인되는 것으로 잘못 판단한다는 사실을 입증하였다. 따라서 대인 간 갈등을 더욱 공격적인 반응 양식으로 해결하고자 한다. 범죄자들을 대상으로 한 많은 치료 연구에서 인지과정에 초점을 맞춘 방법이 가장 효과적이라는 연구결과를 볼 때, 범죄와 인지는 상당한 관련성을 지니고 있는 것으로 결론 내릴 수 있다.(Gendreau & Andrews, 1990).

3 심리학과 법

(1) 심리학과 법의 관계

인간행동의 통제를 목적으로 한다는 점에서 심리학과 법은 밀접한 연관성이 있지만 구체적인 내용과 형식에서 심리학과 법은 매우 다른 속성을 가지고 있다. 법은 개인이 자신의 행위와 그에 뒤따르는 거의 모든 결과에 대하여 전적으로 책임을 진다는 가정에 기초한 규범체계로 이루어져 있다(Morse, 1978). 반면에 심리학은 인간행동이 그에 선행하는 경험과 상황에 의해 좌우된다는 가정에서 시작함으로써 인간행동에 대한 상당히 결정론적인 시각을 지니고 있다. 결정론적인 입장에서 보면 인간행동의 많은 부분은 자유의지에 의해서가 아니라 일관된 법칙과 원리에 의해서 일어난다(박광배, 2002).

심리학과 법은 모두 애매모호하고 매우 복잡한 현상을 다루므로 그러한 현상에 대한 판단과 결론은 불확실하다. 그러나 이러한 불확실성에 대한 대응방식에서 심리학과 법은 상당한 차이를 보인다. 실증학문인 심리학은 검증 가능한 절차에 의해서 자료를 수집하고 그것에 기초하여 결론을 도출하는 데 반해, 규범체계로 이루어진 법은 규범과 원칙에 기초하여 판단한다. 또한 심리학적 분석수준은 집단인 반면 법적 분석수준은 개인으로, 심리학과 법은 분석의 수준에서 차이가 있다. 다시 말해, 심리학은 일반적인 인간의 사고, 행동, 감정을 분석하는 반면에 법은 특정한 개인을 분석의 대상으로 한다(박광배, 2002).

바로 이러한 분석수준의 차이 때문에 심리학을 법에 적용할 때 어려움이 생긴다. 예컨대 남편에게 장기간 학대를 받던 아내가 우발적으로 남편을 살해한 사건이 발생했다면, 법관은 특정한 피고인 A가 남편을 왜 살해했을까를 궁금하게 여기겠지만, 심리학자는 남편의 극심한 폭력에 노출되어 있는 여성의 경우 남편을 살해하고자 하는 동기가 일반적으로 생길 것인지를 궁금해 할 것이다. 따라서 심리학자가 법정에서 전문가로서 진술할 때는 불특정 다수의 일반적인 심리상태를 언급하는 반면, 법정이 그 전문가에게 요구하는 것은 특정한 개인에 대한 판단이기 때문에, 사법판단에서는 법과 심리학 사이에 사실상의 괴리가 존재할 수 있다.

이처럼 규범(이론)을 가지고 사실에 대해 판단을 해야 하는 법과 실제 인간의 행동을 기준으로 이론을 검증하고자 하는 심리학은 오랫동안 독자적으로 발전해 왔다. 그럼에도 사법적 판단의 대상으로 인간의 행동에 대한 근본적인 관심 때문에 서로의 관계는 결코 무관할 수 없었다. 대륙법(성문법)의 경우에는 훈련된 법률전문가가 거의 모든 재판절차를 진행하기 때문에, 수사과정이나 판결과정에서 실증과학이 이바지할 수 있는 부분이 상대적으로 적다.

이와 달리 보통법(영미법)에서는 재판이 일종의 검사와 피고인 측에서 벌이는 경기와 같은 것이어서, 증거의 증거능력이나 수사절차 등이 법정에서 문제가 된다. 또한 배심제를 통하여 보통 사람들이 재판에 참여함으로써 법조인이 아닌 일반 시민을 설득해야 하는 필요성이 부각되었다. 그래서 수사, 재판, 교정 전반에 걸쳐 인간의 행위에 대한 기본지식, 즉 심리학적 지식이 필요하다(박광배, 2002). 현재 형사사법 절차에서 활용하고 있는 심리학의 영역도 국가의 법 체제에 따라 조금씩 차이가 난다. 성문법 위주의 대륙법 국가는 판결과정보다는 판결 후 교정단계에서 심리학을 상대적으로 더 많이 활용하고 있지만, 판례 중심의 보통법을 적용하는 국가에서는 수사 및 판결단계에서 심리학을 매우 활발하게 활용하고 있다.

(2) 사법절차와 심리학

범죄심리학을 Howitt(2004)의 정의대로 범죄인의 심리적인 측면을 다루는 학문분야로 한정하든, Wrightsman(2001)의 주장대로 심리학적 지식이나 방법론을 사법 시스템에 적용하는 보다 응용된 심리학의 영역까지 포함시키든, 언제나 공통적으로 등장하는 연구 주제는 범죄동기의 심리적 측면, 범죄수사 기법, 범죄자 위험성 평가와 재범 예측 등이다. 이들 주제와 관련하여 심리학은 형사사법 현장에 매우 전문적인 정보를 제공해 왔고 오늘날 그 필요성은 불가결한 것이 되었다.

수사 및 기소단계에서의 심리학의 활용. 그 하나가 목격자 진술로, 어떤 범죄이든 수사과정에서 목격자가 단 한 명이라도 존재한다면, 그들은 그 범죄를 해결하는 데 도움이 될 것이다. 하지만 목격자의 진술을 100% 신뢰할 수 있느냐 하는 것은 여전히 문제가 될 수 있다. 목격자 진술과 관련된 연구를 종합해 볼 때, 목격자 진술의 정확성은 대체로 50% 정도이다. 그래서 인간의 기억에 관한 심리학 연구는 진술의 정확성을 저해하는 요인을 알아내는 데 활발하게 활용되고 있으며 보다 정확성을 기할 수 있는 방법을 모색하기도 한다(〈그림 14-13〉 참고).

그림 14-13 범죄심리학에서는 목격자 진술과 관련하여 라인업(범죄 용의자 특정 작업)의 정확도를 높이기 위한 방법에 대하여 연구하기도 한다.

이와 함께, 경찰이 목격자나 용의자로부터, 또는 변호사나 검사가 증인으로부터 보다 더 정확한 정보를 많이 이끌어 내기 위한 효과적인 면담기법을 개발하는 데 심리학을 활용할 수 있다. 특히, 면담자가 내담자(목격자나 증인)의 기억을 활성화시켜주는 일종의 보조자로서의 역할을 강조하는 인지적 면담 기법의 효과가 주목받고 있기도 하다(Fisher & Geiselman, 1992).

심리학은 신문과 자백의 과정에도 유용하게 쓰일 수 있다. 용의자들이 허위자백을 하거나 강압에 의한 자백을 많이 한다는 사실이 널리 인정되고 있다. 이에 미국을 비롯한 많은 나라에서는 용의자에게 변호인의 조력을 받을 권리와 묵비권을 행사할 권리를 체포 전에 고지해야 한다. 이것이 소위 1966년 선언된 미란다 원칙이다. 그렇기 때문에 신문과 자백에 대한 심리학적 연구는 주로 자백이 거짓으로 밝혀진 사례들을 분석하여 허위자백의 특징과 허위자백을 하게 되는 상황의 특성을 파악하는 것을 목적으로 한다.

곁글 국내 허위자백의 사례

– 약촌오거리 살인사건 –

2000년 전북 익산시 영등동 약촌오거리 부근에서 택시기사 유씨가 살해당하는 사건이 발생했다. 당시 최초 목격자인 최씨는 범인으로 몰렸고 "경찰의 폭행과 강압이 있었다."며 당시 허위자백을 주장했으나, 그는 징역 10년을 선고받고 2010년에 만기 출소하였다. 이후 진범인 김씨가 검거되어 징역 15년을 선고받고 복역 중이다. 최씨는 재심을 청구하여 2016년에 무죄 판결을 받았다.

또한, 심리학은 범죄자의 유형에 관한 정보를 수사기관에 제공하여 용의자의 범위를 축소하거나 범죄행동의 진위여부를 판단하는 데 도움을 줄 수 있다. 국내에서도 경찰청을 중심으로 범죄분석요원(프로파일러)을 선발하고 있다. 그러나 학술적으로는 아직 동종의 범죄자들이 꼭 유사한 행동양식을 가지는지에 대한 것이 경험적으로 검증된 바 없다. 또한 한 번으로 그치는 범죄의 경우에는 범죄자의 유형을 파악하기가 어렵다. 그렇기 때문에 프로파일링

그림 14-14 범죄 협상전문가는 테러 및 인질 사건에서 범죄자를 분석하고 협상전략을 마련하는 역할을 담당한다. 국내에서는 '위기개입 전문가'라는 명칭으로 활동 중이다.

을 유용하게 활용하기 위해서는 범죄와 범죄자에 대한 기초적인 연구가 더 이루어져야 한다.

한편, 범죄자와 경찰 간의 대치상황에서 범죄자가 사건을 더욱 극단적으로 처리하는 것을 미리 예방하고 사건을 평화적으로 해결하는 데 중요한 역할을 전담하는 경찰을 협상전문가라고 한다(김시업, 2003). 협상의 상황은 주로 테러 및 인질 사건에서 발생하는데, 미국에서는 이러한 사건에 대해서 협상팀에 속한 임상심리학자가 협상전문가로서 활동하고 있다(〈그림 14-14〉 참고). 심리학자는 협상절차에서 인질범을 평가하거나, 협상전략에 사용할 수 있는 행동과학적 정보를 수집하고, 협상가 훈련 프로그램을 개발하는 데 참여하기도 한다(Wrightsman, 2001; 박성수, 김경옥, 2005 재인용).

진술 분석과 관련해서, 심리학에서는 언어적 혹은 비언어적 행동을 통하여 거짓말의 여부를 추정할 수 있는 기법을 논의해 왔다. 이것은 거짓말을 할 때 나타나는 언어적 및 행동적 징후를 관찰하여 거짓말을 판정할 때 참고하기 위한 것이다. 예를 들어, 질문과 답변 사이에 소요되는 시간의 간격, 팔이나 손가락의 움직임, 진술을 할 때 의성어를 하는 것, 진술의 상세한 정도 등의 징후를 관찰하여 거짓말의 여부를 판정한다. 그 대표적인 진술 분석 기법으로는 진술타당도분석(SVA: SStatement Validity Analysis), 준거기반내용분석(CBCA: Criteria-based Content Analysis), 현실검증(RM: Reality monitoring), 과학적 내용분석(SCAN: Scientific Content Analysis) 등이 있다.

재판단계에서의 심리학의 활용. 먼저, 범죄자가 자신의 행동에 책임을 질 수 있는 능력을 평가하는데 심리학이 관여할 수 있다. 이러한 책임능력은 오랫동안 심리학의 관심 대상이 되어 왔다. 1843년에 마련한 책임능력에 관한 최초의 법적 기준인 McNaughton 원칙은 사물변별 능력, 즉 인지능력을 기준으로 삼았다. 그 후 1954년에 제성된 Durham 원칙은 사물변별 능력과 동시에 행위통제 능력을 기준으로 삼았고 뒤이어 1962년 Brawner 원칙에서는 충분한 역량의 결여라는 개념이 포함되었다. 이렇듯 책임능력의 판단을 위한 법적 기준이 변화함에 따라, 책임능력을 판단할 때 어떤 기준으로 하느냐에 따라 유죄나 무죄 판결이 이루어지는지 그리고 책임무능력자로 판단된 피고인의 재범 가능성 등에 대한 심리학적 연구가 이루어져 왔다.

범죄의 동기와 원인 관련한 분야에서 심리학은 유전, 지능, 성격, 가정환경, 친구, 학교, 교육수준, 범죄행동 당시의 상황 등이 범죄의 원인인지를 연구한다. 또한 일생 동안 범죄행동의 시작 시점, 지속 기간, 감소 시점 등이 심리학의 연구 주제이다. 특히 범죄심리학 이론들은 범죄행동의 종류와 정도를 결정하는 요인을 규명하는 동시에 범죄행동을 제어하는 요인을 파악하고, 범죄자가 범죄를 실행에 옮기는 사고과정(Farrington & Knight, 1980)을 밝히고자 한다.

배심원 관련 영미법의 전통을 따르는 국가(미국과 영국)에서는 배심원에 대한 심리학적 연구가 이루어지고 있다. 배심원의 규모, 과학적인 배심원의 선정 방법, 배심원의 의사결정 과정, 판사의 설시(說示)에 대한 이해도 등에 관한 연구가 있다.

심리학자는 때때로 법정 및 청문회와 같은 현장에서 자신의 전문지식을 실제 사례에 적용하기도 한다. 이러한 '전문가 증인'으로서의 역할은 전통적으로 법정심리학에서 다루어 왔지만, 범행 당시 피고인의 정신상태를 설명하는 것은 범죄심리학의 응용 영역이기도 하다. 전문가 증언은 정신이상에 의한 형사책임 능력을 비롯하여 새로운 정신질환 및 증후군, 즉 다중인격장애, 월경전 증후군, 전쟁증후군, 피학대 아내 증후군 등도 그 대상이 되고 있어 심리학자의 역할이 더욱 중요해지고 있다(Slobogin, 1999; 박성수, 김경옥, 2005 재인용).

재판상담가는 실제 재판에서 배심원들이 어떤 태도를 보일지 예측하기 위해서 배심원의 태도와 역할을 연구하고 평가하며, 배심원을 선택할 때 변호사 측을 지원하고, 증인의 증언 과정을 심리학적으로 지원해 주는 역할을 한다. 중재자는 재판 이전에 당사자들 간의 논쟁을 해결하는 데 중재하는 역할을 담당하며, 주로 법률회사에 소속되어 활동한다. 이들은 형사사건뿐만 아니라 민사사건도 담당한다.

형 집행단계에서의 심리학의 활용. 현대 교정정책의 주요 목표는 응보적 형벌의 집행 이외에 치료 및 재활에 맞추어져 있다. 따라서 교정현장에서는 심리치료 원리를 응용한 많은 교화 프로그램이 적용되고 있다. 외국 교정시설의 경우 심리학자들을 고용하여 구체적인 교화방안을 개발하고 적용하며, 교화 프로그램에서의 범죄 위험성 개선 여부에 따라 사회로 복귀하는 가석방 시기를 조절한다(Milan & Long, 1980).

이와 함께, 재소자에 대한 객관적 분류는 교정시설에서 관리의 효율성뿐만 아니라 재소자의 인권보호 차원에서도 매우 중요한 의미를 갖는다. 최근 국내외 대부분의 교정시설에서는 주관적인 분류가 아닌 객관적 분류모델을 채택하고 있다. 이러한 모델들은 수용 및 교화의 효율성을 확보하기 위해 표준화된 일련의 평가절차를 통하여 개별 입소자/재소자의 위험성을 평가하고 분류한다. 이 과정에서 다양한 심리평가의 방법이 활용되고 있다.

심리학은 범법자의 재범 위험성을 예측하는 데도 유용하다. 재범 위험성에 대한 판단은 양형결정에도 중요한 요인이며, 보석 및 가석방의 결정, 치료감호의 결정과 종료시점의 결정 등에서 필수적으로 이루어져야 한다. 재범 가능성을 평가한다는 것은 곧 인간의 행동을 예측한다는 것인데, 인간의 행동은 일시적인 상황요인에 의해 크게 좌우되기 때문에 예측의 오류 요인을 신중하게 고려하여야 한다. 특히 재범 가능성이 높다고 판단된 사람들이 사실상 재범을 하지 않는 오류긍정(false positive)의 경우가 많이 발생하고 있다는 점은 해결해야 할 문제이다.

교정상담 관련 1800년대에는 목사가 교정시설에서의 상담을 주로 했고, 그 다음에는 보호관찰관이나 가석방 담당자가 상담을 하다가 20세기에 이르러 정신과의사, 상담전문가, 심리학자, 사회학자 및 사회사업가가 이 분야에 참여하여 치료 서비스를 제공하기 시작하였다(이윤호, 이수정, 공정식, 2000). 교정상담은 단순한 상담이 아닌 치료 맥락에서 이루어진다. 즉, 교정상담의 목적은 수형자가 겪는 다양한 부적응과 문제점에 대하여 치료적으로 개입하는 것이다. 따라서 교정상담가는 수형자에 대한 개별사항을 숙지하고 치료계획을 수립하여야 한다. 그 후 상담절차에 따라서 개별상담과 집단상담을 수행할 수 있다(Van Voorhis, Braswell, & Lester, 1999; 박성수, 김경옥, 2005 재인용).

4 한국의 사법제도 내에서 심리학의 활용

해외에서 이루어진 범죄심리학 연구들이 국내에 들어옴으로써, 우리의 형사 사법 제도 심리학 고유의 연구 주제들을 다양한 방식으로 활용하고 있다. 여기서는 국내의 수사기관과 법원 그리고 교정기관과 보호기관에서 시행 중인 몇 가지 제도에 대하여 살펴보고자 한다(〈표 14-1〉 참고).

〈표 14-1〉 심리학 관련 채용 정보

채용 분야	지원자격
경찰청 범죄분석요원	심리학, 사회학, 범죄학 석사 이상 심리학, 사회학, 범죄학 학사 이상, 2년 이상의 경력
경찰청 피해자케어요원	심리학 석사 이상 심리학 학사 이상, 심리상담 분야 2년 이상 경력
대검찰청 진술분석관	심리학 석사 이상
법무부 보호관찰	정신보건임상심리사, 임상심리사 2급 이상 자격 소지자

(1) 수사기관에서의 활용

경찰. 경찰은 2000년도부터 범죄분석실을 설치하여 강력사건에 대한 '프로파일링'을 심리학과 범죄학, 정신의학 전문가들로부터 자문을 받아 실시하였다. 2004년도에는 범죄분석팀을 창설하여 법최면과 거짓말탐지 그리고 과학적 범죄분석시스템(SCAS)을 현장에서 활용

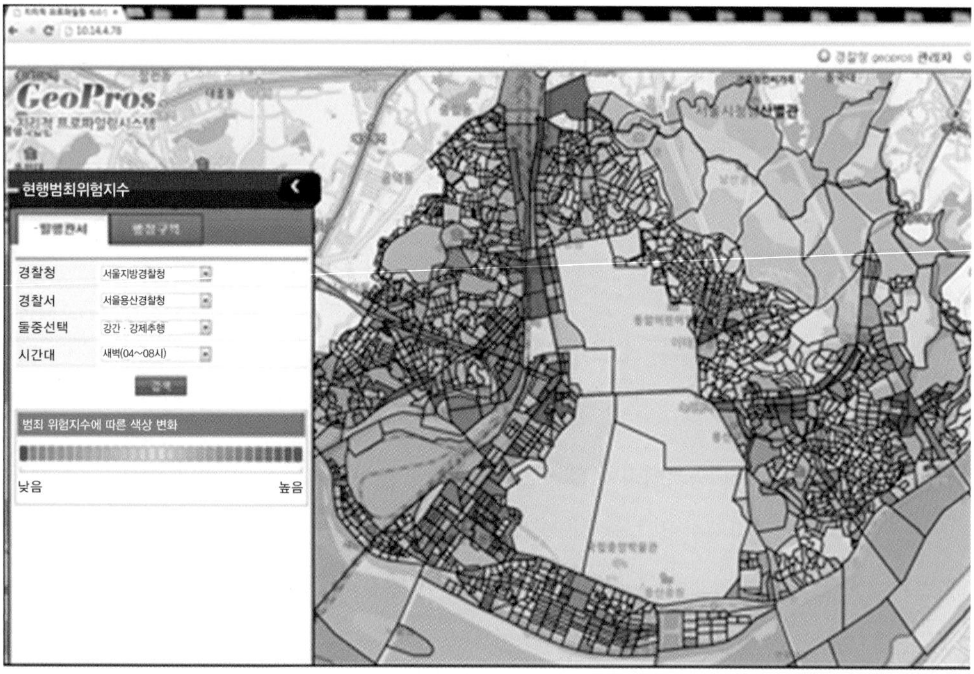

그림 14-15 경찰에서는 지리학적 프로파일링 기법을 활용한 'GeoPro'시스템을 운용하고 있다.

하기 시작하였다. 2005년 이후에는 심리학과 사회학 전공자를 대상으로 '프로파일러'를 선발하였다. 경찰에서는 범죄분석요원을 과학수사기능에 배치된 범죄분석 전문 과학수사요원으로 정의하고, 그들의 역할에 프로파일링과 거짓말탐지, 법최면수사의 영역을 포함시켰다. 프로파일러는 현장 및 피해자 등을 분석하여 용의자를 추정하고, 구속된 피의자와 면담하여 범행에 대한 세부내용을 파악하는 역할을 담당한다. 또한 지리학적 프로파일링 기법을 적용한 'Geopros'라는 프로그램을 개발하여 범인 검거와 범죄 환경 개선에 활용 중이다(〈그림 14-15〉 참고).

재범 위험성 평가는 범죄자가 장래에 또다시 범죄를 저지를 가능성에 대하여 면담과 심리검사 등을 통해 전문가가 판단하는 작업을 말한다. 경찰에서는 다이버전(Diversion)의 일환으로 2003년도부터 경미한 범죄를 저지른 소년에 대하여 심리전문가가 개입하여 선도를 유도하는 '전문가참여제'를 운영하고 있다. 이 제도의 목적은 소년의 심리, 생리, 성행, 환경, 기타 비행의 원인을 이해하는 것이다. 이 제도의 효과를 연구한 결과, 이를 통해 소년범의 재범이 감소하였으며 이러한 결과는 재범 위험요인을 탐색하여 소년범의 재범을 예방하기 위한 정책적 근거를 마련하는 데 중요한 역할을 하고 있다(이수정, 2007).

형사정책적 패러다임이 '응보적 사법'에서 '회복적 사법'으로 변경됨으로써, 경찰 역시 범죄수사 이외에 범죄 피해자를 보호하고 지원하기 위한 제도를 마련하면서 2007년도부터 '범죄피해자심리전문요원'(케어요원)을 선발하기 시작하였다. 범죄피해자심리전문 경찰들은 범죄가 발생했을 때 신속하게 현장에 들어가서 피해자가 심리적 안정을 취할 수 있도록 조치하고 이후 부수적 피해를 입지 않도록 도움을 제공하는 역할을 담당한다. 이와 더불어 2016년도부터 '범죄피해평가' 제도를 도입하여 전문가가 형사절차 내에 있는 피해자의 심리적, 신체적, 경제적, 사회적, 2차 피해에 대하여 범죄피해평가보고서를 작성하고, 그것을 송치기록에 첨부함으로써 형사사법절차에서 피해자의 상황을 반영하기 위해 노력하고 있다. 또한 피해자가 13세 미만의 아동이거나 정신장애로 의사소통에 어려움이 있을 경우, 진술조력인으로 하여금 조사과정에 참여하여 의사소통을 중개하거나 보조하게 할 수 있다. 또한 조사과정에 참여한 진술조력인은 피해자의 의사소통이나 표현 능력과 특성 등에 관한 의견을 수사기관이나 법원에 제출할 수 있는데, 현재 수사기관에서 심리전문가를 통한 진술분석을 실시하는 중이다.

검찰. 검사는 공소제기 여부와 관련된 사실관계를 분명하게 하기 위하여 필요한 경우, 직권이나 피의자 또는 변호인의 신청에 따라 전문수사자문위원을 지정하여 수사절차에 참여하게 하고 그들의 자문을 들을 수 있다. 전문수사자문위원은 전문적인 지식에 근거한 설명이나 의견을 진술하거나 서면으로 제출할 수 있다. 그래서 심리전문가들이 자문위원으로 활약하고 있다.

검찰에서는 조직 내 수사지원을 위해 과학수사 전문부서에서 통합심리분석과 진술분석을 실시하고 있다. 심리분석 부서에서는 다양한 심리학적 원리들을 적용하여 진술의 진위여부를 판단하고자 심리생리검사(거짓말탐지검사, 뇌파분석)와 행동분석 그리고 임상심리평가를 실시하고, 이들의 결과를 통합하여 사건의 재구성이 가능하도록 분석하는 역할을 수행한다.

진술분석은 학대나 성폭력 사건의 피해자가 아동 혹은 청소년이거나 지적 장애인일 경우, 성폭력 사건으로 인한 외상 후 스트레스 때문에 조사가 어려운 성인 피해자일 경우에 실시한다. 이것은 피해자가 제공한 사건에 대한 진술의 신빙성을 판단하는 데 활용하고 있다.

(2) 법원에서의 활용

2008년도부터 형사법원은 소송관계를 분명하게 하거나 소송절차를 원활하게 진행하기 위하여 필요한 경우에는 직권 또는 검사, 피고인 혹은 변호인의 신청에 의해 전문심리위원을 지정하여 소송절차에 참여하게 할 수 있다. 전문심리위원은 전문적인 지식에 근거한 설명 또는 의견을 서면으로 제출하거나 재판기일에 출석하여 진술할 수 있다. 살인, 성폭력 등의 강력범죄와 관련된 재판에서 법과학자나 심리학자, 정신의학자, 과학수사 전문가 등이 전문심리위원으로 등록하여 활동하고 있다. 심리전문가의 경우에는 범죄 피고인의 범행 전과 후의 심리 상태와 피고인의 정신 질환 여부, 그리고 피고인의 재범 위험성 수준과 양형 및 처우에 대하여 전문적 의견을 제시할 수 있다. 민사법원 역시 소송관계를 분명하게 하거나 소송절차를 원활하게 진행하기 위하여 직권 또는 당사자의 신청에 따라 전문심리위원을 지정할 수 있다. 형사법원에서와 동일하게 이때 전문적인 지식을 필요로 하는 소송절차에서 설명 또는 의견을 서면으로 제출하거나 재판기일에 출석하여 진술할 수 있다.

전문심리위원과 유사해 보이는 기존의 감정인 제도는 학식 경험이 있는 사람에게 법원이 감정을 명하도록 되어 있고, 피고인의 정신 또는 신체에 관한 감정이 필요한 때에는 피고인을 기간을 정하여 병원 기타 적당한 장소에 유치하게 할 수 있다. 범행 당시 정신이상을 주장하는 피고인들에 대하여 법원은 주로 국립법무병원 치료감호소에 감정유치를 명령하거나 필요한 경우에는 상당한 설비가 갖추어진 병원이나 기관에 감정을 촉탁한다.

성폭력범죄의 피해자가 13세 미만의 아동이거나 신체적인 또는 정신적인 장애로 의사소통이나 의사표현에 어려움이 있는 경우, 원활한 증인신문을 위하여 직권 또는 검사, 피해자, 법정대리인 및 변호사의 신청에 의하여 진술조력인으로 하여금 증인 신문에 참여하여 중개하거나 보조하게 할 수 있다. 조사과정에 참여한 진술조력인은 피해자의 의사소통이나 표현능력, 특성 등에 관한 의견을 법원에 제출할 수 있고, 재판과정에 참여함에 있어 중립적인 지위에서 상호 간의 진술이 왜곡 없이 전달될 수 있도록 노력해야 한다. 수사단계에서 이루어진

전문가의 진술분석과 관련하여 법원이 전문가 증언을 요청하기도 한다.

소년보호사건을 심리 할 때, 법원은 정신건강의학과 의사, 심리학자, 사회사업가, 교육자나 그 밖의 전문가의 진단, 소년 분류심사원의 분류심사 결과와 의견, 보호관찰소의 조사결과와 의견 등을 고려하여야 한다. 이를 위하여 분류심사원에서는 심리학을 전공한 전문성 있는 직원들이 소년범의 심리평가를 담당한다. 법원은 수사단계에서부터 실시한 재범 위험성 평가와 분류심사 자료 및 이전 보호관찰 기록 등을 살펴보고 처우사항에 대하여 결정을 내릴 수 있다.

(3) 교정기관 및 보호관찰기관에서의 활용

교정기관. 수형자는 분류심사의 결과에 따라 그에 적합한 교정시설에 수용되며, 개별처우계획에 따라 그 특성에 알맞은 처우를 받도록 되어 있다. 수형자에 대한 개별처우계획을 합리적으로 수립하고 조정하기 위하여, 교정기관은 수형자의 인성과 행동특성 및 자질 등을 과학적으로 조사·측정·평가하는 분류심사를 실시하고 있고, 분류심사를 위하여 외부전문가로부터 필요한 의견을 듣거나 외부전문가에게 조사를 의뢰할 수 있다.

또한 수형자의 교화나 건전한 사회복귀를 위하여 필요시 교육학, 교정학, 범죄학, 사회학, 심리학, 의학 등에 관한 학식 또는 교정에 관한 경험이 풍부한 외부전문가로 하여금 수형자에 대한 상담 및 심리치료 또는 생활지도 등을 할 수 있도록 하였다. 수형자의 교정교화를 위하여 상담 및 심리치료 그리고 그 밖의 교화프로그램을 실시하여야 하고, 사형확정자의 경우 심리적 안정 및 원만한 수용생활을 위하여 교육 또는 교화프로그램을 실시할 수 있다. 교정기관에서는 전문교정위원을 위촉하여 수형생활에서 심리적 불편과 어려움을 호소하는 개인을 위한 상담과 성행 교정을 위한 집단 프로그램, 그리고 출소 후 사회 적응을 위한 프로그램 등을 실시한다. 과거에는 목회자나 외부 자원봉사자가 많은 부분 진행한 사업에 대해 현재는 심리전문가들을 채용하여 기관 내에서 자체적으로 프로그램을 운영하기 위한 시스템을 구축하고자 노력하고 있다.

수형자의 개별처우계획과 가석방심사신청 대상자의 선정, 그리고 그 밖의 분류처우에 관한 중요 사항을 심의·의결하기 위하여 교정시설에 분류처우위원회를 두는데, 이 때 위원회는 외부전문가로부터 의견을 들을 수 있다. 가석방의 적격 여부를 심사하기 위하여 가석방심사위원회를 두는데, 위원은 판사, 검사, 변호사, 법무부 소속 공무원, 교정에 관한 학식과 경험이 풍부한 사람으로 구성된다. 이 때 위원회는 수형자의 나이, 범죄동기, 죄명, 형기, 교정성적, 건강상태, 가석방 후의 생계능력, 생활환경, 재범의 위험성, 그밖에 필요한 사정을 고려하여 가석방의 적격 여부를 결정하는데, 위촉된 심리전문가들이 가석방 관련 의견을 제시할 수 있다.

보호관찰 및 치료 기관에서의 활용. 검사는 성폭력과 미성년자 대상 유괴범죄, 살인, 강도와 같은 범죄를 다시 범할 위험성이 있다고 인정되는 사람에 대하여 전자장치를 부착하도록 하는 명령을 법원에 청구할 수 있다(〈그림 14-16〉 참고). 범죄의 동기, 피해자와의 관계, 심리상태, 재범의 위험성 등 피의자에 관하여 필요한 사항의 조사를 요청할 수 있다. 검사는 부착명령을 청구할 때 필요한 경우 피의자에 대한 정신감정이나 그밖에 전문가의 진단 등의 결과를 참고하기 위해 외부 전문가에게 위탁을 하는 경우도 있다. 보호관찰관은 전자장치 부착기간 중 피부착자의 소재지 인근 의료기관에서의 치료, 상담시설에서의 상담치료 등 피부착자의 재범방지 및 수치심으로 인한 과도한 고통의 방지를 위하여 필요한 조치를 취할 수 있다.

부착명령 판결을 선고받지 않은 특정 범죄자로서 형의 집행 중 가석방되어 보호관찰을 받게 되는 사람은 준수사항 이행 여부 확인 등을 위하여 가석방기간 동안 전자장치를 부착하여야 한다. 부착명령 판결을 선고받지 않은 특정 범죄자로서 치료감호의 집행 중 가종료 또는 치료위탁 중인 피치료감호자나 보호감호의 집행 중 가출소 중

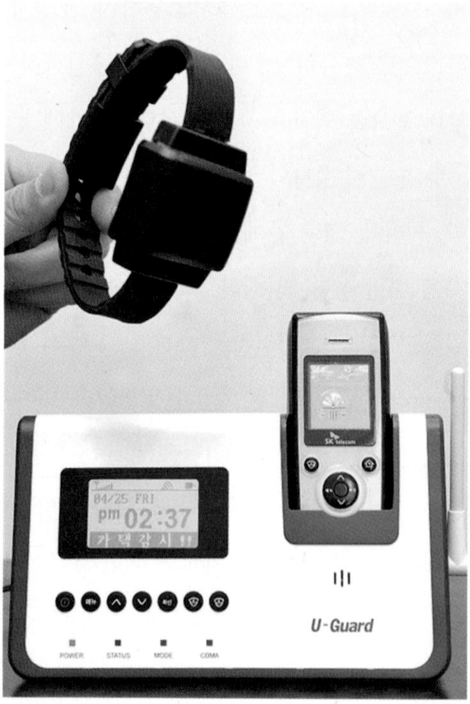

그림 14-16 전자감독장치는 발찌의 형태로 제작되어 재범 고위험군을 대상으로 부착하고 있다.

인 피보호감호자에 대하여 보호관찰기간의 범위에서 기간을 정하여 전자장치를 부착하게 할 수 있다. 법원은 특정 범죄자에 대하여 형의 집행을 유예하면서 보호관찰을 받을 것을 명할 때에는 보호관찰기간의 범위 내에서 기간을 정하여 준수사항의 이행 여부 확인 등을 위하여 전자장치를 부착할 것을 명할 수 있고, 이를 위하여 범죄의 동기, 피해자와의 관계, 심리상태, 재범의 위험성 등 피고인에 관하여 필요한 사항의 조사를 요청할 수 있다. 이처럼 전자장치 부착명령을 받게 되는 범죄자들이 증가하고 있고, 이들 중 고위험군의 경우에는 심리전문가가 보호관찰을 일임할 필요성이 증대하여 이와 관련된 특채 선발을 지속적으로 하고 있는 실정이다.

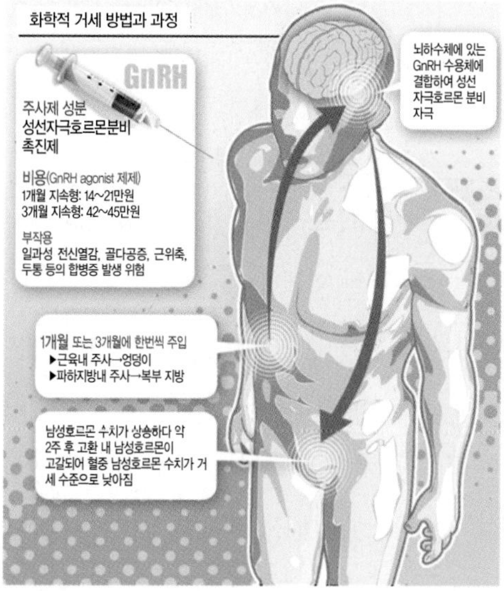

그림 14-17 국내 성범죄자들에 대한 약물치료의 방법을 소개한다.

정신건강의학과 전문의의 감정에 따라 성적 이상 습벽으로 인해 자신의 행위를 스스로 통제할 수 없다고 판명된 성도착증 환자의 경우, 그들의 비정상적인 성적 충동이나 욕구를 억제하기 위한 조치로 약물 투여 및 심리치료 등의 방법으로 도착적인 성기능을 일정기간 동안 약화 또는 정상화하는 치료를 하도록 되어 있다(〈그림 14-17〉 참고). 검사와 법원은 치료명령을 청구하기 위하여 범죄의 동기, 피해자와의 관계, 심리상태, 재범의 위험성 등에 대한 조사를 요청할 수 있다. 치료명령은 의사의 진단과 처방에 의한 약물 투여, 정신보건전문요원 등 전문가에 의한 인지행동 치료와 같은 심리치료 프로그램의 실시 등으로 집행한다. 치료명령 가해제를 심사할 때는 치료명령을 받은 사람의 인격, 생활태도, 치료명령 이행상황 및 재범의 위험성에 대한 전문가의 의견 등을 고려해야 한다. 보호관찰과 전자감독제도와 마찬가지로 약물치료 명령에 따른 기관 내 심리전문가들에 대한 수요가 증가하고 있는 추세이다.

(4) 기타 기관에서의 활용

국립과학수사연구원은 2000년도부터 범죄심리과에서 범죄자 프로파일링에 관한 연구를 시작하였고, 현재 심리연구실에서 심리생리검사(거짓말탐지검사)와 뇌파검사 및 진술분석과 피의자나 피고인의 성격과 지능, 인지 및 정서 상태에 대한 종합심리평가를 실시한다. 범죄분석실은 범죄 피해자 및 목격자의 기억 회상을 향상시키기 위한 법최면과 법인지검사를 실시하고, 범인의 몽타주 작업과 범죄의 동기 및 범죄 환경을 연구하는 범죄분석 그리고 자살사건에 대한 심리부검을 통해 변사자가 자살에 이르게 되는 심리 과정을 추론하는 업무를 담당하고 있다. 국립과학수사연구원의 경우 수사를 위한 감정업무 이외에도 범죄심리학적 원리를 실무에 적용하기 위해 꾸준한 연구하고 있다.

국방부에서는 군내 발생하는 사건에 대한 조사를 위하여 프로파일링 기법과 거짓말탐지검사 그리고 진술분석기법을 활용하고 있다. 또한 군 입대를 위한 병역심사 절차에서 정신장애를 가진 대상자를 선별하기 위해 심리전문가를 배치하여 종합적 심리평가를 통한 분류 작업을 하고 있고, 입대 후 부적응을 경험하는 사병들을 위한 군 상담관 제도를 마련하여 자살 및 사건사고를 미연에 예방하기 위한 정책적 시도를 하고 있다.

참고문헌
찾아보기

An Introduction to Modern Psychology

참고문헌

강성록, 김세훈, 이현업 (2014). 베트남전 전참 제대군인의 외상후 스트레스 장애 증상에 대한 예측변인. **한국심리학회지: 임상, 33(1)**, 35-50.

고재홍(1994). 가해자의 외모와 형량판단 간의 매개과정. **한국심리학회지: 사회, 8(1)**, 68-84.

곽호완, 박창호, 이태연, 김문수, 진영선(2008). **실험심리학 용어사전**. 서울: 시그마프레스.

구재선, 서은국 (2011). 한국인, 누가 언제 행복한가? **한국심리학회지: 사회 및 성격, 25(2)**, 143-166.

구훈정, 이종선 (2016). 소방대원들의 외상 후 스트레스 증상에 미치는 인구통계, 직무특성 및 심리사회 요인들. **한국심리학회지: 일반, 35(1)**, 65-88.

권석만 (2012). **현대 심리치료와 상담이론: 마음의 치유와 성장으로 가는 길**. 서울: 학지사.

권승혁 (2001). 한국 아동의 도덕성 발달에 관한 연구. **도덕교육학연구, 2**, 97-118.

권용철, 유성은 (2013). 경찰관의 외상 후 스트레스 장애(PTSD) 증상과 관련된 인지적, 정서적 특성. **한국심리학회지: 임상, 32(3)**, 649-665.

김두길, 유영달 (2015). 중년기 부부의 가족스트레스와 결혼만족도 관계에서 인지적 정서조절 전략의 매개효과. **한국콘텐츠학회논문지, 15(11)**, 177-191.

김시업(2003a). 범죄심리학의 과거. **경기대학교 대학원 범죄심리학과 춘계세미나자료집**.

김시업(2003b). 대치상황에서 자살억제를 위한 접근법. **치안정책연구 17**, 302-313.

김은정, 권호창, 하미나, 임명호, 김지현, 유승진, Ki-Chung Paik (2012, 5). 임신 중 산모의 음주와 간접흡연과 소아우울과의 관련성. **환경독성보건학회 심포지엄 및 학술대회**.

김은주, 김진석 (2012). 스트레스와 해마: 뇌신경 기제의 시스템 분석. **한국심리학회지: 인지 및 생물, 24(1)**, 65-88.

김정규 (2015). **게슈탈트 심리치료: 창조적 삶과 성장**. 서울: 학지사.

김정운 (2001). 관계적 정서와 문화적 정서: 정서의 문화심리학적 접근. **한국심리학회지: 일반, 20(2)**, 389-407.

김혜숙(1993). 신체 매력이 대인지각과 인상평정에 미치는 영향. **한국심리학회지: 사회, 7(2)**, 46-62.

류수민, 유태용 (2015). 역할 스트레스가 조직몰입에 미치는 영향에서 심리적 계약위반의 매개효과와 회복탄력성의 조절효과. **한국심리학회지: 산업 및 조직, 28(4)**, 723-747.

박광배(2002). **법심리학**. 서울: 학지사.

박권생, 이종한(2015). **심리학과 삶(제 20판)**. 서울: 시그마프레스.

박미정, 이인숙, 신은경, 정효지, 조성일 (2006). 한국 청소년의 성성숙 시기 및 장기간의 초경연령 추세분석. *Korean Journal of Pediatrics, 49*(6), 610-616.

박성수, 김경옥(2005). 범죄심리학의 형사사법절차에서의 적용을 위한 고찰. **한국범죄심리학회, 1(1)**, 103-121.

박영신, 이경란, 안자영, 이상희 (2015). 직장인의 스트레스 증상과 대처 관련 변인에 대한 연구: 정서적 지원, 자기효능감, 직무만족도, 직무성취도를 중심으로. **한국심리학회지: 문화 및 사회문제, 21(3)**, 317-338.

박영주, 구병삼, 강현철, 천숙희, 윤지원 (2001). 한국 여성의 폐경연령, 갱년기 증상 관련요인. **여성건강간호학회지, 7(4)**, 473-485.

박판규(2003). **거짓말탐지검사**. 서울: 삼우사.

박효정, 김미영, 정덕유 (2008). 여대생의 스트레스, 사회적지지 및 자기효능감이 정신 건강에 미치는 영향. **기본간호학회지, 15(4)**, 513-521.

백지영, 서수균 (2014). 스트레스와 안녕감의 관계에서 삶의 의미성의 조절효과. **한국심리학회지: 임상, 33(3)**, 509-529.

보건복지부(2012). **2011년도 정신질환실태 역학조사 보고서.**

보건복지부(2017). **2016년도 정신질환 실태조사.**

서은국 (2014). **행복의 기원**. 서울: 21세기북스

설정훈, 박수현 (2015). 해군 장병의 스트레스와 인지적 정서조절전략이 정신건강 문제에 미치는 영향. *Korean Journal of Clinical Psychology, 34*(2), 553-578.

신지은, 김정기, 서은국, 임낭연 (2017). 내향적인 사람은 어떻게 하면 더 행복해질까? 관계 중심적 행복관의 중요성. **한국심리학회지: 사회 및 성격, 31(1)**, 41-60.

신효정, 최현주, 이민영, 노현경, 김근화, 장유진, 이상민 (2012). 스트레스 대처방식이 학업소진에 미치는 영향: 억제효과를 중심으로 한 단기 종단연구. **한국심리학회지: 학교, 9(2)**, 289-309.

심태경, 이민규 (2013).

안나영 (2015). 장기간 운동 트레이닝이 알츠하이머 환자의 말초면역표지자 및 사망률에 미치는 영향: 2년 추적조사(2013-2014년). **한국체육학회지, 54(6)**, 525-536.

오경자, 이혜련, 홍강의, 하은혜 (1997). **아동·청소년 행동평가 척도(K-CBCL)**. 서울: Huno Consulting.

이경순, 서경현 (2011). 대학생의 대인관계 스트레스 및 부모와의 갈등과 주관적 웰빙. **한국심리학회지: 건강, 16(3)**, 595-608.

이동수, 정명숙. (2007). 청소년의 음주행위에 미치는 영향요인 분석-광주, 전남지역 고등학생을 대상으로. **사회복지정책, 31**, 125-148.

이명지, Surabhi Shah-Kulkarni, 하미나, 홍윤철, 박혜숙, 김양호, …, 하은희 (2016, 11). 임신 초기 임산부의 간접흡연 노출이 영유아의 24개월 시기의 인지발달에 미치는 영향 연구. **한국모자보건학회 학술대회.**

이수정(2007). 경찰단계에서의 범죄소년 다이버전을 위한 비행성 평가절차의 재범예측력 연구. **한국심리학회지: 사회 및 성격, 21(2)**, 47-57.

이수정(2018). **최신범죄심리학(제4판)**. 서울: 학지사.

이영복, 이상민, 이자영. (2009). 한국형 학업소진 척도 개발 및 타당화. **한국교육학연구, 15(3)**, 59-78.

이윤호, 이수정, 공정식(2000). **분류처우론**. 서울: 동현출판사.

이창우, 서봉연 (1974). **K-WISC 실시요강: 한국판 Wechsler 아동용 개인지능 검사**. 서울: 교육과학사.

이화령, 임낭연, 류초롱, 서은국, 박수진 (2008). 외향적 기질과 행동이 유발하는 정적 정서. *한국심리학회지: 사회 및 성격, 22*(1), 159-175.

임광모, 탁진국 (2016). 직무요구가 직무스트레스에 미치는 영향. **한국심리학회지: 산업 및 조직, 29(2)**, 61-83.

임낭연, 신지은, 홍성우, 서은국 (2013). '즐거움'은 지지적 정서 표현을 유발한다. **감성과학, 16(2)**, 221-234.

정동근(2003). **시민사회론**. 서울: 법문사.

정주리, 김은영, 최승애, 이유정, 김정기 (2015). 대학생활 스트레스와 자살생각 간의 관계: 실수염려 완벽주의, 사회적 지지, 우울을 매개로. **한국심리학회지: 상담 및 심리치료, 27(2)**, 325-349.

조선미, 박혜연, 김지혜, 홍창희, 황순택 (2006). 한국 아동 인성 평정 척도(Korean Personality Rating Scale for Children: KPRC)의 표준화 연구. *Korean Journal of*

Clinical Psychology, 25(3), 825-848.

조수진 (2009). 청소년의 내현적 자기애성향, 부모-자녀 간의 의사소통 및 우울 간의 관계. **통합치료연구, 1(1)**, 19-33.

주수진, 손정락 (2015). 수용 전념 치료가 대인 외상 경험이 있는 대학생의 외상후 스트레스 증상과 복합 외상후 스트레스 증상에 미치는 효과. **한국심리학회지: 임상, 34(2)**, 353-374.

주수현, 임제진, 이창욱 (2014). 알츠하이머병 치료의 생물학적 예측인자. **생물정신의학, 21(4)**, 115-117.

주영, 이서정, 현명호 (2012). 스트레스와 자살사고의 관계에서 삶의 의미, 감사의 중재효과. **한국심리학회: 일반, 31(4)**, 1175-1192.

차재호(2001). 범죄와 심리학. **한국심리학회 춘계 심포지엄 자료집**, 1-29.

최해연 (2013). 대학생의 스트레스 대처 패턴과 심리적응적 특징. **한국심리학회지: 일반, 32(1)**, 1-21.

한광희, 임중우, 김민식, 이일병, 변혜란(2000). **인지과학**. 서울: 학지사.

한국심리학회(2004). **현대 심리학의 이해**. 서울: 학문사.

한정열, 조금준, 오정미 (2017). 임산부에서 약물의 안전사용을 위한 연구의 필요성. **한국모자보건학회지, 21(3)**, 159-165.

호모 딕티우스의 탄생. EBS 다큐프라임, 2012. 4. 23 방영.

홍상황, 황순택, 김지혜, 박중규, 장유진 (2015). 한국판 웩슬러 기초학습기능검사 표준화 연구. **한국심리학회 학술대회 자료집**, 8.

황순택, 김지혜, 박광배, 최진영, 홍상황 (2012). K-WAIS-Ⅳ 표준화-신뢰도와 타당도, **한국심리학회 학술대회 자료집, 2012(1)**, 140-140.

황순택, 김지혜, 홍상황, 배성훈, 조성우 (2015). 바인랜드 적응행동척도 2판(K-Vineland-Ⅱ) 표준화 연구. *Korean Journal of Clinical Psychology, 34*(4), 851-876.

Abel, E. L., & Kruger, M. L. (2010). Smile intensity in photographs predicts longevity. *Psychological Science, 21*(4), 542-544.

Abramson, L. T., Seligman, M. E. P., Teasdale, J. D. (1978). Learned helplessness in humans: Critique and reformulation. *Journal of Abnormal Psychology, 87*, 49-74

Achenbach, T. M. (1994). Child Behavior Checklist and related instruments. In M. E. Maruish (Ed.), *The use of psychological testing for treatment planning and outcome assessment* (pp. 517-549). Hillsdale, NJ, US: Lawrence Erlbaum Associates, Inc.

Adams, G., Gullotta, T., & Montemayor, R. (1992). *Adolescent identity formation.* Newbury Park, CA: Sage.

Ahlenius, S., Engel, J., & Zöller, M. (1977). Effects of apomorphine and haloperidol on exploratory behavior and latent learning in mice. *Physiological Psychology, 5*(3), 290-294.

Ainsworth, M. D. S., Blehar, M. C., Waters, E., & Wall, S. (1978). *Patterns of attachment: A psychological study of the strange situation.* Hillsdale, NJ: Erlbaum.

Ajzen, I., & Sexton, J. (1999). Depth of processing, belief congruence, and attitude-behavior correspondence. *Dual-process theories in social psychology,* 117-138.

Akshoomoff, N. A., & Courchesne, E. (1992). A new role for the cerebellum in cognitive operations. *Behavioral neuroscience, 106*(5), 731-738.

Albert, M. S., & Killiany, R. J. (2001). Age-related cognitive change and brain-behavior relationships. In J. E. Birren & K. W. Schaie (Eds.), *Handbook of the psychology of aging* (5th ed., pp. 160-184). San Diego, CA: Academic Press.

Alexander, F., & Healy, W. (1935). *Roots of Crime.* New York: Knopf.

Allport, F. H. (1924). *Social Psychology.* Boston: Houghton Mifflin.

Allport, G. (1937). *Personality: A psychological interpretation.* New York: Holt, Rinehart and Winston.

Allport, G. W., & Odbert, H. S. (1936). Trait-names: A psycho-lexical study. *Psychological Monographs, 47*(1), i-171.

Alreck, P. L., & Settle, R. B. (1994). *The survey research handbook.* McGraw-Hill.

American Psychiatric Association. (1994). *Diagnostic and statistical manual of mental disorders* (4th ed.). Washington, DC: Author.

American Psychiatric Association. (2000). *Diagnostic and statistical manual of mental disorders* (4th ed., text revision). Washington, DC: Author.

American Psychiatric Association. (2013). *Diagnostic and statistical manual of mental disorders* (5th ed.). Washington, DC: American Psychiatric Association.

Anderson, N. H. (1981). *Foundations of information integration theory.* New York: Academic Press.

Andres, R. L., & Day, M.-C. (2000). Perinatal complications associated with maternal tobacco use. *Seminars in Neonatology,* 5, 231-241.

Ansbacher, H. L., & Ansbacher, R. R. (1956). *The individual psychology of Alfred Adler: A systematic presentation in selections from his writings.* Oxford, UK: Basic Books.

Appadurai, A. (1997). The research ethic and the spirit of internationalism. *Items, 51*(4), 55-60.

Archibald, A. B., Graber, J. A., & Brooks-Dunn, J. (2003). Pubertal processes and physiological growth in adolescence. In G. R. Adams & M. D. Berzonsky (Eds.), *Blackwell handbook of adolescence. Malden, MA: Blackwell Publishing.*

Argyle, M., & Lu, L. (1990). Happiness and social skills. *Personality and Individual Differences, 11*(12), 1255-1261.

Arkes, H. R., & Blumer, C. (1985). The psychology of sunk cost. *Organizational behavior and human decision processes, 35*(1), 124-140.

Arneson, J. J., Sackett, P. R., & Beatty, A. S. (2011). Ability-performance relationships in education and employment settings: Critical tests of the more-is-better and the good-enough hypotheses. *Psychological Science, 22*(10), 1336-1342.

Arnett, J. J. (2000). Emerging adulthood: A theory of development from the late teens through the twenties. *American Psychologist, 55*(5), 469-480.

Asch, S. E. (1946). Forming impressions of personality. *Journal of Abnormal Social Psychology, 41*, 258-290.

Asch, S. E. (1951). Effects of group pressure upon the modification and distortion of judgments. In H. Guetzkow (Ed.), *Groups, leadership, and men*. Pittsburgh: Carnegie Press.

Asch, S. E. (1956). Studies of independence and conformity: A minority of one against a unanimous majority. *Psychological Monographs, 70*, 1-70.

Ashford, J. W., & Mortimer, J,. A. (2002). Non-familial Alzheimer's disease in mainly due to genetic factors. *Journal of Alzheimer's Disease, 4*, 169-177.

Atkinson, J. W. (1964). *An introduction to motivation*. Princeton, NJ: Van Nostrand.

Averill, J. R. (1985). The social construction of emotion: With speical reference to love. In K. J. Gergen & K. E. Davis (Eds.), *The social construction of the person* (pp.89-109). New York: Springer.

Baas, M., De Dreu, C. K., & Nijstad, B. A. (2008). A meta-analysis of 25 years of mood-creativity research: Hedonic tone, activation, or regulatory focus? *Psychological Bulletin, 134*(6), 779-806.

Baba, S., Wikström, A. K., Stephansson, O., & Cnattingius, S. (2012). Influence of smoking and snuff cessation on risk of preterm birth. *European Journal of Epidemiology, 27*(4), 297-304.

Baddeley, A. D. (2002). Is working memory still working? *European psychologist, 7*(2), 85-97.

Bagby, R. M., Levitan, R. D., Kennedy, S. H., Levitt, A. J., & Joffe, R. T. (1999). Selective alteration of personality in response to noradrenergic and serotonergic antidepressant medication in depressed sample: evidence of non-specificity. *Psychiatry Research, 86*, 211-216.

Bahrick, H. P. (1984). Semantic memory content in permastore: Fifty years of memory for Spanish learned in school. *Journal of experimental psychology: General, 113*(1), 1-29.

Baillargeon, R. (1987). Object permanence in 3.5-and 4.5 month-old infants. *Developmental Psychology, 23*, 655-664.

Baillargeon, R. (1994). How do infants learn about the physical world? *Current Directions in Psychological Science, 3*, 133-140.

Baillargeon, R. (2002). The acquisition of physical knowledge in infancy: A summary in eight lessons. In U. Goswami (Ed.), *Blackwell handbook of childhood cognitive development*. Malden, MA: Blackwell Publishing.

Baillargeon, R. (2004). Infants'physical world. *Current Directions in Psychological Science, 13*(3), 89-94.

Bandura, A. (1962). Social learning through imitation. In M. R. Jones (Ed.), *Nebraska Symposium on Motivation* (pp. 211-274). Oxford, England: Nebraska University.

Bandura, A. (1973). *Aggression: A social*

learning analysis. Prentice-Hall.

Bandura, A. (1983). Self-Efficacy Determinants of Anticipated Fears and Calamities. *Journal of Personality and Social Psychology, 45*(2), 464-469.

Bandura, A. (1986). *Social Foundations of Thought and Action: A Social Cognitive Theory*. Englewood Cliffs, NJ: Prentice-Hall.

Bandura, A. (1986). *Social foundations of thought and action: A social cognitive theory*. Englewood Cliffs, NJ: Prentice-Hall.

Bandura, A., Grusec, J. E., & Menlove, E L. (1966). Observational learning as a function of symbolization and incentive set. *Child Development. 37*. 499-506.

Bandura, A. (1997). *Self-efficacy: The exercise of control*. New York: Freeman.

Bartholomew, K. (1990). Avoidance of intimacy: An attachment perspective. *Journal of Social and Personal relationships, 7*(2), 147-178.

Bartol, C. R. (1980). *Criminal Behavior: A Psychological Approach*. Englewood Cliffs, NJ: Prentice Hall.

Bartol, C. R., & Bartol, A. M. (2004). *Criminal Behavior: A Psychosocial Approach* (7th ed.). New Jersey: Prentice Hall.

Basson, R. (2001). Using a different model for female sexual response to address women's problematic low sexual desire. *Journal of Sex & Marital Therapy, 27*(5), 395-403.

Basson, R. (2002). A model of women's sexual arousal. *Journal of Sex & Marital Therapy, 28*(1), 1-10.

Baumeister, R. F., & Leary, M. R. (1995). The need to belong: desire for interpersonal attachments as a fundamental human motivation. *Psychological Bulletin, 117*(3), 497-529.

Beck A. T., Rush A. J., Shaw B. F. & Emery, G. (1979) *Cognitive Therapy of Depression*. New York: Guilford Press.

Beck, B. B. (1973). Observation learning of tool use by captive Guinea baboons (Papio papio). *American Journal of Physical Anthropology, 38*(2), 579-582.

Becker, H. S., & Geer, B. (2003). *Participant observation: The analysis of qualitative field data*. In *Field research* (pp. 376-394). New York: Routledge.

Beilin, H. (1992). Piaget's enduring contribution to developmental psychology. *Developmental Psychology, 28*, 191-204.

Beirne, P., & Messerschmidt, J. (2000). *Criminology* (3rd ed.). Boulder Colorado: Westview Press.

Belmaker, R. H., & Agam, G. (2008). Mechanisms of disease: Major depressive disorder. *The New England Journal of Medicine, 358*, 55-68.

Bernard, L. L. (1925). Instict: A study in social psychology. *International Journal of Ethics, 35*(4), 429-432.

Berza, A. L., Gannon, K. M., & Skowronski, J. J. (1992). The moment of tenure and the moment of truth: When it pays to be aware of recency effects in social judgments. *Social Cognition, 10*, 397-

413.

Berzonsky, M. & Adams, G. (1999). Commentary: Reevaluating the identity status paradigm: Still useful after 35 years. *Developmental Review, 19,* 557-590.

Bianchi, E. C., & Vohs, K. D. (2016). Social class and social worlds: Income predicts the frequency and nature of social contact. *Social Psychological and Personality Science, 7*(5), 479-486.

Biederman, J., Mick, E., Faraone, S. V., & Burback, M. (2001). Patterns of remission and symptom decline in conduct disorder: A four-year prospective study of an ADHD sample. *Journal of the American Academy of Child and Adolescent Psychiatry, 40,* 290-298.

Biehl, M., Matsumoto, D., Ekman, P., Hearn, V., Heider, K., Kudoh, T., et al. (1997). Matsumoto and Ekman's Japanese and Caucasian facial expressions of emotion(JACFEE): Reliability data and cross-national differences. *Journal of Nonverbal Behavior, 21*, 3-21.

Bierut, L. J., Heath, A. C., Bucholz, K. K., Dinwiddie, S. H., Madden, P. A. F., Statham, D. J., Dunne, M. P., & Martin, N. G. (1999). Major depressive disorder in a community-based twin sample: Are there different genetic and environmental contributions for men and women? *Archives of General Psychiatry, 56*, 557-563.

Birley, J. L. T., & Brown, G. W. (1970). Crisis and life changes preceding the onset or relapse of acute schizophrenia: clinical aspects. *British Journal of Psychiatry, 116,* 327-333.

Bjorklund, D. F. (2005). *Children's thinking: Cognitive development and individual differences.* Belmont, CA: Wadsworth.

Blackhart, G. C., Nelson, B. C., Knowles, M. L., & Baumeister, R. F. (2009). Rejection elicits emotional reactions but neither causes immediate distress nor lower self-esteem: A metat-analytic review of 192 studies on social exclusion. *Personality and Social Psychology Review, 13*(4), 269-310.

Boehm, J. K., & Lyubomirsky, S. (2008). Does happiness promote career success? *Journal of Career Assessment, 16*(1), 101-116.

Bogen, J. E., & Vogel, P. J. (1963). Treatment of generalized seizures by cerebral commissurotomy. In *Surgical forum* (Vol. 14, pp. 431-433).

Bolles, R. C. (1972). Reinforcement, expectancy, and learning. *Psychological Review, 79*(5), 394-409.

Bonanno, G. A. (2004). Loss, trauma, and human resilience. *American Psychologist, 59,* 20-28.

Boring, E. G. (1950). *A history of experimental psychology (2nd ed).* New York: Appleton-Century-Crofts.

Bornstein, R. F. (2012). Illuminating a neglected clinical issue: Societal costs of interpersonal dependency and dependent personality disorder. *Journal of Clinical Psychology, 68,* 766-781.

Bourgeois, M. J. (2002). Heritability of attitudes constrains dynamic social impact. *Personality and Social Psychology Bulletin, 28*(8), 1063-1072.

Bowen, D. M., Smith, C. B., White, P., & Davison, A. N. (1976). Neurotransmitter-related enzymes and indices of hypoxia in senile dementia and other abiotrophies. *Brain: A Journal of Neurology, 99*(3), 459-496.

Bower, G. H. (1981). Mood and memory. *American Psychologist, 36*(2), 129-148.

Bowlby, J. (1944). Forty-four juvenile theieve: their characteristics and home-life. *International Journal of Psychoanalysis, 25,* 19-53.

Bowlby, J. (1951). *Maternal Care and Mental Health*. Geneva: World Health Organization.

Bowlby, J. (1969). *Attachment and loss: Vol. 1. Attachment.* New York: Basic Books.

Bowlby, J. (1973). *Attachment and loss: Vol. 2. Separation, anxiety and anger.* New York: Basic Books.

Bowlby, J. (1980). *Attachmant and Loss: III. Loss, Sadness and Depression.* New York: Basic Books.

Boyce, C. J., Brown, G. D., & Moore, S. C. (2010). Money and happiness: Rank of income, not income, affects life satisfaction. *Psychological Science, 21*(4), 471-475.

Brainerd, C. J. (1996). Piaget: A centennial celebration. *Psychological Science, 7,* 191-195.

Brauer, M., Judd, C. M., & Gliner, M. D. (1995). The effects of repeated expressions on attitude polarization during group discussions. *Journal of Personality and Social Psychology, 68*(6), 1014-1029.

Breland, K., & Breland, M. (1966). *Animal behavior.* Oxford, England: Macmillan.

Bremner, J. G. (2001). Cognitive Development: Knowledge of the physical world. In G. Bremner & A. Fogel (Eds.), *Blackwell handbook of infant development* (pp. 99-138). Malden, MA: Blackwell.

Bretherton, I., & Munholland, K. A. (1999). Internal working models in attachment relationships. In J. Cassidy & P. R. Shaver (Eds.), *Handbook of attachment: Theory, research, and clinical applications.* New York: Guilford.

Brickman, P., Coates, D., & Janoff-Bulman, R. (1978). Lottery winners and accident victims: Is happiness relative? *Journal of Personality and Social Psychology, 36*(8), 917-927.

Brindley, D. N., & Rolland, Y. (1989). Possible connections between stress, diabetes, obesity, hypertension and altered lipoprotein metabolism that may result in atherosclerosis. *Clinical Science, 77*(5), 453-461.

Brogden, W. J. (1939). Higher order conditioning. *The American Journal of Psychology,* 52, 579-591.

Broman, S. H., Nichols, P. L., & Kennedy, W. A. (1975). *Preschool IQ: Perental and early developmental correlates.* HIllsdale, NJ: Erlbaum.

Bruggerman, E. L., & Hart, K. J. (1996).

Cheating, lying, and moral reasoning by religious and secular high school students. *Journal of Educational Research, 89,* 340-344.

Bryant, P. E. (1986). Theories about the causes of cognitive development. In P. L. C. Van Geert (Ed.), *Theory building in developmental psychology.* Amsterdam: North Holland.

Buccino, G., Vogt, S., Ritzl, A., Fink, G. R., Zilles, K., Freund, H. J., & Rizzolatti, G. (2004). Neural circuits underlying imitation learning of hand actions: an event-related fMRI study. *Neuron, 42*(2), 323-334.

Buchanan, T. W. (2007). Retrieval of emotional memories. *Psychological Bulletin, 133*(5), 761-779.

Buck, R. (1988). *Human motivation and emotion* (2nd ed.). New York: Wiley.

Buehler, R., Griffin, D., & Ross, M. (1994). Exploring the" planning fallacy": Why people underestimate their task completion times. *Journal of personality and social psychology, 67*(3), 366-381.

Burgess, R., & Akers, R. L. (1966). A differential association-reinforcement theory of criminal behavior. *Social Problems, 14,* 363-383.

Burke, J. D., Waldman, I., & Lahey, B. B. (2010). Predictive validity of childhood oppositional defiant disorder and conduct disorder: Implications for DSM-V. *Journal of Abnormal Psychology, 119,* 739-751.

Buss, A. H., & Plomin, R. (1975). *A temperament theory of personality development.* Wiley-Interscience.

Buss, D. M. (1989). Sex differences in human mate preferences: Evolutionary hypotheses tested in 37 cultures. *Behavioral and brain sciences, 12*(1), 1-14.

Buster, J. E., & Carson, S. A. (2002). Endocrinology and diagnosis of pregnancy. In S. G. Gabbe, J. R. Niebyl, & J. L. Simpson (Eds.), *Obstetrics: Normal and problem pregnancies.* New York: Churchill Livingstone.

Bylsma, L. M., Taylor-Clift, A., & Rottenberg, J. (2011) Emotional reactivity to daily events in major and minor depression. *Journal of Abnormal Psychology, 120,* 155-167.

Byrne, D., & Nelson, D. (1965). The effect of topic importance and attitude similarity-dissimilarity on attraction in a multistranger design. *Psychonomic Science, 3*(1-12), 449-450.

Cacioppo, J. T., & Berntson, G. G. (1999). The affect system: Architecture and operating characteristics. *Current Directions in Psychological Science, 8*(5), 133-137.

Cacioppo, J. T., & Hawkley, L. C. (2009). Perceived social isolation and cognition. *Trends in Cognitive Science, 13*(10), 447-454.

Caine, E. D., & Lyness, J. M. (2000). Delirium, dementia, and amnestic and other cognitive disorders. In B. J. Sadock & V. A. Sadock (Eds.). *Kaplan and Sadock's comprehensive textbook of psychiatry.* Philadelphia: Lippincott/Williams & Wilkins.

Camras, L. A., Sullivan, J., & Michel, G. F. (1993). Adult judgements of infant expressive behavior: Facial, vocal, and body actions. *Journal of Nonverbal Behavior 17*(3), 171-186.

Camras, L., Oster, H., Campos, J. J., & Bakeman, R. (2003). Emotional facial expressions in European-American, Japanese, and Chinese infants. In P. Ekman, J. J. Compos, R. J. Davidson & F. B. M. De Waal (Eds.), *Emotions inside out: 130 years after Darwin's "The expression of the emotions in man and animals"*(Vol. 1, pp. 135-151). New York: New York Academy of Sciences.

Cannon, W. B., & Washburn, A. L. (1912). An explanation of hunger. *American Journal of Physiology 29*(5), 441-454.

Canon, W. B. (1927). The James-Lange theory of emotion: a critical examination and an alternative theory. *American Journal of Psychology 39,* 106-124.

Carlsmith, J. M., & Gross, A. E. (1969). Some effects of guilt on compliance. *Journal of Personality and Social Psychology, 11*(3), 232-239.

Carlson, M., Charlin, V., & Miler, N. (1988). Positive mood and helping behavior: A test of six hypotheses. *Journal of Personality and Social Psychology, 55,* 211-229.

Carroll, J. B. (1993). *Human cognitive abilities: A survey of factor analytic studies.* NY: Cambridge University Press

Carter, T. J., & Gilovich, T. (2010). The relative relativity of material and experiential purchases. *Journal of Personality and Social Psychology, 98*(1), 146-159.

Carvalho, J. P., & Hopko, D. R. (2011). Behavioral theory of depression: Reinforcement as a mediating variable between avoidance and depression. *Journal of Behavior Therapy and Experimental Psychiatry, 42,* 154-162.

Carver, C. S., & White, T. L. (1994). Behavioral inhibition, behavioral activation, and affective responses to impending reward and punishment: The BIS/BAS Scales. *Journal of Personality and Social Psychology, 67,* 319-333.

Carver, C. S., Scheier, M. F., & Weintraub, J. K. (1989). Assessing coping strategies: a theoretically based approach. *Journal of Personality and Social Psychology, 56*(2), 267-283.

Casey, R. J. (1993). Children's emotional experience: Relations among expression, self-report, and understanding. *Developmental Psychology, 29,* 119-129.

Cassidy, J. (1999). The nature of the child's ties. In J. Cassidy & P. R. Shaver (Eds.), *Handbook of attachment: Theory, research, and clinical applications.* New York: Guilford.

Cattell, R. B. (1941). Some theoretical issues in adult intelligence testing [abstract]. *Psychological Bulletin, 38,* 592.

Cattell, R. B. (1950). Personality: *A systematic*

theoretical and factual study. New York: McGraw-Hill.

Chaiken, S., & Eagly, A. H. (1983). Communication modality as a determinant of persuasion: The role of communicator salience. *Journal of Personality and Social Psychology, 45,* 241-256.

Cherry, E. C. (1953). Some experiments on the recognition of speech, with one and with two ears. *The Journal of the acoustical society of America, 25*(5), 975-979.

Clark, A. E., Frijters, P., & Shields, M. A. (2008). Relative income, happiness, and utility: An explanation for the Easterlin paradox and other puzzles. *Journal of Economic Literature, 46,* 95-144.

Clark, R. D. (1990). Minority influence: The role of argument refutation of the majority position and social support for the minority position. *European Journal of Social Psychology, 20,* 489-497.

Clay, M. M. (1993). *An observation survey of early literacy achievement.* Heinemann, 361 Hanover St., Portsmouth, NH 03801-3912.

Cohen, L., & Roth, S. (1984). Coping with abortion. *Journal of Human Stress, 10*(3), 140-145.

Colby, A., & Kohlberg, L. (1987). *The measurement of moral judgment* (Vols. 1-2). New York; Cambridge University Press.

Compton, W. C., Smith, M. L., Cornish, K. A., & Qualls, D. L. (1996). Factor structure of mental health measures. *Journal of Personality and Social Psychology, 71,* 406-413.

Cook, T. D., & Campbell, D. T. (1979). *Quasi-experimentation: Design and analysis for field settings* (Vol. 3). Chicago: Rand McNally.

Corbett, B., & Gunther, J. (2011). Autism spectrum disorders. In: S. Goldstein & C. R. Reynolds (Eds.), *Handbook of neurodevelopmental and genetic disorders in children.* New York: Guilford Press.

Corkin, S. (2002). What's new with the amnesic patient HM? *Nature Reviews Neuroscience, 3*(2), 153-160.

Costa, P. T., & McCrae, R. R. (1980). Influence of extraversion and neuroticism on subjective well-being: Happy and unhappy people. *Journal of Personality and Social Psychology, 38,* 668-678.

Costa, P. T., Jr., & McCrae, R. R. (1992). *Revised NEO Personality Inventory (Neo-PI-R) and NEO Five-Factor Inventory (NEO-FFI): Professional manual.* Odessa, FL: Psychological Assessment Resources.

Courage, M. L., & Howe, M. L. (2002). From infant to child: The dynamics of cognitive change in the second year of life. *Psychological Bulletin, 128*(2), 250-277.

Coutts, A. (2000). Nutrition and the life cycle. 1: Maternal nutrition and pregnancy. *British Journal of Nursing, 9,* 1133-1138.

Craik, F. I., & Tulving, E. (1975). Depth of processing and the retention of words in episodic memory. *Journal of Experimental Psychology: General, 104*(3), 268-294.

Creese, I., Burt, D. R., & Snyder, S. H. (1976). Dopamine receptor binding predicts clinical and pharmacological potencies of antischizophrenic drugs. *Science, 192*(4238), 481-483.

Crick N. R., & Dodge, K. A. (1994), A Review and Reformulationof Social Informatio-processing Mechanism in Children's Social Adjustment. *Psychological Bulletin, 115,* 74-101.

Crick N. R., & Dodge, K. A. (1996). Social Information-processing Mechanism in Reactive and Proactive Aggression. *Child Development, 67,* 74-101.

Csikszentmihalyi, M., & Csikszentmihalyi, I. S. (Eds.). (1992). *Optimal experience: Psychological studies of flow in consciousness.* Cambridge university press.

Cummings, J. L., & Cole, G. (2002). Alzheimer's disease. *Journal of the American Medical Association, 287,* 2335-2338.

Cunningham, M. R. (1988). What do you do when you're happy or blue? Mood, expectancies, and behavioral interest. *Motivation and Emotion, 12*(4), 309-331.

Danner, D. D., Snowdon, D. A., & Friesen, W. V. (2001). Positive emotions in early life and longevity: Findings from the nun study. *Journal of Personality & Social Psychology, 80,* 804-813.

Darwin, C. (2014). **인간과 동물의 감정 표현**. (김홍표 역). 서울: 지식을만드는지식.

Darwin, C. J., Turvey, M. T., & Crowder, R. G. (1972). An auditory analogue of the Sperling partial report procedure: Evidence for brief auditory storage. *Cognitive Psychology, 3*(2), 255-267.

Darwin, C. R. (1872). *The Expression of Emotions in Man and Animals.* London: Murray.

Dasen, P. R. (1994). Culture and cognitive development from a Piagetian perspective. In W. J. Lonner & R. Malpass (Eds.), *Psychology and culture.* Boston: Allyn & Bacon.

Davis, L., & Greenless, C. (1992). *Social loafing revisited: Factors that mitigate- and reverse-performance loss.* Paper presented at the Southwestern Psychological Association Convention.

de Jong, P. F., Koomen, W., & Mellenbergh, G. J. (1988). Structure of causes for success and failure: A multidimensional scaling analysis of preference judgments. *Journal of Personality and Social Psychology, 55,* 718-725.

Deci, E. L., & Ryan, R. M. (1985). The General Causality Orientation Scale: Self-Determination in Personality. *Journal of research in Personality 19,* 109-134.

Deci, E. L., Koestner, R., & Ryan, R. M. (1999). A meta-analytic review of experiments examining the effects of extrinsic rewards on intrinsic motivation. *Psychological Bulletin 125,* 627-668.

Deery, S. J., Iverson, R., & Walsh, J. (2002). Work relationships in telephone call centres: Understanding emotional exhaustion and employee withdrawal. *Journal of Management, 39*(4), 471-496.

DeKosky, S. T., & Scheff, S. W. (1990). Synapse loss in frontal cortex biopsies in Alzheimer's disease: correlation with cognitive severity. *Annals of Neurology: Official Journal of the American Neurological Association and the Child Neurology Society, 27*(5), 457-464.

Derryberry, D., & Tucker, D. M. (1994). Motivating the focus of attention. In P. M. Neidenthal & S. Kitayama (Eds.), *The heart's eye: Emotional influences in perception and attention* (pp. 167-196). San Diego, CA: Academic Press.

DeVries, R. (2000). Vygotsky, Piaget, and education: A reciprocal assimilation of theories and educational practices. *New Ideas in Psychology, 18*(2-3), 187-213.

Di Chiara, G., & Imperato, A. (1988). Drugs abused by humans preferentially increase synaptic dopamine concentrations in the mesolimbic system of freely moving rats. *Proceedings of the National Academy of Sciences, 85*(14), 5274-5278.

Di Russo, F., Taddei, F., Apnile, T., & Spinelli, D. (2006). Neural correlates of fast stimulus discrimination and response selection in top-level fencers. *Neuroscience Letters, 408*(2), 113-118.

Diener, E. (1984). Subjective well-being. *Psychological Bulletin, 95*, 542-575.

Diener, E. (2000). Subjective well-being: The science of happiness and a proposal for a national index. *American Psychologist, 55*(1), 34-43.

Diener, E., & Biswas-Diener, R. (2008). *The science of optimal happiness.* Oxford: Blackwell.

Diener, E., & Diener, C. (1996). Most people are happy. *Psychological Science, 7*(3), 181-185.

Diener, E., & Emmons, R. A. (1984). The independence of positive and negative affect. *Journal of Personality and Social Psychology, 47*, 1105-1117.

Diener, E., & Lucas, R. (1999). Personality and subjective well-being. In D. Kahneman, E. Diener, & N. Schwarz (Eds.), *Well-being: The foundations of hedonic psychology* (pp. 213-229). New York: Russell-Sage Foundation.

Diener, E., & Oishi, S. (2000). Money and happiness: Income and subjective well-being across nations. In E. Diener & E. M. Suh (Eds.), *Culture and subjective well-being* (pp. 185-218). Cambridge, MA: MIT Press.

Diener, E., & Seligman, M. E. P. (2002). Very happy people. *Psychological Science, 13*(1), 81-84.

Diener, E., Kanazawa, S., Suh, E. M., & Oishi, S. (2015). Why people are in a generally good mood. *Personality and Social Psychology Review, 19*(3), 235-256.

Diener, E., Lucas, R. E., & Scollon, C. N. (2006). Beyond the hedonic treadmill: Revising the adaptation theory of well-being. *American Psychologist, 61*(4), 305-314.

Diener, E., Nickerson, C., Lucas, R. E., & Sandvik, E. (2002). Dispositional affect and job outcomes. *Social Indicators Research, 59,* 229-259.

Diener, E., Sandvik, E., & Pavot, W. (1991). Happiness is the frequency, not the intensity, of positive versus negative affect. In F. Strack, M. Argyle, & N. Schwarz (Eds.), *Subjective Well-being: An Interdisciplinary Perspective* (pp. 119-139). Oxford, England: Pergamon Press.

Diener, E., Sandvik, E., Seidlitz, L., & Diener, M. (1993). The relationship between income and subjective well-being: Relative or absolute? *Social Indicators Research, 28*(3), 195-223.

Diener, E., Suh, E. M., Lucas, R. E., & Smith, H. L. (1999). Subjective well-being: Three decades of progress. *Psychological Bulletin, 125*(2), 276-302.

Diener, E., Tay, L., & Oishi, S. (2013). Rising income and the subjective well-being of nations. *Journal of Personality and Social Psychology, 104*(2), 267-276.

Dion, K., Berscheid, E., & Walster, E. (1972). What is beautiful is good. *Journal of personality and social psychology, 24*(3), 285-290.

Dohrenwend, B. P., & Egri, G. (1981). Recent stressful life events and episodes of schizophrenia. *Schizophrenia Bulletin, 7,* 12-23.

Domino, G., & Domino, M. L. (2006). *Psychological testing: An introduction.* New York, US: Cambridge University Press.

Drabick, D. A. G., & Gadow, K. D. (2012). Deconstructing oppositional defiant disorder: Clinic-based evidence for an anger/irritability phenotype. *Journal of the American Academy of Child and Adolescent Psychiatry, 51,* 384-393.

Duckworth, A. L., Quinn, P. D., & Seligman, M. E. P. (2009). Positive predictors of teacher effectiveness. *The Journal of Positive Psychology, 4*(6), 540-547.

Dugdale, R. (1888). *The Jukes: A Study in crime, pauperism, disease, and heredity* (4th ed.). New York: Putnam.

Duggan, J. P., & Booth, D. A. (1986). Obesity, overeating, and rapid gastric emptying in rats with ventromedial hypothalamic lesions. *Science 231*(4738), 609-611.

Dunn, E. W., Gilbert, D. T., & Wilson, T. D. (2011). If money doesn't make you happy, then you probably aren't spending it right. *Journal of Consumer Psychology, 21*(2), 115-125.

Durkheim, E. (1933). *The Division of Labor in Society.* Translated by G. Simpson. London: The Free Press of Clencoe.

Duval, S., & Wicklund, R. A. (1973). Effects of objective self-awareness on attribution of causality. *Journal of Experimental Social Psychology, 9*(1), 17-31.

Dwyer, J. B., McQuown, S. C., & Leslie, F. M. (2009). The dynamic effects of nicotine on the developing brain. *Pharmacology & Therapeutics, 122*(2), 125-139.

Eagly, A. H., & Warren, R. (1976). Intelligence, comprehension, and opinion changel. *Journal of Personality, 44*(2), 226-242.

Ebata, A. T., & Moos, R. H. (1991). Coping

and adjustment in distressed and healthy adolescents. *Journal of Applied Developmental Psychology, 12,* 33-54.

Ebbinghaus, H. (1964). *Memory: A contribution to experimental psychology.* New York: Dover. (Original work published in 1885).

Egeth, H. E. (1966). Parallel versus serial processes in multidimensional stimulus discrimination. *Perception & Psychophysics, 1*(4), 245-252.

Eich, E. (1995). Searching for mood dependent memory. *Psychological Science, 6*(2), 67-75.

Eich, E., & Macaulay, D. (2000). Are real moods required to reveal mood-congruent and mood-dependent memory? *Psychological Science, 11*(3), 244-248.

Einstein, D., & Lanning, K. (1998). Shame, guilt, ego development, and the five-factor model of personality. *Journal of Personality, 66*(4), 555-582.

Ekman, P. (1971). Universals and cultural differences in facial expression of emotion. In J. Cole (Ed.), *Nebraska Symposium on Motivation,* (pp. 207-283). Lincoln: University of Nebraska Press.

Ekman, P., & Friesen, W. V. (1969). The repertoire of nonverbal behavior: Categories, origins, usage, and coding. *Semiotica, 1,* 49-98.

Ekman, P., & Friesen, W. V. (1971). Constants across culture in the face and emotion. *Journal of Personality and Social Psychology, 17,* 124-129.

Ekman, P., Sorenson, E. R., & Friesen, W. V. (1969). Pancultural elements in facial displays of emotion. *Science, 164,* 86-94.

Ellis, A., & MacLaren, C. (2007). 합리적 정서행동치료. (서수균, 김윤희 역). 서울: 학지사.

Ellsworth, P. C. (1994). Sense, culture, and sensibility. In S., Kitayama & H. R. Markus (Eds.), *Emotion and culture: Empirical studies of mutual influence* (pp. 23-50). Washington, DC: American Psychological Association.

Emmons, R. A., & Diener, E. (1985). Personality correlates of subjective well-being. *Personality and Social Psychology Bulletin, 11,* 89-97.

Emmons, R. A., & Diener, E. (1986). Influence of impulsivity and sociability on subjective well-being. *Journal of Personality and Social Psychology, 50*(6), 1211-1215.

Emmons, R. A., & McCullough, M. E. (2003). Counting blessings versus burdens: An experimental investigation of gratitude and subjective well-being in daily life. *Journal of Personality and Social Psychology, 84*(2), 377-389.

Epley, N., & Schroeder, J. (2014). Mistakenly seeking solitude. *Journal of Experimental Psychology: General, 143*(5), 1980-1999.

Epstein, R. A. (1984). In defense of the contract at will. *The University of Chicago Law Review, 51*(4), 947-982.

Ericsson, K. A. (2003). The development

of elite performance and deliberate practice: An update from the perspective of the expert-performance approach. In J. Starkes, & K. A. Ericsson (Eds.), *Expert performance in sports: recent advances in research on sport expertise* (pp. 49-81). Champaign, IL: Human Kinetics.

Erikson, E. (1963). *Childhood and society.* New York: Norton.

Estes, W. K. (1955a). Statistical theory of distributional phenomena in learning. *Psychological Review, 62*(5), 369.

Estes, W. K. (1955b). Statistical theory of spontaneous recovery and regression. *Psychological Review, 62*(3), 145-54.

Eysenck, H. J. (1964). *Crime and Personality.* London: Routledgeand Kegan Paul.

Eysenck, H. J. (1970). *The structure of human personality*(3rd ed.). London: Methuen.

Eysenck, H. J. (1977). *Crime and Personality.* 3rd ed. London: Hodder & Stoughton.

Eysenck, H. J., & Eysenck, S. B. G. (1976). *Psychoticiam as a Dimension of Personality.* London: Hodder & Stoughton.

Eysenck, H. J., & McGurk, B. J. (1980). Impulsiveness and Venturesomeness in a Detention Center Population. *Psychological Reports, 47,* 1299-1306.

Eysenck, S. B. G., & Eysenck, H. J. (1972). The Questionnaire Measure and Psychoticism. *Psychological Medicine, 2,* 50-55.

Fabes, R. A., Carlo, G., Kupanoff, K., & Laible, D. (1999). Early adolescence and prosocial/moral behavior I: The role of individual processes. *Journal of Early Adolescence, 19,* 5-16.

Fanselow, M. S. (1994). Neural organization of the defensive behavior system responsible for fear. *Psychonomic Bulletin & Review, 1*(4), 429-438.

Farrington, D. P., & Knight, B. J. (1980). Four studies of stealing as a risky decision. In P. D. Lipsitt & B. D. Sales (Eds.), *New Direction in Psychological Research.* (pp. 26-50). New York: Van Nostrand Reinhold.

Feeney, J. A. (1999). Adult romantic attachment and couple relationships. In J. Cassiday & P. R. Shaver (Eds.), *Handbook of attachment: Theory, research, and clinical applications.* New York: Guilford.

Feinberg, T. (2001). *Altered egos: How the brain causes the self.* New York: Oxford University Press.

Feldman, D. H. (2003). Cognitive development in childhood. In R. M. Lerner, M. A. Easterbrooks, & J. Mistry (Eds.), *Handbook of psychology, Vol. 6: Developmental psychology.* New York: Wiley.

Festinger, L. & Carlsmith, J, M. (1959). Cognitive consequences of forced compliance. *The Journal of Abnormal and Social Psychology, 58,* 203-210.

Festinger, L. (1957). *A theory of cognitive dissonance.* CA: Stanford University Press.

Festinger, L. (1964). *Conflict, decision, and*

dissonance (Vol. 3). Stanford University Press.

Festinger, L., Schachter, S., & Back, K. (1950). The spatial ecology of group formation. in L. Festinger, S. Schachter, & K. W. Back, (Eds.) *Social Pressure in Informal Groups* (pp. 141-161). Stanford University Press.

Fifer, W. P., Monk, C. E., & Crose-Fifer, J. (2001). Prenatal development and risk. In G. Bremner & A. Fogel (Eds.), *Blackwell handbook of infant development* (pp. 505-542). Malden, MA: Blackwell.

Finkel, E. J., & Eastwick, P. W. (2009). Arbitary social norms influence sex differences in romantic selectivity. *Psychological Science, 20*, 1290-1295.

Finnegan, L. P., & Kandall, S. R. (2005). Maternal and neonatal effects of alcohol and drugs. In J. H. Lowinson, P. Ruiz, R. B. Millman, & J. G. Langrod (Eds.), *Substance abuse: A comprehensive textbook*. Baltimore: Williams & Wilkins.

Fischer, K. W., & Hencke, R, W. (1996). Infants' construction of actions in context: Piaget's contribution to research on early development. *Psychological Science, 7*, 204-210.

Fischhoff, B., Slovic, P., & Lichtenstein, S. (1977). Knowing with certainty: The appropriateness of extreme confidence. *Journal of Experimental Psychology: Human Perception and Performance, 3*(4), 552-564.

Fishbein, M., & Ajzen, I. (1974). Attitudes towards objects as predictors of single and multiple behavioral criteria. *Psychological review, 81*(1), 59-74.

Fisher, R. P., & Geiselman, R. E. (1992). *Memory-enhancing Techniques for Investigative Interviewing*. Springfield: Charles C. Thomas.

Fiske, S. T., & Neuberg, S. L. (1990). A continuum of impression formation, from category-based to individuating processes: Influences of impression and motivation on attention and interpretation. *Advances in Experimental Social Psychology, 23*, 1-74.

Flavell, J. H. (1996). Piaget's legacy. *Psychological Science, 7*, 200-203.

Fleeson, W., Malanos, A. B., & Achille, N. M. (2002). An intraindividual process approach to the relationship between extraversion and positive affect: Is acting extraverted as" good" as being extraverted? *Journal of Personality and Social Psychology, 83*(6), 1409-1422.

Flum, H. (1994). Styles of identity formation in early and middle adolescence. *Genetic, Social, and General Psychology Monographs, 120*, 435-467.

Forgas, J. P. (2000). Affect and information processing strategies: An interactive relationship. In J. P. Forgas (Ed.), *Studies in emotion and social interaction, second series. Feeling and thinking: The role of affect in social cognition* (pp. 253-280). New York: Cambridge University Press.

Forsterling, F. (2001). *Attribution: An*

introduction to theories, research and applications. New York: Psychology Press.

Fozard, J. L. (1990). Vision and hearing in aging. In K. E. Birren & K. W. Schaie (Eds.), *Handbook of the psychology of aging* (3rd ed.). San Diego: Academic Press.

Fozard, J. L., & Gordon-Salant, S. (2001). Changes in vision and hearing with aging. In J. E. Birren & K. W. Schaie (Eds.), *Handbook of the psychology of aging* (5th ed., pp. 240-265). San Diego, CA: Academic Press.

Frank, M. G., Ekman, P., & Friesen, W. V. (1993). Behavioral markers and recognizability of the smile of enjoyment. *Journal of Personality and Social Psychology, 64*(1), 83-93.

Frederick, S., & Lowenstein, G. (1999). Hedonic adaptation. In D. Kahneman, E. Diener, & N. Schwarz (Eds.), *Well-being: The foundations of hedonic psychology* (pp. 302-329). New York: Russell Sage Foundation.

Fredrickson, B. L. (2001). The role of positive emotions in positive psychology: The broaden-and-build theory of positive emotions. *American Psychologist, 56*(3), 218-226.

Fredrickson, B. L., & Branigan, C. (2005). Positive emotions broaden the scope of attention and thought-action repertoires. *Cognition and Emotion, 19*(3), 313-332.

Freud, A. (1936). *The ego and the mechanisms of defence* (C. Baines, Trans.). New York: International Universities Press.

Freud, S. (1935). *A general introduction of psychanalysis.* New York: Washington Square Press.

Freud, S. (1949). *An outline of psychoanalysis.* New York: Norton & Company, Inc.

Freud, S. (1957). Mourning and Melancholia. In J. Rickman(Ed.), *A general selection from the works of Sigmund Freud.* Garden City, NY: Doubleday. (Original work published 1917)

Freud, S. (1961). *The Complete Psychology Works of Sigmund Freud.* London: Hogarth.

Frieze, I. H., Olson, J. E., & Russell, J. (1991). Attractiveness and Income for Men and Women in Management1. *Journal of Applied Social Psychology, 21*(13), 1039-1057.

Fullilove, M. & Dieudonne, I. (1996). Substance abuse in pregnancy. In *The Hatherleigh guide to treating substance abuse* (pp. 93-117). New York: Hatherleigh Press.

Furman, W., & Masters, J. C. (1980). Affective consequences of social reinforcement, punishment, and neutral behavior. *Developmental Psychology, 16*(2), 100-4.

Galanter, E. (1962). Contemporary Psychophysics. In R. Brown, E. Galanter, E. H. Hess, & G. Mandler (Eds.), *New directions in psychology.* New York, NY: Holt, Rinehart and Winston.

Garb, J. L., & Stunkard, A. J. (1974). Taste aversions in man. *American Journal of Psychiatry, 131*(11), 1204-1207.

Garcia, J., & Koelling, R. A. (1966). Relation of cue to consequence in avoidance learning. *Psychonomic Science, 4*(1), 123-124.

Gardner, H. (1993). *Creating minds.* New York: Basic Books.

Gardner, H. (1998). Are there additional intelligences? The case for naturalist, spiritual, and existential intelligences. In J. Kane (Ed.), *Education, information, and transformation* (pp. 111-131). Upper Saddle River, NJ: Merrill-Prentice Hall.

Geen, R. G. (1991). Social motivation. *Annual review of psychology, 42*(1), 377-399.

Gelman, R. (1972). Logical capacity of very young children: Number invariance rules. *Child Development, 43*(1), 75-90.

Gelman, R., & Gallistel, C. (1978). *Young children's understanding of numbers.* Cambridge, MA: Harvard University Press.

Gendreau, P., & Andrews, D. A. (1990). What the Meta-analyses of the Offender Treatment: Literature Tells Us About "What Works". *Canadian Journal of Criminology, 32,* 173-184.

George, S. A. (2002). The menopause experience: A woman's perspective. *Journal of Obstetric, Gynecologic, and Neonatal Nursing, 31,* 71-85.

Gibson, B. (2008) Can evaluative conditioning change attitudes toward mature brands? New evidence from the Implicit Association Test. *Journal of Consumer Research, 35,* 178-188.

Gilligan, S. G., & Bower, G. H. (1984). Cognitive consequences of emotional arousal. In C. E. Izard, J. Kagan, & R. B. Zajonc (Eds.), *Emotions, cognition and behavior* (pp. 547-588). Cambridge: Cambridge University Press.

Gilliland, F. D., Berhane, K., McConnell, R., Gauderman, W. J., Vora, H., Rappaport, E. B., & Peters, J. M. (2000). Maternal smoking during pregnancy, environmental tobacco smoke exposure and childhood lung function. *Thorax, 55*(4), 271-276.

Gilovich, T., Vallone, R., & Tversky, A. (1985). The hot hand in basketball: On the misperception of random sequences. *Cognitive Psychology, 17*(3), 295-314.

Glaser, D. (1956). Criminality theories and behavioral images. *American Journal of Sociology, 61*(5), 433-444.

Godden, D. R., & Baddeley, A. D. (1975). Context-dependent memory in two natural environments: On land and underwater. *British Journal of psychology, 66*(3), 325-331.

Goffman, E. (1959). The moral career of the mental patient. *Psychiatry, 22*(2), 123-142.

Goldberg, L. R. (1981). Language and individual differences: The search for universals in personality lexicons. *Review of personality and social psychology, 2*(1), 141-165.

Goldsmith, H. H., & Harman, C. (1994). Temperament and attachment; individual and relationships. *Current Directions in Psychological Science, 3,*

53-57.

Goleman, D. (1980). A map for inner space. In R. N. Walsh & F. Vaughan (Eds.), *Beyond ego* (pp. 141-150). Los Angeles: J. P. Tarcher.

Goodwin, F. K., Murphy, D. L., Dunner, D. L., & Bunney, W. E. (1972). Lithium response in unipolar versus bipolar depression. *American Journal of Psychiatry, 129*(1), 44-47.

Goren, C. C., Sarty, M., & Wu, P. Y. (1975). Visual following and pattern discrimination of face-like stimuli by newborn infants. *Pediatrics, 56*(4), 544-549.

Gosling, S. D., & John, O. P. (1999). Personality dimensions in nonhuman animals: A cross-species review. *Contemporary Directions in Psychological Science, 8,* 69-75.

Gottesman, I. I. (1991). *Schizophrenia genesis: The origins of madness.* New York: Freeman

Gottesman, I. I. (2001). Psychopathology through a life span-genetic prism. *American Psychologist, 56,* 867-881.

Grandey, A. A., Dickter, D. N., & Sin, H.-P. (2004). The customer is not always right: Customer aggression and emotion regulation of service employees. *Journal of Organizational Behavior, 25,* 1-22.

Gray, J. A. (1991). The neurophysiology of temperament. In J. Strelau & A. Angletiner (Eds), *Explorations in temperament: International perspectives on theory and measurement* (pp. 105-128). New York: Plenum.

Greenberg, L. S., & Paivio, S. C. (2008). 심리치료에서 정서를 어떻게 다룰 것인가. (이흥표 역). 서울: 학지사.

Greeno, C. G., & Wing, R. R. (1994). Stress-induced eating. *Psychological Bulletin, 115*(3), 444-464.

Griffin, A. M., & Langlois, J. H. (2006). Stereotype directionality and attractiveness stereotyping: Is beauty good or is ugly bad? *Social Cognition, 24,* 187-206.

Grigorenko, E. L. (2000) Heritability and intelligence. In R. J. Sternberg(Ed.). *Handbook of intelligence* (pp. 53-91). New York: Cambridge University Press.

Gross, H. (1911). *Criminal Psychology: A Manual for Judges, Practitioners and Students.* Montclair, NJ: Patterson Smith.

Grove, J. R., Hanrahan, S. J., & McInman, A. (1991). Success/failure bias in attributions across involvement categories in sport. *Personality and Social Psychology Bulletin, 17,* 93-97.

Gruber-Baldini, A. L., Schaie, K. W., & Willis, S. L. (1995). Similarity in married couples: a longitudinal study of mental abilities and rigidity-flexibility. *Journal of personality and social psychology, 69*(1), 191-203.

Guerin, B. (1986). Mere presence effects in humans: A review. *Journal of Experimental Social Psychology, 22*(1),

38-77.

Hagan, J. (1988). *Criminology: Crime, Criminal Behavior and Its Control.* New York: McGraw-Hill.

Hagerty, M. R. (2000). Social comparisons of income in one's community: Evidence from national surveys of income and happiness. *Journal of Personality and Social Psychology, 78*(4), 764-771.

Haidt, J., & Keltner, D. (1999). Culture and facial expression: Open-ended methods find more expressions and a gradient of recognition. *Cognition and Emotion, 13,* 225-266.

Hall, E. (1987). *Growing and changing: What the experts say.* New York: Random House.

Halpern, A. R. (1986). Memory for tune titles after organized or unorganized presentation. *The American Journal of Psychology, 99*(1), 57-70.

Hamermesh, D. S., & Parker, A. (2005). Beauty in the classroom: Instructors' pulchritude and putative pedagogical productivity. *Economics of Education Review, 24,* 369-376.

Hamilton, G. N. (2007). **대상관계 이론과 실제: 자기와 타자.** (김진숙, 김창대, 이지연 역). 서울: 학지사.

Hannigan, J. H., & Armant, D. R. (2000). Alcohol in pregnancy and neonatal outcome. *Seminars in Neonatology, 5,* 243-254.

Hare, R. D. (1983). Diagnosis of antisocial personality disorder in two prison populations. *American Journal of Psychiatry, 140,* 887-890.

Harker, L., & Keltner, D. (2001). Expressions of positive emotion in women's college yearbook pictures and their relationship to personality and life outcomes across adulthood. *Journal of Personality and Social Psychology, 80,* 112-124.

Harkins, S. G., & Szymanski, K. (1988). Social loafing and self-evaluation with an objective standard. *Journal of Experimental Social Psychology, 24(4),* 354-365.

Harlow, H. F. (1958). The nature of love. *American Psychologist, 13,* 673-685.

Harlow, H. F., &Zimmermann, R. R. (1958). The development of affectional responses in infant monkeys. *Proceedings of the American Philosophical Society, 102*(5), 501-509.

Harlow, H. F. (1959). Love in infant monkeys. *Scientific American, 200*(6), 68-74.

Harre', R. (Ed.). (1986). *The social construction of emotions.* Oxford, England: Black-Well.

Harrison, P. J. (2012). The neurobiology of schizophrenia. In M. G. Gelder, N. C. Andreasen, J. J. Lopez-Ibor, Jr., & J. R. Geddes (Eds.), *New Oxford Textbook of Psychiatry* (2nd. ed., Vol. 1, pp. 561-568). New York, NY: Oxford University Press.

Harrré, N., Brandt, T., & Houkamau, C. (2004). An examination of the actor-observer effect in young drivers'attributions for their own and their friends'risky driving. *Journal of Applied Social*

Psychology, 34, 806-824.

Hatcher, R. A., & Eggleston, C. (1916). A contribution to the pharmacology of novocain. *Journal of Pharmacology and Experimental Therapeutics, 8*(7), 385-405.

Hauser, M. & Carey, S. (1998). Building a cognitive creature from a set of primitives: Evolutionary and developmental insights. In D. D. Cummins & C. Allen (Eds.), *The evolution of mind.* New York: Oxford University Press.

Hauser, M. D. (1996). *The evolution of communication.* MIT press.

Headey, B., & Wearing, A. (1989). Personality, life events, and subjective well-being: Toward a dynamic equilibrium model. *Journal of Personality and Social Psychology, 57,* 731-739.

Hebb, D. O. (1955). Drives and the conceptual nervous system. *The Psychological Review, 62*(4), 243-254.

Heider, F. (1958). *The psychology of interpersonal relations.* New York: John Wiley.

Heine, S. J. (2008). *Cultural psychology.* London: Norton.

Hemphill, J. F. (2003). Interpreting the magnitudes of correlation coefficients. *American Psychologist, 58*(1), 78-79

Hepper, P. (2003). *Prenatal psychological and behavioural development.* Thousand Oaks, CA: Sage.

Herbst, K. C., Gaertner, L., & Insko, C. A. (2003). My head says yes but my heart says no: Cognitive and affective attraction as a function of similarity to the ideal self. *Journal of Personality and Social Psychology, 84*(6), 1206-1219.

Herrnstein, R. J. (1970). On the law of effect 1. *Journal of the Experimental Analysis of Behavior, 13*(2), 243-266.

Herrnstein, R. J., & Murray, C. (1994). *The Bell Curve: Intelligence and Class Structure in American Life.* New York: Free Press.

Heston, L. L. (1966). Psychiatric disorders in foster home reared children of schizophrenic mothers. *British Journal of Psychiatry, 112,* 189-225.

Hilgard, E. R. (1953). *Introduction to psychology (1st ed).* New York, Harcour.

Hill, D. (2015). *Affect Regulation Theory: A Clinical Model.* New York: W.W.Norton.

Hirschi, T. (1969). *Causes of Delinquency.* Berkeley, CA: University of California Press.

Hogg, M. A., Turner, J. C., & Davidson, B. (1990). Polarized norms and social frames of reference: A test of the self-categorization theory of group polarization. *Basic and Applied Social Psychology, 11,* 77-100.

Hooley, J. M. (2007). Expressed emotion and relapse of psychopathology. *Annual Review of Clinical Psychology, 3,* 329-352.

Horn, J. L. & Cattell, R. B. (1966). Refinement and test of the theory of fluid and crystallized general intelligences. *Journal of Educational Psychology, 57,* 253-270.

Horn, J. L. (1991). Measurement of Intellectual Capabilities: A Review of Theory. In K. S. Mcgrew, J. K. Werder, & R. W. Woodcock (Eds.), *WJ-R Technical Manual* (pp. 197-232). Chicago, IL: Riverside.

Howes, O. D., & Murray, R. M. (2014). Schizophrenia: An integrated sociodevelopmental-cognitive model. *Lancet, 383,* 1677-1687.

Howitt, D. (2002). *Forensic and Criminal Psychology.* Harlow, Essex: Pearson Education.

Huang, G. B. (2014). An insight into extreme learning machines: Random neurons, random features and kernels. *Cognitive Computation, 6*(3), 376-390.

Hubel DH, Wiesel TN. (1959). Receptive fields of single neurones in the cat's striate cortex. *Journal of Physiology, 148,* 574-591 .

Hull, C. L. (1943). *Principles of behavior.* New York: Appleton-Century.

Hyson, M. C., & Izard, C. E. (1985). Continuities and changes in emotion expression during brief separation at 13 and 18 months. *Developmental Psychology, 21,* 1165-1170.

Iams, J. D. (2002). Preterm birth. In S. G. Gabbe, J. R. Niebyl, & J. L. Simpson (Eds.), *Obstetrics: Normal and problem pregnancies.* New York: Churchill Livingstone.

Isabella, R. A. (1995). The origins of infant-mother attachment: Maternal behavior and infant development. In R. Vasta (Ed.), *Annals of child development.* London: Jessica Kingsley.

Isen, A. M. (1984). Toward understanding the role of affect in cognition. In R. S. Wyer, Jr. & T. K. Srull (Eds.), *Handbook of social cognition,* (Vol. 3, pp. 179-236). Mahwah, NJ: Lawrence Erlbaum Associates Publishers.

Ivry, R. (1997). Cerebellar timing systems. *International Review of Neurobiology,* 555-573.

Jacobs, H. S. (2001). Ideas of male menopause is not useful. *Medical Crossfire, 3,* 52-55.

Jacobsen, T., Edelstein, W., & Hofmann, V. (1994). A longitudinal study of the relations between representation of attachment in childhood and cognitive function in childhood and adolescence. *Developmental Psychology, 30,* 112-124.

Jains, I. L. (1972). *Victims of group-think.* Boston: Houghton Mifflin.

Jains, I. L., & Mann, L. (1977). *Decision making.* The Free Press.

James, W. (1890). *Principles of Psychology (Vol. 1, 2).* New York: Holt.

Janis, I. L. (1982). *Groupthink: Psychological studies of policy decisions and fiascoes* (Vol. 349). Boston: Houghton Mifflin.

Janowitz, H. D., & Grossman, M. I. (1950). The response of the sweat glands to some locally acting agents in human subjects. *Journal of Investigative Dermatology 14*(6), 453-458.

Jarrett, M. A., & Ollendick, T. H. (2008). A conceptual review of the comorbidity of ADHD and anxiety: Implications for future research and practice. *Clinical Psychology Review, 28,* 1266-1280.

Jenkins, J. G., & Dallenbach, K. M. (1924). Obliviscence during sleep and waking. *The American Journal of Psychology, 35*(4), 605-612.

Jensen, A. (1969). How much can we boost IQ and scholastic achievement? *Harvard Educational Review. 39*(1), 1-123.

Jo, S. H., Chang, T., Ebong, I., Bhadviya, B. B., Mazumder, P., & Lu, W. (2010). Nanoscale memristor device as synapse in neuromorphic systems. *Nano Letters, 10*(4), 1297-1301.

John, O. P., & Srivastava, S. (1999). The Big Five trait taxonomy: History, measurement, and theoretical perspectives. In L. A. Pervin & O. P. John (Eds.), *Handbook of personality: Theory and research* (2nd ed., pp. 102-138). New York: Guildford Press.

Johnson, T. J., Feigenbaum, R., & Weiby, M. (1964). Some determinants and consequences of the teachers' perceptions of causation. *Journal of Educational Psychology, 55,* 237-246.

Jones, E. E., & Davis, K. E. (1965). From acts to dispositions: The attribution process in person perception. In L. Berkowitz (Ed.), *Advances in experimental social psychology* (Vol. 2, pp. 219-266). New York: Academic Press.

Jones, E. E., & Harris, V. A. (1967). The attribution of attitudes. *Journal of Experimental Social Psychology, 3,* 1-24.

Jones, E. E., & Nisbett, R. (1972). The actor and the observer: Divergent perceptions of the causes of behavior: in E. Jones et al., (Eds.), *Attribution: Perceiving the causes of behavior.* Morristown. NJ: General Learning press.

Juckel, G. (2014). Serotonin: from sensory processing to schizophrenia using an electrophysiological method. *Behavioural Brain Research, 277,* 121-124.

Jung, C. G. (1929). Problems of modern psychotherapy. In Collected Works, Vol. 16, *The practice of psychotherapy* (pp. 53-75). London: Routledge & Kegan Paul.

Jung, C. G. (1961). *Memories, dreams, and reflections.* New York: Vintage Books.

Kahneman, D. (2011). *Thinking, fast and slow.* New York: Farrar, Straus, and Giroux.

Kahneman, D., & Deaton, A. (2010). High income improves evaluation of life but not emotional well-being. *Proceedings of the National Academy of Sciences, 107*(38), 16489-16493.

Kahneman, D., Diener, E., & Schwarz, N. (Eds.). (1999). *Well-being: The foundations of hedonic psychology.* New York, NY: Russell Sage Foundation.

Karasek, R. A. (1979). Job demands, job decision latitude, and mental strain: Implications for job redesign. *Administrative Science Quarterly, 24*(2), 285-308.

Karmiloff-Smith, A. (1994). Précis of Beyond modularity: A developmental perspective on cognitive science. *Behavioral and Brain Sciences, 17*(4), 693-707.

Kato, T. (2001). The relationship between flexibility of coping to stress and depression. Shinrigaku kenkyu: *The Japanese Journal of Psychology, 72*(1), 57-63.

Katz, B. (1966). *Nerve, muscle, and synapse.* New York: McGraw-Hill.

Kaufman, A. S. (2009). *IQ testing 101.* New York: Springer.

Kaufman, A. S., & Lichtenberger, E. O. (2006). *Assessing adolescent and adult intelligence (3rd ed.).* Hoboken, NJ, US: John Wiley & Sons Inc.

Kavanagh, D. J. (1992). Recent developments in expressed emotion and schizophrenia. *British Journal of Psychiatry, 160,* 601-620.

Kazdin, A. E. (1980). Acceptability of time out from reinforcement procedures for disruptive child behavior. *Behavior Therapy, 11*(3), 329-344.

Kearney, C. A., Sims, K. E., Pursell, C. R., & Tillotson, C. A. (2003). Separation anxiety disorder in young children: A longitudinal and family analysis. *Journal of Clinical Child and Adolescent Psychology, 32,* 593-598.

Keating, D. P. (2004). Cognitive and brain development. In R. M. Learner & L. Steinberg (Eds.), *Handbook of adolescent psychology.* New York: Wiley.

Kebabian, J. W., & Calne, D. B. (1979). Multiple receptors for dopamine. *Nature, 277*(5692), 93-96.

Kelley, H. H. (1967). Attribution theory in social psychology. In D. Levine (Ed.), *Nebraska symposium on motivation.* Lincoln: University of Nebraska press.

Kendler, K. S., Neale, M. C., Kessler, R. C., Heath, A. C., & Eaves, L. J. (1993). The lifetime history of major depression in women: Reliability of diagnosis and heritability. *Archives of General Psychiatry, 50,* 863-870.

Kendler, K., Hettema, J. M., Butera, F., Gardner, C. O., & Prescott, C. A. (2003). Life event dimensions of loss, humiliation, entrapment, and danger in the prediction of onsets of major depression and generalized anxiety. *Archives of General Psychiatry, 60,* 789-796.

Kessen, W. (1996). American psychology just before Piaget. *Psychological Science, 7,* 196-199.

Kessler, R. C., Price, R. H., & Wortman, C. B. (1985). Social factors in psychopathology: Stress, social support, and coping processes. *Annual Review of Psychology, 36*(1), 531-572.

Keyes, C. L. M. (2007). Promoting and protecting mental health as flourishing: A complementary strategy for improving national mental health. *American Psychologist, 62*(2), 95-108.

Kidd, C., Palmeri, H., & Aslin, R. N. (2013). Rational snacking: Young children's decision-making on the marshmallow task is moderated by beliefs about environmental reliability. *Cognition, 126*(1), 109-114.

Kim, K., & Spelke, E. S. (1992). Infants' sensitivity to effects of gravity on visible object motion. *Journal of Experimental Psychology: Human Perception and Performance, 18,* 385-393.

King, L. A., & Broyles, S. (1997). Wishes, gender, personality, and well-being. *Journal of Personality, 65,* 50-75.

King, L. A., & Napa, C. K. (1998). What makes a life good? *Journal of Personality and Social Psychology, 75*(1), 156-165.

Kirkpatrick, L. A. (1999). Attachment and religious representations and behavior. In J. Cassidy & P. R. Shaver (Eds.), *Handbook of attachment: Theory, research and clinical applications.* New York: Guilford.

Knapp, M. L., Hall, J. A., & Horgan, T. G. (2014). *Nonverbal communication in human interaction* (8th ed.). Boston: Wadsworth.

Knutson, B., Wolkowitz, O. M., Cole, S. W., Chan, T., Moore, E. A., Johnson, R. C., et al. (1998). Selective alteration of personality and social behavior by serotonergic intervention. *American Journal of Psychiatry, 155,* 373-379.

Kochanska, G. (2001). Emotional development in children with different attachment histories: The first three years. *Child Development, 72,* 474-490.

Kohlberg, L. (1969). Stage and sequence: The cognitive-developmental approach to socialization. In D. A. Goslin (Ed.), *Handbook of socialization theory and research.* Chicago: Rand McNally.

Kohlberg, L. (1976). Moral stages and moralization: The cognitive-developmental approach. In T. Lickona (Eds.), *Moral Development and Behavior: Theory, research, and social issues (pp. 31-55).* New York: Holt, Rinehart, and Winston.

Kohlberg, L. (1984). *Essays on moral development, Vol. 2: The psychology of moral development.* San Francisco: Harper & Row.

Kohler, O. (1926). Kraftleistungen bei Einzel-und Gruppenabeit [Physicalperformance in individual and group situations]. *Industrielle Psychotechnik, 3,* 274-282.

Korotkov, D. (2008). Does personality moderate the relationship between stress and health behavior? Expanding the nomological network of the five-factor model. *Journal of Research in Personality, 42*(6), 1418-1426.

Kosslyn, S. M., & Rosenberg, R. S. (2006). *Psychology in context.* Boston, MA: Person.

Kraft, R. L., & Pressman, S. D. (2012). Grin and bear it: The influence of manipulated facial expression on the stress response. *Psychological Science, 23*(11), 1372-1378.

Kraus, G., & Reynolds, D. J. (2001). The "A-B-C's" of the cluster B's: Identifying, understanding, and treating cluster B personality disorders. *Clinical*

Psychology Review, 21, 345-373.

Kraus, N., Malmfors, T., & Slovic, P. (1992). Intuitive toxicology: Expert and lay judgments of chemical risks. *Risk Analysis, 12*(2), 215-232.

Krieckhaus, E. E., & Wolf, G. (1968). Acquisition of sodium by rats: interaction of innate mechanisms and latent learning. *Journal of Comparative and Physiological Psychology, 65*(2), 197-201.

Kroger, J. (1996). Identity, regression, and development. *Journal of Adolescence, 19,* 203-222.

Kroger, J. (2003). Identity development during adolescence. In G. R. Adams & M. D. Berzonsky (Eds.), *Blackwell handbook of adolescence.* Malden, MA: Blackwell Publishing.

Kumar, A., & Gilovich, T. (2015). Some "thing"to talk about? Differential story utility from experiential and material purchases. *Personality and Social Psychology Bulletin, 41*(10), 1320-1331.

Kurtines, W., & Greif, E. B. (1974). The development of moral thought: Review and evaluation of Kohlberg's approach. *Psychological Bulletin, 81*(8), 453.

Kvavilashvili, L., Mirani, J., Schlagman, S., Foley, K., & Kornbrot, D. E. (2009). Consistency of flashbulb memories of September 11 over long delays: Implications for consolidation and wrong time slice hypotheses. *Journal of Memory and Language, 61*(4), 556-572.

Lachman, M. E., & Weaver, S. L. (1998). The sense of control as a moderator of social class differences in health and well-being. *Journal of Personality and Social Psychology, 74*(3), 763-773.

Lam, T. P., Wong, J. G., Ip, M. S., Lam, K. F., & Pang, S. L. (2010). Psychological well-being of interns in Hong Kong: What causes them stress and what helps them. *Medical Teacher, 32*(3), e120-e126.

Lamb, M. E., Hwang, C. P., Ketterlinus, R. D., & Fracasso, M. P. (1999). Parent-child relationships: Developmental in the context of the family. In M. H. Bornstein & M. E. Lamb (Eds.), *Developmental psychology and advanced textbook.* Mahwah, NJ: Erlbaum.

Lamb, M. E., Ketterlinus, R. D., & Fracasso, M. P. (1992). Parent-child relationships. In M. H. Bornstein & M. E. Lamb (Eds.), *Developmental Psychology: An advanced textbook* (3rd ed.). Hillsdale, NJ: Erlbaum.

Langley, K., Rice, F., van den Bree, M. B., & Thapar, A. (2005). Maternal smoking during pregnancy as an environmental risk factor for attention deficit hyperactivity disorder behaviour: A review. *Minerva Pediatrica, 57*(6), 359-371.

LaPrelle, J., Hoyle, R. H., Insko, C. A., & Bernthal, P. (1990). Interpersonal attraction and descriptions of the traits of others: Ideal similarity, self similarity, and liking. *Journal of Research in Personality, 24*(2), 216-240.

Lazarus, R. S. (1968). Emotions and

adaptation: Conceptual and empirical relations. In W. J. Arnold (Ed.), *Nebraska symposium on motivation, 16* (pp. 175-270). Lincoln: University of Nebraska Press.

Lazarus, R. S. (1993). From psychological stress to the emotions: A history of changing outlooks. *Annual Review of Psychology, 44*(1), 1-22.

Lazarus, R. S., & Folkman, S. (1984). Coping and adaptation. In W. D. Gentry (Ed.), *The handbook of behavioral medicine* (pp. 282-325). New York: Guilford.

Lazarus, R. S., Speisman, J. C., Mordkoff, A. M., & Davidson, L. A. (1962). A laboratory study of psychological stress produced by a motion picture film. *Psychological Monographs: General and Applied, 76*, 1-35.

Le Bon, G. (1985). *The crowd: A study of the popular mind.* New York: Ballantine.

Lee, C. S., Therriault, D. J., & Linderholm, T. (2012). On the cognitive benefits of cultural experience: Exploring the relationship between studying abroad and creative thinking. *Applied Cognitive Psychology, 26*(5), 768-778.

Lee, J. A. (1973). *Colours of love: An exploration of the ways of loving.* New Press.

Lefcourt Herbert, M. (1982). *Locus of control: Current trends in theory and research.* Hillside, NJ: Erlbaum.

Lefton, L. A. (2000). *Psychology (7th ed). Needham Heights*, MA: A Person Education Company.

Lerman, D. C., & Iwata, B. A. (1995). Prevalence of the extinction burst and its attenuation during treatment. *Journal of Applied Behavior Analysis, 28*(1), 93-94.

Lewinsohn, P. M. (1974). A behavioural approach to depression. In R. J. Freedman, & M. Katz (Eds.), *The psychology of depression: Contemporary theory and research.* Oxford, England: John Wiley & Sons.

Lidz, T., Fleck, S., & Cornalison, A. R. (1965). *Schizophrenia and the family.* New York: Internaltional University Press.

Liu, X. Z., & Yan, D. (2007). Ageing and hearing loss. *The Journal of Pathology, 211*(2), 188-197.

Loas, G., Cormier, J., & Perez-Diaz, F. (2011). Dependent personality disorder and physical abuse. *Psychiatry Research, 185*, 167-170.

Loehlin, J. C. (1992). *Gens and environment in personality development.* Newbury Park, CA: Sage.

Loftus, E. F., & Palmer, J. C. (1974). Reconstruction of automobile destruction: An example of the interaction between language and memory. *Journal of Verbal Learning and Verbal Behavior, 13*(5), 585-589.

Logue, A. W. (1991). *The Psychology of Eating and Drinking.* New York: Freeman.

Lombroso, C. (1876). *L'uomo delinquente in rapporto alla antropologia*, alla giurisprudenza ed alle discipline carceria. Milano.

Lubow, R. E., & Moore, A. U. (1959). Latent inhibition: the effect of nonreinforced pre-exposure to the conditional stimulus. *Journal of Comparative and Physiological Psychology, 52*(4), 415-419.

Lucas, R. E. (2007). Long-term disability is associated with lasting changes in subjective well-being: Evidence from two nationally representative longitudinal studies. *Journal of Personality and Social Psychology, 92*(4), 717-730.

Lucas, R. E., & Fujita, F. (2000). Factors influencing the relation between extraversion and pleasant affect. *Journal of Personality and Social Psychology, 79,* 1039-1056.

Lucas, R. E., Clark, A. E., Georgellis, Y., & Diener, E. (2003). Reexamining adaptation and the set point model of happiness: Reactions to changes in marital status. *Journal of Personality and Social Psychology, 84*(3), 527-539.

Lucas, R. E., Le, K., & Dyrenforth, P. S. (2008). Explaining the extraversion/positive affect relation: Sociability cannot account for extraverts' greater happiness. *Journal of Personality, 76*(3), 385-414.

Ludmer, P. L., Selwyn, A. P., Shook, T. L., Wayne, R. R., Mudge, G. H., Alexander, R. W., & Ganz, P. (1986). Paradoxical vasoconstriction induced by acetylcholine in atherosclerotic coronary arteries. *New England Journal of Medicine, 315*(17), 1046-1051.

Lutz, C. (1988). *Unnatural emotions: Everyday sentiments on a Micronesian atoll and their challenge to Western theory.* Chicago, IL: University of Chicago Press.

Lutz, D. J., & Sternberg, R. J. (1999). Cognitive development. In M. H. Bornstein & M. E. Lamb (Eds.), *Developmental Psychology: An advanced textbook.* Mahwah, NJ: Erlbaum.

Lykken, D. T., Tellegen, A., Bouchard, T. J., Wilcox, K. J., Segal, N. L., & Rich, S. (1988). Personality similarity in twins reared apart and together. *Journal of Personality and Social Psychology, 54,* 1031-1039.

Lykken, D., & Tellegen, A. (1996). Happiness is a stochastic phenomenon. *Psychological Science, 7*(3), 186-189.

Lynam, D. R., & Vachon, D. D. (2012). Antisocial personality disorder in DSM-5: Missteps and missed opportunities. *Personality Disorders: Theory, Research, and Treatment, 3,* 483-495.

Lyubomirsky, S., & Layous, K. (2013). How do simple positive activities increase well-being? *Current Directions in Psychological Science, 22*(1), 57-62.

Lyubomirsky, S., King, L., & Diener, E. (2005). The benefits of frequent positive affect: Does happiness lead to success? *Psychological Bulletin, 131*(6), 803-855.

Lyubomirsky, S., Sheldon, K. M., & Schkade, D. (2005). Pursuing happiness: The architecture of sustainable change. *Review of General Psychology, 9*(2), 111-

131.

Maass, A., & Clark, R. D. (1984). Hidden impact of minorities: Fifteen years of minority influence research. *Psychological Bulletin, 95,* 428-450.

MacLean, P. D. (1985). Evolutionary psychiatry and the triune brain. *Psychological Medicine, 15,* 219-221.

Maier, S. F., & Seligman, M. E. (1976). Learned helplessness: Theory and evidence. *Journal of Experimental Psychology: General, 105*(1), 3-46.

Main, M., & Solomon, J. (1990). Procedures for identifying infants as disorganized/disoriented during the Ainsworth Strange Situation. *Attachment in the preschool years: Theory, Research, and Intervention, 1,* 121-160.

Malle, B. (2005). Self-other asymmetries in behavior explanations. In M. D. Alicke, D. A. Dunning, & J. I. Krueger (Eds.), *The self in social judgment* (pp. 155-178). New York: Psychology Press.

Mangelsdorf, S,, Gunnar, M., Kesternbaum, R., Lang, S., & Andreas, D. (1990). Infant proneness-to-distress temperament, maternal personality, and mother-infant attachment: Association and goodness of fit. *Child Development, 61,* 830-831.

Mann, S. (1999). Emotion at Work: To What Extent are We Expressing, Suppressing, or Faking It? *European Journal of Work and Organizational Psychology, 8*(3), 347-369.

Marcia, J. E. (1966). Development and validation of ego identity status. *Journal of Personality and Social Psychology, 3,* 551-558.

Marcia, J. E. (1980). Identity in adolescence. In J. Adelson (Ed.), *Handbook of adolescent psychology.* New York: Wiley.

Marcia, J. E. (1994). The empirical study of ego identity. In H. A. Bosma, T. L. G. Grassfsma, J. D. Grotevant, & D. J. de Levita (Eds.), *Identity and development: An interdisciplinary approach.* Thousand Oaks, CA: Sage.

Marinak, B. A., & Gambrell, L, B. (2008). Intrinsic motivation and rewards: What sustains young children's engagement with text? *Literacy Research and Instruction 47,* 9-26.

Markus, H., & Kitayama, S. (1991a). Culture and self: implications for cognition, emotion, and motivation. *Psychological Review, 98,* 224-253.

Martin, A. R. (1952). The dynamics of insight. *The American Journal of Psychoanalysis, 12*(1), 24-38.

Martin, D. W. (2007). *Doing psychology experiments.* Cengage Learning.

Martin, J. N., & Nakayama, T. K. (1997). *Intercultural communication in contexts.* Mountain View, CA: Mayfield Publishing.

Mash, D. C., Flynn, D. D., & Potter, L. T. (1985). Loss of M2 muscarine receptors in the cerebral cortex in Alzheimer's disease and experimental cholinergic denervation. *Science, 228*(4703), 1115-1117.

Maslow, A. H. (1968). *Toward a psychology of being* (2d Ed.). New York: Harper & Row.

Maslow, A. H. (1970). *Motivation and Personality* (2d Ed.). New York: Harper & Row.

Maslow, A. H. (1971). The farther research of human nature. New York: Viking Press.

Matsumoto, D., & Willingham, B. (2006). The thrill of victory and the agony of defeat: Spontaneous expressions of medal winners at the 2004 Athens olympic games. *Journal of Personality and Social Psychology*, 91, 568-581.

Matsumoto, D., Kudoh, T., Scherer, K. R., & Wallbott, H. (1988). Antecedents of and reactions to emotions in the United States and Japan. *Journal of Cross-Cultural Psychology, 19* (3), 267-286.

Matusov, E., & Hayes, R. (2000). Sociocultural critique of Piaget and Vygotsky. *New Ideas in Psychology*, 18(2-3), 215-239.

McCarty, L. B. (2005). *Best golf course management practices: Construction, watering, fertilizing, cultural practices, and pest management strategies to maintain golf course turf with minimal environmental impact*. Upper Saddle River, NJ: Pearson Prentice Hall.

McCrae, R. R., & Costa, P. T. Jr. (1999). A five-factor theory of personality. In. L. A. Perrin & O. P. John (Eds.), *Handbook of personality*: Theory and research (pp. 139-153). New York: Guildford.

Mccrae, R. R., & Costa, P. T., Jr. (2006). Cross-cultural perspectives on adult personality trait development, In D. K. Mroczek & T. D. Little (Eds.), *Handbook of personality development* (pp. 129-145). Mahwah, NJ: Lawrence Erlbaum Associates.

McCrink, K., & Wynn, K. (2004). Large-number addition and subtraction by 9-month-old infants. *Psychological Science, 15*, 776-781.

McDougall, W. (1908). *An introduction to social psychology*. London: Methuen.

McGuffin, P., Katz, R., Watkins, S., & Rutherford, J. (1996). A hospital-based twin register of the heritability of DSM-IV unipolar depression. *Archives of General Psychiatry, 53,* 129-136.

McGuire, W. J. (1964). Inducing resistance to persuasion: Some contemporary approaches. In L. Berkowitz (Ed.), *Advances in experimental social psychology* (Vol. 1, pp. 191-229). New York: Academic Press.

McGurk, S. R., Mueser, K. T., Mischel, R., Adams, R., Harvey, P. D., McClure, M. M., Look, A. E., Leung, W. W., & Siever, L. J. (2013). Vocational functioning in schizotypal and paranoid personality disorders. *Psychiatry Research, 210,* 498-504.

McShane, M. D., & Williams Ⅲ, F. P. (2003). *Criminological Theory* (4th ed.). Upper Saddle River, NJ: Pearson Education, Inc.

Mcwilliams, N. (1994). *Psychoanalytic diagnosis: Understanding personality structure* in the clinical process. New York: Guilford Press.

Medin, D. L., & Schaffer, M. M. (1978). Context theory of classification learning. *Psychological Review*, 85(3), 207-238.

Meeus, W., Iedema, J., Helsen, M., & Vollebergh, W. (1999). Patterns of adolescent identity development: Review of literature and longitudinal analysis. *Developmental Review*, 19, 419-461.

Meilman, P. W. (1979). Cross-sectional age changes in ego identity status during adolescence. *Developmental Psychology*, 15, 230-231.

Merton, R. K. (1957). *Social Theory and Social Structure*. London: The Free Press of Clencoe.

Mesquita, B., & Frijda, N. H. (1992). Cultural variation in emotion: a review. *Psychological Bulletin*, 112, 170-204.

Mesquita, B., & Walker, R. (2003). Cultural differences in emotions: a context for interpreting emotional experiences. *Behaviour Research and Therapy*, 41, 773-793.

Milan, M. A., & Long, C. K. (1980). Crime and delinquency: The last frontier. In D. Glenwick & L. Jason (Eds.), *Behavioral Community Psychology: Progress and prospects* (pp. 194-230). New York: John Wiley.

Milgram, S. (1974). *Obedience to Authority.* NY: Haper & Row. (Original work published 1963)

Miller, G. A. (1956). The magical number seven, plus or minus two: Some limits on our capacity for processing information. *Psychological Review, 63*(2), 81-97.

Miller, J. G. (2001). Culture and moral development. In D. Matsumoto (Ed.), *The handbook of culture and psychology* (pp. 151-170). New York: Oxford University Press.

Miller, N. E., & Dollard, J. (1941). *Social Learning and Imitation.* Yale: Yale University.

Miller, P. M., & Eisler, R. M. (1977). Assertive behavior of alcoholics: A descriptive analysis. *Behavior Therapy, 8*(2), 146-149.

Mischel, W. (1968). *Personality and assessment.* New York: Wiley.

Mischel, W. (1973). Toward a cognitive social learning reconceptualization of personality. *Psychological Review, 80*(4), 252-283.

Mischel, W. (1993). *Introduction to Personality* (5th ed.). Fort Worth: Harcourt Brace Jovanovich.

Mischel, W., & Shoda, Y. (1999). Integrating dispositions and processing dynamics within a unified theory of personality: The cognitive-affective personality system. In L. A. Pervin & O. P. John (Eds.), *Handbook of personality: Theory and research.* New York: Guilford Press.

Monahan, J. L., Murphy, S. T., & Zajonc, R. B. (2000). Subliminal mere exposure: Specific, general, and diffuse effects. *Psychological Science, 11*(6), 462-466.

Moore, K. L., & Persaud, T. V. N. (1998). Before we are born. Philadelphia: Saunders.

Moreland, R. L., & Beach, S. R. (1992).

Exposure effects in the classroom: The development of affinity among students. *Journal of Experimental Social Psychology, 28*(3), 255-276.

Morgan, C., & Cotten, S. R. (2003). The relationship between Internet activities and depressive symptoms in a sample of college freshmen. *Cyber Psychology & Behavior, 6*(2), 133-142.

Morin, C. M., Rodrigue, S., & Ivers, H. (2003). Role of stress, arousal, and coping skills in primary insomnia. *Psychosomatic Medicine, 65*(2), 259-267.

Morley, J. E. (2001). Male menopause is underdiagnosed and undertreated. *Medical Crossfire, 3*(1), 46-47, 51.

Morris, J. A., & Feldman, D. C. (1996). The dimensions, antecedants, and consequences of emotional labor. *Academy of Management Review, 21*(4), 986-1000.

Morris, M. C., Rao, U., Wang, L., & Garber, J. (2014). Cortisol reactivity to experimentally manipulated psychosocial stress in young adults at varied risk for depression. *Depression and Anxiety, 31*(1), 44-52.

Morse, S. J. (1978). Law and mental health professionals: The limits of expertise. *Professional Psychology, 9*, 389-399.

Moscovici, S., & Zavalloni, M. (1969). The group as a polarizer of attitudes. *Journal of Personality and Social Psychology, 12*(2), 125-135.

Moscovici, S., Lage, E., & Naffrechoux, M. (1969). Influence of a consistent minority on the responses of a majority in a color perception task. *Sociometry, 32*, 365-380.

Moscovitch, M., Nadel, L., Winocur, G., Gilboa, A., & Rosenbaum, R. S. (2006). The cognitive neuroscience of remote episodic, semantic and spatial memory. *Current Opinion in Neurobiology, 16*(2), 179-190.

Mowrer, O. (1947). On the dual nature of learning—a re-interpretation of "conditioning"and "problem-solving". *Harvard Educational Review, 17*, 102-148.

Mumford, M. D. (2003). Where have we been, where are we going? Taking stock in creativity research. *Creativity Research Journal, 15*(2-3), 107-120.

Munn, N. L. (1950). *Handbook of psychological research on the rat: An introduction to animal psychology*. Boston, MA: Houghton Mifflin.

Münsterberg, H. (1908). *On the Witness Stand.* Garden City, NY: Doubleday.

Murray, H. A. (1938). *Explorations in personality.* New York: Oxford University Press.

Murray, H. A. (1943). *Manual for the Thematic Apperception Test.* Cambridge, MA: Harvard University Press.

Myers, D. G. (2000). The funds, friends, and faith of happy people. *American Psychologist, 55*(1), 56-67.

Myers, D. G. (2013). *Social Psychology* (11th ed.). New York: McGraw Hill.

Naglieri, J. A., & Kaufman, J. C. (2001).

Understanding intelligence, giftedness and creativity using the PASS theory. *Roeper Review, 23*(3), 151-156.

Neisser, U. (1967). *Cognitive psychology.* New York: Appleton-Century-Crofts.

Neisser, U., & Harsch, N. (1992). Phantom flashbulbs: False recollections of hearing the news about Challenger. In E. Winograd & U. Neisser (Eds.), Emory symposia in cognition, 4. *Affect and accuracy in recall: Studies of "flashbulb" memories* (pp. 9-31). New York, NY, US: Cambridge University Press.

Nettle, D. (2009). Personality: What makes you the way you are. Oxford University Press.

Neuberg, S. L., Kenrick, D. T., & Schaller, M. (2011). Human threat management systems: Self-protection and disease avoidance. *Neuroscience &Biobehavioral Reviews, 35*(4), 1042-1051.

Newcombe, N., & Huttenlocher, J. (1992). Children's early ability to solve perspective-taking problems. *Developmental Psychology, 28,* 635-643.

Neyer, F. J., & Asendorpf, J. B. (2001). Personality-relationship transaction in young adulthood. *Journal of Personality and Social Psychology, 81,* 1190-1204.

Nicolao, L., Irwin, J. R., & Goodman, J. K. (2009). Happiness for sale: Do experiential purchases make consumers happier than material purchases? *Journal of Consumer Research, 36*(2), 188-198.

Niebyl, J. R. (2002). Drugs in pregnancy and lactation. In S. G. Gabbe, J. R. Niebyl, & J. L. Simpson (Eds.), *Obstetrics: Normal and problem pregnancies.* New York: Churchill Livingstone.

Nijstad, B. A., & Paulus, P. B. (2003). Group creativity: Common themes and future directions. In P. B. Paulus & B. A. Nijstad (Eds.), *Group creativity: Innovation through collaboration* (pp. 326-339). New York: Oxford University Press.

Nucci, L. P. (2002). The development of moral reasoning. In U. Goswami (Eds.), *Blackwell handbook of childhood cognitive development.* Malden, MA: Blackwell Publishing.

Ochsner, A., & DeBakey, M. (1941). The role of vasospasm in thrombophlebitis and its treatment by novocain block of the sympathetics. *Tri-state MJ, 13,* 2654.

Oishi, S., Diener, E. F., Lucas, R. E., & Shu, E. M. (1999). Cross-cultural variations in predictors of life satisfaction: Perspectives from needs and values. *Personality and Social Psychology Bulletin, 25,* 980-990.

Olson, M. A., & Fazio, R. H. (2004). Trait inferences as a function of automatically activated racial attitudes and motivation to control prejudiced reactions. *Basic and Applied Social Psychology, 26*(1), 1-11.

Ongley, S. F., Nola, M., & Malti, T. (2014). Children's giving: moral reasoning and moral emotions in the development of donation behaviors. *Frontiers in*

Psychology, 5, 1-8.

Orvis, B. R., Cunningham, J. D., & Kelley, H. H. (1975). A closer examination of causal inference: The role of consensus, distinctiveness, and consistency information. *Journal of Personality and Social Psychology, 32,* 605-616.

Paivio, A. (1971). *Imagery and verbal processes.* New York: Holt, Reinhart, and Winston.

Paivio, A. (1986). *Mental Representation: A dual coding approach.* New York: Oxford University Press.

Pavot, W., Diener, E., & Fujita, F. (1990). Extraversion and happiness. *Personality and Individual Differences, 11*(12), 1299-1306.

Pearce, J. M. (1987). A model for stimulus generalization in Pavlovian conditioning. *Psychological Review, 94*(1), 61-73.

Pechstein, L. A., & Brown, F. D. (1939). An experimental analysis of the alleged criteria of insight learning. *Journal of Educational Psychology, 30*(1), 38-52.

Penick, G. P., Smith, K., Wieneke, Jr., & Hinkle, Jr. (1963). An experimental evaluation of the relationship between hunger and gastric motility. *American Journal of Psychology, 205*(3), 421-426.

Pert, C. B., Snowman, A. M., & Snyder, S. H. (1974). Localization of opiate receptor binding in synaptic membranes of rat brain. *Brain Research, 70*(1), 184-188.

Pervin, L. (2003). *The science of personality* (2nd). New York: Oxford University Press.

Peterson, L., & Peterson, M. J. (1959). Short-term retention of individual verbal items. *Journal of Experimental Psychology, 58*(3), 193-198.

Petty, R. E., & Cacioppo, J. T. (1990). Involvement and persuasion: Tradition versus integration. *Psychological Bulletin, 107*(3), 367-374.

Petty, R. E., & Cacioppo, J. T.(1986). The elaboration likelihood model of persuasion. *Advances in Experimental Social Psychology, 19,* 123-205.

Petty, R. E., Cacioppo, J. T., & Goldman, R. (1981). Personal involvement as a determinant of argument-based persuasion. *Journal of personality and social psychology, 41*(5), 847-855.

Pew Research Center. (2014). *Global views of morality.* Pew Research Global Attitudes Project (www.pewglobal.org). (pp. 438, 540)

Pickering, T. G. (2001). Mental Stress as a causal factor in the development of hypertension and cardiovascular disease. *Proceedings of the Current Hypertension Reports, 3*(3), 249-254.

Plaks, J. E., & Higgins, E. T. (2000). Pragmatic use of stereotyping in teamwork: Social loafing and compensation as a function of inferred partner-situation fit. *Journal of Personality and Social Psychology, 79*(6), 962-974.

Platania, J., & Moran, G. P. (2001). Social Facilitation as a Function of the Mere Presence of Others. *The Journal of*

Social Psychology, 141(2), 190-197.

Plomin, R., & Petrill, S. A. (1997). Genetics and intelligence: What's new? *Intelligence, 24*(1), 53-77.

Polivy, J., & Herman, C. P. (1985). Dieting and binging: A causal analysis. *American Psychologist, 40,* 193-201.

Pools, N. S. (1980). Functional and pharmacological significance of brain dopamine and norepinephrine storage pools. *Biochemical Pharmacology, 29,* 3045-3050.

Premack, D. (1962). Reversibility of the reinforcement relation. *Science, 136*(3512), 255-257.

Prentice, D. A., & Miller, D. T. (1993). Pluralistic ignorance and alcohol use on campus: Some consequences of misperceiving the social norm. *Journal of Personality and Social Psychology, 64*(2), 243-256.

Pressman, S. D., & Cohen, S. (2005). Does positive affect influence health? *Psychological Bulletin, 131*(6), 925-971.

Pressman, S. D., & Cohen, S. (2012). Positive emotion word use and longevity in famous deceased psychologists. *Health Psychology, 31*(3), 297-305.

Quay, H. C. (1987). Intelligence. In H. C. Quay (Ed.). *Handbook of Juvenile Delinquency.* New York: Wiley.

Quinn, P. C., Kelly, D. J., Lee, K., Pascalis, O., & Slater, A. M. (2008). Preference for attractive faces in human infants extends beyond conspecifics. *Developmental science, 11*(1), 76-83.

Rabins, P. V., Lykestone, C. G., & Steele, C. D. (1999). *Practical dementia care.* New York: Oxford University Press.

Raichle, M. E., MacLeod, A. M., Snyder, A. Z., Powers, W. J., Gusnard, D. A., & Shulman, G. L. (2001). A default mode of brain function. *Proceedings of the National Academy of Sciences, 98*(2), 676-682.

Raine, A. (2001). Psychopathy, violence, and brain imaging. In A. Raine & J. Sanmartin (Eds.), *Violence and Psychopathy* (pp. 35-56). New York: Academic Press.

Rao, M. S., & Jacobson, M. (Eds.). (2006). *Developmental neurobiology.* New York: Springer Science & Business Media.

Regan, P. C., Kocan, E. R., & Whitlock, T. (1998). Ain't love grand! A prototype analysis of the concept of romantic love. *Journal of Social and Personal Relationships, 15,* 411-420.

Reicher, S. D., Spears, R., & Postmes, T. (1995). A social identity model of deindividuation phenomena. *European Review of Social Psychology, 6*(1), 161-198.

Reid, S. T. (1985). *Crime and Criminology* (4th ed.). New York: Holt, Rinehart and Winston.

Requena, F. (1995). Friendship and subjective well-being in Spain: A cross-national comparison with the United States. *Social Indicators Research, 35*(3), 271-288.

Rescorla, R. A. (1968). Probability of shock in the presence and absence of CS in fear conditioning. *Journal of Comparative and Physiological Psychology, 66*(1), 1-5.

Rescorla, R. A. (1972). Informational variables in Pavlovian conditioning. *The Psychology of Learning and Motivation, 6,* 1-46.

Rescorla, R. A., & Solomon, R. L. (1967). Two-process learning theory: Relationships between Pavlovian conditioning and instrumental learning. *Psychological Review, 74*(3), 151-182.

Rest, J. R. (1986). *Moral development: Advances in research and theory.* New York: Praeger.

Rhodes, G., & Tremewan, T. (1996). Averageness, exaggeration, and facial attractiveness. *Psychological science,* 105-110.

Rhodes, N., & Wood, W. (1992). Self-esteem and intelligence affect influenceability: The mediating role of message reception. *Psychological Bulletin, 111*(1), 156-171.

Richmond, V. P., McCroskey. J. C., & Hickson III, M. L. (2012). *Nonverbal behavior in interpersonal relations.* Boston: Allyn & Bacon.

Ringelmann, M. (1913). Research on animate sources of power: The work of man. *Annales de l'Instuit National Agronomique, 12,* 1-40.

Risch, N., Herrell, R., Lehner, T., Liang, K. Y., Eaves, L., Hoh, J., & Merikangas, K. R. (2009). Interaction between the serotonin transporter gene (5-HTTLPR), stressful life events, and risk of depression: A meta-analysis. *Jama, 301*(23), 2462-2471.

Rogers, C. R. (1959). A theory of therapy, personality and interpersonal relationships as developed in the client-centered framework. In S. Koch (ed.) *Psychology: A study of science* (pp. 184-256). New York: McGraw-Hill.

Rogers, C. R. (1961). *On becoming a person. Boston: Houghton Mifflin.* (주은선 역, 진정한 사람되기: 칼 로저스 상담의 원리와 실제. 서울: 학지사, 2009).

Rogers, C. R. (1980). *A way of being* (pp. 583, 584, 661). Boston: Houghton Mifflin.

Rogoff, B. (1990). *Apprenticeship in thinking.* New York: Oxford University Press.

Rogoff, B. (1998). Cognition as a collaborative process. In D. Kuhn & R. S. Siegler (Eds.), *Handbook of child psychology, Vol 2: Cognition preception, and language.* New York: Wiley.

Rohde, P., Lewinsohn, P. M., Tilson, M., & Seeley, J. R. (1990). Dimensionality of coping and its relation to depression. *Journal of Personality and Social Psychology, 58*(3), 499-511.

Rorschach, H. (1921). *Psychodiagnostik Talfen.* Huber, Bern.

Rosch, E. (1978). Principles of categorization. In E. Rosch & B. L. Lloyd (Eds.), *Cognition and categorization.* Hillsdale, NJ: Erlbaum.

Rosental, D. (1984). Heredity in criminality. In I. Jacks & S. G. Cos (Eds.), *Psychological Approach to Crime and Correction: Theory, Research, Practice.* Chicago,

IL: Nelson-Hall.

Ross, L., & Nisbett, R. (1991). *The person and the situation.* New York: McGraw- Hill.

Ross, L., Greene, D., & House, P. (1977). The "false consensus effect": An egocentric bias in social perception and attribution processes. *Journal of Experimental Social Psychology, 13,* 279-301.

Rothbard, N. P., & Wilk, S. L. (2011). Waking up on the right or wrong side of the bed: Start-of-workday mood, work events, employee affect, and performance. *Academy of Management Journal, 54*(5), 959-980.

Rotter, J. B. (1954). *Social learning and clinical psychology.* Englewood Cliffs, NJ: Prentice Hall.

Rotter, J. B. (1966). Generalized expectancies for internal versus external control of reinforcement. *Psychological Monographs, 80*(1). 1-28.

Rotter, J. B. (1982). Social learning theory. In N. T. Feather(Ed.), *Expectations and actions: Expectancy-value models in psychology* (pp. 241-260). Hillsdale, NJ: Erlbaum.

Rotter, M. (2011). Embitterment and personality disorder. In M. Linden & A. Maercker (Eds.), *Embitterment: Societal, psychological, and clinical perspectives* (pp. 177-186). New York: Springer-Verlag Publishing.

Rowe, D. (1983). Biomedical genetic models of self-reported delinquent behavior: A twin study. *Behavior Genetics, 13,* 473-489.

Rowe, S. M., & Wertsch, J. V. (2002). Vygotsky's model of cognitive development. In U. Goswami (Ed.), *Blackwell handbook of childhood cognitive development.* Malden, MA: Blackwell Publishing.

Rudman, L. A. (2005). Rejection of women? Beyond prejudice as antipathy. In J. F. Dovidio, P. Blick, & L. A. Rudman (Eds.), *On the nature of prejudice* (pp. 106-120). Malden, MA: Blackwell.

Rudman, L. A., McLean, M. C., & Bunzl, M. (2013). When truth is personally inconvenient, attitudes change: the impact of extreme weather on implicit support for green politicians and explicit climate-change beliefs. *Psychological Science, 24*(11), 2290-2296.

Russel, J. A. (1991). Culture and categorizations o emotions. *Psychological Bulletin, 110,* 426-450.

Russell, J. A. (1994). Is there universal recognition of emotion from facial expression? A review of the cross-cultural studies. *Psychological Bulletin, 115,* 102-141.

Ryff, C. D., & Keyes, C. L. M. (1995). The structure of psychological well-being revisited. *Journal of Personality and Social Psychology, 69,* 719-727.

Sanders, G. S., & Baron, R. S. (1977). Is social comparison irrelevant for producing choice shifts? *Journal of Experimental Social Psychology, 13(4),* 303-314.

Schaal, S. (1999). Is imitation learning the route to humanoid robots? *Trends in*

Cognitive Sciences, 3(6), 233-242.

Schachter, S. (1964). The interaction of cognitive and physiological determinants of emotional state. In L. Berkowitz (Ed.), *Advances in Experimental Social Psychology* (Vol. 1, pp. 49-80), Academic Press. NY.

Schachter, S., & Singer, J. E. (1962). Cognitive, social, and physiological determinants of emotional state. *Psychological Review, 69,* 379-399.

Schacter, D. L. (1996). *Searching for memory: The brain, the mind, and the past.* New York: Basic Books.

Schater, S. (1971a). *Emotion, obesity, and crime.* New York: Academic.

Scherer, K. R. (1997a). Profiles of emotion-antecedent appraisal: Testing theoretical predictions across cultures. *Cognition & Emotion, 11,* 113-150.

Scherer, K. R. (1997b). The role of culture in emotion-antecedent appraisal. *Journal of Personality and Social Psychology, 73,* 902-922.

Schkade, D., Sunstein, C. R., & Hastie, R. (2007). What happened on deliberation day? *California Law Review, 95,* 915-940.

Schmithorst, V. J., Wilke, M., Dardzinski, B. J., & Holland, S. K. (2002). Correlation of white matter diffusivity and anisotropy with age during childhood and adolescence: A cross-sectional diffusion-tensor MR imaging study. *Radiology, 222,* 212-218.

Schnall, P. (1994). Job strain and cardiovascular disease. *Annual Review of Public Health, 15*(1), 381-411.

Schneider, W. J., & McGrew, K. S. (2012). The Cattell-Horn-Carroll Model of Intelligence. In D. P. Flanagan, & P. L. Harrison (Ed.), *Contemporary Intellectual Assessment: Theories, Tests, and Issues* (3rd ed., pp. 553-581). New York: The Guilford Press.

Schnorr, J. A., & Atkinson, R. C. (1969). Repetition versus imagery instructions in the short-and long-term retention of paired-associates. *Psychonomic Science, 15*(4), 183-184.

Schore, A. N. (2003). *Affect regulation and disorders of the self.* New York: W.W.Norton.

Schötz, S. (2003). Toward synthesis of speaker age: A perceptual study with natural, synthesized and resynthesized stimuli. *Phonum, 9,* 1-10.

Schuit, A. J., Feskens, E. J., Launer, L. J., & Kromhaut, D. (2001). Physical activity and cognitive decline, the role of the apolipoprotein e4 allele. *Medicine and Science in Sports and Exercise, 33,* 772-777.

Seeman, P. (1980). Brain dopamine receptors. *Pharmacological Reviews, 32*(3), 229-313.

Seeman, P., Guan, H. C., & Van Tol, H. H. M. (1993). Dopamine D4 receptors elevated in schizophrenia. *Nature, 365,* 441-445.

Seifer, R., Schiller, M., Sameroff, A. J., Resnick, S., & Riordan, K. (1996). Attachment, maternal sensitivity, and infant temperament during the first year of life. *Developmental Psychology, 32,* 12-25.

Seligman, M. E. P. (1975). *Helplessness: on depression, development and death.* San Francisco: W. H. Freeman.

Seligman, M. E. P. (2002). Positive psychology, positive prevention, and positive therapy. In C. R. Snyder & S. J. Lopez (Eds.), *Handbook of positive psychology* (pp. 3-9). New York: Oxford University Press.

Serrano, J. M., Iglesias, J., & Loeches, A. (1992). Visual discrimination and recognition of facial expressions of anger, fear, and surprise in 4-to 6-month-old infants. *Developmental Psychology, 25*(16), 411-425.

Serrano, J. M., Iglesias, J., & Loeches, A. (1995). Infants'response to adult static facial expressions. *Infant Behavior and Development, 18*(4), 477-482.

Seymour, B., O'doherty, J. P., Dayan, P., Koltzenburg, M., Jones, A. K., Dolan, R. J., & Frackowiak, R. S. (2004). Temporal difference models describe higher-order learning in humans. *Nature, 429*(6992), 664-667.

Shadish, W. R., Cook, T. D., & Campbell, D. T. (2002). *Experimental and quasi-experimental designs for generalized causal inference/William R. Shedish, Thomas D. Cook, Donald T. Campbell.* Boston: Houghton Mifflin,.

Shalev, U., Morales, M., Hope, B., Yap, J., & Shaham, Y. (2001). Time-dependent changes in extinction behavior and stress-induced reinstatement of drug seeking following withdrawal from heroin in rats. *Psychopharmacology, 156*(1), 98-107.

Shankar, G. M., Bloodgood, B. L., Townsend, M., Walsh, D. M., Selkoe, D. J., & Sabatini, B. L. (2007). Natural oligomers of the Alzheimer amyloid-β protein induce reversible synapse loss by modulating an NMDA-type glutamate receptor-dependent signaling pathway. *Journal of Neuroscience, 27*(11), 2866-2875.

Shavitt, S. (1990). The role of attitude objects in attitude functions. *Journal of Experimental Social Psychology, 26,* 124-148.

Shaywitz, B. A., Shaywitz, S. E., Pugh, K. R., Constable, R. T., Sudlarski, P., Fulbright, R. K., Bronen, R. A., Fletcher, J. M., Shankweiler, D. P., Katz, L., & Gore, J. C. (1995). Sex differences in the functional organization of the brain for language. *Nature, 373,* 607-609.

Sheldon, W. H. (1949). *Varieties of Delinquent* Youth. New York: Harper & Bros.

Shepherd, G. M. (1988). *Neurobiology.* New York: Oxford University Press.

Sherif, M. (1935). A study of some factors in perception. Archives of Psychology, 27, 1-60.

Shoemaker, D. J. (1990). *Theories of Delinquency* (2nd ed.). New York: Oxford University Press.

Siegel, L. (2001). Criminology: *Theories, Patterns, Typologies* (7th ed.). Belmont, California: Wadsworth.

Siegler, R. S. (1994). Cognitive variability:

A key to understanding cognitive development. *Current Directions in Psychological Science, 3*(1), 1-5.

Silveira, J. M. (1971). *Incubation: The effect of timing and length on problem solution and quality of problem processing.* Unpublished PhD Thesis, USA: University of Oregon.

Simmons, N. L. (1982). Cultured monolayers of MDCK cells: a novel model system for the study of epithelial development and function. *General Pharmacology: The Vascular System, 13*(4), 287-291.

Simon, L., Greenberg, J., & Brehm, J. (1995). Trivialization: the forgotten mode of dissonance reduction. *Journal of personality and social psychology, 68*(2), 247-260.

Simons, D. J., & Chabris, C. F. (1999). Gorillas in our midst: Sustained in attentional blindness for dynamic events. *Perception, 28*(9), 1059-1074.

Simpson, J. L. (2002). Fetal wastage. In S. G. Gabbe, J. R. Niebyl, & J. L. Simpson (Eds.), *Obstetrics: Normal and problem pregnancies.* New York: Churchill Livingstone.

Simpson, J. L., & Niebyl, J. R. (2002). Occupational and environmental perspectives on birth defects. In S. G. Gabbe, J. R. Niebyl, & J. L. Simpson (Eds.), *Obstetrics: Normal and problem pregnancies.* New York: Churchill Livingstone.

Singer, L. T., Arendt, R., Minnes, S., Farkas, K., Salvator, A., Kirchner, H. L., & Kliegman, R. (2002). Cognitive and motor outcomes of cocaine-exposed infants. *Journal of the American Medical Association, 287,* 1952-1960.

Singleton, A. B., Farrer, M., Johnson, J., Singleton, A., Hague, S., Kachergus, J., & Lincoln, S. (2003). α-Synuclein locus triplication causes Parkinson's disease. *Science, 302*(5646), 841-841.

Skinner, B. F. (1948). 'Superstition' in the pigeon. *Journal of Experimental Psychology, 38*(2), 168-172.

Slobogin, C. (1999). The admissibility of behavioral science information in criminal trials: From primitivism to Daubert to voice. Psychology, *Public Policy, and Law, 5*(1), 100-119.

Smillie, L. D., Cooper, A. J., Wilt, J., & Revelle, W. (2012). Do extraverts get more bang for the buck? Refining the affective-reactivity hypothesis of extraversion. *Journal of Personality and Social Psychology, 103*(2), 306-326.

Smith, E. E., Nolen-Hoeksema, S., Fredrickson, B., & Loftus, G. (2003). *Atkinson and Hilgard's Introducion to Psychology: Non-InfoTrac Version with Lecture Notes.* Wadsworth Publishing Company.

Smith, P. B., Bond, M. H., & Kagitcibasi, C. (2006). *Understanding social psychology across cultures: Living and working in a changing world.* Thousand Oaks, CA: Sage.

Sowell, E. R., Trauner, D. A., Gamst, A., & Jernigan, T. L. (2002). Development of cortical and subcortical brain structures in childhood and adolescence: A structural MRI study. *Developmental Medicine and Child Neurology, 44*(1), 4-16.

Sparrow, S. S., Cicchetti, D. V., & Balla, D. A. (2005). *Vineland adaptive behavior scales*(2nd ed.), Circle Pines, MN: American Guidance Service.

Spear, P. (2000). The adolescent brain and age-related behavioral manifestations. *Neuroscience and Biobehavioral Reviews, 24,* 417-463.

Spearman, C. (1904). "General intelligence," objectively determined and measured. *American Journal of Psychology, 15,* 201-293.

Spearman, C. (1927). *The abilities of man: Their nature and measurement.* New York: Macmillan.

Spelke, E. S. (1994). Initial knowledge: Six suggestions. *Cognition, 50,* 431-455.

Spelke, E. S., & Newport, E. L. (1998). Nativism, empiricism, and the development of knowledge. In W. Damon (Ed.), *Handbook of child psychology (Vol. 1): Theoretical models of human development.* New York: Wiley.

Sperling, G. (1960). The information available in brief visual presentations. *Psychological monographs: General and Aapplied, 74*(11), 1-29.

Squire, L. S., & Kandel, E. R. (1999). *Memory: From mind to molecules.* New York: Scientific American Library.

Standing, L., Conezio, J., & Haber, R. N. (1970). Perception and memory for pictures: Single-trial learning of 2500 visual stimuli. *Psychonomic Science, 19*(2), 73-74.

Stanton, A. L., Danoff-burg, S., & Huggins, M. E. (2002). The first year after breast cancer diagnosis: hope and coping strategies as predictors of adjustment. *Psycho Oncology, 11*(2), 93-102.

Stark, L. (2011). *Behind closed doors: IRBs and the making of ethical research.* IL: University of Chicago Press.

Staw, B. M., & Hoang, H. (1995). Sunk costs in the NBA: Why draft order affects playing time and survival in professional basketball. *Administrative Science Quarterly, 40*(3), 474-494.

Steptoe, A., Dockray, S., & Wardle, J. (2009). Positive affect and psychobiological processes relevant to health. *Journal of Personality, 77,* 1747-1775.

Stern, L. W. (1903). *Beiträge zur Psychologie der Aussage.* (Contributions to the Psychology of Testimony). Leipzig: Verlag Barth.

Sternberg, R. J. (1986). A triangular theory of love. *Psychological Review, 93,* 119-135.

Sternberg, R. J. (2003). *Wisdom, intelligence, and creativity synthesized.* New York: Cambridge University Press.

Sternberg, R. J. (2004). Culture and intelligence. *American Psychologist, 59,* 325-338.

Sternberg, R. J., & Lubart, T. I. (1991). An investment theory of creativity and its development. *Human Development, 34*(1), 1-31.

Stingaris, A., & Goodman, R. (2009).

Longitudinal outcome of youth oppositionality: Irritable, headstrong, and hurtful behaviors have distinctive predictions. *Journal of the American Academy of Child and Adolescent Psychiatry, 48,* 404-412.

Stoffer, G. R., Davis, K. E., & Brown, J. B. Jr. (1977). The consequences of changing initial answers on objective tests: A stable effect and a stable misconception. *Journal of Educational Research, 70,* 272-277.

Suh, E. M., Diener, E., & Fujita, F. (1996). Events and subjective well-being: Only recent events matter. *Journal of Personality and Social Psychology, 70,* 1091-1102.

Suls, J., & Fletcher, B. (1985). The relative efficacy of avoidant and nonavoidant coping strategies: a meta-analysis. *Health Psychology, 4*(3), 249-288.

Surtees, P. G., Wainwright, N. W. J., Luben, R., Khaw, K., & Day, N. E. (2006). Mastery, sense of coherence, and Mortality: Evidence of independent associations from the EPIC-Norfolk prospective cohort study. *Health Psychology, 25,* 102-110.

Sutherland, E. H. (1947). *Principles of criminology* (4th ed.). Philadelphia: J. B. Lippincott.

Sutherland, E. H., & Cressey, D. (1978). *Criminology* (9th ed.). Philadelphia: Lippincott.

Sykes, G., & Matza, D. (1957). Techniques of neutralization: A theory of delinquency. *American Sociological Review, 22*(6), 664-670.

Takeuchi, H., Taki, Y., Hashizume, H., Sassa, Y., Nagase, T., Nouchi, R., & Kawashima, R. (2012). The association between resting functional connectivity and creativity. *Cerebral Cortex, 22*(12), 2921-2929.

Tanofsky-Kraff, M., Wilfley, D. E., & Spurrel, E. (2000). Impact of interpersonal and ego-related stress on restrained eaters. *International Journal of Eating Disorders, 27*(4), 411-418.

Tay, L., Diener, E., Drasgow, F., & Bermunt, J. K. (2011). Multilevel mixed-measurement IRT analysis: An explication and application to self-reported emotions around the world. *Organizational Research Methods, 14,* 177-207.

Taylor, J. H., & Walker, L. J. (1997). Moral climate and the development of moral reasoning: The effects of dyadic discussions between young offenders. *Journal of Moral Education, 26,* 21-43.

Teghtsoonian, R. (1971). On the exponents in Stevens law and the constant in Ekman's law. *Psychological Review, 78,* 71-80.

Tennen, H., Affleck, G., Armeli, S., & Carney, M. A. (2000). A daily process approach to coping: Linking theory research and practice. *American Psychologist, 55,* 626-636.

Terman, L. M. (1916). *The Measurement of Intelligence.* Boston: Houghton Mifflin.

Terry, D. J., Tonge, L., & Callan, V. J. (1995). Employee adjustment to stress: The role of coping resources, situational factors, and coping responses. *Anxiety, Stress & Coping, 8*(1), 1-24.

Tesser, A. (1993). The importance of heritability in psychological research: the case of attitudes. *Psychological Review, 100,* 129-142.

Thomas, A., & Chess, S. (1977). *Temperament and development.* New York: Brunner/Mazel.

Thomas, R. M. (2005). *Comparing theories of child development.* Belmont, CA: Wadsworth.

Thorne, B. (2007). 칼 로저스: 인간중심치료의 창시자. (이영희, 박외숙, 고향자 역). 서울: 학지사.

Thurstone, L. L. (1938). *Primary Mental Abilities.* Chicago: University of Chicago Press.

Tinbergen, N. (1951). *The study of instinct.* New York: Oxford Univ Press.

Titchener, E. B. (1910). *A text-book of psychology.* New York: Macmillan.

Tolman, E. C., & Honzik, C. H. (1930). *Introduction and removal of reward, and maze performance in rats.* University of California publications in psychology.

Tolman, E. C., Hall, C. S., & Bretnall, E. P. (1932). A disproof of the law of effect and a substitution of the laws of emphasis, motivation and disruption. *Journal of Experimental Psychology, 15*(6), 601-614.

Tomkins, S. S. (1962). *Affect, imagery, and consciousness: Vol, 11: The positive effects.* New York: Springer-Verlag.

Trasti, N., Vik, T., Jacobson, G., & Bakketeig, L. S. (1999). Smoking in pregnancy and children's mental and moto development at age 1 and 5 years. *Early Haman Development, 55,* 137-147.

Triandis, H. C. (1995). *Individualism and collectivism.* San Francisco, CA: Westview Press.

Trixler, M., & Tényi, T. (1997). *Antipsychotic use in pregnancy.* Drug Safety, 16(6), 403-410.

Tsuang, M. T., Gilbertson, M. W., & Faraone, S. V. (1991). The genetic of schizophrenia. Current knowledge and future directions, *Schizophrenia Research, 4,* 157-171.

Tulving, E., & Thomson, D. M. (1973). Encoding specificity and retrieval processes in episodic memory. *Psychological Review, 80*(5), 352-373.

Tversky, A., & Kahneman, D. (1974). Judgment under uncertainty: Heuristics and biases. *Science, 185*(4157), 1124-1131.

Tversky, A., & Kahneman, D. (1981). The framing of decisions and the psychology of choice. *Science, 211*(4481), 453-458.

Van Boven, L. (2005). Experientialism, materialism, and the pursuit of happiness. *Review of General Psychology, 9*(2), 132-142.

van den Boom, D. C. (1994). The influence of temperament and mothering on attachment and exploration: An experimental manipulation of sensitive responsiveness among lower-class mothers and irritable infants. *Child Development, 65,* 1457-1477.

van Straaten, I., Engels, R. C., Finkenauer, C.,

& Holland, R. W. (2009). Meeting your match: How attractiveness similarity affects approach behavior in mixed-sex dyads. *Personality and Social Psychology Bulletin, 35*(6), 685-697.

Van Voorhis, Braswell, & Lester. (1999). *Correctional Counseling & Rehabilitation.* Cincinnati: Anderson Publishing Co.

Vaughn, B. E., & Bost, K. K. (1999). Attachment and temperament: Redundant, independent, or interacting influences on interpersonal adaptation and personality development? In J. Cassidy & P.R. Shaver (Eds.), *Handbook of attachment: Theory, research, and clinical applications.* New York: Guilford.

Veenhoven, R. (1999). *World database of happiness.* Rotterdam, Netherlands: Erasmus University.

Verduin, T. L., & Kendall, P. C. (2003). Differential occurrence of comorbidity within childhood anxiety disorders. *Journal of Clinical Child and Adolescent Psychology, 32,* 290-295.

Vinters, H. V. (2001). Aging and the human nervous system. In J. E. Birren & K. W. Schaie (Eds.), *Handbook of the psychology of aging* (5th ed., pp. 134-159). San Diego, CA: Academic Press.

Viswesvaran, C., Sanchez, J. I., & Fisher, J. (1999). The role of social support in the process of work stress: A meta-analysis. *Journal of Vocational Behavior, 54*(2), 314-334.

Vohs, K. D., Mead, N. L., & Goode, M. R. (2006). The psychological consequences of money. *Science, 314,* 1154-1156.

Vold, G. (1979). *Theoretical Criminology.* New York: Oxford University Press.

Volkmar, F. R., & Klin, A. (2000). Pervasive developmental disorders. In B. J. Sadock & V. A. Sadock (Eds.), *Kaplan & Sadock's comprehensive textbook of psychiatry* (Vol. 2). Philadelphia: Lippincott Williams & Wilkins.

Vrij, A., Evans, H., Akehurst, L., & Mann, S. (2004). Rapid judgements in assessing verbal and nonverbal cues: Their potential for deception researchers and lie detection. *Applied Cognitive Psychology, 18*(3), 283-296.

Vygotsky, L. S. (1934). *Thought and language.* A. Kozulin (Trans). Cambridge, MA: MIT Press.

Walker, L. J. (1988). The development of moral reasoning. In R. Vasts (Ed.), *Annals of child development* (Vol.5). Greenwich, CT: JAI Press.

Walker, L. J. (1989). A longitudinal study of moral reasoning. *Child Development, 60,* 157-166.

Walker, L. J., & Taylor, J. H. (1991). Strange transitions in moral reasoning: A longitudinal study of development processes. *Developmental Psychology, 27,* 330-337.

Wallach, M. A., & Kogan, N. (1965). *Models of thinking in young children.* New York: Holt, Rinehart & Winston.

Wallin, D. J. (2010). **애착과 심리치료.** (김진숙, 이

지연, 윤숙경 역). 서울: 학지사.

Walster, E., Aronson, V., Abrahams, D., & Rottman, L. (1966). Importance of physical attractiveness in dating behavior. *Journal of Personality and Social Psychology, 4*(5), 508-516.

Walter, C. A. (2000). The psychological meaning of menopause: Women's experiences. *Journal of Women and Aging, 12*(3-4), 117-131.

Ward, T. (2003). *Creativity.* In Nagel, L.(Ed.), *Encyclopaedia of Cognition.* New York: Macmillan.

Waterman, A., & Archer, S. (1990). A life-span perspective on identity formation: Development inform, function, and process. In P. B. Balters, D. L. Featherman, & R. M. Lerner (Eds.), *Life-span development and behavior* (Vol. 10). Hillsdale, NJ: Erlbaum.

Wechsler, D. (1939). *Wechsler-Bellevue intelligence scale.* New York: The Psychological Corporation.

Wechsler, D. (1949). *Wechsler intelligence scale for children.* New York: The Psychological Corporation.

Wechsler, D. (1955). *Manual for the Wechsler Adult Intelligence Scale.* Oxford, England: Psychological Corp..

Wechsler, D. (1967). *Manual for the Wechsler Preschool and Primary Scale of Intelligence.* New York: The Psychological Corp.

Wechsler, D. (2008). *Wechsler Adult Intelligence Scale-Fourth Edition.* San Antonio, TX: Pearson.

Wegner, D. M., & Gilbert, D. T. (2000). Social psychology: The science of human experience. In H. Bless & J. Forgas (Eds.), *The message within: The role of subjective experience in social cognition and behavior* (pp. 1-9). Philadelphia: Psychology Press.

Weinfield, N. S., Sroufe, L. A., Egeland, B., & Carlson, E. A. (1999). The nature of individual differences in infant-caregiver attachment. In J. Cassidy & P. R. Shaver (Eds.), *Handbook of attachment: Theory, research, and clinical applications.* New York: Guilford.

Weiss, A., Bates, T. C., & Luciano, M. (2008). Happiness is a personal(ity) thing: The genetics of personality and well-being in a representative sample. *Psychological Science, 19*(3), 205-210.

Weiss, J. M., Goodman, P. A., Losito, B. G., Corrigan, S., Charry, J. M., & Bailey, W. H. (1981). Behavioral depression produced by an uncontrollable stressor: relationship to norepinephrine, dopamine, and serotonin levels in various regions of rat brain. *Brain Research Reviews, 3*(2), 167-205.

Weldon, E., & Gargano, G. M. (1988). Cognitive loafing the effects of accountability and shared responsibility on cognitive effort. *Personality and Social Psychology Bulletin, 14*(1), 159-171.

Wharton, A. S., & Erickson, R. J. (1995). The Consequences of Caring: Exploring the Links between Women's Job and Family

Emotion Work. *Sociological Quarterly, 36*(2), 273-296.

Whisman, M. A., Johnson, D. P., & Smolen, A. (2011). Dysfunctional attitudes and the serotonin transporter promoter polymorphism (5-HTTLPR). *Behavior Therapy, 42,* 300-305.

White, G. M. (1993). Emotions inside out: The anthropology of affect. In M. Lewis & J. M. Haviland (Eds.), *Handbook of emotions* (pp. 29-30). New York: Guilford.

Wierzbicka, A. (1995). Emotion and facial expression: A semantic perspective. *Culture and Psychology, 1,* 227-258.

Wignall, E. L., Dickson, J. M., Vaughan, P., Farrow, T. F., Wilkinson, I. D., Hunter, M. D., et al. (2004). Smaller hippocampal volume in patients with recent-onset posttraumatic stress disorder. *Biological Psychiatry, 56*(11), 832-836.

Wilcoxon, H. C., Dragoin, W. B., & Kral, P. A. (1971). Illness-induced aversions in rat and quail: Relative salience of visual and gustatory cues. *Science, 171*(3973), 826-828.

Wilson, A., & Ross, M. (2003). The identity function of autobiographical memory: Time is on our side. *Memory, 11*(2), 137-149.

Wilson, J. Q., & Hernstein, R. (1985). *Crime and Human Nature.* New York: Simon & Schuster.

Wilson, R. S., & Bennett, D. A. (2003). Cognitive activity and risk of Alzheimer's disease. *Current Directions in Psychological Science, 12*(3), 87-91.

Wilson, W. (1967). Correlates of avowed happiness. Psychological Bulletin, 67, 294-306.

Winsler, A. (2003). Introduction to special issue: Vygotskian perspectives in early childhood education. *Early Education & Development, 14*(3), 253-269.

Wise, M. G., Gray, K. F., & Seltzer, B. (1999). Delirium, dementia, and amnestic disorders. In R. E. Hales, S. C. Yudofsky, J. A. Talbott (Eds.), *The American Psychiatric Press textbook of psychiatry* (3rd ed., pp. 317-362). Washington, DC: American Psychiatric Press.

Wood, W. (2000). Attitude change: Persuasion and social influence. *Annual review of psychology, 51*(1), 539-570.

Wrightsman, L. S. (2001). *Forensic Psychology.* Stamford, CT: Wadsworth.

Wundt, W. (1896). *Lectures on human and animal psychology.* New York: Alfred A. Knopf.

Wundt, W. (2014). *Lectures on human and animal psychology* (Psychology revivals). London: Routledge.

Wynn, K. (1992). Addition and subtraction by human infants. *Nature, 358,* 749-750.

Wynn, K. (1996). Infants'individuation and enumeration of sequential actions. *Psychological Science, 7,* 164-169.

Wynn, K. (1998). An evolved capacity for number. In D. D. Cummins & C. Allen (Eds.), *The evolution of mind.* New York: Oxford University Press.

Yalom, I. (2007). **실존주의 심리치료.** (임경수 역). 서울: 학지사.

Yamashita, A., Singh, S. K., Kawate, T., Jin, Y., & Gouaux, E. (2005). Crystal structure of a bacterial homologue of Na+/Cl--dependent neurotransmitter transporters. *Nature, 437*(7056), 215-223.

Yost, W. A. (2000). *Fundamentals of hearing: An introduction.* San Diego, CA: Academic Press.

Yu, S., Clemens, R., Yang, H., Li, X., Stanton, B., Deveaux, L., ... & Harris, C. (2006). Youth and parental perceptions of parental monitoring and parent-adolescent communication, youth depression, and youth risk behaviors. *Social Behavior and Personality: An International Journal, 34*(10), 1297-1310.

Zajonc, R. B. (1965). *Social facilitation. Research Center for Group Dynamics.* Institute for Social Research, University of Michigan.

Zajonc, R. B. (1968). Attitudinal effects of mere exposure. *Journal of Personality and Social Psychology, 9,* 1-27.

Zatorre, R. J., Jones-Gotman, M., Evans, A. C., & Meyer, E. (1992). Functional localization and lateralization of human olfactory cortex. *Nature, 360*(6402), 339-340.

Zelenski, J. M., & Larsen, R. J. (1999). Susceptibility to affect: A comparison of three personality taxonomies. *Journal of Personality, 67*(5), 761-791.

Zelenski, J. M., Whelan, D. C., Nealis, L. J., Besner, C. M., Santoro, M. S., & Wynn, J. E. (2013). Personality and affective forecasting: Trait introverts underpredict the hedonic benefits of acting extraverted. *Journal of Personality and Social Psychology, 104*(6), 1092-1108.

Zimbardo, P. G. (1970). The human choice: Individual, reason and order versus deindividuation, impulse, and chaos. In W. J. Arnold & D. Levine (Eds.), *Nebraska symposium on motivation* (Vol. 18, 237-307). Lincoln: University of Nebraska Press.

Zuckerman, M. (1971). Dimensions of sensation seeking. *Journal of Consulting and Clinical Psychology, 36*(1), 45-52.

Zuckerman, M., & Driver, R. (1989). What sounds beautiful is good: The vocal attractiveness stereotype. *Journal of Nonverbal Behavior, 13,* 67-82.

Zukerman, M., & Miyake, K. (1993). The attractive voice: What makes it so? *Journal of Nonverbal Behavior, 17,* 119-135.

인 명

국내

국외

A

B

C

D

E

F

내용

ㅇ

ㅈ

저자 소개

정태연 (Jung, Taeyun)

코네티컷대학교 심리학과 사회심리 전공 철학박사
중앙대학교 심리학과 교수
관심분야: 문화심리, 사회문제, 대인관계, 성인발달

허성호 (Hu, Sungho)

중앙대학교 심리학과 사회 및 문화심리 전공 문학박사
한양대 미술심리치료학과 겸임교수
관심분야: 사회 및 문화심리

한민 (Han, Min)

고려대학교 심리학과 문화심리학 전공 심리학박사
우송대학교 교양교육원 교수
관심분야: 문화 및 토착심리, 사회문제, 다문화

감기택 (Kham, Keetaek)

연세대학교 심리학과 지각심리 전공 문학박사
강원대학교 심리학과 교수
관심분야: 지각 심리

최훈 (Choi, Hoon)

예일대학교 심리학과 인지심리 전공 철학박사
한림대학교 심리학과 교수
관심분야: 지각학습, 사회지각, 시각과학

이승진 (Lee, Seungjin)

노스캐롤라이나채프힐대학교 심리학과 발달심리 전공 철학박사
건국대학교 상허교양대학 조교수
관심분야: 기억발달, 아동증언, 이동상담, 과학수사

박준성 (Park, Junseong)

중앙대학교 심리학과 사회 및 문화심리 전공 문학박사
중앙대학교 평생교육원 상담심리학과 주임교수
관심분야: 사회문화심리, 성격심리, 통계·연구방법론

임낭연 (Lim, Nangyeon)
연세대학교 심리학과 사회 및 성격심리학 전공 철학박사
경성대학교 심리학과 교수
관심분야: 주관적 안녕감, 긍정 정서, 외로움, 비교문화심리

황순택 (Hwang, Soontaeg)
연세대학교 심리학과 임상심리 전공 문학박사
충북대학교 심리학과 교수 역임(작고)
관심분야: 임상심리

박준호 (Park, Joonho)
성균관대학교 심리학과 임상심리 전공 철학박사
경상대학교 심리학과 부교수
관심분야: 임상심리, 건강심리

김명찬 (Kim, Myeungchan)
서울대학교 교육학과 교육상담 전공 교육학박사
인제대학교 상담심리치료학과 조교수
관심분야: 자문화기술지, 상담자 자기성찰, 뇌기반 상담이론

이수정 (Lee, Soojung)
연세대학교 심리학과 사회심리학 전공 철학박사
경기대학교 교수
관심분야: 범죄심리, 여성문제

김재경 (Kim, Jaekyung)
경기대학교 일반대학원 범죄심리학 전공 박사수료
국제사이버대학교 및 동국대학교 외래교수, TOMS 상담소 대표
관심분야: 범죄심리, 상담심리

표지 및 본문 그림 서양화가 김동석 010.8778.1376
개인전 17회, 아트페어 25회, 삼육대학교 외래교수

현대심리학개론

초판 인쇄 2019년 7월 17일
2 쇄 발행 2022년 8월 31일

지 은 이 정태연 외 12인 공저
펴 낸 이 김재광
펴 낸 곳 솔과학
디 자 인 블루
등 록 제10-140호 1997년 2월 22일
주 소 서울특별시 마포구 독막로 295번지 302호(염리동 삼부골든타워)
전 화 02-714-8655
팩 스 02-711-4656
E-mail solkwahak@hanmail.net

I S B N 979-11-87124-55-9 (93180)

값 28,000원